자기계발
대사전
2ND

자기계발 · 영업마케팅 · 성공 · 리더십
대화법 · 커뮤니케이션 · 가족 · 연애 · 인생

자기계발 대사전 2ND

자기경영연구소 엮음

북씽크

| 차례 |

성공

인맥관리

리더십

대화/커뮤니케이션

영업/마케팅

가족/연애

인생

| **머리말** |

아는 것이 힘이다. 즉, 아는 많큼 활용할 수 있다는 것이다. 하지만 현대는 수많은 자료 중에서 내게 필요한 자료를 얼마만큼 빨리 적재적소에 활용하는냐에 성공이 달려있다고 할 수 있다.

사람이 태어나서부터 노년에 이르기까지 수많은 배움을 맞이하고 있다. 가정에서, 학교에서, 직장에서, 사회에서, 또한 아이, 선생님, 어른, 선배, 후배 등을 통해 마음으로, 머리로, 몸으로 배움을 익히면서 살아간다.

그 배움에는 수많은 것들이 있다. 이 책에서는 무엇인가를 하면서 살아가면서 꼭 필요한 것들만 엄선해 수록했다. 많은 책과 SNS를 통해 참고할만한 내용들을 엄선하여 누구나 필요할 때 바로 활용할 수 있도록 사전식으로 수록하였다.

많은 책과 미디어, 매거진, 기타 매체를 집필하신 작가님들의 마음 그대로 많은 시간과 노동력으로 자료를 체계화시켜 이렇게 한권의 책으로 내놓게 되어 기쁜 마음이다.

이 책의 구성은 자기계발, 성공, 대화/커뮤니케이션, 리더십, 영업/마케팅, 인맥관리, 가족/연애, 인생의 8개 부분으로 되어 있다. 또한 수록 내용이 방대하지만, 필요할 때 바로 인용할 수 있도록 효율성을 기했다.

그동안 이 작업에 참여주신 많은 분들에게 감사의 말씀을 드린다. 또한 훌륭한 작가님들의 말씀을 인용하게 되어 영광으로 생각한다. 모두에게 희망과 건강을 기원한다.

자기경영연구소

어제도 내일도 바로 지금이다

우리가 가진 것은 오직 '지금' 뿐이다.
현재에 몰두하고 있다면 잘 살고 있는 것이다.
어제 무슨 일이 있었건,
내일 무슨 일이 생기건, 개의치 말라.
오늘 해야 할 일을 충실히 할 때
행복과 만족을 찾을 수 있다.

어린 아이들에게 깃들인 가장 경이로운 아름다움은
현재에 온전히 몰두 한다는 것이다.
하자고 마음먹은 일에 아이들은 정신없이 일한다.

딱정벌레를 관찰하건, 그림을 그리건,
모래성을 쌓건 간에 말이다.
우리는 어른이 되면서
한꺼번에 여러 가지 일을 걱정하고
생각하는 기술을 배운다.

지나간 문제와 앞으로의 걱정이 뒤엉켜
우리의 현재를 점령하기 때문에
우리는 비참해지고 무력해진다.
그뿐인가, 우리는 즐거움과 행복을
미루는 법도 배운다.

언젠가는 모든 게 한결 나아질 거라고 믿으면서 말이다.
지금을 충실하게 누리고 살면
우리 마음에서 두려움이 사라진다.
본래 두려움이란 어느 날 갑자기 생길지도 모르는
좋지 않는 사태를 걱정하는 것이다.

— 엔드류 메튜스

자 기 계 발 대 사 전

자기계발

맥스웰 멀츠의 행동법칙 22가지

1. 머리를 써서 살아라.

"빈대도 머리를 써서 사는데…" 정주영 씨가 입버릇처럼 내뱉는 말이다. 한겨울 보리를 심어 잔디를 대신했던 부산UN묘지 공사며, 폐 유조선으로 단번에 물길을 막았던 서산 간척지 공사 등 그의 성공은 상식에 매달리지 않는 신선한 발상의 성공이었다.

2. 시작보다는 마무리를 잘하라.

"사람은 '어떻게 시작하는가'로 평가되지 않고 '어떻게 끝을 내는가'로 평가된다."는 말을 기억해라. 시작은 누구나 잘 할 수 있다는 뜻이다. 언제나 중요한 것은 마무리이다.

3. 미리 준비하는 습관을 갖자.

"기회는 준비하는 자에게 찾아온다."는 루이 파스퇴르의 명언을 되새겨보자.

4. 실패하더라도 실망하지 않는다.

기회를 얻지 못했다는 것은 아직 그만큼 기회가 있다는 말이다. 봄이 가면 여름이 오고, 가을이 가면 겨울이 오는 것처럼 인생에도 사계절이 있다. 과거는 지울 수 없지만 인생은 반드시 새로 시작할 수 있다.

5. 마지막 날이라 생각하고 일하라.

현자가 충고했다. "하나님을 위해 죽기 전날까지 살아라."

그러자, 이런 항의의 목소리가 들려왔다.

"그걸 어떻게 알아요. 우리가 언제 죽을지도 모르는데." 이 말을 들은 현자는 이렇게 말했다. "하루하루를 죽기 전날처럼 살아라. 그럼 간단해."

6. 사고의 전환이 필요하다.

사람들의 고개는 좌우로 180도 밖에 돌지 않는다.

그러나 인간의 사고는 360도 한 바퀴를 돌릴 수 있다.

이렇듯 사고를 바꾸면 세상이 달리 보인다.

7. 한 가지 이상의 외국어를 마스터하라.

IOC부회장이었던 김운용 위원이 구사하는 언어는 총 6개 국어이다.

그 중 러시아어는 88올림픽을 준비하면서 예순이 넘은 나이에 배운 것이다. 국제화시대의 무기는 외국어임을 깨닫고 학창 시절부터 열성으로 공부한 영어, 불어, 스페인어, 독어, 일어 등은 오늘날 그가 세계적인 스포츠 외교관이 되는데 일등 공신이 되었다.

8. NATO를 버려라.

불행한 사람들은 항상 NATO(No Action Talking Only)로 살아간다.

성공한 사람들은 말보다 행동이 앞선다. 따라서 강한 결심이란 지금 있는 이곳에서 변화시킬 수 있는 용기라는 것을 잊지 말아라.

9. 유머를 개발하라.

동료를 기분 좋게 웃길 있는 유머야말로 성공인의 필수요소다.

유머전략의 기본은 '수사반장'이다. 수사반장-수집하라, 사용하라, 반응을 살피라, 장기를 살려라. 이 정도면 당신도 유머의 대가가 될 수 있다.

10. 서비스 정신을 잊지 말라.

고객에게 편안하고 확실하게 서비스하면 당신의 일은 번창해진다.

11. 자신에게 성공한 사람이 되라.

상처 입은 사람들 주위에는 언제나 상처 입은 사람들로 가득하다. 실패한 사람들 곁에는 실패한 사람들만 득실거린다. 성공한 사람이 되려거든 자신에게 먼저 성공한 사람이 되라.

12. 자신의 일을 즐겨라.

언제나 해야 될 일을 찾지 말고 하고 싶은 일을 해라. 하지만 이것도 기억하라. 성공의 비밀은 자신이 좋아하는 일을 하는 것이 아니라 자신이 하는 일을 좋아하는 것이다.

13. 사명선언서를 만들라.

IBM은 훈련과정 때마다 간부가 참석해서 그 회사가 추구하는 세 가지 사명을 말한다. 개인에 대한 존중, 탁월성, 그리고 서비스이다. 이러한 원칙이 조직을 성공으로 이끈다. 나의 사명서는 무엇인가? 매일 아침 스스로에게 사명선언을 해보라.

14. 모든 삶이 배움의 현장이 되게 하라.

우주만물에는 신의 지문(指紋)이 있다. 나아가 "업은 아이에게도 배울 것이 있다."는 격언이 있다. 자연현상뿐만 아니라 삶의 현장을 살아있는 교과서로 삼아라.

15. 정보인맥을 구축하라.

'개미형'이 아니라 '거미형'으로 살아라. 산업사회에서는 근면과 성실을 상징하는 개미가 표준 인간형이었다. 그러나 정보사회에서는 거미가 모델이다. 곳곳에 정보의 그물을 쳐두고 여유있게 기다려라.

16. 아날로그가 아니라 디지털로 사고하라.

아날로그는 24시간을 나눠, 8시간은 일하고 8시간을 자고 8시간은 쉰다. 하지만 디지털은 일하는 시간을 별로 중요하게 여기지 않는다.
24시간 연속으로 일할 수 있고 24시간 내내 잘 수도 있다. 생산성만 있으면 되는 것이다. 디지털의 실체는 유연함과 무정형에 있다.

17. 상처를 거부해라.

현명한 사람은 자기마음의 주인이 되고, 미련한 자는 그 노예가 된다.
내가 나를 주장하는 것이야말로 성공의 지름길이다. 그러므로 이렇게 외쳐보라.
"내가 허락하지 않는 한 나는 상처받지 않는다."

18. 일기를 써라.

또렷한 기억보다 희미한 기록이 낫다는 말이 있다. 하루를 돌아보는 일기야말로 내면세계의 질서를 찾아가는 자신만의 수업현장이다.

19. 성공의 주인공이 되라.

"명성에 빛나는 지도자들의 행위를 자세히 검토하면 그들이 운명으로부터 받은 것이라곤 기회 밖에 없었다는 것을 알게 될 것이다. 그리고 그 기회라는 것도 그들에게는 재료로 제공되었을 뿐이며, 그 재료조차도 그들은 자기네 생각에 따라 요리했던 것이다."

마키아벨리의 '군주론'에 나오는 말이다.

20. 결점에 매달리지 말라.

"신은 우리를 인간으로 만들기 위해 무엇인가 결점을 부여해 주었다."

셰익스피어가 '안토니오와 클레오파트라'에서 한 말이다. 결점에 매달리기보다 장점에 매달려라.

21. 가정을 소중히 하라.

부시 바버라 여사는 이렇게 말했다.

"우리 사회의 성공 여부는 백악관이 아니라 여러분의 가정에 달려 있습니다."

억대 연봉자들의 첫 번째 성공 요인은 화목한 가정이었다. 가정생활을 우선으로 하라.

22. 사소한 일에 목숨을 걸지 마라.

"마지막으로 실은 짚 한 오라기가 낙타 등을 부러뜨린다."는 말이 있다. 자신의 감정을 상하게 할 수 있는 사소한 것들을 흘려버리고 매달리지 마라.

_ 맥스웰 멀츠

인생은 시간여행이다. 하루만이라도 해보자.

새로운 세계 새로운 체험은 기쁨과 깨달음을 만들어준다.
해외여행도 그 중에 하나지만 많은 비용과 시간이 소요된다.
돈들이지 않고 인생을 확 바꿀 수 있는 체험도 얼마든지 있다.

1. 입이 찢어질 정도로 크게 웃어보자. 순간부터 기쁨의 날이 펼쳐진다.
2. 하루만이라도 색다른 삶을 살아보자. 작은 변화가 큰 변화를 만들어준다.
3. 부부역할을 바꿔서 해보자. 이해와 사랑이 증폭된다.
4. 아내를 힘껏 안아주자. 하루치의 사랑이 싹트기 시작한다.
5. 남편 출근할 때 문밖에 나가 배웅하자. 신혼기분으로 돌아간다.
6. 쫓기지 말고 1시간 일찍 출근하자. 향상과 발전이 저절로 만들어진다.
7. 부모님 좋아하시는 일을 해보자. 효도는 다른 것이 아니다.
8. 부모님의 젊었을 때 얘기를 해달라고 해보자. 부모님의 얼굴이 활짝 갠다.
9. 전화대신 편지를 써보자. 감동은 두고두고 남게 된다.
10. 좋은 말만 사용해 보자. 심성이 달라지고 대인관계도 좋아진다.
11. 하루쯤 최대능력을 발휘해보자. 가운에 큰 변화가 생겨난다.
12. 하루만 '안 된다'를 '된다'로 바꿔보자. 밝은 미래가 펼쳐진다.

13. 덕담을 주고받자. 복 받는 삶이 만들어진다.
14. 말수를 줄여보자. 말하기보다 듣기의 중요함을 깨닫는다.
15. 싫어하는 음식도 먹어 보자. 입맛도 습관임을 알게 된다.
16. 전등 대신 촛불을 켜보자. 타임머신을 타고 여행하는 기분을 맛볼 수 있다.
17. TV를 끄고 하루쯤 지내보자. 할 일이 산더미처럼 많음을 알게 된다.
18. 하루쯤 신문을 보지 말자. 마음의 오염이 그만큼 줄어든다.
19. 보고 싶었던 책을 사서 읽자. 새로운 깨달음을 얻게 된다.
20. 사다놓고 읽지 않은 책 읽어보자. 자신의 성장을 쉽게 느낀다.
21. 돌다리 두드리기는 그만 하자. 일단 뛰고 보면 별 것도 아니다.
22. 올해 안에 책 1권을 써보자. 자신의 평가를 새롭게 할 수 있다.
23. 대청소를 해보자. 10년 묵은 체증까지 쑥 내려간다.
24. 가족끼리 역할을 바꿔서 해보자. 이해 못했던 부분도 이해가 된다.
25. 한 달에 하루는 남을 행복하게 만드는 날로 정하자. 그 행복이 돌고 돌아 내게로 돌아온다.
26. 마음을 정돈하고 유서를 써보자. 정리된 삶을 살 수 있다.
27. 사랑의 표현을 강하게 해보자. 귀신도 말 안하면 모름을 깨닫는다.
28. 같은 길만 가지 말고 다른 길도 이용해 보자. 새로운 세계를 체험한다.
29. 하루쯤 남을 평가하듯 자신을 평가하자. 쉽게 변신할 수 있다.
30. 미루던 일을 한 번 해보자. 해방이 뭔지를 깨닫게 된다.
31. 하루쯤 자기 사랑에 열을 올려보자. 자기 사랑처럼 큰 사랑도 없다.
32. 하루쯤 남의 모범으로 살아보자. 그것이 완성의 길이다.
33. 하루쯤 안 쓰던 손을 사용해보자. 불편을 겪어보면 고마움을 알게 된다.
34. 하루쯤 남의 좋은 점만 찾아보자. 행복의 문이 저절로 열리게 된다.
35. 하루쯤 걸어서 다녀보자. 문명에서 벗어나보는 것도 소중한 경험이다.

36. 하루쯤 전화를 끄고 지내보자. 전화 없다고 죽는 것이 아니다.
37. 하루쯤 남의 눈치를 보지 말고 살아보자. 바보처럼 산 자기를 돌아보게 된다.
38. 하루쯤 무일푼으로 살아보자. 노숙자를 이해하는데 큰 도움이 된다.
39. 하루쯤 물만으로 살아보자. 물은 생명의 양식이다.
40. 하루쯤 습관을 바꿔 보자. 운명의 변화가 생겨난다.
41. 내가 아끼던 물건을 남에게 줘보자. 감동과 감격을 함께 맛본다.
42. 스승에게 감사편지를 써보자. 큰 빚 갚은 기분을 느끼게 된다.
43. 보험을 들어 놓자. 평생 마음 놓고 살 수가 있다.
44. 부부 싸움은 속삭이듯 해보자. 목청 높인다고 이기는 것이 아니다.
45. 수첩에 적어놓기만한 번호에 전화해 보자. 기쁨과 반가움이 공유된다.
46. 헌혈을 해보자. 나 하나의 헌혈로 꺼져가는 생명을 살려낸다.
47. 인터넷을 검색만하지 말고 자기 글도 올려보자. 내가 변하고 세상이 변한다.
48. 나와 다른 신앙도 해보자. 우물 안 개구리가 용이 되는 순간이다.
49. 뒷걸음으로 걸어보자. 앞으로만 걷는 것이 능사가 아님을 깨우치게 된다.
50. 오늘부터 일기를 써보자. 자신의 삶이 모범답안으로 변하게 된다.

_지식in

고령자 재취업 전략 10계명

1. 컴퓨터와 친해져라 — 취업 정보는 인터넷에 모인다.
2. 눈높이를 낮춰라 — "내가 왕년에……"는 과거일 뿐이다.
3. 이력서에 공들여라 — 인맥과 경력을 구체적으로 적는다.
4. 규칙적으로 운동해라 — 기업주는 고령자의 건강부터 생각한다.
5. 발품을 팔아라 — 취업행사나 알선기관을 자주 찾는다.
6. 재취업 교육을 받아라 — 유망 자격증을 따는 것도 좋다.
7. 취업일기를 적어라 — 자신의 고쳐야 할 점이 보인다.
8. 미리 준비하라 — 재직 중에 퇴사 후를 위해 능력개발을 한다.
9. 서두르지 말라 — 허위 과장광고에 취업사기를 당할 수 있다.
10. 의기소침하지 말라 — 가장 중요한 것은 자신감과 열정이다.

_인크루트

시스템적 사고의 법칙 11가지

1. 어제의 해결책이 오늘의 문젯거리일 수 있다.
경찰이 덮쳤을 대는 이미 새로운 곳으로 옮긴 후인 마약상의 경우처럼 대부분의 해결안들은 시스템의 또 다른 부분에서 다시 문제를 유발한다. 즉, 문제는 사라지지 않고 다시 돌아오게 되는 것이다.

2. 세게 밀수록 반동도 커진다.
기업이 마케팅 비용을 위해 서비스 관련 비용을 줄이는 경우 낮은 수준의 서비스는 바로 고객들을 실망시키고 이로 인해 결과적으로 매출이 하락하게 된다.

3. 행위는 나빠지기 전에 먼저 좋아진다.
어떤 조치들은 궁극적으로는 별 효과가 없지만 단기적으로는 효과가 있는 것처럼 보인다. 이처럼 나쁜 결과가 나오기 전에 일단 좋아지는 현상으로 인해 대부분의 정치적 의사결정이 궁극적으로는 나쁜 결과를 만들어내기 쉽다.

4. 쉬운 방법은 대개 문제를 원점으로 돌아오게 한다.
우리는 아는 것에만 집착해 익숙한 해결책에만 매달리려 한다. 때로는 이러한 방법으로도 해결책을 찾을 수 있지만 대부분은 그렇지 못하다.

손쉽고 익숙한 해결책에만 매달려 있는 동안 문제는 더욱 악화되기 일쑤인데, 이것은 비 시스템적 사고의 전형이다.

5. 해결책이 문제 자체보다 더 부정적일 수 있다.

때로는 손쉬운 해결책은 비효과적일 뿐만 아니라 중독성이 있고 위험하기도 하다.

6. 빠른 것이 느린 것만 못하다.

몸에 암이 퍼지는 것처럼 성장이 지나칠 때 시스템은 스스로 속도를 늦추려고 하고, 이러한 과정에서 조직을 위기에 몰아넣기도 한다.

7. 원인과 결과가 시공적으로 일치하지는 않는다.

즉, 생산에 문제가 있으면 생산라인 판매에 문제가 있으면 판매라인의 문제라고 단순하게 해석할 수 없다는 것이다.

8. 작은 변화가 큰 결과를 낳는다.

이는 시스템적 사고는 작지만 적절한 행동만으로도 때로는 지속적인 개선을 이룬다는 레버리지 효과를 의미한다. 따라서 난제를 해결하기 위해서는 어디에 가장 큰 레버리지 효과가 있는지를 파악해야 한다.

9. 꿩 먹고 알 먹는 식의 경우는 쉽게 찾아볼 수 없다.

한 가지 목표를 달성하기 위해서는 다른 한 가지 목표는 잠시 접어둬야 하는 것이다.

10. 코끼리를 반으로 쪼갠다고 두 마리의 코끼리가 되는 것은 아니다.

생명체에는 통합성이 있으며, 특성은 전체에 의해 좌우된다. 조직도 마찬가지로 관리상의 문제를 인식하기 위해서는 문제의 원인이 되는 전체 시스템을 볼 줄 알아야 한다. 즉, 문제 부서를 분할한다. 해도 이들이 문제가 되었던 상황을 각각 처리할 수는 없는 법이다.

11. 누구도 탓할 수 없다.

우리는 많은 경우 문제를 외부 환경 탓으로 돌리지만 시스템적 사고에서는 문제의 원인이 시스템의 일부라는 점을 인식해야 한다.

_피터센게(Peter M Senge)

memo

찰스 칙 톰슨 창의력 법칙 20

1. 훌륭한 아이디어를 얻는 최선의 방법은 많은 아이디어를 생각해내고 그 가운데서 나쁜 것을 버리는 것이다.
2. 광년을 앞서가는 게 아니라 15분 앞서가는 아이디어를 생각해내라.
3. 언제든지 두 번째로 옳은 해답을 찾아라.
4. 처음에 성공하지 못하면 잠시 멈추고 휴식을 취하라.
5. 잊어버리기 전에 아이디어를 적어 두어라.
6. 누가 당신에게 틀렸다고 하면 당신은 한 걸음 앞선 것이고, 당신에게 조소를 보내면 당신은 두 걸음 앞선 것이다.
7. 어떤 문제이든 해답은 이미 존재한다. 해답을 찾아내기 위해 우리는 올바른 질문을 해야 한다.
8. 바보 같은 질문이 훌륭한 해답을 낳는다.
9. 절대로 근원적인 시각으로 문제를 풀려고 하지 마라.
10. 문제를 풀기 전에 이미 그것이 풀렸다고 생각해 보라.
11. 모든 행동은 상반되는 것으로 되어 있다. 일을 거꾸로 보고 바꿔 보는 법을 배워라.
12. 고정관념에 도전함으로써 장애물을 행운으로 바꿔 놓을 수 있다.
13. 다른 신발을 신어 봐도 효과가 없으면 헬리콥터나 우주선을 타고 자신의 문제를 보도록 하라.
14. 자연과 같이 생각하라. "자연은 이 문제를 어떻게 생각할까?" 라고 물어

보라.

15. 가장 좋은 것을 낚아채 자신에 맞게 고쳐라.
16. 실패에 대한 벌이 아무 것도 하지 않은 데에 대한 벌보다 무거워서는 안 된다.
17. 아이디어의 흥미로운 점은 혁신을 이끌어 내는 것이다. 긍정적이냐, 부정적이냐를 따지는 것이 아니다.
18. 아이디어를 적어두는 것은 은행에 돈을 저금하는 것과 같다.
19. 60분간 회의를 시작하기에 앞서 1분간 몸풀기 운동을 하라.
20. 샤워를 즐겨라.

노래하고 싶은 마음이 들면 노래하라.
그 노래 속에 아이디어가 숨어 있을지도 모른다.

_찰스 칙 톰슨

memo

아이디어가 막 떠오르는 방법 10가지

1. 심각한 사람들에게서는 아이디어가 절대로 나오지 않는다.
   유머와 창조력은 절친한 친구 사이이다.
   그러므로 일할 때 재미가 없다면 인생을 낭비하고 있는 것이다.
   우선 마음을 즐겁게 하라. 그러면 저절로 아이디어가 떠오른다.

2. 무언가 서로 다른 두 가지를 합쳐 보라.
   재미있는 아이디어가 나온다.
   화가 달리는 꿈과 예술을 조합하여 초현실주의를 탄생시켰다.
   허친스라는 사람은 자명종과 시계를 결합하여 자명종 시계를 발명했다.
   리프먼은 연필과 지우개를 합쳐 지우개 달린 연필을 만들었다.
   어떤 이는 걸레에 막대기를 붙여 대걸레를 만들었다.

3. 아이디어를 내는 일은 문제를 해결하는 일이다.
   문제가 무엇인지 잘 알기만 하면 답은 그 속에 있는 것이다.
   과학자들도 어떤 문제의 답이 있다고 생각하고 문제를 풀면 태도가 바뀐다고 한다. 이미 답 쪽으로 50% 정도 다가가 있다는 것이다.
   내게 아이디어가 있다고 믿어라.

4. 마음속에 목표를 정하라.

다이빙 선수는 물에 뛰어드는 장면을 골프 선수는 공이 홀에 들어가는 장면을 상상하며 경기한다.

아이디어와 관련된 장면을 상상하라.

칭찬받고, 감사의 말을 듣고, 보상받는다고 상상하라.

우리도 그렇게 될 수 있다.

5. 어린아이가 되어라. 그들의 천재성을 배워라.

세상에는 규칙이 왜 그리 많을까? 아이들은 규칙을 모르기 때문에 아예 그것을 깨어버린다.

아이디어 낼 일이 있으면 이렇게 물어 보라.

"내가 여섯 살이라면 이걸 어떻게 풀까?"

우유용기에는 왜 반드시 우유라는 글씨가 가장 크게 쓰여 있을까?

예전에 어떻게 했었는지는 싹 잊어버려라.

6. 정보, 정보, 정보! 많이 아는 사람이 아이디어 낼 확률이 높다.

아이디어는 "낡은 요소의 새로운 조합"이라 했다. 낡은 요소를 얻는 방법은?

(1) 틀에서 벗어나 보라.

9년 동안 매일 다른 길로 출근했다는 사람이 있다.

절대 듣지 않던 라디오 방송을 들어보라.

아동 도서를 읽어보라.

평소에 같이 가지 않던 사람과 점심식사를 하러 가라.

(2) 무언가를 새로운 눈으로 보라.

그 연습을 위해 "본 것"을 매일 기록하라.

오늘 당장 쉬는 시간에 공책을 한 권 사라.

공책이 가득 차면 그것을 읽어보라.

죽을 때까지 공책을 채워라.

7. 배짱을 가져라. 큰 소리로 발표하라.

아이디어란 너무도 예민해서 누군가 비난을 하면 바로 죽어버린다.

그 사람은 당신의 아이디어를 두려워하고 있기 때문에 비난하는 것이다.

또 세상에 나쁜 아이디어는 없다는 사실을 기억하라.

우유를 쏟고 나서 울어봐야 소용없다.

쏟은 우유로 뭘 할지 아이디어를 내라. 아니면 더 좋은 용기를 개발하든지.

아울러 아이디어를 너무 많이 냈다고 야단칠 사람은 이 세상에 없다.

무조건 많이 내라.

8. 생각하는 방식을 한 번 바꿔보라.

(1) 시각적으로 생각해 보라.

아인슈타인은 언어로 생각한 적이 한 번도 없었다고 한다.

개념이 이미지로 먼저 떠오르면 그것을 언어나 공식으로 표현했다는 것이다.

사진작가 만 레이는 여인의 토르소를 첼로로 보았다.

건축가 프랭크 로이드 라이트는 집이 독립된 구조물이 아니라 풍경을 이루는 필수 요소라고 생각했다.

(2) 수평적으로 생각하라.

때로 너무 논리만 따지다 보면 좋은 아이디어가 나오지 않는다.
세상일은 반드시 앞뒤가 딱딱 맞는 것은 아니다. 논리를 무시해보라.
재미있는 아이디어가 팍팍 나온다.

(3) 있지도 않은 경계선을 긋지 마라.

지레 짐작해서 함정을 파지 말라는 뜻이다.
내가 판 함정에 내가 스스로 찾아가서 빠져버리는 실수를 우리는 자주하게 된다.
종이로 비행기를 접어 누가 가장 멀리 날리나 시합을 했다.
대개 원을 그리며 날다가 얼마 가지 못하고 바닥으로 곤두박질쳤다.
그런데 어떤 사람은 종이를 골프공만 하게 똘똘 뭉쳐 던지는 것이었다.
동그란 비행기는 없는가? 누가 종이비행기는 꼭 종이비행기처럼 보여야 한다고 했나?

(4) (3)번과는 반대되는 이야기지만, 약간의 제한을 두어라.

지나친 자유는 혼돈이다.
아이디어를 낼 때 어떤 범위를 지정해 두지 않으면 너무 막막해서 무엇을 어떻게 해야 할지 알 수가 없다.
누군가가 막연히 그저 맛있는 음식을 만들어 달라면 어떻게 만들어 주어야 하나?
재즈 음악가 듀크 엘링턴은 곡을 쓸 때 늘 악기의 종류와 연주자의 수를 제한해 놓았다.
월터 헌트라는 사람은 늘 돈 때문에 독촉을 받았기 때문에 무언가 정말 필요한 것, 몇 시간 내에 스케치할 정도로 단순한 것을 발명하기로 했다.

결국 그는 안전 옷핀을 발명했다.

가장 자극적인 제한은 시간이다.

당신도 마감시간을 정해놓고 일해보세요. 초능력이 생긴다.

마감 시간이 당신에게 박차를 가하여 뭔가 이루게 만들어 줄 것이다.

9. 결합하는 방법을 배워라.

(1) 비유 방법을 찾아보라.

만일 속도에 대한 이야기라면 세상에서 가장 빠른 것은 무엇인지, 가장 늦는 것이 무엇인지 생각해보는 것이다.

(2) 규칙을 깨버려라.

반 고흐는 꽃이 어떠어떠한 식으로 보여야 한다는 규칙을 깨뜨렸다.

피카소는 여인의 얼굴은 어떤 식으로 그려야 한다는 규칙을 깼다.

또 베토벤은 교향곡이 어떻게 들려야 한다는 규칙을 깼다.

딕 포스베리는 높이뛰기를 어떻게 해야 한다는 규칙을 깨뜨렸다.

(3) "...... 라면 어떻게 될까?"라고 생각해보라.

느닷없이 답이 튀어나올지 모른다.

당신이 머리 아파하는 그 문제가 지금보다 두 배 심각했다면? 열 배 심각했다면?

아니면 반 정도 심각했다면? 이 문제를 완전히 거꾸로 뒤집어보면?

이 문제가 내년까지 존재한다면? 10년 후까지 존재한다면?

만일 갑자기 이 문제가 해결된다면? 당신이 어린아이였다면?

(4) 다른 분야로 눈을 돌려 도움을 받아라.

제임스 리티는 그의 식당에서 돈 받는 직원이 돈에 함부로 손을 대지 못하도록 현금이 들어오는 것을 기록할 방법을 찾고 있었다. 그러다가 증기선 위에서 프로펠러의 회전수를 세고 기록하는 장치를 보게 되었다.

바로 그 원리를 적용하여 세계 최초의 금전 등록기를 개발한 것이다.

(5) 기회를 잡아라.

고양이 중 쓸모 있는 고양이는 바로 쥐를 잘 잡는 고양이이다.

가끔씩 이름조차 들어보지 못한 것을 갖고 놀아보라.

10. 끝까지 물고 늘어져라.

세상의 어떤 것도 집요함을 당할 수는 없는 법이다.

(1) 재능도 못 당한다 : 재능이 있는데 성공하지 못한 사람처럼 멍청한 사람은 없다.

(2) 재산도 못 당한다 : 태어날 때부터 부유한 사람이 가난하게 죽는 경우는 많다.

(3) 천재성도 못 당한다 : 보상받지 못한 천재성이란 말이 있다.

(4) 교육도 못 당한다 : 세상은 교육받은 게으름뱅이로 가득 차 있다.

(5) 행운도 못 당한다 : 행운의 여신이 부리는 변덕은 왕도 쓰러뜨린다.

_잭 포스터

걱정하는 것을 줄이는 10가지 방법

1. 문제를 정확하게 파악하라.

2. 걱정을 분석하라.
걱정을 0에서 5까지 단계를 나누어 필요 없는 걱정을 줄여라.

3. 걱정에 대해 이야기하라.
이를 통해 그 문제를 평가할 수 있다.

4. 10년 테스를 적용하라.
이것이 10년 후에 어떤 의미가 있을까?

5. 걱정거리 리스트를 작성해보라.
인생의 75% 이상은 일어나지 않을 일들과 일어나지 않을 일로 인해 고민한다.

6. 걱정하는 시간을 하루에 정해놓고 그 시간으로 미루라.

7. 영향력을 행사할 수 없는 사항은 받아들여라.
고민해도 바뀌지 않을 일로 시간과 정력을 낭비하지 마라.

8. 현재에 살아라.

과거나 미래가 아니라 현재에 행복해야 한다.

9. 상상 기술과 명상법을 활용하라.

즐거운 상상은 정신건강에 좋다.

10. 기분 전환 활동에 몰입하라.

정말 즐거운 일을 하라.

_지식in

memo

상한 감정을 치유하는 6단계

1. 문제를 똑바로 직시하라.

정직한 마음으로 기억하기조차 싫은 어린 시절의 경험과 대면하라. 당신 자신에게 먼저 시인하고 다른 사람들에게도 그것을 고백하고 나누는 용기를 통해서, 깊은 마음의 치료를 경험할 수 있다.

2. 어떤 문제든지 자신에게 책임이 있다는 것을 인정하라.

당신은 당신이 취한 행동에 대해 책임이 있다. 당신이 다른 사람들을 비난하는 것을 멈추고 자신의 책임을 시인하기 전까지는 당신의 손상된 감정을 절대로 치료받지 못할 것이다.

3. 고침을 받기를 원하는지 자신에게 스스로 물어 보라.

당신은 당신의 문제를 다른 사람으로부터 동정을 받는 수단으로 사용하고 있지 않는가? 자신에게 스스로 물어보라. "내가 진정으로 고침을 받기를 원하는가? 책임을 회피하지 않고, 나의 문제를 직시할 용의가 있는가?"

4. 문제에 관련되어 있는 모든 사람들을 용서하라.

자신이 책임을 진다는 것과 다른 사람을 용서한다는 것은 동전의 양면과 같다. 많은 사람들이 다른 사람들을 절대로 용서할 수 없는 이유는, 그럼으로써 문제에 대한 책임을 전가할 대상이 없어지기 때문이다. 책임을 지는 것과 용서하는 것은 거의 같은 행동을 취하는 것이다. 어떤 경우에도 이 두 가지를 동시에 해야 한다.

5. 자기 자신을 용서하라.

"하나님이 저를 용서하셨지요. 그런데 나는 절대로 나 자신을 용서할 수 없어요."라고 많은 그리스도인들이 말한다. 이 말에는 모순이 있다. 자기가 자기 스스로를 용서하지 않았는데 어떻게 하나님이 자기를 용서했다는 것을 진심으로 받을 수 있는가? 하나님이 용서해 주시고 잊어버린 것을 우리가 다시 끄집어 낼 권한이 없다.

6. 문제의 핵심이 무엇인지 또한 그것을 위해서 어떻게 기도해야 할지를 성령님께 구하라.

많은 경우 우리가 잘못된 것을 위해서 기도하기 때문에 응답을 받지 못한다. 상담자나 목사나 친구의 도움을 받아, 당신이 진정으로 요구하고 있는 것이 무엇인지 성령님께 여쭈어 보는 것이 필요하다.

_데이빗 A. 씨맨즈

신입사원을 위한 직장생활 10계명

1. 일하는 방법을 알아야 열정이 산다.
2. 미친 메모광이 되라.
3. 성실한 게 진짜 튀는 거야.
4. 인정받고 싶다고? CEO의 관점에서 생각하라.
5. 성장하려면 지루한 시간을 견뎌라.
6. 행동이 실력이다. 일단 행동하라.
7. 보고서, 간단명료 명확한 전달.
8. 상대가 듣고 싶어 하는 말을 먼저 해라.
9. 작은 변화가 발전을 만든다.
10. 장점을 강점으로 만들어라.

_지식in

직장을 그만둬야 할 10가지 징조

1. 금요일 퇴근할 때 벌써 월요일이 걱정된다.

2. 아침에 때맞춰 일어나기가 점점 힘들어진다.
늦게 일어나 헐레벌떡 나가는 게 일과다.

3. 업무와 관련된 어떤 열정도 없다.
연봉만 빼고.

4. 직장 동료들과 하는 얘기가 온통 직장 내 다른 사람들 욕하는 내용뿐이다.

5. 회사 워크숍이나 회의, 미팅이 너무 싫다.
되도록 빠지려고 한다.

6. 회사 동료들과의 업무 관계가 점점 줄어든다.
회사 사람들이랑 어울리는 기회를 일부러 피한다.

7. 일 년의 절반도 지나지 않았는데 이미 일 년 휴가 날짜를 다 써버렸다.

8. 오늘 할일을 내일로 미룬다.
내일 와서 일을 할 때쯤이면 화가 나 있다.

9. 회사가 잘되는 게 싫다.
혹은 직장 동료가 업무 성과 내는 것도 싫다.

10. 현재 직종과 관련된 목표가 없다.
업무 성과에 다한 보고를 할 때마다 고통스럽다.

_Ten Ways to Know It' s Time to

memo

직장생활에서 성공하기 위한 10가지 방법
(신입사원의 직장생활 생존 10계명)

1. 최선을 다하면서 과정을 즐겨라.
   직장이든 일이든 100% 마음에 드는 경우는 없다는 사실을 인지하라.

2. 기다리지 말고 먼저 다가가라.
   무슨 일에서든 열정이 넘치는 사람이라는 인상을 심어라.

3. '모릅니다. 가르쳐 주세요'라는 말을 입에 달고 다녀라.
   신입사원이 모른다고 해서 흉은 안 된다.
   시간이 흐를수록 모른다는 말을 하기가 어려워진다.

4. 애교 있는 사람이 되라.
   신입사원은 조직의 막내다.
   막내다운 애교를 부릴 줄 아는 신입사원이 사랑받는다.

5. 근성을 가져라.
   대충 하다가 선배나 팀장에게 일을 넘기면
   당신은 '대충 하는 녀석'이라는 인상이 박히게 된다.

6. 'Copycat' 이 되라.

일 잘하는 선배만 잘 따라 해도 반은 성공한다.

7. 아무개 하면 생각나는 당신 고유의 이미지를 만들라.

'특정 업무 영역은 역시 아무개다' 라는 인상을 심어줄 필요가 있다.

8. 수시로 평가 받고 있음을 잊지 마라.

신입사원은 으레 관심의 대상이 된다.

당신이 없는 곳에서 당신에 대한 질문과 답이 오가기 마련이다.

9. 건설적인 투덜이가 되자.

신입사원은 새로운 시각과 해결책으로 조직에 활력을 불어 넣을 수 있다.

신입다운 패기와 순수함, 그리고 열정을 보여주자.

10. 승진하는 그 날을 준비해라.

팀장의 입장에서 생각해보는 습관은 성과 향상, 선배 사원들의 관계에서 많은 도움을 준다.

_LG경제연구원

야근을 줄이는 시테크 8가지

1. 일의 우선순위를 정한다.

일을 시작할 때, 미결업무와 새로이 추가할 업무, 주요 업무들을 분류하고 우선순위를 정한다. 이렇게 하지 않고 이일 저일 조금씩 하다 보면 결국 아무것도 마무리 짓지 못하는 경우가 허다하기 때문이다.

2. 일이 중단되는 횟수와 시간을 줄인다.

외판원이나 거래처 사람들과 필요 이상으로 많은 이야기를 하거나, 외부에 자주 전화를 거는 일들은 일의 흐름을 끊어 버린다. 되도록이면 하루에 이런 일들이 몰리지 않도록 하고 불가피하다면 대접하는 커피의 양을 줄인다든지, 지금 바쁘다는 눈치를 확실히 주기 위해 부산히 움직인다든지 해서 소요되는 시간을 줄인다.

3. 미루는 버릇은 과감히 버린다.

하기 싫다고 계속 미루다 보면 일은 더 쌓여가고 더 하기 싫어지게 마련이다. 하루치의 일을 정해 놓고 되도록 하루 안에 다 끝내 놓도록 한다.

4. 틈새 시간관리를 잘한다.

출근시간, 점심시간에 30분정도 일찍 움직인다. 사람이 많이 붐비는 시간에는 스트레스도 쌓이지만, 일 진행속도가 느려지게 되어 다음 일에 지장을 주게 되기 때문이다. 이때의 30분은 그 이상의 가치를 발휘한다.

5. 어려운 일부터 먼저 시작한다.

지금까지 해보지 않은 새로운 일이거나 중요한 일은 심리적으로 부담이 되어 자꾸 뒤로 미루게 된다. 그러나 이렇게 계속 미루다가 보면 일이 지연되고 결국엔 야근까지 해야 하는 경우가 종종 생긴다. 일은 시간을 끌면 끌수록 스트레스만 더 쌓이고 더욱 하기 싫어진다. 빨리 시작해서 해결하는 것이 남아 있는 다른 업무를 시작하기 수월하게 만든다.

6. 기분 조절을 잘한다.

월요일이나 출장 다음날 혹은 상사에게 심하게 꾸중을 들은 이후에는 기분이 언짢아지고 의욕이 저하되어 일의 능률이 떨어진다. 그러므로 이런 일들이 생겼을 때는 업무를 계속하지 말고 잠깐 나가 커피를 마신다든지, 근처 공원을 산책한다든지 해서 기분조절을 잘해 둔다.

7. 일을 시작하기까지의 시간을 줄인다.

업무를 시작하기 전에 준비하는 데 걸리는 시간을 '리드타임(lead time)'이라고 한다. 이 시간을 줄이는 것은 업무의 속도를 높이는 효과를 내는데, 그러기 위해서는 제일 먼저 사무용품을 정리해 두는 것이 좋다.

8. 되도록 실수를 줄인다.

누구나 실수하게 마련이지만 실수를 복구하는 데 시간이 소요된다는데 문제가 있다. 따라서 업무를 빨리 하는 것도 중요하지만, 실수를 안 하는 것도 시간을 버는 것이다.

_지식in

직장에 남는 자들을 위한 조언 15가지

1. 단호함을 가져라.

스트레스에 시달린다면 그렇다고 말하라. 직장에서 얻은 감정은 직장에서 털어내라. 분노를 감추지 말고 솔직하게 털어놓아라.

2. 공적인 일과 사적인 일을 분명히 구분하라.

직장생활과 가정생활을 분리하라. 일을 집으로 가지고 가지 마라. 마찬가지로 집안문제를 직장으로 끌어들이지도 마라.

3. 편안한 상태를 유지하라.

차분한 업무환경을 만들어라. 자신이 맡은 일을 훌륭하게 끝낼 수 있도록 편안한 상태를 만들고 그 상태를 유지하라. 그러나 편안함이 지나쳐 게을러지면 안 된다.

4. 약속을 지켜라.

일단 직장에 남기로 결심했다면 그 결정에 맞게 행동하라. 탈출하고 싶은 마음은 일단 감춰라.

5. 업무에 집중하라.

회사는 일하는 곳이다. 빈둥거리고, 동료와 수다를 떨고, 공짜 커피를 마시고, 유급휴가를 얻기 위해 직장에 다니는 것은 아니다.

6. 건강을 유지하라.

일이 건강에 악영향을 미치는 것이 아니라 오히려 도움이 되도록 만들어라. 정신건강도 육체건강만큼이나 중요하다. 업무로 인한 스트레스를 최소화하기 위해 노력하라.

7. 정돈하라.

일정을 정리하고, 책상을 정돈하고, 일지를 쓰고, 일과를 조율하라. 일을 미루지 마라. 미뤄야 할 일이라면 차라리 없애거나 줄여라. 그리고 해야 할 일은 반드시 일과시간 안에 처리하라.

8. 일 욕심을 버려라.

우리는 슈퍼맨이 아니다. 부하직원이 있다면 도움을 구하라. 책임이 과중하다면 다른 사람에게 위임하라. 과중한 업무는 단호하게 거절하라.

9. 알맞은 식단을 유지하라.

자신의 업무에 맞는 음식을 섭취하라. 열량이 높은 간식은 피하라. 커피를 비롯해 카페인이 함유된 음료는 주의하여 섭취하라. 흡연도 좋지 않다. 과음도 자제하라.

10. 퇴근하기로 한 시간에 퇴근하라.

퇴근을 미루지 마라. 퇴근을 미루는 것은 일을 미루는 것과 같다. 퇴근을 미루지 않도록 미리 업무계획을 짜고, 계획대로 실행하라. 중간에 끼어드는 업무를 최소화하기 위해 노력하라.

11. 회사 밖의 인생을 가져라.

하루 종일 일하고, 퇴근해서도 일에 대해 생각하고, 회사 밖에서 일에 대해 이야기하는 것은 좋지 않다. 같은 회사나 업계에 종사하지 않는 친구를 만들어라. 퇴근 후에는 일의 영역에서 벗어나 취미생활을 하고, 사회활동에 참여하라.

12. 목표를 가져라.

일이 내 삶의 목표를 고취시키는 도구가 될 수 있도록 만들라. 감이 떨어지기를 기다리며 하늘만 쳐다보는 일은 없도록 하라. 감을 먹고 싶으면 감을 딸 계획을 세워라. 자신의 꿈을 항상 염두에 두고 그 꿈을 실현할 계획을 구상하라.

13. 휴식을 취하라.

가끔씩 업무에서 벗어나야 할 때가 있다. 몇 시간에 한번도 좋고, 며칠에 한번도 좋다. 아니면 몇 주 또는 몇 달의 간격이라도 좋다. 반드시 업무 효율에 긍정적인 영향을 미치는 적절한 휴식을 취하라.

14. 일을 위해 살지 말고, 삶을 위해 일하라.

결국 일은 일일뿐이다. 일이 아무리 소중하더라도 자신의 건강과 행복보다 앞서서는 안 된다.

15. 때로는 도움이 필요하다는 사실을 인정하라.

재교육, 새로운 기술의 개발, 전반적인 능력 향상 등이 필요하다면, 그리고 업무 문제에 대해 해결할 필요가 있다면 혼자서 해결하려 들지 말고 경험이 많은 선배에게 도움을 청하라.

_리처드 템플러

회사에서 지켜야 할 수칙 34가지

1. 친한 척하지 말 것.
2. 갑자기 친해지려고 하지 말 것.
3. 상사에 대해 같이 흉보는 것이 동질감을 주고 동료애를 심어줄 것이라고 기대하지 말 것.
4. 아무리 착하고 입이 세상에서 제일 무거울 것 같은 사람한테도 회사에 대한 흉은 절대 보지 말 것.
5. 무조건 일은 재밌다고 말할 것.
6. 모든 사람에게 인사할 것, 인사할 때 반드시 웃을 것.
7. 일 많다고 동료에게 투정 부리지 말 것.
8. 상사한테 무언가 부탁할 때는 정말 미안하다는 표현 지을 것.
9. 다른 사람 이야기는 무조건 칭찬만 할 것.
10. 은근히 이해심이 많은 것처럼 말을 하고 행동할 것.
11. 너무 많은 이야기를 함께 나누지 말 것.
12. 너무 친해지지 말 것.
13. 절대로 연봉 이야기는 하늘이 두 쪽나도 하지 말 것.
    이런 이야기는 사람을 가깝게 해 주는 것이 아니라 멀게 만든다.
14. 자신보다 아랫사람에게 지나치게 잘해 주지 말 것.
15. 말을 아낄 것.
16. 자신이 썰렁한 분위기를 무마한답시고 나서지 말 것.

17. 이야기를 잘 들어 줄 것.
18. 먼저 말 자르지 말 것. 그게 누군가가 되었던지.
19. 한가한 모습 보이지 말 것. 뭐라도 하는 모습 보일 것.
20. 절대로 혼잣말로 불평이나 뭐든지 중얼거리지 말 것.
21. 상사의 말 한마디 듣고 이유를 달지 말 것.
22. 잡담하러 동료의 책상에 찾아가지 말 것.
23. 누군가 나에게 다가오면 한 자리 내어 줄 것.
    같이 동등하게 이야기를 주고받기보다는 주로 듣는 자의 입장에 설 것.
24. 자주 웃을 것.
25. 걸음걸이는 다소 빠르게 걸을 것.
26. 주말에는 반드시 옷을 세탁, 다려 놓고 한 주 입을 것을 미리 준비해 놓을 것. 그리고 청소할 것.
27. 일이 없을 때는 가만히 웹서핑하지 말고 책상 정돈할 것.
28. 문구류 아껴 쓸 것.
29. 항상 제일 먼저 회사에 나오는 습관 들일 것.
30. 칭찬이건 뭐건 남 얘기는 먼저 꺼내지 말 것.
31. 맞장구를 잘 쳐 줄 것.
32. 여자인 경우 같은 여자 동료의 모습에 자주 칭찬을 할 것.
33. 무언가 도와주었을 때는 정말 고맙다는 표정을 지으며 감사할 것.
34. 출퇴근시간 엄수 지각 결근은 절대 하면 안 된다.

_지식in

직장에서 품위를 잃지 않는 방법 10가지

1. 상사를 돋보이게 하면서도 자신을 감추지 마라.

상사가 승진하면서 당신에게 새로운 자리를 만들어 줄 수도 있다.

아니면 상사가 회사와 자기 경력에 도움이 된다고 판단해 새로 발령받은 부서에 당신을 데려갈 수도 있다. 문제는 상사와 다른 사람들이 회사에 대한 당신의 기여도를 인정해야 한다는 것이다. 따라서 상사가 필요하면 언제든지 눈앞에 나타나서 일에 뛰어들 태세를 갖추고 있어야 한다.

하지만 아첨꾼은 되지 말라. 유능한 지도자라면 주변에 '예스맨' 만 거느리고 싶어 하는 사람은 거의 없다. 당신의 업적에 자부심을 갖고 재능을 숨기지 말라.

2. 불평하지 마라.

계속해서 휴가를 신청하거나 프로젝트 마감 시간을 늦춰달라고 요구하면 상사가 당신을 싫어할 것이다. 당신의 커리어에 악영향을 주고 자존심까지 상처를 입는다.

입에 불평을 달고 사는 사람들은 승진도 안시켜준다. 상사들이 그를 제거하기 위해 다른 부서로 발령을 내리기도 한다.

상사를 적이 아닌 동지로 만들고 싶다면, 그를 실망시키거나 곤혹스럽게 만들지 말라.

골치 아픈 문제를 상사에게 들고 가기 전에 두 번 생각하라. 확인이나 칭찬을 받기 위한 것이라면 상사를 귀찮게 하지 말고 소신껏 결정을 내려라. 그게 당신의 품위를 지키는 일이다.

3. 충분한 근무 조건을 확실히 보장받아라.

당신은 온당한 급료와 그에 적합한 근무 조건을 확실하게 보장받을 권리가 있다.

자기 권리를 지켜라. 돈과 자존심을 맞바꾸지 말라. 이와 마찬가지로 당신에게 중요하다고 생각되는 것이라면, 탄력적인 출퇴근 시간, 단축근무 주간, 재택근무 등에 대해 주저하지 말고 상사에게 물어보라. 자기주장을 분명히 밝히되 공격적인 어조는 피하라. 그것이 회사에 왜 보탬이 되는지를 설명하라. 자기 요구를 표현할 때는 상사와 자기 체면을 모두 존중해야 한다.

4. 부화뇌동하지 마라.

도움을 주고 서로 협력하라. 하지만 남에게 이용당하지는 말라.

당신이 기껏 잘 해놓은 일에 대한 혜택이 다른 동료에게 돌아간다면, 자존심도 체면도 품위도 모두 잃게 되고 만다. 겁내지 말고 과감하게 독자적인 결정을 내려라.

모두가 오전 9시15분에 출근해 오후 5시 정각에 퇴근한다고 해서 그게 반드시 옳다고 생각하지는 말라. 작업장의 안전, 정당한 급료, 근무시간 같은 중요한 문제는 동료들과 함께 노조의 결정대로 따르면 되지만, 노조원이 아닌 이상 임금 협상은 상사와 직접 하는 게 낫다.

일터에 도둑이 드는 것을 막기 위해 몰래 카메라가 설치되었는가, 그래서 인격권이나 사생활 보호권이 침해받았는가, 어떤 입장을 취할 만한 가치가 있는 것인가? 다른 사람들의 의제를 지지하기 위해 함께 휩쓸리기 전에 언제나 장단점을 잘 따져보라.

5. 파티(party)광이나 광대로 명성을 얻지 마라.

회식 자리에서 즐거운 시간을 보내는 것은 좋다. 하지만 술을 너무 많이 마시지는 말라. 품위란 곧 중용을 지키는 것이다. 발표를 하거나 프리젠테이션할 때 사람들을 웃기는 것은 좋은 인상을 준다. 하지만 사무실에서까지 재담꾼이나 광대로 유명해진다면, 아무도 당신을 진지하게 대하지 않을 것이다. 동료들의 존경은 물론 자존심도 잃고 말 것이다.

6. 개인적인 문제를 직장에 끌어들이지 마라.

사무실에서 사적인 문제로 큰 소리로 전화하지 마라.

말다툼을 벌이거나 용서를 구하거나 달콤하게 속삭이고 싶다면 휴대폰을 들고 사무실 밖으로 나가라. 직장 동료와 교제하기 전에 당신의 경력에 미칠 수 있는 파급효과를 신중히 생각하라. 두 사람의 관계가 나쁘게 끝났다면 당신의 사생활을 낱낱이 알고 있는 사람들에게 모욕을 당할 수도 있다.

7. 감정을 잘 다스려라.

동료가 마감시간을 넘겨 당신의 프로젝트 진행이 차질을 빚는다면 실망스럽고 짜증나고 당혹스러운 것은 누구나 마찬가지다. 하지만 그 상황에 어떻게 반응하느냐에 따라 다른 사람들이 당신을 대하는 태도가 달라진다. 잠시 화가 나더라도 화가 머리끝까지 치밀어 올라 이성을 잃지 않도록 주의하라. 항상 감정을 억누르면서 품위를 지켜라. 해서는 안 될 행동이나 말을 했다면, 즉시 솔직하게 사과하라.

8. 성희롱이나 괴롭힘을 주의하라.

성희롱 방지에 대한 사내 규약을 잘 읽어보고 익혀라.

직장 동료가 자신을 비하하는 말을 계속 걸어온다든지 동료가 접수계원에게 성적으로 부적절한 말을 던지는 것을 보았을 때는 우물쭈물하지 말고 분명히 반대 의사를 밝혀라. 학교 내의 왕따처럼 직장에서의 괴롭힘은 다른 사람의 품위에 악영향을 미친다.

9. 강력한 리더십과 창의력을 발휘하라.

사업에서 미래를 여는 열쇠는 혁신이다. 매일 매일 그때 주어진 업무 목표를 달성하는 한편 큰 그림에 주목하여 경쟁자들의 변화와 활동에 대해 최신 정보를 입수하라. 자신의 직관력과 사업 감각을 신뢰하고, 지식을 쌓고 창조적 재능을 길러 회사 발전에 기여한다면, 직장에서 자신감을 키울 수 있고 직업 만족도도 높아질 것이다.

10. 자신의 가치를 더럽히지 말라.

책임있게 행동하라.

불법적이거나 비윤리적인 일을 하도록 부탁받을 때는 당장의 효과에 연연하지 말라. 품위와 자존심을 잃지 않도록 하라. 거울 앞에 자신을 비춰볼 때 선한 양심에 따라 능력껏 최선을 다해 행동했다고 느낄 수 있도록 하라. 하루 일과를 끝낸 후 성취감을 맛볼 것이다.

_지식in

직장인을 위한 투잡스 7계명

1. 하고 싶은 일보다는 할 수 있는 일을 하라.
2. 메인잡을 정해 놓고 서브잡은 메인잡과 연계성이 높은 업종을 선택하라.
3. 무점포 재택근무 형태로 커뮤니티나 네트워크를 활용하라.
4. 컴퓨터와 인터넷을 최대한 활용하라.
5. 건강관리는 기본, 가능하면 체력소모가 적은 업종을 택하라.
6. 주변 인맥을 최대한 활용하고 가족의 도움을 요청하라.
7. 투잡도 사업이다. 재테크보다 시테크에 철저해야 한다.

_지식in

memo

연봉을 높이기 위한 10가지 조언

요즘과 같이 유가와 식품 가격이 급등하는 때는 한 푼이라도 더 버는 것이 누구에게나 절실하다. 특히 봉급생활자들에게는 연봉을 높이는 것이 무엇보다도 중요하다. 영국의 더 타임스는 연봉을 10% 올리기 위해 어떻게 행동해야 하는지에 대한 10가지 조언을 게재했다. 다음은 더 타임스가 보도한 연봉을 높이기 위해 해야 할 10가지 행동이다.

1. 준비를 철저히 하라.
   구인광고나 인재 채용업체 등에서 당신이 원하는 보수 범위에 적합한 일자리를 찾아라. 그런 다음 그 보수 범위 내에서 상위 10%의 보수를 받을 수 있을 자격을 갖췄다는 말을 들을 수 있도록 합당한 기술 등을 익혀라.

2. 당신의 목표를 확실하게 제시하라.
   연봉 협상에서 미래의 전망에 대해 애매하게 이야기하면 절대 안 된다. 회사 조직에 당신이 얼마만큼 기여하고 있는지 말하고 당신이 그에 합당한 보수 인상을 원하고 있다는 점을 분명하게 밝혀야 한다.

3. 당신이 원하는 것을 분명하게 밝혀라.
   당신이 보수 인상을 희망하는지 아니면 근무시간 유연화나 다른 부서로의 전출을 원하는 것인지 당신의 희망이 무엇인지 확실하게 제시하라.

먼저 당신이 원하는 것이 정확하게 무엇인지 상대방에게 알려야 한다.

4. 좋은 인상을 심어라.

외모와 행동, 말하는 것 등에서 당신이 원하는 보수를 받을 자격이 충분히 있다는 인상을 상대방에게 줄 수 있어야 한다. 낡은 옷을 걸치고 협상에 임하는 것은 좋지 않다.

5. 당신의 공헌을 강조하라.

당신이 보수 인상을 원하더라도 돈 문제에 대해 이야기보다는 당신이 회사 내에서 어떤 역할을 하고 있으며 어떻게 회사에 공헌하고 있는지, 다른 동료들과 어떻게 차별화되는지에 대해 이야기하라.

6. 요구하되 불평하지 말라.

보수 인상 문제에 있어 경영자는 방어적 자세가 되지 않을 수 없다. 당신이 아무리 조심스럽게 말하더라도 경영자는 당신의 말을 "불행하다"는 뜻으로 받아들일 것이다. 당신이 즐거운 마음으로 일을 하고 있다는 점을 경영자가 인식하도록 하라.

7. 당신의 최저선에 대해 이야기하지 말라.

마음속에 최소한 어느 정도까지는 받아야 한다는 최저선이 있더라도 결코 이를 밝히지 말라. 또 당신이 재정적으로 압박을 받고 있다는 등의 얘기도 절대 금물이다. 다만 당신이 회사에 얼마나 가치있는 존재인지를 강조해라.

8. 경영자로 하여금 먼저 연봉액수를 제시하도록 해라.

당신의 요구액수는 가슴 속에 담아두고 당신이 요구액수를 말하기 전에 경영자가 먼저 연봉 수준을 제시하도록 해라. 경영자가 "얼마의 연봉을 원하느냐"고 물어보더라도 이는 가능한 연봉 수준이 어느 정도인지를 알아보기 위한 탐색일 뿐이라는 점을 명심해라.

9. 프로처럼 협상해라.

경영자의 첫 번째 제시액이 최종 결정이라고 절대 생각하지 말라. 당신이 회사에 공헌하는 것을 강조하고 당신을 잃음으로써 회사가 얼마나 큰 희생을 치를 것인지를 얘기하라.

10. 당당해라.

당신 자신의 권리를 적극적으로 주장해라. 경영자가 당신을 고용함으로써 기대하는 것 이상의 활기를 회사에 불어넣을 수 있음을 협상을 통해 확인시켜주도록 해라.

_더 타임스

memo

2030 커리어 우먼을 위한 생존의 기술 60가지

1. 커리어를 관리하라. 앞으로 3년 후에 어디로 가고 싶은지를 정하고 지금부터 그에 필요한 경험을 쌓고 훈련을 받아라.
2. 새로운 일을 시작하게 되었을 때 회사, 업무, 고객 등을 통해 스스로 공부하라.
3. 커리어를 쌓는 초기 단계에 라인부서(직계조직)의 경험을 쌓아라.
4. 업무 수행에 대한 피드백을 적극적으로 찾아내라. 비판을 수용하라.
5. 승진할 수 없을 때 또는 승진하지 못하는 것이 당연한 사람으로 여겨질 때 회사를 떠나라.
6. 회사가 당신의 가치를 인정하도록 정교하게 자신을 마케팅하라.
7. 누군가 당신 대신 커리어를 관리해 줄 것이라고 생각하지 마라.
8. 당신이 회사의 문화를 바꿀 수 있다고 생각하지 마라. 회사의 문화에 자신을 맞출 수 없다면, 회사를 떠나야 한다.
9. 고위직까지 승진하고 싶다면 오직 스태프부서(참모조직)에서만 커리어를 쌓지는 마라.
10. 글을 쓸 때 또는 말을 할 때 빠르게 핵심을 짚어라.
11. 이메일을 포함해서 모든 문서는 반드시 다른 사람에게 전달하기 전에 정확하게 작성했는지 검토하라.
12. 모든 회의를 철저히 준비하라.
13. 같은 직급의 사람들이 발언한다면 당신이 참여하고 있는 어떤 회의에

서든 회의 전반부에 발언하라.

14. 일반적인 회의를 할 때처럼 전화 회의도 미리 계획을 세워라.
15. 정식으로 프레젠테이션 교육을 받아라.
16. 자신감이 없어 보이는 말로 서두를 시작해서 당신의 주장을 스스로 훼손하지 마라.
17. 다른 사람이 보거나 듣기를 원하지 않는 예민하고 개인적인 정보를 담은 이메일 또는 음성 메시지를 보내지 마라.
18. 자기만의 이미지를 창조하라.
    사람들을 친근하게 대하라. 하지만 개인적인 정보를 너무 많이 드러내지는 마라.
19. 상사를 고객 대하듯이 대하라. 상사의 일은 그 어떤 일보다 우선권을 가진다는 사실을 명심하라. 상사를 만족시켜라.
20. 동료와의 깊은 우정은 천천히 발전시켜라.
    오늘의 동료가 내일 당신의 상급자가 될 수도 있고 하급자가 될 수도 있다.
21. 관리스태프들과 좋은 관계를 유지하되 일정한 거리를 유지하라.
    그들을 효율적으로 활용하라. 그들은 당신을 만들 수도 망칠 수도 있다.
22. 고객들과 관계를 만들어라.
    당신의 목적은 신뢰할 수 있는 조언자가 되는 것이다.
23. 상사의 배우자를 정중하게 대하라.
    상사의 배우자는 그 상사에게 가장 가까운 친구다.
24. 상가가 당신에게 하라고 요구한 일보다 당신 자신의 일을 우선시하면 안 된다.
25. 동료에게 당신의 모든 문제를 털어놓지 마라.
    대신 불만과 좌절감을 분출할 다른 곳을 찾아라.

26. 관심사를 나눌 수 있는 인맥을 회사 안팎에 구축하고 발전시켜라.
27. 커리어에 전망을 제시할 수 있는 멘토를 찾아라. 만나기 전에 함께 나눌 대화의 주제를 미리 준비하라.
28. 리더가 되기 위해 자신을 훈련시켜라.
    자신감을 가지고 맡은 일을 잘 수행하라.
29. 새로운 기술을 배우고 사람을 만날 수 있는 방법으로 태스크포스를 이용하라. 그러나 자신의 기본적인 업무를 소홀히 해서는 안 된다.
30. 골프를 배워라.
    골프를 함께 치면 당신이 알아야 할 사람들과 더 쉽게 교류할 수 있다.
31. 이미 어떤 모임이나 행사에서 충분한 시간을 소비했다면 자리에서 벗어나는 방법을 배워라. 끝까지 남아 있는 것은 시간 낭비다.
32. 알고 싶지 않은 사람들과 인맥을 맺는데 시간을 낭비하지 마라.
33. 멘토의 시간을 쓸데없이 뺏거나 멘토가 미처 준비하지 못한 무언가를 해달라고 요구하지 마라.
34. 리더가 될 수 없다고 생각하지 마라. 다양한 스타일의 리더가 있다. 당신의 개성에 맞는 리더십의 기회를 찾아라.
35. 회사에서 당신의 감정표현을 잘 조절하라. 그렇게 하면 프로로서의 당신에 대한 평가가 더 좋아질 것이다.
36. 신뢰할 수 있는 정보를 가진 믿을 수 있는 사람으로 보이고 싶다면 소문이나 사내정치를 멀리 하라.
37. 사내연애를 해야 한다면, 아주 조심스럽게 하라.
    그리고 다른 부서의 비슷한 직위의 사람과 하라.
38. 원하지 않는 관계의 진전을 피하거나 적절하게 정리하는 법을 배워라.
39. 회사에서 울지 마라. 그것은 아마추어의 행동이고 사람들은 당신을 더 이상 진지하게 대하지 않을 것이다.

40. 신뢰를 저버리지 마라.
41. 결혼한 사람과 사귀지 마라.
42. 회사의 스타일에 맞춰 프로페셔널하게 보일 수 있는 외모로 가꿔라.
43. 구입할 수 있는 한도 내에서 제일 퀄리티가 높은 옷을 입어라.
44. 지금 회사에서는 비즈니스 캐주얼을 입는다 해도 항상 옷장에 정장을 몇 벌 갖추어 놓아라.
45. 비즈니스 캐주얼을 입더라도 잘 차려 입어라.
46. 좋은 구두를 신어라. 그리고 구두는 항상 광택이 나야 한다.
47. 훌륭한 재단사와 미용사를 찾아라. 그리고 자주 그들을 찾아가라.
48. 너무 꽉 조이거나, 짧거나, 깊이 파이거나 비치는 옷은 입지 마라.
49. 동류들을 불편하게 할 수 있는 옷은 입지 마라.
50. 출장을 편하게 다닐 수 있는 방법을 배워라.
51. 짐은 가볍게 싸고 가방은 출장에 알맞은 것으로 사용하라.
52. 상사에게 좋은 인상을 주고 동료와 좋은 관계를 맺기 위해 출장과 이벤트를 활용하라.
53. 출장 중에 술을 마시지 마라.
54. 아마추어 같은 행동으로 회사의 평판에 먹칠을 하지 마라.
55. 출장 경비를 과다 청구하지 마라.
56. 일에 대한 당신의 꿈을 지지해주는 남자를 만나 결혼하라.
57. 필요할 때 당신이 늦게까지 야근을 하거나 출장을 갈 수 있도록 충분히 유연하고도 훌륭한 보육환경을 갖춰야 한다.
58. 스트레스를 조절할 수 있도록 여가 활동을 해야 한다. 취미, 스포츠, 독서 또는 종교 활동에 이르기까지 무엇이든 스트레스 조절에 도움이 된다면 좋다.
59. 회사에서 일과 육아를 병행하면서 받는 매일의 스트레스에 대해 불평

하지 마라.

60. 아주 급한 경우가 아니라면 동료들에게 자신의 일을 떠넘기지 마라.

_지식in

memo

직장인의 성공을 위한 시간관리 전략 20가지

1. 무슨 일이든 미루지 않고 지금 바로 시작한다.
2. 출퇴근 시 어학CD 청취 등 자동차 안에서 보내는 시간을 활용한다.
3. 최고로 능률이 오르는 시간이 언제인가를 파악해 그 시간에 가장 중요한 일을 한다.
4. 낙관주의자가 되라. 긍정적인 태도가 업무 효율을 높인다.
5. 자잘한 업무들을 묶어서 한꺼번에 처리한다.
6. 정신을 집중해야 하는 창조적인 업무는 행정적인 업무와 분리시킨다.
7. 한 번 손대기 시작한 일은 가능하면 끝을 낸다.
8. 사무실이나 책상의 배열을 개선하고, 특히 책상은 되도록 깔끔하게 잘 정돈한다.
9. 모든 업무상의 편지와 리포트, 수입 명세서 등에 날짜를 기입하고 봤다는 표시를 해두는 습관을 기른다.
10. 계획을 짜고 우선순위를 정하는 데 시간을 할당한다.
11. 동료들이나 상관과 어느 일을 먼저 해야 할 것인가를 의논한다.
12. 빡빡한 스케줄보다 느슨한 스케줄이 업무 완성률을 높인다.
13. 개인적인 전화나 대화는 최대한 자제한다.
14. 아이디어가 떠오를 때마다 써놓을 수 있는 비상노트를 꼭 가지고 다닌다.
15. 스스로에게 업무에 대한 마감 시간을 정해 놓는다.

16. 10분간의 휴식을 가져라.

17. 약속시간에 일찍 도착하도록 항상 10분의 여유를 둔다.

18. 자신의 컨디션에 맞춰 중요한 일과 사소한 일을 분배해 처리한다.

19. 정말 원하는 것을 하기 위해 꾸준히 시간을 내려고 노력한다.

20. 지금 시간을 최대한 효율적으로 쓰고 있는가 자문한다.

_리더피아(USA Today)

memo

입사 3년 만에 반드시 해야 할 77가지

1. 승부는 입사 3년 만에 결정된다. '나는 대기만성형' 이라는 안일한 생각을 버려라.
2. 엄하게 조언해주는 사람과 가까이 지내라.
3. 처음에는 고양이의 손이 되는 것도 마다하지 말라.
4. 자신의 목적의식은 상사가 부여하는 것이 아니다. 스스로 찾아라.
5. 자신의 직업적 목표를 발견하라.
6. 일에 관한 한 잡식성이 되어라.
7. 질책을 들으면 감사하는 마음을 가져라.
8. 책상을 부숴버리고 싶은 상황을 경험하라.
9. 혼자만의 시간을 가져라.
10. 지옥에서도 얻을 것이 있음을 명심하라.
11. 지금 하고 있는 일을 특기로 만들어라.
12. 상사를 열심히 활용하라.
13. 맡은 일에 한시라도 빨리 익숙해져라.
14. '머리가 굳은 상사=나를 단련시키는 채찍' 이라는 등식을 암기하라.
15. 상사는 개와 같다. 도망치기 보다는 뛰어들어라.
16. 수위아저씨의 이름을 기억해두어라.
17. 9번 타자에게도 타순은 돌아온다. 기다려라.
18. 항상 두 직급 위의 업무를 할 수 있도록 준비하라.

19. 말을 걸면 어떤 일이든 바로 일어서라.
20. 작은 기회라도 절대 놓치지 말라.
21. 실패의 대표작을 만들어라.
22. 양동이에 물을 채우듯, 일단 일을 닥치는 대로 많이 하라.
23. 공격이 최선의 방어, 상사의 설교는 충분한 보고로 물리쳐라.
24. 필요하다면 체면 따지지 말고 도움을 요청하라.
25. 다루기 어렵고 싫은 상대일수록 다정하게 인사하라.
26. 나를 지켜보는 몰래카메라가 있다고 생각하라.
27. 시시하게 보이는 업무에서 진정한 기쁨을 맛보아라.
28. 공은 없고 흉만 돌아오는 간사직도 기꺼이 맡아라.
29. 상사에게 지나친 기대를 품지 말라.
30. 가능성이 없으면 야단도 치지 않는다. 상사의 꾸지람을 환영하라.
31. 의식에 관한 한 매순간 진화하라.
32. 돈을 벌기에 앞서 돈 버는 방법을 배워라.
33. 다음에도 자신에게 일이 맡겨지도록 일하라.
34. 상대방에게 돈 이외에 어떤 도움을 줄 수 있는가를 생각하라.
35. 몇 문제를 풀었는가는 중요치 않다. 한 문제라도 끝까지 고민하라.
36. 거래처의 가장 젊은 사람과 친하게 지내라.
37. 회사 안팎에 자신의 스승을 두어라.
38. 항상 보다 높은 수준으로 올라가려는 마음가짐을 가져라.
39. 회사 안의 우수한 인재를 회사 밖에서 만나라.
40. 주변의 시기하는 목소리를 마음에 두지 말라.
41. 샐러리맨에겐 회사라는 브랜드가 붙어있음을 기억하라.
42. 업무일기를 작성하라.
43. 상사를 위해서가 아니라 자신을 위해서 보고서를 써라.

44. 먼저 신분을 밝히며 인사를 건네라.
45. 잡무에도 프로가 되어라.
46. 명함은 총이다. 상대방보다 먼저 내밀어라.
47. 복사 담당이 되어 자신을 위해 한 부 더 복사해 두어라.
48. 담당업무에 관한 한 최고가 되어라.
49. 퇴근 후엔 회사를 입에 올리지 말라.
50. 자신의 신용을 쌓기 위해 일하라.
51. 처음 거래하는 사람과는 사력을 다해 협력하라.
52. 싸움에서 이기는 방법보다 능숙하게 지는 방법을 배워라.
53. 입사 동기가 어디에서 무엇을 하고 있는지를 항상 파악해두어라.
54. 상사에게는 대접받고 후배에게는 베풀어라.
55. 입사 후 3년 동안 함께 지낸 사람을 평생지기로 만들어라.
56. 회사 대 회사가 아니라 개인 대 개인으로 일하라.
57. 실수는 누구나 한다. 그러나 같은 실수를 반복하지 말라.
58. 시행착오로부터 더 많은 것을 배워라.
59. 손님은 손님으로서 프로는 프로로서, 그만의 노하우를 배워라.
60. 가르치는 것도 일종의 공부다, 후배를 가르쳐라.
61. 상사의 기술을 훔쳐라.
62. 급료보다 노하우를 더 챙겨라.
63. 뭔가를 배우기로 했다면 하루라도 먼저 시작하라.
64. 후배를 위해 시간과 정열을 아끼지 말라.
65. 상사에게 공을 돌려라.
66. 당장은 돌아오는 게 없어도 최선을 다하라.
67. 문제가 심각해보여도 심각한 것처럼 보고하지 말라.
68. 상사의 가방을 들어주기보다 먼저 나가 택시를 잡아라.

69. 메모를 전달하면서 이야기의 핵심을 끊지 말라.
70. 창피를 많이 당하는 것보다 창피를 당하지 않는 것을 겁내라.
71. 일의 완수보다 흐름을 먼저 생각하라.
72. 마지막까지 책임을 지는 자세를 보여라.
73. 클레임은 일종의 커뮤니케이션이다, 불만과 혼동하지 말라.
74. 아무리 사소한 일이라도 자기계발로 연결시켜라.
75. 만사가 수포로 돌아가는 최악의 상황까지 한 번 가보라.
76. 결과에 대해 조급증을 내지 말라.
77. 멋진 직소퍼즐의 완성을 위해 지금 이 순간에 성실하라.

_나카타니 아키히로

memo

직장인을 위한 시간관리 10계명

1. 주간계획을 세우자.

직장인들의 생활 패턴이라는 것이 대부분 주간 단위로 구성되어 있기 마련이다. 월요일부터 일요일까지 빽빽하게 짜여져 있는 일주일의 계획을 차례대로 정리하자. 먼저 조정할 수 없는 모임이나 회의를 표시해 놓은 후, 그 외의 것들을 배치하는 것이 순서다. 또한 내가 한 주 동안 무엇을 해야 하는지 정리해 두어야 한다.

2. 아침시간을 활용하자.

하루의 시작은 아침이다. 아침을 어떻게 보내느냐에 따라 하루를 기분 좋게 보낼 수도 혹은 그렇지 못할 수도 있기 때문이다. 출근이 즐겁다면 하루를 즐겁게 보낼 수 있을 것이다. 무슨 일이든지 시작이 나쁘면 그만큼 하루의 흐름이 나쁘게 변해버릴 가능성이 크다.

3. 일과표를 작성하자.

하루를 좀 더 알차게 보낼 수 있는 가장 기초적인 방법이 바로 일과표 작성이다. 우선 자신에게 있어서 하루의 일과 중 가장 중요한 것이 무엇인지 파악하고 이에 맞춰서 일과표를 작성해보자. 이는 내가 그날 해야 할 일이 무엇인지 깨닫게 해주고 일의 우선순위를 파악할 수 있게 해준다.

4. 메모하는 습관을 들이자.

인간은 기계가 아니다. 메모를 통해 기억할 수 있는 용량을 늘 남겨두는 습관이 필요하다. 또한 메모는 한 곳을 정해서 해두는 것이 좋다. 잘못하면 자신이 메모해 둔 곳을 찾지 못해 낭패를 당하는 수도 생기기 마련이니 말이다.

5. 자투리 시간을 활용하자.

우선 이 자투리 시간에 무엇을 할 것인지를 분명하게 인식하자. 하루에 15분씩이라 할지라도 1년이면 90시간이다. 이는 어떤 분야의 일이건 중급정도의 실력을 갖추는데 충분한 시간이다. 하지만 무엇을 하겠다고 하는 분명한 목표의식이 없다면 아무 소용없는 일. 목표를 세우고 한 가지에 몰두해 보자.

6. 적절한 휴식으로 기분을 전환하자.

적절한 휴식은 사람으로 하여금 일의 능률을 고취시킨다. 할 일이 많다고 해서 무작정 그 일만을 처리하고 있다면 오히려 일 처리속도는 줄어들 게 마련이다. 적절한 휴식은 업무에서의 실수를 줄여주고 일의 능률 또한 높일 수 있다. 조용히 눈을 감고 사색을 즐긴다거나 복도를 잠깐 걷는다거나 신문과 잡지 등을 보는 것은 어떨까?

7. 동료를 활용하자.

혼자서 처리할 수 있는 일에는 분명히 한계가 있기 마련이다. 하지만 동료나 상사와 논의한다거나 문의한다면 2~3배의 일도 간단하게 처리할 수 있다. 의사도 주사를 놓을 줄 안다. 그러나 간호사에게 이를 위임한다. 자신이 그 시간에 더 창조적인 일에 매진할 수 있기 때문이다. 업무

외의 다른 일에 시간을 많이 뺏긴다면 자신의 업무 처리 방식을 한 번 살펴보자.

8. 책상을 정리하자.

자신의 책상을 한 번 살펴보자. 그때그때 쓰이는 서류들이 아무렇게나 어질러져 있지는 않은지. 서류의 내용에 따라 혹은 사용빈도에 따라 책상과 서랍을 정리해보자. 그만큼 찾는데 걸리는 시간과 착오로 인한 시간의 낭비를 줄일 수 있을 것이다.

9. 오늘 계획한 일은 오늘 처리하자.

시간이 좀 있다고 해서 아침에 오늘 계획한 일을 내일로 미루는 실수를 저질러서는 안 된다. 이는 시간을 낭비하는 가장 빠른 지름길이며 일주일 전체의 계획에 손상을 입히게 될 수도 있다. 가급적 그날 해야 할 일은 그날 처리하도록 하자.

10. 스스로에게 항상 질문하자

과연 내 인생에서 가장 중요한 것은 무엇인가? 나는 그것을 이루기 위해 얼마나 노력하고 있는가? 나는 오늘 하루의 시간을 얼마나 효율적으로 관리했는가? 항상 스스로에게 질문해가며 체크해보자. 자신을 조금 더 긴장시킬 수 있고 자신이 해야 할 일이 무엇인지 금방 알 수 있게 될 것이다. 목표는 확실히 해두는 것이 좋다.

_구창환

행복한 직장생활 위한 조언 10가지

1. 개인적인 걱정거리를 직장에 가지고 오지 말자.

개인적인 걱정거리를 직장에 가지고 오는 직장인은 행복한 직장 생활을 할 수 없다. 밸런스팀의 공동창업자인 앨리슨 로드스는 "자녀가 응급실로 실려 갈 경우가 생긴다 하더라도 사생활이 직장 내에서 문제를 일으키지 않도록 유의하라"고 따끔하게 말했다.

로드스에 따르면 직장생활에서 사생활을 완전히 배제하는 것은 거꾸로 집에 돌아갔을 때 일에서 완벽하게 해방될 수 있다는 것과 같은 뜻이다. 그러므로 개인적인 걱정은 집에 놔두고 사무실에 들어서야 한다. 그리고 출근 뒤부터는 오로지 일에만 신경을 쓰자.

2. 사무실을 보금자리로 만들자.

직장인들의 하루 근무시간인 8시간은 일반적으로 사람들이 잠자리에 누워 있는 시간과 같다. 그렇다면, 사무실을 잠자리같이 포근한 보금자리로 느껴지게 만들면 어떨까. 사무실 내 규칙을 위반하지 않는 범위에서 자신이 가장 편안하게 느낄 수 있는 환경을 만들어 보자.

3. 자신과 비슷한 동료를 찾아보자.

자신과 비슷한 생활방식, 배경 등을 가진 동료들을 찾아보자.

그들과 고민을 나누면 일에 대한 중압감에서 훨씬 가벼워질 수 있을 것이다.
자신의 상황을 이해하는 사람들과 감정을 나눌 수 있다는 것 자체가 업무 스트레스를 줄여준다.

4. 좋은 음식을 먹어 건강을 유지하자.

행복한 직장생활의 기본은 무엇보다도 건강이다.
항상 좋은 음식을 섭취해 근무시간에 최상의 몸 상태를 유지하도록 하자.
설탕이 많이 들어간 과자 등 가공음식은 피하는 게 좋다.
건강을 유지하지 못하면, 동료들보다 체력이 뒤쳐져있는 자신을 발견하게 될 것이다.

5. 업무를 효율적으로 처리하자.

자신이 업무를 얼마나 효율적으로 처리하고 있는지 살펴보자.
직장인은 '내게 주어지는 일을 잘해내고 있다' 는 느낌이 들 때 만족감을 느낀다. 또 그럴 때 능력을 인정받는다. 자신이 만족스럽게 해낼 수 있을 만큼의 업무를 맡아 성취감을 느끼며 업무에 임하자.

6. 자주 몸을 움직이자.

대개 직장인들은 사무실에 앉아서 일한다.
이 때문에 직장인이 오래 일을 한다는 것은 곧 오래 앉아 있다는 것과 같은 의미다. 그러나 앉아서만은 건강을 지킬 수 없는 일. 건강을 유지하기 위해 자신의 몸을 더 자주 움직이자.

7. 동료를 바꾸려들지 말자.

인간을 바꾸는 것만큼 어려운 일은 없다.

따라서 직장 동료를 바꾸려들지 말자.

차라리 자신이 동료를 대하는 방법을 바꾸는 게 훨씬 쉽다.

동료의 말과 행동이 정말 마음에 들지 않는다면, 차선책으로 그의 행동이 자신에게 영향을 미치지 않도록 만들면 된다.

아울러 동료와 생기는 갈등 등은 그때그때 풀도록 하자.

8. 자신에게 충분한 보상을 해주자.

열심히 일했다면, 그만한 보상을 받아야 한다.

남이 보상을 해주기를 기다리지 말고, 스스로 자신에게 보상을 하면 어떨까.

'이번 일이 끝나면 영화를 한 편 봐야지', '친구와 맛있는 저녁식사를 해야지', '손톱에 예쁜 매니큐어를 발라야지' 등등 자신에게 충분한 보상을 해주자.

9. 크게 숨을 들이쉬자.

요가를 할 때만 숨을 크게 들이쉬는 게 아니다.

직장에서도 사무실 의자에서 일어나 두 발을 모으고 팔은 가지런히 옆으로 한 채 숨을 크게 들이쉬자.

이처럼 숨을 들이쉬고 내뱉으면 기분이 상쾌해진다.

적어도 하루 10번은 하자.

10. 긍정적으로 생각하자.

아무리 싫은 직장이라도 적어도 한두 가지 정도는 좋은 점이 있게 마련이다.
마음이 맞는 동료 한 명, 창문 밖으로 보이는 좋은 경치 등도 좋은 점이 될 수 있다. 이런 좋은 점들을 꾸준히 찾아내 한 개를 두 개로, 두 개를 세 개로 늘려가자. 긍정적인 사고는 '만병통치약' 이다. 직장생활도 예외는 아니다.

_몬스터닷컴

memo

샐러리맨의 대죄 13가지

1. 앵무새처럼 아이디어가 없다.
   1) 자신의 아이디어로 주위 사람을 놀래 주려는 생각이 없다.
   2) 쓸모없다고 반려된 기획은 단념한다.
   3) 자신의 제안으로 손해를 보는 건 싫다.
   4) 어려운 문제에 부딪쳤을 때 체념하지 않을 정도로만 따라가는 타입이다.
   5) 모든 일을 다른 사람 흉내만 내고 딴 사람에게 넘긴다.

2. 외로운 늑대처럼 팀웍이 없다.
   1) 상사를 무시하고 일을 진행한다.
   2) 아무도 자신의 일을 커버해 주지 못한다.
   3) 회사의 행사에 참가하지 않고 회사 내의 모임에도 응하지 않는다.
   4) 관련부서와 연대 플레이를 하지 않는다.
   5) 부하들의 판단에만 맡기고 자신이 생각하는 것을 포기한다.
   6) 상사의 지시에는 절대 복종한다.

3. 공룡처럼 적응력이 없다.
   1) 새 직장에서도 과거의 직장에서와 똑같은 짓거리를 한다.
   2) 과거 몸에 익힌 노하우를 새로운 일에 적용하지 못한다.
   3) 새로운 직장 사람들과 잘 융합하지 못한다.

4) 회사의 인사 정책을 생각해 본 일이 없다.
5) 가정을 버리고 단신 부임한다.
6) 가족의 편의를 위해 이동을 거부한다.
7) 인사이동으로 이사한 지역에 마음을 붙이지 못한다.

4. 회사 돈을 물 쓰듯 한다.

1) 회사의 비품을 슬쩍 집어간다.
2) 잔업 수당을 타서 생활비나 할부금 상환에 충당한다.
3) 집에서 할 일이 없기 때문에 토요일이나 일요일에도 회사에 나온다.
4) 기능이 많고 최신형의 OA 기기를 회사에 사 달라고 요구한다.
5) 사내에 자기 전용의 책상을 2개 이상 둔다.
6) 접대를 빈번히 하고 접대할 때에는 고급 요정 같은 곳을 이용한다.
7) 일에 도움이 되는 공부라면 회사에서 돈을 대는 것이 당연하다고 생각한다.

5. 조개처럼 입을 다문다.

1) 상사에게 일의 경과보고를 하지 않는다.
2) 상사가 한잔하러 가자고 권하면 반드시 거절한다.
3) 하청업자와 대화할 때는 언제나 고압적인 자세를 취한다.
4) 상사와 함께 거래처를 방문했을 때 자신이 이니셔티브를 쥐고 이야기하는 법이 없다.
5) 일에 관해 불평을 자주한다.
6) 회의할 때 입을 다물고 있는 일이 많다.
7) 파티나 행사에 참석하지 않는다.
8) 회사에서도 집에서처럼 커뮤니케이션을 갖지 않는다.

6. 정보에는 백지상태.

1) 정보는 특정 매체를 통해서만 수집한다.
2) 사내의 데이터를 제대로 활용하지 않는다.
3) 도움이 되지 않는 정보를 잔뜩 쌓아 둔다.
4) 정보에 돈을 지불할 필요가 없다고 생각한다.
5) 귀중한 정보원(인맥)을 갖고 있지 않다.
6) 정보원을 누출시켜 그 사람에게 피해를 준적이 있다.
7) 루머나 미확인 정보에 현혹된다.
8) 정보를 갖고 있으면서도 결단을 내릴 때는 주저한다.

7. 상식이 없으면 해적과 다름없다.

1) 인사를 잘 하지도, 받지도 않는다.
2) 지각을 하고서도 업무처리에는 아무 이상이 없지 않느냐고 오히려 큰 소리를 친다.
3) 상사가 질책을 하면 거기에 반발하고 반성하지 않는다.
4) 일을 부탁 받았을 때 마지못해 넘겨받고서는 후에 불평을 늘어놓는다.
5) 경어가 엉터리 투성이다.
6) 손님에게 자신의 행동이나 말로 불쾌감을 주는 때가 있다.
7) 접대의 자리에서 상대보다 먼저 취해 버린다.
8) 고객의 취향을 고려치 않고 자신이 좋아하는 술(또는 골프)로 접대한다.

8. 인맥이 없으면 무리에서 쫓겨난 원숭이 꼴.

1) 동창생과 접촉이 적다.
2) 사업상의 일을 빼고 다정하게 만나는 친구가 없다.
3) 세미나나 업종간의 교류회에 참석한 적이 거의 없다.

4) 회사가 갖고 있는 다양한 인맥과 접촉한 일이 없다.
5) 사내에 어떤 문제든 의논하고 의지할 수 있는 사람이 없다.
6) 자신의 업무와 관계없는 귀찮은 일을 부탁하면 깨끗이 거절한다.
7) 다른 사람에게 어떠한 일에 대한 의뢰를 받은 적이 없다.

9. 건강을 해치면 허수아비가 된다.

1) 지하철이나 버스보다 택시를 자주 이용한다.
2) 중요한 회의와 협상에 최고의 컨디션으로 참석하지 못하는 경우가 있다.
3) 고스톱이나 음주를 한밤중까지 한 적이 있다.
4) 월요일에 자주 지각한다.
5) 아침부터 어쩐지 나른한 경우가 많다.
6) 한 주에 단 한 번도 스포츠로 땀을 흘리는 일이 없다.
7) 토, 일요일 어느날도 휴식을 취하지 않는다.
8) 정기 건강 진단을 받지 않는다.
9) 식사의 영양적 균형 따위는 별로 신경쓰지 않는다.

10. 바위처럼 움직일 줄 모른다.

1) 자기 분야에만 관심을 집중한다.
2) 거래처가 자기의 이름에 대해서 기억을 못하고 있다.
3) 회사내 위원, 간사, 상담역 등이 만나자고 하면 피한다.
4) 남의 비판이나 질책을 들은 적이 없다.
5) 동작이 뜨다는(느리다) 말을 자주 듣는다.
6) 무엇을 제일 먼저 해야 하느냐를 별로 의식하지 않는다.
7) 능력 이상이라고 생각되는 일은 할 수 없다.

8) 자신에게는 기회가 별로 없다.

11. 교양이 없으면 어린애와 같다.

1) 업무상의 숫자는 될 수 있으면 남에게 맡기고 싶다.
2) 매일 신문을 읽지 않는다.
3) TV 뉴스와 교양 프로를 보지 않는다.
4) 사내 연수는 별로 효과가 없기 때문에 참석하고 싶지 않다.
5) 공부는 학창 시절에 한 것으로 충분하다.
6) 취미가 없다.
7) 거래처 사람과 대화를 할 때 주파수(분위기)를 잘 못 맞춘다.
8) 최근에 책을 읽은 기억이 없다.

12. 밸런스 없으면 허공에 떠도는 풍선.

1) 회사 안팎에 적이 있다.
2) 편애하는 경향이 있다.
3) 건방지게 들리는 의견에는 귀를 기울이지 않는다.
4) 상대방의 입장을 생각하지 않는다.
5) 자기 상사를 상사로 인정하지 않는다.
6) 본인이 효자라고 생각지 않는다.
7) 회사라는 조직 전체를 생각한 적이 없다.

13. 가축처럼 자기계발을 하지 않는다.

1) 나는 오로지 회사를 위해 살아간다.
2) 누구에게나 지지 않을만한 특기가 없다.
3) 자기 일에 대해 철저히 공부하지 않는다.

4) 새로운 일을 하지 않는다.

5) 어떤 자격증도 없고 앞으로 딸 생각도 없다.

6) 장기적인 인생 설계를 하지 않는다.

_무라자와 시게루

memo

경력 계발 10계명

1. 현재의 회사 내에서 자신의 가치를 높여라.

   회사의 목표와 비전, 그리고 전략을 분석하고, 이를 토대로 어떻게 회사에 기여를 할 수 있을지에 관해 생각하고 실천하라.

2. 현재의 직무를 마스터했다고 판단되면 즉시 새로운 임무에 도전하라.

   현재에 안주하지 말고 스스로 새롭고 도전적인 목표를 세워라.

3. 적어도 3개월에 한 번은 상급자와 당신의 문제점이 무엇이고 어떻게 하면 당신의 능력이 향상될 수 있을지에 관해 논의하라.

   당신의 능력이나 태도에 관한 비판도 겸허하게 받아들여야 한다. 이것은 돈을 주고도 사기 어려운 경험이 될 것이다. 이를 통해 자신의 문제점이 남들에 의해서 발견되기 전에 스스로 변화할 수 있는 시간을 벌 수 있다.

4. 이루고자하는 목표와 진전 과정에 대하여 기록을 남겨라.

   훗날 당신은 자신이 이룬 모든 성과들의 문서 기록을 갖게 될 것이며, 이는 시행착오를 줄여줄 것이다.

5. 새로운 기술을 배우고 항상 최신의 기술로 유지하라.

특히 인터넷의 사용은 당신의 경력 개발에 더 큰 힘을 실어준다. 당신이 속해 있는 분야의 다양한 정보를 찾고, 전세계의 동료들과 네트워크를 형성하고, 또한 새로운 일자리를 발견하여 이력서를 보내는 일까지 인터넷을 통해 가능하다.

6. 당신이 속한 분야의 협회, 단체, 동호회 등에 가입함으로써 인맥을 넓혀라.

단지 가입에서 그치는 것이 아니라 활발한 활동을 통해 좋은 네트워커가 되어라. 모임을 통해 다른 사람들과 만나고 그들을 협력할 수 있는 방법을 찾는다면, 당신을 중심으로 자연스럽게 휴먼 네트워크가 형성될 것이다.

7. 인간에 대한 관심을 가져라.

인간의 본성, 성격유형, 행동 스타일과 사람들이 어떻게 서로 연관되어 있는지에 대해 연구하라. 그러면 당신은 누구와도 멋진 파트너십을 형성할 수 있을 것이다.

8. 2~5년에 한 번은 일을 바꾸어보라.

이는 반드시 전직이나 승진만을 의미하는 것은 아니다. 사내의 다른 직무를 경험하는 것 또한 당신의 경력에 도움을 줄 수 있다. 당신에게 가장 큰 도전의 기회를 제공하는 자리로 가라.

9. 자신을 믿어라.

눈앞에 닥친 어떤 장애물과 위기도 극복해 낼 수 있다는 것을 믿어야 한다. 위험에 처하지 않는다면 발전 또한 없는 법, 자신에 대한 믿음이 있을 때 위기는 극복된다.

10. 큰 그림을 그려라. 현실에 안주하지 말고 더 넓게 생각하라. 성공의 기회는 언제 어디에서 올지 모른다.

_지식in

memo

남들이 자기를 좋아하게 만드는 법 10가지

1. 다른 사람의 이름을 외우는데 숙달하라.
   이것을 잘못하면 그 사람에게 당신이 별로 관심이 없다는 말이 된다.

2. 당신의 존재가 상대에게 아무런 고통이나 부담이 되지 않도록 온화한 인물이 되라. 낡은 모자나 헌 구두와 같은 인물로.

3. 어떤 일에도 마음이 흐트러지지 않는 편안하고 여유 있는 성품을 익혀라.

4. 자기를 지나치게 자랑하는 인물이 되어서는 안 된다.
   또한 자기가 무슨 일이든 다 잘 알고 있다는 인상을 주는 것을 피하라.

5. 사람들이 당신과의 교제에서 어떤 가치를 얻을 수 있도록 폭넓은 사람이 되기 위해 노력하라.

6. 당신의 개성에서 '부 조화로운' 요소를 제거하라.
   비록 그것이 무의식적인 것일지라도.

7. 당신이 지닌 적의(敵意) 또는 현재 지니고 있는 모든 오해를 없애도록 진지하게 노력하라.

8. 정말로 그렇게 할 수 있기까지 다른 사람을 좋아하려고 노력하며 몸소 행하라.

9. 성공한 사람에게는 축하의 말을, 슬퍼하거나 실망하는 사람들에게 위로의 말을 해주는 기회를 놓쳐서는 안 된다.

10. 사람들에게 정신적인 힘이 되어 주라.
그러면 그들은 마음으로부터 당신을 좋아하게 될 것이다.

_존슨 대통령

memo

부자되기 위한 행동수칙 50가지

집에서 하는 재테크 5계명

1. 가족을 위한 저축통장을 따로 만들어라. 자녀 교육이나 신용카드 부채 등을 갚는데 사용한다. 그렇지만 이 통장에서 모은 돈으로 비싼 텔레비전을 사거나 휴가비용에 써서는 안 된다.
2. 변동금리부 주택담보대출을 30년 만기의 고정금리 대출로 갈아타라. 단기 금리는 이미 상승세를 보이고 있지만, 장기금리는 역사적으로 낮은 수준에 머물러 있다. 장기 고정금리로 묶어놓고 집값 걱정은 하지 마라.
3. 집안의 온도조절 장치를 자동으로 맞춰라. 집안 온도를 조금만 낮춰도 전기료를 크게 아낄 수 있다.
4. 집안을 가꾸는 데 인색하지 마라. 집을 팔려고 할 때 꽃이 있는 정원이나 페인트칠이 깨끗하면 집값이 더 오르는 것처럼, 적은 비용으로 집값을 높이기 위한 환경조성에 나서라.
5. 부엌을 개량하든 정원을 새롭게 수리하든 적은 비용으로 집을 개량할 수 있는 방법이 많다.

돈관리 6계명

6. 자동이체를 통해 뮤추얼펀드 등에 자동적으로 돈을 적립하라. 전기요금과 전화요금, 케이블TV 요금도 모두 자동이체를 통해 처리하라. 이

렇게 해야 쓸데 없는 연체금 납부를 막을 수 있다.

7. 개인 신용정보회사로부터 자신의 신용 점수를 정기적으로 받아보는 서비스를 신청하라.
8. 증여세 걱정 대신 1년에 1만 1000달러와 같이 얼마간의 금액을 지금부터 자식들에게 조금씩 남겨줘라.
9. 전자 가계부 프로그램 등을 다운로드받아 자신의 연간 지출내역 등을 일목요연하게 볼 수 있도록 하라.
10. 은퇴 후를 대비해 나만을 위한 전담 금융설계사를 마련해둬라.
11. 죽음은 아무도 모르게 다가올 수 있다. 변호사를 통해 미리 유언장을 작성해두는 것도 때로는 유용하다.

절약 7계명

12. 연금저축에 가능한 한 많은 돈을 넣어둬라. 연 7%의 수익률로 30년간 적립할 경우, 당신이 나중에 받게 될 돈은 어마어마하게 불어나 있을 것이다.
13. 6개월 단위로 여기 저기 굴러다니는 동전이 없는지를 살펴보고 저축하라.
14. 값비싼 기름을 넣지 마라. 좋은 기름을 넣는다고 당신의 삶이 윤택해지거나 연료효율성이 높아지는 것은 아니다.
15. 여행을 갈 경우에는 꼭 예약을 하라. 예약을 할 경우 20~40달러를 아낄 수 있다.
16. 아이들이 일찍부터 저축하는 습관을 기를 수 있도록 통장을 만들어줘라.
17. 전화, 이동통신, 인터넷 등 통신요금은 하나로 묶어서 내는 요금제를 선택하라. 이럴 경우 따로 쓸 경우보다 25% 정도 요금을 아낄 수 있다.
18. 담뱃값에 투자하는 대신 120달러짜리 러닝화를 사는 데 투자하라. 달리

기는 혈압을 낮춰 심장질환 발병률을 낮출 뿐만 아니라 다른 성인병을 막을 수 있다.

세금 아끼는 4계명

19. 소득세 공제가 가능한 항목은 최대한 활용하라. 아스피린 투여에 대한 보험공제에서부터 침술 요금 공제까지 소득세 공제를 통해 세금을 아껴라.
20. 불량 주식은 빨리 처분해서 주식 보유에 대한 자본이득 과세를 절약하라. 차라리 장기 투자를 통해 세금 문제를 아예 뒤로 미루는 것이 현명하다.
21. 현금 대신 주식을 자선재단에 기부하라. 도움이 필요한 사람을 도울 수도 있고 세금도 면할 수 있으니 일석이조다.
22. 사업을 집에서 시작하는 것도 세금을 아끼는 방법이다. 이를 통해 인터넷 접속료에서부터 수리비용까지 공제를 받을 수 있다.

투자 8계명

23. 매월 일정금액을 적립식펀드에 투자하라. 이를 통해 값이 쌀 때 많이 사고, 비쌀 때 적게 사는 비용절감을 할 수 있다.
24. 펀드를 고를 때는 수수료 비용이 낮은 곳을 골라서 가입하라. 비용이 낮출수록 펀드투자 수익률이 높아진다.
25. 전체 투자자산의 5~10%만 고위험 자산에 투자하라. 이렇게 해야만 전체 포트폴리오가 망가지는 것을 막을 수 있다.
26. 투자금액의 최소한 20%는 해외 주식에 투자하라. 수익률 제고와 위험

분산 차원에서 해외주식이나 채권에 관심을 가질 만하다.

27. 1년에 한 번씩 포트폴리오상의 자산 배정을 다시 하라. 이렇게 하면서 최종 수익률을 높일 수 있다.
28. 시가총액 상위의 성장 가능성이 높은 종목을 사라.
29. 워렌 버핏처럼 시장이 어떤 방향으로 가든, 금리가 어떻게 되든 간에 관계말고 가치있는 종목을 골라 오랫동안 투자하라.
30. 과거 '비이성적 과열' 이 지배하던 시기와 달리, 오늘날 투자하기 종목은 월마트, 홈디포처럼 기업의 질이 좋은 대형주이다.

소비 13계명

31. 비행기 이용시의 마일리지를 잘 적립해 적절히 이용하라.
32. 신용카드 연회비는 가능하면 내지 않을 수 있는 방법을 생각해보라.
33. 주택 보험을 가입할 경우, 보험 적용 대상에 재건축이나 수리비용도 들어갈 수 있도록 하라.
34. 치열 교정이나 MRI 등 일상적으로 받게 되는 의료비용에 대해서는 보험사를 통해 가격을 흥정하라.
35. 차를 살 때는 새 차 대신 중고차를 선택하라. 중고차 수준의 가격으로 새 차를 탈 수 있다.
36. 다음에 새 차를 살 때에는 안전장치가 잘된 차를 선택하라. 전자 통제장치를 비롯한 각종 안전장치는 차량의 미끌림 등을 방지해 준다. 연구에 따르면 이 같은 안전장치가 SUV차량의 충돌사고를 67%나 줄여준다.
37. 특별한 경우를 제외하고는 와인 한 병에 20달러 이상을 투자하지 마라. 고급 와인목록이 아니더라도 세계 최고 수준의 맛을 충분히 음미할 수 있다. 비싼 와인을 고집하는 친구와는 사귀지 마라.
38. 컴퓨터 하드 디스크에 있는 자료를 가끔씩 백업해서 사용하라. 이를 통

해 컴퓨터가 고장났을 때 자료를 모두 분실하는 것을 막을 수 있다.

39. 서류 분쇄기를 구입해 중요한 정보가 새나가지 않도록 미리 막아둬라.
40. 항공사의 마일리지를 일상생활에 사용할 수 있는 캐시백 등으로 전환해서 사용하라.
41. 엔진오일을 정해진 기간에 맞춰 교체하라. 그렇게 함으로써 당신의 자동차의 주행성능을 높일 수 있다.
42. 전화로 인터넷을 하기보다는 광대역 인터넷 통신으로 통신을 바꿔라. 요금은 더 나오겠지만, 시간을 아끼고 인터넷 뱅킹은 물론이고 온라인으로 정보를 쉽게 얻을 수 있다.
43. 은행계좌에 현금이 있다면 신용카드 계좌에 갚을 돈부터 갚아라. 신용카드 미수금의 금리는 평균 13%나 된다. 이것부터 갚으면 앉아서 수익률 13%짜리 투자를 하는 것과 다를 바 없다.

자기 자신에 투자하는 7계명

44. 예전에 알던 직장동료와 한 달에 한 번씩은 식사를 하라. 식사비용은 다음에 직장을 옮길 때 몇 배의 가치로 되돌아온다.
45. 자녀가 학업에 도움을 원할 경우 필요한 투자를 아끼지 마라.
46. 자기계발에 도움이 되는 잡지를 구입하는데 돈을 아끼지 마라. 아이디어를 개발하고 이를 회사 업무에 유용하게 사용하면서 당신의 연봉도 높아질 것이다.
47. 교육은 당신이 당신 자식들에게 할 수 있는 가장 귀중한 투자다. 교육에는 돈을 아끼지 말고, 필요하다면 대출을 받아라.
48. MBA에 입학하는 것을 생각해보라. 최근 연구에 따르면, MBA를 딸 경우 연봉이 45% 올라간다고 한다.
49. 자신있게 말하라. 필요하다면 대중 앞에서 연설하는 방법을 배워라.

50. 사고는 언제 닥칠지 모른다. 사고를 대비한 보험에 반드시 가입해두라.

_김현동(이데일리 기자)

memo

상대에게 호감을 주는 방법 6가지

1. 호칭으로 마음을 얻는다.

상대를 부르는 호칭에 따라 인간관계를 어느 정도 짐작할 수 있다.

그러나 만난 지 얼마 안 되었는데 나이가 적다고 해서 이름을 그대로 부르는 것은 금물이다. 직장 내에서는 먼저 입사한 사람이 한두 살 어리더라도 '선배'라는 호칭을 붙여 부르며, 동료나 후배는 보통 이름 뒤에 '씨' 자를 붙이는 것이 듣는 사람도 기분 좋고 부르는 사람도 예의 바르게 보인다.

2. 함께 식사를 한다.

함께 식사하거나 술자리를 갖는 것은 한 단계 더 친숙해지는 중요한 계기가 된다.

단순한 친구에게 친한 친구로, 또는 친구에서 연인이 되는 순간을 생각해 보면 거기에는 식사와 술자리가 있었음을 알게 된다.

3. 상대의 장점을 찾는다.

잘 모르거나 대하기 어려운 사람에게서 장점을 찾아내 칭찬하는 일은 쉽지 않다.

그러나 칭찬은 둘 사이에 경직된 분위기를 풀어 주고 거리감을 없애 준다.

"친구들이 괜찮은 분이라고 하던데요, 영어회화를 잘한다고 들었어요."

등등 인사치레라 해도 자신의 장점을 알아주는 상대를 싫어할 사람은 없다.

4. 편안한 분위기를 만든다.

누구나 흥미가 같고 비슷한 가치관을 가진 사람에게 호감을 느낀다.

좋은 친구나 연인은 자신을 이해하고 공감해 주는 안도감이 신뢰감으로 연결되어 특별한 관계가 된 것이다.

상대가 자신을 어떻게 생각할지보다, 상대의 기분과 이야기하는 방식 또는 자세나 버릇 등 신경 써서 함께 있는 것을 편안하게 여길 수 있게 만들자.

5. 좋은 인상을 남기고 헤어지자.

마지막에 보고 들은 것이 강하게 인상에 남는 것을 '종말효과' 라고 한다.

헤어질 때의 표정은 상대에게 깊게 새겨지므로 허둥지둥 자리에서 일어나는 것은 '나와의 시간이 괴로웠나' 라는 오해를 사기 쉽다.

아쉬움을 표현하면서 천천히 일어나 한 번 더 정중하게 인사를 전한다면 상대는 호감을 갖고 다음 만남을 즐겁게 기다릴 것이다.

6. 가까운 거리를 유지한다.

처음엔 별 관심 없던 사람들도 가까이 있으면서 만나는 시간이 잦아지면 자연스레 상대에 대해 생각하게 되고 친근감이 느껴져 결국 좋아하는 감정으로 이어진다. 이것을 심리학적으로 '단순접촉의 효과' 라고 한다.

_좋은생각

첫인상을 좋게 하는 19가지 방법

1. 테크닉만으로는 한계가 있다.
2. 성형수술도 첫인상을 고칠 수 없다.
3. 늦은 시간만큼 첫인상은 구겨진다.
4. 20분 지각으로 인생 1년을 지각한다.
5. 외모에 대한 태도부터 수술하라.
6. 혐오감을 주는 요소를 없애라.
7. 자신감이 밝은 표정을 만든다.
8. 슬럼프에서 탈출해야 표정이 바뀐다.
9. 용서가 친근하고 넉넉한 표정을 만든다.
10. 쌍꺼풀 수술은 있어도 눈빛 수술은 없다.
11. 옷차림에 대한 태도를 바꿔라.
12. 꼭 고급 옷을 입을 필요는 없다.
13. 상대방의 제스처를 따라하라.
14. 친절한 말투는 권위적인 말투보다 권위가 있다.
15. 듣는 것만으로도 말할 수 있다.
16. 첫마디를 준비하라.
17. 솔직한 나를 드러내라.
18. 설득이 필요한가? 일단 긍정하라.
19. 칭찬은 상대를 유쾌하게도, 불쾌하게도 한다.

_한국경제

새롭게 도전하는 방법 10가지

1. 새로운 도전을 맞이하기에 너무 늦은 나이란 없다.
어떤 일에서든 도전은 그 자체로서 희망이다.
그 결과는 중요하지 않을 때가 많다.
지금 이 순간 우리는 잃은 것이 많지만 아직 남아 있는 것도 많다.
그러므로 무언가를 새롭게 시작하기에 너무 늦은 때란 없다는 것을 잊지 말자.

2. 언제까지나 행복한 일도 언제까지나 불행한 일도 없다.
불만족스럽고 불행한 마음이 든다면 과도한 기대와 욕심을 버리고 어떻게 든 희망의 실마리를 찾도록 노력해야 한다.
비가 그치고 나면 밝은 태양이 떠오르리라는 평범하지만 위대한 진리를 믿어라.
이렇게 삶에 대한 탄력성을 가질 수 있을 때 비로소 행복도 내 것으로 만들 수 있다.

3. 삶이란 시간과 운명의 무거운 짐을 견디는 것이다.
우리는 흔히 감기는 앓을 만큼 앓아야 낫는다고 말한다.
그것은 이별의 고통도 마찬가지다.
고통은 외면한다고 해서 사라지지 않는다. 그저 견뎌야 한다.

앓을 만큼 앓아야 한다.

그래서 고통에 빠진 사람을 위로하는 최선의 방법은 함께 아파해주는 것뿐이다.

4. 행복은 단지 불행하지 않은 것 그 이상을 요구한다.

단지 아픈 곳이 없다고 해서 건강하다고 말할 수 없는 것처럼 단지 고통스럽지 않다는 이유만으로 행복하다고 말할 수는 없다.

진정한 행복은 스스로 생각하는 삶의 의미 혹은 존재의 의미에 충실하게 다가섬으로써 비로소 가능하다.

5. 꿈은 내가 스스로 내딛는 발걸음만큼만 가까워진다.

내가 원하는 대로 삶을 바꿔 줄 수 있는 사람은 나 자신뿐이다.

다른 사람의 조언이나 도움이 우리를 구원해줄 것이란 환상은 버려라.

변화를 원한다면 다른 사람이 아닌 자신의 모든 에너지를 쏟아 붓겠다는 용기와 의지를 가져라.

6. 나에 대해 가장 무지한 것은 바로 나 자신이다.

우리는 자기 자신에 대해 스스로가 가장 잘 알고 있다고 믿는 경향이 있으며, 때로는 자신만이 옳다고 믿는 경우도 있다. 하지만 그것은 착각이다.

우리는 언제나 틀릴 수 있고 잘못될 수 있다는 것, 그것이 진실이다.

7. 모든 미래는 지금 여기의 내 모습에서 출발한다.

사람들은 자기 자신을 있는 그대로 잘 보지 못한다.

거울에 비친 자신의 얼굴을 보며 거울을 탓하지 자신을 탓하지 않는다.

하지만 자신에 대한 불만족스러움을 남의 탓으로만 돌려 버리면 어떤 개선도 이루어질 수 없다.
모든 변화는 현재의 내 모습을 인정하는 데서 시작한다.

8. 전체 퍼즐판을 보지 않고는 퍼즐 조각을 맞출 수 없다.
아무리 퍼즐 게임의 귀재라 해도 미리 완성된 전체 그림을 보지 않고는 퍼즐 조각을 맞추기가 쉽지 않다.
마찬가지로 더 크고 중요한 질문, 즉 자신의 삶에 대한 진정한 목적과 의미에 대한 진지한 성찰이 전제되지 않으면 현실의 작고 세세한 고민들에 대한 해답도 얻을 수가 없다.

9. 인생은 불확실하며 행복으로 가는 길은 지도가 없다.
모든 사람을 똑같이 행복의 길로 인도해줄 수 있는 지도란 없다. 확고부동한 도덕적 진실이란 것도 없다.
결국 서로가 서로의 "다름"을 인정하고 각자의 가치에 충실하며 살아가는 것만이 행복해질 수 있는 최선의 방법이다.

10. 화를 잘 내는 것은 건강한 것이 아니라 비겁한 것이다.
분노와 원망의 표출은 자신의 책임을 다른 사람에게 떠넘기는 것과 같다.
자신의 슬픔, 고통, 두려움을 상대의 탓으로 돌려 버림으로써 스스로의 진짜 문제는 덮어 버리고 마는 것이다.

_고든 리빙스턴

인재법칙 25가지

1. 사람을 우선하라! (실제로)
2. 집착하라. (내 관심은 오직 사람뿐이야!)
3. 최고를 추구하라.
4. 잡초를 골라내라.
5. 만질 수 없는 부분에 집중하라.
6. 인사부서를 쇄신하라.
7. 확실한 인사 전략을 짜라.
8. 평가 과정을 심각하게 받아들여라.
9. 몸값을 올려라!
10. 어처구니없을 정도로 높은 기준을 설정하라!
11. 교육! 교육! 교육!
12. 모험심을 심어 주어라!
13. 원활한 커뮤니케이션을 장려하라!
14. 맡기는 리더십을 발휘하라.
15. '인간기술' 을 높이 평가하라!
16. 존중하라.
17. 하나의 개인으로 인정하라!
18. 독특함을 높이 사라!
19. 젊은이의 힘을 인정하라!

20. 리더가 될 수 있는 기회를 제공하라!
21. 다양성을 즐겨라!
22. 여성을 해방하라.
23. 괴짜를 높이 평가하라.
24. 모험의 장을 제공하라!
25. 최고의 비결을 깨달아라!

_톰 피터스

memo

사람의 마음을 바꾸는 9가지 방법

1. 진심에서 우러나오는 칭찬과 감사의 말로 시작하라.
2. 잘못을 지적할 때는 간접적인 표현을 쓰라.
3. 상대방을 비난하기에 앞서 자신의 과오를 고백하라.
4. 명령을 하기 전에 질문을 하라.
5. 상대방의 체면을 살려주라.
6. 사소한 일이라도 칭찬해 주어라.
7. 상대방에게 큰 기대를 표명하라. 그리고 도와주어라.
8. 상대방에 능력에 대해 자신감을 갖도록 격려하라.
9. 당신의 희망에 자발적으로 협력하도록 하라.

_데일 카네기

memo

복을 끌어당기는 최고의 테크닉 34가지

1. 힘차게 웃으며 하루를 시작하라. 활기찬 하루가 펼쳐진다.
2. 세수할 때 거울을 보고 미소를 지어라. 거울 속의 사람도 나에게 미소를 보낸다.
3. 밥을 그냥 먹지 말라. 웃으며 먹고 나면 피가 되고 살이 된다.
4. 모르는 사람에게도 미소를 보여라. 마음이 열리고 기쁨이 넘친다.
5. 웃으며 출근하고 웃으며 퇴근하라. 그 안에 천국이 들어있다.
6. 만나는 사람마다 웃으며 대하라. 인기인 1위가 된다.
7. 꽃을 그냥 보지 말라. 꽃처럼 웃으며 감상하라.
8. 남을 웃겨라. 내가 있는 곳이 웃음천국이 된다.
9. 결혼식에서 떠들지 말고 큰 소리로 웃어라. 그것이 축하의 표시이다.
10. 신랑신부는 식이 끝날 때까지 웃어라. 새로운 출발이 기쁨으로 충만해진다.
11. 집에 들어올 때 웃어라. 행복한 가정이 꽃피게 된다.
12. 사랑을 고백할 때 웃으면서 하라. 틀림없이 점수가 올라간다.
13. 화장실은 근심을 날려 보내는 곳이다. 웃으면 근심걱정이 모두 날아간다.
14. 웃으면서 물건을 팔라. 하나 살 것 두 개를 사게 된다.
15. 물건을 살 때 웃으면서 사라. 서비스가 달라진다.
16. 돈을 빌릴 때 웃으면서 말하라. 웃는 얼굴에 침 뱉지 못한다.

17. 옛날 웃었던 일을 회상하며 웃어라. 웃음의 양이 배로 늘어난다.
18. 실수했던 일을 떠올려라. 기쁨이 샘솟고 웃음이 절로 난다.
19. 웃기는 책을 그냥 읽지 말라. 웃으면서 읽어 보라.
20. 도둑이 들어와도 두려워말고 웃어라. 도둑이 놀라서 도망친다.
21. 웃기는 개그맨처럼 행동해 보라. 어디서나 환영받는다.
22. 비디오 웃기는 것을 선택하라. 웃음 전문가가 된다.
23. 화날 때 화내는 것은 누구나 한다. 화가 나도 웃으면 화가 복이 된다.
24. 우울할 때 웃어라. 우울증도 웃음 앞에서는 맥을 쓰지 못한다.
25. 힘들 때 웃어라. 모르던 힘이 저절로 생겨난다.
26. 웃는 사진을 걸어 놓고 수시로 바라보라. 웃음이 절로 난다.
27. 웃음노트를 만들고 웃겼던 일 웃었던 일을 기록하라. 웃음도 학습이다.
28. 시간을 정해놓고 웃어라. 그리고 시간을 점점 늘려라.
29. 만나는 사람을 죽은 부모 살아온 것 같이 대하라. 기쁨과 감사함이 충만해진다.
30. 속상하게 하는 뉴스를 보지 말라. 그것은 웃음의 적이다.
31. 회의할 때 먼저 웃고 시작하라. 아이디어가 샘솟는다.
32. 오래 살려면 웃어라. 1분 웃으면 이틀을 더 산다.
33. 돈을 벌려면 웃어라. 5분간 웃을 때 5백만 원 상당의 엔돌핀이 몸에서 생산된다.
34. 죽을 때도 웃어라. 천국의 문은 저절로 열리게 된다.

_지식in

성공하는 사람을 위한 웃음 습관 7가지 프로젝트

1. 인사로 웃음 생활을 시작하라.

항상 웃음을 띠게 되는 순간은 바로 인사를 나눌 때이다. 웃음의 약 70%가 이때 이루어진다고 하니, 웃음인사가 웃음의 기초라 할 것이다. 첫 만남일 경우에는 이런 만남이었으면 좋겠다는 상상을 하며 웃음을 연습하면 실제로 멋있는 웃음을 상대방에게 줄 수 있다.

2. 나를 먼저 사랑하라.

"나는 내가 좋아. 나는 내가 참 좋아"라는 말을 아침마다 반복해보자. 이러한 자기애는 자부심을 높여주고 하루를 힘차게 살아갈 수 있도록 자신감을 준다.

어느 정도 익숙해지면 "왜냐하면… 나는 나니까…", "왜냐하면… 잘 생겼으니까…", "왜냐하면… 입이 크니까…" 등 구체적인 이유를 찾아서 말해보자.

3. 긍정적인 단어만을 사용하라.

'미워한다. 불가능하다. 두렵다. 기분 나쁘다. 밉다.'

어떤 기분이 드는가? 아마 상당히 불쾌한 느낌일 것이다. 이제 다음 말을 중얼거려 보자.

'용서한다. 할 수 있다. 사랑한다. 웃는다. 행복하다.'
우리는 단지 몇 개의 단어를 생각하는 것만으로도 행복해질 수 있다. 그것이 말의 힘이다. 자신의 언어 습관을 되돌아보고 한 단어씩 바꿔 말하는 연습을 시작해 보자.

4. 칭찬으로 마음을 웃게 하라.
아무래도 칭찬이 어색하다면 동전 칭찬법을 배워보자. 출근 전 동전 5개를 왼쪽 호주머니에 넣는다. 그리고 직원을 칭찬할 때마다 동전 1개를 오른쪽 호주머니로 옮긴다. 매일 5개 모두를 옮기려고 노력한다. 습관이 되면 동전만 봐도 어떤 칭찬을 할까 고민하게 될 것이다.

5. 감사로 함께 웃어라.
감사는 칭찬보다 더 강력하게 사람의 마음을 움직인다.
만약 감사할 일이 없다고 느끼거나 사소한 일에 감사하기 쑥스럽다고 느낀다면 '1분 행복 바캉스' 훈련을 해보자. 1분 동안 주변의 모든 것에게 감사의 인사를 하는 것이다. 글로 써보는 것도 좋다. 자신도 모르게 웃음이 번지는 것을 느낄 것이다.

6. 먼저 용서하라.
화병(火病)을 자세히 살펴보면 사람을 용서할 수 없는 마음이 그 핵심을 이루고 있다. 미워하는 누군가를 용서할 수 없는 마음과 자신을 용서할 수 없는 두 가지의 마음이 있는 한 화병으로부터 자유로울 수 없는 것이다. 매일 아침, 미운 사람들에 대해서 떠올리면서 '5분 용서시간'을 갖도록 하자. 화도 누그러지고 기분이 좋아질 것이다.

7. 웃음 멘토를 만들어라.

잘 웃는 사람, 재미있는 사람, 미소가 아름다운 사람, 긍정적인 사람이 있다면 그를 웃음의 멘토로 정하자. 짜증나거나 우울할 때 이런 사람들을 떠올리게 되면 우리는 웃음과 긍정의 상황으로 빠져들 수 있다. 그런 다음 언젠가는 당신도 누군가의 멘토가 되어보자.

_이요셉

memo

갈등 해결을 위한 7가지 원칙

1. 일단 하룻밤을 잔다.

잘못을 하여 부모님께 혼날 일이 생겼을 때 무작정 도망갔던 적이 있을 것이다.

친구집이나 놀이터에서 놀다가 집에 가면, 화가 많이 누그러져 있는 부모님을 보았을 것이고, 훨씬 덜 혼났을 것이다.

2. 종이에 적는다.

시위를 떠난 화살이라는 말이 있다. 말은 한 번 뱉으면 다시 주워 담을 수 없다.

말을 함부로 할 경우 갈등이 생긴다.

화가 많이 났을 때 하고 싶은 말을 종이에 적다보면, 스스로 냉정함을 찾을 수 있게 될 것이다.

중요한 것은 메모가 끝나기 전에는 말하지 않는 것이다.

3. 당신이 믿고 따르는 사람에게 허심탄회 하게 이야기한다.

채팅을 하는 것도 좋은 방법 중의 하나다.

나를 화나게 만든 당사자에게 화를 내는 것보다는 자신이 처한 상황을 모르는 사람에게 이야기해 보는 것도 화를 풀어 주는 방법이다.

누군가 내 말을 들어주거나, 비슷한 일에 대한 이야기를 듣다보면 마음이 편안해지는 경험을 해 보았을 것이다.

4. 조깅이나 운동을 한다.

신체 활동은 복잡한 일이나 스트레스를 잊고 몰두할 수 있는 좋은 방법이다.

힘든 운동일수록 좋다. 물론 건강이 뒷받침이 돼야 하겠지만 말이다.

중요한 것은 자신이 좋아하고 잘하는 운동을 해야 한다는 사실이다.

잘하지 못하는 운동을 하다가 오히려 스트레스를 받는 경우도 있기 때문이다.

5. 자신만의 취미 활동을 갖는다.

'취미가 무엇이냐?' 라는 질문에 쉽게 대답할 수 있는가?

이런 저런 핑계를 대면서 취미가 없는 것을 마치 자랑하듯 이야기할 것이다. 그러나 그것은 결코 자랑이 아니다.

취미를 하나쯤 가져보는 것은 비단 스트레스 해소가 아니더라도 정신 건강에 도움이 될 것이다.

6. 남의 이야기를 잘 듣는 연습을 한다.

말을 많이 하면 실언을 하게 되는 경우가 종종 있다. 그리고 하지 말아야 할 이야기까지 모두 하게 되기도 한다.

그러다보면 공연한 오해도 생기고, 그것으로 인해 친구 간의 심각한 문제가 발생할 수도 있다.

더구나 남의 말을 끊어 가면서까지 이야기를 하는 것은 좋지 않다. 그것은 상대방에게 좋지 않은 이미지를 남길 뿐만 아니라 오해를 살 수도 있다.

7. 다양한 친구 관계를 형성하라.

친구가 많다는 것은 친구가 없다는 것과 같은 말이라고 한다.

친구 관계가 복잡하거나 지나치게 넓으면, 자신의 속마음을 터놓고 이야기할 만한 친구가 없을 수 있다는 것이다.

모든 친구들과 속내를 털어놓고 이야기할 수는 없다. 다만 항상 최선을 다하는 자세로 모든 친구들을 대하다 보면, 평생 우정을 나눌 수 있는 진정한 친구가 생길 것이다.

_프란츠 베르거, 하랄드 글라이스너

memo

다른 사람을 자극할 수 있는 10가지 좋은 방법

1. 상대방의 모든 것을 칭찬하라.

태도, 사상, 성공을 막론하고 좋은 일이라면 아무리 작거나 사소해도 칭찬하라.

2. 이름을 기억해 두었다가 그 이름을 불러라.

나는 강연할 때 청중의 이름을 부르면서 이야기한다.

자극이란 바로 이런 것이다.

3. 모든 사람이 있는 곳에서 칭찬하라.

이렇게 하면 칭찬받지 못한 사람은 칭찬받는 영웅 못지않게 자극을 받는다.

다음 번에는 자기가 칭찬받기 위해 더 열심히 노력할 것이다.

4. 재미있게 칭찬하라.

나는 2미터가 조금 안 되는 트로피나 문짝 크기의 액자를 선물한다.

5. 가볍게 환기시키는 뜻으로 칭찬하라.

"아, 거의 성공할 뻔했는데"와 같은 말로 칭찬을 대신한다.

상대방의 능력이 특별히 뛰어나지 않거나 도전으로 여기지 않는 사람에게는 절대로 이렇게 칭찬하지 말라.

6. 좋은 결과를 얻으려면 비난하지 말고 칭찬하라.
잘못하는 사람 때문에 애태울 필요는 없다.
제대로 일하고 있는 사람을 칭찬하면 된다. 그러면 다른 사람들도 여러분의 뜻을 알아차릴 것이다.

7. 상대방이 풀이 죽어 있거나 힘들어할 때 칭찬하라.
그들의 꿈을 상기시키고 그들에게 특별한 존재라고 말하라.

8. 칭찬은 진실성이 있어야 한다.
사람은 누구나 칭찬받을 만한 장점을 지니고 있다.

9. 집에서 가족들을 칭찬하라.
아내(남편)또는 남편과 그의 아들들이 특별하다고 느끼게 하라.

10. 칭찬을 멈추지 말라.
성공하기 위해서는 천 번 쯤 칭찬을 해야 할 지도 모른다.

_지식in

상대방을 자기편으로 만드는 29가지 방법

1. 상대의 특징을 찾아내 계속 주문한다.
2. 상대가 협력해 준 것에 감사하고 있다는 것을 상대가 알도록 한다.
3. 상대에게 중대한 장애물이 있다면 제거해 준다.
4. 당신의 계획에는 스릴과 상대를 흥분시킬 만한 매력이 있다고 생각하고 만든다.
5. 플랜과 마찬가지로 당신도 매력적이 아니면 안 된다.
6. 당신의 의견에 찬성해 주었을 때 대가를 풍족하게 준다.
7. 상대 이외의 사람들이 당신의 플랜으로 얼마나 많은 이득을 얻었는지 가르쳐준다.
8. 호소할 때는 어디까지나 간단명료하게 한다.
9. 상대가 협력해 준 것에 대한 지지를 아끼지 않겠다고 통보해 준다.
10. 앞으로 반드시 이득이 된다는 것을 약속한다.
11. 자신 있는 태도를 취한다.
12. 상대의 협력이 당신의 계획에 꼭 필요하다고 강조한다.
13. 계획에 관해서는 일체 변명 비슷한 말을 하지 않는다.
14. 상대를 이쪽의 플랜 중심에 둔다.
15. 상대에게 진심으로 흥미를 가진다.
16. 상대를 편안한 기분으로 만들어준다.
17. 당연히 '예스' 라고 대답해 주리라고 기대하고 있는 것처럼 행동한다.

18. 거절은 다시 테스트할 기회로 이용한다.
19. 친한 것처럼 보여준다.
20. 당장 이익이 생긴다고 약속한다.
21. 새로운 것을 좋아하는 상대의 심리를 잘 이용한다.
22. 당신이 얻으려는 것이 아니라 상대에게 주는 것임을 납득시킨다.
23. 자유롭게 의견을 말하도록 최대한 기회를 준다.
24. 강요하지 않는다.
25. 어디까지나 상대편의 입장에서 생각한다.
26. 자연스럽게 행동한다.
27. 상대의 자기 평가에 공헌한다.
28. 왜 당신에게 찬성하는 것이 최선책인지를 증명해 보인다.
29. 상대를 만나게 되어 즐겁다는 표정을 짓는다.

_지식in

memo

상대를 끌어당기는 10가지 방법

1. 웃음

웃는 얼굴을 외면하기는 힘들다.

마음에 드는 상대를 만났다면 그저 웃는 얼굴을 보여주어라.

좋아한다는, 관심있다는 의사 표현은 말뿐 아니라 행동, 특히 방긋 웃는 모습이 효과적이다. 웃음은 일단 상대방의 관심을 유도하게 된다.

2. 개방적인 태도

턱을 고인다거나 팔짱 끼는 것.

말할 때 입을 가리는 등의 행동은 방어적인 태도로 느껴진다. 그것은 상대방을 경계한다는 표현이다. 이럴 땐 그 어느 누구도 당신에게 접근하기 힘들 것이다. 무심코 하는 습관적인 자신의 행동을 체크해 보라.

속마음과 달리 상대는 당신의 태도에서 방어벽을 발견하게 된다.

3. 앞으로 기울이기

미팅에서 마주 앉아 뒤로 기대어 앉는 건 '너한테 관심 없어', '지루해'라는 표현이다. 의자를 테이블에 붙여 앉고 상체를 약간 앞으로 숙이며 상대방을 대한다면 좋다? 하지만 테이블 절반 이상 앞으로 넘어가는 건 오버인 거 잊지 마라!

4. 스킨쉽 자신의 양팔을 쭉 편 공간이 '개인적인 공간'.
이 공간 안에 누가 들어오면 굉장히 신경쓰이고 긴장하게 된다.
이 거리 안에 자연스럽게 받아들여지는 사람이 바로 '호감가는 사람'.
극장에서 옆에 앉거나 여럿이 만나는 자리에서 맘에 들면 일단 옆자리를 확보해서 알짱알짱 거리는 것이 효과만점!

5. 눈 맞추기
흘깃흘깃 기분 나쁘게 훔쳐보지 말고 정식으로 마주보며 눈을 맞춰라.
상대방과 맘이 통하면 그 쪽에서도 시선을 피하지 않을 것이다. 그것이 바로 첫눈에 반한다는 얘기다.

6. 맞장구치기
호들갑 떠는 맞장구가 아니더라도 그저 고개를 끄덕인다든가, 입가에 미소를 짓는다든가 하는 약간의 모션만으로도 상대방의 호감을 얻을 수 있다.
'네 이야기에 귀를 기울이고 있어' 라는 의미에서 맞장구는 아주 중요한 요소이다. 사람은 대화를 할 때 상대방이 자신의 얘기에 집중하고 있다는 것에 안도하고 호감을 갖는다고 한다.

7. 놀라게 한다
놀이동산에 놀러 갔을 때, 롤러코스터 같은 스릴 넘치는 기구를 타면 사람은 흥분 상태에 있기 마련이다. 그때 상대방을 보면 호감이 생겨난다.
기회를 잡아라.

8. 여운을 남기기

데이트를 마칠 무렵 "오늘 즐거웠어, 이만……"은 끝을 의미하는 것 같다.

오늘 할 일을 다 끝냈다는 느낌이 들면 다음에 또 만나고 싶다는 생각을 하지 않을 것이다. 무언가 미진하고 미완성된 느낌을 남겨 두어야 다음에 만날 기회가 또 생기는 법이다.

9. 전염시킨다

한 사람의 심리적인 상태가 상대방에게 전염되는 것을 '거울 효과'라고 한다.

10. 두 번째 인상

오히려 첫인상이 나쁜 사람의 연애 성공률이 높다고 한다.

처음에 좋은 인상이었던 사람은 그 다음에 기대치가 높아서 본래보다 더 멋진 모습을 보여야 하지만 별 기대 없이 나간 두 번째 만남에서 좋은 면을 더 쉽게 발견할 수 있다. 심리학에서는 첫인상보다 두 번째 인상을 더 중요하게 여긴다.

_지식in

다른 사람으로부터 호감을 얻을 수 있는 방법 10가지

1. 상대방의 이름을 기억하는 습관을 길러라.

   이름을 잘 기억하지 못한다는 것은 그 사람에 대한 당신의 관심이 충분치 못하다는 것을 뜻한다.

2. 당신과 같이 있는 사람이 아무런 부담도 느끼지 않을 만큼 마음이 편한 사람이 되라.

   그에게 그의 익숙한 옷이나 익숙한 신발과 같은 사람이 되라. 당신과 같이 있는 사람이 자기 집에 있는 것처럼 느낄 수 있는 마음 편한 사람이 되라.

3. 일 때문에 화를 내지 않도록 한다.

   마음의 여유를 가지고 무슨 일이든 넉넉하게 처리할 수 있는 특성을 길러라.

4. 이기적이 되지 말라.

   당신이 다 알고 있다는 인상을 주지 않도록 하라.

   자연스럽고 정상적으로 겸손하라.

5. 다른 사람들에게 충분한 관심을 기울일 수 있는 자질을 길러라.
그러면 그들은 당신과 함께 있기를 바랄 것이다.
또한 그들은 당신과의 교제에서 그들을 고무시키는 가치있는 것을 얻게 될 것이다.

6. 당신의 성격에서 '까다로운 것들'을 제거하라.
다른 사람들이 그것들을 의식하지 못하고 있을지라도 그렇게 하라.

7. 당신의 마음속에서 불평거리를 빼내 버려라.
당신이 가지고 있었거나 지금 가지고 있는 갖가지 모든 오해들을 정직한 종교인의 입장에서 풀어버리도록 진지하게 노력하라.

8. 당신이 먼저 사람들을 좋아하도록 노력하라.
당신이 거짓 없이 다른 사람들을 좋아하기를 체득하게 될 때까지 사람들을 좋아하도록 노력해야 한다.

9. 그 누구의 성공에 대해서도 축하할 기회를 결단코 놓치지 말라.
남의 슬픔이나 실패에는 위로의 말을 잊지 말라.

10. 사람들에게 힘을 주라.
사람들이 더 강해지고 더 효과적으로 그들의 문제를 해결할 수 있도록 그들에게 무엇인가를 줄 수 있게 당신 스스로 깊은 영적 체험을 갖도록 하라. 그러면 그들은 자신들의 애정을 당신에게 준다.

_노먼 빈센트 필

다른 사람을 내 편으로 만드는 방법 12가지

1. 공통점을 찾아라!
2. 너무 말을 잘해도 마이너스다.
3. 자신의 고민을 공개하라.
4. 유머 감각을 키우자.
5. 'No' 할 줄 알아야 한다.
6. 고집 센 사람들은 양보하라.
7. 먼저 상대가 원하는 것을 주어라.
8. 푸념하지 마라.
9. 당신의 주장을 단도직입적으로 말하지 마라.
10. 말하기보다 먼저 들어라.
11. 자신을 설득 상대라고 가정한다.
12. 서두르지 마라.

_지식in

사람들에게 환영받는 비결 5가지

1. 솔직하고 겸손한 사람이 되어라.
   잘난체하는 사람치고 정말 잘난 사람 없다.

2. 남의 치부를 감싸주는 사람이 되어라.
   남의 치부를 들추는 사람은 자신의 치부도 드러난다.

3. 자신의 노하우를 알려주는 사람이 되어라.
   노하우를 알려주지 않으면 다른 사람에게도 받지 못한다.

4. 필요한 키맨을 적재적소에 소개해 주는 사람이 되어라.
   좋은 사람을 소개해 주면 자신도 좋은 사람을 소개 받는다.

5. 상대의 고민을 들어주는 사람이 되어라.
   자신이 힘들 때 도와주는 사람은 평소 잘 했던 사람이다.

_지식in

사람을 움직이는 황금비결 30가지

1. 상대에게 즐거움과 이익을 주어라.
2. 상대방이 원하는 것을 해 주어라.
3. 상대의 흥미를 유발하라.
4. 웃음 띤 얼굴로 상대하라.
5. 상대방의 입장에서 들어주라.
6. 자기 잘못을 인정하라.
7. 먼저 진심으로 칭찬하라.
8. 명령조로 말하지 말라.
9. 격려를 아끼지 말라.
10. 상대의 잘못을 지적하지 말라.
11. 상대에게 중요감을 갖도록 하라.
12. 항상 친절함과 서비스를 베풀어라.
13. 상대방의 관점에서 생각하고 이해하라.
14. 이름을 기억하라.
15. 순수하고 진지하게 관심을 가져라.
16. 신뢰받을 가치가 있도록 행동하라.
17. 모든 기회를 잡아서 칭찬하라.
18. 가까운 사이일수록 더욱 예의를 지켜라.
19. 파괴적인 잔소리를 하지 말라.

20. 장점을 인정하고 추켜 주어라.
21. 결점을 들추어 비난하지 말라.
22. 상대방의 체면을 세워 준다.
23. 최고의 이미지를 연출하라.
24. 이해하기 쉬운 말부터 하라.
25. 자기의 열정을 먼저 올려라.
26. 상대로 하여금 말하게 유도하라.
27. '예스' 라고 대답할 수 있는 문제를 선택하라.
28. 명랑하고 활기차면서 긍정적으로 말하라.
29. 인간의 아름다운 심정에 호소하라.
30. 무엇이든지 베푼다는 자세로 만나라.

_유철수(자아성공전문가)

memo

사람의 마음을 움직이는 법 10가지

1. 우선 칭찬하라.
2. 남의 잘못을 일깨워 줄 때는 간접적으로 하라.
3. 상대방에게 주의를 주기 전에, 우선 자기의 잘못을 밝혀라.
4. 명령을 하지 말고 제안을 하라.
5. 상대방의 체면을 살려 줘라.
6. 작은 일이라도 아낌없이 칭찬하라.
7. 상대방을 신사로 만들려면 그에게 신사 대접을 하라.
8. 격려하라.
9. 능력에 대하여 자신을 갖게 하라.
10. 상대방이 중요하다는 느낌을 갖게 하라.

_데일 카네기

좋은 인상 만들기 10가지

1. 옷은 만남의 TPO(시간, 장소, 목적)에 맞게 입어라.
   때에 따라서는 너무 '차려입는' 옷차림이 어울리지 않는다는 점도 잊지 말아야 한다.

2. 만나서 헤어질 때까지 상대방의 눈을 보며 대화하라.
   외국인들에 비해 우리는 눈을 보며 이야기하는데 서툴다. 상대가 윗사람이나 이성일 때는 더하다. 눈과 눈을 마주보는 것이 글로벌 에티켓이다.

3. 만났을 때와 헤어질 때 악수를 하라.
   악수에 힘(?)을 실어야 한다. 손끝을 대충 잡고 흔드는 일은 금물이다.
   상대의 손을 3초정도 단단히 잡고 악수한다.

4. 악수할 때, 그리고 대화할 때 자주 미소지어라.
   한국인은 알고 보면 정이 넘치는데 첫인상은 무섭다고 외국인들은 말한다.
   눈이 마주칠 때마다 살며시 웃어주면 상대방도 호의를 갖게 된다.
   절대 비웃는 듯한 느낌은 주지 말 것.

5. 나만의 향으로 인상을 남겨라.
   짙은 화장과 마찬가지로 너무 진한 향은 거부감의 대상이다. 하지만 체취와 잘 녹아든 은은한 향기는 남녀를 불문하고 한 번 더 돌아보게 만드는 힘이 있다. 유행하는 향수보다 내게 어울리는 향수를 선택하는 것이 요령이다.

6. 말하기보다 더 많이 들어라.
자기 얘기를 잘 하는 사람이 점점 늘어나는 반면 남의 말을 들어주는 이는 갈수록 줄고 있다. 상대방의 말에 귀 기울이기만 해도 기본점수는 따게 된다.

7. 자신의 참모습을 보여주며 언행을 편하게 하라.
잔뜩 긴장해서 상대까지 불편해지는 사람, '가식적' 임이 한눈에 드러나는 사람은 절대 좋은 인상을 남길 수 없다. 자연스럽게 말하고 행동하라.

8. 상대의 일과 취미 등에 대해 물어라.
이야기 들어주기에 이어 상대방에 대한 관심을 보여주는 2단계 방법. 물론 엉뚱한 질문을 하면 점수만 깎인다.

9. 아는 체 하기보다 모르는 척 물어보라.
자기 PR시대라지만 여전히 '겸손' 은 미덕이다.
혼자 다 아는 척 하지 말고 상대방에게 협조를 구하듯 질문을 던져라.

10. 대화할 때는 전적으로 상대에게 전념하라.
이야기하면서 연방 시계를 보거나 다리를 덜덜 떨거나 창밖에만 시선을 둔다면 상대를 무시하는 인상을 준다. 딴 짓하지 말고 대화에 최선을 다하라.

_지식in

호감받는 사람들의 25가지 유형

1. 균형잡힌 '손익계산' 센스가 있는 사람.
2. 상황판단을 잘하는 사람. 상황 분석력과 사람에 대한 통찰력이 있는 사람.
3. 재미있는 에피소드가 많은 사람.
4. 책임을 자청해서 떠맡을 만큼 기량이 있는 사람. 위기에 강한 사람.
5. 일을 긍정적으로 생각하고 행동할 수 있는 사람.
6. 술자리를 같이 해도 즐거운 사람.
7. 금전 관계가 분명한 사람.
8. 남의 아픔을 아는 사람.
9. 자신을 객관적으로 바라볼 수 있는 사람.
10. 남에게 공격적이지 않는 사람. 관대한 사람.
11. 부화뇌동하지 않는 자신의 확고한 가치를 가지고 있는 사람.
12. 그때그때의 감정으로 행동하지 않고 말과 행동에 일관성이 있는 사람.
13. 선물을 적절하게 주고 적절하게 받기를 잘 하는 사람.
14. 인생이 드라마와 같은 사람.
15. 문제 처리를 잘 하는 사람.
16. 여행이나 파티를 세심하게 잘 진행하는 사람. 잘 노는 사람.
17. 동성이든 이성이든 호감을 가지게 하는 인관관계의 달인.
18. 다수파뿐만 아니라 소수파의 가치도 인정하는 사람.

19. 직장에서 주위의 신뢰를 받고 있는 사람.
20. 색다른 정보나 시대감각에 뛰어난 사람.
21. 아름다운 것을 즐길 줄 아는 사람.
22. 돈이나 시간을 충분히 가지고 있는 사람.
23. 마음이 자상하고 힘을 가진 사람.
24. 무용담을 가진 사람.
25. 이 사람 곁에 있으면 무슨 일이든 잘 된다는 생각이 절로 들게 하는 사람.

_지식in

memo

사람을 설득하는 6가지 원칙

1. 상호성의 원칙

받는 게 있으면 주는 게 있다.

고객에게 끊임없이 카탈로그 등을 돌리는 행위가 이 원칙에 따른 서비스이다.

2. 사회적 증거의 원칙

사람들은 일반적으로 다른 사람이 좋다는 것을 선택하려는 경향이 있다.

식당에 손님이 많은 식당을 선택하는 경우 통계를 보여주고 신문이나 잡지에 기사를 노출하라.

3. 희귀성의 원칙

이것을 사면 남들과 차별화 된 희귀한 것을 가질 수 있다고 말하라.

홈쇼핑에서 '이제 몇 개 남지 않았다' 는 예는 물건을 더 사고 싶은 기분이 생긴다.

4. 호감의 원칙

겉모습이 호감을 불러 일으켜야 설득하기가 좋다. 깔끔하게 하고 다녀라.

물건을 팔기 전에 '나' 를 먼저 파는 것, '나' 라는 자신을 신뢰성 호감을 주는 것이 중요하다.

5. 권유의 원칙

일반인 말보다 권위있는 사람. 이를테면 교수나 연구원의 말을 인용한다.

6. 일관성의 원칙

지금까지 해온 것과 행동이 일관되게 행동 하려는 욕구가 있다.
이것을 존중하고 활용하라.

_지식in

memo

나를 표현하는 방법 10가지

1. 상대방의 말을 잘 듣는다.
   개인감정이나 고정 관념을 보태지 않고 듣는 습관을 가져야 상대의 정확한 의도를 파악할 수 있다.

2. 논리적으로 말한다.
   정확한 근거도 없이 무책임하게 말하면 의사전달이 모호해져 상대방의 오해를 불러일으키기 쉽다.

3. 감정을 앞세우지 않는다.
   언어에 감정이 개입되면 참뜻을 파악하기 힘들다.

4. 핵심을 요약하고 압축한다.
   말도 돈처럼 절약해야 한다. 쓸데없이 길게 말하면 핵심이 흐려진다.
   또 말을 자꾸 반복하는 습관을 좋지 않다.

5. 예의를 지킨다.
   무례하게 말하는 것과 나의 주장을 당당하게 표현하는 것과는 다르다.
   반대 의견도 어떻게 표현하느냐에 따라 상대의 대응도 달라진다는 것을 명심한다.

6. 상황과 대상에 따라 말하는 요령이 다르다.

어떤 말을 할 때 급박한 상황과 여유 있는 상황에서의 요령이 다르며, 어린이에게 설명하는 방법과 어른에게 설명하는 방법은 분명 다르다.

7. 긍정적으로 말한다.

매사에 긍정적인 시선으로 바라보는 습관을 길러야 한다.
그렇게 되면 자연스럽게 긍정적으로 말하게 된다.

8. 말하기 전에 철저하게 준비한다.

생각나는 대로 불쑥 말하면 금방 후회하기 십상이다.
말하기 전에 심호흡을 하면서 내용을 가다듬은 다음 입을 열어라.

9. 바른 발성과 발음을 의식한다.

정확한 발음과 확신에 찬 음성은 상대에게 호감을 준다.
목소리 훈련을 통해 말을 잘하기 위한 기초 능력을 배양하는 것이 좋다.

10. 태도와 표정을 일치시킨다.

말하는 내용과 태도, 표정이 일치해야 주제의 전달이 쉽고 상대방에게 신뢰감을 준다.

_지식in

칭찬 10계명

1. 칭찬할 일이 생겼을 때 즉시 칭찬하라.
2. 잘한 점을 구체적으로 칭찬하라.
3. 가능한 한 공개적으로 칭찬하라.
4. 결과보다는 과정을 칭찬하라.
5. 사랑하는 사람을 대하듯 칭찬하라.
6. 거짓 없이 진실한 마음으로 칭찬하라.
7. 긍정적인 눈으로 보면 칭찬할 일이 보인다.
8. 일이 잘 풀리지 않을 때 더욱 격려하라.
9. 잘못된 일이 생기면 관심을 다른 방향으로 유도하라.
10. 가끔씩 자기 자신을 칭찬하라.

_케네스 블랜차드

칭찬받는 직장인의 7가지 습관

1. 마음에 들지 않는 사람에게도 항상 진심으로 대한다.
   진심은 누구에게나 통한다.

2. 상대의 장점을 찾아 칭찬하라.
   누구나 한 가지 이상 장점을 가지지 않은 사람은 이 세상에 없다.

3. 마음으로부터 늘 '고맙다'는 생각을 한다.
   그것을 말이 되어 나오는 것이 곧 칭찬이다.

4. 항상 겸손한 모습으로 생활한다.
   그래야 나의 칭찬에 무게와 힘이 실린다.

5. 낙천적이고 긍정적인 사고방식을 지니고 있다.
   사람들이 나를 보고 즐거워진다면 인간관계에 청신호다.

6. 때와 장소에 맞게 분위기 파악을 잘 한다.
   칭찬은 타이밍이 생명이다.

7. 상대방의 말을 귀담아 들어 준다.

열 마디 잘 들어주는 것이 한 마디 근사하게 말하는 것보다 효과적이다.

_지식in

memo

마음을 닫게 하는 10가지

1. 처음부터 끝까지 내 이야기만 늘어놓는다.
2. 상대방이 말을 끝내기 전에 도중에 끼어든다.
3. 상대가 거부감을 느끼는 주제를 찾아 화제로 삼는다.
4. 맞장구 대신 엇장구를 쳐서 대화에 김을 뺀다.
5. 딴 생각을 하고 있다가 이미 했던 얘기를 되묻는다.
6. 무슨 말이든 무관심하고 시큰둥한 태도를 보인다.
7. 쳐다보거나 고개를 끄덕이지 않고 웃지도 않는다.
8. 딴전을 피우고 다리를 떨거나 하품을 한다.
9. 말하는 사라 대신 다른 사람에게 관심을 보인다.
10. 내 말은 옳고, 상대가 틀렸음을 기를 쓰고 증명한다.

_이민규

칭찬 노하우 10가지

1. 진심으로 칭찬하라.

   1) 칭찬은 상대가 듣고 싶어 하는 말을 하는 것이다.

   2) 자연스런 칭찬은 상대에 대한 관심과 관찰에서 비롯된다.

   3) 칭찬을 잘하려면 무슨 말을 할지 5분 정도 곰곰이 생각해 보라.

2. 믿고 일을 맡겨라.

   1) 어떤 일을 맡으면 자신이 집단 속에서 꼭 필요한 존재로 여겨진다.

   2) 일을 맡길 때 "부탁한다, 믿고 맡긴다" 하고 명확하게 말하라.

3. 상대의 영향력을 말로 전달하라.

   1) "자네 앞에서는 왜 그런지 솔직해지는 군"

   2) 부하 직원에게 감동을 줄만한 칭찬의 말을 생각해 보라.

4. 상대의 존재 가치를 높이는 소개를 하라.

   1) 남을 소개하는 데는 능숙하여야 한다.

   2) 소개해 준 사람에게 기꺼이 나를 던지고 싶을 만큼 기분이 좋아지도록 소개하라.

5. 나무라지 말고 질책하라.

   1) 부하를 나무라면 가차 없이 회사를 그만두는 경우가 있다.

   2) 그릇된 행동은 간결하고 명확하게 지적하라.

6. 답을 제시하지 말고 상대의 의견을 구하라.

   1) 답은 상대에게 있다.

   2) 의견을 구하는 것은 "나는 너의 의견을 존중한다"라는 메시지이다.

7. 사과하는 것은 힘이다.

   아랫사람에게 고개를 숙일수록 부하 직원은 상사를 신뢰한다.

8. 아랫사람이 선택하게 하라.

   당신은 얼마나 부하 직원에게 선택권을 주고 있는가?

9. 부하 직원을 접대하라.

   부하 직원을 고객으로 생각하고 극진하게 접대하라.

10. 메일을 받으면 빨리 답장을 쓰라.

    상대방에 대한 즉각적이고 세심한 배려가 상대방을 감동시킨다.

11. 진심을 담아서 선물하라.

    1) 선물하는 행위도 칭찬의 일종이라고 할 수 있다.

    2) 상대방을 소중히 여기고 있다는 메시지를 담아 선물하라.

단 한마디로도 마음을 전할 수 있다.

* 꾸미지 말고 관찰한 것만 전하라.
* 먼저 말을 걸어라.
* 진심에서 우러나오는 인사를 하라.
* 헤어질 때 건네는 한마디가 중요하다.
* 맞장구를 칠 때도 의지를 담아라.
* 상대의 말을 반복하라.
* 일단 말을 끝까지 들어 주어라.

_스즈키 요시우끼

memo

칭찬의 위력 33가지

1. 칭찬은 받으면 바보도 천재로 바뀌어진다.

2. 칭찬을 하면 칭찬받을 일을 하고 비난을 하면 비난받을 짓을 한다.
   사람을 바꾸는 유일한 방법은 칭찬밖에 없다.

3. 이 세상에 외상이나 공짜가 없다.
   칭찬을 하면 칭찬이 돌아오고 원망을 하면 원망이 돌아온다.

4. 칭찬 노트를 만들어라. 남의 칭찬, 자신의 칭찬이든 칭찬거리가 생각나면 바로 노트에 기록하라. 이 노트가 기적을 창출한다.

5. 돈을 주면 순간의 기쁨이 만들어지지만 칭찬은 평생의 기쁨을 안겨준다.
   칭찬하고 또 칭찬하라.

6. 누구나 본인도 모르는 장점이 있다.
   그 부분을 찾아 칭찬해보자. 그 기쁨과 감동은 무엇과도 비교되지 않는다.

7. 칭찬을 주고받는 사회는 성공한다.

칭찬은 상승효과를 만들어 살맛나는 세상을 만들어준다.

8. 욕을 먹어도 변명하거나 얼굴을 붉히지 말라.

그가 한 욕은 내가 먹는 것이 아니라 그에게로 돌아간다.

9. 이 세상은 발전하지 않으면 붕괴된다.

돈이 많다고 발전하는 것이 아니라 칭찬을 통하여 변화되어 승리를 안겨주는 것이다.

10. 만날 때 칭찬하고 헤어질 때 칭찬하라.

모두가 애타게 바라는 즐겁고 신나는 세상은 그렇게 해서 만들어지는 것이다.

11. 운동선수에게는 응원의 목소리가 승리를 안겨준다.

그 외의 사람에게는 칭찬의 소리가 응원가로 들리게 된다.

12. 살다보면 미운 사람이 생기게 마련이다.

미운 사람에게 칭찬의 떡 하나 더 줘라.

값이 싼 떡으로 서로의 간격을 좁힐 수 있다.

13. 선물을 하는 데는 많은 비용이 들어간다.

그러나 칭찬은 1원도 들이지 않고 선물보다 더 큰 감동을 주게 된다.

14. 99개의 약점이 있는 사람도 1개의 장점은 있게 마련이다.
    1개만 바라보고 칭찬하라. 그것이 자라나면 장점만의 사람으로 변신한다.

15. 칭찬은 적군을 아군으로 만들고 원수도 은인으로 만든다.
    나에게 적이 많은 것도 알고 보면 칭찬을 않기 때문이다.

16. 부자가 되고 싶으면 칭찬하는 노력을 먼저 하라.
    칭찬은 보물찾기와 같아 보물은 많이 찾는 사람이 최고의 부자다.

17. 칭찬은 사랑하는 마음의 결정체이고 비난은 원망하는 마음의 결정체다.
    칭찬을 하고 나면 기분이 좋고, 비난을 하고 나면 기분이 언짢은 것도 그 때문이다.

18. 고객 만족, 고객 감동이 아니면 기업은 쓰러진다.
    칭찬은 이 두 가지를 모두 만족시키고도 남는 위대한 덕목이다.

19. 목마른 사람에게 물을 주는 것이 공덕이다.
    칭찬에 목마른 사람에게 칭찬을 해주어라. 그처럼 큰 공덕도 없다.

20. 해가 뜨면 별이 보이지 않듯 칭찬이 늘어나면 원망도 없어진다.
    불행 끝 행복 시작이 눈앞에 펼쳐지는 것이다.

21. 10점을 맞다가 20점을 맞는 것은 대단한 향상이다.

잘하는 것만 바라보며 칭찬하면 끝내는 100점이 되어 버린다.

22. 칭찬은 아름다운 마음의 표현이다.

아름다운 마음이 아름다운 얼굴을 만든다.

화장만을 하려하지 말고 칭찬을 먼저 하라.

23. 자기를 칭찬하는 사람만이 남을 칭찬할 수 있다.

먼저 자신을 칭찬하라.

칭찬에 숙달된 조교가 성공적인 삶을 만들게 된다.

24. 남의 약점은 보지도 듣지도 말하지도 말라.

약점을 찾는 열성당원은 어둠의 노예가 된다.

25. 사람에게는 무한 능력이 숨어있다.

처마 밑의 주춧돌이 빗방울에 의해 홈이 파지듯 반복된 칭찬이 위대한 결과를 만들어준다.

26. 칭찬은 소극적인 사람을 적극적으로 바꿔주고 희망과 의욕을 높여준다.

입에서 나오는 한마디의 칭찬이 의식개혁의 시작이 되는 것이다.

27. 칭찬은 웃음꽃을 만들어주는 마술사다.

장미도 백합도 진달래도 아름답지만 웃음꽃만큼 아름다운 꽃은 이 세상에 없다.

28. 기가 살아야 운도 산다. 기를 살리는 유일한 처방은 칭찬이다. 병원 처방은 돈이 들지만 칭찬 처방에는 돈이 들지 않는다. 아낌없이 칭찬하라.

29. 칭찬을 받고 싶으면 내가 먼저 칭찬하라. 이 세상에 외상이나 공짜는 없다는 것을 그 자리에서 알게 된다.

30. 칭찬을 받으면 발걸음이 가벼워지고 입에서 노래가 나온다. 나라를 위해서도 칭찬하라. 기쁨 넘치는 사람이 기쁜 세상을 만들어 준다.

31. 고기도 먹어본 사람이 맛을 알듯이 칭찬을 받아본 사람은 더 칭찬받고 싶어 한다. 그래서 10배, 100배의 노력을 아끼지 않는 것이다.

32. 칭찬을 받으면 운이 저절로 열린다. 태양처럼 밝은 마음속에는 어둠이 깃들지 못하는 것이다.

33. 칭찬을 하다보면 마음이 열려 네가 내가 되고 내가 네가 된다. 서로 하나가 되는 데는 칭찬만큼 효과가 나는 무기도 없다.

_지식in

기회를 만드는 방법 6가지

1. 자신있게 행동하자.

사랑을 고백하려다가도 "오늘은 옷매무새가 썩 마음에 안 드는 걸?" 사람이 붐비는 거리를 함께 걷고 있을 때는 "오늘은 분위기가 영 아니야" 라며 자꾸 미루기만 하다 그녀가 내게서 영영 떠나 버린다면? 좋은 기회만을 기다리다 그 기회마저 놓치는 수가 있다. '용기있는 자만이 미인을 얻는다' 는 말은 이럴 때 쓰는 것이다.

2. 감성을 높여라.

감사 편지를 보낼 줄 아는 사람과 모르는 사람, 보낸다고 해도 한 박자 늦게 보내는 사람, 또 도움을 받았을 때 바로 감사의 말을 전하느냐 그렇지 못하느냐에 따라 상대의 마음을 움직이는 데 차이가 있다. 이런 작은 차이를 만들어 내는 것이 바로 '감성' 으로, 상대의 기분을 민감하게 살필 줄 아는 감성을 높여야 좋은 기회를 얻는다.

3. 시키는 대로 일하지 마라.

막 입사한 두 영업사원이 있었다. 한 달 뒤 이 둘의 영업 실적은 큰 차이가 났다. 한 사람은 고객과의 연락이 아침 일찍에만 가능하다는 것을 알고 1시간 일찍 출근했던 것에 반해 다른 한 사람은 근무 시간에만 충실했던 것이다. 시키는 대로 일하는 것에 창조적인 생각을 더하라.

4. 센스 있게 시기를 맞추자.

상사가 몹시 바쁠 때 일일이 찾아가 연락 사항을 전하면 눈치 없는 부하 직원으로 낙인이 찍히기 쉽다. 전달 사항을 종이에 적어 책상에 살짝 올려 두면 깜박 잊을 일도 없고 업무 리듬도 깨뜨리지 않을 수 있다. 상사가 더 자세한 보고를 받고자 부르면 그때 찾아가도 늦지 않는다.

5. 열매는 서둘러 따지 말아라.

적당히 잘 익은 과일은 때가 되면 떨어지기 마련이다. 물건을 팔 때도 고객 스스로 물건을 사겠다고 마음먹기 전에 억지로 사게 만들면 일을 그르치는 수가 생긴다. 영업사원에게 가장 필요한 것은 말솜씨보다 시간을 걸리더라도 적절한 때를 찾아내는 감각이다.

6. 신념은 기회를 부른다.

남들이 모두 열이면 열 실패할 거라고 고개 저을 때 의외로 성공하는 경우가 있다. 자기 안에 스스로 할 수 있다는 '신념'을 갖고 있었기 때문이다. 땀 흘릴 각오를 한 사람에게만 하늘이 내 편이 되어 좋은 기회를 안겨 준다.

_지식in

자신을 자극하는 방법 12가지

1. 목표를 설정하고 반드시 이루겠다는 파기 불가능한 서약을 하여 되돌아갈 다리를 불태워라. 절대로 포기하지 마라.

2. 순간적으로 결정을 내리는 대신 시간을 두고 천천히 생각해 보라. 가장 두터운 먹구름 뒤에서도 태양은 밝게 빛나는 법이다. 모든 그림자 뒤에는 언제나 찬란한 빛이 있다.

3. 다른 사람을 자극함으로써 네 자신도 자극 받아라. "허리를 굽혀 다른 이들이 일어서도록 도와주려면 자신도 일어설 수밖에 없다."

4. 긍정적인 사람과 대화를 나누어라. 긍정적인 사람은 열정적인 사람이기도 하다.
열정은 매우 전염성이 강하다.

5. 긍정적인 내용의 혼잣말이나 자기 암시를 활용해라.
생각하는 바가 무엇이든 그것을 끌어당기게끔 네 마음 상태를 조정해 둬라.

6. 기죽어 지내며 쩔쩔 매는 대신 행동에 착수해라.

직접 나서서 힘차게 일을 해치워라. 행동에 착수해 그냥 해버리는 거다.

7. 자극이 되는 테이프를 들어라.

동기부여가 되는 연사의 연설을 듣는 것도 활력소가 된다.

8. 양서를 읽어라.

자기계발, 경영 관련서적, 기독교 관련서적, 자서전 등

9. 손뼉을 쳐라.

20여초 동안 처음에는 천천히 신중하게 치다가 점차 속도를 높여서 나중에는 말 그대로 더 이상 손을 빨리 놀리지 못할 정도로 빠르게 쳐 보라. 태도가 동작의 위치로 바뀐다.

10. 옷차림으로 기분전환을 해라.

자기 자신도 기분이 아주 좋아진다.

11. 걷고 말하는 시간을 가져라.

짬을 내어 혼자서 오랫동안 산책을 하거나 자기와의 대화를 나누어 보라.

12. 잠시 쉬면서 자신에게 한턱 쓰도록 해라.

일만 하고 놀지 않으면 바보가 된다. 달성할 수 있는 목표를 정하고, 그 목표를 달성하면 스스로에게 상을 주도록 하라. 이것은 좋은 경영관리

요령이기도 하다.
경영자는 강제 조작이 아니라 동기부여를 통한 경영을 원칙으로 삼아야 한다.

_지식in

memo

긍정적인 사람이 되는 방법 9가지

1. 생각을 잡자.

모든 것은 마음에 달려 있다. 그러한 마음을 유지하는 것이 바로 우리의 생각이다.

생각도 일종의 습관과 같다. 하지만 습관은 바뀔 수 있으며, 옵티미즘의 힘을 믿으면 스스로의 생각을 바로 잡을 수 있고 재창조할 수 있게 된다.

2. 마음을 잡자.

우리는 여러 가지 감정의 포로가 되어 살아간다.

우울, 불안, 걱정 등은 우리를 힘들게 하는 대표적인 감정들이다. 하지만 이러한 감정들에 의한 문제들 또한 우리의 마음으로 해결할 수 있다.

3. 행동을 잡자.

건강한 몸에 건강한 정신이 깃든다.

우선 우리의 신체부터 건강하게 유지해야 옵티미스트적인 사고와 행동이 가능하게 된다.

또한 말은 우리 자신을 보여주는 거울과 같다. 세 가지 말의 문을 넘고서야 후회 없는 말을 할 수 있게 된다.

4. 감사하자.

옵티미스트는 언제나 감사할 줄 아는 사람이다.

일상의 사소하고 하찮은 일일지라도 진심으로 감사하고 고마워 할 줄 아는 사람이다. 그러한 감사의 마음과 말이 퍼져나가 온 세상이 아름답게 변화하게 된다.

5. 조금씩, 좀 더 나아지자.

삶은 끊임없이 변화하는 것이다.

지금 그 자리에 멈추기 보다는 조금씩 나아져야 한다.

실패를 두려워하지 말고 그 실패를 통해 무엇이 잘못되었는지 배우는 기회로 삼아야 한다.

6. 섬기자.

내 자신이 얼마나 소중한지 알아야 한다.

그래야 다른 사람의 소중함도 알게 되고, 존중할 수 있게 된다.

한 사람 한 사람의 옵티미스트가 모여 더 좋은 세상을 만들 수 있다.

7. 자신의 가치를 알자.

내 몸은 수만의 세포로 이루어져 있다.

내가 느끼는 감각에 집중해 보자.

나라는 존재의 가치가 얼마나 큰지 깨달아야 한다.

8. 현재, 지금에 살아야 한다.

지나간 과거에 대한 후회는 아무런 도움이 되지 않는다.

나중에 행복해지는 것이 아니다. 지금 이 순간에 행복해져야 한다.

현재를 즐기는 사람만이 행복한 미래를 맞이할 수 있다.

9. 사랑을 확인하자.

옵티미스트가 되어갈수록 우리의 삶은 사랑으로 가득 차게 된다.
세상의 모든 것, 내 주변의 모든 사람을 사랑하게 된다. 관대함과 봉사, 헌신의 마음으로 세상을 살아가야 한다. 사랑을 하는 사람은 그 사랑이 흘러 넘쳐 주위의 모든 사람까지 행복하게 만들어 준다.
옵티미스트는 낙관주의자 또는 낙천주의자로 번역될 수 있다. 비관이나 우울함, 불행, 이기주의, 외로움 등과는 반대되는 개념이다. 하지만 모든 것을 긍정만 하는 사람과는 다르다.
옵티미스트는 어려운 환경이나 스트레스에 대해 적극적으로 대처하고 해결 방법을 찾아내는 사람이다. 한 마디로 행동하는 긍정주의자이다.
자신에게 주어진 힘들거나 어려운 상황을 스스로 개척하고 해결해 나간다. 그럼으로써 행복해지는 사람이다.

_채정호 : 옵티미스트(Optimist)

일상생활에 영혼을 불어넣는 방법 16가지

1. 인생을 단순화하라.
2. 이 정도면 만족하겠다는 한계를 정하라.
3. 창조적인 사람이 되어라.
4. 다른 사람들에게 도움을 주어라.
5. 위대한 자연을 경험하라.
6. 건강한 신체를 유지하라.
7. 감사한 마음으로 생활하라.
8. 기도나 찬송, 또는 명상을 하라.
9. 영감을 주는 문학 작품이나 테이프를 보고 들어라.
10. 자기계발과 성장에 도움이 되는 기회를 놓치지 말라.
11. 가슴으로 선택하고 행동하라.
12. 음악 듣기나 노래 부르기, 아니면 춤이라도 추어라.
13. 고결하게 행동하라.
14. 정기적으로 일기를 써라.
15. 어디에 있더라도 즐긴다는 자세를 가져라.
16. 사랑하는 사람들과 시간을 보내라.

_로빈 위어러

자신을 만들어 가는 50가지

1. 오랫동안 망설인 일을 오늘 당장 결정하자.
   자신에 대한 확신이 있다면, 오늘 당장 고민의 사슬을 끊어라.

2. 지금까지 삶의 대차대조표를 작성하자.
   새로 시작한 기업체와 같이 이익보다 손해가 더 많은 게 30대이다.

3. 정말로 하고 싶은 일 10가지를 적어보자.
   10년 전의 목표를 점검하고, 10년 후를 위해 다시 목표를 세우자.

4. 100명의 친구를 만들자.
   사람이 재산이라는 각오로 인맥을 넓히자.

5. 그만두겠다고 선언하자.
   다시 시작하겠다는 패기와 열의가 당신을 값지게 한다.

6. 나만의 대표작을 만들자.
   매일 매일 모든 일이 당신의 대표작으로 이어진다.

7. 어렸을 때 살았던 집에 가보자.

원점을 확인하는 것이 더 힘차게 가게 하는 힘이 된다.

8. 연령미만의 인간이 되자.

20대의 에너지에 40대의 여유를 갖고 살아가자.

9. 연하의 선생님을 만들자.

30대는 중간관리자, 부하직원에게서도 인생을 배우자.

10. 언제든 출발선상으로 다시 돌아가자.

30대는 다시 시작해도 늦지 않은 때이다.

11. 좌절에서 행운을 찾는 사람이 되자.

남의 성공에서 좌절을 보고, 나의 좌절에서 희망을 발견하자.

12. 세상물정 다 아는 듯한 표정은 그만두자.

30대는 아직 20대에 품었던 순수함을 지켜야 할 시기이다.

13. 20대보다 연습량을 늘리자.

요령만 가지고는 오래 버틸 수 없다.

14. 책에서 길을 찾는 사람이 되자.

책은 당신의 행로를 정해 주는 티켓이다.

업무와 관련이 있는 책, 업무와 관련이 없는 책.

15. 매일 아침 한 편의 시를 암송하자.

무지개를 보고 눈물 글썽일 수 있는 감성을 갖자.

16. 싸구려를 버리자.

싸구려 열 개보다 값나가는 하나가 더 낫다.

17. 혼자만의 휴식공간을 만들자.

업무적인 자신과 자연인으로서의 자신을 구별할 줄 알아야 한다.

18. 첫 경험에 도전하자.

부끄러움에 도전하는 30대가 앞으로 전진한다.

19. 크게 한 번 아파보자.

병원에 암담하게 홀로 누웠을 때 느끼는 실의가 당신을 성장케 한다.

20. 10년 연하의 여인과 대등해지자.

30대를 고비로 청년과 중년으로 갈라진다.

21. 부모님의 인생을 돌아보자.

누구나 부모님의 DNA를 등에 지고 살아간다.

22. 나만의 매력을 발산하자.

20대의 매력에 집착하지 말고, 30대의 또 다른 매력으로 승부하자.

23. 체력을 점검하자.

30대부터는 체력이 최고 재산이 된다.

24. 생활 패턴을 완전히 바꿔 보자.

고정관념에서 벗어나면 새로운 세계가 보인다.

25. 열흘 동안 꼼짝 않고 누워 있자.

자기성찰의 시간을 만들면 분명한 미래가 보인다.

26. 10가지 특별한 체험에 도전하자.

새로운 체험의 성취감이 새로운 힘을 부여한다.

27. 자기사업을 위한 사업계획을 만들자.

10년 뒤의 사업가를 꿈꾸며 10년 동안 사업을 준비하자.

28. 삶의 모범답안을 거부하자.

세상은 순종적인 모범생이 아니라 반항적인 개척자를 원한다.

29. 발명가가 되자.

세상의 이면을 볼 수 있는 폭넓은 사람이 되자.

30. 10개국 이상의 땅을 밟아 보자.

우물 안의 개구리가 되지 말고, 세상을 넓게 보자.

31. 오늘 하루만은 마음껏 고함치고 마음껏 울어 보자.

스트레스를 껴안은 채 30대의 언덕을 넘지 말라.

32. '일이 아주 순조롭게 풀리는데' 하고 감사하자.

어둠 속에서 희망을 볼 줄 아는 낙관적인 마음이 인생을 즐겁게 만든다.

33. 어렵고 힘든 일을 자원 봉사하자.

사회의 음지를 볼 수 있어야 양지가 보인다.

34. 서클을 만들어 리더가 되자.

리더십이란 인간관계의 얽힌 매듭을 풀어 주는 능력이다.

35. 앞으로의 삶의 스케줄을 만들자.

계획 없이 사는 사람은 나침반 없는 배와 같다.

36. 의논할 수 있는 사람을 곁에 두자.

함께 의논하는 동안에 당신 스스로 해결의 실마리를 찾을 수 있다.

37. 초등학교 교과서를 다시 공부하자.

당신이 찾는 정답은 가장 쉽고 가까운 곳에 있다.

38. 가끔은 철학의 바다에 깊이 빠져 보자.

삶의 의미를 찾는 철학적 성찰을 통해 자신의 무게는 더해간다.

39. 가슴속에서 솟구쳐 나오는 그것을 위해 살자.

평생의 직업을 선택하기 위해 진정으로 좋아하는 일을 하자.

40. 'NO' 라고 말할 수 있는 사람이 되자.

자기 의견이 분명한 30대에게 중요한 일이 맡겨진다.

41. 일을 가리지 말고 닥치는 대로 하자.

무엇이든 최선을 다하면 기회는 넓어진다.

42. 누구를 만나든 대등하게 대하자.

상대와 동등하다고 믿고 행동하면 비굴해지지 않는다.

43. 건강만은 남부럽지 않는 사람이 되자.

에너지가 펄펄 넘치는 30대에 큰 인생이 다가온다.

44. 돈을 제대로 쓸 줄 아는 사람이 되자.

저축하는 것은 기술이고, 쓰는 것은 예술이다.

45. 30대다운 감동에 흠뻑 취해 보자.

진정한 삶을 위해 세상을 다시 바라보기 시작하자.

46. 일을 잘한다는 칭찬을 두려워하자.

20대에게는 만드는 힘이, 30대에게는 부수는 힘이 필요하다.

47. 설교하는 선생이 되지 말고 웃기는 코미디언이 되자.
웃음을 자아내게 하는 사람이 에너지를 만든다.

48. 10년 후의 나를 만나자.
10년 후의 나를 위해 느긋하지만 쉬지 말고 준비하자.

49. 10년 전의 나를 만나자.
잃어버린 시간의 갈피 속에서 과거의 푸른 꿈을 캐내자.

50. 당신 나름의 '하지 않으면 안 될 50가지'를 정하자.
미래를 위한 준비는 당신의 책임이자 의무이며 권리이다.

_지식in

memo

정상에 오르기 위한 필수적 자질 22가지

1. 자신감(Secure in self)

1) 당신이 동의하지 않는 한 아무도 당신이 열등하다고 느끼도록 하지 않는다.

2) 남들이 당신에 대해 평하는 것에 대해 지나치게 신경쓰지 마라. 만약 당신이 계속 그들의 동의를 구한다면 그것은 당신 자신을 약화시키는 동시에 당신에 대한 그들의 영향력을 인정하는 것이다.

3) 당신의 방식을 신뢰하고 그 방식대로 행하라. 누가 무슨 말을 하건 그 숫자에 상관없이!

4) 자신감을 갖되 교만하지 마라.

5) 어떤 조직이든지 모든 계층에 있어서 고약한 상사는 있다. 불행히도 이 중 어떤 이들은 꽤 잘 나가기도 하고 자신감있는 상사로 평가되기도 한다. 그러나 이들은 존경받을 만하지는 않다. 그들은 단지 목표달성과 성공을 저해하는 빈약한 자아를 가진 겁쟁이일 뿐이다

2. 적절한 몸가짐(In control of attitudes)

1) 만약 자신의 감정을 컨트롤하지 못한다면 당신이 지는 것이다. 모든 게 끝장이다.

2) 누군가와 접촉할 때 당신은 자신의 성질을 보여주고 있는 것이다. 얼굴 표정, 목소리 톤, 제스처, 악수, 글씨, 음성메시지 등을 통해서나

의사 결정시, 조직 관리시 등을 통해서도.

3) 정상에 오르기 위해 가장 필요한 것은 정작 지식이 아니라 정서적인 강점이다. 위기를 침착하게 외교적 수완으로 대처하라. 사실 이렇게 대응하는 사람들은 드물다.

3. 끈질김, 집요함(Tenacious)

끈질김이란 그 과정에서 무엇을 견뎌내야든지 간에 결과에 대한 실행력이다. 정상에 오르기까지의 과정이 종종 고통스럽고 외로울 수도 있음을 인정하라. 정신적 육체적 노력과 집중, 심사숙고, 분쟁, 당신의 도덕적 기질 등이 요구될지도 모른다. 하지만 당신이 정상에 이르렀을 때 분명이 모든 것들을 희생할만한 가치가 있었다라고 말할 것이다.

1) 당신이 만약 게을러지고, 망설이고 주저하거나, 용두사미로 결심이 끝나버린다면 당신이 목적지에서 멀어지는 것은 당연하다.

2) 당신 결심이 확고하다면, 만사가 쉬워진다.

   당신은 정상에 서서 장관을 바라보며 이렇게 말할 것이다. "모든 게 간단해. 왜 많은 사람들이 여기에 이르지 못하는지 이유를 알 수 없군."

4. 지속적인 자기계발(Continuously improving)

1) 당신이 학교를 졸업하는 순간부터 자기학습은 시작되는 것이다.

   프로들의 세계는 인생 그 자체와 마찬가지다. 모든 것이 큰 배움의 경험인 것이다. 그러한 경험들이 당신의 자산이다. 당신이 지식과 경륜을 얻는다면 그 어떠한 길도 틀린 길이라 할 수 없다.

2) 매일 무언가 새로운 것을 배웠다는 점을 상기하기 전까진 잠자리에 들지 마라.

5. 정직함과 도덕성(Honest and ethical)

1) 사업의 무용담보다 당신의 성실함과 도덕적 가치가 당신의 동반자들에겐 더욱 중요하다.
2) 당신이 당신과 다른 사람들의 사기와 불성실, 거짓, 불명예스럽거나 불법적인 행위를 묵인할 때 조그만 낙석이 산사태로 돌변한다.
3) 선한 사람들은 정상에 이른다.
4) 하지만 사람들이 당신에게 정직할 것이라고 단정하지 말라. 눈으로 거짓으로 당신을 대하는 사람들이 많이 있다. 모든 사람들과 거래시 의심을 갖고 회의적으로 대할 필요는 없으나 적어도 예의주시하고 질문은 해야 한다. 그렇지 않으면 당신이 다칠지도 모른다. 하지만 그들이 당신을 속일지 염려하는 시간보다 당신 동반자들을 속이지 않으려고 염려하는 데 더 많은 시간을 보내라.

6. 말하기 전에 충분히 생각하라(Think before talking)

1) 더 적게 말하고 더 많이 들어라.
2) 천천히 생각하는 데 시간을 갖고 정리하여 말하도록 훈련하라.
3) 행동하기 전에 충분히 생각하라. 모든 것에는 밀어붙일 때와 쉬어야 할 때가 있다. 결정을 내려야 한다면 빨리 하라.(하지만 가능하다면 다음 날 아침까지 기다려라.)

7. 독창적이 되어라(Original)

1) 당신이 속한 회사를 위해 더 많은 기회를 만들수록 당신 자신을 위한 기회도 만드는 것이다. 당신이 성장할 기회는 결코 소진되지 않을 것이다.
2) 당신 부모 세대 때보다 정상으로 가는 더 많은 길이 당신에게 있다.

8. 겸손함(Publicly modest)

1) 허세와 에고(Ego)에 가득차서 잘난 체 하거나 허풍떠는 행동을 피하라. 하지만 당신이 기여한 바를 사람들로 하여금 알게 하라.

2) 너무나도 많은 사람들이 업적에 대해 자신이 유일하게 공을 세웠다고 치부한다. 분명 협조적인 시장 환경, 팀원들의 노고, 훌륭한 관리자, 코치들, 행운, 또 일부는 타이밍의 덕을 봤음에도 불구하고 말이다.

3) 당신의 개인적인 위치를 보지 말고 산(山) 전체를 볼 줄 알아야 한다. 성공적인 등반가는 큰 그림과 시각을 이해하고 공을 나눌 줄 안다.

9. 경영 스타일에 주목하라(Aware of style)

1) 성공을 유지하는 것이 성공을 이루는 것보다 훨씬 어렵다. 그러기 위해선 가능한 모든 스타일을 연구하고 이용해야 한다.

2) 스타일은 어떤 선택을 하는가 하는 문제이다. 사람들은 어떤 방식을 선택한다. 선택에는 반드시 양면이 있다.(예를 들면, 너무 일찍 성공하는 것에 대한 이면으로 당신은 그것이 그렇게 대단한 것이 아니었음을 알고 다소 실망할 수도 있을 것이며, 왜 그렇게 성공하기 위해 안달했었나 느낄 수도 있을 것이다.)

10. 활기차게 다소 과감하게(Gutsy, a little wild)

1) 돈, 전략, 계획, 운영, 사람들에 대해 리스크를 감수하라. 당신의 용기가 그만큼 성장할 것이다.(예를 들면, 좋지 않은 직업을 그만두는 것에 대해 두려움을 갖지 마라.) 어떤 직업이나 수명이란 게 있다. 항상 시작할 때와 마무리할 때가 있다. 시의적절함을 판단하고 언제 움직여야 할 지 결정하는 것은 당신에게 달려 있다.

2) 당신의 일상에서 비즈니스에서 넘지 말아야할 경계와 제약, 선례,

규정, 행동규범이 있다. 가끔은 그것들로부터 벗어나라.

11. 유머스러움(Humorous)

1) 단순히 유머스러움을 갖고 있지만 말고 사용하라. 그것이 비정한 비즈니스 세계를 즐길 수 있는 유일한 방법이다. 일련의 과정을 즐겨라.

2) 일이란 크나큰 즐거움이 될 수 있다.(당신이 은퇴하기 전까진 아마 충분히 이해하지 못할 수도 있겠지만)

12. 조금은 연극적으로(A tad theatrical)

1) 외부에서 볼 때, 비즈니스는 이성적이고 조직적이며, 체계적이고 실제적으로 보인다. 하지만 실상은 비정하고 혼돈스러우며, 때론 불공정하기도 하고 성과를 이뤄낸 사람에게 항상 보상이 가는 건 아니다.

2) 외부에서 볼 때, 윗분들은 자신감에 차있고 자기 확신이 있으며 목표를 제대로 알고 있는 듯이 보인다. 하지만 실상은 많은 이들이 불확실해 하고 고민하며 심지어는 두려워하기까지 하지만 그것을 겉으로 드러내지 않을 뿐이다.

3) 세상의 모든 지도자들은 실제 자신들이 그러한 것보다 훨씬 더 확신에 찬 듯이 행동한다.(비즈니스 세계에서 장막 뒤의 진실을 당신이 모르는 것에 대해 감사해하라. 만약 그걸 제대로 안다면 당신이 실망할 수도 있으니깐)

13. 세부 사항까지도 파악하라(Detail oriented)

당신이 소홀히 한 조그만 부분들이 언젠가는 어떤 식으로든 문제가 되어 곤란을 겪게 될 것이다. 그 어떠한 것도 우연에 맡기지 마라.

14. 자신의 업무에 정통하고 리드하라(Good at your job and willing to lead)

1) 당신이 만약 당신의 노력으로 조직에 기여한 부가가치를 명확히 지적할 수 없다면 당신에겐 큰 문제가 있는 것이다. 가시적 결과를 창출하는 것은 당신이 당신 자신을 믿어야 하는 것만큼 남들에게 당신을 신뢰할 수 있도록 하는 데 도움이 된다.
2) 계획은 보다 적게 세우되 행동은 보다 많이 하라.
3) 다른 사람들과의 관계는 당신의 업적만큼이나 중요하다. 앞장서고 가르치고 도와주는 것은 결국 나중에 큰 차이를 만든다.
4) 남들이 당신을 앞지르는 것을 인정하라. 그들을 지원해주어라. 그들의 노력을 존경하라. 그들을 곤경에서 구해주어라. 그것이 당신이 리더가 되는 방법이다.

15. 당신 사람들을 위해 싸워라(Fight for your people)

1) 항상 당신보다 똑똑한 사람을 고용하라. 그래야 그들을 위해 싸울 가치가 있다.
2) 당신 주위에 예스맨만이 있다면 당신과 그들 중 하나는 옳지 않거나 필요치 않다. 당신과 의견이 다른 사람을 지지해 주어라.

16. 실수를 인정하라(Willing to admit mistakes)

1) 실수를 범하는 것을 두려워마라. 더욱이 실수를 인정하는 것을 두려워마라.
2) 실패했다고 해서 그것이 당신에게 부정적인 영향을 미치도록 하지 마라. 장애와 방해물들을 찾아 나서라. 그것이 바로 당신이 도전할 수 있는 곳이다.

3) 주어진 문제들에 감사해라.

17. 솔직함(Straightforward)

1) 당신이 사람들과 얘기할 때 그들이 받아들이는 것은 두세 가지뿐이다. 따라서 그 두세 가지를 명확하게 집중적으로 이야기하라. 허세를 부리거나 불필요한 단어나 소리들의 사용을 삼가라.(예를 들면, 어, 아, 오케이)
2) 사람들에게 충분히 알려주어라. 특히 당신이 새로운 방향으로 가고자 할 때는.
3) 가능한 짧게 말하라.

18. 좋은 사람이 되어라(Nice)

1) 믿거나 말거나 완벽한 CEO들은 좋은 사람들이다. 그들은 대화하는데 부담스럽지 않다. 그것이 그들이 정상에 오른 이유이다.
2) 당신의 부주의한 언행이 사람들에게 상처를 줄 수 있고 전체적인 상황을 그르칠 수 있다는 것을 명심하라. 당신은 남들에게 영향을 끼칠만한 엄청난 파워를 가지고 있다. 당신이 주의 깊게 처신한다면 모든 것이 훨씬 적은 사상자를 내고도 더 빨리 끝낼 수도 있다.

19. 호기심(Inquisitive)

1) 남들이 당신같이 생각할 것이라고 가정하지 마라. 항상 그렇지는 않다. 사람들이 당신 같이 행동하거나 비슷한 지역 출신이라고 해도 그들이 당신같이 생각할 것이라고 짐작하지 마라. 분명 그렇지 않을 것이다.
2) 근래 더욱 다양해진 노동력들로 인해 동일한 마인드를 갖고 일하는

사람들을 찾아보기 힘들 것이다. 사람 관계에 있어서 가장 큰 문제점은 남들도 그럴 것이라고 당연시 한다는 것이다. 실제로는 그렇지 않은데 말이다.

3) 묻고 들어보아라. 당신이 들은 것에 대해 생각해 보아라. 또 묻고 들어본 뒤 생각해 보아라.

4) 나이드신 분들에게 조언을 구하라. 당신의 네트워크를 키워가라. 지금부터 2,30년 후엔 그랬던 것에 대해 잘했다는 생각이 들 것이다. 어떤 것에 대해 확실하다고 자신할수록 더더욱 조언을 구해야 한다. 당신의 섣부른 확신이 판단력을 그르칠 수 있다. 현명한 조언은 당신이 위험을 보다 객관적으로 볼 수 있도록 해줄 것이다.(모든 답을 알고 있다는 자만심은 결국 무지함을 드러내는 것이다.)

20. 경쟁을 통한 발전(Competitive)

1) 동반자들이 항상 당신이 잘되기를 바랄 것이라는 어리석은 생각을 버려라. 당신이 성취한 것을 누군가가 빼앗으려 한다는 사실을 인정하라.(대개는 친구이다.)

2) 희생자가 될 필요도 없거니와 당신의 문제에 대해 부모를 원망하거나 사내 정치, 친구, 아내, 날씨, 경제, 자신의 키, 나이, 성별, 태어난 순서, 별자리, 경쟁상황 등을 탓하지 마라. 당신 스스로 당신이 싫어질 것이며 남들도 당신을 피할 것이다.

21. 융통성(Flexible)

1) 어떤 문제에 대한 해결책이나 산에 오르는 방법이 한 가지 길만 있는 것은 아니다. 당신이 고객을 대할 때처럼 컴퓨터도 효과적으로 다룰 줄 알아야 한다.

2) 융통성이 곧 힘이다.

22. 이야기를 잘할 줄 아는 사람(A good storyteller)

1) 적절한 일화와 함께 그림을 그려가며 설명하는 것이 큰 집회에서 보다 효과적인 커뮤니케이션 방법이 될 수 있다. 유추, 은유, 직유, 사례 등은 비즈니스의 인간적 측면이 갖고 있는 복잡한 이슈들을 관통한다.

2) 사업상의 일화들을 데이터베이스화하여 보관하라. 새로운 성과들을 분기별로 추가해 나가라. 어떠한 상황에서 당신이 어떤 조치를 취했는지 그리고 그 결과는 어떠했는지 자세히 적어 나가라. 전화상이나 통신상, 인터넷상에서 당신의 상사에게, 동료에게, 구직 인터뷰에서 그러한 일화들을 사용해 보라. 또한 영업 활동시, 업적 평가시, 누군가와 커뮤니케이션할 때 사용해 보라.

3) 가능하면 간결하게, 적절하게, 재미있게 하라.

_지식in

memo

스트레스를 성공적으로 다루는 11가지 전략

1. 일 자체만 보는 바른 시각을 길러라.
   사소한 어려움으로 스트레스를 받기 시작하면, 더 큰 상황을 기억하려고 노력해라.

2. 위기에서 도망치지 마라.
   인생은 늘 정면으로 불어오는 두려움에 맞서 달리는 것이다.
   하늘을 나는 사람들은 추락할 위험을 무릅쓰고, 걷는 사람들은 넘어질 위험을 무릅쓰고, 가장 좋은 걸 기대하라. 그러면 대개의 경우 그것을 얻을 수 있을 것이다.

3. 자신이 잘하는 분야에서 일하라.

4. 격심한 경쟁을 피하라.

5. 과중한 짐을 짊어지고 가지 마라.
   당신은 가장 좋은 것을 위해 그냥 보통으로 좋은 건 포기해야 할 때가 있다.

6. 강한 신념을 가져라.

사람을 죽이는 건 인생의 빠른 속도가 아니라 권태다.

아무 것도 보람이 없다는 생각은 사람을 병들고 불행하게 만든다.

7. 당신의 권리를 포기하라.

권리에 대한 지나친 생각은 원한, 비통함, 분노, 증오, 두려움 같은 해로운 감정을 유발한다.

"주는 게 받는 것보다 더 좋다"

8. 마음가짐을 새롭게 하라.

감정적인 경험의 대부분은 우리의 사고방식의 결과이다.

9. 관심을 밖으로 돌려라.

자기 자신에게만 너무 초점을 맞추는 사람은 낙담하기도 쉽다.

10. 이야기 상대를 가져라.

스트레스의 대부분은 우리가 감정을 표현하지 못하고, 꽉 채워두고 있기만 하는데서 발생된다.

11. 스트레스를 풀 활동적인 방법을 찾아라.

걱정거리를 어떻게 이겨내야 할지를 모르는 사람들은 일찍 죽는다.

_헤럴드 도즈(Harold Dodds)

20대에 운명을 바꾸는 40가지 작은 습관

1. 3초 먼저 내 쪽에서 인사하자.
2. 사소한 대응에서도 "훌륭하다"라고 말하자.
3. 인사를 하지 않아도 되는 사람에게도 인사를 해보자.
4. 엘리베이터가 있는 곳에서도 계단으로 올라가자.
5. 하루에 한 번 "잘됐어" 하고 말하자.
6. 자신이 어떻게 보이는지 남에게 묻지 말자.
7. 기도할 때는 소중한 사람을 위한 기도를 잊지 말자.
8. 존경하는 사람의 사고방식을 흉내내 보자.
9. "아무거나 좋다"라고 하지 말고 스스로 선택하자.
10. 사지 않더라도 "고맙습니다"라고 말하고 가게를 나오자.
11. 중요한 것을 찾지 못할 때는 쓸데 없는 것을 버려보자.
12. 남과 이야기하지 않고 두 시간은 집중할 수 있도록 하자.
13. 막다른 상황에서 "그래도 좋다"라고 말하자.
14. 긴장되는 일일수록 여유를 갖고 하자.
15. 갖고 싶은 것은 주문해서 산다.
16. "...... 만 있으면"이라는 말을 하지 않는다.
17. 반대할 것을 기대하고 상담하지 않는다.
18. 거절당하면 열의를 시험한다고 생각하자.
19. 뒷사람을 위해 한발 더 안쪽으로 들어가자.

20. 싫어하는 사람을 자신의 거울로 삼자.
21. 이해득실보다는 납득하고 선택하자.
22. 인사를 제대로 하지 못했던 사람에게 인사하자.
23. 사과하는 상대의 이야기를 끝까지 들어주자.
24. 선천적인 이유를 핑계 삼지 말자.
25. 한 시간 후에 만날 사람이라도 미리 연락을 해두자.
26. 이성이 하는 일을 해보자.
27. 꽃과 나무의 이름을 외우자.
28. 남에게 짜증을 내지 않는다.
29. 언짢은 일이 있을 때일수록 좋은 일을 하자.
30. 각자의 신에게 인사를 하자.
31. 전화를 끊을 때 신경을 쓰자.
32. 겸손한 사람에게는 그 이상으로 겸손하게 대하자.
33. 손을 쓰는 일을 하자.
34. 혼잣말을 하자.
35. 자신이 타는 자동차는 스스로 닦자.
36. 요리와 마찬가지로 뒷정리에도 마음을 쓰자.
37. 사진을 찍기 전에 우선 느끼자.
38. 어디까지 갈수 있을지 출발 전에 생각하지 않는다.
39. 하나라도 좋으니 간단한 일을 해보자.
40. 항상 거꾸로 해보자.

_지식in

바라는 대로 이루어지는 7가지 원칙

원칙 1: 근원적 지성을 자각하라.

당신은 우주를 이루는 하나의 물결이다.

내 존재의 중심은 궁극적인 실재이고, 우주의 뿌리이자, 바탕이며, 존재하는 모든 것의 원천이다.

원칙 2: 인간관계의 비밀을 파악하라.

관계의 거울을 통해 비국소적 자아를 발견하라. 나는 내 안에서 타인을 보고, 다른 사람 속에서 나를 본다.

원칙 3: 마음이 실재를 창조한다.

내면의 대화의 주인이 되라. 내 내면의 대화는 내 영혼의 불꽃을 반영한다.

원칙 4: 의도를 명확히 하라.

우리의 의도가 우주를 만든다. 내 의도는 무한한 조직력을 갖고 있다.

원칙 5: 감정적인 혼란을 억제하라.

나는 감정적으로 자유롭다. 나는 부정적 에너지를 더욱 높은 차원의 자각으로 바꿀 수 있다.

원칙 6: 우주의 춤을 즐겨라.

당신의 내면에서 우주를 춤추게 하라. 나는 내 안에서 신과 여신을 낳는다.

그들은 나를 통해서 자신의 모든 특징과 힘을 표현한다.

원칙 7: 우연의 은밀한 계획.

우연의 은밀한 계획을 알아차린다. 나는 깨어있는 마음으로 우연의 일치에 주의를 기울인다. 그리고 그것이 신이 보낸 메시지라는 것을 알고 있다.

내 주변에는 우주의 춤이 가득하다.

_디팩 초프라

memo

현명한 사람들의 18가지 생활습관

1. 먼저, 내 쪽에서 인사하자.
2. 사소한 대응에서도 "훌륭하다", "감사하다"라고 말하자.
3. 인사를 하지 않아도 되는 사람에게도 인사를 해보자.
4. 엘리베이터가 있는 곳에서도 계단으로 올라가자.
5. 하루에 한 번 "잘됐어" 하고 말하자.
6. 기도할 때는 소중한 사람을 위한 기도도 잊지 말자.
7. 존경하는 사람의 사고방식을 흉내내 보자.
8. 무언가를 사지 않더라도 "고맙습니다", "수고하세요"라고 말하고 가게를 나오자.
9. 중요한 것을 찾지 못할 때는 쓸데없는 것을 버려 보자.
10. 남과 이야기하지 않고 두 시간은 집중할 수 있도록 하자.
11. 막다른 상황에서 "그래도 OK"라고 말하자.
12. 뭔가를 하기도 전에 방어선을 준비하지 말자.
13. 긴장되는 일일수록 여유를 갖고 하자.
14. "...... 만 있으면"이라는 말을 하지 말자.
15. 반대할 것을 기대하고 상담하지 말자.
16. 거절당하면 열의를 시험한다고 생각하자.
17. 약속시간보다 좀 일찌감치 가자.
18. "아무거나 좋다" 하지 말고 스스로 선택하자.

_지식in

꿈을 현실로 만드는 7가지 포인트

포인트 1: 목표 실현의 에너지를 만들라!

잠재 능력을 이끌어낼 수 있는 환경을 마련하면 인간은 무한한 가능성을 지닌 인재로 거듭난다.

포인트 2: 비상식의 혁명을 선포하라!

'비상식'은 상식 밖의 상식을 제공한다.

그 비상식의 상식을 깨달았을 때 셀프 임파워먼트가 시작된다.

포인트 3: 나답게 사는 법을 배워라!

셀프 임파워먼트란 스스로 무한한 파워를 끌어내 자신을 활기차게 하는 일이다.

포인트 4: 고정된 항로를 이탈하라!

자신을 고정된 틀 속에 가두어두면 자신을 무능하게 만들 뿐 아니라, 인생마저 한낱 휴지 조각으로 구겨버리게 된다.

포인트 5: 자신의 한계점을 넘어라!

고달픈 일상에 젖어 안주하는 사람은 평생토록 노력해도 한 평 남짓한 주검의 공간밖에는 성취할 수 없다.

포인트 6: 자신의 열정적인 팬이 되어라!

세상 어디에도 자신만큼 가장 열렬한 지원자는 없다.

포인트 7: 내 안의 나를 일깨워라!

꿈을 이루고, 목표를 달성하고, 성취하고 싶은 자화상을 만들기 위해서는 셀프 임파워먼트라는 토양에 끊임없이 노력이라는 비료를 주어야 한다.

_이케다 히카루

memo

시간을 관리하는 5가지 원칙

1. 내 시간은 내가 책임진다.

당신의 시간을 관리하는 책임자는 바로 나라는 사실을 잊어선 안 된다. 남 때문에 시간관리가 안 된다는 생각은 갖다 버려라. 꼭 보면 남 탓하는 사람이 자신 시간을 아무렇게 탕진하곤 한다.

2. 우물쭈물하지 마라.

결정을 미루지 마라. 빨리 결정을 내리면 나중에 잘못을 바로잡을 시간이 생긴다. 늦으면 그럴 틈도 없는 법이다.

3. 우선순위를 정한다.

중요한 것과 그렇지 않은 것을 구분할 수 있어야 한다. 그렇다고 사교문제와 건강을 무시하란 말은 아니다. 불필요한 것만 찾아 시간표에서 하나씩 지워나가라.

4. 계획에 맞춰 행동한다.

매일 아침 일어나서 오늘 할 일을, 혹은 잠들기 전에 내일 할 일을 가만 생각해 보라. 그리고 시간이 되면 해야 할 일을 향해 '돌진' 한다.

5. 남에게 과감히 맡긴다.

부하들이나 동료들에게 일을 맡겨라. 딴 사람이 하면 처음에 서툴러 일을 망치기도 하겠지만, 시간이 지나면 결국 배우기 마련이다. 나는 시간이 남아서 좋고, 부하직원은 경력이 늘어서 좋다. 남에게 맡기는 것도 인적자원의 효율을 높이기 위한 일종의 투자다.(그렇다고 사람들을 '이용'해 먹지는 말도록하라. 직장에서 왕따 당하는 수가 있다.)

_알렉 맥켄지(Alec Mackenzie)

memo

제퍼슨에게 배우는 자기발전을 위한 10가지 조건

1. 오늘 할 수 있는 일을 내일로 미루지 않는다.

   제퍼슨은 매일 동트기 전에 자리에서 일어나 그날 할 일에 대한 목록을 작성했다.

2. 당신 스스로 해결할 수 있는 일로 다른 사람을 괴롭히지 않는다.

   제퍼슨은 정치적 독립뿐 아니라 개인의 독립 역시 중요하게 생각했다. 그는 개인의 독립은 자신의 문제를 스스로 해결하는 능력에서 비롯된다고 생각했다.

3. 번만큼만 쓴다.

   제퍼슨은 이것을 어렵게 배웠다. 즉, 이 충고를 수차례 무시하여 그에 따른 혹독한 대가를 치르면서 전에 돈을 써서는 안 된다는 사실을 깨달았다.

4. 값이 싸다는 이유로 원하지도 않는 물건을 구입하지 않는다.

   당신에게 의미가 있는 물건만을 구입한다.

   제퍼슨은 물질을 단순한 물질이 아니라 경험을 얻는 수단으로 생각했다.

5. 자만은 허기, 갈증, 추위보다도 많은 대가를 요구한다.

오랫동안 권력의 중심에 있으면서 제퍼슨은 자만이 초래한 참담한 결과를 수없이 목격했다.

6. 소식(적게 먹는 것)을 후회하는 이는 없다.

제퍼슨이 유달리 건강한 생활을 할 수 있었던 것은 건강에 유익한 음식 섭취와 소식 습관 때문이었다.

7. 낙관적인 태도를 갖는다.

선천적으로 낙관적이었던 제퍼슨은 항상 가장 좋아 보이는 것을 선택할 수 있었다.

그것은 그가 '당신이 선택한 것을 손에 넣고 싶다면 당신이 갖고 있는 것을 선택하면 된다'는 식의 사고방식을 갖고 있었기 때문이다.

8. 기우는 마음을 병들게 한다.

제퍼슨은 걱정은 무의미한 일임을 일깨워 주고 있다.

그는 낙관적인 사고방식으로 미래에 대한 모든 근심걱정에서 벗어날 수 있었다.

9. 무리 없이 일을 처리한다.

제퍼슨은 저항을 최소화하면서 일을 처리하는 온유한 사람이었다.

10. 화가 치밀 때는 열까지 센 다음 말한다.

폭발할 것 같을 때는 백까지 세고 말한다.

계몽주의자로서 제퍼슨은 이성의 소리에 귀를 기울였고 말은 이롭기보다 해롭다는 것을 이해했다.

_마이클 겔브

memo

커리어 관리 10원칙

원칙 1: 너 자신을 알라.

각자가 처해 있는 형편이나 여건 변화에 상관없이, 자신이 원하는 인생을 살아가고 또 이에 필요한 커리어를 쌓기 위해서는 먼저 자아 성찰과 같은 근본적인 자기 진단 과정이 필요하다.

다른 사람에게 도움을 받을 수는 있겠지만 가능하면 스스로의 힘으로 자신의 진로나 필요한 커리어가 무엇인지 찾아내는 것이 훨씬 더 만족스러운 결과를 가져올 것이다.

원칙 2: 실패를 딛고 일어서라.

자신만의 분명한 커리어를 획득하기 위한 두 번째 원칙은 자신의 실수나 실패의 원인이 무엇이었는지 학습하고, 미래의 학습 곡선을 지속적으로 그려나가는 일이다.

지속적 학습은 일과 삶의 질을 개선해 나가는 데 도움이 되는 새로운 기술과 경험, 통찰력을 계속적으로 획득해 나가는 과정이다.

원칙 3: 예측된 위험을 감수하라.

자신의 삶과 커리어를 분명히 하기 위해서는 때로는 위험을 감수할 줄 알아야 한다. 우리는 위험이 닥쳤을 때 적극적으로 위험에 맞서 싸울 수도 있고 그 위험을 회피할 수도 있기 때문이다.

원칙 4: 돈에 관한 균형 잡힌 사고를 가져라.

자신에게 적합한 커리어가 무엇인지를 밝히는 네 번째 원칙은 돈이란 어떤 의미이며 얼마나 많은 돈이 있어야 충분하다고 생각되는지 이해하는 것이다. 돈이란 우리가 이루려고 하는 삶과 커리어를 성취할 수 있도록 해주는 수단, 즉 도구에 불과하다.

원칙 5: 사람을 소중하게 생각하라.

성공적인 커리어를 구축하는 다섯 번째 원칙은 삶에서 만나는 사람들을 잘 활용하고 또 그들에게 도움을 제공하는 것이다.

사람들 간의 상호 의존 관계가 무엇이며 왜 그것이 중요한지 살펴보다 보면 우리의 삶을 풍요롭게 하는 데 다른 사람의 역할이 얼마나 소중한지를 다시 한 번 깨닫게 될 것이다.

또한 다른 사람의 도움으로 좀 더 쉽게 자신의 커리어를 관리해 나갈 수 있는 방법도 찾게 될 것이다.

원칙 6: 지금 당장 계획을 세워라.

커리어 관리를 위한 여섯 번째 원칙은 계획을 수립하는 것이다. 계획 수립의 중요성은 아무리 강조해도 모자란다. 계획을 수립하는 과정에서 가장 중요한 것은 변화를 위해 준비하는 것이다.

변화 계획에 있어서 첫 번째 단계는 자신을 준비시키는 것이고, 그 다음이 당신의 변화에 영향을 받을 수 있는 사람들을 준비시키는 것이다.

원칙 7: 삶을 즐기며 자신의 커리어를 유지하라.

자신만의 분명한 커리어를 갖는 일곱 번째 원칙은 오랜 기간 유지될 수 있는 커리어를 통하여 삶을 발전시켜 나가면서 인생을 즐기는 것이다.

사람들은 과거보다 훨씬 오래 살게 되었으며, 예전보다 훨씬 오랜 기간 동안 일할 수 있게 되었다. 또한 최근 들어 균형잡힌 삶의 중요성이 점차 늘어나 직장뿐만 아니라 가정에서의 역할과 책임이 강조되고 있다.

원칙 8: 휴식기간을 가져라.

자신이 원하는 커리어를 갖추기 위한 여덟 번째 원칙은 커리어를 추구해 가는 과정에서 한 번 이상의 휴식 기간을 갖는 것이다.

이것은 일생동안 커리어를 유지하기 위한 에너지를 갖추는 데 있어서 매우 중요한 전략이다. 자신의 인생과 커리어 관리 차원에서 휴식 기간을 통한 지속적 학습과 창조적 활동 또는 새로워지고자 하는 시도 등은 대단히 중요한 요소가 된다.

원칙 9: 지금 바로 시작하라.

성공적인 커리어를 구축하기 위한 아홉 번째 원칙은 직장 선택이나 커리어 변화와 관련하여 수립한 전략과 계획을 행동으로 옮기는 것이다.

당신이 직장을 구하거나 커리어에 변화를 주고자 한다면

▲ 자신에 대해 분명하게 알기

▲ 커리어 발견

▲ 집중

▲ 시장 참여 계획 수립

▲ 실행과 피드백의
다섯 단계에 따라 생각하고 계획하며 실천해 나가라.

원칙 10: 자신만의 커리어를 소유하라.

커리어 관리를 위한 마지막 열 번째 원칙은 자신만의 고유한 커리어를 소유하는 것이다. 커리어는 동계올림픽에서 얼마나 높이 올라갔으며, 우아하게 그 경사를 타고 다시 내려왔는가를 가지고 채점을 하는 스노보우드 경기와 비슷하다.

따라서 당신은 어느 수준까지 달성하기를 원하는지 먼저 선택한 후 커리어의 진폭을 확대시켜야 한다. 그리고 당신의 커리어에 대해 책임 있는 사람은 다른 사람이 아닌 바로 당신 자신임을 명심하고 자신의 커리어에 책임을 져야 한다. 따라서 당신은 자신의 목표나 인생의 목적이 무엇인지를 상기하고, 자신이 소유하고 있는 자원들을 적절하게 배치하고 관리해 나가는 관리자의 역할을 충실히 이행해야 하는 것이다.

_카렌 O. 도우드

자기계발을 위한 시간투자 7가지

1. 처음에는 자투리 시간을 이용하라.

자기계발에 투자하는 시간을 처음부터 많이 투자하려고 하지 말라. 한꺼번에 너무 많이 하려다가 오히려 큰 리스크가 발생할 가능성이 짙다. 일단 자투리 시간을 이용해서 자신에 투자하는 것이 유리하다.

2. 성과가 나면, 그 성과물을 기록하라.

자투리 시간을 이용해서 자신에 투자하다 보면, 성과가 나기 마련이다. 그 성과를 일일이 꼭 챙겨라. 그 성과가 보물이라고 생각하고 하나하나 소중히 다루어라. 보물을 만드는 기간은 5년이면 충분하다.

3. 꼭 자신의 성과물이 필요한 곳을 찾아라.

일단 그 성과를 만든 다음에 그 성과가 제일 잘 먹힐 만한 곳을 찾는다. 투자 대비 수익이 나기 마련이다. 분명 눈치 빠른 사람은 그 성과가 보물이라는 것을 대번에 알아차릴 것이다.

4. 한 가지 이익보다는 여러 가지 이익을 우선하라.

리더가 될수록 시간에 쫓길 수밖에 없다. 반드시 시간을 절약해야 한다. 자신이 손에 쥘 수 있는 시간을 정말로 아끼고 아껴서 사용하라. 그리고 꼭 그 시간을 사용할 때는 항상 시간 대비 수익을 생각하라. 그렇기 때문에 시간을 쓸 경우에는 꼭 한 가지 이익보다는 여러 가지 이익을 우선해야 한다.

5. 나 혼자 하려 하지 말고 남과 함께 하려고 하라.
성과를 만드는 것은 나 혼자만이 하는 것이 아니다. 남에게 손을 빌리는 것 또한 투자이다. 자신의 가치를 높이기 위해서는 다른 사람에게 일임하는 요령도 필요하다. 모든 일은 시기를 놓치면 평생 후회한다.

6. 요행수를 바라지 말고, 분산 투자하라.
한 번에 과정을 생략한 결과만을 얻으려 하지 말라. 요행수를 바라는 것은 투자가 아니다. 쉽게 얻을 수 있다고 생각하는 곳에는 반드시 그만큼의 위험이 도사리고 있다. 자신에 대해서도 분산투자를 하라.

7. 뉴스, 문화 등 트렌드를 유심히 관찰하라.
반드시 투자는 부지런한 사람이 성공한다. 수시로 자기 투자에 대한 수익을 평가하라. 수시로 새로운 트렌드에 맞춰 교체하는 것도 중요하다. 세상 흐름을 모르면 아무것도 할 수 없다. 자신에게 맞는 다양한 정보지(情報紙)를 보라. 세상물정을 모르면서 자신에 투자하는 것은 매우 위험한 일이다. 따라서 시대의 움직임을 잘 알면 자신에 대한 투자에서 성공할 수 있다.

_지식in

똑똑하게 화내는 방법 12가지

1. 다른 사람의 기분에 좌우되지 마라.

침착함을 잃지 않을 때에야 비로소 이성적으로 생각할 수 있고 다른 사람의 공격에 대해서도 효과적으로 자신을 방어할 수 있다.

2. 당당하게 말하라.

공격자는 자신의 개성을 마음껏 펼치지 못하는 사람들을 겨냥한다.

왜냐하면 그런 사람들은 스스로 자신을 약하게 만들기에 싸우지 않고서도 쉽게 이길 수 있기 때문이다. 사냥감이 되지 않으려면 자신감 넘치고 당당한 자세가 필요하다.

3. 강박감에서 벗어나라 공격을 당했을 때 빠지게 되는 무력감.

이런 강박증을 갖고 있는 사람이라면 심리적 안정을 되찾는 응급처치가 필요하다.

일단 어떤 사람에게 화가 났다면 심호흡을 한 후 자신의 주위에 공간을 두며, 시간적 여유를 가져야 한다.

4. 상대를 제풀에 지쳐 나가떨어지게 하라.

이를 위해 제시한 방법은 다음 세 가지다.

1) 상대의 자극적인 말을 가슴에 담아두지 말고 무시하라.

2) 눈을 부릅뜨고 상대를 뚫어지게 쳐다보며 아무 말도 않는 것이다. 혹은 오히려 친근하게 웃어주는 것이다.
3) 상대가 부주의하게 내뱉은 말이라면 아예 무시하고 잊어버리는 것이다.

5. 화제를 바꿔라.
신경에 거슬리는 상대의 말에 대해서는 아무 말도 하지 않고 완전히 다른 화제를 끄집어낸다.

6. 한 마디로 받아쳐라.
순발력 있고 재치 있는 반격을 위해 말을 많이 할 필요는 없다.
한 마디면 충분하다. 이때에도 상대를 제풀에 지쳐 나가떨어지게 하는 것을 겨냥해야 한다. "그래서 어쨌다는 거예요?" 또는 "아하, 그래!" 정도면 적당하다.

7. 속셈을 드러내지 마라.
나를 공격하는 것은 쓸데없는 짓이라는 것을 상대에게 알려주려면 의미 없는 말을 해 상대를 혼란스럽게 만드는 것도 괜찮다. 엉뚱한 속담을 인용하는 것도 좋은 방법이다.

8. 되물어서 독기를 빼라.
나에게 상처를 주려는 말이 무슨 뜻인지 상대에게 그 즉시 되물어라.
상대에게도 건설적인 대화를 할 수 있는 기회가 만들어진다.

9. 마음의 균형을 잃게 하라.

상대의 의견을 충분히 이해할 수 있다는 것을 보여주고 나서 자신의 의견을 단호하게 주장하는 것이다. 상대를 칭찬해 궁지로 몰아넣을 수도 있다.

10. 감정적으로 받아 치지 말라 마음의 평화를 유지하라.

상대의 공격을 감정적으로 받아들여서는 안 된다.

상대를 자세히 관찰하여 상대의 현재 상태를 있는 그대로 지적하라.

11. 모욕적인 말은 저지하라.

상대에게 나를 모욕했던 말이 무엇인지 분명하게 말하고 얼굴을 마주보며 사과를 요구하라. 한계를 명확히 설정하여 그런 식으로 취급하지 말라고 분명하게 말하는 것이 중요하다.

12. 핵심을 명확하게 말하라.

무엇이 나를 아프게 했고 무엇이 나를 화나게 했는지 간단명료하게 말하라. 상대와 대화의 규칙을 정해보는 것도 좋다.

_지식in

성공을 위한 혁신 원칙 7가지 활용 전략

전략 1: 예기치 못한 상황을 적절히 활용하라.

1) 기업이 예상하지 못한 성공이나 실패는 혁신 기회를 제공하는 생산적인 원천이 되는데, 대부분의 기업들이 이를 잊어버리거나 무시하고 원망하는 우를 범하고 있다.
2) 기대를 빗나간 결과에 대한 분석이 실적 저조를 방지하기 위해 필요하지만, 자칫 새로운 기회를 인식하지 못하게 방해할 수도 있다.

전략 2: 모순을 활용하라.

1) 비즈니스 프로세스 상의 로직이나 리듬의 모순이 새로운 혁신 기회를 제공하기도 하고, 경제 실체간의 모순은 혁신의 또 다른 원천이 된다.
2) 예를 들어 1950년대부터 70년대까지 선진국의 철강산업에서처럼, 지속적으로 시장은 성장하지만 수익성은 악화되는 모순이 발생되는데, 이때 혁신적인 대안은 미니밀(minimill)이었다.

전략 3: 프로세스 니즈를 활용하라.

1) 현대적인 고속도로 시스템이 개발되어 있지 않은 일본에서 자동차의 시스템 개선을 위해 30년대 초 미국의 고속도로에서 사

용된 반사경(reflector)을 개조하였다.

2) 이 반사경은 다른 자동차가 6가지 방향의 어느 쪽에서 접근하더라도 각 자동차가 볼 수 있도록 만든 장치로서, 교통 흐름을 원활하게 하고 사고를 최소화하는 이러한 사소한 발명이 프로세스 니즈를 활용한 경우이다.

전략 4: 시장 변화를 주시하라.

1) 산업 구조의 변화는 새로운 혁신을 위한 중대한 기회를 제공하는데, 10년 내에 40% 정도의 급속한 성장을 나타낼 경우 산업 구조는 변화되는 것이다.

2) 시장 혹은 산업 구조가 변화했을 때에 전통적인 산업계의 리더 기업이 가장 빠르게 성장하는 시장 세그먼트를 반복적으로 무시하는 경향을 보이는데, 이것은 혁신 기업에 새로운 좋은 기회를 제공하는 것이다.

전략 5: 인구통계적인 장기적인 변화를 파악하라.

1) 연령 · 교육 · 직업 · 지리적 인구 분포 등 인구통계적인 변화는 가장 신뢰할 만한 조직 외부의 혁신 기회 원천으로서 리드 타임을 요구하고 있다는 것을 알 수 있다.

2) 일본은 70년대 베이비붐과 교육열로 젊은 층의 과반수가 고등학교 이상의 학교에 머물러 있어, 생산 현장에서 일할 노동자들이 줄어들고 있다는 인구통계적인 변화에 관심을 가졌기 때문에 로봇공학에서 현재 약 10년은 앞서 있다.

전략 6: 인식의 변화를 감지하라.

1) 경영자가 마치 반 컵의 물 잔이라는 동일한 현상을 보면서 반 컵이 차있는지, 반 컵이 비었다고 인식하는지에 따라 혁신의 기회는 크게 달라진다.

2) 인식의 변화가 사실을 변화시키지는 않지만, 아주 빠르게 그 의미를 변화시키는 속성을 가지고 있으며 이를 혁신 기회를 위해 활용할 수 있다.

전략 7: 새로운 지식을 항상 습득하라.

1) 지식에 기초한 혁신은 성공 가능성이 높은 반면에 긴 소요 시간을 필요로 하는데, 신지식의 출현이 실용 가능한 기술로 발전하고 이러한 신기술이 다시 시장에 제품으로 출현되기까지는 상당히 오랜 시간이 걸린다.

2) 혁신이 성공하기 위해서는 여러 종류의 지식을 세심하게 분석해야 하며, 또한 지식에 기초한 혁신은 따른 어떤 혁신보다도 시장 의존적이라서 고객의 니즈를 세밀하게 분석하는 작업이 필요하다.

_현대 경제연구소

몸값 올리기 전략 10계명

1. 지식으로 무장하라.

아침에 뉴스 듣고, 신문보고, 필요 없는 지식이라고 생각해도 한 번 더 보자.

언젠가 생각하지 못한 곳에 절실하게 필요하다. 그러나 시간을 빼앗겨서 추진하는 일이 늦어질 정도까지 하는 건 오버하는 거다. 모든 정보를 알고 있으면 어느 순간 어떤 사람이건 간에 호감을 살 수 있다고 본다.

2. 방대한 인적네트워크를 구축하라.

소위 말하는 낙하산을 생각하는 사람이 있는데, 자리를 얻기 위해 인맥을 이용하는 게 아니라 자신이 가고 싶은 분야로 가기위한 정보를 획득하는 수준을 만들어라.

그리고 사람사이에서는 언젠가 단 한 번은 마주치게 되는 순간들이 있다. 이런 순간들을 위해서라도 인맥을 만들 때 그 인맥을 얼마나 잘 관리하느냐도 다른 이야기이다.

3. 스스로 근태 관리를 철저히 하자.

일을 정말 잘하는데 매일 지각을 하는 직원과 일은 잘 못하지만 성실한 직원이 있다고 보자. 사람은 언제나 바닥이 존재한다. 아무리 유능한 직원이라 하더라도 매일 지각하고 상사들에게 꾸중을 듣다 보면 결국 자신이 가진 재능이 바닥을 들어낸다. 반면 근태가 성실한 직원은 자기스스로를 관리하면서 자신의 능력을 올려 간다면 성공하게 돼있다. 대부분에 성공한 기업 회장들을 보면 안다. 잠 안자고 먹을 거 안 먹고도 출근은 꼬박꼬박한다.

4. 어려울 때가 주가를 올릴 때다.

사람은 누구나 어려울 때 도와준 사람을 잊지 못한다.

이건 어디에서나 적용된다. 주위를 한 번 둘러 봐라. 회사 과장, 차장, 실장 다들 노는 거 같다. 그러나 자리는 잘 지키고 항상 대접 받는다. 그게 어디 잘 놀아서 되었나?

대부분 힘든 시기를 같이 넘겨서 웬만한 실수를 해도 은근히 넘어가 주는 것이다.

5. 원하는 회사를 적극적으로 찾아 나서라.

밥상 차려줄 때 기다리지 말고 차려 먹으라고. 정말 의미있는 말인 거 같다.

누군가 밥 차려줄 때 기다리다가 백년, 천년동안 굶기를 바라지 않는다면 항상 열심히 차려라. 그럼 그 모습에 감동해서 누가 반찬이라도 집어 줄지 아는가?

6. 함부로 사표 쓰지 마라.

일단은 추진하는 일이 있으면 각오로 사표를 써서 가지고 다니되 윗사람이 조금 모라고 했다고 삐져서 사표를 낼 정도의 그릇이라면 사회생활하는 거 다시 한 번 곰곰이 생각해라.

7. 개혁 성향의 마인드를 갖아라.

다른 사람의 충고를 옳다고 판단하면 그거에 따라 자기 자신을 좀 더 개조해 나갈 수 있는 그런 마인드가 필요하다. 아마 아는 사람은 알거다. 간혹 가다 보면 남이 충고를 좀하면 기분이 안 좋아져서는 충고한 사람을 잡아먹으려는 사람들이 있다.

명심해라! 남의 말대로 휘둘리는 것도 좋지는 않지만 남의 말에 귀를 닫고 사는 것 또한 공동체 사회에서 살아남기 힘들다.

8. 항상 안주하지 말고 업그레이드하라.

나는 4년제 대학 나왔고 회사에서 과장이니까 더 이상 노력하지 않고 지금 있는 이자리만 지키면 된다. 이거 정말 멍청한 생각이다. 어디 직급이 과장까지만 있는가?

이런 생각을 하고 점점 젊고 능력있는 사람들이 들어오는데, 그런 사람들이 밀어 내지 않겠는가 하는 거다. 그렇다고 젊다고 해결되는 건 아니다. 요새 신입사원들을 보다보면 전공과도 제대로 모르면서 사무직에서 연봉만 높게 받기를 원한다.

내가 사장이라면 사무직 직원은 상업고등학교 갓 졸업한 급여 싼 직원을 쓴다.

왜? 어차피 사무직은 전문지식을 요하지 않고 컴퓨터만 잘하고 성실하넌 된다. 눌론 전문 사무직일 경우에는 많은 차이가 있다.

9. 남과 더불어 살아라.

내가 잘나간다고 옆에 있는 사람이 힘들어서 비명을 외치고 있을 때 모른척한다면 분명 자신이 힘들 때는 도와줄 사람이 없다.

대기업 사장들이 뭐가 아쉬워서 사회에 환원하겠는가, 분명 뿌린 데로 거둔다.

10. 즐겁게 고독하라.

여러 사람이 추진할 일이 있듯 이 혼자 추진할 일이 있다.

보통 일을 혼자 추진하다 보면 점점 나태해 질 수 있는 데, 이럴 때는 고독을 즐기면서 혼자 추진하라. 어차피 혼자 하는 일이다.

_지식in

memo

당당한 "승자"가 되기 위한 마인드 컨트롤

승자는 실수했을 때 '내가 잘못했다' 고 말하지만
패자는 실수했을 때 '너 때문이야' 라고 말한다.

승자의 입에는 솔직함이 가득하고
패자의 입에는 핑계가 가득하다.

승자는 '예' 와 '아니오' 를 분명히 하지만
패자는 '예' 와 '아니오' 를 적당히 한다.

승자는 어린아이에게도 사과할 수 있지만
패자는 노인에게도 고개를 못 숙인다.

승자는 넘어지면 일어나 앞을 보고
패자는 넘어지면 뒤를 본다.

승자는 패자보다 더 열심히 일하지만 여유가 있고
패자는 승자보다 게으르지만 늘 '바쁘다' 고 말한다.

승자의 하루는 24시간이고

패자의 하루는 23시간밖에 안 된다.

승자는 열심히 일하고, 열심히 놀고, 열심히 쉬지만
패자는 허겁지겁 일하고, 빈둥빈둥 놀고, 흐지부지 쉰다.

승자는 시간을 관리하며 살고
패자는 시간에 끌려 산다.

승자는 시간을 붙잡고 달리며
패자는 시간에 쫓겨서 달린다.

승자는 지는 것도 두려워하지 않지만
패자는 이기는 것도 은근히 염려된다.

승자는 과정을 소중히 생각하지만
패자는 결과에만 매달려 산다.

승자는 순간마다 성취의 만족을 경험하고
패자는 영원히 성취감을 맛보지 못한다.

승자는 구름 위에 뜬 태양을 보고
패자는 구름 속의 비를 본다.

승자는 넘어지면 일어서는 쾌감을 알지만
패자는 넘어지면 재수를 탓한다.

승자는 문제 속에 뛰어들지만
패자는 문제의 주위에만 맴돈다.

승자는 눈을 밟아 길을 만들지만
패자는 눈이 녹기를 기다린다.

승자는 무대 위로 올라가지만
패자는 관객석으로 내려간다.

승자는 실패를 거울삼지만
패자는 성공도 휴지로 삼는다.

승자는 바람을 돛을 위한 에너지로 삼고
패자는 바람을 만나면 돛을 내린다.

승자는 파도를 타고 나가지만
패자는 파도에 삼켜진다.

승자는 돈을 다스리지만
패자는 돈에 끌려 다닌다.

승자의 주머니 속엔 꿈이 있고,
패자의 주머니 속엔 욕심이 있다.

승자가 즐겨 쓰는 말은 '다시 한 번 해보자' 이고

패자가 자주 쓰는 말은 '해봐야 별 수 없다' 이다.

승자는 차라리 용감한 죄인이 되고
패자는 차라리 비겁한 요행을 믿는다.

승자는 새벽을 깨우며 달리고
패자는 새벽을 기다리며 앉아 있다.

승자는 일곱 번을 쓰러져도 여덟 번 일어서지만,
패자는 쓰러진 일곱 번을 낱낱이 후회한다.

승자는 달려가며 계산하지만
패자는 출발도 하기 전에 계산부터 한다.

승자는 다른 길도 있으리라 생각하지만
패자는 길은 오직 하나뿐이라고 고집한다.

승자는 더 좋은 길이 있을 것이라 생각하지만
패자는 갈수록 태산이라 생각한다.

승자의 방에는 여유가 있어 자신을 여러 모로 변화시켜 보지만
패자는 자기 하나 꼭 들어갈 상자 속에 자신을 가두고 산다.

승자는 순위나 포상과는 관계없이 열심히 달리지만
패자는 처음부터 끝까지 포상만 생각한다.

승자의 의미는 모든 달리는 코스,
즉 순탄한 길이나 험준한 고갯길 전체에 깔려 있지만
패자는 오직 일등을 했을 때만 의미를 찾는다.

승자는 달리는 중에도 이미 행복을 느끼지만
패자의 행복은 경주가 끝나야 결정된다.

승자는 자기보다 우월한 사람을 보면
존경심을 갖고 그로부터 배울 점을 찾지만
패자는 자기보다 우월한 사람을 만나면
질투심을 갖고 그의 갑옷에 구멍 난 곳이 없는지 찾아본다.

승자는 자기보다 못한 사람을 만나도 친구가 될 수 있으나
패자는 자기보다 못한 사람을 만나면 즉시 지배자가 되려 한다.

승자는 강한 자에겐 강하고 약한 자에겐 약하지만
패자는 강한 자에겐 약하고 약한 자에겐 강하다.

_지식in

냉정하게 상황을 파악하라

자기 자신과 사회를 이해함으로써 우리는

첫째, 효과적으로 예측할 수 있고,
둘째, 자기 불신감을 없앨 수 있고,
셋째, 여러 계획을 수행할 수 있으며
넷째, 계획 진행과정에서 당혹스럽거나 구속당하는 것을 분명하게 거부할 수 있고,
다섯째, 우리가 추구해온 모습대로 성장할 때까지 인내할 수 있다.

남은 인생동안 목적을 달성할 수 없을 때에도 자신의 행동을 통해 배울 수 있고 미래에 발생할 불가능한 상황들을 잘 피할 수 있다. 일이 뜻대로 되지 않는다 해도 상처받거나 낙담하거나 근심하지 말라.

상처받고, 낙담하고, 근심하는 것은 희생자의 반응이다.

_Wayne W. Dyer

변신 10계명

1. 자신만의 재능을 찾으라.

평소 동경하던 일이 무엇인지 찾아보라. 특별히 배운 적이 없는데도 방법을 잘 알고, 쉽게 이뤄냈던 일이 무엇인가. 아무리 생각해도 확신이 안 서면 주변 사람들에게 물어보라.

2. 변신의 단계를 파악하라.

변신은 무관심 → 심사숙고 → 준비 → 실행 → 유지 단계의 순으로 진행된다. 심사숙고 단계에서 자기 재평가가 철저히 이뤄져야 하며, 실행 단계에서는 주변의 도움과 보상이 필요하다.

3. 시간 관리가 관건이다.

매일 시간 사용 명세서를 작성하면 집중력과 시간 활용도가 높아진다. 시간을 분해하고 마감을 자주 만들어라. 긴급한 일보다 중요한 일에 집중하라.

4. 퇴근 후 3시간을 활용한다.

목표를 뚜렷이 세운다. 딱딱하고 지루한 일과 부드럽고 재미있는 일을 적절히 섞어 시간을 배정하라. 출퇴근 시간을 이용해 공부하라. 독서나 외국어 학습이 좋다.

5. 스타일이 성공을 부른다.

스케줄에 따라 의상, 신발, 소품, 메이크업 색상까지 토털 코디네이션할 수 있도록 스타일 다이어리를 만든다. 스타일의 완성은 다양한 표정이다. 무표정하다면 성공할 수 없다.

6. 창의성을 개발하라.

거리의 사람들 모습, 새로운 조형물을 관찰하면서 시대의 유행을 읽어라. 아이디어를 메모할 수 있는 도구를 휴대한다. 일을 놀이처럼 즐긴다.

7. 삶을 단순화하라.

일과 상관없는 취미생활을 가져라. 한 달에 한 번은 밤하늘을 올려다보는 시간의 여유를 가져라. 자신만의 시간을 주기적으로 가져라.

8. 인간관계를 중시하라.

회사 이외의 인맥을 만들라. 주변 사람들과 도움을 주고받는다. 단, 재정적 도움은 제외한다. 이를 위해서 배우자를 비롯한 가족의 이해와 협조를 구한다.

9. 효과적으로 사과하라.

자신의 잘못이라고 판단되면 시기를 놓치지 말고 가능한 한 빨리 사과하라. 조건을 달지 말고 사과하라. 가까운 사람부터, 사소한 일부터 사과하라.

10. 실패의 의미를 깨닫자.

실패는 아무것도 성취하지 못했다는 것을 뜻하지는 않는다. 무언가 새로 배웠다는 것을 뜻한다. 실패가 실패하게 하는 것은 아니다. 중단하는 것만이 실패하게 만들 뿐이다.

_하이럼 스미스

memo

새 습관을 몸에 익히는 방법 7가지

1. 결심하라.

   항상 특정 방식으로 행동한다고 단단히 결심하라.

   예를 들어, 매일 아침 일찍 일어나 운동을 하겠다는 결심을 하면, 그 시간에 자명종 시계가 울리도록 하라.

   시계가 울리면 즉시 일어나 운동복으로 갈아입고 운동을 시작하라.

2. 예외를 인정하지 말라.

   새 습관의 형성기에 예외를 인정하지 말라.

   핑계를 만들지 말고 합리화하지 말라, 의무를 저버리지 말라.

   매일 아침 6시에 일어나기로 결심하면, 자동적인 습관이 될 때까지 6시에 일어나는 연습을 반복하라.

3. 다른 사람에게 말하라.

   특정한 행동 습관을 익히는 중이라고 주변 사람들에게 말하라.

   결심을 밀고 나가는 당신을 지켜보는 사람이 있다고 생각할 때, 당신은 놀랄 만큼 굳은 결심으로 원칙을 지켜나간다.

4. 새로운 자신을 시각화하라.

   마음의 눈으로 특정한 방식으로 행동하는 자신을 보라.

새 습관을 이미 익힌 당신의 모습을 더 자주 시각화하고 상상하라.
새 습관은 더 자주 시각화할수록, 더 빨리 무의식 속으로 들어가고 자동적인 버릇이 된다.

5. 확언하라.
스스로 반복해서 확언하라. 습관을 형성하는 속도를 높여줄 것이다.

예를 들어,
"나는 매일 아침 6시에 일어나 일을 시작할 거야!"라고 말할 수 있다.
자기 전에 이 말을 반복하라.
대부분의 경우 시계가 울리기 전에 저절로 깨기 때문에 곧 자명종 시계가 필요 없어질 것이다.

6. 굳은 결심으로 밀어붙여라.
결심한 일을 하지 않으면 불편함을 느낄 정도로, 새 습관이 자동적이고 쉬운 일이 될 때까지 계속 연습하라.

7. 자신에게 보상하라.
가장 중요한 일은 새 습관을 익히는 자신을 잘 대우하는 것이다.
스스로에게 보상을 할 때마다 행동을 재확인하고 강화하게 된다.
무의식 속에서 보상의 즐거움을 만끽하는 것이다.
행동이나 결심의 성과로 얻는 긍정적 결과에 대해 강한 애착을 보일 것이다.

_브라이언 트레이시

매슬로우의 '자기실현'에 성공한 사람들의 심리적 이미지 특징 15가지

1. 현실 중심적이다.(reality-centered)
   거짓, 가짜, 사기, 허위, 부정직 등을 진실로부터 구별하는 능력이 있다.

2. 문제 해결 능력이 강하다.(problem-centered)
   어려움으로부터 도망가려 하지 않는다. 오히려 어려움과 역경을 문제 해결을 위한 기회로 삼는다.

3. 수단과 목적을 구분한다.(discrimination between ends and means)
   목적으로 수단을 정당화하지 않으며, 수단이 목적 자체가 될 수도 있다고 생각한다. 즉, 과정이 결과보다 더 중요할 수 있다는 자세를 갖는다.

4. 사생활을 즐긴다.(detachment: need for privacy)
   남들과 함께 하는 시간보다는 혼자 있는 시간에 종종 더 편안함을 느낀다.

5. 환경과 문화에 영향을 받지 않는다.(autonomy: independent of culture and environment)
   주위 환경에 의해 쉽게 바뀌지 않는다.

자신의 경험과 판단에 더 의존한다.

6. 사회적인 압력에 굴하지 않는다.(resistance to enculturation)
   항상 사회에 순응하며 살진 않는다. 겉으로는 평범해 보이지만, 속으로는 반사회적이거나 부적응자의 심리를 갖고 있기도 하다.

7. 민주적인 가치를 존중한다.(democratic behavior)
   인종, 문화, 개인의 다양성에 열린 자세를 취한다.

8. 인간적이다.(social interest)
   사회적 관심, 동정심, 인간미를 지니고 있다.

9. 인간관계를 깊이 한다.(intimate personal relations)
   수많은 사람들과 피상적인 관계를 맺기 보다는 가족이나 소수의 친구들과 깊은 관계를 유지하는 것을 선호한다.

10. 공격적이지 않은 유머를 즐긴다.(sense of humor)
    자기 자신을 조롱하는 듯한 유머를 즐겨 사용한다.
    남을 비웃거나 모욕하는 유머는 삼가한다.

11. 자신과 남을 있는 그대로 받아들인다.(acceptance of self and others)
    남들이 자신을 바라보는 시선이나 태도에 연연해하지 않고 자신을 있는 그대로 바라본다. 남에게도 마찬가지다. 남을 가르치거나 바꾸려 하지 않고, 자신에게 해가 되지 않는 한, 있는 그대로 내버려 둔다.

12. 자연스러움과 간결함을 좋아한다.(spontaneity and simplicity)
인공적으로 꾸미는 것보다는 있는 그대로, 자연스럽게 표현하는 것을 더 좋아한다.

13. 풍부한 감성.(freshness of appreciation)
주위의 사물을 평범한 것일지라도 놀라움으로 바라볼 수 있다.

14. 창의적이다.(creativeness)
창의적이고 독창적이며 발명가적 기질이 있다.

15. 초월적인 것을 경험하려 한다.(peak experience, mystic experience)
(학문, 종교, 철학, 스포츠 등) 경험의 정점에 다다르기를 좋아한다. 경험의 순간이 최고조에 달했을 때 초월적인 기쁨과 자유를 느낀다. 그리고 이 경험이 머릿속에 남아 계속 그 경험을 쌓으려 노력한다.

_지식in

개인의 생산성을 높이는 7가지 습관

1. 남들보다 더 열심히, 더 오랜 시간 일한다.
   주의를 흩뜨리는 일을 피하고 중요한 일에만 집중한다.

2. 남들보다 더 빨리 일한다.
   현재 주어진 일을 끝낼 때까지는 다른 데 신경 쓰지 않는다.

3. 현명하게 일을 한다.
   가장 중요한 일에만 노력을 집중하고 중요성이 덜한 일은 그대로 둔다.

4. 능력을 발휘할 수 있는 일에만 집중한다.
   내가 능력을 발휘할 수 있는 일에만 모든 시간을 쓰고 그렇지 않은 일은 관심을 갖지 않는다.

5. 전에 했던 것과 유사한 일을 한다.
   그럴 경우 학습효과를 거둘 수 있기 때문이다.

6. 효율적으로 중요한 일 처리를 하도록 노력한다.
   그럼으로써 조직적인 방법으로 생산성을 높일 수 있다.

7. 철저한 준비를 한다.

미팅이나 인터뷰, 프리젠테이션을 할 경우 능력을 충분히 발휘할 수 있도록 한다.

_브라이언 트레이시

memo

새로운 습관을 형성하는 7가지 단계

1. 의사결정을 내린다.
   어떤 일이 있어도 새로운 습관에 따라 행동하도록 한다.

2. 새로운 습관을 형성하는 시기에는 절대로 예외를 둬서는 안 된다.
   특정 습관이 자동적으로 되기 전까지는 어렵더라도 그 습관에 배치되는 일을 해서는 안 된다.

3. 무엇을 하고 있는지 주변의 다른 사람들에게도 알린다.
   그럼으로써 내가 하고자 하는 바를 행동에 옮기고 있는지 감시할 수 있도록 한다.

4. 정한 일을 행동하고 있는 것을 시각화한다.
   이런 시각화 과정은 새로 채택한 습관을 무의식의 세계에 고착시키는 데 도움을 줄 수 있다.

5. 긍정적인 방향으로 스스로를 계속 확인시킨다.
   이런 확인 과정을 반복하고, 특히 잠들기 전과 아침에 일어나자마자 이런 과정을 거치는 것이 효과적이다.

6. 스스로를 격려한다.

새로운 행동을 실천에 옮기는 것에 대해 나 스스로를 격려한다.

7. 자신에게 상을 주도록 한다.

새로운 행동을 실천에 옮길 때마다 자신에게 스스로 상을 주도록 한다. 자신의 인생이 좀 더 나아지고 있다는 느낌을 가지게 된다.

_브라이언 트레이시

memo

토요 휴무 100% 활용하기

1. 일찍 일어나라.
 토요일 아침 뭉그적거리면 주5일 근무가 무의미하다.
 6시 전에 박차고 일어나 하루 시간을 길게 활용하라.
 새벽운동이나 새벽공부를 하거나, 아니면 새벽에 일어나 책 한권이라도 읽어 휴일을 풍요롭게 해야 한다.

2. 금요일 과음하지 말라.
 금요일 저녁 과음하면 토요일은 괴롭다.
 금요일 저녁은 절제하고 토요일과 일요일 어떻게 유익한 시간을 보낼 것인지 계획을 세워야 한다.

3. 여행은 금요일 밤 떠나라.
 여행을 떠나려면 금요일 밤이나 토요일 새벽 떠나는 게 좋다.
 그리고 가급적 일요일 오전까지 가정에 복귀해 여유를 갖고 다음날을 대비해야 한다. 일요일 밤늦게 복귀해 다음날 서둘러 출근하게 되면 일주일이 무계획적으로 흐르기 쉽다.

4. 자기계발을 하라.
 주5일 근무는 일주일에 휴일이 이틀로 늘어난다는 점에서 사회 · 경제적

으로 영향이 크다.

영어학원을 다닌다든지 자격증 취득을 목표로 공부를 해 실력을 길러야 한다.

5. 책을 읽어라.

책은 인생을 살찌우는 보약이다.

관심있는 분야의 책을 1주일에 한권 이상 읽도록 해보자.

아무 책이라도 좋다.

신문 등을 통해 책을 소개받아도 되고 대형 서점의 '저자와의 만남' 행사에 참여해 뒷이야기를 듣는 것도 좋은 방법이다.

6. 건강을 다져라.

건강은 직장 생활의 모든 것. 건강을 잃으면 모든 것을 잃는다.

자신과 가족의 건강을 유지할 수 있는 운동 종목을 선택해 운동을 취미처럼 해야 한다.

건강하면 모든 것에 자신감이 생긴다.

7. 취미를 가져라.

집안에 틀어박혀 있지 말라.

한 가지 이상의 취미를 정해 친구 또는 부인과 함께 즐기도록 해야 한다.

8. 가족에 봉사하라.

직장인은 2일 간 쉬게 되므로 5일 동안 그만큼 더 열심히 일해야 한다.

5일은 직장에, 나머지 2일은 가족에 봉사하는 자세를 가져야 한다.

9. 봉사활동을 하라.

토요 휴무를 노는데 모두 활용해서는 안 된다.

사회단체 등에 참여해 불우이웃을 위한 봉사활동에 참여하는 것도 매우 의미있는 일이다.

10. 시간관리를 잘하라.

2일 간의 휴일이 긴 것처럼 보이지만 막상 지내보면 긴 시간이 아니다.

철저한 시간관리가 중요하다.

주어진 시간을 자신에게 얼마나 효율적으로 활용할 것인가를 찾아내야 한다.

_지식in

memo

자투리 시간 200% 확인하기

대부분의 사람들은 점심 식사하기 전 10분, 퇴근하기 전 10분을 생산적으로 보내지 못한다. 새로운 일을 시작하기에는 시간이 너무 짧기 때문이다. 하지만 10분, 5분, 3분 내에 해결할 수 있는 일이 많이 있다. 티끌 모아 태산이라고, 짬짬이 나는 시간을 모으면 많은 시간이 된다.

물론 10분 동안에 고도의 집중력이 필요한 일을 해낼 수는 없다. 하지만 소소한 시간에 큰 프로젝트의 일부를 조금씩 처리하거나 작은 활동을 끝마치는 것은 얼마든지 가능하다.

다음의 시간 동안에 당신은 무슨 일을 하는가?

- 버스나 전철을 타고 가는 시간
- 광고를 보는 시간
- 공상하는 시간
- 수다 떠는 시간
- 약속을 기다리고 있는 시간
- 서성거리는 시간
- 휴식하는 시간

"지금 이 순간을 가장 잘 이용하는 방법은 무엇일까?"

언제나 자신에게 이렇게 물어보자. 중요한 것은 준비하는 것이다. 약속한 사람을 기다리는 시간은 피할 수 없다. 그런 시간을 위해서 준비를 해두고 있어야 한다. 별로 중요하지 않은 일을 시작하거나 주변에 있는 읽을거리를 읽거나 영어 단어를 외우는 것도 좋은 방법이다. 15분, 10분, 5분에 할 수 있는 일이 무엇이 있는지 정리해 보자.

15분 리스트

1. 신문을 읽는다.
2. 제안서를 구상한다.
3. 프로젝트를 설계한다.
4. 큰 프로젝트의 일부를 마무리한다.

10분 리스트

1. 내일 계획을 세운다.
2. 공과금을 납부한다.
3. 감사 카드를 쓴다.
4. 기사를 읽는다.
5. 화분에 물을 준다.

5분 리스트

1. 필요한 물건의 목록을 작성한다.
2. 전화를 건다.
3. 책상에 앉은 먼지를 닦는다.

4. 윗몸 일으키기를 몇 번 한다.
5. 스트레칭을 한다.

멍하니 앉아있을 시간에 이삭을 주워라. 무기력하게 시간을 흘려보내지 말고 계획을 세워라. 짧은 시간이라도 소득 없이 보내지 말고, 생산적인 무엇인가를 해보도록 하자.

_휴넷

memo

생산적인 삶을 위한 자기발전 노트 50가지

끌려 다니지 마라

1. 회사 일에만 매달리지 마라. - 회사 일 외에 자기 일을 만드는 방법.
2. 싫어하는 사람과는 함께 일하지 마라. - 좋아하는 사람과 함께하는 법.
3. 다른 사람의 행복을 시기하지 마라. - 다른 사람의 행복을 시기하지 않는 마음.
4. 성과에 매달리지 말고 미래를 생각하라. - 성과에 눈멀지 않는 방법.
5. 다수의 강요를 따르지 마라. - 다수의 강요를 극복하는 방법.
6. 부족함을 즐기며 중독을 거부하라. - 부족해도 풍요로울 수 있는 방법.
7. 충고하지 마라. - 충고 대신 할 수 있는 것들.
8. 남들과 다른 방식으로 일하라. - 남들과 다른 방식으로 보는 방법.
9. 자신이 잘하는 일을 찾아라. - 자신이 잘하는 일을 찾는 방법.
10. 의존하지 말고 독립하라. - 독립성을 갖추는 방법.

성공을 위한 태도를 갖춰라

11. 남을 비난하지 마라. - 남을 비난하지 않는 마음을 갖는 방법.
12. 소모적인 휴식을 멀리하라. - 생산적 휴식을 취하는 법.
13. 재미있게 일하는 방법을 찾아라. - 일의 재미를 되찾는 방법.
14. 인내심이 승패를 좌우한다. - 인내심을 기르는 법.

15. 열등감을 잘 관리하라. - 열등감을 관리하는 법.
16. 자신이 괜찮은 사람이라는 걸 믿어라. - 자신의 가치를 확인하는 방법.
17. 열심히 의미 있게 살아라. - 열심히 의미 있게 사는 방법.
18. 책을 대하듯 삶을 살아라. - 책과 삶을 대하는 마음가짐.
19. 자신에게 엄격한 기준을 적용하라. - 자신에게 엄격해지는 방법.
20. 다른 사람에게 가치 있는 사람이 되라. - 가치 있는 사람이 되는 방법.

배우지 않으면 성공은 없다

21. 적당한 실력을 길러라. - 남들이 무시하지 못하도록 하는 방법.
22. 모르는 것을 부끄러워하지 마라. - 진정한 자존심을 되찾는 방법.
23. 배우려는 자세를 가져라. - 배움의 자세를 오래 유지하는 비결.
24. 프리젠테이션 능력을 길러라. - 효과적인 프리젠테이션 연습 방법.
25. 배울 수 있는 시간은 따로 있다. - 사람을 가르치는 좋은 방법.
26. 자기에게 맞는 학습방법을 찾아라. - 영어 잘하는 비결.
27. 존경할 만한 모범을 찾아라. - 존경하는 사람을 찾는 방법.
28. 핵심적인 부분에 집중하라. - 핵심적인 부분에 집중하는 방법.
29. 능력 있는 후배를 키워라. - 후배들과 잘 지내는 법.
30. 감성 노트를 쓰자. - 감성 노트 쓰는 법.

행동하지 않으면 헛수고다

31. 피곤하게 보이려고 애쓰지 마라. - 피곤하게 보이고 싶을 때 읽는 글.
32. 문제가 아니라 사람의 마음을 해결하라. - 사람의 감정을 해결하는 법.
33. 적당한 긴장감을 유지하라. - 적당한 긴장감을 유지하는 법.
34. 작심삼일 하라. - 작심삼일을 극복하는 방법.
35. 결단력을 길러라. - 결단력을 기르는 방법.

36. 생활 속의 작은 것들을 바꾸어보라. - 자신의 태도를 바꾸는 방법.
37. 지금에 충실하다. - 지금에 충실하도록 하는 방법.
38. 1분을 효과적으로 활용하라. - 1분에 할 수 있는 것들.
39. 현장학습이 최고학습이다. - 실천적 지식을 쌓아 가는 방법.
40. 당신의 문제는 행동하지 않는 것이다. - 실천력 기르기 연습.

자기 자신을 재창조하라

41. 능력계발에 투자하는 시간을 늘려라. - 자신에게 시간을 투자하는 비결.
42. 마음의 청춘을 유지하라. - 마음의 건강을 지키는 법.
43. 상상력을 키워라. - 꿈을 위한 상상력을 키우는 방법.
44. 자신과 대화하라. - 자신과 대화하는 효과적인 방법.
45. 스페셜리스트가 되라. - 진정한 스페셜리스트가 되는 방법.
46. 노후를 대비하라. - 노후를 준비하는 방법.
47. 일상의 의미를 찾아라. - 일상의 의미를 찾는 방법.
48. 창의성을 발휘하라. - 창의성을 살리는 방법.
49. 자기 자신을 사랑하라. - 자기에 대한 믿음을 갖는 방법.
50. 자기 자신을 재창조하라. - 하루를 사는 비결.

_ 안상현

걱정하는 습관을 버리는 방법 6가지

1. 문제를 보는 시각을 바꾸라.

문제를 두고 걱정부터 하는 것은 인간의 자연스런 감정이 아니라, 나쁜 습관에 불과하다. 걱정하는 습관을 버리기 위해서는 먼저, 문제를 보는 시각을 바꿔야 한다.

내게 생긴 문제들이 골칫거리가 아니라, 해결점을 찾기 위해 도전하는 힘을 주는 계기가 된다고 생각하자.

2. 기분 좋은 잠, 상쾌한 아침을!

매일 밤 잠자리에 들면서 그날의 걱정거리들을 되뇌는 것은 내일까지 걱정하는 하루로 만들어 버린다. 잠자리에 들 때 마음을 편안히 하고, 더 나은 내일을 기대하자. 아침에 상쾌한 기분으로 일어나면, 어제의 문제들을 냉철하고 객관적인 눈으로 볼 수 있게 될 것이다.

3. 하루를 기도로 시작하라.

오늘 해결해야 할 산더미 같이 쌓인 일과 문제들을 헤아려 보느라 마음을 무겁게 하지 말라. 상쾌한 아침 공기를 마시며 우리의 도움이 되시는 하나님께 모든 것을 먼저 아뢰자. 믿음으로 하는 기도는 마음을 평안하게 하며 용기를 준다. 기도하는 순간에 모든 문제가 해결되는 출발점이다.

4. 긍정적인 말을 하라.

생각을 말로 하지만 말에 따라서 생각이 바뀌기도 한다. "난 못해", "큰 일이야!", "어떻게 하지?" 이런 식의 부정적인 말들을 모두 버리자. 긍정적이고 확신에 찬 말들로 생활을 채우라. 말하는 습관을 바꾸는 것은 매 순간 노력해야 한다는 사실도 잊지 말자.

5. 도움을 주는 글귀들을 외우자.

부정적인 생각을 바꾸고, 힘을 내게 하는 좋은 말들을 외워 두자.
마음에 와 닿는 성경구절, 명언, 책에서 읽은 아름다운 말들이 나를 성장시켜 주는 한마디가 될 수 있다. 그런 말들이 무의식중에 창조적인 생각으로 바뀌고 적극적으로 행동하게 한다.

6. 좋은 사람들과 좋은 만남을 가져라.

좋은 생각을 가진 사람들과 좋은 대화를 나누는 것은 마음과 생각을 풍요롭고 새롭게 하는데 도움이 된다. 다른 사람들을 통해 내 모습을 반성해 보고, 서로를 격려함으로써 약한 의지를 다시 세울 수 있다. 성경공부 모임이나 자원봉사단체에 참여하는 것도 좋은 사람들과 좋은 만남을 가질 수 있는 기회다.

_두란노 아버지 학교

일 잘하기 위한 5가지 요령

1. 정리(整理) 정돈(整頓)이다.

주변을 깨끗이 치우는 것은 일의 효과성을 높인다. 우리는 많은 시간을 무언가를 찾는데 사용한다. 그래서 일을 효과적으로 하는 사람의 책상은 늘 깨끗하다. 무언가를 찾기 쉽다. 그런 사람은 쓸데없는 데 시간을 허비하지 않는다.

정리와 정돈의 차이를 알고 있는가. 정리는 버리는 것이다. 쓸데없는 자료, 책, 옷, 가구, 컴퓨터 안의 쓸데없는 정보 등을 버리는 것이다. 정돈은 이후에 이를 찾기 쉽게끔, 알아보기 쉽게끔 배열하는 것이다. 정리가 되지 않으면 정돈은 의미가 없다. "책상을 지배하라. 그렇지 않으면 책상이 당신을 지배한다."

2. 시간관리이다.

시간 사용하는 것을 보면 그 사람이 어떤 사람인지 알 수 있다. 수첩이 빈칸 없이 빽빽한 사람이 있다. 그런 사람은 대개 드러내기를 좋아하는 사람이다. 많은 모임에 얼굴을 내미는 것으로 존재를 확인받고 싶어한다. 그런 사람들은 가정과 건강에 문제가 생기기 쉽다. 정말 중요한 것을 챙기지 못하기 때문이다.

시간관리의 핵심은 가치관에 따라 우선순위를 정하고 거기에 따라 계획을 세우고 행동하는 것이다. 내게 정말 중요한 것은 무언지, 지금 죽어도 여한이 없는지를 늘 생각하고 그것에 따라 스케줄을 잡는 것이 참다운 시간 관리이다. 소중한 것을 먼저 하는 것이 핵심이다. "정말로 중요한 일은 대개 급한 일이 아니다. 또한 급한 일은 대부분 정말로 중요한 일이 아니다." 아이젠하워의 말이다.

3. 집중력이 필요한 일과 그렇지 않은 일을 구분해 처리하는 것이다.

집중을 방해하는 요인을 제거한다. 사실 전화나 이메일이 집중을 방해하는 최대의 적이다. 그렇기 때문에 집중력을 요할 때는 전화기도 꺼놓고, 이메일도 열어보지 않는 것이 좋다. 사람마다 집중력이 높은 시간이 다르다. 나 같은 사람은 새벽과 오전 시간에 머리가 맑다. 그럴 때는 글이나 강의자료, 제안서를 쓴다. 대신 낮 시간에는 집중력이 덜 필요한 사람을 만나는 일, 전화, 운동 등을 한다.

4. 나름의 회복 방법을 갖는 것이다.

사람은 한 시간 이상 같은 주제에 집중하지 못한다. 그리고 효과성도 떨어진다. 비슷한 성향의 일을 반복하는 것보다는 변화를 주는 것이 효과적이다. 그 중의 하나는 육체적인 일과 정신적인 일을 섞어보는 것이다. 그런 의미에서 직접 책상을 치우고 청소를 하는 것은 좋은 리프레쉬 방법이다. 오전에는 앉아서 하는 일을 하고 오후에 밖에 나가 고객을 만나는 것도 괜찮다.

5. 효과적인 커뮤니케이션 방법이다.

필요에 따라 커뮤니케이션 방법을 달리하는 것이 중요하다. "글 잘 받았다, 오늘 저녁 약속 잊지 않았느냐, 내일 강의 확인 부탁한다" 등 간단한 확인은 문자가 효과적이다. 거절, 약속 변경, 사과의 얘기는 직접 통화하는 것이 예의이다.

모르는 사람에게 만나자는 얘기를 할 때는 이메일로 먼저 용건을 얘기하는 것이 효과적이다. 그래야 상대도 왜 만나자는 것인지 알 수 있기 때문이다. 그런 연후에 필요하면 전화를 하고 그래도 부족하면 만나는 방법이 좋다. 나는 몰아서 전화를 하는 경향이 있는데 차가 막힐 때 많이 한다. 어차피 차 안에서의 시간은 부서지기 때문에 전화할 상대를 미리 생각해 두었다가 전화를 하면 여러 면에서 효용성이 높다.

_머니투데이

memo

프리젠테이션에서 좋은 인상을 주기위한 9가지 요소

1. 프리젠터의 모습을 통한 시각전달 요소는 자세, 복장, 표정, 제스처, 시선이다.

2. 좋은 인상을 주기 위한 요소는 5초의 법칙 명심하기, 청중과의 공감대를 넓히기 위해 노력하기, 일찍 도착하여 준비완료 후 청중들이 도착할 때 인사하기, 프리젠테이션할 때 열정을 가지고 전력투구하기, 참가자의 이름, 업무내용, 참가자의 관심사 등 사전 지식 갖추기, Look-Smile-Talk(룩-스마일-톡) 규칙 준수하기이다.

3. 주머니에 손을 넣는다든지, 뒷짐을 지는 자세, 팔짱을 끼거나, 연단에 기대는 자세, 신경질적으로 손을 움직인다든지, 엉덩이를 짚는다든지, 이상한 위치에 손을 놓는다든지, 앞뒤, 좌우로 흔드는 자세는 좋지 않다.

4. 프리젠테이션에서 청중과의 시선 맞추기는 청중의 관심과 전달력을 높이고, 청중의 반응을 확인하는 측면에서 매우 중요한 요소이다.

5. 효과적으로 시선을 맞출 수 있는 방법은 연단에서 좌측 맨 뒤 사람을 먼저 보고, 긍정적이고 적극적인 청중을 찾아 시선을 맞추고, 한 문장에 한

사람씩 쳐다보고, 전체가 아닌 교대식으로 1:1 Eye Contact(아이 컨택)을 하며, 시선은 Zig-Zag(지그재그)로 움직인다.

6. Body Language(바디 랭귀지)는 말을 대신하고, 강조 또는 비교를 하며, 신체로 그림을 그리는 역할을 한다.

7. 제스처는 말의 내용 강조, 주의 끌기, 프리젠터의 열의를 나타내고, 몸을 움직임으로써 프리젠터의 긴장을 풀어주는 효과가 있다.

8. 청중은 프리젠터의 얼굴 표정으로 내용이 신뢰할 만한 지 파악하기 때문에 프리젠터는 항상 자신감에 차 있는 표정으로 청중과 Eye Contact(아이 컨택)을 해야 한다.

9. 올바른 복장을 통해 장점은 최대한 살리고, 청중이 외모에 의한 잘못된 판단을 하지 못하도록 첫인상을 좋게 각인시켜야 한다.

_지식in

자기관리 방법 77가지

1. 죽기 전에 꼭 경험하고 싶은 일 스물다섯 가지를 적어보라. 그 목록이 적힌 종이를 지갑 속에 넣어 다니다가 가끔씩 꺼내보라.
2. 침대 곁의 탁자에 항상 메모 수첩과 연필을 놓아 두어라. 백만 불짜리 아이디어는 가끔씩 새벽 3시에 떠오르는 수가 있으니까.
3. 아무리 시시해 보여도 먹고 살기 위해서 그 일을 하는 사람들에게 존경심을 가져라. 한 주일에 한 끼씩은 식사를 거르고 그 만큼을 거리의 거지들한테 주어라.
4. 길가에 역사적인 표식이 있을 때는 차를 멈추고서 잘 읽어보라.
5. 집에 들어올 때는 지갑과 자동차 키를 같은 곳에 두도록 해라.
6. 오직 편의를 위해서만 신용 카드를 사용해라. 외상을 위해 사용해서는 안 된다.
7. 사람이 너무 가벼워지지 않도록 해라. 대신 격식 없이 재빨리 말하는 법을 배우도록 해라.
8. 옛날 신문지와 빈 병, 빈 깡통 따위의 폐품을 다시 활용해라.
9. 사소한 것을 분간해 내는 방법을 배우도록 해라. 그러고 나서는 무시해 버려라.
10. 아이들을 사랑하되 네가 원하는 모습이 아닌 있는 그대로의 모습을 사랑하도록 해라.
11. 피곤해 보인다거나 기운이 없어 보인다거나 하는 말은 하지 마라.
12. 원하는 것을 얻으려 열심히 일을 한 다음에는 그 일의 결과를 즐기는 시

간을 갖도록 해라.

13. 자신의 태도는 자신이 정해라. 다른 사람이 너를 위해서 너 대신 정해주기를 바라서는 안 된다.
14. 네가 무엇을 지지하고 무엇을 지지하지 않는가를 사람들이 알게 해라.
15. 네가 만나는 모든 사람은 네가 모르는 무엇인가를 알고 있다. 그러니 그들한테서 배우도록 해라.
16. 너를 비판하는 사람들의 말에 일일이 대꾸하느라 시간을 낭비하지 마라.
17. 사장에게 네 최선을 보여 주어라. 그것이야말로 네가 할 수 있는 최상의 투자이다.
18. 아이들에게 최고의 것을 사줄 수 없다고 고민하지 마라. 너로서 할 수 있는 최고의 것이면 된다.
19. 설령 어떻게 하다 가끔씩 틀리는 일이 있더라도 자신을 가지고 밀고 나가거라.
20. 정말로 엄청난 아이디어라고 생각하는 것이라면, 남이 말리더라도 신경을 쓰지 마라.
21. 성공적인 결혼은 우선 알맞은 사람을 찾아내고, 그 다음으로 내가 알맞은 사람이 되는데 있음을 명심해라.
22. 가구와 옷을 5년 이상 써야겠다고 생각한다면, 네가 살 수 있는 가장 좋은 것으로 사거라.
23. 좋은 일꾼들에게 "회사로선 자네들이 얼마나 소중한지 모르겠네."라고 말할 기회를 놓치지 마라.
24. 목표에 항상 의문을 가져라. "이것이 과연 내 삶의 질을 높이는데 도움이 될까?"
25. 옛날 사진들을 한 번 훑어보라. 거기서 열 장을 골라내서 주방에 붙여두어라.

26. 한 달에 한 번씩 사진을 바꿔보라.
27. 큰 문제를 잘 지켜보라. 그것은 큰 기회를 감추고 있기 때문이다.
28. 네가 진짜로 하고 싶은 일이라면 절대로 포기하지 마라. 큰 꿈을 가진 사람이 이런 저런 현실을 잔뜩 가진 사람보다 훨씬 더 강하다.
29. 겸손해라. 네가 태어나기 전에도 이미 많은 것이 성취되었다.
30. 네 아이들에게 다른 어른들이 자기들을 칭찬하는 말을 슬쩍 엿듣도록 해 주어라.
31. 아이들의 마음속에 좋은 이미지가 형성되도록 열심히 일을 해라. 그것이야말로 자녀들의 성공을 위해서 네가 할 수 있는 가장 중요한 일이다.
32. 참석 여부를 묻는 초청장에는 즉시 회답을 보내라. 전화번호가 있으면 전화로 하고, 없으면 서신으로 답을 해라.
33. 약속 시간을 잘 지키고 상대방에게도 약속 시간을 잘 지킬 것을 요구해라.
34. 집을 장만할 때는 가장 중요한 세 가지 사항을 고려해야 한다는 점을 잊지 말아라. 그 세 가지는 첫째도 둘째도 셋째도 위치이다.
35. 좋은 아이디어가 떠올랐을 때 실행에 옮기는 것을 늦추지 마라. 성공은 처음으로 실행에 옮기는 사람에게 찾아온다.
36. 많이 웃어라. 훌륭한 유머 감각은 인생사의 많은 질병을 썩 잘 치료해 주기 때문이다.
37. 아무 힘이 없는 새나 짐승을 잡는 것 말고 남성다움을 향상시킬 수 있는 다른 방법을 찾도록 해라.
38. 30분 일찍 일어나도록 해라. 1년만 해보라. 그러면 일곱 날 반이나 깨어 있는 시간을 벌 수 있을 것이다.
39. 네가 아는 사람들에 관한 좋은 소식이 실린 신문 기사를 오려서 축하인사와 함께 그들에게 보내주도록 해라.

40. 항상 아름다운 것을 보도록 해라. 그것이 설령 사이다 병에 꽂힌 흔해 빠진 팬지꽃일지라도 말이다.
41. 아침에 직장에 도착하면, 다른 사람의 하루를 축복해 주는 인사부터 시작하도록 해라.
42. 연인에게 꽃다발을 보내거라. 보내는 이유는 나중에 생각하고.
43. 부모님들의 웃음소리를 녹음해 두어라.
44. 모진 마음을 먹고 일에 임하되 부드러운 가슴을 잃지 않도록 해라.
45. 매일같이 가족들에게 너의 애정을 "사랑한다"는 말과 등을 토닥여 주는 행동, 그리고 깊고 넉넉한 생각으로 보여 주어라.
46. 여유가 있든지 없든 지간에 가족 여행을 다녀오라. 그 기억은 돈을 주고도 살 수 없을 만큼 값진 것이기 때문이다.
47. "누가" 옳은지를 따지느라 시간을 보내기보다는 "무엇이" 옳은지를 결정하는데 더 많은 시간을 보내도록 해라.
48. 매일 결혼 생활을 향상시킬 수 있는 작은 방안을 찾아보라.
49. 매일 하고 있는 일을 향상시킬 수 있는 작은 방안을 찾아보라.
50. 딱딱한 업무복을 입을수록 안에는 대담한 옷을 받쳐 입어라.
51. 네 평판을 잘 관리해라. 그것이야말로 네 가장 귀중한 자산이다.
52. 마음을 열어 놓고, 융통성을 갖고, 호기심을 가져라.
53. 사랑이 깨졌을 때는 그저 "모든 것이 내 잘못이었어."라고만 이야기해라.
54. 행복은 재산이나 권력, 특권 등에 달려 있는 것이 아니라 네가 사랑하고 존경하는 사람들과 네가 맺고 있는 관계에 달려 있음을 이해하도록 해라.
55. 구두와 벨트와 넥타이는 비싼 것으로 사되 바겐세일로 사거라.
56. 너와 아내가 의견이 서로 맞지 않을 때는 누가 옳고 그르고를 떠나서 먼저 사과를 해라. "기분을 상하게 해서 미안해. 용서해 주는 거지?" 이것이 마력을 지닌 치료약이다.

57. 사람들에게 이건 이래야 되고 저건 저래야 된다고 말하지 마라. 그 대신에 여기 필요한 것은 이것이고 저기 필요한 것은 저것이라고 말해 주어라. 그러면 사람들은 너의 창조적인 해결책에 혀를 내두르게 될 것이다.
58. "고맙습니다."를 많이 해라.
59. 너의 가치관과 잘 맞는 일자리를 고르도록 해라.
60. 언제 목소리를 높여야 하는지를 알아라.
61. 시계를 한 5분 정도 빠르게 맞춰 두어라.
62. 화가 났을 때는 절대로 행동을 취하지 마라.
63. 누구에게든 술 취해 비틀거리는 모습을 보이지 마라.
64. 사랑한다는 말을 할 수 있는 기회를 그냥 보내 버리지 마라.
65. 살아있는 모든 것에 존경심을 가져라.
66. 사람들을 볼 때는 눈을 똑바로 쳐다보라.
67. 일 년에 한 번쯤은 떠오르는 해를 지켜보라.
68. 악수는 힘 있게 해라.
69. 매일 세 사람을 칭찬해라.
70. 가장 좋아하는 책을 다시 읽어 보라.
71. 사이다라도 한 병 사서 구멍가게를 도와주어라.
72. 매일 가장 좋아하는 음악으로 하루를 시작해라.
73. 모임에 참가할 때는 항상 앞자리에 앉아라.
74. 기쁨을 미루어 두지 마라.
75. 가끔씩 경치가 좋은 명승지를 답사해 보라.
76. 오래된 우정에 다시 불을 붙여 보라.
77. 네 소유물들이 너를 소유하게 내버려 두지 마라.

_리더피아닷컴

내면의 힘을 키우는 7단계

1. 과거에 발목을 잡히지 마라.
2. 약점을 은폐하려고 하지 마라.
3. 사소한 버릇은 과감히 고쳐라.
4. 완벽주의의 허상에서 벗어나라.
5. 다른 사람이 되려고 하지 마라.
6. 직관의 힘을 믿고 키워라.
7. 자신의 표정에 관심을 가져라.

_지식in

memo

나를 돋보이게 하는 10가지 방법

1. 적게 말하고 많이 들어라.
2. 의사 표현은 명확하게 하라.
3. 목소리를 가꾸어라.
4. 자신만의 스타일을 갖자.
5. 달변보다는 진실한 한마디가 훨씬 감동적이다.
6. 상대방의 눈높이에 맞춰 이야기하라.
7. 솔직함이 깃들인 화법은 즐거움을 준다.
8. 눈을 맞추고 이야기하면 설득력이 배가 된다.
9. 옷차림과 말은 곧 하나이다.
10. 쉽게 말하는 것이 기억에 남는다.

낙천적 성격관리 5가지 방법

1. 누구에게도 악한 생각을 갖지 말라.
2. 모든 사람의 행동을 좋게 생각하라.
3. 누구를 만나든 간에 그 사람에게 친절하게 대하라.
4. 항상 희망적으로 생각하라.
5. 무슨 일이 일어나든 간에 좋은 것만 보라.

_노만 V. 필

열정 있는 사람이 가져야 할 7가지 미덕

1. 어디로 향하고 있는지 주지하라.

   "중요한 것은 우리가 지금 어디에 있느냐 보다는 어디를 향하고 있느냐 이다"라고 독일의 철학자 괴테는 말한다.

   열정을 다하기 전에 내가 나아야 할 방향을 세우고 나아가라.

   절대로 초라한 목적에 열정을 쏟지 마라.

2. 힘들겠지만 실패를 받아들여라.

   자신이 실패했다는 것을 받아들이는 것조차 힘든 사람이 많다.

   열정있는 사람일수록 상처받기 쉽다.

   실패를 있는 그대로 받아들여 아파해야 한다.

   그래야만 그 실패의 그늘에서 진정으로 벗어날 수 있다.

3. 장애물 앞에 더욱더 강해지는 열정을 보여줘라.

   진정한 열정을 갖고 있는 사람일수록 많은 난관이나 장애물까지도 열정으로 녹여버린다.

   장애물이 있을수록 오기가 생기게끔 노력하라.

   열정을 갖고 있는 사람일수록 쉽게 포기하지 않는다.

4. 자신보다 약한 사람에게 넉넉함을 보여줘라!

자신보다 힘이 약하거나 부족하다고 생각되는 사람에게 넉넉함을 보여줘라.

비록 지금 자신에게 금전적인 손해가 있더라도 차후에 그 일이 당신을 더욱더 빛나게 할 것이다.

5. 실속만 챙기는 이익을 멀리하고 자신의 일에 매진해라.

너무 자신의 실속만 챙기려 하지 마라.

넘어진 사람에게는 이유를 묻지 말고 도와줘야 한다.

당신이 내민 작은 손이 당신과 그 사람에게 큰 선물이 될 것이다.

6. 흔해빠진 이야기보다 독특한 이야기를 하라.

해병의 구호를 보면, "아무나 해병대원이 될 수 있다면 나는 해병대를 택하지 않았을 것이다"라는 말이 있다. 누구나 할 수 있는 것이라면 아예 하지 마라. 독특한 자신의 열정을 키워라.

7. 작지만 큰 선물을 해라.

세상에 선물을 싫어하는 사람은 없다.

그러나 너무 부담되지 않게 꼭 주려는 직장 동료에게 필요한 선물을 하라.

받은 분을 고려하지 않은 선물은 안 한 것보다 못할 수 있으니 주의하라.

열정은 아름다움을 더욱더 아름답게 만든다.

열정은 무엇인가에 미치는 것을 뜻한다.

열정은 너무나 뜨겁기에 주위에도 전달되며,

열정을 지닌 자는 눈빛이 살아있다.
그리고 결국은 한계를 초월한다.
당신의 삶은 지금 훌륭하다고 생각하며 열정으로 가득 차 있는가.
그렇다면 그 열정을 느끼는 당신은 행복하다.

_지식in

memo

아침형 인간되기 7가지

1. 성공을 본받고 싶은 사람을 정하라.

 옛사람보다는 현존하는 사람을 선택하는 것이 좋다.

 멀리 있는 사람보다는 그의 생활을 엿볼 수 있는 가까운 사람을 택하는 것이 좋다.

 자신의 변화를 칭찬해줄 수 있는 사람이 좋다.

2. 자신보다 뛰어난 사람을 경쟁자로 선택하라.

 역시 가까운 사람이 좋다.(회사 동료 등)

 적대감이 있거나 사이가 좋지 않은 사람은 피한다.

 하루하루의 비교와 승부욕이 게임을 하듯 즐거운 상대를 고르는 것이 좋다.

3. 저녁 할 일과 아침 할 일을 구분하라.

 저녁에는 비교적 감성적인 일을, 아침에는 비교적 이성적인 일을 하는 게 좋다.

 아이디어를 내거나 계획을 세우는 등의 일은 아침에 해야 한다.

 복잡하거나 판단이 잘 서지 않는 일일수록 아침에 고민해야 한다.

4. 삶의 목표를 구체적으로 정하라.

개인의 목표, 가족의 목표, 사업의 목표를 구체적으로 정하라.
목표를 이루기 위한 생활 계획을 고민하고 만들어라.

5. 아침과 관련한 좌우명을 만들어라.

늘 머릿속에 담아둘 수 있는 명언이나 속담을 선택하면 좋다.
생활을 반추해볼 수 있고 늘 자극을 줄 수 있는 문구가 좋다.

6. 아침의 상쾌함을 즐겨라.

새벽 공기, 한산한 지하철, 뻥 뚫린 도로 등 아침의 좋은 점들을 각인시킨다.
남보다 일찍 시작하는 즐거움, 준비된 여유를 각인시킨다.

7. 아침 식사는 꼭 챙기고, 채식을 하라.

아침 식사는 정해진 시간에 하고, 절대 거르지 말라.
채식이 두뇌 활동과 산뜻한 하루를 위해 좋다.
가족이 함께 하는 것이 좋고, 여유를 가지고 천천히 먹어야 한다.

_사이쇼 히로시

나에게 거는 주문(呪文) 7가지

1. 걱정하지 말자.

두려움은 길을 밝히는 등불을 가리고, 실수와 절망의 도랑에서 헤어 나올 수 없게 한다.
이제 이 두려움의 질곡에서 벗어나야 한다.
걱정한다고 달라지는 것은 없다.
삶의 모든 도전들을 당당하고 의연하게 이겨 내야 한다.

2. 나는 부자가 될 수 있다.

소득은 내가 기대했던 곳과 기대하지 못했던 곳에서 온다.
나가는 돈보다는 들어오는 돈이 더 많다. 나는 내 삶을 책임지고 있으며, 현명하게 돈을 관리한다.
나는 일을 하고, 저축과 투자를 하며, 나와 다른 사람들을 위해 약간의 기부를 한다.
경제적으로 내가 필요한 것은 항상 채워진다.

3. 내게 사랑이 찾아오고 있다.

다른 사람에게 사랑과 용서를 베풀면 그들도 나에게 사랑과 격려를 줄 것이다.
내 발걸음이 머무는 곳마다 사랑을 예감한다.

내가 찾고 있는 사람도 어딘가에서 나를 찾고 있다. 나는 절대로 혼자가 아니다.

4. 나는 중요한 일을 하고 있다.

나의 기술과 재능으로 나에게 걸맞은 직업과 소득을 얻을 수 있다.

나는 지금 즐겁고 보람있는 일을 하고 있다. 나는 사회에 필요한 일을 통해 그만큼의 대가를 받고 있다.

많은 사람들이 내 일의 진가를 인정하고 있으며, 나와 함께 일하는 이들도 모든 것을 만족하고 있다. 그리고 이들은 너무나 좋은 사람이다.

5. 나는 건강하다.

나는 건강하고 활동적이며 아름답다.

내 몸은 신의 영혼이 거(居)하는 집과 같으므로 몸을 소중히 여기고 좋은 음식을 먹으며, 물을 충분히 마시고 규칙적으로 운동하며, 건전한 생각을 해야 한다.

내 몸은 그 누구의 것도 아닌 나의 것이기 때문에 소중히 잘 관리해야 한다.

6. 좋은 것만 생각하자.

생각이 머무는 자리에 세심히 주의를 기울여야 한다.

나는 지금 긍정적으로 변화하고 있다.

내가 사랑하는 것, 두려워하는 것, 기대하고 있는 것은 무엇이든지 내 삶 속에서 실현된다는 것을 알고 있다. 그러므로 좋은 것만 생각하도록 노력하자. 내가 받은 축복에 감사하자.

내 삶은 하루하루 더 좋아지고 있다. 내 삶을 스스로 조절할 수 있다는 것은 정말 행복한 일이다.

오늘은 정말 놀라운 날이 될 것이다. 내가 그렇게 만들 테니까.

7. 나는 그들을 사랑한다.

내가 사랑하는 사람들이 행복하고 건강하길 바란다. 그들과 나의 길이 다르더라도 그들을 원망하지 않을 것이다. 비판도 저주도 하지 않을 것이다.

나는 그들에게 말할 것이다.

'당신과 나의 길이 다를지도 모릅니다.'

'하지만 나는 당신이 나아갈 길에 행복이 드리워지길 바랍니다.'

_주얼 D. 테일러

memo

성공적인 자기소개서 작성을 위한 7계명

1. 평상적인 어투로 시작하는 것을 지양하라.

'나는', '저는'으로 시작되는 문장은 가급적 지양해야 한다. 이렇게 소개되는 자기소개서는 '개성이 없다'는 느낌을 줄 수 있기 때문이다. 자신의 좌우명이나 독특한 광고 문안을 활용하는 것도 괜찮은 방법이다.

2. 자신을 표현할 수 있는 가장 큰 특징을 생각하라.

언제 태어나서, 어떻게 학교에 다니고, 성격은 어떻고 등을 단편적으로 늘어놓지 말고 자신을 나타낼 수 있는 특징을 함축적으로 표현하는 것이 좋다. 강약과 리듬이 있는 자기소개서는 높은 점수를 얻을 수 있다.

3. 문장은 간결하게, 서술은 긍정적으로

그러나, 그렇고, 그래서 등의 접속어나 수식어를 많이 사용하는 것은 읽는 사람의 이해를 어렵게 만든다. 하고 싶은 말을 뽑아서 필요한 자리에 필요한 만큼 써야 한다. 또한 부정적인 인생관이나 사회관, 다른 사람을 비방하는 내용들은 자신에게 마이너스 요인이 될 수 있다. 밝고 긍정적인 인생관으로 앞날에 대한 소신을 피력해야 한다.

4. 회사의 인재상과 연결하라.

'입사하고 싶은 이유'를 작성할 때는 주장하는 내용의 근거나 이유를 타당성 있게 말한다. 회사의 인재상과 문화 등을 연결시키는 것도 좋은 방법이다.

5. 자신의 성격과 인성을 묘사할 때 인간적이라는 인상을 주도록 하라.

자기소개서의 가장 큰 목적은 인사담당자들이 자신을 만나보고 싶게 만드는 데 있다. 규모가 큰 조직일수록 보다 인간적인 지원자를 원한다는 것을 염두해 두어야 한다.

6. 성격과 전공, 희망업무가 일치하는 것이 좋다.

자기소개서는 자신의 성격과 흥미, 전공, 희망업무 등이 일치할 때 강력한 효과를 발휘하게 된다. 과학경시대회에서 우수한 성적을 얻었다는 소개 뒤에 인문학부에 지원했다는 글이 이어진다면 좋은 인상을 얻기 힘들다. 만일 전공이나 희망업무가 중도에 바뀌었다면, 그 계기를 설득력 있게 풀어 써 자신의 가능성을 보여주는 것이 좋다.

7. 수정에 수정을 반복하라.

자기소개서는 충분한 시간을 두고 여러 번 수정, 보완 과정을 거치는 것이 중요하다. 한 번 쓴 초고를 그대로 발송하는 무리를 범하면 안 된다. 문맥이 매끄러운지 읽어보고, 띄어쓰기와 맞춤법도 한 번 확인해본다.

_지식in

효과적인 첫인상을 만드는 법 8가지

1. 상대를 웃겨라.
   당신과의 만남이 기분 좋은 것으로 느끼게 해야 한다.
   유머감각을 발휘 해 웃길 수 있다면 최상이다.
   그렇지 않다면 스스로 웃어라.
   기운 없거나 긴장한 모습은 노출하지 말자.

2. 상대에게 호감을 가져라.
   호감은 주는 것이 아니라 갖는 것이다.
   상대에게 호감을 갖고 있으면 상대에게 그 느낌이 전달되어 나에게도 좋은 느낌을 갖는다. 그리고 편안한 분위기를 만들어라.

3. 강렬한 인상을 주라.
   특히 일에 관한 대화가 시작되면 당신이 전문가라는 이미지를 주어야한다. 자기 자랑을 하라는 의미가 아니다.
   충분한 경험과 실력이 있음을 부드럽지만 전문적인 용어를 쓰면서 명확하게 표현해라. 그리고 열정을 보여줘야 한다. 강한 열정은 상대에게 강렬한 이미지를 남길 수 있다.

4. 자기 자랑을 하지 마라.

스스로 자신의 과거나 자랑을 늘어놓는 사람이 있다. 천박해 보이기도 하고 한편으론 의심스럽기도 하다.

왜냐하면 진짜 인정받는 사람이라면 스스로 자기를 알리지 않기 때문이다.

5. 좋은 컨디션일 때 만나라.

최상의 컨디션일 때 중요한 사람과의 미팅을 해야 한다.

몸이 안 좋을 때는 표정관리도 어렵고 감정조절도 잘 안 된다.

6. 첫인사를 생략하지 말라.

처음 만났을 때 정중하게 인사를 해라. 나이와 직급에 관계없이 허리를 숙여 반갑게 맞이해라.

7. 상대의 단점을 말하지 말라.

가끔 첫 만남에서 상대의 단점을 말하는 경우가 있다. 좋은 이야기만 해도 충분하다. 그리고 상대를 평가하고 판단하지 말라 .

8. 공통점을 찾아내라.

유유상종이란 말이 있다. 공통점을 찾아서 빨리 심리적으로 가까워져라.

_지식in

이미지 메이킹 성공비결 7가지

1. Face_표정관리를 잘하라.

무표정한 얼굴은 상대의 마음을 닫게 한다. 처음 만나는 사람이나 아는 사람을 만날 때마다 입가에 미소를 띠는 습관을 길러라. 양 입 꼬리가 위쪽으로 향하는 느낌으로 의식적으로라도 미소지어라. 그러면 수개월, 몇 년 후의 당신의 얼굴은 어느새 부드러운 인상의 소유자로 변할 것이다.

평소 운전할 때나 한가할 때 "위스키", "와이키키"라고 반복해 소리내어 보라.(이때 발성을 야무지게 내야 한다) 입 꼬리 근육을 단련시키는 데 효과적이다. 자신이 닮고 싶은 인물(Image Model)의 사진을 붙여 놓고 표정을 벤치마킹하는 것도 매우 효과적이다.

2. Fashion_패션 감각을 키워라 .

공식적 자리인 비즈니스에서는 비즈니스 정장(슈트)을 입어야 한다. 슈트는 품이 잘 맞아야 하는 것은 기본이다. 슈트의 색은 진감색(Naby Blue)이 베스트 컬러이며, 진회색 · 청회색 · 회갈색의 어두운 컬러여야 신뢰감을 준다.

드레스 셔츠는 상대 회사가 보수적이라면 흰색 셔츠가 진보적이라면 블루 셔츠가 적절하다. 회색 계열이나 브라운색 계열의 셔츠는 깔끔한 비즈니스의 이미지와 상반되는 색상이므로 피하는 것이 좋다. 이는 꼭 지켜야 하는 패션 룰이다.

패션 감각을 키우기 위해서는 먼저 주변에서 옷 잘 입는 사람들을 유심히 살펴보라. T.P.O.(Time · Place · Occasion)에 맞는 패션 연출법을 익히려면 패션 잡지를 보거나 할리우드 배우의 영화 속 이미지를 따라잡는 것도 효과적이다.

3. Manner_매너 좋은 사람이 되어라.

비즈니스에서 의식적이든 무의식적이든 매너가 좋지 않아 낭패를 본 경험을 누구나 해 보았을 것이다. 세련된 매너를 연출하는 사람은 더없이 매력적이다. 어차피 정보화시대, 내용은 비슷비슷한데 작은 매너의 부재로 경쟁력을 떨어뜨린다면 얼마나 억울한가. 어떠한 상황에서도 '입장 바꿔 생각하기'를 떠올린다면 상대를 배려하는 방법이 나오게 마련이다.

4. Voice_목소리를 단련시켜라.

때때로 남성의 품격 있는 목소리는 외모를 능가하는 힘을 발휘한다. 특히 비즈니스 상대가 여성인 경우 목소리는 더욱 중요하다. 평소 대화를 할 때 정확한 입모양을 만들어 발음을 정확하게 하라. 그리고 기분 좋은 상태를 유지하는 것도 중요하다. 기분이 나쁘면 기분 나쁜 목소리가 나오기 때문이다. 외국 영화에 한국 성우의 목소리가 더빙된 주말의 명화를 활용하라. 영화를 보면서 상황에 걸맞은 성우의 멋진 목소리를 내보면 매우 효과적이다.

5. Body Language_몸으로 말하라.

한국인의 보디랭귀지는 표정만큼이나 밋밋하다. 바른 자세와 세련된 포즈, 대화할 때의 적절한 제스처는 효과적인 커뮤니케이션을 위한 필수조건이다. 평소 대화할 때 작은 손동작부터 구사해 보자. 가급적이면 자연스럽게 손가락을 붙인 제스처가 깔끔해 보인다.

6. Communication_커뮤니케이션 능력을 길러라.

의사 전달 능력은 이미지 리더십에서 상당히 중요시된다. 미국의 커뮤니케이션 전문가 엘버트 메러비안은 효과적 커뮤니케이션의 요소를 표정, 제스처, 태도 등의 시각적 요소가 55%, 목소리가 38%, 언어는 7% 차지한다고 밝혔다. 그만큼 시각적 이미지가 중요하다.

참고로 상대의 마음을 여는 'SOPTEN' 기법. S- Smile(미소), O- Open posture(열린 자세), F- Forward lean(상대를 향해 몸 앞으로 기울이기). T-Touch(악수 등의 신체접촉), E-Eye contact(시선 마주보기), N-Nod(상대가 말할 때 고개 끄덕이기).

7. Star Ship_카메라를 즐겨라.

더욱 넓은 비즈니스의 바다를 헤엄치고 싶다면 카메라를 두려워하지 말라. 신문 등의 인터뷰가 있을 경우 의상 계획, 헤어스타일은 깔끔하고 단정하게, 메이크업은 기본이다. TV 인터뷰라면 기사 내용에 맞는 제스처까지 연출해 보고 거울 앞에서 연습해 보라. 이제 스타만 카메라를 즐기는 시대는 지났다. 평범한 '나'지만 카메라 세례를 받을 준비는 미리 해두자. 행운은 늘 준비하는 사람에게 온다.

_지식in

나에게 호감 가지게 하는 방법 10가지

1. 자꾸 웃어라(smile)

웃는 얼굴을 외면하기는 힘들다. 마음에 드는 상대를 만났다면 그저 웃는 얼굴 보이는 게 첫 단계. 좋아한다는, 관심있다는 의사 표현은 말뿐 아니라 행동, 특히 방긋 웃는 모습이 효과적이다. 의도적인 방긋 웃음은 일단 상대방의 관심을 유도하게 된다.

2. 개방적인 태도(open gesture)

턱을 고인다거나 팔짱 끼는 것. 말할 때 입을 가리는 등의 행동은 심리학에선 방어적인 태도로 친다. 그것은 상대방을 경계한다는 표현이다. 이럴 땐 그 어느 누구도 당신에게 접근하긴 힘들다. 무심코 하는 습관적인 자신의 행동을 체크해 볼 것. 속마음과 달리 상대는 당신의 태도에서 방어벽을 발견하게 된다.

3. 앞으로 기울이기(forward lean)

미팅 같은 데서 마주앉아 뒤로 기대앉는 건 '너한테 관심 없어. 지루해' 하는 표현. 의자를 테이블에 붙여 앉고 상체를 약간 앞으로 숙이며 상대방을 대하는 건 '너한테 관심 있어, 네 생각은?' 이라는 의미다. 테이블 절반 이상 앞으로 넘어가는 건 오버인 거 잊지 말 것!

4. 스킨십(touch)

자신의 양팔을 쭉 편 공간이 '개인적인 공간'. 이 공간 안에 누가 들어오면 굉장히 신경 쓰이고 긴장하게 된다. 이 거리 안에 자연스럽게 받아들여지는 사람이 바로 '호감 가는 사람'. 극장에서 옆에 앉거나 여러 명이 미팅하는 자리에서 맘에 들면 일단 옆 자리를 확보해 알짱알짱 거리는 것이 최고!

5. 눈 맞추기(eye contact)

흘깃흘깃 기분 나쁘게 훔쳐보지 말고 정식으로 마주보고 눈을 맞출 것. 상대방과 맘이 통하면 그 쪽에서도 시선을 피하지 않을 거야. 그것이 바로 첫눈에 반한다는 얘기다.

6. 맞장구치기(nod)

호들갑 떠는 맞장구가 아니더라도 그저 고개를 끄덕인다든가, 입가에 미소를 짓는다든가 하는 약간의 모션만으로도 상대방의 호감을 얻을 수 있다. '네 이야기에 귀를 기울이고 있어' 라는 의미에서 맞장구는 아주 중요한 요소다. 사람은 대화를 할 때 상대방이 자신의 얘기에 집중하고 있다는 데에 안도하고 호감을 갖는다.

7. 깜짝 놀래 켜 봐!

놀이동산에 놀러 갔을 때 롤러 코스트 같은 스릴넘치는 기구를 타면 사람은 흥분상태에 있기 마련이야. 그때 상대방을 보면 호감이 생겨나지. 이때를 놓치면 후회할걸!

8. 뭔가 미진하게…여운을 남겨라!

데이트를 마칠 무렵 '오늘 즐거웠어요, 이만' 은 끝을 의미하는 것과 같다. 오늘 할 일을 다 끝냈다는 느낌이 들면 다음에 또 만나고 싶다는 생각을 하지 않는다. '우리 다음에 만나면 xx영화 봐요, xx에 가요' 라는 식으로 무언가 미진하고 미완성된 느낌을 남겨 두어야 다음에 만날 기회가 또다시 생기는 것이다.

9. 전염성이 강한 거야

한 사람의 심리적인 상태가 상대방에게 전염되는 것을 '거울 효과' 라고 해. 하품을 하면 곧 여러 사람이 하품을 하게 되는 것과 마찬가지야. 관심을 끊임없이 표현하면 역으로 그의 반응이 곧 올걸?! 특히 연애에 있어서는 자신의 밝고 명랑한 성격을 어필하는 것이 좋아.

10. 두 번째 인상도 중요해

오히려 첫인상이 나쁜 사람이 연애 성공률이 오히려 높아. 처음에 좋은 인상이었던 사람은 그 다음에 기대치가 높아서 본래보다 더 멋진 모습을 보여야 하지만 별 기대 없이 나간 두 번째 만남에서 좋은 면을 더 쉽게 발견하기가 쉬워. 심리학에서는 첫인상보다도 두 번째 인상을 중요하게 여겨.

_지식in

약점 보완보다는 강점에 집중하라

인간의 성과창출 능력은 약점이 아니라 강점에 달려있다.
훌륭한 경영자는 사람들이 약점에 근거해서는 발전할 수 없음을 안다.
성과 창출을 위해서 우리는 동료, 상사, 자신의 강점 등 사용할 수 있는 모든 강점들을 활용해야 한다.
강점을 생산적으로 만드는 것이야말로 조직의 고유한 목표이자 과제이어야 한다.

_피터 드러커

memo

1등과 2등의 차이

1. 올림픽 100미터 경기

올림픽 100미터 경기에서 우승과 2등은 불과 0.01초의 차이밖에 나지 않지만, 그 0.01초의 차이가 한 사람을 영웅으로 만들고 한 사람은 기억조차 나지 않게 만든다.

이처럼 1등과 2등의 차이는 엄청나다.

기업에서 같은 물건을 만들더라도 세계적인 명품을 만드는 일류 회사와 그저 평범한 수준의 물건밖에 만들지 못하는 이류 회사 사이에는 엄청난 차이가 존재한다는 것을 의미한다.

_이건희 삼성그룹 전 회장

2. 야구와 수익률

타율이 0.250인 타자는 12번에 3번의 안타를 치고, 타율이 0.333인 선수는 12번에 4번을 친다.

따라서 타율이 0.333인 선수는 0.250인 선수보다 매 12번당 1번 정도 더 안타를 치는 셈이다.

이같은 차이는 별로 중요하지 않은 것 같아 보인다. 그러나 타율 0.250인 타자의 연봉은 17만 5,000달러인 반면 0.333인 타자의 연봉은 150만 달러이다.

_이성용

슬럼프에서 벗어나는 최선의 방법 7가지

1. 손에 잡힌 것을 놔두고 한 발짝 물러나라.
   먼저 슬럼프라고 깨닫는 순간, 빡빡한 스케줄을 취소하라.
   그 다음 슬럼프에서 벗어날 궁리를 해야 한다.
   욕심을 버리지 않으면 절대로 슬럼프에서 벗어날 수 없다.

2. 초조해 하지 말고 최대한 말을 아껴라.
   슬럼프에 빠진 사람일수록 변명이 많아진다.
   먼저 말을 아껴라.
   긴장감을 상실한 상태에서 지나치게 말을 하는 것보다 침묵을 지키는 것이 더 좋다.

3. 자신의 생각을 객관적인 글로 정리하라.
   일시적인 권태감이나 삶의 의욕을 잃은 상태에서 벗어나기 위해서는 좀 더 자신을 객관화 시킬 필요가 있다.
   정상적인 컨디션이 아닌 이상 자신의 생각을 글로 정리할 때 기대 이상의 효과를 보곤 한다.

4. 마음이 맞는 사람과 슬럼프에 대해서 이야기하라.
   맛있는 음식점에서 마음이 맞는 사람과 허심탄회하게 이야기를 해본다.

이런저런 이야기를 나누다 보면 저절로 해결의 실마리를 찾을 수 있을 것이다.

5. 슬럼프를 인정하고 자신을 믿어라.
먼저 자신이 슬럼프에 왔다는 사실 자체를 인정하라.
더 이상 자신을 위축시키지 말고 철저하게 자신을 신뢰하라.
자신에 대한 믿음 없이는 절대로 슬럼프에서 벗어나기 힘들다.

6. 나에게 힘이 되는 것을 찾아라.
전쟁에서 군인들이 삶을 포기하지 않았던 큰 이유는 대부분 고향에서 온 편지나 사진 때문이었다고 한다.
비록 작은 것이라 하더라도 나에게 소중한 것을 찾아라.

7. 스스로를 자극해서 결정적인 실마리를 찾아라.
슬럼프에서 벗어나는 열쇠는 바로 자기 자신이 벗어나려는 의지가 있어야 한다.
의지가 없다면 이룰 것도 없다.

_지식in

자신감을 기르는 7가지 방법

1. 마음속으로 자신이 성공하는 모습을 그려보라.
   그리고 그 모습이 지워지지 않도록 깊이 새겨두라.

2. 자신의 결심이 약화되거든 이기기 위해 적극적인 생각을 소리 내어 말하라.

3. 장애물을 피하지 말라.
   문제를 해결하는 데는 항상 어려운 난관이 있게 마련이다.
   따라서 그 어려운 점이 무엇인가 잘 검토하여 제거하라.

4. 다른 사람의 위엄에 눌려 그를 모방하지 말라.
   어떤 사람이든 자신만큼 그 일을 잘 알지도 잘 처리하지도 못한다.

5. 자신을 이해해 주는 유능한 조언자를 찾아라.

6. 자신의 실제 능력을 평가한 다음 그보다 10%는 더 높이 끌어올려라.

7. 하늘이 나와 같이 있으니 어떤 일도 자신을 굴복시키지 못한다는 사실을 명심하라.

_로버트 H. 슐러

하루 24시간을 2배로 사는법

1. 그날의 기분을 중요시한다.
2. 아침 일찍 일어난다.
3. 자는 시간에 관계없이 일어나는 시간을 일정하게 맞춘다.
4. 아침 일찍 일어나기 힘들다면 차 한 잔 마시는 습관으로 시작한다.
5. 일어나서 맨 처음 할 일은 찬물로 세수하는 일이다.
6. 허둥대는 아침이 아닌 5분의 명상으로 아침을 시작한다.
7. 다음 날의 계획은 전날 밤에 세운다.
8. 다음 날 입을 옷은 미리 챙겨둔다.
9. 자정 전에 무조건 잘 수 있도록 노력한다.
10. 머리를 베개에 묻는 순간 모든 것을 잊어라.
11. 잠 안 오는 밤에 취할 수 있는 가장 좋은 방법은 독서다.
12. 일에 있어서나 사람에 있어서나 범위를 좁혀 선별하되 정해진 것에 집중 투자한다.
13. 10분의 낮잠은 밤잠 한 시간의 차이가 있다.
14. 필요한 일과 필요치 않는 일을 구분한다.
15. 통근시간이 매우 생산적인 시간이 될 수 있음을 명심한다.
16. 여유 있는 계획을 세운다.
17. 모든 일에는 데드라인이 있음을 기억한다.
18. 모든 일에는 때가 있음을 기억한다.

19. 모든 계획은 시작시간과 끝시간을 명시한다.

20. 항상 최상의 선택으로 시간을 낭비하지 않는다.

_아놀드 베네트

memo

나를 위한 8가지 충고

1. 의사소통을 위한 10가지 충고
   1) 상대방의 말을 잘 듣고 반응하려고 노력하라.
   2) 말은 상대방의 방식대로 들어야 한다.
   3) 상대방의 말을 이해하려 노력하고 관심을 갖고 들어라.
   4) 그의 가치를 인정해 주라.
   5) 상대방을 격려하고 긍정적으로 말하라.
   6) 그의 비밀을 가볍게 전하지 말라.
   7) 어려운 이야기는 말할 시기를 잘 맞추라.
   8) 자기의 감정, 느낌, 마음의 상처를 말로 표현하라.
   9) 상대방을 내 마음대로 넘겨짚어 생각하지 말라.
   10) 잘 듣고 있음을 표현하라.(메모, 질문, 반복, 감사)

2. 젊어지기 위한 10가지 충고
   1) 성장을 계속하라.
   2) 꿈에 매달리라.
   3) 마음을 쾌활하게 하라.
   4) 새로운 만남, 새로운 취미, 새로운 책을 가까이 하라.
   5) 넓은 마음을 가져라.
   6) 젊은 사람들의 자극을 받아들여라.

7) 바쁘게 하라.
8) 새로운 계획과 늘 맞서라.
9) 좋은 일을 하라.
10) 위대한 일에 봉사하라.

3. 압박감으로부터 자유하기 위한 10가지 충고

1) 긍정적인 정신자세를 보이라.
2) 이기적인 생활에서 남을 위한 의미있는 일을 찾아라.
3) 삶의 기준을 정하고 타협하지 말라.
4) 목표(장기, 단기)를 구체적으로 세우라.
5) 그 방면에 노련한 일인자를 찾으라.
6) 능력에 맞는 계획을 세워라.
7) 할 일과 생각나는 것을 시각화하라.
8) 내일 일에 대해 자기 전에 우선순위를 정해 메모해 두라.
9) 사람들에게 개인적인 사랑을 전하라.
10) 어떤 절망 앞에도 희망을 버리지 말라.(압박감은 더욱 커지게 되기 때문이다)

4. 독창성을 기르기 위한 10가지 충고

1) 이제까지 가진 고정관념을 버리라.(백지상태로 받아들이라)
2) 반문하라.(왜, 어떻게)
3) 자신을 객관적으로 보라.
4) 늘 목표를 확인하고 끈기를 갖고 나가라.
5) 눈치를 보거나 위축되지 말고 자유로운 마음을 가져라.
6) 시대의 흐름과 미래의 흐름을 보려고 하라.

7) 다양한 정보를 얻으라.
8) 소설이나 예술 분야에서 영감이나 힌트를 얻으라.
9) 만남의 폭을 넓혀가라.
10) 날마다 정기적으로 생각하는 시간을 가져라.

5. 신체부자유자를 대할 때 알아두면 도움되는10가지 충고

1) 장애를 가진 사람도 똑같은 인간이라는 것을 기억하라.
2) 장애를 가졌다는 특수한 제한점을 제외하고는 다른 사람들과 똑같다.
3) 장애인을 모두 동일시하지 말고 각자가 다른 인격을 가진 인격체라는 것을 인식하라.
4) 장애인과 함께 생활하는 것은 풍부한 인간성의 표현임을 알라.
5) 장애가 있거나 없거나 서로 도와 생활하는 것은 당연한 일이다.
6) 장애인을 만날 때는 자연스럽게 대하고 오직 그의 요구가 있을 때만 도와줘라.
7) 지체장애인들도 넘어졌을 때 스스로 일어나고 싶어한다.
8) 독자적으로 행동하는 것은 친절이 아니고 쓸데없는 참견이다.
9) 과잉보호나 과잉염려 그리고 과잉친절은 금물이다.
10) 당신은 그의 능력과 관심에 대해 얼마나 잘못 판단하고 있는지 놀라게 될 것이다.

6. 자신의 일을 이루기 위한 10가지 충고

1) 하고 싶은 일보다 꼭 해야 하는 일을 먼저 하라.
2) 그 일이 끝날 때까지 시간과 관심을 최대한 집중하라.
3) 당장 변화가 없다고 포기하지 말라.
4) 실패했으면 다시 시도하라. 또 실패하면 원인을 찾아라.

5) 같은 목표를 가진 사람들과 만나라.
6) 날마다 그 일의 진행상황을 기록하고 목표를 확인하라.
7) 나쁜 상황에서도 기대하는 마음을 버리지 말라.
8) 자신이 얻은 정보와 지식을 활용하라.
9) 옳다고 생각한 일을 끝까지 고수하라.
10) 요청한 것보다 더 많이 일하라.

7. 스트레스에서 벗어나기 위한 10가지 충고

1) 아침에 15분만 일찍 일어나라.(여유있는 하루가 시작된다.)
2) 시간 계획을 짜서 행동하라.
3) 책을 가지고 다니면서 틈틈이 읽어라.(지루하지 않다.)
4) 어려움이 생기면 누구에게든 의논하라.
5) 용모에 신경을 쓰라.
6) 나만의 공간을 가지라.
7) 걱정거리를 머리로만 생각하지 말고 종이에 구체적으로 써 보라.
8) 하기 싫은 일을 미루지 말라.
9) 목욕을 하고 충분한 수면을 취하라.
10) 땀이 날만큼 운동을 하라.(줄넘기, 달리기, 탁구) 이것을 생활화 하라.

8. 매력적인 사람이 되기 위한 10가지 충고

1) 항상 명랑하고 유머를 잃지 말라.
2) 남의 말을 잘 들어라.
3) 사람을 가려 사귀지 말라.
4) 약속을 생명처럼 지키라.
5) 남에게 늘 감사하는 마음을 전하라.

6) 필요할 때 망설이지 말고 필요한 행동을 취하라.
7) 꿈을 향해 노력하고 최선을 다하는 사람이 되라.
8) 외모를 단정하게 하라.
9) 말을 골라할 줄 알라.
10) 남에게 인색하게 굴지 말라.

_지식in

memo

현명한 처신에 필요한 9가지 방법

1. 보는데 편견이나 욕심을 없애도록 하라.
2. 듣는데 편견이나 빠트림이 없이 들어라.
3. 얼굴 표정을 단정히 하라.
4. 몸의 자세를 단정히 하라.
5. 말은 진실되고 신의가 있도록 하라.
6. 일을 할 때는 겸손한 자세로 하라.
7. 의심나는 것은 조용히 물어서 꼭 알도록 하라.
8. 화가 났을 때는 이성으로써 억제하라.
9. 재물을 보거든 의(義)에 합당한 것만 취하라

_율곡 이이

목표를 성취하는데 반드시 필요한 7가지 원칙

1. 당신이 원하는 것을 정확히 파악하라.
   분명한 목표를 세우는 것이 성공의 첫걸음이다.

2. 당신이 원하는 것을 종이에 쓰라.
   아주 자세하게 쓰라. 그리고 언제까지 그것을 성취하겠다고 최종 시한을 설정하라.
   필요하다면 단계별 최종 시한을 설정하라.

3. 목표를 성취하는 데 필요한 부가적인 지식, 기술, 능력 등이 무엇인지 파악하고 그것들을 어떤 식으로 획득할 것인지 결정하라.

4. 목표를 성취하는 과정에서 예상되는 어려움과 장애를 파악하고 그것들을 어려움의 정도와 중요성에 따라 정리해보라.

5. 당신에게 도움을 줄 수 있는 사람, 단체, 조직 등을 파악하고 그들에게 도움을 얻으려면 당신이 어떻게 해야 하는지 결정하라.

6. 우선순위와 중요도에 따라 정리한 상세한 계획표를 만들라.
   먼저 무엇을 할 것인가? 무엇이 더 중요한가? 무엇이 덜 중요한가?

7. 계획을 즉각적으로 실천에 옮겨라.
목표를 향해 매일 무엇인가를 해내라.
관성의 법칙에 따라 탄력이 붙게 될 것이다.
그 탄력성을 계속 유지하라.

_브레이언 트레이시

memo

인내력을 기르는 8가지 비결

1. 목표(目標)의 명확화

당신이 무엇을 바라고 있는가를 확실하게 알아야 한다.
이것은 인내력을 개발하는 가장 중요한 열쇠이다.
강력한 동기 부여야말로 온갖 곤란을 극복해 가는 힘이 되어 주는 것이다.

2. 소망(所望)

더욱더 열렬하고 간절한 소망을 가진다.
당신의 소망이 뜨겁게 타오르게 되면 누구보다도 강한 인내력이 발휘될 것이다.

3. 자신감(自信感)

당신의 능력, 당신의 가치를 믿는다.
자신감과 용기는 인내력을 지탱해 준다.

4. 계획(計劃)의 조직화

명확하고 구체적인 계획을 세운다.
면밀한 계획을 세워나가는 도중에 점점 인내력이 양성되는 것을 느끼게 될 것이다.

5. 정확한 지식(知識)

당신의 경험, 당신의 관찰을 기초로 하여 지식을 쌓는다.

이 올바른 지식을 사용하지 않고 단순한 억측이나 짐작만으로 판단하는 것은 당신의 인내력을 파괴하기만 한다.

6. 협력심(協力心)

사람들에게 인정과 이해와 조화가 갖추어진 협력심을 얻는 일은 당신의 인내력을 강화시켜 준다.

7. 의지(意志)의 힘

명확한 목표를 향해 항상 마음을 집중시키려고 하는 노력은 인내력의 밑거름이 된다.

8. 습관(習慣)

인내(忍耐)하는 것을 습관화하여 몸에 배도록 노력해야 한다.

당신의 마음은 나날의 경험이 쌓여서 원숙해질 것이다.

두려움이라고 하는 가장 큰 적이라도 당신이 "용기있는 행동을 반복하는 일"에 의해 쫓아버릴 수가 있다.

_나폴레옹 힐

감정관리 7계명

1. 참자! 그렇게 생각하라.

   감정관리는 최초의 단계에서 성패가 좌우된다.

   "욱"하고 치밀어 오르는 화는 일단 참아야 한다.

2. '원래 그런 거'라고 생각하라.

   예를 들어 아이들이 속을 상하게 할 때는 아이들은 '원래 그런 거'라고 생각하라.

3. '웃긴다'고 생각하라.

   세상은 생각할수록 희극적 요소가 많다. 괴로울 때는 심각하게 생각할수록 고뇌의 수렁에 더욱 깊이 빠져 들어간다.

   '웃긴다'고 생각하며 문제를 단순화시켜 보라.

4. '좋다. 까짓 것'이라고 생각하라.

   어려움에 봉착했을 때는 '좋다. 까짓 것'이라고 통 크게 생각하라.

   크게 마음먹으려 들면 바다보다 더 커질 수 있는 게 사람의 마음이다.

5. '그럴만한 사정이 있겠지'라고 생각하라.

   억지로라도 상대방의 입장이 돼보라.

'내가 저 사람이라도 저럴 수밖에 없겠지'
'뭔가 그럴만한 사정이 있어서 그럴 거야' 라고 생각하라.

6. '내가 왜 너 때문에' 라고 생각하라.
당신의 신경을 건드린 사람은 마음의 상처를 입지 않고 있는데, 그 사람 때문에 당신의 속을 바글바글 끓인다면 억울하지 않은가.
'내가 왜 당신 때문에 속을 썩어야 하지?' 그렇게 생각하라.

7. '시간이 약' 임을 확신하라.
지금의 속상한 일도 며칠, 아니 몇 시간만 지나면 별 것 아니라는 사실을 깨달아라. 너무 속이 상할 때는 '세월이 약' 이라는 생각으로 배짱 두둑이 생각하라.

_지식in

memo

건강관리 방법 9가지

1. 주식시장 대신 추리소설을 읽어라.
   머리 아픈 딱딱한 책보다는 재미있는 책을 읽는 것이 정신을 맑게 한다.

2. 때때로 거울을 보라.
   자신의 모습을 살펴 활기찬 자세를 유지하도록 노력하라.

3. 테이블 위에는 머리가 아니라 발을 올려놓아라.
   테이블 위에 머리를 올려놓으면 피의 순환에 도움이 안 된다.

4. 당신을 긴장시키는 습관을 버려라.
   긴장되면 건강에 나쁜 영향을 미친다.

5. 차를 운전할 때는 여유를 가져라.

6. 괴로움을 잊자.

7. 천천히 말을 하고 조급한 행동을 버리자.

8. 사람을 손가락질하지 말자.
손가락질을 하면 당신도 그런 대접을 받을 것이다.

9. 인생을 즐기고 인생을 사랑하자.

_엘마 윌러

memo

고민해결 방법 3가지

1. 우선 최악의 사태를 생각해 본다.
2. 아무리 해도 피할 수 없다는 것을 알게 되면, 결연히 각오를 새롭게 한다.
3. 그 다음, 마음을 침착하게 먹고 사태의 개선을 위한 일에 착수한다.

_데일 카네기

memo

기회포착 방법 6가지

1. 과거를 보지 않고 미래를 보자.
2. 모든 사람들이 '되기만 하면 정말 좋을 텐데' 라는 것을 찾자.
3. 모든 장애물이 곧 기회라는 것을 명심하고 장애물을 찾자.
4. 문제를 찾자.
5. 삶의 버려진 곳에서 기회를 찾자.
6. 일단 기회라고 생각되면 그 기회를 활용하자.

_로버트 H. 슐러

memo

낙천적 성격관리 방법 5가지

1. 누구에게도 악한 생각을 갖지 말라.
2. 모든 사람의 행동을 좋게 생각하라.
3. 누구를 만나든 간에 그 사람에게 친절하게 대하라.
4. 항상 희망적으로 생각하라.
5. 무슨 일이 일어나든 간에 좋은 것만 보라.

_노만 V. 필

memo

시간을 관리하는 방법 6가지

1. 시간을 보석이나 생명처럼 귀중히 여겨라.

2. 시간을 계산하는 습관을 가져라.
   당신이 하루 소비하는 시간을 돈으로 계산해 보자. 10분이면 얼마나 되는가.

3. 시간 예산안을 짜라.
   하루의 시간을 계획해 보고 계획대로 되는가 체크해 보자.

4. 당신 자신의 가치 판단에 따라 시간 예산안의 균형을 안배하자.
   자신의 맡은 업무 이외에도, 자기계발, 가정에 대한 배려 등을 가치에 따라 배분하라.

5. 시간을 비교하자.
   이른 아침 한 시간은 오후 늦은 한 시간보다 더 중요하다.

6. 자신에게 자극을 주기 위한 시간적 압박감을 만들라.
   자신의 업무에 대해 언제까지 그 일을 끝낼 것인지 계획을 세워 시간표대로 실천하자.

_로버트 H. 슐러

유머를 갖기 위한 8가지 방법

1. 나는 항상 사물의 밝은 면을 보도록 노력하겠다.
2. 나 자신의 실수를 웃어넘길 수 있도록 노력하겠다.
3. 앞길이 비록 험난할 지라도 밝은 마음을 갖도록 하겠다.
4. 심각하게 생각하는 일은 가능한 적도록 하겠다.
5. 유머 감각을 끊임없이 갈고 닦겠다.
6. 긴장이 될 때는 오히려 웃을 수 있는 화제 거리를 찾겠다.
7. 언제나 밝은 태도로 사람을 대하겠다.
8. 유머를 이용하여 문제를 해결하겠다.

_헤롤드 셔먼

memo

일을 끝까지 밀고 나가는 5가지 방법

1. 일에 대해 진지하게 관심을 가져라.
   관심과 흥미만이 그 일을 끝까지 추진할 수 있다.

2. 일을 완수했을 때의 만족감을 생각하라.

3. 어떤 일을 끝마쳐야 할 날짜를 정해 그것에 도전하라.

4. 불필요한 간섭이나 신경 쓰는 것에서 벗어나라.

5. 도움이 될 만한 사람과 그 일을 함께 하라.
   누군가와 함께 하면 혼자 하는 것보다 효과적이고 포기하지 않는다.

_윌리암 메닝거

일을 즐겁게 하는 5가지 방법

1. 동료, 상사, 부하에게 늘 웃으며 대하자.
2. 전화 통화시 항상 친절하자.
3. 칭찬을 들으면 언제나 고맙다고 답례하자.
4. 타인의 시선이나 평가에 얽매이지 말라.
5. 불평, 불만이 있는 사람과는 멀리하자.

_데일 카네기

memo

자신감을 갖게 하는 5가지 방법

1. 나에게는 훌륭한 인생을 구축할 능력이 있다.
   그래서 나는 절대로 중도에서 그만두지 않는다.

2. 무엇이든지 내가 마음속으로 강렬히 원하는 것은 반드시 실현될 것이라고 확신한다.
   그래서 매일 30분 이상씩 성취한 모습을 상상한다.

3. 나는 자기 암시의 위대한 힘을 믿고 있다.
   그래서 매일 10분간 정신을 통일하여 자신감을 기르기 위한 '자기 암시'를 건다.

4. 나는 인생의 목표를 명확하게 종이에 쓴다.
   다음은 한 걸음 한 걸음 자신감을 가지고 전진해 가는 것이다.

5. 정도(正道)에 따라 행동하지 않고는 부도 지위도 결코 오래 가지 않는다.
   그래서 이기적이거나 비열한 방법으로는 성공하지 않겠다.

_나폴레옹 힐

자기관리의 6가지 지혜

넘어지는 것은 수치가 아니다.
하지만 그 자리에 누워 불평하는 것은 수치다.
_조쉬 빌링스

1. 지혜는 배우려는 자의 것이다.
   옳다는 느낌은 독한 약이다.
   자신이 옳다는 것을 주장하기 위해 많은 것을 희생하는 이들이 있다.
   "절대적으로 옳다"는 표현을 들어본 적 있는가?
   _존 로저와 피터 맥윌리엄스

2. 항상 옳은 것은 없다.
   육체는 정신보다 돌아다니기 쉽다. 상상력을 마음껏 펼칠 때까지는 언제까지나 집에 있는 것처럼 생각될 것이다. 다른 사람의 관점을 인정할 때까지 우리는 한발도 움직이지 못한다.
   _존 어스킨

3. 다른 사람의 입장이 되어 보라.
   잘못을 저지르는 것은 인간이요, 용서하는 것은 신이다.
   _알렉산더 포프

4. 용서는 결국 나를 위한 선택이다.

걱정은 내일의 슬픔을 덜어주는 것이 아니라, 오늘의 힘을 앗아가는 것이다.

_코리 텐붐

5. 걱정으로 해결되는 일은 없다.

모든 발달법칙은 무능력 상태를 지나 이룩되었다.

그러기 위해선 아주 오랜 세월이 걸린다.

_피에르 테야르 드 샤르뎅

6. 인내심이 없다면 목표를 갖지 마라.

_브라이언 로빈슨

memo

나를 값지게 하는 10가지 충고

1. 어떤 장애물 앞에서도 포기하지 않는 열정을 가지라.
2. 받을 것을 생각하지 말고 먼저 나눠라.
3. 거짓말로 위기를 넘기기 보다는 진실을 말하는 용기를 가져라.
4. 보이지 않는 곳에서도 성실하라.
5. 힘들어 포기하고 싶을 때 조금만 더 인내하라.
6. 나만 생각하지 말고 남을 즐겁게 하라.
7. 남이 이기적으로 나를 대하더라도 기꺼이 베푸는 이타심을 가져라.
8. 배우는 것을 부끄러워 말라.
9. 칭찬을 들었을 때 겸손하라.
10. 끝났다고 생각될 때에도 기뻐하고 감사할 것을 찾아라.

_지식in

나를 변화시키는 초정리법

1. 버리는 일부터 시작하라.

쓸데없는 것은 소유하지 않는 일, 바로 이것을 습관화 하면 몸과 마음이 건강해 진다. 그저 시간 때우기식으로 만났던 인간관계도 산듯하게 정리할 필요가 있다.

2. 자투리 시간을 이용하라.

쓸데없는 잡담이나 나누면서 시간을 죽이는 것보다 책을 읽는 편이 훨씬 생산적인 일이다.

3. 자신에게 가장 소중한 것부터 하라.

행복의 기준은 자신이 만들어라. 평범하긴 하지만 나에게는 가장 소중한 것은 건강이다. 지금 당장 건강을 행복의 기준으로 삼고 건강관리에 시간을 투자한다.

건강한 몸 안에서 자라나게 될 무한한 가능성을 떠 올린다면 행복도 그리 멀게만 느껴지지 않을 것이다.

4. 계획보다 50% 여유 시간을 잡아라.

하루 활동하는 시간 중에도 일의 능률을 최대한 발휘할 수 있는 시간이 있게 마련이다. 컨디션을 유지할 수 있는 시간을 찾아내 그 시간 내에 하루 처리할 업무의 대부분을 해결하라. 지금 해야 할 일을 뒤로 미루는 일은 나 자신에게 뿐만 아니라 남에게도 커다란 해를 입힐 수 있다.

5. 단순하게 생각하라.

무슨 일이든 단순하게 생각하면 중요한 부분에 자신의 능력을 집중시킬 수 있다. 어려운 일이 닥쳤을 때 피하려고 하기 보다는 어떻게 쉽게 생각할지 방법을 궁리하면 어느 순간 집안사정처럼 환히 꿰뚫어 보게 될 것이다.

6. 쉽게 그리고 즐겁게 일하라.

자신이 하고 싶은 일이 있으면 곧장 행동으로 옮겨라. 아주 작은 일이라도 스스로 대견해 할 수 있으면 되는 것이다.

성공한 사람들은 대부분 즐겁게 그리고 자발적으로 일에 뛰어든다. 지금이라도 쉽게 그리고 재미있게 일할 수 있는 방법을 궁리해 보자.

7. 나만의 능력을 찾아라.

능력은 누구에게나 존재한다는 사실이다. 남들이 하찮게 여기는 것이라도 스스로 자랑할 만하다고 생각하면 그것이 바로 나만의 능력이다.

능력은 단시간에 생기는 게 아니다. 바로 그점이 도전하는 사람이나 그것을 가진 사람 모두에게 자신감과 긍지를 갖게 한다.

8. 목표는 구체적으로 숫자화시켜라.

목표는 나는 할 수 있다. 나에게는 그럴만한 힘이 있다는 전제하에서 세우는 게 효과적이다. 이왕이면 목표를 숫자화시키고 구체적이고 객관적으로 결과를 판단할 수 있도록 한다.

1%정도라면 누구나 쉽게 도전할 만한 수치다. 일단 1%를 달성한 다음 자신감이 생기면 수치를 얼마든지 높일 수 있다.
매일 1%의 목표를 향해 최선을 다한다면 한 달 아니 1년 후 어떤 결과를 얻게 될지 아무도 모르는 일이다.

9. 일을 인생의 수단으로 삼아라.
일은 인생의 수단일 뿐 결코 목적이 될 수 없다. 언제든지 회사를 박차고 나갈 수 있다고 생각하면 웬만한 일은 대수롭지 않아, 할 만한 배짱이 생기지 않겠는가, 가치 있는 자리는 쉽게 얻어지지 않는 법이다.
자신감과 노력이 뒤따르는 그 정도의 배짱은 일상의 여유를 선물 해 줄 것이다.

10. 한 가지 일에만 집착하지 마라.
한 가지 일에만 너무 집착하지 않도록 하라. 단지 하고 싶다는 이유로 자신을 몰아치는 동안 내안에 잠자고 있는 진정한 재능이 그대로 잠들어 버릴지도 모르기 때문이다

_지식in

화내기 전에 생각해야 할 10가지

1단계, 화 대신 딴생각!

짧은 시간의 생각 전환으로 화에 몰리던 에너지와 관심이 분산되어 가벼운 화를 누그러뜨릴 수 있는 효과적인 방법. 사람들이 화내는 일을 살펴보면 순간적으로 올라오는 짜증이나 분노를 참지 못해 화를 내는 경우가 많다. 남편에게서 오늘도 늦는다는 전화를 받거나 아이가 말을 안 들을 때, 손가락을 찔렀을 때처럼 화가 올라온다면 눈을 딱 감고 머릿속을 비우거나 딴생각을 해 볼 것. 밖으로 나가 산책해도 같은 효과를 볼 수 있다.

2단계, 내가 화난 원인은 뭘까?

딴생각을 해도 화가 쉽게 가시지 않는다면 화가 난 원인이 무엇인지를 파악하는, 화를 적극적으로 마주하는 단계가 필요하다. 현재의 기분이 들게 된 일을 생각해 보고, 그 일이 일어난 이유를 또 생각해 보는 것. 종이에 펜으로 적어 가며 원인을 파고 들어가면 내가 느끼는 화의 원인을 발견할 수 있다. 집중해서 이런 추적 과정을 쫓아가다 보면 생각과 감정이 차분히 정리되어 화의 수위가 3단계 낮아진다.

3단계, 스스로 용서하는 마음을 갖는다.

화를 내는 원인을 파악하고 크게 화를 낼 일이 아닌 것도 알았는데 화의 수위 변화가 없다면, 오히려 '나는 왜 이런 일에도 화가 날까', '왜 매번 짜증이 날까' 하는 생각이 들면서 스스로에게 화를 내기 쉽다. 마음이 편한 상태에서는 큰 자극이 와도 허허 웃고 넘어갈 수 있지만, 속에 풀리지 않는 화가 쌓여 있는 상태라면 작은 자극에도 울컥하고 스스로에게도 화를 내기 쉽게 된다. 일단 자기 비난을 멈추고, 그런 생각이 드는 자신을 용서해 볼 것. 화가 날 때마다 생각나는 응어리진 사건들도 하나하나 풀어내면 자신은 물론 상대에 대해서도 화가 줄어든다.

4단계, '~해야만 한다'는 생각을 버린다.
앞 단계를 거쳐도 화가 남아 있는 상태에서 상대방에게 화의 원인이 있다고 생각되면 화를 쏟아 붓는 것을 당연하게 생각할 수도 있다. 그러나 '~해야만 한다'는 기준을 세우고 이에 따라 주지 않아 화가 나는 것은 아닌지 점검이 필요하다. 아무리 가까운 남편이라도 아내의 생각에 따라 행동해야 할 의무는 없다. 아이의 경우도 마찬가지. 엄마의 눈으로 보기에는 답답해 화가 나더라도 그건 엄마의 눈높이에 의한 평가일 뿐이다.

5단계, 화를 내고 얻는 이익이 뭘까?
화로부터 스스로를 컨트롤하는 단계가 끝난 뒤에도 여전히 화가 남아 있다면 화로 인해 얻는 손익을 따져 보자. 한 번 스치고 지나갈 사람이나 다시는 안 갈 음식점이라면 화를 내고 사과를 받아 기분을 풀 수 있다. 그러나 아래 위층에 살아 매일 얼굴을 맞대야 하는 이웃이나 업무와 관련된 사람이라면 문제는 다르다. 당장에야 원하는 결과를 얻었다고 해도 볼 때마다 껄끄러운 것은 물론, 앞으로 부딪힐 일이 더 많으므로 순간의 화가 몇 배의 손해로 돌아오기 때문이다. 만일 여러 번 같은 일이 반복된다면 화가 날 때 말고 감정이 잦아든 후에 차근차근 이야기하는 것이 훨씬 효과적이다.

6단계, 내 속 상하면서 화낼 가치가 있을까?

당장에 드러나는 손익은 아니지만 서서히 드러나는 손익도 생각해 볼 것. 화가 나면 몸의 근육이 긴장되고 심장이 빠르게 뛰면서 혈압이 올라가는 등 몸이 비상사태에 돌입한다. 이런 일이 반복되다 보면 심근경색증이나 심장 기능 저하 등 심장에 무리가 오는 것. 식욕이 왕성해져 먹게 되므로 살이 부쩍 늘기도 한다. 화가 나는 일이 소중한 건강을 갉아먹으면서까지 화낼 만한 일인지를 생각해 본다면 화를 누그러뜨리는데 성공할 수 있다.

7단계, 즐거웠던 기억을 떠올린다.

술을 마시고 밤늦게 들어오는 남편에게 화가 나는 일이 매일 이어진다면 위의 단계를 거쳐도 화를 다스리기 힘들다. 이럴 땐 남편과 행복했던 기억을 떠올리며 감정을 변환시키는 것이 중요하다. 즐거운 감정이 새록새록 살아나고, 웃음이 나면서 좋은 기분으로 바뀔 수 있다. 사진을 오려 현관이나 화장대, 지갑에 붙여 두고 화날 때마다 보면 도움이 된다.

8단계, 다른 사람 일처럼 생각한다.

현재의 상황을 다른 사람 일처럼 생각하는 것도 화를 줄일 수 있는 방법이다. 백화점에 쇼핑 나갔는데 문을 닫았을 때, 약속에 늦을까 정신없이 달려나와서 보니 구두가 짝짝이일 때 등등. 시각에 따라 본인에게는 심각한 일도 다른 사람에게는 배꼽 빠지도록 우스운 일일 수도 있기 때문이다. 좁아졌던 시야가 더 넓어져 화가 나는 일을 더 작게 볼 수 있는 여유도 생긴다.

9단계, 남은 화를 내일로 미루기

앞의 많은 단계를 거쳐도 화가 사그라들지 않고 단번에 해결될 일이 아니라고 생각된다면 당장 화를 내지 말고, 내일로 화를 미뤄 볼 것. 사람의 뇌는 똑같은 강도의 자극이라도 다음 날 받게 되면 전날에 비해 충격이 적어져, 같은 일에 대해서 느끼는 화도 작아지기 때문이다. 흥분을 가라앉혀 차분하게 대응할 수 있는 것도 물론이다.

10단계, 사람이란 원래 다 그런 거야

스스로 속을 어르고 달래도 부글부글 끓어오를 때도 많다. 특히 시댁과 관련된 화는 앞의 단계를 거치고, 시간이 흘러도 때마다 화가 새롭게 느껴진다. 이럴 땐 기대를 낮추거나 체념하는 것도 방법. 원래부터 시댁이란 다 그런 거라고 생각하는 식이다. 아무런 기대를 갖지 않기 때문에 상대의 행동이나 반응에 대해 더 이상 실망이나 화가 느껴지지 않는다.

_리빙센스

memo

스트레스 이기는 방법 100가지

스트레스가 너무 쌓이면 마음과 몸에 심각한 상처를 입힙니다. 스트레스와 사이좋게 지내려면 식사, 수면, 운동, 사물을 보는 관점 등 여러 가지 요소가 잘 조합돼야 한다.

1. 사랑하기
   연애를 하면 스트레스 호르몬을 억제하는 성 호르몬의 분비가 왕성해진다.

2. 연애소설과 영화보기
   언제나 연애하는 게 불가능하다면 연애소설 등으로 그런 기분을 맛보는 것도 한 방법이다.

3. 새로운 일에 도전
   즐거움이 생기면 좋은 스트레스에 의해 나쁜 스트레스가 완화된다. 하지만 너무 욕심을 내면 역효과가 날 수도 있다.

4. 긍정적인 생각
   싫은 일에서도 즐거운 면을 찾아낸다. 싫은 상사와 만나는 중에는 상대방의 기묘한 버릇을 찾아서 즐기는 등으로 해소한다.

5. 큰 소리로 울기

운 다음에는 기분이 안정되는 경우가 많다. 슬픈 영화나 음악의 도움을 빌려도 좋다.

6. 사치

기분전환은 모습부터 시작하는 것도 중요하다. 머리 형태를 바꾸거나 패션 또는 화장을 바꿔본다.

7. 모양 변화

방의 레이아웃이나 직장의 책상 주변을 바꿔보면 시원하고 새로운 기분이 된다.

8. 운동

격렬한 운동을 할 시간이 없다면 간단한 스트레칭도 좋다.

9. 웃기

웃음은 스트레스를 줄이고 면역력을 높인다. 자발적으로 웃음 띤 얼굴을 만들어보는 것만으로도 효과가 있다.

10. 욕조에서 휴식

미지근한 욕조에 30분 정도 몸을 담그면 자율신경이 교감신경에서 부교감신경으로 바뀐다.

11. 새로운 이미지

생각하면 할수록 기억은 고착된다. 싫은 게 머릿속에 떠오른다면 기분 좋은 이미지로 바꿔 보는 것도 좋다.

12. 살짝 도피

스트레스가 있는 환경에서 일시적으로 도피하여 혼자만의 시간을 만든다. 화장실에서 잠시 쉬거나 점심 휴식 때의 외출 등도 좋다.

13. 옛날 생각

즐거웠던 옛 일을 떠올리거나 당시 좋았던 곡을 듣는 것도 기분전환이 된다.

14. 메모

생각하고 있는 것을 글로 옮기면 기분이 정리된다.

15. 정보 차단

신문이나 TV를 보지 않고, PC나 휴대전화를 사용하지 않는 날을 만든다.

16. 일기

즐거운 일 중심으로 쓰면 침체된 기분을 날려버릴 수 있다.

17. 노(NO)라고 말하기

싫은 일, 안 되는 일은 적절하게 거절하는 기술을 익힌다.

18. 주장

주위를 생각하지 않고 생각한 것이나 감정을 솔직하게 표현해 본다.

19. 술

적당한 술은 이완에 효과가 있다. 그러나 한탄 속의 술은 역효과가 난다.

20. 타협

때로는 문제를 정면에서 맞서기보다는 타협해 본다.

21. 쾌적한 수면

수면부족은 스트레스의 원인. 취임 3시간 전에는 식사를 끝내고 30분 전에는 TV · 싸움 등을 피한다.

22. 따뜻한 우유

취침 전에 마시면 수면을 촉진하는 뇌 내 물질 멜라토닌이 증가한다.

23. 취침 전 금주

알코올은 정상적인 수면 패턴을 흐트러트린다. 취침 전 술을 습관화하면 의존 증에 걸리기 쉽다.

24. 과식은 금물

스트레스는 혈당치를 올린다. 과식으로 혈당 컨트롤을 더욱 방해받으면 당뇨병 등의 위험성이 증가한다.

25. 요리

요리 중에는 뇌가 활성화되고, 기분전환에도 좋다. 자신이 만든 요리는 식사 중에 만족감을 늘린다.

26. 가사에서 빠지기

가끔 농땡이를 쳐보거나 외부 위탁도 생각해 본다.

27. 가족과 시간 보내기

하지만 그것이 스트레스의 원인이 된다면 적당히 해야 한다.

28. 상식을 의심해 보기

상식이라고 생각하고 있는 일을 다시 생각해본다면 문제에 대처할 수 있는 선택지가 늘어난다.

29. e메일 쉬기

e메일 연락만으로는 오해나 감정의 얽힘이 늘어난다. 얼굴을 마주보고 하는 커뮤니케이션도 필요하다.

30. 여행

스트레스의 원인으로부터 멀어지고 즐거운 자극으로 뇌를 새롭게 한다.

31. 춤

운동은 싫다고 하는 사람도 춤이라면 즐겁게 몸을 움직이다.

32. 대충대충

모든 것에 완벽을 추구하면 초조해지는 경우가 많다. 일정한 선을 넘으면 OK라고 하는 사고도 필요하다.

33. 아로마테라피

라벤더나 카모밀 등 기름을 사용하고 방향 욕이나 입욕마사지 등을 통해 가볍게 즐긴다.

34. 일광욕

정신 안정 작용이 있는 신경 전달물질 세로토닌 분비가 늘어난다.

35. 리듬 운동

워킹, 조깅, 수영, 좌선의 호흡법 등 리듬 운동은 세로토닌의 분비를 늘린다.

36. 잘 먹기

씹는 것도 리듬 운동의 하나이다. 소화가 진행돼 위장의 상태가 좋아진다.

37. 그만둘 준비

언제라도 일을 그만둘 수 있다는 각오와 실제 준비를 해둔다.

38. 돈으로 환산

일의 스트레스를 시급으로 환산해본다. 고객의 클레임은 1회 6천원이라든가 하는 식의 생각을 해본다.

39. 돈에 구애받지 않기

부유층일수록 스트레스가 많다는 조사결과가 있다. 돈이 모든 것이라는 사고를 버려본다.

40. 정원 가꾸기

식물을 기르는 작업은 오감에 대한 기분 좋은 자극을 수반한다. 적당한 운동이나 일광욕도 된다.

41. 마이너스 이온

삼림이나 폭포 주변의 공기에 많이 포함돼 있다. 부교감신경을 일깨워 기분을 편안하게 만들어준다.

42. 명상

스트레스 내성을 기르는 방법으로 전미정신위생협회는 매일 10~20분간 명상을 장려하고 있다.

43. 수면

고민이 있다면 하룻밤 자면서 생각해본다. 수면을 취하는 편이 깨닫기 쉽다는 조사결과가 있다.

44. 스트레스 타입 파악

자신의 스트레스 타입을 파악하여 생활을 바꾸어 본다.

45. 스트레스는 우리 편

스트레스는 활동 에너지원이기도 하다. 스트레스다고 너무 적대시하지 않는 편이 좋다.

46. 섹스

아픔이나 스트레스를 줄이는 뇌 내 물질 베타엔도르핀의 분비를 촉진

한다. 공상만으로도 효과를 기대할 수 있다.

47. 친구

푸념을 털어버리면 속 시원하다. 스트레스 해소의 힌트를 얻을 수 있을지도 모른다.

48. 서포트 그룹

서포트 그룹의 정신적인 지지를 받은 환자는 병의 재발률이 반감한다는 조사결과가 있다.

49. 순조로운 일에 집중

밝은 전망을 가질 수 있는 일에 의식을 집중한다면 적극적인 기분이 된다.

50. 확신 버리기

확실한 것 따위는 없다고 생각한다면 이상과 현실의 격차에 초조해 하지 않는다.

51. 10분 릴랙스 법

10분간 조용한 장소에서 눈을 감고 좋아하는 말을 반복한다. 그러면 뇌의 활동을 진정시킬 수 있다.

52. 통근 경로

다른 노선을 사용하거나, 역 하나쯤 걸어보면 평소와는 다른 신선한 기분이 된다.

53. 껴안기

애인이나 친구를 껴안아 본다. 스킨십의 이완 효과는 어린 아이를 위한 것만이 아니다.

54. 선택지

이상한 일이 일어나도 피해 의식을 갖지 않는다. 무엇이 가능한가를 생각하고, 선택지가 있다는 사실을 확인한다.

55. 네트워크

스스로 문제를 해결하고 싶은 사람 쪽이 스트레스가 높다. 다른 사람의 도움이 있다면 해결을 위한 길을 열기 쉽다.

56. 자유로운 기분

자신의 뜻대로 컨트롤이 되지 않는다고 생각하면 스트레스가 된다. 단순한 종업원이 아니라 전문직 프리랜서라는 생각으로 일을 해본다.

57. 우선순위

생각하고 있는 일을 모두 해치우지 못해 스트레스가 되는 경우도 있다. 정말 중요한 것은 무엇인가를 생각해 본다.

58. 살짝 책임전가

실패를 외적 요인 탓으로 돌린다. 내 강연이 엉망 이었다라고 생각하지 말고 청중이 벅찬 상대였다라고 생각하면 된다.

59. 시야는 작게

어느 연구에 따르면 스트레스에 강한 사람은 큰 사태보다도 눈앞의 일에 집중하는 경향이 있다.

60. 가벼운 식사

스트레스 때문에 식욕이 없을 때는 몇 시간마다 가벼운 식사를 한다.

61. 패션 플라워

유럽에서 옛날부터 이용되어온 허브는 불안이나 스트레스, 그에 따른 불면 등에 효과가 있다.

65. 야채 스프

따뜻한 음식은 마음을 이완시키며, 수프에 녹아 있는 영양분은 흡수가 잘된다.

66. 허브 차

향기로 이완함과 동시에 허브의 약리작용을 기대할 수 있다. 레몬밤, 카모밀 등.

67. 등 푸른 생선

전갱이, 정어리 등의 생선기름에 많이 포함돼 있는 오메가3 지방산이 부족하면 기분이 울적해지기도 한다.

68. 비타민 B군

신경의 정상적인 활동에 빠질 수 없습니다. B6은 울병 개선에 효과가 있으며, B12는 정신안정 작용이 있다.

69. 비타민 C

항스트레스에 필요한 코르티솔을 만들기 위해서는 비타민C가 필요하다.

70. 칼슘

신경조직에서 중요한 역할을 수행한다. 부족하면 초조해지고 기억력도 떨어진다.

71. 마그네슘

칼슘의 흡수에 필요하고, 상호 작용하여 여러 역할을 한다.

72. 전립곡물

영양분이 높다. 에너지 대사가 느려 기분에 변덕이 잘 생기지 않는다.

73. 물을 충분히

인체의 3분의 2는 물이다. 전신의 기능이 제대로 작동하기 위해서는 물이 꼭 필요하다. 하루에 1.5리터가 적당하다.

74. 설탕에 주의

설탕을 너무 많이 섭취하면 저혈당증을 초래한다. 무기력과 스트레스 내성의 저하로 연결된다.

75. 커피는 오전 중에

카페인은 체내에 12시간 정도 남는 경우가 있다. 안락한 수면을 위해 커피나 초콜릿은 오전 중에 먹는 것이 좋다.

76. 카페인

중추신경을 자극해 일시적으로 피로감을 회복시켜 주지만 너무 많이 섭취하면 아드레날린이 과도하게 분비돼 순환기 계통에 악영향을 준다.

77. 아침 식사

아침 식사는 하루의 활동을 시작하는 에너지를 뇌와 몸에 부여한다. 먹지 않는 사람일수록 신체의 부조화나 스트레스가 높아진다는 조사결과도 있다.

78. 시체의 자세

똑바로 누워 머리, 눈, 볼 등의 순서대로 발끝에 이르기까지 근육을 하나씩 의식하여 이완시켜 나가는 요가의 자세.

79. 요가의 코 호흡

엄지와 약지를 양 코 옆에 대고, 오른쪽 콧구멍을 닫고 왼쪽으로 숨을 쉬면서 넷을 센다. 양쪽을 닫고 네 번, 오른쪽을 열어 넷을 세고 뱉는다. 반대로 반복한다.

80. 마사지

스트레스 호르몬의 양이 감소하는 것이 과학적으로 증명되고 있다.

81. 지압

내관, 신문, 태충, 백회 등의 혈은 자율신경을 조절하여 초조감이나 신경질적이 되는 것을 억제한다.

82. 바이오피드백

몸의 기능을 의식적으로 컨트롤함으로써 스트레스에 대처할 수 있다.

83. 모차르트

클래식은 예부터 울병치료에 이용되어 왔다. 최근의 음악요법에서는 모차르트를 이용하는 경우가 많다.

84. 노래

노래방에서 스트레스를 해소하는 사람이 많은데, 노래를 부르면 복식 호흡이 되어 심신의 긴장이 모두 풀어진다.

85. 스포츠 관람

응원하면서 큰 소리를 내면 기분이 상쾌해지고, 혈행도 좋아진다.

86. 심호흡

불안이나 긴장 상태에서는 호흡이 얕아진다. 천천히 깊게 복식호흡을 하면 긴장이 완화된다.

87. 바다에 간다.

해양요법처럼 바다에는 심신을 이완시키는 힘이 있다. 파도 소리도 마음을 치유한다.

88. 별

넓은 밤하늘이 마음을 해방시켜주며, 먼 곳을 바라보면 눈의 피로도 풀어진다.

89. 신발

맞지 않는 신발이나 너무 작은 신발은 심신을 모두 지치게 만든다.

90. 1/f 흔들림

실개천의 소리, 산들바람 등 자연 환경의 소리 속에는 '1/f 흔들림'의 법칙이 있고, 이완 효과가 있다.

91. 애완동물

스트레스를 느꼈을 때 동물을 쓰다듬으면 혈압이 내려간다. 푹신한 인형도 대용이 가능하다.

92. 마음의 자물쇠

일, 가족, 친구 등 각각의 자리에서 생긴 스트레스는 다른 곳으로 가져가지 않는다. 귀가 전 일에서 생긴 걱정은 보이지 않는 자물쇠로 채운다.

93. 걱정거리 리스트

마음에 걸리는 일이 있으면 그것을 어떻게 할 것인지 써본다. 명확하게 파악해두는 편이 대응하기 쉽다.

94. 책임범위

책임범위 내에서 전력을 다하고, 다른 사람의 문제에 관여하지 않는다. 자신이 할 수 있는 일과, 할 수 없는 일을 명확하게 한다.

95. 드라이브

혼자가 될 수 있고, 차를 타고 달리는 상쾌감이 있다. 멀리 가도 좋지만 속도를 너무 내지는 않도록 주의한다.

96. 풍수
방안 공기를 정체시키지 않으며, 걸어 다니는 장소에 물건을 많이 놓아 두지 않는 등 기분 좋은 환경조성에 신경쓴다.

97. 버리기
오랫동안 사용하지 않은 물건을 버린다. 풍수에서는 '한 번에 27개' 라고 하는 방법도 있다.

98. 조명
태양광에 가까운 형광등은 뇌를 각성시킨다. 거실이나 침실 등 휴식 공간에는 백열전등의 부드러운 빛이 좋다.

99. 간단한 낮잠
발아래에는 접시, 손에는 스푼을 들고 의자에서 잔다. 스푼이 접시에 떨어지는 소리를 듣고 눈을 뜨면 깊은 수면에 들어가지 않고 이완시킬 수 있다.

100. 걷기
가벼운 운동은 기분전환을 가져온다. 일을 하는 중에도 잠시 자리를 떠나본다.

_지식in

구글의 교훈 10가지

1. 열정만이 성공을 불러온다.

   구글 창업자 래리 페이지는 2002년 모교인 스탠퍼드대학교를 방문해 대학원생을 대상으로 한 특강에서 "현실에 안주하지 말고 열정을 지녀라"고 주문했다.

2. 집중하라.

   집중 없는 열정은 방황으로 비친다. 구글은 집약된 열정으로 오늘날의 성공을 일궈냈다.

3. 비전을 수립하라.

   집중된 열정이 있더라도 비전이 없으면 배터리 없는 기계와 마찬가지. 페이지와 세르게이 브린은 인터넷 사용자들이 세상의 모든 정보에 접근할 수 있는 환경을 조성하자는 비전을 제시했다.

4. 조직문화를 활성화시켜라.

   구글에는 '20% 법칙'이 있다. 직원들에게 근무시간 가운데 20%는 자기가 하고 싶은 일을 하도록 허용하는 것이다. 이는 직원 스스로 회사 주인이라는 마음가짐을 갖도록 하며 창의력 증진으로 이어진다.

5. 엔지니어를 왕처럼 대접하라.

IT업종에서 기술자는 마치 영화감독이나 저자와 같이 창의적인 역할을 한다. 이 때문에 페이지와 브린은 엔지니어와 자주 만나 이들의 창의력 증진을 독려했다.

6. 고객은 왕이다.

구글이 세계에서 가장 신뢰받는 브랜드로 자리 잡은 데에는 고객 우선주의에 입각했기 때문이다.

7. 모든 회사는 '친구이자 적'

치열한 기업 환경에서는 영원한 아군도, 적군도 없다. 다른 업체와 제휴 관계를 맺는 것은 영원한 동지가 아닌 영원한 이해관계 때문이다.

8. 인간적 관계도 중시해야 한다.

IT업종이 냉정한 논리나 업무 효율 극대화만으로 성공하는 것은 아니다. 구글이 추진 중인 전자도서관 사업은 최근 고전을 면치 못하고 있는데, 이는 디지털화에 따른 다른 업종과의 마찰, 판단력, 감성 등이 작용했기 때문이다.

9. 영원불변은 없다.

구글이 지금은 1등 자리를 꿰차고 있지만 앞으로도 1등만 하라는 보장은 없다. 아메리칸 온라인(AOL)도 10년 전 IT업계를 평정한 바 있다. 결국 이 세상에 완벽한 모델은 없다는 얘기.

10. '인생은 길고 시간은 짧다'

구글 최고경영자(CEO) 에릭 슈밋은 "인생은 길기 때문에 가끔은 모험을 하는 것이 좋다. 그러나 모험할 시간은 짧다"고 말했다.

_켄 올레타 CNN머니

memo

포브스 선정 백만장자들의 6가지 습관

1. 실수로부터 배워라.

똑 같은 실수를 반복하는 것은 바보 같은 일이다. 포브스지가 선정한 올해의 부자 400인에 선정된 사람들은 자신이 저지른 실수를 통해 조금씩 배워나가 나중에는 완벽하게 일을 진행시킨다고 말했다. 실수를 자기 것으로 만드는 것이 중요하다.

2. 가치있는 것을 찾아라.

돈을 써도 가치있는 곳에 쓸 줄 아는 혜안이 필요하다. 부자들은 무언가를 살 때 많이 찾아보고 비교해 가며 산다. 싼 것이나 비싼 것 가릴 것 없이 꼼꼼히 따져보자.

3. 나만의 영역을 확고히 하라.

남들이 하는 것을 해선 성공할 수 없다. 자신이 가장 자신있는 영역을 파고들어라. 돈을 많이 버는 사람들은 자신만의 영역을 확실히 갖고 있다. 일단 자신의 영역을 확고히 하면 점차 사람들은 당신을 찾게 될 것이고, 훗날 당신은 그 분야의 일인자가 될 것이다.

4. 돈을 제대로 써라.

당신 돈의 흐름을 파악하라. 성공한 사람들은 자신의 자산, 빚, 재정상황

심지어 자신의 돈쓰는 습관까지 알고 있다. 경제관념을 높이는 것이 당신의 안정적인 미래에 도움이 될 것이다.

5. 푼돈을 아껴써라.

자질구레하게 빠져나가는 돈을 줄여라. 은행수수료, 담뱃값을 줄여서 내 주머니에 돈을 쌓아나가는 것이 중요하다. 티끌모아 태산이란 말도 있지 않은가.

6. 스스로를 믿어라.

포브스지의 미국 내 최고 부자 400위권에 드는 274명은 자신을 믿기 때문에 성공한 것이라고 말했다. 남들이 안 된다고 포기할 때, 위험을 계산하고 아이디어를 실행하는 용기가 필요하다.

_야후 여성웹진 샤인

memo

삶에 희망을 주는 10가지 진리

1. 사람들은 논리적이지도 않고 이상적이지도 않다.
   게다가 자기중심적이다. 그래도 사람들을 사랑하라.

2. 당신이 착한 일을 하면, 사람들은 다른 속셈이 있을 거라고 의심할 것이다.
   그래도 착한 일을 하라.

3. 당신이 성공하게 되면 가짜 친구와 진짜 적들이 생길 것이다.
   그래도 성공하라.

4. 오늘 당신이 착한 일을 해도 내일이면 사람들은 잊어버릴 것이다.
   그래도 착한 일을 하라.

5. 정직하고 솔직하면 공격당하기 쉽다.
   그래도 정직하고 솔직하게 살아라.

6. 사리사욕에 눈 먼 소인배들이 큰 뜻을 품은 훌륭한 사람들을 해칠 수도 있다.
   그래도 크게 생각하라.

7. 몇 년 동안 공들여 쌓은 탑이 하루아침에 무너질 수도 있다.
그래도 탑을 쌓아라.

9. 젖 먹던 힘까지 다해 헌신해도 칭찬을 듣기는커녕 경을 칠 수도 있다.
그래도 헌신하라.

10. 사람들은 약자에게 호의를 베푼다. 하지만 결국에는 힘 있는 사람 편에 선다.
그래도 소수의 약자를 위해 분투하라.

_지식in

memo

일자리 찾을 때 기억할 것 4가지

1. 지원하는 자리에 자신이 왜 적임자인지 설명하는 논리가 약하다.
회사가 가장 알고 싶어 하는 것은 '이 사람이 회사에 들어와 얼마나 잘 적응하고, 어떻게 업무 성과를 낼 것인가'다. 그러나 대부분의 지원자는 자신의 일반적인 정보를 알리는 데 급급해서 이를 간과하거나 놓친다.

2. 인터넷에서 쉽게 얻은 정보에 지나치게 의존하고 있다.
예전에 취업한 선배들은 열심히 발품을 팔고 사람들을 찾아다녔다. 취업을 희망하는 회사나 직무에 대해 조언을 들으면서 스스로 '내가 그 직무에 적합한 사람인가'에 대해 고민을 거듭했다. 지금은 인터넷에서 피상적이고 근거 없는 정보들을 수집해 너무 쉽게 판단을 내린다.

3. 자신의 부족한 점을 냉철하게 인식하는 능력이 달린다.
객관적으로 자신의 부족한 점을 알고, 이를 극복할 수 있는 대안을 설득력 있게 제시해야 한다. 많은 피면접자가 낮은 학점과 영어 성적, 막연한 경력 계획과 같은 단점이나 허점에 대해 면접 담당자들이 집중적으로 물으면 답을 제대로 하지 못한다. 이런 모습을 보고 채용할 인사담당자는 없다. 단점이 있지만, 이를 솔직하게 인정하고 발전적인 대안을 내놓는 지원자들이 오히려 좋은 인상을 줄 수 있다.

4. 당당하고 자신 있게 면접에 임하라.

이력서는 '그림' 이고, 면접은 '쇼' 다. 이력서는 자신이 성장한 과정을 이미지로 만들어 전달하는 것이다. 면접은 이를 바탕으로 자신의 강점과 잠재력을 보여 주는 '쇼' 다. 허풍을 치거나 자신을 과장하라는 뜻이 아니다. 당당한 태도를 보여 주라는 것이다. 소극적이고 방어적으로 대답하는 자세는 '무대에 올라가 노래 않고 그냥 서 있는 가수' 와 같다. 예상 질문을 만들어 이에 답하는 내용을 녹음한 뒤 눈을 감고 들어보라. '아, 이렇게 답하면 안 되겠구나' 하는 생각이 들 것이다. 이런 과정을 반복하면 면접관의 관심을 끌 수 있는 답변 내용도 준비할 수 있고, 답변의 논리성도 키울 수 있다.

_ 천두성 이사, GE코리아

memo

폴마이어의 13가지 습관

1. 역 과대망상

이 세상 모든 것이 내게 유익하게 작용한다고 믿는다.

2. 신속한 용서

용서하지 않음으로 인해 낭비할 시간이 없다.

3. 낙천적

자신이 만나는 사람과 현재의 상황이 항상 최상이라고 믿는 것이 최상의 결과를 얻기 위한 확실한 방법이다.

4. 감사

항상 감사하고, 나의 공급자이신 하나님을 늘 바라보고, 얼굴에 항상 미소를 머금는다.

5. 격려

격려해 주는 사람은 항상 나를 기분 좋게 해주고 강하게 해주고 나의 꿈을 성취할 수 있도록 힘을 준다. 내가 만나는 모든 사람들에게 나도 똑같이 해주고 싶다.

6. 자발적

나는 항상 긴장감과 함께 "지금, 당장 하자"는 태도를 갖고 있다.

7. 베풂

나의 가장 커다란 기쁨은 베풂이다!

8. 긍정적

긍정적인 태도는 최악의 상황을 승리로 바꾸는 잠재력을 갖고 있다.

9. 미소와 웃음

역경이란 장애물이 아니라 디딤돌이다. 도전 중에도 웃어 보자!

10. 열정적

단 한 번뿐인 인생인데, 전력을 다해 보자!

11. 인생을 즐김

나는 정말로 삶을 즐긴다.

12. 즐길 수 있는 취미

나는 어디에 있든 뭔가 즐길 것이 있다.

13. 도와줄 사람을 찾는다.

나는 매일 아침 그날 도와줄 사람에 대해 생각하며 흥분된 마음으로 자리에서 일어난다.

_폴마이어

이미지 메이킹 10계명

1. 열린 마음을 가져라.
   열린 마음의 소유자는 모든 것을 받아들일 준비가 되어있는 것이다.

2. 첫인상에 승부를 걸어라.
   한 번의 실수는 평생 고생이 될 수 있다.

3. 외모보다는 표정에 투자하라.
   표정은 그 사람의 외모보다 더 먼저 그 사람을 평가하게 만드는 것이다.

4. 자신감을 소유하라.
   당당하고 야무진 모습은 무언의 설득력이 될 수 있다.

5. 열등감에서 탈출하라.
   상황을 바꿀 수 없다면 생각을 바꿔라.

6. 객관적인 자신을 찾아라.
   진정한 자기발견은 돈보다 값지다.

7. 자신을 목숨 걸고 사랑하라.

자신을 아낄 줄 모르면 남도 아낄 줄 모른다.

8. 자신의 일에 즐겁게 미쳐라.

즐겁지 못한 일은 모두가 고역이다.

9. 신용을 저축하라.

쌓여가는 신용은 성공의 저금통장이다.

10. 남을 귀하게 여겨라.

아무리 못났어도 나보다 나은 점이 있기 때문이다.

_지식in

memo

직장인 생존전략 5계명

1. 내 몸을 사무실에 '전기 플러그'처럼 꽂아둬라.
회사 주변의 커피 전문점에 가서 커피를 사오던 습관을 버리고, 회사 내 커피 자판기를 이용하라. 자판기 주변에서 벌어지는 사내 잡담에 자주 동참하라. 점심을 밖에서 사먹기보다는 책상 앞에서 도시락이나 햄버거를 먹어라.

2. 다른 사람들 눈에 열심히 일하는 직원으로 비쳐라.
남들이 자신을 어떻게 생각하느냐가 매우 중요하다. 휴스턴대 스티브 웨너 교수는 "어떤 직장에서는 팀플레이를 중시하지만 어떤 직장에서는 실적으로 평가한다"고 말했다. 사내 평판은 한 번 굳어지면 바꾸기가 매우 어렵다는 점을 명심해야 한다.

3. 자신의 성과를 상사가 알게 하라.
필요 이상으로 허풍을 떨라는 게 아니다. 상사가 당신을 제대로 평가할 수 있도록 하라는 말이다. 상사는 당시의 문제 말고도 해야 할 다른 일이 많이 있기 때문에 알아서 좋게 평가할 것이라 기대하고 가만히 있어서는 안 된다.

4. 업무가 많다고 불평하지 마라.

출근이 빨라졌거나 야근을 해야 하는 상황이라도 불평하지 말아야 한다. 지금은 직장과 가정의 균형 잡힌 생활을 추구할 때가 아니다. 흔들리는 배에서 낙오하지 않도록 배를 꽉 붙잡고 있어야 할 때다.

5. 사내 · 외 인맥을 철저하게 관리하라.

사내에서 인터넷 구직 게시판에 섣불리 이력서를 띄우지 마라. 당신이 속한 업계 모임에 부지런히 얼굴을 내밀어라. 단, 자신의 블로그나 인맥 사이트에 자기 회사에서 일어나는 이야기를 올려놓지 마라.

_시카고트리뷴

memo

경기침체기, 생존을 위한 5가지 전략

1. 빚을 없애라.

한 푼이라도 아껴야 할 때 누군가로부터의 돈을 빌리고 이자를 내는 것은 정신 나간 일이다. 가장 높은 이자가 나가는, 가령 신용카드나 마이너스 통장부터 정리하라.

2. 당신의 자산을 알라.

일반적으로 투자자 대부분은 자신의 계좌잔액이 대략 어떤지는 알고 있지만 최근 침체속도가 너무 빨라서 기억에 남아있는 숫자는 부정확할 수 있다. 계좌명세를 체크하라. 온라인을 이용하면 최신 상황을 알 수 있을 것이다.

포트폴리오 상태가 나쁘면 현명하게 재조정하라.

3. 목표를 재설정하라.

아마도 경기침체로 저축상황이 엉망이 됐을 것이다. 그렇지 않더라도 거품시대에 만들어 놓은 계획을 무작정 고집할 때가 아니다.

새로운 현실에 기반을 두어 재테크 목표를 심사숙고하라. 조기은퇴나 별장마련이 여전히 가능한가? 만약 계획대로 진행되고 있다면 좋겠지만 그렇지 않다면 다시 목표를 정하라.

4. 최소한도로 비용을 줄여라.

필요 이상을 지불하는 것은 어느 시대고 좋지 않은 전략이다.

가장 저렴한 지출수단을 찾는 습관을 들여라. 중개인과 요금을 협상하라. 모든 것을 세금 상담원과 의논해 조그마한 돈이라도 합법적으로 줄여라.

5. 다시 호황이 올 때를 준비하라.

시장이 언제 다시 회복될 것인지는 아무도 모르기 때문에 이런 침체기를 이용해 호황기를 대비한 계획을 세워라. 책을 읽고 연구하라.

주식이나 채권 또는 부동산이든 사고 싶거나 팔고 싶은 자산을 미리 파악해 둬 게임에 앞설 수 있도록 해라. 또 필요한 자금을 어떻게 확보하고 그 비용은 얼마나 되는지를 다시 알아보라.

_인터내셔널 헤럴드 트리뷴(IHT)

memo

일을 미루는 습관에서 벗어나는 법 6가지

1. 자신에게 미루는 습관이 있는 지 진단한다.

   하기 싫어서, 어려워서, 시간이 많아서, 실수할까 봐.
   일을 뒤로 미루는 습관이 있는지 살펴보자.

2. 수시로 정리 정돈한다.

   꼭 필요하다고 모아 둔 것들을 수시로 정리할 필요가 있다.
   모아 두면 이후에 짐이 된다.

3. 마감시간을 지킨다.

   작은 일이라도 마감시간을 정해놓고 일을 한다. 그런 습관이 들면 자신있게 일을 할 수 있다.

4. 스스로에게 보상한다.

   자신이 받고 싶은 보상 목록을 만들고 평소 미루던 일들과 연결시켜 놓는다.

5. 닥쳐야 일이 된다는 생각을 버린다.

   미루기 좋아하는 사람은 닥쳐야 일을 가장 잘 한다고 생각하지만 막상 닥치면 시간이 없다.

6. 자신을 격려한다.

자신을 격려하는 명언을 눈에 잘 띄게 붙여 놓고 늘 되새기자.

_지식in

memo

자기계발

잠든 꿈을 깨워라

어느 더운 여름날 한 남자가 강둑에서 낚시를 하고 있었다.
그는 마치 신들린 것처럼 큰 물고기 작은 물고기 할 것 없이 척척 건져 올렸다.

그런데 이상하게 그 낚시꾼은 큰 물고기는 다시 강으로 돌려보내고 작은 물고기만 잡아들이는 것이었다.

지나가던 사람이 낚시꾼에게 물었다.
"당신은 왜 그러는지 이해가 되지 않는군요!
큰 물고기는 잡고 작은 물고기는 놓아주어야 하지 않습니까?"

낚시꾼은 대답했다.
"당신 말이 맞지만 내가 가진 프라이팬은 이렇게 작은 것밖에 없거든요"

많은 사람들이 이 낚시꾼처럼 행동한다. 큰 꿈과 포부들을 강물 속으로 던져 버린다.

자신의 인생을 작은 프라이팬으로 생각한다. "만일 우리가 할 수 있는 일이 얼마나 많은지 알면 깜짝 놀랄 것이다" 토머스 에디슨의 말이다.

스스로 당신에 대한 기대치를 낮추는 것은 자신에 대한 부당행이다.

당신은 백만 달러짜리 몸과 수십억 달러짜리 정신을 가지고 있다.
신이 당신에게만 준 특별한 능력과 재능과 기술을 가지고 있다.
그것들을 썩히는 것은 자기 자신은 물론 다른 사람들에게도 손해다.

당신이 갖고 있는 특별한 선물을 보다 나은 세상을 위해 활용할 기회를 영영 놓쳐 버리기 때문이다.

_지식in

memo

절대 실패하지 않는 부채관리법 5가지

1. 결제일을 몰아서 관리하라.

대부분의 대출이자 납입이나 신용카드 결제는 한 달에 한 번 발생한다. 복수의 대출을 관리할 때 가장 효과적인 것이 결제일을 몰아서 관리하는 것이다. 복수의 신용카드 결제일을 하루에 집중시킨다면 한 달에 한 번만 관리하면 된다. 은행 대출이자 납입의 경우 경과이자 중간 정산 후 이자 납입일을 변경할 수 있고, 신용카드의 경우 한 달 단위로 결제일을 선택할 수 있기 때문에 복수의 신용카드 결제를 하루에 해결할 수 있다. 그만큼 관리가 줄어든다. 물론 결제일의 선택은 급여일에 가깝게 맞추어야 하며, 급여 당일이 가장 좋다. 급여는 보통 오전에 입금되고 신용카드 결제는 은행 업무 마감 이후에 이루어지므로 급여일 당일에만 돈을 찾지 않는다면 연체의 걱정은 없다.

2. 결제계좌는 급여 통장으로 집중시켜라.

급여가 들어오는 통장을 주거래 통장으로 삼는 것이 가장 좋다. 또한 각 대출의 이자 납입 통장 및 신용카드 결제 통장이 제각각인 경우, 급여통장에서 각 통장으로 이체해야 하므로 여간 번거로운 게 아니다. 일이 번거롭다는 것은 그만큼 관리하기 힘들다고 것이고, 본의 아니게 연체할 확률이 높아진다. 그러므로 이자 납입 통장이나 신용카드 결제 통장은 급여 통장으로 집중시키는 것이 좋다. 몇몇 은행을 제외하고 은행 대출이자 납입 통장은 해당 은행 계좌로 한정되지만, 신용카드는 시중 어느 은행 통장으로도 결제가 가능하다. 급여 통장을 통해 결제하는 것이 연체를 미연에 방지하는 지름길이다.

3. 결제계좌는 반드시 자동 대출 약정을 해둬라.

은행 대출이자 자동이체 통장이나 신용카드 결제 통장에 자동 대출을 약정해 둔다면 잔고 부족 때문에 생기는 연체를 막을 수 있다. 잔고가 부족할 때는 신청이 없어도 자동으로 잔액이 마이너스가 되므로 여간해서 연체될 일이 없다.

결제계좌가 급여이체 통장이라면 자동 대출 약정은 어렵지 않다. 또한 급여이체 통장이 아니더라도 대출이자를 납입하는 통장은 무조건 자동 대출 약정을 해 놓는 것이 좋다. 신용 상태가 좋다면 급여이체 통장이 아니더라도 자동 대출 약정이 어렵지 않다.

4. 매달 이자 납입액을 확인하라.

최근 이자 납입액이 수시로 달라지는 대출이 많다. 실제금리와 연동해 금리가 매겨지는 대출인데 대부분 부동산 담보대출이다. 대체적으로 콜, CD, 국공채 금리에 따라 3개월마다 한 번씩 달라진다. 적용금리가 낮아져 이자가 떨어진다면 다행이지만, 그 반대라면 잔고부족으로 전부 또는 부분 연체될 수 있다. 은행에서는 금리 변경에 대해 따로 알려 주지 않는다. 따라서 변동금리형 부동산 담보 대출은 적어도 3개월에 한 번씩은 납입이자를 확인해야 한다.

신용대출은 실세금리가 적용되는 경우가 거의 없고, 대출 시점 혹은 만기 연장 시점의 적용금리가 만기까지 지속되므로 월 이자액이 동일하다.

신용카드 카드론 역시 주의해야 할 대상이다. 신용카드 납입 명세표에 원리금 상환액이 표기되지 않는 경우가 종종 있기 때문에 납입명세표상의 금액만 입금시켰다가 낭패를 볼 수 있다. 신용카드사 가운데 절반 정도는 납입명세표에 카드론 상환액을 표기해 주지만 반 정도는 아무런 내용도 없다. 카드론을 신용카드 일시불, 할부, 현금서비스와 별도로 취급하므로 결제일도 다를 수 있다. 따라서 카드론을 사용했다면 납입명세표와는 별도로 결제일과 결제금액을 전화나 인터넷을 통해 확인해야 한다. 현금서비스는 전액 납입명세표에 표기되므로 따로 확인할 필요가 없다.

5. 결제 D-1, D+1 일에 결제계좌를 확인하라.

완벽한 신용관리를 위해서는 결제일 전후에 결제계좌를 확인해야 한다. 결제일 전날에는 잔고를, 결제 다음날에는 정상 결제 여부를 확인해야 한다. 만일 결제 전날 계좌의 잔고를 확인했더니 결제 당일에 들어올 돈을 더해도 결제금액에 못 미친다면 어떻게 할 것인가?

이때는 여러 방법을 총동원해 당일 은행 마감시간까지 결제액을 맞춰 놓아야 한다. 전일과 당일 이틀간의 여유가 있다. 이 경우 같은 날짜에 자동이체는 다른 결제 건이 없는가를 확인하는 것이 중요하다. 예를 들어 보험료나 통신요금, 아파트 관리비 등이 먼저 빠져 나간다면 정작 중요한 대출이자나 신용카드 결제금액이 잔고 부족으로 빠져 나가지 못할 수도 있다. 여러 건의 이체가 같은 날짜에 몰릴 때 이체 우선순위는 특별히 정해져 있지 않다. 은행별로 서로 다르고 제휴 업체 계약관계에 따라 달라진다. 물론 결제계좌를 개설한 은행의 대출이자가 가장 먼저 빠져 나가지만 그 다음 인출 순서는 은행별로 제각각이다. 따라서 여러 건의 이체가 같은 날짜에 집중돼 있다면 전체 인출금액을 고려해 잔고를 남겨야 한다.

결제 다음날 정상적으로 결제되었는지를 확인하는 것이 이 때문이다. 결제 당일 은행 마감시간 이후 일어난 자동이체 결과를 확인하려면 결제 D+1일 아침부터 가능하다. 정확히 인출됐다면 다행이고, 그렇지 않다면 사유를 알아보아야 한다. 종종 전산착오로 인출 의뢰를 하지 않는 경우도 있지만 대부분 잔고 부족인 경우가 많다. 신용카드는 잔고가 결제금액에 못 미쳐도 있는 돈만큼 빼가기 때문에 0원이 된다. 이때는 따로 연락하지 않고 나머지 금액을 결제계좌에 입금시켜 놓으면 은행 마감시간 이후에 자동으로 인출되므로 걱정할 필요가 없다.

그러나 은행 대출 원리금은 연체 이자율이 다르기 때문에 연체시 해당 은행에 연체이자를 문의한 후 직접 납부해야 한다. 잔고 부족으로 제때 빠져 나가지 못한 은행 대출이자나 신용카드 대금을 하루 이틀 늦게 납부한다고 해도 신용에는 큰 지장을 주지 않는다. 문제는 이를 알지 못하는 데서 생기므로 대응이 필요하다. 따라서 결제 D+1일에 결제계좌를 확인하는 습관을 들이는 것이 무엇보다 중요하다.

_창업경영신문사 www.sbiznews.com

memo

감동을 주는 칭찬 방법 7가지

1. 막연하게 하지 말고 구체적으로 칭찬하라.
   구체적이고 근거가 확실한 칭찬을 하면 칭찬뿐 아니라 당신에 대한 믿음도 배가 된다.

2. 본인도 몰랐던 장점을 찾아 칭찬하라.
   그런 칭찬을 받으면 기쁨이 배가 되고, 상대는 당신의 탁월한 식견에 감탄하게 된다.

3. 공개적으로 하거나 제3자에게 전달하라.
   남들 앞에서 듣는 칭찬이나 제3자에게서 전해들은 칭찬이 기쁨과 자부심을 더해주며 더 오래 지속된다.

4. 차별화된 방식으로 칭찬하라.
   남다른 내용을 남다른 방식으로 칭찬하면 당신은 특별한 사람으로 기억된다.

5. 결과뿐 아니라 과정을 칭찬하라.
   성과에만 초점을 맞추지 않고 노력하는 과정에 초점을 맞춰 칭찬하면 상대는 더욱 분발하게 된다.

6. 예상외의 상황에서 칭찬하라.

질책을 예산했던 상황에서 문제를 지적한 다음 칭찬으로 마무리를 지으면 예상외로 효과가 크다.

7. 다양한 방식을 찾아보라.

때론 말로, 때론 편지로, 때론 문자메시지로 칭찬을 전달하라.
레퍼토리가 다양하면 그만큼 멋진 사람으로 각인된다.
끌리는 사람은 1%가 틀리다

_지식in

memo

꼭 알아야 하는 고사성어 100가지

간담상조(肝膽相照) : 肝 간 간, 膽 쓸개 담, 相 서로 상, 照 비칠 조
서로 간과 쓸개를 꺼내 보인다는 뜻으로 마음이 잘 맞는 절친한 사이를 가리키는 말.

개과천선(改過遷善) : 改 고칠 개, 過 지날 과, 遷 옮길 천, 善 착할 선
지난 잘못을 고쳐 새사람이 됨.

거안제미(擧案齊眉) : 擧 들 거, 案 책상 안, 齊 가지런할 제, 眉 눈썹 미
밥상을 눈 위로 들어올린다. 즉, 아내가 남편을 공경하여 받는다는 뜻.

건곤일척(乾坤一擲) : 乾 하늘 건, 坤 땅 곤, 一 한 일, 擲 던질 척
하늘과 땅을 걸고 한 번 주사위를 던진다. 곧 운명과 흥망을 하늘에 걸고 단판에 승패를 겨룸.

견토지쟁(犬兎之爭) : 犬 개 견, 兎 토끼 토, 之 갈 지, 爭 다툴 쟁
개와 토끼의 다툼. 양자의 다툼에 제삼자만 이익을 보게 된다는 뜻.

결초보은(結草報恩) : 結 맺을 결, 草 풀 초, 報 갚을 보, 恩 은혜 은
귀신이 풀을 묶어 은혜에 보답한다는 뜻으로 은혜를 꼭 갚는다는 의미.

경국지색(傾國之色) : 傾 기울 경, 國 나라 국, 之 갈 지, 色 빛 색
임금이 혹하여 나라가 뒤집혀도 모를 만한 나라 안에 으뜸가는 미인.

계구우후(鷄口牛後) : 鷄 닭 계, 口 입 구, 牛 소 우, 後 뒤 후
닭의 부리가 될지언정 소의 꼬리는 되지 말라. 즉, 큰 집단의 말석보다 작은 집단의 우두머리가 낫다는 뜻.

계륵(鷄肋) : 鷄 닭 계, 肋 갈빗대 륵
닭의 갈비뼈. 발라먹을 고기는 없으나 버리기에는 아깝다는 뜻으로, 그다지 쓸모 있는 물건은 아니지만 언젠가는 쓸모있을 것 같아 버리기가 아쉬운 것.

과유불급(過猶不及) : 過 지날 과, 猶 같을 유, 不 아니 불, 及 미칠 급
정도가 지나친 것은 모자라는 것과 같다는 뜻.

과전이하(瓜田李下) : 瓜 오이 과, 田 밭 전, 李 오얏나무 리, 下 아래 하
오이밭에서 신을 고쳐 신지 말고(瓜田不納履), 자두나무 아래서 갓을 고쳐 쓰지 말라(李下不整冠)의 약자로 의심나는 일을 아예 하지 말라는 뜻.

교주고슬(膠柱鼓瑟) : 膠 아교 교, 柱 기둥 주, 鼓 북 고, 瑟 거물고 슬
거문고 기둥을 아교로 붙여놓고 거문고를 연주함. 즉, 고지식하여 융통성이 없다는 뜻

구밀복검(口蜜腹劍) : 口 입 구, 蜜 꿀 밀, 腹 배 복, 劍 칼 검
입속에는 꿀을 담고 뱃속에는 칼을 지녔다는 뜻으로 말로는 친한체 하지만 속으로는 은근히 해칠 생각을 품고 있음을 비유.

구우일모(九牛一毛) : 九 아홉 구, 牛 소 우, 一 한 일, 毛 털 모
아홉마리 소 가운데서 뽑은 한 개의 털이라는 뜻으로, 많은 것 중에 가장 적은 것을 비유한 말.

군맹무상(群盲撫象) : 群 무리 군, 盲 소경 맹, 撫 어루만질 무, 象 코끼리 상
여러 소경이 코끼리를 어루만짐. 즉, 사물을 자기 주관대로 그릇 판단하거나 그 일부밖에 파악하지 못하는 좁은 식견을 비유하는 말.

권토중래(捲土重來) : 捲 말 권, 土 흙 토, 重 거듭할 중, 來 올 래
흙먼지를 말이 일으키며 다시 쳐들어온다는 뜻으로, 한 번 실패한 자가 태세를 가다듬어 다시 공격해 온다는 말.

금성탕지(金城蕩池) : 金 쇠 금, 城 성 성, 蕩 넘어질 탕, 池 못 지
몹시 견고하고 끓는 물의 연못이 있어 가까이 가지 못하는 성. 즉, 방비가 아주 견고한 성.

금의야행(錦依夜行) : 錦 비단 금, 依 옷 의, 夜 밤 야, 行 다닐 행
비단옷을 입고 밤길을 간다는 뜻으로, 출세하고도 고향으로 돌아가지 못하는 것을 말한다. 남이 알아주지 않는 아무 보람없는 행동을 비유한 말.

기인지우(杞人之優) : 杞 나라이름 기, 人 사람 인, 之 갈 지, 優 근심 우
기(杞)나라 사람의 군걱정이란 뜻. 곧 쓸데없는 걱정이나 무익한 근심을 말함.

기호지세(騎虎之勢) : 騎 말탈 기, 虎 범 호, 之 갈 지, 勢 기세 세
호랑이를 타고 달리는 기세라는 뜻. 곧 중도에서 그만둘 수 없는 형세, 내친 걸음.

낙양지귀(洛陽紙貴) : 洛 물이른 락, 陽 볕 양, 紙 종이 지, 貴 귀할 귀
낙양의 종이 값이 오른다는 뜻으로 저서가 호평을 받아 베스트셀러가 됨을 의미.

남가일몽(南柯一夢) : 南 남녘 남, 柯 가지 가, 一 한 일, 夢 꿈 몽
남쪽 나뭇가지의 꿈이란 뜻. 인생의 덧없음을 비유한 말.

남귤북지(南橘北枳) : 南 남녘 남, 橘 귤나무 귤, 北 북녘 북, 枳 탱자나무 지
강남의 귤을 강북에 옮겨 심으면 탱자로 변한다는 뜻. 사람은 환경에 따라 악하게도 되고 착하게도 된다는 말.

남상(濫觴) : 濫 넘칠 람, 觴 술잔 상
거대한 양자강도 그 물의 근원은 불과 '술잔에 넘칠 정도의 적은 물(濫觴)'에 불과하다는 뜻으로, 모든 사물의 시초나 근원을 이르는 말.

낭중지추(囊中之錐) : 囊 주머니 낭, 中 가운데 중, 之 갈 지, 錐 송곳 추
주머니 속의 송곳이란 뜻으로, 재능이 뛰어난 사람은 숨어 있어도 자연히 남의 눈에 드러난다는 것을 비유.

다기망양(多岐亡羊) : 多 많을 다, 岐 갈림길 기, 亡 잃을 망, 羊 양 양
길이 여러 갈래여서 양을 잃었다는 뜻으로, 학문하는 방법이 너무 많아 옳

길로 새기 쉽기 때문에 진리에 도달하기가 어렵다는 말.

단장(斷腸) : 斷 끊을 단, 腸 창자 장
창자가 끊어질 듯한 슬픔, 매우 슬픔을 이르는 말.

당랑거철(螳螂拒轍) : 螳 사마귀 당, 螂 사마귀 랑, 拒 막을 거, 轍 수레바퀴 자국 철
사마귀(螳螂)가 앞발을 들고 수레바퀴를 가로막는다는 뜻으로, 분수를 모르고 대듦.

도원경(桃源境) : 桃 복숭아 나무 도, 源 근원 원, 境 지경 경
무릉도원, 즉 평화스런 유토피아.

독서망양(讀書亡羊) : 讀 읽을 독, 書 책 서, 亡 잃을 망, 羊 양 양
책을 읽다가 양을 잃어버림. 즉, 다른 일에 정신이 팔림.

독안룡(獨眼龍) : 獨 홀로 독, 眼 눈 안, 龍 용 용
애꾸눈의 용이란 뜻으로, 애꾸눈의 영웅, 애꾸눈이지만 덕이 높은 사람을 가리키는 말.

두주불사(斗酒不辭) : 斗 말 두, 酒 술 주, 不 아니 불, 辭 사양할 사
말술도 사양하지 않는다는 뜻으로 주량이 대단한 것을 일컫는 말.

등용문(登龍門) : 登 오를 등, 龍 용 용, 門 문 문
용문에 오른다는 뜻으로 입시나 출세의 관문을 뜻한다.

마부작침(磨斧作針) : 磨 갈 마, 斧 도끼 부, 作 만들 작, 針 바늘 침
도끼를 갈아서 바늘을 만든다는 뜻으로, 아무리 어려운 일이라도 참고 계속하면 언젠가는 반드시 성공함을 비유한 말.

망양지탄(望洋之歎) : 望 바랄 망, 洋 바다 양, 之 어조사 지, 歎 탄식할 탄
넓은 바다를 보고 감탄한다는 뜻으로 남의 원대함에 감탄하고, 나의 미흡함을 부끄러워 함.

맹모단기(孟母斷機) : 孟 맏 맹, 母 어미 모, 斷 끊을 단, 機 베틀 기
맹자의 어머니가 베틀에 건 날실을 끊었다는 뜻으로, 학문에 정진할 것을 가르침.

문경지교(刎頸之交) : 刎 목찌를 문, 頸 목 경, 之 갈 지, 交 사귈 교
목을 베어줄 수 있을 정도로 절친한 사이, 또는 그런 벗.

반근착절(盤根錯節) : 盤 쟁반 반, 根 뿌리 근, 錯 섞일 착, 節 마디 절
굽은 뿌리와 엉클어진 마디라는 뜻으로, 뒤얽혀 처리하기 어려운 일을 의미.

백년하청(百年河淸) : 百 일백 백, 年 해 년, 河 물 하, 淸 맑을 청
년을 기다려도 황하의 흐린 물은 맑아지지 않는다는 뜻으로, 아무리 오래 기다려도 뜻이 이루어지기 어려운 일이나, 믿지못할 일을 언제까지나 기다린다는 의미.

백면서생(白面書生) : 白 흰 백, 面 얼굴 면, 書 글 서, 生 날 생
오직 글만 읽고 세상사에 경험이 없는 사람.

백미(白眉) : 白 흰 백, 眉 눈썹 미
무리 중에서 가장 뛰어난 것.

백중지세(伯仲之勢) : 伯 맏 백, 仲 버금 중, 之 갈 지, 勢 기세 세
형제의 우열을 정하기 어렵다는 뜻으로 서로 비슷한 형세를 가리킴.

백안시(白眼視) : 白 흰 백, 眼 눈 안, 視 볼 시
흰 눈으로 쳐다보는 것으로 남을 업신여기거나 홀대함.

불수진(拂鬚塵) : 拂 떨칠 불, 鬚 수염 수, 塵 먼지 진
수염에 붙은 먼지를 털어준다. 즉, 윗사람이나 권력자에게 아첨하는 것을 비유한 말.

비육지탄(髀肉之嘆) : 髀 넓적다리 비, 肉 고기 육,之 갈 지, 嘆 탄식할 탄
넓적다리에 살만 찌는 것. 즉, 성공하지 못하고 헛되이 세월만 보냄을 한탄함.

사족(蛇足) : 蛇 뱀 사, 足 다리 족
뱀의 발. 즉, 쓸데없는 것을 뜻함.

선즉제인(先則制人) : 先 먼저 선, 則 곧 즉, 制 다스릴 제, 人 사람 인
선수를 쳐서 상대를 제압한다는 의미

송양지인(宋襄之仁) : 宋 송나라 송, 襄 도울 양, 之 어조사 지, 仁 어질 인
송나라 양공의 인정, 쓸데없는 인정.

수어지교(水魚之交) : 水 물 수, 魚 고기 어, 之 어조사 지, 交 사귈 교
물과 고기의 사이처럼 친한 사귐.

수적천석(水滴穿石) : 水 물 수, 滴 물방울 적, 穿 뚫을 천, 石 돌 석
떨어지는 물방울이 바위를 뚫는다.

수주대토(守株待兎) : 守 지킬 수, 株 그루 주, 待 기다릴 대, 兎 토끼 토
어리석게 한 가지만 기다려 융통성이 없음. 노력없이 성공을 바람.

순망치한(脣亡齒寒) : 脣 입술 순, 亡 잃을 망, 齒 이 치, 寒 찰 한
입술을 잃으면 이가 시리다. 즉, 이웃나라가 망하면 자기 나라도 온전하기 어렵다는 뜻이 있으며, 서로 떨어질 수 없는 밀접한 관계를 나타낸다.

술이부작(述而不作) : 述 지을 술, 而 말 이를 이, 不 아니 불, 作 지을 작
'참된 창작은 옛것을 토대로 자연스럽게 태어난다' 는 공자의 말씀.

시오설(視吾舌) : 視 볼 시, 吾 나 오, 舌 혀 설
내 혀를 보라는 뜻으로, 혀만 있으면 천하도 움직일 수 있다는 의미.

앙급지어(殃及池魚) : 殃 재앙 앙, 及 미칠 급, 池 못 지, 魚 고기 어
성에 난 불을 끄느라 연못물을 퍼다 썼더니 못의 고기가 죽었다는 뜻으로 하나의 재앙이 또 다른 재앙을 불러옴을 비유한 말.

양상군자(梁上君子) : 梁 들보 량, 上 위 상, 君 군자 군, 子 아들 자
대들보 위의 군자. 곧 도둑을 가리키는 말.

엄이도령(掩耳盜鈴) : 掩 가릴 엄, 耳 귀 이, 盜 훔칠 도, 鈴 방울 령
자기 귀를 가리고 방울을 훔친다는 뜻으로, 나쁜 짓을 하면서 그 해악을 일부러 생각하지 않으려 함을 비유한 말.

역린(逆鱗) : 逆 거스를 역, 鱗 비늘 린
다른 비늘과 반대로 거슬러서 난 비늘이란 뜻으로, 왕의 노여움을 비유하는 말.

역자교지(易子敎之) : 易 바꿀 역, 子 아들 자, 敎 가르칠 교, 之 갈 지
바꾸어 가르친다는 뜻으로, 부모가 자기 자식을 가르치기는 어렵다.

연목구어(緣木求魚) : 緣 인연 연, 木 나무 목, 求 구할 구, 魚 고기 어
나무에 올라가서 물고기를 구함. 불가능한 일을 억지로 하려 함.

오리무중(五里霧中) : 五 다섯 오, 里 마을 리, 霧 안개 무, 中 가운데 중
사방 5리가 온통 안개 속이라는 뜻으로, 즉 앞길을 예측할 수 없음.

오월동주(吳越同舟) : 吳 오나라 오, 越 월나라 월, 同 한 가지 동, 舟 배 주
원수인 오나라 사람과 월나라 사람이 같은 배를 탔다는 뜻으로 서로 미워해도 위험에 처하면 돕게 된다는 말이다.

옥하(玉瑕) : 玉 구슬 옥, 瑕 티 하
옥의 티, 즉 아무리 훌륭한 것에도 결점은 있다. 혹은 작은 결점은 어디에나 있으니 굳이 없애려 하지 말라.

와각지쟁(蝸角之爭) : 蝸 달팽이 와, 角 뿔 각, 之 갈 지, 爭 다툴 쟁
달팽이 뿔 위에서의 싸움, 즉 사소하고 무의미한 싸움.

와신상담(臥薪嘗膽) : 臥 누을 와, 薪 섶나무 신, 嘗 맛볼 상, 膽 쓸개 담
나무 위에서 잠을 자고 쓸개를 핥는다는 뜻으로, 원수를 갚기 위해 고난을 참고 견딤.

요동지시(遼東之豕) : 遼 멀 요, 東 동녘 동, 之 갈 지, 豕 돼지 시
요동의 돼지, 즉 견문이 좁고 오만하여 하찮은 공을 뻐기며 자랑함을 비유한 말.

욕속부달(欲速不達) : 欲 하고잘 할 욕, 速 빠를 속, 不 아니 부, 達 통달할 달
마음만 급하다고 일이 잘 되는 게 아니라는 뜻. 즉, 매사를 하나씩 차근차근 풀어나가라는 말.

우전탄금(牛前彈琴) : 牛 소 우, 前 앞 전, 彈 탄알(활) 탄, 琴 거문고 금
소에게 거문고 소리를 들려준다는 뜻으로, 우둔한 사람에게 도리를 설명해줘도 이해하지 못하므로 헛된 일이라는 말.

우화등선(羽化登仙) : 羽 깃 우, 化 될 화, 登 오를 등, 仙 신선 선
껍질을 벗고 날개를 달아 하늘로 올라간다는 뜻으로 사람이 도를 깨쳐 신선이 됨. 즉, 세상의 혼란함에서 벗어난다는 말이다.

월하빙인(月下氷人) : 月 달 월, 下 아래 하, 氷 얼음 빙, 人 사람 인
월하로(月下老)와 빙상인(氷上人)이 합쳐진 것으로, 결혼 중매인을 일컫는 말.

위편삼절(韋編三絕) : 韋 다룸가죽 위, 編 엮을 편, 三 석 삼, 絕 끊을 절
한권의 책을 되풀이해 읽어 철한 곳이 헤진 걸 다시 고쳐 매어 읽음. 즉, 독서를 열심히 함.

은감불원(殷鑑不遠) : 殷 은나라 은, 鑑 거울 감, 不 아니 불, 遠 멀 원
은나라의 거울은 먼데 있지 않다는 뜻으로 다른 사람의 실패를 자신의 거울로 삼으라는 말.

읍참마속(泣斬馬謖) : 泣 울 읍, 斬 벨 참, 馬 말 마, 謖 일어날 속
울면서 마속을 벤다는 뜻으로, 공정함을 지키기 위해서 사사로운 정을 버린다는 말.

일이관지(一以貫之) : 一 한 일, 以 써 이, 貫 꿸 관, 之 갈 지
하나의 이치로서 모든 것을 꿰뚫음.

일자사(一字師) : 一 한 일, 字 글자 자, 師 선생 사
한 글자를 가르쳐 준 스승이란 뜻으로, 핵심을 짚어주는 유능한 스승을 가리킨다.

자가당착(自家撞着) : 自 스스로 자, 家 집 가, 撞 칠 당, 着 붙을 착
자기가 한 말이나 글의 앞뒤가 맞지 않는다는 뜻으로, 특히 말과 행동이 앞뒤가 맞지 않을 때를 말함.

전거복철(前車覆轍) : 前 앞 전, 車 수레 거, 覆 뒤집힐 복, 轍 바퀴자국 철
앞 수레가 엎어진 바퀴자국이란 뜻으로 앞의 실패를 거울로 삼으라는 의미.

조명시리(朝鳴市利) : 朝 아침 조, 鳴 울 명, 市 저자 시, 利 날카로울 리
명서은 조정에서 다투고, 이익은 시장에서 다투라는 뜻으로 무슨 일이든 적당한 장소에서 행하라는 말.

조삼모사(朝三暮四) : 朝 아침 조, 三 석 삼, 暮 저물 모, 四 넉 사
아침에 세 개, 저녁에 네 개라는 뜻으로, 당장 눈앞의 차이만을 알고 그 결과가 같음을 모르는 경우를 빗대는 말.

주마가편(走馬加鞭) : 走 달릴 주, 馬 말 마, 加 더할 가, 鞭 채찍 편
달리는 말에 계속 채찍질을 한다는 뜻으로, 최선을 다하여 열심히 하고 있는 사람을 더욱 부추기거나 몰아친다는 말임.

중과부적(衆寡不敵) : 衆 무리 중, 寡 적을 과, 不 아니 불, 敵 적 적
적은 숫자로는 많은 숫자를 대적하지 못한다.

중원축록(中原逐鹿) : 中 가운데 중, 原 근원 원, 逐 쫓을 축, 鹿 사슴 록
중원의 사슴을 쫓는다. 즉, 패권을 다툼.

지어지앙(池魚之殃) : 池 못 지, 魚 물고기 어, 之 갈 지, 殃 재앙 앙
연못 속 물고기의 재앙. 즉, 재난이 엉뚱한 곳에 미침

천고마비(天高馬肥) : 天 하늘 천, 高 높은 고, 馬 말 마, 肥 살찔 비
하늘은 높고 말이 살찐다는 뜻으로 가을을 가리킴.

천려일실(千慮一失) : 千 일천 천, 慮 생각할 려, 一 하나 일, 失 잃을 실
천 가지 생각 중에 한 가지쯤은 잘못 생각할 수 있다는 말임.

천의무봉(天衣無縫) : 天 하늘 천, 衣 옷 의, 無 없을 무, 縫 꿰멜 봉
하늘나라의 옷에는 꿰맨자국이 없다는 뜻으로 전혀 기교를 부리지 않았음.(바늘과 실을 사용하지 않았음)에도 훌륭한 것을 가리킨다.

철면피(鐵面皮) : 鐵 쇠 철, 面 낯 면, 皮 가죽 피
마치 얼굴에 철판을 깐 것처럼 수치를 모르는 사람.

청출어람(靑出於藍) : 靑 푸를 청, 出 날 출, 於 어조사 어, 藍 쪽 람
쪽빛(남색)에서 나온 푸른빛이 쪽빛보다 더 푸르다는 뜻으로 제자가 스승보다 더 뛰어남을 비유한 말이다.

촌철살인(寸鐵殺人) : 寸 마디 촌, 鐵 쇠 철, 殺 죽일 살, 人 사람 인
한 치의 칼로 사람을 죽인다는 뜻으로, 간단한 경구로 어떤 일이나 상대방의 급소를 찔러 당황시키거나 감동시키는 것을 비유한 말이다.

토사구팽(兎死狗烹) : 兎 토끼 토, 死 죽을 사, 狗 개 구, 烹 삶을 팽
토끼사냥이 끝나면 사냥개는 삶아 먹힌다는 뜻으로, 쓸로가 있을 때는 긴요하게 쓰이지만 쓸모가 없어지면 헌신짝처럼 버려진다는 말.

퇴고(推敲) : 推 밀 퇴, 敲 두드릴 고
밀고 두드린다는 뜻으로, 시문을 지을 때 자구를 여러 번 생각하여 고침을 이르는 말.

파죽지세(破竹之勢) : 破 깨뜨릴 파, 竹 대나무 죽, 之 갈 지, 勢 기세 세
대나무를 쪼개는 기세라는 뜻으로, 거칠 것 없이 맹렬한 기세를 말한다.

필부지용(匹夫之勇) : 匹 필 필, 夫 지아비 부, 之 갈 지, 勇 날쌜 용
소인이 깊은 생각 없이 혈기만 믿고 대드는 용기. 즉, 앞뒤 분별없이 마구 행동하는 것.

호가호위(狐假虎威) : 狐 여우 호, 假 거짓 가, 虎 범 호, 威 위엄 위
여우가 호랑이의 힘을 빌어 위세를 부린다는 뜻으로 남의 권세를 업고 위세를 부림.

호사다마(好事多魔) : 好 좋을 호, 事 일 사, 多 많을 다 魔 마귀 마
좋은 일에는 마귀가 많다는 뜻으로, 좋은 일이 있을 때는 방해가 되는 일이 많다는 말임.

호접지몽(胡蝶之夢) : 胡 턱밑살 호, 蝶 나비 접, 之 갈 지, 夢 꿈 몽
나비가 된 꿈이란 뜻으로, 나와 자연이 한몸이 된 물아일체의 경지.

화룡점정(畵龍點睛) : 畵 그림 화, 龍 용 룡, 點 점 점, 睛 눈동자 정
용을 그릴 때 마지막으로 눈동자를 그려넣는다는 뜻으로, 사물의 가장 중요한 부분을 완성시키는 끝손질을 말한다.

화호유구(畵虎類狗) : 畵 그림 화, 虎 범 호, 類 무리 류, 狗 개 구
호랑이 그림을 그리려다가 실패하여 개를 닮은 그림이 되었다는 뜻으로, 서투른 솜씨고 어려운 일을 하려다가 도리어 잘못되거나 중도에 흐지부지하

여 이루지 못하여 웃음거리가 된다는 말.

환골탈태(煥骨奪胎) : 煥 불꽃 환, 骨 뼈 골, 奪 빼앗을 탈, 胎 아이밸 태
뼈를 바꾸고 탈을 바꿔 쓴다는 뜻으로, 얼굴이나 자태가 몰라보게 아름다워졌거나, 글을 쓸 때 다른 사람이 지은 시나 문장을 본떠서 지었으나 더욱 아름답고 새로운 글이 된 것을 말한다.

memo

자 기 계 발 대 사 전

성공

삶을 바꿀 수 있는 힘, 내 안에 있다

1. 삶이란 오직 지금 이 순간, 즉 현재라는 찰나의 시간 속에만 존재한다.
2. 불안한 마음에 힘을 빼앗기지 말라.
3. 마음을 다해 끌어안는 게 사랑이다.
4. 누군가에게 힘이 되고 싶다면 지금 이 순간 깨어 있어라.
5. 숨쉬기 명상으로 습관의 힘에서 벗어나라.
6. 걷기 명상으로 대지의 힘을 온몸에 실어라.
7. 어디를 가는가. 모든 게 여기 있는데. 당신에게 자비와 이해, 그리고 자유가 있다면 어디를 가든 천국을 경험하게 될 것이다. 지금 이 순간 이곳이 바로 당신의 고향이며, 물의 삶이 존재하는 곳이다.
8. 감정은 감정일 뿐, 일시적인 감정에 힘을 낭비하지 말라.
9. 다섯 번째 계단을 오르기 위해서는 네 번째 계단에서 힘을 빼라.
10. 통찰력과 자비심은 상대를 끌어안는 힘이다.
11. 무조건 웃어라. 웃는 순간 힘이 붙는다.
12. 작은 힘이 모여 큰 힘이 된다.
13. 의도하지 말고 그냥 함께 하라. 힘은 저절로 흐른다.
14. 돈에 투자하는가? 행복해지고 싶다면 당신 삶에 투자하라.
15. 힘은 나눌수록 커진다.
16. 침묵은 어떤 말보다 강하다.
17. 남을 위한다는 명분으로 자신의 욕망을 합리화하지 말라.

_틱낫한

행복의 문을 여는 비밀번호

일상의 풍요로움은
욕심 그릇을 비워서 채우고
자신의 부족함은
차고 매운 가슴으로 다스리되
타인의 허물은 바람처럼
선들선들 흐르게 하라.

생각은 늘 희망으로 깨어있게 손질하고
어떤 경우도 환경을 탓하지 말며
결코 남과 비교하는 어리석음을 범하지 말라.

미움은 불과 같아
소중한 인연을 재로 만들고
교만은 독과 같아 스스로 파멸케 하니
믿었던 사람이 배신했다면
조용히 침묵하라.

악한 일엔
눈과 귀와 입을 함부로 내몰지 말고

선한 일엔
몸과 마음을 아낌없이 탕진하여

삶의 은혜로움을 깊고 깊은
사랑으로 완성하라.

식사를 간단히, 더 간단히,
이루 말할 수 없이 간단히 준비하자.

그리고 거기서 아낀 시간과 에너지는
시를 쓰고, 음악을 즐기고,
자연과 대화하고, 친구를 만나는 데 쓰자.

_헬렌 니어링

memo

알맞은 것이 진실이다

허세와 허영 그리고 허욕 따위를
왜 거짓이라고 하는가?
그것들은 모두 알맞지 않는 까닭이다.

무엇을 안다고 뽐내는 사람은
조금 알고 있을 뿐
충분히 알지 못한 증거이다.

잘 모르면 어렵게 말하고,
잘 알면 쉽게 말한다.
쉬운 것을 어렵게 둘러치는 것은 서툰 까닭이다.

원숭이는 사다리를 필요로 하지 않는다.
나무를 타는 기술이 능숙한 까닭이다.

산새는 앉을 나뭇가지를 고르지 않는다.
어느 가지에나 앉을 줄 알기 때문이다.

서툴면 억지를 부리고

쉬운 길을 두고 가파른 길로 어렵게 산다.
그러나 어렵던 것도 잘 터득하고 나면 쉽게 된다.

인생에는 어려움과 쉬움이 따로 있는 것은 아니다.

그러므로 이상한 짓을 해서
남의 눈을 홀리게 꾀를 부릴 것은 없고
자랑할 것도 없다.

알맞은 것은 언제나 그냥 본연(本然)이다.
꾸미지 않고 숨기지 않으면 본연이다.
본연보다 알맞은 것은 없다.

__박용만

memo

실패자가 극복해야 할 16가지 업무습관

성공

1. 자신이 무엇을 바라고 있는지 모르고 설명도 하지 못한다.
2. 오늘 할 일이 무엇이건 내일로 미룬다.
3. 자기 계발이나 업무에 관심을 기울이지 않는다.
4. 자신의 일이 아니면 회피하고 책임을 전가한다.
5. 문제를 해결할 생각은 없고 변명할 생각만 한다.
6. 자기만족과 도취에 빠져 환상의 나날을 보낸다.
7. 중대한 문제에 직면하여 싸워보지 않고 타협하는 자세를 취한다.
8. 상대방의 잘못은 지적하면서 자신의 잘못은 인정하지 않는다.
9. 안일하게 하루하루를 보낸다.
10. 작은 장애물에도 쉽게 포기한다.
11. 계획과 문제 분석표를 작성하지 않고 타성에 의존한다.
12. 기발한 아이디어나 기회가 와도 실행하지 않는다.
13. 환상의 꿈만 쫓고 실천을 하지 않는다.
14. 노력하는 것보다 일확천금을 꿈꾼다.
15. 나은 미래를 위해 투자하기보다는 지금의 생활에 안주한다.
16. 타인의 시선이나 비난이 두려워 앞에 나서지 않는다.

__나폴레옹 힐

재기의 조건 10계명

1. 구체적 목표를 정하라.

인간은 본래 게으름쟁이기 때문에 자극이 없으면 아무것도 하지 않는다. 목표를 정하라. 목표가 생기면 자연히 계획이 선다. 목표가 뚜렷하면 계획도 그 자체만으로 뚜렷해진다. 장기적 관점의 목표, 그것을 무한하게 세분하여 계획을 세워야 한다.

사업에 실패한 사람은 너무 일찍 휴식을 취한 사람이다.

2. 생활환경, 인간관계를 바꾸어라.

인간관계와 생활환경은 밀접한 관계를 갖고 있다. 도산한 사람에게는 도산에 영향을 끼친 생활환경과 인간관계가 있다. 자신을 높여주지 않는 인간관계는 가능한 한 멀리하는 편이 좋다. 새로운 출발을 위해서 자신의 환경과 인간관계를 끝까지 다시 한 번 점검해보라.

3. 명참모(상담자)를 가져라.

막중한 책임을 자신이 짊어져야 할 때 정말 고독해져서는 안 된다. 정보전쟁의 시대에 오로지 한 사람만의 지식, 경험, 판단력, 통찰력만으로 일한다는 것은 어려운 일이다. 전문가를 찾아가라. 여러 가지로 묻고 상담하고 나서 비로소 시작하는 사람이 성공할 수 있다.

4. 말단이 된 기분으로 일하라.

망해버린 회사의 사장은 한낱 실업자에 불과하다. 말단이 되려고 하지 않는 사람이라면 다시 일어서기는 힘들다. 망해 버린 사장이 아직도 사장이라는 기분으로 사람들을 접대하면 실은 사람들이 손가락질하고 있다는 것을 깨달아라.

5. 욕심을 부리지 말라.

회사가 망한 사장들을 보면 독점이 너무 강하다. 돈을 벌고 싶은 것이 아니라 자기만 돈을 벌고 싶어 하는 것이다. 사기꾼에게 잘 걸리는 것은 모두 지나친 욕심 때문이다. 지나친 욕심을 부리지 않는 사람은 자신의 욕망을 만족시킬 수 있다. 눈앞의 욕심에서 벗어난 사람 쪽의 재기가 쉽다. 욕심이 가득 찬 사람은 아무것도 볼 수 없다.

6. 건강을 해치지 말라.

병에 걸린다는 것은 패망이고 실패다. 건강이라는 멋진 무기, 재산은 끝까지 잃으면 안 된다.

7. 최신 정보에 민감하라.

경제 신문을 주의 깊게 읽어라. 신규 사업의 아이디어, 감언이설의 진위, 경영전략, 종업원 관리, 리더십 등 재기할 때 필요한 정보를 얻어라.

8. 허영과 자만심을 버려라.

허영(체면)과 자만은 경영자로서 실격이다. 프라이드는 한 인간의 확고한 신념이지만 허영은 실체가 없는 겉모습이다. 허영과 자만은 재기의 장애가 될 뿐이다.

9. 봉사정신을 길러라.

재기의 제1보는 남을 이해하고 도와주는 것이다. 일체의 불만을 없애고 괴로움을 즐거움으로 마이너스를 플러스로 전환시켜라. 성장하기 위해서 이보다 더 큰 경험은 없다.

10. 행복해진다는 믿음을 가져라.

과거는 황망했다. 선망의 대상이 없지만 나에게는 조금도 즐겁지 않았다. 그러나 지금은 매우 행복하다.

__지식in

memo

당신은 어떤 변명 리스트를 가지고 있습니까?

성공을 못하는 사람들에게는 공통점이 한 가지 있다. 자신이 실패한 이유를 잘 알고 있으며 그것에 대한 완전한 핑계거리를 가지고 있다는 것이다. 그들의 핑계는 논리적이어서 거의가 옳다고 생각된다.

그러나 중요한 것은 그들이 아무리 교묘하게 핑계를 댄다고 해도 그것으로 행복해질 수도 없으며 부를 이루지도 못한다는 사실이다. 정말 중요한 것은 성공을 하고 싶은가, 하기 싫은가를 분명하게 하는 것이다.

어느 정신분석의 권위자가 대표적인 핑계의 리스트를 만들었기에 이를 소개한다. 이 리스트를 보면서 자기 분석을 해보는 것이 어떨까. 당신은 이러한 핑계를 댄 적이 없는지 생각해보라. 그리고 이 핑계가 아무리 그럴듯하게 보였다 해도 결코 속지 않도록 해야 한다.

- 만일 아내와 가정만 없었다면……
- 만일 좋은 연줄이 있었다면……
- 만일 돈이 좀더 많았다면……
- 만일 대학을 나왔다면……
- 만일 보다 좋은 회사에 근무했다면……
- 만일 몸이 건강했다면……
- 만일 시간이 좀더 있었다면……
- 만일 좀더 타이밍이 맞았다면……

- 만일 나의 일을 좀더 알려 줄 사람이 있었다면……
- 만일 좀더 사태가 나쁘지 않았다면……
- 만일 인생을 다시 한 번 시작할 수 있었다면……
- 만일 그들이 무섭지 않았다면……
- 만일 운이 따라주었다면……
- 만일 미움을 받고 있지 않았다면……
- 만일 그가 말리지만 않았어도……
- 만일 좀더 젊었다면……
- 만일 하고 싶은 대로 했었다면……
- 만일 부잣집에 태어났다면……
- 만일 좀더 훌륭한 사람을 알고 있었다면……
- 만일 좀더 능력이 있었다면……
- 만일 말주변이 있었다면……
- 만일 그때 그것을 하고 있었다면……
- 만일 자식이라도 없었다면……
- 만일 조금이라도 저금해 놓은 돈이 있었다면……
- 만일 상사가 나를 바르게 평가해주었다면……
- 만일 누군가가 도와주었다면……
- 만일 가족들의 이해가 있었다면……
- 만일 도시에 살았다면……
- 만일 다시 한 번 기회가 주어진다면……
- 만일 자유로운 몸이었다면……
- 만일 나에게 개성이 있었다면……
- 만일 몸이 뚱뚱하지 않았다면……
- 만일 나의 재능을 인정받을 수만 있었다면……

●만일 쉴 수 있었다면……
●만일 빚만 없었다면……
●만일 방법만 알고 있었다면……
●만일 반대하는 사람이 없었다면……
●만일 좀더 좋은 사람과 결혼을 했더라면……
●만일 사람들이 그렇게 멍청하지 않았다면……
●만일 가족들이 좀더 절약을 해주었다면……
●만일 자신감이 있었다면……
●만일 운이 다시 돌아온다면……
●만일 나쁜 곳에 태어나지 않았다면……
●만일 하면 된다는 말이 정말이라면……
●만일 좀더 즐거워진다면……
●만일 그때 손해를 보지 않았더라면……
●만일 주위에 좋은 사람들이 있었다면……
●만일 나에게 과거만 없었다면……
●만일 이것이 나의 회사였다면……
●만일 좀더 내 말을 들어 주었다면……

만일 자기의 참모습과 직면하는 용기만 있으면 자신의 결점을 알고 개선하여 성공할 수 있다. 과거의 실패 중에서 이익을 만들어낼 수도 있다. 즉, 자기 약점만 알고 있으면 우리들은 어디에서나 배울 수 있다.
반면 자기를 분석하지 않고 얼렁뚱땅하려고 하거나 핑계거리만을 생각한다면 누구든 자기를 성장시킬 수 없다.

__나폴레온 힐

위기를 기회로 바꾸는 10가지 방법

1. 원망하지 말라.

   손해를 원망하기 시작하면 끝이 없다. 원망은 마음을 상하게 하고 결국은 자기만 남게 된다. 모든 결과를 겸허하게 받아들이는 마음의 준비가 반드시 필요하다.

2. 자책하지 말라.

   후회와 반성은 지독하게 하되 한 번으로 족하다. 중요한 사실은 보란 듯이 다시 일어서는 일이기 때문이다. 괴로워하고 있을 시간이 없다.

3. 상황을 인정하라.

   변명만 늘어놓은 것은 재기에 아무런 도움이 되지 않는다. 과거는 이미 흘러갔다. 냉정하게 현실을 인정하라.

4. 궁상을 부리지 말라.

   궁상을 부리는 것이 적극성이 아니다. 죽겠다는 소리는 입 밖에도 내지 말라. 아직 건재하다는 믿음이 있을 때 누구든지 지원하고 싶은 마음이 생기는 것이다.

5. 조급해하지 말라.

조급해봐야 실수만 늘어난다. 아예 이 기회에 못다 한 공부에 몰두해보는 것도 방법이다. 한발 물러서는 여유와 느긋한 계획이 필요하다.

6. 자신을 바로 알라.

자책이 아니라 반성을 하라. 현재 나의 능력은 어느 정도인가? 과연 무엇을 하는 것이 나다운 것일까? 자기가 가야 할 좌표를 분명히 찍어라.

7. 희망을 품어라.

어떤 사람이 한여름에 냉동차에 갇혀서 사망했다. 그는 추위에 대한 공포를 유서로 남겼지만 정작 그날 밤 냉동차는 가동되지 않았다. 희망 없음 혹은 지레 절망은 가장 큰 위험이다.

8. 용기를 내라.

당신의 주변에 무엇이 남아 있는가? 있다면 그것은 행운이다. 아무 것도 없던 맨 처음을 생각하고 용기 내자. 성공한 사람의 과거는 비참할수록 아름답다고 했다.

9. 책을 읽어라.

책을 읽되 의욕 관리를 위해 실패담 보다는 성공담을 많이 읽어라. 책 속에 길이 있다.

10. 성공한 모습을 상상하고 행동하라.

간절히 바라면 그대로 이루어진다. 성공한 사람에게는 사람이 모인다. 성공하고 있는 것처럼 보여라.

__김경호(이미지 메이킹 센터 소장)

실패하는 사람들의 9가지 잘못

1. 책임을 다른 사람에게 넘긴다.

자신의 잘못은 인정하지 않고 실패가 타인의 잘못이나 불운의 소치로 돌린다.

2. 자기 비난과 자기 학대로 자신을 파멸의 길로 인도한다.

실패를 통해 성공을 얻을 수 있는 방법을 배울 수 있지만 자기 비난으로 더 이상 발전을 기대할 수 없게 된다.

3. 정확한 목표 없이 성공의 여행을 떠나는 자는 실패한다.

목표 없이 일을 진행하는 사람은 기회가 와도 그 기회를 모르고 준비가 안 되어 있어 실행할 수 없다.

4. 잘못된 목표의 설정은 성공해도 성취감을 못 느낀다.

많은 성공한 사람들이 성공해도 허탈해 하는 것을 볼 수 있다. 그것은 잘못된 목표 설정 때문이다.

5. 쉬운 길, 편안한 길로 가는 사람은 성공의 묘미를 못 느낀다.

어려움 없이 성취되는 것은 하나도 없다.

성공

6. 혼자서는 성공해도 상처뿐인 영광만 얻는다.
다른 사람들과 협조하며 성공의 길을 간다면 쉽고도 빠르게 갈 수 있다.

7. 작은 일, 사소한 일을 소홀히 한다.
실패자는 큰 일만 쫓다가 작은 일의 중요성을 간과하여 낭패를 당하기 일쑤다.

8. 실패자는 너무 빨리 단념하는 패착을 놓는다.
어려울 때, 힘들 때일수록 더욱 열심히 연마해야만 성공의 풍선을 터트릴 수 있는 것이다.

9. 과거의 생각에 집착한다.
실패자는 흔히 과거에는 잘 나갔다느니 하면서 현실에 돌아오지 못하고 과거에서 머무는다.

_노만 V. 필

memo

성공을 위한 자세 12가지

1. 인격자가 성공한다.

성공을 하기 위해서는 자신의 인격이 먼저 갖추어져야 한다. 인격은 성공을 위한 밑거름이 되기도 하지만 훗날 성공하였을 때는 그 성공을 받쳐주는 주춧돌이 되어 애써 이룬 성공이 무너지지 않게 지탱해준다. 인격자가 되기 위해서는 남에게 믿음을 얻는 것이 가장 중요하다. 솔직하고 정직하게 그리고 예의 바르게 자존심을 갖추어라.

2. 주도적이고 자발적으로 일하라.

적극성을 띄는 사람은 주위 사람들을 이끌어 갈 수 있는 힘을 가진다. 이 힘은 지금 자리의 성공도 가져다주지만 훗날 자신의 사업의 리더십을 키워준다. 책임감을 가지고 즐겁게 일하되 지금에 만족하지 말라.

3. 긍정적인 정신 자세를 갖추어라.

정신은 무한한 가능성의 힘을 가지고 있다. 특히 긍정적인 정신은 무엇이든 긍정적인 방향으로 끌어내는 힘을 가진다. 이는 성공을 원하는 사람들에게 가장 바람직한 방향일 것이다. 조급해하지 말고 밝고 긍정적으로 생각하라. 생각이 나를 지배하는 것이 아니라 내가 생각을 지배하는 것이다.

성공

4. 단기, 중기, 장기 목표를 세워라.

아주 사소한 일이라도 제대로 단시간에 수행해 내기 위해서는 목표가 필요하다. 목표 없는 인간은 키 없는 배와 같아 결국 좌초된다. 짧게는 하루 일과부터 1년, 10년, 일생에 걸쳐서까지 목표를 세워라. 명확한 목표를 세워 그 목표 달성을 위해 분투하라. 중간에 진로를 수정하더라도 포기는 하지 말라.

5. 말보다는 행동이다.

아무리 말 한마디로 천 냥 빚을 갚는다지만 사업은 발로 뛰는 것이다. 전화로 설득하는 것보다는 직접 만나는 것이 더 효과적인 것처럼 말이다. 기다리지 말고 먼저 행하고 핑계가 아니라 결과를 제시하라.

6. 기회는 준비된 자에게만 온다.

기회는 앞머리만 있고 뒷머리는 없어 다가올 때 잡아야 한다고 했다. 기회의 앞머리를 잡기 위해서는 미리 준비해 다가오는 때를 노려야 한다. 기회를 잡기 위해 준비한다는 것은 곧 기회를 만든다는 뜻이다.

7. 경쟁보다는 협력을 하라.

사업은 혼자의 힘으로 이뤄갈 수 있는 것이 아니다. 또 세상은 다른 사람들과 잘 화합하여 협력을 이뤄갈 수 있는 리더를 원한다. 친구를 소중히 여기고 자신의 능력을 자만하지 말라. 모든 성공은 조화로운 인간관계에 기반을 두고 있고 여러 사람이 힘을 합친다면 그 힘은 무한해진다.

8. 실패 없는 성공은 없다.

실패는 성공의 어머니라는 말은 너무도 유명해서 그냥 지나칠 수도 있지만 이보다 더 성공의 진리를 명확하게 표현하는 말은 없다. 한 가지 덧붙여 실패가 성공의 어머니라면 노력은 성공의 아버지이다. 노력 없는 실패는 좌절만 낳을 뿐이다. 언제나 새로 출발할 기회가 있다는 걸 잊지 말고 역경의 시기에 다가오는 기회를 잡자.

9. 좀더 앞으로 나아가라.

성공하기 위해서는 지금 있는 자리에서 한 걸음 앞서야 한다. 지금 하고 있는 일을 한 걸음 먼저 끝내고 한 걸음 더 나은 아이디어를 한 걸음 더 먼저 생각해내야 한다. 그리고 위험에 처했을 때는 동료들보다 한 걸음 앞서 있어야 한다. 자신이 원하는 자신의 모습만큼 앞선다면 그 이상형이 곧 자신이 된다.

10. 자기 마음의 주인이 되어라.

비록 몸은 자신만의 룰이나 세상의 룰에 얽매여 있더라도 마음만은 자유로워야 한다. 여러 생각과 행동을 실천하기 위해서는 마음이 개방적이어야 하기 때문이다. 개방적이고 자유로운 마음은 타고나는 것이 아니다. 자신의 마음을 다스림으로서 얻는 것이다.

11. 건강과 행복은 자기하기 나름이다.

옛말에 '부를 잃으면 조금 잃는 것이요, 명성을 잃으면 많이 잃는 것이요, 건강을 잃으면 전부를 잃는 것이' 라 했다. 행복은 건강에서 비롯되므로 건강은 모든 것의 시작이자 끝이다. 규칙적인 운동과 건강에 유익한 식습관을 들이고 항상 얼굴에 미소를 머금어보자. 한결 나아진 몸과 마음의 상태를 느낄 수 있을 것이다.

12. 꼭 성공한다는 믿음과 희망을 가져라.

자신의 성공을 자신보다 더 믿어줄 사람이 어디 있겠는가. 모든 일은 생각에서 비롯된다. 올바른 길로 가고 있다면 그 길을 믿어야 한다. 그 길의 끝에 자신의 성공이 있다는 것을 의심하지 말라. 당신은 꼭 성공하게 될 것이다.

_나폴레온 힐

성공

memo

성공의 지름길 : 꿈, 깡, 꼴, 꾀, 끈, 끼, 꾼, 꿀

많은 사람들이 성공을 꿈꾸며 살아간다. 성공하기 위해 무엇을 갖추어야 하는가에 대해 쌍기역으로 시작되는 한 글자 단어들로 표현해자. 바로 '꿈, 깡, 꼴, 꾀, 끈, 끼, 꾼, 꿀' 이다.

1. 꿈 : Dream, Vision, 목표 등으로 말할 수 있다.
   꿈을 갖고 목표를 명확히 해야 한다.

2. 깡 : 끈기, 원칙과 소신
   어떠한 어려움도 이겨내는 인내와 끈기, 그리고 자신만의 원칙을 갖고 원칙을 지켜나가는 소신이 필요하다. 즉, 좋은 습관을 만들어가는 게 필요하다.

3. 꼴 : 용모, 마음가짐, 자세
   용모도 중요하지만 바른 마음가짐이 더욱 더 필요하다. 다른 사람을 속이지 않고, 진심 어린 마음이 필요하다. 무엇보다도 자신을 신뢰하는 자세가 필요하다.

4. 꾀 : 지혜, 지식
   삶의 지혜, 사람을 대하는 지혜, 세상을 올바르게 보는 정확한 눈이 필요하다. 꾸준히 책을 읽는 것이 도움이 된다.

5. 끈 : 인적 네트워크, 친구 등

혼자 가는 한 걸음보다는 함께 가는 백 걸음이 낫다. 다른 사람의 성공을 도움으로서 자신도 성공할 수 있다. 많은 동반자, 협력자를 만들어가는 게 필요하다.

6. 끼 : 재능, Skill

타고나는 천성과 노력에 의해 만들어진 재능이 필요하다. 자신만의 기술, 노하우가 필요한 것이다. 또한 휴식을 취할 때도 확실하게 쉴 수 있는 마음가짐이 필요하다.

7. 꾼 : 전문가

하고자 하는 분야에서 최고의 전문가가 되도록 노력해야 한다. 한 마디로 꾼이 되어야 한다. 하고자 하는 일에 미쳐야 한다.

8. 꿀

바로 칭찬과 격려다. 자신에게든, 자신이 대하는 모든 사람에게든 칭찬과 격려가 필요하다.

성공으로 가는 고속철도는 선택과 실천이 결정한다.

_이동조

폴 마이어의 5가지 성공 법칙

1. 자신의 생각을 분명하게 결정하라.
2. 목표를 달성하기 위해 구체적인 계획과 기간을 설정하라.
3. 마음속에 그린 인생의 꿈에 진지하게 욕망을 불타오르게 하라. 자기의 약점을 극복하는 가장 빠른 지름길은 욕망을 강하게 하는 것이다.
4. 할 수 있다는 굳은 신념과 자신감을 가지고 자기의 가능성을 인정하라.
5. 어떠한 장애물이 놓였다고 해도, 남들이 뭐라고 말하든 주위의 상황에 구애받지 말고 마음속에 세운 강인한 인내력을 가지고 성취하도록 하라.

_폴 마이어

memo

성공으로 가는 방법 15가지

1. 첫 계획이 실패하면 될 때까지 되풀이해서 시도하라.
2. 일시적인 절망이 영원한 패배는 아니라는 점을 기억하라.
3. 열망하라. 그리고 별똥별에 소망을 빌어라. '기회의 별똥별' 이론은 명백하다. 별똥별이 떨어지는 그 짧은 순간에 소망을 빌 정도라면, 항상 소망을 생각하고 있었다는 말이 된다. 당연히 이루어질 것이다.
4. 시각화하여 각인시켜라. 항상 보이는 곳에 시각화 해놓으면, 스스로에게 각인되어 반드시 이루어질 것이다.
5. 스스로 포기할 때만이 실패이다. 스스로 포기하지 않는 한 끝이 아니다. '포기는 배추를 셀 때 쓰는 단위이며, 실패는 바느질 도구일 뿐이다' 는 말을 잊지 말라.
6. 남들의 부정적 평가를 받아들이지 말라. 어떤 사람들은 조언을 가장하여 시작도 하기 전에 부정적인 말과 평가를 일삼는다. 여기에 반응하지 말라. 그들은 당신의 성공을 바라지 않을지도 모른다.
7. 홈런왕은 최고의 스트라이크 아웃 왕이라는 것을 잊지 말라. 그러나 누구도 스트라이크 왕으로 기억하지 않는다.
8. 충분한 대가를 지불하라. 그것이 시간이든 열정이든, 때로는 비용이든 바라는 목표를 이루기 위해 무엇을 지불할 것인가를 결정해야 한다.
9. 자신이 하고 있는 일을 사랑하라. 직업적으로 크게 성공하는 사람들은 대부분 자신의 일을 좋아하며 사랑한다. 일 자체, 과정 자체를 즐기는 가

운데 성공이 찾아온다.

10. 우선순위를 정하라. 우리에게 있는 자원은 유한하다. 내가 무엇을 하고 무엇을 포기할 것인가, 무엇을 먼저 할 것인가에 대한 선택과 집중을 위한 우선순위를 정해두어야 한다.
11. 스스로 한계를 정하지 말라. 자신의 잠재 능력을 무시하지 말라. 우리 능력의 한계는 아무도 모른다.
12. 가장 큰 승리는 대개 최후에 온다. 그럼에도 불구하고 중간에 그만둔다면 가장 큰 승리를 보지 못하게 되는 것이다.
13. 자신에 대한 작은 보상을 즐겨라. 그것은 새로운 에너지가 된다.
14. 단계별 성취에 따라 가족에게 보상하라. 가족은 우리의 강력한 응원군이 된다.
15. 자신의 성과를 올리는 바로 그 방법, 강점을 최대한 강화하려고 노력하라. 그 강점으로 성취하게 될 것이다.

__홍성민

memo

성공하는 사람들의 시(時)테크 10계명

1. 시간을 아낌없이 소비하라.

시간은 저축이 안 된다. 아끼려하지 말고 하루 24시간을 최대한 소비하라. 시간 관리의 미덕은 효율적인 소비에서 시작된다. 시간이 아깝다고 생각하면 가기 전에 다 써버려라.

2. 오늘과 내일의 경계를 지켜라.

오늘 일을 자꾸 내일로 미루면 오늘과 내일의 경계가 모호해진다. 남들은 하루 단위로 지내는데, 이 경계가 없는 사람은 일주일 단위로 살기 쉽다. 내일은 내일을 위한 날이다.

3. 중요할 때는 '한 방'이 미덕. 선택과 집중을 하라.

중요한 일과 덜 중요한 일을 가려 집중해야 한다. 야구에서 타율보다 타점이 대우받는 것처럼 시테크에서도 마찬가지다.

4. 데드라인을 정하라.

우리는 시험 전날 밤새 공부하는 벼락치기 문화에 능숙하다. 모든 일에 마감일을 정하라. 날짜는 기본, 시간까지 데드라인을 정해 두면 효율이 높아진다.

5. 머리를 믿지 말라.

아무리 뛰어난 기억력도 메모보다는 못하다. 사소한 것이라도 포스트잇을 사용해 도움을 받아야 한다.

6. 가는 시간을 기록으로 잡아라.

가는 시간을 잡을 수는 없지만 기록할 수는 있다. 지나간 일을 기록하는 건 평가의 기회를 자주 갖는다는 의미다. 일기가 어렵다면 주기, 월기라도 쓰고 연말에 그해를 평가하자.

7. 안부 연락할 시간도 계획하라.

이메일, 문자메시지, 전화로 인사할 사람과 직접 얼굴을 보고 인사할 사람을 분류하자. 이걸 해둬야 연말연시를 효율적으로 활용할 수 있다. 결국 남는 건 사람이고, 비즈니스에서 불변의 진리는 인맥의 위대함이다.

8. 지식 정보 재충전에 십분 일조하라.

지식 노동자에게 지식 재충전은 곧 경쟁력이다. 재충전은 휴식뿐 아니라 머리를 채우는 것도 이뤄진다. 매일, 매주, 매월 단위로 지식 정보 재충전 스케줄을 세워라. 자신이 가진 시간의 10% 이상을 할애하는 것이 자신을 위한 미덕이다.

9. 넌 작심 3일? 난 작심 365일!

한번 세운 계획을 1년 내내 유지한다면 얼마나 좋을까. 하지만 그것은 불가능에 가깝다. 방법은 반복이다. 연초 계획이 작심 3일이 되지 않으려면, 3일에 한 번씩 계속 반복하면 된다. 좌절하지 말고 3일 계획을 무한 반복하자.

10. 나만의 슬로건을 만들자.

한 문장으로 정리되는 나만의 슬로건을 만들자. 이 슬로건은 자기 최면과 목표에 대한 동기를 유발할 무기가 된다. 눈 쌓인 운동장의 곧은 발자국과 비뚤비뚤한 발자국의 차이는 목적지를 보고 걸었느냐, 아니냐의 차이다.

__김용섭(날카로운 상상력 연구소 소장)

memo

제프리 존스의 한국식 성공 키워드 10가지

1. 한국은 변화의 나라.
2. 매일 매일이 테스트다.
3. 사무실에 오래 남아라.
4. 의사 결정 책임은 CEO가 져라.
5. 공은 직원에게 돌려라.
6. 문화적 차이를 읽어라.
7. '한국식' 관례에 빠지지 말라.
8. 사회공헌 활동을 늘려라.
9. 유머의 차이를 알아라.
10. 정서적 공감대를 확보하라.

_제프리 존스

성공을 위해 마음에 새겨야 할 격언 20가지

1. '할 수 있는 일'을 하는 것은 실패다. '할 수 있는 일'보다 '하고 싶은 일'을 선택하라. '하고 싶은 일'은 하는 것은 성공의 지름길이다.
2. 인생이라는 어둠 속에서 무언가를 찾을 때는 눈을 감고 가슴으로 보라.
3. 직감이 항상 옳은 것은 직감이야말로 신이 보내는 최고의 충고이기 때문이다.
4. 기회를 커피라 한다면, 사람은 커피가 식지 않게 먼저 컵을 따뜻하게 해야 한다.
5. 안전하게 살아가는 것이 사실은 가장 위험하다. 당신의 삶이 안전할수록 꿈에서 멀어지고 있는 것이다.
6. '실패하면 어쩌나…' 하고 걱정하는 순간부터 그 일은 실패를 향해 다가간다. 기왕이면 성공에 대한 걱정을 하자.
7. 반드시 성공한다고는 누구도 단언할 수 없다. 하지만 반드시 성공할 수 없다고도 누구도 단언할 수 없다.
8. 핀치에 몰렸을 때 해결책을 찾을 수 있는 마법의 말. 'No Problem!'
9. '다음에'라는 말이 당신을 성공으로부터 멀어지게 한다. 그 말을 사전에서 지우면 당신의 꿈은 실현된다.
10. 'YES'라고 말해준 사람에게 감사하자 '힘'이 생겼습니다. 'NO'라고 말해준 사람에게 감사하자 '오기'가 생겼습니다.
11. 자신이 없을 때는 동전을 던져보자. 앞면이 나오면 '한다', 뒷면이 나오

면 '그만두지 않는다'.

12. 꿈을 이야기하는 사람에는 두 종류가 있다. 가만히 앉아서 이야기하는 사람과 움직이면서 이야기하는 사람이다.
13. 작은 새가 처음으로 나는 것을 배우는 것은 강한 형제에게 밀려서 둥지에서 떨어질 때다.
14. 실패는 넘어지면 저절로 벗겨지는 스키의 안전장치와 같다. 실패가 있기에 안심하고 도전할 수 있는 것이다.
15. '한가해지면 좋아하는 일을 해야지' 하는 생각은 좋아하는 일에 대한 실례다.
16. 성공한다는 것은 멋진 일이다. 하지만 성공하지 못하더라도 이를 통해 성장한다는 것은 더욱 멋진 일이다.
17. 얼굴에 펀치를 날릴 때는 머리 뒤쪽으로 뚫고 나갈 지점을 노려라. 일도 마찬가지로 목표 지점보다 훨씬 높은 곳을 노려라.
18. 험담은 듣는 순간 잊어버리자. 상대방 역시 말한 시점에서 잊어버린다.
19. "너는 분명 성공할 거야!" 이렇게 말해주는 이를 만난 사람이 미래에 성공한다.
20. '모나지 않고 둥글둥글한 사람'이란 소리를 듣지 않도록 하자. 성게처럼 가시를 세우고 둥근 모습이 되자.

_나카타니 아키히로

데일 카네기 성공 원칙 21가지

사람을 다루는 3가지 원칙

1. 비난이나 비평, 불평을 하지 말라.
2. 솔직하고 진지하게 칭찬하라.
3. 다른 사람에게 열렬한 욕구를 불러일으켜라.

남에게 호감을 사는 6가지 원칙

1. 다른 사람에게 순수한 관심을 기울여라.
2. 미소를 지어라.
3. 상대방에게는 자신의 이름이 그 어떤 것보다도 기분 좋고 중요한 말임을 명심하라.
4. 남의 말을 잘 들어주는 사람이 되어라. 자신에 대해 말하도록 다른 사람들을 고무시켜라.
5. 상대방의 관심사에 대해 이야기하라.
6. 상대방으로 하여금 중요하다는 느낌이 들게 하라. 단, 성실한 태도로 해야 한다.

자신의 의도대로 사람들을 설득하는 12가지 원칙

1. 논쟁에서 최선의 결과를 얻을 수 있는 유일한 방법은 논쟁을 피하는 것이다.

2. 상대방의 견해를 존중하라. 결코 '당신이 틀렸다' 고 말하지 말라.
3. 잘못을 저질렀다면 즉시 분명한 태도로 그것을 인정하라.
4. 우호적인 태도로 말을 시작하라.
5. 상대방이 당신의 말에 즉각 "네, 네"라고 대답하게 하라.
6. 상대방으로 하여금 많은 이야기를 하게 하라.
7. 상대방으로 하여금 그 아이디어가 바로 자신의 것이라고 느끼게 하라.
8. 상대방의 관점에서 사물을 볼 수 있도록 성실히 노력하라.
9. 상대방의 생각이나 욕구에 공감하라.
10. 보다 고매한 동기에 호소하라.
11. 당신의 생각을 극적으로 표현하라.
12. 도전 의욕을 불러일으켜라.

__데일 카네기

memo

성공을 위한 6가지 질문

자신을 정확하게 평가하는 사람만이 성공한다. 하지만 대부분 사람들은 자신에 대해 후한 점수를 준다. 그런 후한 점수가 나중에는 큰 낭패를 당하게 만든다. 스스로에게 냉정하게 질문하라. 다음 질문은 현재 당신이 어떤 상태인지 잘 알게 해줄 것이다.

1. 당신은 지금 좋은 것을 생각하고 있는가?

생각은 모든 것을 만든다. 좋은 생각은 좋은 행동을 만들고, 나쁜 생각은 나쁜 행동을 만든다. 생각하는 만큼 사람은 행동한다. 생각대로 움직이고 생각대로 행동한다. 생각이 모든 것을 지배하기에 생각을 잘해야 한다. 성공적인 생각을 하면 성공할 수 있을 것이고, 실패하는 생각을 하면 실패하는 것은 당연하다. 지금 당신은 어떤 생각을 하고 있는가? 내일을 위해 준비하고 올해는 꼭 이뤄야 할 목표를 생각하고 있는가? 그렇기 위해 현재 올바른 일에만 집중하고 있는가? 그럼 당신은 성공할 것이다.

2. 당신은 지금 좋은 사람들을 만나고 있는가?

사람은 누굴 만나느냐에 따라 운명이 결정된다. 성공하는 사람은 항상 성공하는 사람과 만나고, 실패하는 사람은 항상 실패하는 사람만 만나게 된다. 성공하고 싶다면 정직하지 못한 사람, 불성실한 사람, 오락과 유흥을 좋아하는 사람들과 당장 관계를 끊어야 한다. 이런 사람은 당신의 에너지를 갉아먹고 당신을 파멸로 몰아갈 것이다. 어떤 사람을 만나는가에 따라 당신 자신이 결정된다.

사람은 사람과의 만남을 통해 서로 영향을 주고받게 된다. 이를 통해서 사람은 자신의 모습을 만들어 간다. 좋은 사람은 당신에게 좋은 영향을 끼친다. 좋은 사람이 되고 싶은 마음을 가지게 만든다. 좋은 사람을 만나고 교제하라. 그러면 당신은 성공할 것이다.

3. 당신은 지금 좋은 것을 보고 있는가?

눈은 마음의 창이다. 눈을 통해서 모든 것이 마음속으로 들어온다. 좋은 것을 보면 좋은 마음을 가지게 되듯이 나쁜 것을 보면 나쁜 마음을 갖게 된다. 성공하고 싶다면 아무거나 보지 말라. 한번 본 것은 72시간동안 당신 머릿속을 잡고 있다. 좋은 것을 보면 72시간 당신은 좋은 것을 생각하게 되지만, 나쁜 것을 보면 72시간 내내 나쁜 생각이 당신을 지배하게 된다.

사람과 동물의 차이는 행동을 가려할 수 있는 것이다. 보는 것도 분명하게 가려서 봐야 한다. 아무거나 보는 것은 좋지 않다. 폭력물, 음란물은 절대 보지 말라. 망하는 최고의 지름길이다. 성공하고 싶다면 이것만은 정말 멀리하길 바란다. 좋은 것만 보도록 해라. 좋은 책, 열심히 일하는 사람들의 모습, 동기를 주는 좋은 영화, 새벽의 좋은 광경들 등 좋은 것만 보도록 해라. 그러면 당신은 성공할 것이다.

4. 당신은 지금 좋은 것을 듣고 있는가?

듣는 것도 가려서 들어야 한다. 아무거나 듣지 말라. 어떤 것을 듣느냐에 따라 당신의 마음이 달라진다. 우울한 음악을 들으면 기분 좋은 마음도 금방 우울해지고 잔잔한 클래식은 기분 나쁜 마음에도 평온이 찾아온다.

나쁜 것은 듣지 말라. 남을 험담하는 얘기, 우울한 음악, 시끄러운 음악, 부정적인 이야기, 소음 등은 멀리해라. 반면 마음을 밝게 만드는 음악, 활력을 주는 긍정적인 이야기, 격려하는 이야기, 힘을 주는 이야기들을 들어라. 좋은 것들만 가려서 듣게 된다면, 그러면 당신은 성공할 것이다.

성공

5. 당신은 지금 좋은 컨디션을 유지하고 있는가?

좋은 컨디션을 항상 유지하도록 노력하라. 좋은 컨디션에서 열정적인 사고와 행동이 나온다. 열심히 일하는 사람이 성공하지 열심히 일하지 않고 성공한 사람은 없다. 무기력한 상태에서 어떻게 좋은 행동을 할 수 있겠는가? 무기력한 상태에서는 열심히 일할 수 없다.

술, 담배, 수면 부족, 운동 부족은 좋은 컨디션을 망치는 최고의 적이다. 이런 것들은 비싼 돈 들이고 몸을 망치게 만드는 원흉들이다. 술은 절제하고, 담배는 피우지 말고, 규칙적으로 수면을 유지하고, 항상 운동을 하라. 그러면 좋은 컨디션을 유지할 수 있을 것이다. 절제되고 규칙적인 생활 패턴을 항상 유지하라. 그러면 당신은 성공할 것이다.

6, 당신은 지금 좋은 목표를 가지고 있는가?

좋은 목표는 성공으로 이끄는 가장 중요한 것이다. 좋은 목표란 당신이 간절히 원하는 목표이다. 좋은 목표는 당신을 절제하게 만들고, 열심히 일하게 만들고, 시간을 잘 활용할 수 있게 만든다. 좋은 목표가 없다면 당신은 아무 것도 성취할 수 없다.

목표 없이 사는 사람은 귀중한 인생을 허비하는 사람이다. 좋은 목표를 가져라. 그러면 당신은 성공할 것이다.

6가지를 모두 다 지키고 있다면
당신은 정말 완벽한 사람이다. 무조건 성공할 것이다. 당신은 아주 건강하며 언젠가는 반드시 성공할 것이다.

5가지를 지키고 있다면
거의 완벽에 가깝다. 당신은 현재 바른 길을 가고 있다. 충분히 성공할 가능성이 높다.

4가지를 지키고 있다면
우수하다. 대단히 모범적이다. 성공할 가능성이 높다. 약간만 더 노력하면 좋은 결과를 얻게 될 것이다.

3가지를 지키고 있다면
보통이다. 하지만 노력이 필요하다.

2가지를 지키고 있다면
노력이 필요하다. 지금 이 상태를 계속 유지하면 앞으로 위험해질 확률이 높다.

1가지만 지키고 있다면
위험하다. 빠른 시일 안에 자신을 변화시키지 않으면 대단히 위험한 결과가 곧 닥치게 될 것이다.

_한국성공비전센타

성공할 사람과 실패할 사람의 38가지 유형

1. 실패할 사람은 생각만 앞서고 행동이 따르지 못한다.

   실패할지도 모른다는 두려움에 돌다리만 두드리고 있는 것이다. 그러나 성공할 사람은 자신의 생각을 행동으로 즉각 옮긴다. 만일 행동이 잘못되었다 해도 궤도를 수정할 수 있기 때문이다.

   다락에 금송아지 100마리가 있다 해도 활용하지 못하면 있으나 마나다. 생각만 많은 사람인지, 무언가를 보여주는 사람인지를 스스로 판단해보는 것이 중요하다.

2. 인생은 마라톤이다.

   마라톤 선수를 보면 두 가지 유형이 있다. 자기 능력에 맞게 꾸준한 수준을 유지하는 사람이 있는가하면 성급한 마음으로 사력을 다해 뛰다가 결승을 앞두고 지쳐 쓰러지거나 기어들어가는 사람도 있다.

   성공할 사람은 자기에 맞게 힘과 시간과 정력을 안배한다. 그렇게 해서 자신의 기록을 단축하는 것이다. 그러나 실패할 사람은 너무 욕심을 내다가 자신의 능력을 발휘하지 못하고 지쳐 쓰러진다.

3. 사람은 미완성 동물이어서 실수도 있고 실패도 있게 마련이다.

   성공할 사람은 실패를 통해서도 무엇인가를 배워 나간다. 실패는 성공의 전 단계라는 것을 알기 때문이다. 그러나 실패자는 실수를 하지 않으려고 발버둥 치다가 아무 것도 못하고 인생 제대를 하는 것이다.

4. 성공하는 사람은 자기가 맡은 일에 사명감과 주인 의식을 가지고 임한다.
   그래서 작은 일에도 열과 성을 다한다. 그러나 실패하는 사람은 일을 지겨워한다. 맡겨진 일도 마지못해 하기 때문에 일을 해도 제대로 마무리를 못하는 것이다. 신나게 일하는 사람에게 세상은 보랏빛이지만 한숨을 쉬며 의무감으로 일하는 사람에게는 잿빛이다.

5. 사람은 누구나 자기 눈으로 세상을 바라본다.
   그래서 자기가 본 것만이 가장 정확하다고 생각하는 것이다. 그것은 실패자가 되는 지름길이다. 성공하는 사람은 자기 눈뿐만 아니라 남의 눈도 정확하다는 생각하여 많은 사람의 눈을 통하여 사물을 바라본다.

6. 우리가 성공적인 삶을 살아가기 위해서는 돈이 아니라 사람이 자산이다.
   실패할 사람은 자기편도 원수로 만든다. 사람은 모래알처럼 많이 있다고 생각하기 때문에 자신의 오른팔, 왼팔을 사정없이 잘라버리는 것이다. 그러나 성공하는 사람은 원수라 해도 사랑과 정성으로 대해 자기편을 만든다. 이 세상에 나쁜 사람은 없다는 것을 알기 때문이다.

7. 안 될 이유가 있다면 될 이유도 있다.
   말 많은 집은 장맛도 쓰다고, 실패할 사람은 안 될 이유부터 찾아낸다. 여건을 탓하고, 환경을 탓하고, 분위기를 탓하며, 상사와 부하를 탓하다가 조상을 탓하고 자신의 신세를 탓한다.

성공할 사람은 그런 여건을 알면서도 묵묵히 소처럼 노력하고 또 노력하여 결실을 이루는 것이다.

8. 누구나 알게 모르게 잘못을 저지를 수가 있다.

펜티엄 컴퓨터도 잘못이 있을 수 있는데 사람이야 말할 나위 없다. 성공할 사람은 자기 잘못을 솔직히 인정하고 개선하려고 노력한다. 그러나 실패할 사람은 자신의 잘못을 결코 인정하지 않고 외부에서 원인을 찾아내려고 정신이 없다. 자기에게서 잘못을 찾는 것은 치욕으로 알기 때문이다.

9. 세상일이란 잘될 때도 있고 잘못될 때도 있다.

실패할 사람은 잘될 때는 보이는 것이 없다. 자기 기분에 도취하여 희희낙락하다가 잘못될 경우 자라목이 되어버린다. 그러나 성공할 사람은 침착하게 행동하고 주변의 분위기에 신경을 더 쓴다.

10. 성공할 사람은 큰 목표를 가지고 도전한다.

꿈이 있다면 태산이 높다 해도 하늘 아래 있기 때문에 성취할 수 있다는 믿음이 있는 것이다. 그러나 실패할 사람은 목표를 갖지 않는다. 그것이 이뤄진다는 보장도 없을뿐더러 심리적인 부담을 갖게 하기 때문에 바람이 부는 대로 물결치는 대로 살아가다 암초에 걸려 타이타닉 신세가 되어버린다.

11. 지금의 방법이 최상의 방법은 아니다.

방법은 얼마든지 있다. 하지만 실패할 사람은 지금까지의 방법에서 벗어나지 않으려고 한다. 다른 방법이 잘된다는 법도 없기 때문이다. 그러나 성공할 사람은 힘들어도 새로운 방법을 찾아낸다. 여기서 대어를 낚는 것이다.

12. 공자는 세 살 먹은 아이에게도 배울 것이 있다고 했다.

실패할 사람은 남의 얘기는 듣지 않고 말하는 데 열을 올리다보니 배울 수가 없다. 성공할 사람은 나의 생각과 다르다 해도 경청하는데 열중하여 많은 지식을 자기 것으로 만든다.

13. 이 세상에는 약자도 있고 강자도 있게 마련이다.

실패할 사람은 약자에게 강하고 강자에게 약하다. 약자는 자기에게 어떤 도움도 되지 않으며 강자 쪽에 줄을 서야 국물이 있다고 생각하는 것이다. 그러나 성공할 사람은 모든 사람에게 겸손하며 존경심을 보인다. 영원한 약자도 없고 영원한 강자도 없다고 생각하는 것이다.

14. 때를 아는 사람이 성공한다.

모든 것에는 때가 있다. 전진할 때가 있는가 하면 후퇴할 때도 있다. 실패할 사람은 전진해야 할 때 후퇴하고 후퇴해야 할 때 전진한다. 그러나 성공할 사람은 때를 정확히 알고 속전속결한다.

15. 눈이 보배라고 한다.

실패할 사람은 색안경을 쓰고 보기 때문에 좋은 사람에게서 나쁜 점을 찾아내는 주특기가 있다. 그러나 성공할 사람은 나쁜 사람이 가지고 있는 좋은 점을 발견하려고 노력하여 세상을 밝게 만든다.

16. 이 세상에는 이끌고 가는 사람이 있는가하면 이끌려 다니는 사람이 있다.

이끌고 가는 사람은 성공할 사람이 되지만 개처럼 끌려 다니는 사람은 실패할 사람이다. 끌려 다니지 말라. 끌고 다녀라.

17. 사람은 성공할 사람에게 모인다.

실패할 사람은 배타적이어서 찬바람이 돌지만, 성공할 사람은 우호적이어서 따뜻한 바람이 감돈다. 양지에는 사람이 모이지만 음지에는 풀도 나지 않는다.

18. 어디에나 자리가 있다.

실패할 사람은 자리만 지키는 데 열중하다보니 제대로 일을 할 수가 없다. 이 자리를 잃으면 인생이 끝난다고 생각하는 것이다. 그러나 성공할 사람은 자리에 연연하지 않는다. 그래서 과실이 있더라도 새로운 것을 창조하려는 노력으로 큰 성공을 만든다.

19. 사람은 평생 배워야 한다. 모든 것이 하루가 다르게 변하기 때문이다.

실패할 사람은 오늘 못하면 내일 하지 하고 내일로 미룬다. 성공할 사람은 아무리 바빠도 내일로 미루지 않는다. 우리가 사는 것은 오늘이라는 것을 알기 때문이다.

20. 성공할 사람은 시련과 역경을 두려워하지 않는다.

그것을 통하여 자기가 강화된다는 것을 알기 때문이다. 그러나 실패할 사람은 그것이 두려워 아무 것도 하지 않으려고 몸부림친다.

21. 공격이 최상의 방어다.

실패할 사람은 두려움으로 방어 태세를 일관하지만 성공할 사람은 두려움을 무릅쓰고 공격 자세를 보인다.

22. 우리가 살아가면서 타협이 필요한 것을 배운다.

성공할 사람은 타협해야 할 것과 싸울 것을 분명히 알고 행동한다. 그러나 실패할 사람은 타협해야 될 것과 싸우며, 싸워야 될 것과 타협한다.

23. 성공할 사람은 주어진 일로 만족하지 않는다.

그래서 일을 찾아서 하고 만들어서 한다. 그렇게 하다 보면 무한한 능력을 찾아낼 수가 있다는 것을 알기 때문이다. 그러나 실패할 사람은 '노세 노세 젊어서 노세' 를 부르는 배짱이가 되어버린다.

24. 콩 심은 데 콩 나고 팥 심은 데 팥 나는 게 성공의 기초다.

성공할 사람은 심은 대로 거둔다는 것을 알고 씨 뿌리고 가꾸는데 열중한다. 그러나 실패할 사람은 심지도 않고 거두려는 심보를 가지고 있다.

25. 성공할 사람은 가슴을 펴고 앞을 향하여 보무당당하게 걸어간다.

그러나 실패할 사람은 뒤돌아보고, 옆을 보고, 한눈파느라고 앞으로 가지를 못한다.

26. 성공할 사람은 자기를 사랑한다.

자기를 사랑하는 것만큼 남도 사랑한다. 그러나 실패할 사람은 자신을 저주하고 남을 저주하고 자신에게 주어진 일까지 원망한다.

27. 성공할 사람은 언제나 꿈을 간직하고 있다.

그 꿈은 언젠가는 이뤄지는 것이다. 그러나 실패할 사람은 꿈이 없다. 그뿐 아니라 꿈을 가진 사람에게 "꿈 깨" 하고 말하는 것이다.

28. 성공할 사람은 자기가 걸려 넘어진 돌을 디딤돌로 삼아 다시 일어난다.

실패할 사람은 또 넘어질지도 모른다는 생각에 그 자리에 누워 다시 일어서지 않는다.

29. 진실은 언젠가는 진실로 밝혀지고, 거짓은 언젠가는 거짓으로 판명난다.

성공할 사람은 자기에게 불이익이 온다 해도 사실을 사실대로 솔직하게 말을 한다. 그러나 실패할 사람은 후유증이 두려운 나머지 금방 탄로가 날 거짓말을 떡 먹듯이 한다.

30. 성공할 사람이나 실패할 사람이나 똑같이 힘을 쓴다.

성공할 사람은 내실에 힘쓰고 실패할 사람은 겉치장에 힘쓴다.

31. 성공할 사람은 사람이 지켜야 할 예절과 법도를 안다.

그러나 실패할 사람은 안하무인으로 행동하면서 오히려 남의 잘못을 결코 용납하지 않는다.

32. '남자의 얼굴은 이력서, 여자의 얼굴은 청구서' 라는 말이 있다.
성공할 사람은 밝은 얼굴과 여유 있는 표정을 보이지만 실패할 사람은 항상 불안하며 표정이 어둡다.

33. 임금님도 뒤에서 욕하는 사람이 있다는 옛말이 있다.
욕을 먹었다고 해서 죽고 사는 게 아니다. 성공할 사람은 누가 욕을 했다고 해도 허허 웃어버리지만 실패할 사람은 두고두고 범인을 색출하려고 한다.

34. 세상에는 쫓아가는 사람과 쫓겨 다니는 사람이 있다.
성공할 사람은 일과 시간을 쫓아가며 만드는 사람이다. 그러나 실패할 사람은 일에 쫓기고 시간에 쫓기는 도망자다.

35. 성공할 사람은 충분히 준비를 하고 행동으로 옮긴다.
그러나 실패할 사람은 '어떻게 되겠지' 하며 준비 없이 되는대로 행동한다.

36. 성공할 사람은 오늘에 집착하지 않고 멀리 내다보고 행동한다.
유능한 전략가는 앉아 있어도 멀리 내다보고 작전을 짠다. 그러나 실패할 사람은 눈앞에 있는 면만을 보고 그것이 전부라고 착각한다.

37. 성공할 사람은 지금 힘들어도 절제와 절약에 보람을 느낀다.
실패할 사람은 한강 물도 퍼서 쓰다보면 줄어든다는 것을 모르고 사치와 낭비에서 즐거움을 느낀다.

38. 성공할 사람의 목표는 '일'인데, 실패할 사람의 목표는 '돈'이다.

일을 목표로 했을 때 돈은 자연스럽게 들어오지만 돈만을 목표로 했을 때 눈 먼 돈이 아닌 이상 그렇게 당신을 향해 달라붙지는 않을 것이다.

__이상헌(칼럼니스트, 한국심리교육 협회장)

memo

변치 않는 성공 키워드 20가지

1. 자기 변화를 위해 실천하라.

   자기 변화에 적극적인 사람은 사회에서 인정받고 성공할 확률도 높다. 자기 변화를 위해서는 반드시 실천하라.

2. 자기만의 비전을 가져라.

   비전(Vision)이란 높고 올바른 꿈을 말하며, 원대한 목표이다. 비전을 실현하기 위해서는 지식, 기술, 신용, 건강, 의지 등 여러 가지 힘이 있어야 한다.

3. 자신감을 가져라.

   자신을 존중하는 마음과 자신감을 가지고 목표를 향해 최선을 다하자. 최상의 결과가 주어지게 될 것이다.

4. 신념을 가져라.

   사람은 무한한 가능성을 지닌 존재이므로 신념으로 무장하면 강해진다. '나는 할 수 있다. 세상에 안 될 일은 없다'는 신념을 가진다면 성공할 수 있다.

5. 긍정적인 사고를 가져라.

긍정적인 사고는 희망에 찬 밝은 미래를 가져다주며 성공의 길로 인도해준다. 긍정적인 마음은 매일매일 겪는 실패나 패배조차 승리로 전환시키는 힘을 갖는다.

6. 실패를 극복하라.

만약 당신이 계획에서 실패했다면 곧바로 계획을 수정해라. 패배에 좌절하지 않으려면 긍정적인 자세가 필수적이다.

7. 자신의 약점을 극복하라.

남보다 나은 점이 많다고 해서 반드시 남보다 성공한다는 보장은 없다. 자신의 꿈을 이루기 위해 나아가는 사람들과 가까이 지내도록 노력하라.

8. 시련을 극복하라.

시련은 회피의 대상이 아닌, 도전과 극복의 대상이어야 한다. 정면으로 맞서서 돌파하라. 그러면 시련은 아무 일도 아닌 것처럼 극복될 것이다.

9. 두려움을 버려라.

마음의 상태는 언제나 무엇인가에 의해 항상 지배되고 방향을 지시 받는다. 두려움에서 벗어나 과감히 시도할 때 성공에 이를 수 있다.

10. 원만한 대인 관계를 가져라.

성공한 사람들은 원만한 인간관계를 큰 자산으로 여기며, 계속 유지 확대해나간다. 다른 사람의 도움이 전혀 없이는 성공할 수 없으며, 혼자서 살아갈 수 없다는 것을 알고 있기 때문이다.

11. 자신을 낮추라.

남보다 나은 위치에 있을수록 겸손하게 대한다면 상대방은 나를 신뢰하게 될 것이다. 자신만이 최고라는 아집과 자만을 버리고 자신의 모자란 점을 돌아보라.

12. 고정관념을 깨라.

고정관념을 깨지 않고서는 회사나 사회의 발전뿐 아니라 개인의 발전도 이룰 수 없다. 정보화 사회에서는 끊임없이 새로운 것에 도전하는 사람만이 성공할 수 있다.

13. 칭찬을 아끼지 말라.

사람은 누구나 다른 사람으로부터 인정을 받고자 하는 마음이 있다. 칭찬하는 것을 부끄럽게 생각하거나 쑥스럽게 여겨서는 안 된다.

14. 남에게 베풀어라.

희생은 크나큰 기쁨과 무엇보다 긍정적인 사고를 부여한다. 꼭 보답을 바라고 베푸는 것은 아니지만, 대개는 주는 대로 받는 것이 인지상정이다.

15. 지식을 쌓아라.

책은 인간에게 필요한 정보와 지식을 전달하는 최고의 매체 중 하나다. 엄청난 성공을 이룩한 사람들의 비밀과 비법이 담겨 있기도 하다.

16. 가족과 친구를 사랑하라.

친구와 당신과의 상호 행동은 두뇌를 변화시키는 역할을 한다. 가정이 바로 서야만 자신의 성공도 이룰 수 있으며, 인생에서의 진정한 성공이라고 할 수 있다.

17. 현재의 위치에 안주하지 말라.

새로운 일에 대한 결과를 염려하기보다는 과감하게 시도해야 한다. 진정한 성공이란 자신의 인생에 최선을 다하는 것이다.

18. 시간을 관리하라.

시간을 효율적으로 관리하지 못하면 그 성공은 더디고 힘들지도 모른다. 시간을 생명처럼 귀중히 여겨라. 시간은 언제까지 당신을 기다리지 않는다.

19. 말을 조심하라.

한 번의 말실수로 돌이킬 수 없는 후회를 하게 되는 경우가 많다. 듣는 상대방의 입장을 생각하여 말하는 지혜가 필요하다.

20. 일에 몰두하라.

나는 혼신의 힘을 다해서 내 일에 열정을 쏟고 있는가? 성공한 사람들은 자신이 쉬지 않고 일할 수 있도록 상황을 만들어간 사람들이다.

__이정창

성공하는 사람들의 습관 5가지

1. 걸음걸이가 빠르다.
걸음걸이가 빠른 것은 성취 의욕과 부지런함을 보여준다.

2. 앞자리에 앉거나 앞쪽에 선다.
앞자리에 앉은 것은 적극적이며 진취적인 성향을 나타내고 뒷자리에 앉는 것은 소극적이며 방관적인 성향을 나타낸다.

3. 시선을 집중시킨다.
강의 시간이나 대화할 때 상대방의 눈을 바라보고 시선을 집중시키는 사람은 자기 분야에 집중력이 강하고 학업 성적이 월등하게 앞설 가능성이 많다.

4. 항상 웃음 띤 얼굴이다.
웃음은 좋은 인간관계를 맺게 해준다.

5. 모든 일을 긍정적으로 생각하고 표현한다.
고통당할 때 낙심하거나 누구를 원망하는 사람은 발전이 없다.

_미국 남가주대학 심리학과의 골드 교수의 회고록

성공한 사람들의 10가지 행동 철학

1. 성공한 사람들은 일의 우선순위를 정하고 중요한 일을 먼저 한다.
   가치 없는 일들로 소중한 시간과 에너지를 소비하지 않는다. 자신의 에너지를 중요한 곳에 집중적으로 투여하여 성과를 만들어 내고 만다.

2. 성공한 사람들은 오늘 할 일은 지금 당장 완수해버린다.
   결코 우물쭈물 미루다가 후회하는 어리석음을 선택하지 않는다. '망설이다가 흘러간 시간은 다시 오지 않는다'는 사실을 잘 알고 있기 때문이다.

3. 성공한 사람들은 자신이 하는 일을 재미있게 구성한다.
   놀이와 일의 구분이 힘들 정도로 일에서 재미를 찾아내는 제3의 눈이있다.

4. 성공한 사람들은 명확하고 구체적인 목표가 있다.
   분명하게 가야 할 길이 있기 때문에 어려운 상황이 밀물처럼 밀려와도 결코 굴복하거나 타협하지 않는다. 목표를 향한 전진은 코뿔소와 같다.

5. 성공한 사람들은 '하루아침에 로마가 완성되지 않는다'는 것을 누구보다 잘 알고 있다.
   위대한 일을 완수하는데 언제나 필수적으로 사용하는 요소가 '끈기'이다.

6. 성공한 사람들은 자신의 삶을 균형 있게 가꾸어나간다.

일에만 집착하여 다른 중요한 것들을 희생하지 않는다. 그들은 삶이 조화롭게 균형을 이룰 때, 성공과 행복의 두 마리 토끼가 손 안에 들어온다는 사실을 명확하게 알고 있다.

7. 성공한 사람들은 자신에게 잘 맞는 일을 한다.

잘 맞는 일을 열정적으로 하기 때문에 그 일에서 특별한 가치를 찾아낸다.

8. 성공한 사람들은 남들의 성공을 아무런 조건 없이 돕는다.

'진정으로 가치 있는 부와 성공은 다른 사람을 돕는 데서 나온다'는 진리를 날마다 실천하고 있다.

9. 성공한 사람들은 자신의 모든 면을 진정으로 사랑한다.

'세상에서 가장 소중한 재산은 자신이다'라고 생각한다. 조금 부족한 면은 사랑으로 감싸주어 끝내 세상에서 가장 위대한 조각물로 완성한다.

10. 성공한 사람들은 매사에서 배우는 자세를 가지고 있다.

문제에서도 배운다. 성장에서도 배운다. 어떤 상황에서도 배우기 때문에 자꾸만 성숙하게 되는 것이다.

__유철수(자아성공 전문가)

성공을 위한 7가지 습관

1. 규칙적 기상 : 하루의 시작을 알리는 기상.

아침 시간을 얼마나 효율적으로 활용하느냐가 대단히 중요하다. 아침 30분을 확보하면 1년에 한 달의 여유시간을 버는 것이다. 이른 기상을 습관화하는 것이 곧 성공의 출발점이다.

성실성이 모든 것이다. 성실성이 없다면 당신이 어디를 가더라도 아무도 당신을 따르지 않을 것이다.

__데니스 맥더멧(작가)

2. 플러스 사고 : 하루 삶의 원동력이 되는 명상.

육체와 마찬가지로 정신도 단련하여 내면을 업그레이드시키는 노력이 필요하다. 특히, 아침명상은 긍정적이고 적극적인 반응을 이끌어 내는데 유용한 수단이다.

당신이 할 수 있다고 생각하든 할 수 없다고 생각하든 당신 생각은 항상 옳다.

__헨리 포드

3. 시간 관리 : 인생을 계획하는 계기가 된 시간 관리.

10년 단위의 인생 로드맵 같은 큰 그림을 먼저 그리고, 년 단위, 월 단위,

주 단위 등 단기 계획을 작성하여 진행하되 우선순위를 정해 처리한다.

장애물이란 당신이 목표 지점에서 눈을 돌릴 때 나타나는 것이다. 당신이 목표에 눈을 고정 시키고 있다면 장애물은 보이지 않는다.

_헨리 포드

4. 방대한 독서 : 고맙다는 말밖에 나오지 않는 방대한 독서.

독서는 지적 능력을 키우는 자양분이자 자기 경영의 핵심 습관이다. 하루 50페이지 이상을 꾸준히 읽어 독서를 습관화하도록 하자.

모든 독서가가 다 지도자는 아니다. 그러나 모든 지도자는 반드시 독서가여야 한다.

_해리 트루먼

5. 꾸준한 운동 : 규칙적인 운동.

매일 40분씩, 주 5일을 규칙적으로 운동하는 것이 중요하다. 아침보다 저녁 운동이 효율적이며, 몸에 무리가 가지 않도록 하면서 꾸준히 해야 한다.

건강을 유지한다는 것은 자기에 대한 의무인 동시에 사회에 대한 의무다. 오늘날 백 살이 넘게 오래 산 사람은 거의 모두가 여름이나 겨울에 일찍 일어난 사람들이다.

_푸시킨

6. 성공 일기 : 나를 돌아보게 되는 일기.

하루 일과를 마치고 자기 성찰적인 시간을 갖는다. 하루를 되돌아보며, 성공적으로 처리한 일을 3~5개 정도 적어놓고 자신과 긍정적으로 대화하는 습관을 갖자.

어떤 종류의 신념이나 지식의 목적을 이루기 위한 적극적, 지속적, 신중한 사고 형태가 자기 성찰적 사고다.

_존 듀이

7. 칭찬과 용서 : 칭찬과 용서로 더욱 강해지는 인맥.
좋은 인간관계는 상대를 적극적으로 이해하는 데서 시작된다. 남의 잘못만을 들추지 말고 격려하고 칭찬하고 용서하는 것을 습관화하자.

삶의 가장 큰 행복은 우리 자신이 사랑 받고 있다는 믿음으로 부터 온다.

_빅토르 위고

_조신영

memo

성공하는 사람들이 일을 대하는 7가지 태도

1. 일은 선택할 수 없어도 일을 대하는 태도는 선택할 수 있다고 믿는다.
2. 똑같은 방식으로 일하기보다는 끊임없이 새로운 방법을 찾는다.
3. 환경을 탓하는 것이 아니라 환경을 만들어낸다.
4. 누군가를 위해서가 아니라 자신을 위해서 일한다고 생각한다.
5. 하기 싫은 일이라도 목표 달성에 필요하다고 생각하면 기꺼이 한다.
6. 일의 결과로 주어지는 보상보다는 일 자체를 좋아하고 즐긴다.
7. 받는 만큼 일하기보다는 보수 이상으로 일한다.

_이민규

memo

성공을 가로막는 13가지 거짓말

1. 하고 싶지만 시간이 없어.
2. 인맥이 있어야 뭘 하지.
3. 이 나이에 뭘 할 수 있겠어.
4. 왜 나에겐 걱정거리만 생기지.
5. 이런 것도 못하다니, 난 실패자야.
6. 사실 난 용기가 없어.
7. 사람들이 날 화나게 해.
8. 오랜 습관이라 버리기 어려워.
9. 그건 내가 할 수 있는 일이 아냐.
10. 맨 정신으로 살 수 없는 세상이야 .
11. 가만히 있으면 중간이나 가지.
12. 난 원래 이렇게 생겨먹었어.
13. 상황이 협조를 안 해줘.

__스티브 챈들러

성공한 사람들의 10가지 비결

1. '이거다' 싶으면 과감히 덤벼라.
2. 사람들과 '인간적' 관계를 유지하라.
3. 최소 1년 이상 철저히 준비하라.
4. 직원들에게 먼저 모범을 보여라.
5. 하고 싶은 일, 잘 하는 일을 택하라.
6. '인생 전체'를 놓고 철저히 계획하라.
7. '창업'만이 유일한 길은 아니다.
8. '성공할 수 있다'는 확신을 가져라.
9. 인맥이 없으면 적극적으로 만들라.
10. 당연한 말 한 가지. 최선을 다하라.

__주간조선

성공을 위한 문장

성공하고 싶은가?

그렇다면 '성공을 위한 문장'을 틈나는 대로 암송하라. 당신을 근본적으로 변화시켜줄 최고의 방법이다. 성공한 사람들은 다음과 같은 자기암시법을 사용한다.

- 나는 자신감에 넘친다.
- 나는 끈기 있다.
- 나는 열정적이다.
- 나는 상상력이 풍부하다.
- 나는 활기차다.
- 나는 부지런하다.
- 나는 대담하다.
- 나는 긍정적이다.
- 나는 식관적이다.
- 나는 기민하다.
- 나는 설득력 있다.
- 나는 신뢰감을 준다.
- 나는 믿음직하다.
- 나는 과감하다.

- 나는 유머가 풍부하다.
- 나는 여유가 있다.

매일 틈나는 대로 반복해서 암송하라. "나는 자신감에 넘친다"고 외쳐라. 점차 당신이 자신감을 얻어가며 변해가는 것을 확인할 수 있을 것이다.

_마크피셔, 마크앨런

memo

성공을 위한 시간 관리 20가지

1. 무슨 일이든지 미루지 말고 지금 바로 한다.
2. 출퇴근 시 자동차 안에서 보내는 시간을 활용한다.
3. '나' 에게 최고로 능률이 오르는 시간이 언제인가를 파악하고 그 시간에는 가장 소중한 일을 하라.
4. 낙관주의자가 되라.
5. 자잘한 업무를 묶어서 한꺼번에 처리한다.
6. 정신을 집중해야 하는 창조적인 업무는 행정적인 업무와 분리시킨다.
7. 한번 손대기 시작한 일은 가능하면 끝을 낸다.
8. 사무실이나 책상의 레이아웃을 개선하고 특히 책상은 되도록 깔끔하게 잘 정돈한다.
9. 모든 업무상의 편지와 리포트, 수입 명세서 등에 날짜를 기입하고 봤다는 표시를 하는 습관을 기른다.
10. 계획을 짜고 우선순위를 정하는 데 시간을 할당한다.
11. 동료들이나 상관과 어느 일을 먼저 해야 할 것인가를 의논한다.
12. 타이트한 스케줄보다는 느슨한 스케줄이 업무 완성률을 높인다.
13. 개인적인 대화나 전화는 최대한 자제한다.
14. 아이디어가 떠오를 때마다 써놓을 수 있는 아이디어 노트를 꼭 갖고 다닌다.
15. 스스로 업무에 대한 마감 시간을 정해놓는다.

16. 머리와 체력도 리듬을 탄다. '10분 휴식' 은 리듬에 상향 곡선을 그리게 해준다.
17. 약속 시간에 일찍 도착하도록 항상 10분 여유를 둔다.
18. 자신의 컨디션에 맞춰 중요한 일과 사소한 일에 나눠 처리한다.
19. 정말 원하는 것을 하기 위해 꾸준히 시간을 내려고 노력한다.
20. 지금 시간을 최대한 효율적으로 쓰고 있는가를 자문한다.

__US Today

memo

자수성가의 21가지 비밀

'The 21 Success Secrets of Self-Made Millionaires'

다음의 21가지 성공 원칙을 따른다면 당신도 분명히 성공할 것이다.

1. 꿈을 크게 가져라.

스스로 꿈을 크게 갖고 당신이 살기를 원하는 삶을 상상하라. 그리고 그러한 삶을 살기 위해 얼마만큼의 재산이 있어야 하는지 생각해보라. 이러한 장기적 미래 비전을 세우는 것은 당신이 좀더 긍정적이고 확신에 찰 수 있도록 도와준다. 강력한 동기 부여가 되기도 한다.

2. 확실한 방향성을 개발하라.

항상 당신의 목표에 대해 생각하고 그것에 다가가려 노력하라. 당신의 삶에서 하고자 원하는 것을 결정하고 이를 구체적인 목표로 적으라. 그리고 그것에 대해 마감 시한을 정하고 그것을 달성하기 위해 필요한 모든 것들을 리스트로 만들라. 그런 다음, 그 리스트를 행동 계획으로 옮겨라. 직접 실천하는 것이다.

3. 스스로를 고용하라.

당신은 당신 삶에 일어나는 일들에 대해 책임이 있다. 따라서 당신이 주인공인 것이다. 당신이 누군가를 위해 일한다고 생각하는 것은 실수이다. 당신 스스로를 고용하라. 그리고 독립적이고 스스로 책임지며 스스로 시작하는 기업가라고 생각하라.

4. 당신이 하기를 원하는 것을 하라.

당신이 진정으로 하기를 원하고 재능이 있는 것을 찾으라. 그리고 자신을 철저하게 그 일에 던져라. 당신이 좋아하는 일을 한다면, 그것은 더 이상 일로 느껴지지 않을 것이다.

5. 최고를 추구하라.

당신이 무엇을 하든, 최고가 되려고 노력하라. 당신 분야에서 상위 10%가 되도록 목표를 세우라. 모든 성공한 사람들은 매우 경쟁력 있는 사람들이기 때문에 당신도 충분히 경쟁력 있는 사람이 되어야 한다.

6. 더 오래 더 열심히 일하라.

모든 자수성가한 사람들은 열심히 일했기 때문에 당신도 열심히 일해야 한다. 열심히 일한다는 것은 더 빨리 일을 시작하고 더 늦게까지 일하고 더 집중해서 일하는 것을 의미한다. 여기서 가장 중요한 것은 근무 시간 동안 계속해서 일하고 시간을 낭비하지 않는 것이다.

7. 평생 동안 배움을 계속하라.

당신 분야에서 지속적으로 배우고 향상시켜라. 자신의 지능을 근육과 같아서 쓰면 쓸수록 개발된다. 육체적 근육처럼 당신의 정신적 근육들도 일하고 또한 늘리도록(stretch) 하라.

평생 학습을 위해 중요한 3가지 요소가 있다. 첫째는 하루에 한 시간이나 30분 동안 자기 분야에 대해 독서를 하는 것이고, 둘째는 출퇴근 시에 오디오 프로그램 등을 통해 학습을 하는 것이고, 셋째는 될 수 있으면 많이 당신 분야의 교육과 세미나에 참석하는 것이다.

8. 미래를 위해 투자하라.

될 수 있으며 소득의 많은 부분을 저축하고 소득 중 적어도 10%는 투자를 하도록 하라. 검소하도록 하고 돈에 대해 신중히 생각하여 써라. 모든 비용에 대해 검토를 하고 될 수 있으면 지출에 대해 미루도록 해라. 미룰수록 싸게 사고 낭비를 줄일 수 있다.

9. 당신 사업에 대해 철저히 배우라.

일을 더 잘할 수 있는 방법에 대해 배워서 그 분야에서 전문가가 되라. 전문가가 됨으로써 최고에 오를 수 있다. 그 분야의 최신 잡지나 도서를 항상 곁에 두라.

10. 고객 서비스에 헌신하라.

고객 서비스는 매우 중요하고 모든 자수성가한 사람들은 고객 서비스에 헌신적이었다. 이들은 항상 고객에 대해 생각하고 이들에게 서비스하기 위한 새롭고 더 나은 방법을 찾기 위해 노력하였다.

11. 절대적으로 정직하라.

앞서 간다는 것은 당신의 성품에 대한 평판을 요구한다. 모든 성공적인 비즈니스는 신뢰에 기초하기 때문이다. 올바른 성품을 갖기 위해서는 자신에 대해 정직하고, 다소 많은 비용이 들더라도 항상 올바른 일을 하는 것이다.

12. 우선순위에 집중하라.

정기적으로 우선순위를 정하고 이를 달성하기 위해 집중하는 것을 배움으로써 당신이 원하는 것을 성취할 수 있다. 우선순위화의 비법은 당신이 목표를 위해 해야만 하는 것들을 모두 리스트에 적고 이들에 대해 더 높은 가치를 주는 활동들에 대해 기록하고 우선순위를 정하는 것이다.

13. 신속함에 대해서 평판을 얻으라.

오늘날 사람들은 신속함을 원하고 기다리는 것에 익숙하지 않다. 따라서 신속함과 민첩한 행동에 대한 평판을 얻는 것이 중요하다. 당신 상사나 고객을 위해 무엇을 할 때, 빠른 일 처리를 통해 그들을 놀라게 하라.

14. 정상에서 정상으로 오르도록 하라.

인생은 오르고 내리고 굴곡이 있기 마련이다. 장기적인 관점을 세우고 항상 2년 이상의 계획을 세우도록 하라. 그래야 당신이 도중에 내리막길을 만나더라도 자신감을 가질 수 있게 된다.

15. 항상 스스로 규율을 정하라.

스스로 해야 할 때 해야 하는 것에 대해 규율을 정함으로써 당신을 성공을 담보할 수 있다. 당신은 스스로 제어하고 방향성을 가질 필요가 있으며 또한 장기적인 성공을 달성하기 위해서 단기적인 만족을 지연시킬 필요가 있다.

16. 당신의 창의력을 펼치라.

창의력을 자극하기 위한 3가지 요소는 강렬한 목표와 문제에 대한 압박, 그리고 해법에 대한 집중이다. 당신이 당신의 목표 달성과 문제 해결에 더 집중할수록 당신은 더 현명해질 것이다.

17. 올바른 사람들과 교제하라.

당신이 더 많은 사람들을 알수록 당신은 더욱 성공하게 되고 그리고 더 빨리 나아갈 수 있게 된다. 당신이 교제하는 그룹들은 특히 중요해서 당신이 태도나 가치관, 행동, 그리고 신념들을 그들과 닮아가게 된다.

18. 당신의 건강을 돌보라.

당신이 전문적으로 일을 더 잘할 수 있기 위해서는 좋은 건강 상태를 유지하는 것이 필요하다. 항상 적정 체중을 유지하고 적당한 식습관을 갖고 규칙적으로 운동하라.

19. 단호하고 행동 중심적이 되라.

자수성가한 사람들은 조심스럽게 생각하고 빠르게 의사결정을 한다. 당신도 역시 그러해야 한다. 단호하고 행동 중심적이 됨으로써 당신은 더 많은 일들을 하게 되고 당신의 삶에 더 추진력을 붙일 수 있게 된다.

20. 실패를 선택으로 두지 말라.

실패가 아닌 실패에 대한 공포심이 성공으로 가는 가장 큰 장애물이다. 실패는 당신을 더 강하게 하지만, 실패에 대한 공포는 당신을 마비시킨다.

21. 인내심을 가져라.

무슨 일이 있어도 포기하지 말라. 어려움이 있고 실망하더라도 인내하라. 위기는 반복되기 마련이다. 당신이 긍정적이고 효과적으로 반응함으로써, 당신은 더 강해지고 어려움에 더 잘 대응할 수 있게 될 것이다.

_브레인 트레시

memo

성공을 위한 12가지 지침서

마하트마 간디는 "한 사람에게 가능한 일은 나에게도 가능하다. 고로 최선을 다하라"고 했다.

1. 절대 좌절하지 말라. 인생은 7전 8기의 모험이다.
2. 모든 문제는 스스로 처리하라. 뜻이 있는 곳에 길이 있다.
3. 냉정하고 여유를 가져라. 인생은 단거리 경주가 아니다.
4. 왜 사는가? 이유를 분명히 알라. 인생관을 분명히 하라.
5. 끝까지 자신을 가져라. 인생이라는 배의 선장은 자기 자신이다.
6. 무엇이든지 하면 된다. 세상에 불가능은 없다.
7. 마음의 근심을 완전히 제거하라. 근심은 저항력을 약화시킨다.
8. 기적을 일으켜라. 기적은 있다. 스스로 일으켜라.
9. 앞을 보고 살라. 걷는 자만이 앞으로 갈 수 있다.
10. 꿈에라도 실패는 생각지 말라. 부정적인 생각은 암적 존재이다.
11. 마음속의 광맥, 잠재의식을 활용하라. 인간의 무한한 광맥을 갖고 있다.
12. 정상을 노려라. 성공이란 성취욕의 연속이다.

_간디

성공한 사람들의 10가지 생활 패턴

1. 매력적이고 현실적인 목표를 갖고 있다.
2. 오늘의 자신, 지금의 자신을 출발점으로 한다.
3. 타인과 비교하지 않는다.
4. 적극적이고 낙천적이며, 정열적인 사고를 갖는다.
5. 창조적인 상상력을 적극적으로 활용한다.
6. 현재의 일을 마지막 일이라고 생각하고 몰입한다.
7. 자신만의 독특한 매력을 갖고 있다.
8. 성공에 대해서 급하게 서두르지 않고, 교만하지 않으며, 역경에 처해도 포기하지 않는다.
9. 한 가지 일이 끝났을 때 훌륭한 성공 경험을 얻는다.
10. 항상 긍정적인 사고를 가지고 끝까지 포기하지 않는다.

_로버트 H. 슐러

성공을 위한 동기부여 50가지

1. 자신의 분야에 관한 최고의 전문가가 되자.
2. 성공을 위하여 내 자신부터 건강하자.
3. 건강과 다이어트에 대하여도 전문가가 되자.
4. 자신의 회사 제품에 관한 막힘이 없는 전문가가 되자.
5. 최고의 연봉 수령자가 되자.
6. 최고의 사업가라는 자부심과 긍지를 갖자.
7. 제품을 팔기 전에 사랑을 먼저 나누어주자.
8. 대인 관계에 있어 적을 만들지 않는다.
9. '나도 성공할 수 있는 권리가 있다' 라고 절대적으로 믿자.
10. 언제나 꿈을 가지고 사는 사람이 되자.
11. 성공은 곧 부자가 된다는 사실을 명심하자.
12. 게으름은 나를 실패로 몰아가는 무서운 바이러스라는 사실을 명심하자.
13. 기회가 없어 못하는 것이 아니라 하겠다는 의지가 부족하여 못하는 것이다.
14. 불안한 생각, 부정적인 생각은 실패의 주범이다.
15. 생각만으로는 그 무엇도 이룰 수 없다. 일어나 뛰어야 얻을 수 있다.
16. 성공을 하면서 잃어버리는 것은 없을까 경계하자.
17. 불평불만은 나에게도 상대에게도 결코 도움이 되지 않는다.

18. 내 자신의 꿈과 잠재의식을 합치시키자.
19. "감사하는 마음"이 성취의 가장 빠른 길이다.
20. 잠자는 시간이라고 해서 그냥 버리는 시간만은 아니다.
21. 꿈꾸고 생각했으면 그것을 당장 현실화하라.
22. 처음 가졌던 마음을 미래에도 고수하자.
23. 실패란 무언가를 얻기 위한 과정에서 일어나는 현상일 뿐 결과로 착각하지 말자.
24. 내가 지금 무슨 생각을 하고 있는가를 점검하자.
25. "나는 성공할 수 있다"는 잠재의식의 능력을 믿는다.
26. 두려움이라는 감정은 내 잠재의식 속에서 몰아내자.
27. 나의 꿈을 실현시키는 것은 과학적 논리로 가능한 것이 아니다.
28. 긍정적이고 진취적인 생각으로 나의 운명을 바꿔보자.
29. 걱정만 한다고 해결될 문제는 이 세상에 없다.
30. 하루에 5분씩 나 자신에게 성공을 외친다.
31. 언제나 성공하고 행복하게 되는 즐거운 상상을 하자.
32. 나는 행복하고 자유를 만끽할 수 있는 권리가 있다.
33. 나 스스로 변하지 않으면 내 인생도 변하지 않는다.
34. 과거의 실패는 크게 염두에 두지 말자.
35. 타인의 충고를 참고는 하되 전적으로 의지하지는 말자.
36. "더 좋은 조건"이라도 망설이게 될 때는 보류하자.
37. 다른 사람의 성공을 부러워하거나 질투할 것이 아니라 그를 능가할 계획을 세우자.
38. 시대적 상황과 환경 변화에 적응하려는 노력을 하자.
39. 나의 고집과 습관을 자랑하지 않는다.
40. 어려운 상황에서 나는 주저앉는 사람인가, 기회로 삼아 일어서는 사람

인가?

41. 타인의 부정적인 말에 크게 유념하지 말자.
42. 뜻대로 되지 않는 것은 간절히 그것을 원하지 않기 때문이다.
43. 나의 목표를 잊고 있지는 않는가? 수시로 확인하자.
44. 시간 관리에 성공하는 사람이 되자.
45. 절약하는 생활은 계속한다.
46. 자기 계발에 시간과 노력을 투자하자.
47. 조기조침(早起早寢)의 생활패턴을 만들자.
48. 급변하는 경제 흐름을 주시하고 경제의 기본 상식을 배우자.
49. 성공은 지식에 있는 것이 아니라 지식을 통한 실천에 있다.
50. 좋은 말만하고 살자.

__지식in

memo

성공하기 위해 가져야 할 42가지 마음가짐

1. 모든 일에서 언제나 성실해라.
2. 펜과 종이를 사용해 생각하고 계획을 세워라.
3. 적어둔 목표를 발전시켜라.
4. 자신과 가족, 동료를 사랑하라.
5. 더 살기 좋은 세상을 만들어라.
6. 어떤 일이든 항상 최선을 다해라. 언제나 준비를 갖추어라.
7. 인생에서 가장 중요한 것은 돈으로 살 수 없다.
8. 결실을 보기까지는 시간이 필요하다.
9. 매일매일 활동을 반성하고 평가해라.
10. 판단하지 말라. 차별하지 말라.
11. 용서하고 잊어 버려라.
12. 언제나 중요한 일을 해라.
13. 스스로를 너무 심각하게 받아들이지 말라. 때로는 어리석은 행동도 해라.
14. 대가를 바라지 말고 주어라.
15. 시작한 일은 끝을 맺어라.
16. 지금 당장해라.
17. 남의 의견을 들어라.
18. 책임을 져라. 창조성과 인내력을 키워라.
19. 다른 일에 도전해라.

20. 할 수 있을 때 가르쳐라.
21. 물질보다는 사람을 소중히 여겨라.
22. 운동을 하고 올바른 식습관을 가져라.
23. 글을 써라.
24. 가족과 대화를 나누어라.
25. 동물을 사랑해라.
26. 샤워를 할 때 노래를 불러라.
27. 즐거운 기분을 가져라.
28. 슬플 때는 울어라.
29. 수입의 일부는 저금해라.
30. 책상을 깨끗이 정리해라
31. 아플 때는 쉬어라.
32. 매일 기도해라.
33. 사랑하는 모든 이들과 당신이 하는 일에 대해 계속 이야기해라.
34. 스스로를 자랑스럽게 여겨라.
35. 꿈을 크게 가져라. 위험을 감수해라.
36. 매일 새로운 것을 배워라.
37. 취미를 가져라.
38. 정신적인 휴식을 취해라.
39. 매일 조금씩 책을 읽어라.
40. 모든 일에서 안전을 생각해라.
41. 일을 즐겨라.
42. 목적을 발견해라.

__빌리 아스먼트

성공을 위한 7가지 결단

1. 공은 여기서 멈춘다. _트루먼 대통령

   나는 내 과거에 대해 모든 책임을 진 오늘날, 심리적으로 육체적으로 정신적으로 재정적으로 이렇게 된 것은 내가 선택한 결단의 결과이다.

2. 나는 지혜를 찾아 나서겠다. _솔로몬 왕

   나의 과거는 결코 바꿀 수 없지만 오늘 내 행동을 바꿈으로써 내 미래를 바꿀 수 있다. 나는 오늘 당장 나의 행동을 바꾸겠다.

3. 나는 행동을 선택하는 사람이다. _체임벌린 대령

   나는 빠르게 움직인다. 성공하는 사람은 재빨리 결정을 내리고 자신의 마음을 천천히 바꾼다.

4. 나는 결연한 마음을 가지고 있다. _콜럼버스

   나에게는 꿈이 있다. 일단 꿈을 꾸어야 꿈을 실현시킬 수 있다. 꿈이 없는 사람은 성취도 없다.

5. 오늘 나는 행복한 사람이 될 것을 선택하겠다. _안네 프랑크

   행복은 하나의 선택이다. 나는 어떤 상황에서도 나의 삶에 감사하겠다.

6. 나는 매일 용서하는 마음으로 오늘 하루를 맞이하겠다.

_링컨 대통령

나는 나를 부당하게 비판한 사람들도 용서하겠다. 남은 물론 나 자신도 용서하겠다. 내가 저지른 모든 실수, 모든 착오, 모든 좌절까지도.

성공

7. 나는 어떠한 경우에도 물러서지 않겠다. _가브리엘 대천사

나는 인간에게 부여된 가장 큰 힘, 즉 선택의 힘을 갖고 있다. 오늘 나는 어떠한 경우에도 물러서지 않는 것을 선택한다.

_앤디 댄드루스

memo

승자와 패자의 차이점

패자는 젊어서도 늙은이처럼 생각하지만
승자는 늙어서도 젊은이처럼 행동한다.

패자는 가능성을 두고도 한계점을 찾지만
승자는 한계 상황에서도 가능성을 찾는다.

패자는 '이대로도 좋다' 라고 체념하지만
승자는 '이것 말고는 없을까?' 하고 더 나은 답을 구한다.

패자는 오를 수 있는 나무도 쳐다보지 않지만
승자는 못 오를 나무도 혼신을 다해 올라간다.

패자는 현실을 머리로만 꿈꾸지만
승자는 꿈을 행동으로 실현한다.

패자는 시작이 요란하고 말로 행위를 변명하지만
승자는 시작이 차분하며 말 대신 행위로 증명해 보인다.

패자는 남의 현명함을 비웃지만

승자는 자신의 어리석음에도 미소를 짓는다.

패자는 놀이도 일처럼 하지만
승자는 일도 놀이처럼 한다.

패자는 받는 것만큼만 일해서 조금만 얻지만
승자는 받는 것 이상으로 일해 더 많은 것을 얻는다.

패자는 조언도 비난으로 듣고 화를 내지만
승자는 비난도 조언으로 듣고 뭔가를 배우며 감사한다.

패자는 힘들게 일하면서도 적게 얻지만
승자는 힘들지 않게 일하면서도 더 많이 얻는다.

패자는 열 가지를 알아도 하나도 활용하지 못하지만
승자는 하나를 알아도 열 가지에 활용한다.

패자는 시간에 끌려 다니고
승자는 시간을 관리한다.

패자는 생각 없이 기계적으로 일하지만
승자는 생각하고 난 다음에 체계적으로 일한다.

패자는 즉각적인 만족을 위해 사소한 것을 먼저 하지만
승자는 장기적인 만족을 위해 중요한 것을 먼저 한다.

패자는 '언젠가 거기'에서 시작하겠다고 계획만 하지만
승자는 '지금 여기'에서 곧바로 실천한다.

패자는 뭔가 할 수 있는 시간에도 아무 것도 하지 않지만
승자는 아무 것도 할 수 없는 시간에도 뭔가를 한다.

패자는 문제의 변두리에서 맴돌지만
승자는 문제의 핵심으로 뛰어든다.

패자는 게으르지만 항상 분주하고
승자는 부지런하지만 항상 여유가 있다.

패자는 일이 잘못되면 '그건 네 탓이다'라고 말하지만
승자는 일이 잘못되면 '그건 내 탓이다'라고 말한다.

패자는 자신을 먼저 생각해서 더 많이 잃지만
승자는 팀을 먼저 생각해서 더 많이 얻는다.

패자는 부드러운 논쟁거리도 격하게 다루지만
승자는 격한 논쟁거리도 부드럽게 처리한다.

패자는 잘못했을 때도 사과하지 못하지만
승자는 잘못한 일이 없을 때도 사과할 수 있다.

패자는 자기보다 우월한 사람을 보면 흠부터 찾으려 하지만

승자는 자기보다 열등한 사람을 보고도 배울 것부터 찾는다.

패자는 시작만 거창하지만
승자는 시작보다 끝이 아름답다.

_이민규

성공

memo

존 워너메이커의 7가지 성공 습관

1. 새벽형 인간

그가 몸과 마음의 웰빙을 유지하면서 장수할 수 있었던 비결은 아침형 생활 습관 덕분이었다. 그는 새벽에 일어나 그 날의 계획은 치밀하게 세웠고, 남들보다 30분 먼저 출근해서 일찍 하루를 시작하였다.

2. 긍정적인 삶의 태도

워너메이커의 인생은 시작부터 그리 순조로운 편은 아니었다. 그의 가정 환경은 희망을 노래하기에는 너무 열악했다. 그렇지만 그는 매사에 긍정적이고 낙관적이었다.

3. 절약하고 저축하는 습관

가난한 가정환경 때문에 몸에 밸 수밖에 없었던 워너메이커의 습관은 무엇이든지 절약하고 꾸준히 저축하는 것이었다. 하지만 도움이 필요한 사람과 하나님 나라의 선한 일을 위해서는 거액의 돈을 쾌척할 줄 아는 통 큰 사람이기도 했다.

4. 독서하는 습관

학교 교육을 제대로 받지 못했던 그는 모든 지식을 독서를 통해 습득했다고 해도 과언이 아니다. 그는 아침에 일어나자마자 첫 30분을 성경 묵상에 투자했고, 그 때 주어진 말씀대로 하루를 살려고 노력했다.

5. 기도하는 습관

그는 백화점 건물을 지으면서도 기도실을 따로 만들었는데, 그는 출근하면 가장 먼저 기도실에 들어가서 하나님을 만나는 일로 백화점 일을 시작했다. 그는 기도보다 어떤 일도 앞서기를 원치 않았다.

6. 메모하고 정리하는 습관

그는 항상 메모하고 정리하는 습관을 통해 시간을 낭비하지 않고 효율적으로 사용하면서 앞으로 전진하는 사람이었다.

7. 칭찬하고 격려하는 습관

워너메이커는 칭찬과 격려로 사람들의 마음을 움직일 줄 아는 사람이었다.

_전광

memo

보도 섀퍼의 '성공의 법칙 30'

제1법칙 결정을 내려라.

제2법칙 끊임없이 배우고 성장하라.

제3법칙 오늘을 값지게 살라.

제4법칙 수입을 생산 활동에 집중하라.

제5법칙 인격을 갖추어라.

제6법칙 행동하라.

제7법칙 스트레스를 잘 이용하라.

제8법칙 어려움을 극복하는 법을 배우라.

제9법칙 완전히 새로운 틀을 찾지 말라.

제10법칙 관성의 원리를 개발하라.

제11법칙 꿈꾸어라, 그리고 그 꿈을 살려라.

제12법칙 건강에 유의하라.

제13법칙 비판 때문에 용기를 잃지 말라.

제14법칙 110%의 힘을 쏟으라.

제15법칙 문제 상황으로부터 성장하라.

제16법칙 사장이자 고용자가 되라.

제17법칙 높은 목표를 설정하라.

제18법칙 그 사람이 필요로 하는 것을 주어라.

제19법칙 마음을 흩트리지 말라.

제20법칙 생산적인 면에서 모범을 보이라.
제21법칙 가능하면 빨리 중요한 일을 시작하라.
제22법칙 전적으로 책임을 져라.
제23법칙 두려움을 다루는 법을 배우라.
제24법칙 장점에 주목하라.
제25법칙 주라, 그리고 용서하라.
제26법칙 돈을 현명하게 다루어라.
제28법칙 모범으로 삼을 사람을 가까이 하라.
제29법칙 불만족을 추진력으로 삼으라.
제30법칙 오리가 아닌 독수리가 되어라.

__보도 섀퍼

memo

빌 게이츠의 78가지 성공비결

1. 주어진 삶에 적응하라.
2. 인생은 공평하지 않다는 것을 명심하라.
3. 피할 수 없는 현실이라면 수용하라.
4. 적응한 자만이 살아남는다.
5. 적극적인 마음가짐을 소유하라.
6. 자신의 단점에 도전하라.
7. 실망스러운 결과가 발생했을 때 빨리 극복하라.
8. 인생이 항상 원만할 것이라는 환상을 버려라.
9. 인격이 성공의 밑천임을 기억하라.
10. 성공은 절대 운명의 장난이 아니다.
11. 성공은 자아실현의 욕구가 성취될 때이다.
12. 성공은 삶과 인격과 위상을 바꿔주다.
13. 성공은 타인의 지지를 구하지 않는다.
14. 성공은 쉽게 만족하지 않고 계속 전진할 때 온다.
15. 성공은 자만심을 버릴 때 이루어진다.
16. 대가 없이 얻고자 하지 말라.
17. 성공은 저절로 찾아오지 않는다.
18. 성공은 적극적인 노력의 산물이다.
19. 실행하면서 꿈을 실현하라.

20. 나태는 성공의 적이다.
21. 자신의 창의성을 적시에 사용하라.
22. 머뭇거리지 말고 목표를 향해 달려가라.
23. 미루지 말라.
24. 지금 바로 행동하라.
25. 목표를 세분하고 순차적으로 도전하라.
26. 마지막까지 굳세게 해내라.
27. 자신을 통제하는 습관을 가지라.
28. 남의 지적을 수용하라.
29. 자신에게 엄격한 사람이 되라.
30. 훈련을 통해 좋은 습관을 만들라.
31. 나쁜 습관을 과감히 버려라.
32. 작은 일도 소홀히 여기지 말라.
33. 평범한 것이 큰일을 이룬다.
34. 작은 일부터 시작하라.
35. 작은 것에서 승부를 낼 줄 알라.
36. 큰일이든 작은 일이든 시종일관 충실하라.
37. 실패에서 교훈을 배우라.
38. 실수를 교훈으로 삼아라.
39. 잘못했을 때는 과감히 인정하라.
40. 잘못으로부터 뭔가를 배우라.
41. 가장 중요한 것은 문제를 해결하는 것이다.
42. 모든 일을 스스로 해결하라.
43. 남을 의지하는 생활 방식을 버리라.
44. 목발을 버리라.

45. 감정의 독립을 실현하라.
46. 자신의 힘으로 전진하라.
47. 기회란 그리 많지 않음을 명심하라.
48. 좋은 기회는 위대한 재산이다.
49. 좋은 기회는 때때로 한 번 뿐일 수 있다.
50. 기회는 바로 옆에 있다.
51. 기회를 포착하는 것이 지혜다.
52. 기회가 없으면 만들면 된다.
53. 시간을 장악하라.
54. 시간을 금처럼 아껴라.
55. 시간 도둑을 경계하라.
56. 시간보다 앞서 달려라.
57. 80:20 법칙을 활용하라.
58. 절대 오늘 일을 내일로 미루지 말라.
59. 시간 낭비는 인생 최대의 실수다.
60. 휴일에도 시간을 잘 활용하라.
61. 시간 관리를 위해 계획을 수립하라.
62. 오늘을 놓치지 말라.
63. 3분간 열심히 휴식하라.
64. 반드시 해야 할 일은 하라.
65. 자신의 삶에 가치를 부여하라.
66. 현실을 외면하지 말라.
67. 향락을 쫓는 마음을 넘어서라.
68. 공부는 우리 삶의 우선적 요소다.
69. 무미건조한 삶에서 벗어나라.

70. 일을 바꾸면서 휴식하라.

71. 주변의 모든 사람을 선하게 대하라.

72. 타인을 선대하는 것은 곧 자신을 선대하는 것이다.

73. 너그럽지 못한 것은 곧 여유가 없음을 말한다.

74. 비판 대신 칭찬을 하라.

75. 능동적으로 상대에게 적응하라.

76. 상처를 주지도 받지도 말라.

77. 관용을 배우라.

78. 절대로 다른 사람을 곤경에 빠뜨리지 말라.

__빌 게이츠

memo

성공의 10가지 법칙

1. '80:20의 법칙'을 명심하라.

세상에서 가치 있는 80% 혹은 그 이상은 20% 이내의 사람들이 소유하고 획득하며 창조한다는 법칙이다.

2. 미래의 꿈을 마음의 눈으로 주시하라.

현재의 고통이나 어려움보다는 성공을 향해 현명하고 지속적인 노력을 기울인 후의 발전된 모습을 그려보는 것이다.

2. 성공하는 삶에 대한 깊은 통찰력을 보여라.

모든 인간관계에서 사랑을 실천하며, 좋아하는 일을 찾아 그 일을 잘 하기 위해 100%의 노력을 집중하라. 사람을 사랑하고 일을 즐기다보면 자연적으로 행복, 부, 성공도 저절로 찾아오게 될 것이다.

3. 크게 생각할수록 크게 이룸을 인식하라.

큰 계획을 수립한 상태에서 숲과 나무를 동시에 보아야 하듯이, 작고 세세한 부분에까지 신경을 쓰다보면 자연스레 성공의 길을 걸을 수가 있을 것이다.

4. 철저한 준비를 통해 자신감을 얻고 두려움을 극복하라.

불완전하고 불충분한 지식이야말로 두려움의 가장 큰 원인이라고 할 수 있으므로, 평소에 철저한 준비를 하여 대비를 하면 어떠한 두려움도 이겨낼 수가 있을 것이다.

5. 자기 스스로를 존중하는 것만큼 남들도 존중해준다는 것을 깨달아라.

자긍심을 철저하게 갖추기 위해서라도 스스로 자신을 존중하며 열정적인 노력을 기울이다 보면, 어느새 남들로부터 인정받고 다른 사람들에게 모범을 보이는 데에 대한 긍지도 가질 수가 있을 것이다.

6. 타인을 설득하여 투자하거나 희생하도록 이끌 수 있는 역량을 함양하라.

성공은 다른 사람들의 행동을 이끌어 내는 역량에 달려있으며, 그러한 실천이야말로 성공의 지름길임을 가슴 깊이 새겨나가야만 할 것이다.

7. 유머 감각과 넘치는 의욕을 갖추어라.

실제로 유머는 사람들의 몸에 긍정적인 변화와 동기 유발을 일으킨다. 더불어 의욕은 볼 수도 만질 수도 없는 무형의 존재이지만, 우리의 몸과 마음에 작용하는 아드레날린과 같은 존재임을 인식하여야만 할 것이다.

8. 사람은 누구나 자기 자신과 연관되어야만 비로소 행동하게 됨을 알라.

사람들은 누구나 이기심을 갖고 있다. 하지만 성공을 위해서는 반드시 다른 사람의 이익을 최우선으로 하며, 자기 자신에 대한 이익은 그 다음으로 미루어야만 할 것이다.

9. 리더십을 통해 성공에 이르는 방법을 터득하라.

리더십은 돈으로 사거나 유전적으로 물려받는 것이 아니며, 철저하고 지속적인 노력과 자기계발을 함으로써 얻을 수 있다. 다른 사람의 지식을 끌어다 쓰고 사람들의 마음을 잘 조율하여 맞추는 능력을 향상시켜 나가야만 할 것이다.

10. 미래의 성공한 모습과 풍요를 머릿속에 그려라.

자기 절제와 자기 규율을 만들어 이를 실천하면서 그 활용을 극대화하라. 인간의 욕구는 무한하다는 아담 스미스(Adam Smith)의 말처럼 기회 역시도 무궁무진하므로, 평범한 사람의 굴레를 벗어나 늘 행복한 미래를 마련하도록 힘을 쏟아야만 할 것이다.

__손병홍(한국스피치리더십센터)

memo

성공의 13단계

1단계 명확한 목표를 세워라.
반드시 실현할 수 있다는 믿음을 가져라.

2단계 신념은 한계를 뛰어넘는다.
최종적인 승리를 거두는 사람은 '나는 할 수 있다' 고 생각하는 사람이다.

3단계 자신을 향한 긍정적인 암시.
자기암시는 잠재의식 계발을 위한 가장 적극적인 수단이다

4단계 아는 것이 곧 힘이다.
명확한 목표를 향한 체계화된 지식이 있어야 한다.

5단계 상상력은 모든 것을 만들어낸다.
부는 상상력에서 비롯된 간단한 아이디어에서 출발한다.

6단계 실천적인 계획을 세워라.
당신의 계획이 완성된 순간, 성공은 이미 당신 곁에 있다.

7단계 신속하게 결단하라.

우유부단은 모든 사람이 극복해야 할 최대의 적이다.

8단계 인내를 습관으로 만들어라.

인내력과 의지력으로 어려움을 이길 때 부가 축적된다.

9단계 조화로운 인간관계가 성공을 앞당긴다.

두 사람의 마음이 조화되어 하나가 될 때 초월적인 힘을 발휘할 수 있다.

10단계 성 충동을 에너지화하라.

성 충동이 올바른 방향으로 전환되면 강력한 힘을 얻을 수 있다.

11단계 잠재의식을 활용하라.

잠재의식은 신념처럼 강한 감정에 민감하게 반응한다.

12단계 누구에게나 초능력이 있다.

감정을 자극하면, 창조적인 상상력은 더욱 민감하게 아이디어를 수신하게 된다.

13단계 육감을 일깨워라.

육감의 명령대로 행동한다면, 행운의 여신은 성공의 문을 활짝 열어줄 것이다.

__나폴레옹 힐

성공을 여는 10가지 주문

성공을 여는 첫 번째 주문, 목표를 설정하라.
성공을 여는 두 번째 주문, 사고를 혁신하라.
성공을 여는 세 번째 주문, 시간을 관리하라.
성공을 여는 네 번째 주문, 능력을 계발하라.
성공을 여는 다섯 번째 주문, 끌려 다니지 말라.
성공을 여는 여섯 번째 주문, 신념을 갖고 사람을 대하라.
성공을 여는 일곱 번째 주문, 슬럼프를 즐겨라.
성공을 여는 여덟 번째 주문, 실패를 통해 배워라.
성공을 여는 아홉 번째 주문, 쉬는 법을 익혀라.
성공을 여는 열 번째 주문, 마무리를 중시하라.

__김정선

성공하는 사람들의 11가지 사고 기술

1. 언제나 큰 그림을 생각한다.

큰 그림을 볼 줄 아는 사람들은 당장 눈앞의 필요와 감정에 사로잡히는 일이 없이 세상을 위로부터 조망하는 능력을 가지고 있다. 이는 어떤 상황에서든 열린 마음을 가지고 새로운 아이디어와 가능성을 받아들일 마음의 준비가 되어있음을 의미하는 것이다.

2. 생각에 초점을 가져야 한다.

생각에 초점을 잘 맞추는 사람들은 중요한 이슈에만 전념하고 그밖에 다른 사소한 일들은 모두 무시할 줄 안다. 이들은 자신들의 강점과 목표를 분명히 이해하므로 그로부터 거리가 있거나 우선순위가 낮은 일들 때문에 주어진 목표를 실행하지 못하는 일이 드물다.

3. 창조적으로 생각한다.

창조적으로 생각할 줄 아는 사람은 언제나 남들과는 다르게 생각하고 새로운 것을 받아들이는 데 주저하지 않는다. 창조성이란 리스크를 받아들이고 새로운 아이디어를 끊임없이 찾는 마음의 준비를 갖추고 있는 것을 의미한다.

4. 사고 과정에 있어 현실성을 잃지 않는다.

창조적이고도 낙관적으로 생각하는 능력을 키우려면 사고에 있어 언제나 현실성을 잃지 않도록 해야 한다. 이를 꾸준히 하지 못한다면 결코 문제 해결을 한다거나 과거의 실수로부터 교훈을 얻지 못할 것이다.

5. 전략적 사고를 한다.

행동에 본격적으로 착수하기 전에 잠시 멈추고 전략적 사고를 시도해본다. 무엇을 먼저 해야 할지에 대해 생각하여 내가 기울이는 노력이 비생산적인 활동으로 낭비될 수 있는 가능성을 줄일 수 있다.

6. 가능성을 염두에 둔다.

가능성을 염두에 둔 사고란 현재 가능하지 않은 일이나 과거에 한 번도 시도되지 않았던 일에 대해서 생각하는 것을 의미한다. 이러한 종류의 사고를 함으로써 광범위한 옵션과 아이디어를 가능성의 영역으로 끌어들일 수 있다.

7. 과거 회귀형 사고를 시도한다.

과거 회귀형 사고란 내가 하는 일을 깊이 생각하고 이를 평가해보는 태도를 말한다. 이런 사고 태도는 요리로 비유하면 생각이 완전히 익을 때까지 푹 익히는 찜통 같은 역할을 한다.

8. 항상 지배적인 사고방식에 의문을 제기한다.

일반적으로 받아들여지는 상식과 역행하는 것은 때로 상당한 자신감을 요하는 일이다. 그러나 그에 따른 보상은 엄청나게 클 수 있다. 내가 무슨 일을 할 때 단순히 남들이 하기 때문에 하고 있는 것이라면 잠시 멈춰

서서 내가 뭘 하고 있는지를 자문해 볼 필요가 있다.

9. 다른 사람들의 의견을 적극 받아들인다.

효과적 사고를 하는 사람들은 진정으로 도움이 될 만한 아이디어를 내는 사람들을 귀중하게 여길 줄 안다. 성공의 가능성을 높이기 위해 다른 사람들의 아이디어를 내 생각에 적극 반영한다. 이는 내 생각을 더 다듬을 수 있을 뿐 아니라 더 나은 결과를 얻는 데도 도움이 된다.

10. 팀워크를 통한 사고 과정을 시도해본다.

협력을 통한 사고란 이타적인 사고를 말한다. 협력적 사고는 내 자신의 문제에만 치중하지 않고 외향적 사고를 지향한다.

11. 분명한 목적의식을 갖는 사고를 한다.

목적의식을 갖는 사고는 반드시 돈과 관련된 것만은 아니다. 이는 내가 속한 조직의 목표를 생각하고 내가 지금 약속한 바를 제대로 이행하고 있는가를 평가하는 것을 의미한다. 이것이 진정한 목적의식을 갖는 사고이다.

_존 맥스웰

성공을 가로 막는 12가지 성격

성공

1. 커리어 고소공포증

능력과 위치에 비해 자아가 왜소한 사람이다. 이런 결점을 가진 사람의 특징은 너무 겸손하고 신중하다는 것이다. 지나치게 잘난 척을 하는 것도 문제지만 이 유형처럼 있는 것조차 보여주지 못한다면 성공할 수 없다. 이런 사람들은 어느 정도 자리가 높아지면 증세가 심해진다. 자리가 부담스럽고 언제 밀려날지 전전긍긍한다. 결국 자신감이 없기 때문에 성공하지 못한다. 도전 정신을 훈련하는 게 중요하다.

2. 타협 없는 능력주의자

객관적이고 측정 가능한 능력에 대해 맹목적으로 집착하는 유형이다. 이런 사람들이 결국 성공을 하지 못하는 이유는 융통성 결여 때문이다. 이런 사람들은 직원은 될 수 있지만 사업 파트너는 되지 못한다. 사회 속에서 사람들은 세상 이치를 이해하고 지나치게 빡빡하게 굴지 않는 사람들을 선호한다. 이는 모범생들이 많이 가진 결점이다. 옳은 것도 중요하지만 효과적인 것도 중요하다는 점을 깨달아야 한다.

3. 자신을 혹사하는 영웅주의자

모든 일을 혼자 처리해야 직성이 풀리는 유형이다. 이런 유형은 목표가 성취된 다음에도 만족하지 못한다. 능력과 성실성에도 불구하고 이런 사람은 외톨이가 된다. 균형 잡힌 처세를 익혀야 미숙한 영웅으로 끝나지 않는다.

4. 충돌을 회피하는 평화주의자

어떤 충돌도 회피하는 유형이다. 이들이 충돌을 피하는 이유는 자신이 없기 때문이다. 하지만 진정한 평화를 위해선 싸울 줄도 알아야 한다. 충돌 이후 상대와의 갈등을 해소하는 법을 익히면 쉽게 해결된다.

5. 상대를 뭉개버리는 불도저형

모든 일을 성패의 관점에서 바라보는 유형이다. 내가 살기 위해서 상대방을 무조건 무찔러야 하는 불도저형은 스스로 고단한 삶을 살다 지친다. 마음속의 적대감을 조절하면 추진력 있는 사람으로 거듭날 수 있다.

6. 명분만 찾는 반항아

타협을 무조건 거부하는 유형이다. 이들은 공동 작업의 효과를 인정하지 않는 나쁜 습성이 있다. 반항하고 싶은 순간을 잘 넘기는 기술을 익혀야 한다.

7. 홈런 추구형

한 순간에 벼락출세를 원하는 유형이다. 이들은 점진적인 발전을 못 견뎌한다. 가정환경이 좋은 사람에게 많이 나타나며 외야 플라이 하나만 날려도 득점을 올릴 수 있는데 홈런을 노리다 삼진아웃 당하는 격이다. 시간의 중요성과 효율을 익혀야 한다.

8. 근심하는 유형

세상이나 사물을 부정적으로만 본다. 이런 유형은 변화를 두려워하기 때문에 발전이 없다. 자신이 정말 두려워하는 것은 일이 아니라 두려움 자체라는 사실을 깨달아야 한다.

9. 목석 같이 감정이 무딘 사람

이런 사람은 내가 아닌 남의 감정도 알아채지 못한다. 따라서 협상가나 리더로 성공할 수 없다. 칭찬도 부정도 안하기 때문에 남에게 어떤 인상도 주지 못한다. 남을 칭찬하고 농담하는 습관을 기르면 달라질 수 있다.

10. '할 수 있었는데' 형

자신의 삶이 완벽하기를 바라면서도 실제로는 아무것도 시도하지 않는 유형이다. 등산화가 마음에 들지 않아 산에 안 오르는 격이다. 산에 오르려면 등산화를 바꾸어 신고라도 시도해야 하는데 이 같은 유형은 늘 시도를 두려워한다. 무난한 직장을 선택하는 것도 좋은 해결 방법이다.

11. 입이 가벼운 형

회사 내에서 누구하고도 친밀하게 지내는 사람 중 이런 유형이 많다. 자기하고 꼭 상관이 없는 일에도 관심이 많고 알고 나면 다른 사람에게 말하지 않고는 못 배긴다. 이런 유형은 다른 사람에게 믿음을 주지 못하고 결국 조직에도 손해를 끼치게 된다. 이런 유형의 치료를 위해서는 협조자가 필요하다. 쓸데없이 선을 넘을 때 가까운 사람이 자제를 시켜주는 훈련을 해야 한다.

12. 비전을 잃은 형

일을 하는 동기와 영감이 고갈된 사람이다. 무력감과 권태감에 시달리고 일에서 아무런 의미를 찾지 못한다. 가장 가까운 주변에서 중요한 일을 찾는 습관이 필요하다. 너무 크고 먼 것을 원하기보다는 주변에서 즐거움을 찾다보면 치료가 될 수 있다.

__제임스 월드룹 외

memo

메리어트의 12가지 성공 핵심 철학

1. 철저한 현장형 경영자가 되어야 한다.

1) "한 회사는 그 회사가 배출해내는 경영자의 질에 의해 평가된다."

2) 현장에서 직접 뛰는 현장형 경영자는 중요한 지식 경영의 기반을 얻을 수 있다.

3) 총 지배인에 대한 직원들의 반응에서 그 호텔의 운영 상태를 읽을 수 있다. 직원들이 상사를 대하는 것에서 즐거움을 느낄 때 그 상사는 훌륭한 현장 경영자이다.

4) 자신의 고객의 목소리에 직접 귀 기울이는 것보다 중요한 것은 없다. 그러한 점으로 미루어 볼 때, 현장 지향적 경험을 함으로써 공짜로 시장을 파악할 수 있다는 이점을 얻을 수 있다.

2. 세심한 관심과 시스템적 경영이 성공의 열쇠다.

1) 모든 일에는 적절한 시스템과 절차(표준 운영 절차 Standard Operating Procedure : SOP)가 있어야 한다.

2) 시스템은 혼돈에 질서를 부여해주고, 일관성은 고객이 가장 싫어하는 의외성을 제거해줌으로써 일관성 있는 서비스를 가능하게 한다. 이는 고객에게 신뢰성을 구축하고 특화된 고객 서비스를 제공할 수 있게 해준다.

3. 직원을 제일 먼저 보살펴라.

1) 직원 제일주의의 철학, 성공적인 회사일수록 직원들을 가장 소중히 여긴다.
2) "직원을 잘 보살펴야 그들이 당신의 고객을 잘 보살필 것이다"라는, 즉 직원을 행복하게 만들어야 한다는 신념을 가지고 있다.
3) 상하 직급에 관계없는 직원들의 교육을 강조하고 있으며 모든 직원을 간부처럼 대한다. 무료 통화 자문 서비스 등으로 직원들의 개인적 문제를 해결하려 하고 있다.

4. 경청을 잘해야 제대로 배울 수 있다.

1) 경청이야말로 훌륭한 간부가 연마해야 할 가장 중요한 기술이다.
2) 경청을 잘하지 않는 지도자는 결정적인 정보를 놓치거나 부하 직원과 동료들의 신뢰를 잃어버리거나, 또는 솔선수범 하는 현장형 간부가 될 기회를 잃어버릴 위험성이 높다.
3) 직원뿐만 아니라 고객의 말에도 귀 기울이려는 노력이 필요하다.

5. 변화 속에서도 질서를 보존하라.

1) 핵심 가치의 보존과 발전을 위한 성장이 필요하다.
2) 일관성에 대한 정열과 동시에 변화 가운데 질서를 보존하고 질서 가운데 변화를 추구해야 한다.
3) 변해야 할 것과 변하지 말아야 할 것, 즉 변화와 질서를 잘 유지해야 한다.
4) 노력하면서 본질에 충성하는, 소유하는 기업이 아닌 경영에 초점을 맞추는 기업이어야 한다.

6. 질서 속에서도 변화를 추구하라.

1) 변화는 사업에 있어 반드시 필요한 존재이며 변화를 주도해야 한다.
2) 주변의 변화를 잘 포착하여 기회로 이용하여야 한다.
3) 변화 가운데서 질서를 유지하고 질서 가운데서 변화를 유지하는 것, 즉 질서와 변화가 조화를 이루어야 한다.
4) 변화를 추구하지 않으면, 변화가 당신을 주도한다.
5) 성숙된 조직이 되기 위해서는 새로운 것을 시도하는 노력과 가장 잘 할 수 있는 능력 사이에서 만족스런 균형점을 찾아야 한다.

7. 어떤 나무도 하늘 끝까지 자랄 수는 없다.

1) 성장하고 있는 기업이라도 언제까지나 성장 초기처럼 빠르고 힘차게 영원히 성장할 수는 없음을 경고한다.
2) 외형상의 성장만이 아닌 종합적인 면에서의 성장이야말로 메리어트를 지속시키는 요인임을 강조한다.

8. 자만심을 경계하라.

1) 메리어트의 기업 문화 – 직원들의 자만심이 아닌 자신감에 있다.
2) 자만심은 파멸을 초래할 수도 있다.
3) 최고의 순간에 이르러서도 겸손한 자세를 유지해야 한다.
4) 팀워크를 중요시한다. – 오랜 메리어트를 지탱한다.

9. 개인보다 조직이 우선이다.

1) 사람이 중시되는 기업에는 사람과의 관계를 올바르게 하는 것이 가장 중요하다.
2) 메리어트의 기업 문화는 평등주의에 입각하고 있다.

3) '모두 팔을 걷어 부치고 뛰어드는' 정신 자세가 메리어트 기업 문화의 기초가 되었다.
4) 조직을 개인보다 중시함으로써 전체가 이루어내는 결과가 가치 있다.
5) 팀워크를 장려함으로써 시스템의 균형을 유지해주고 경쟁을 억제하며 다수의 이익에 위배되는 제안을 과감히 물리칠 수 있다.

10. 동업자들을 소중히 하라.

1) 성공적인 기업이 되기 위해서는 내부와 외부의 많은 사람이 필요하다.
2) 가장 소중한 동업자는 직원이다. 직원들의 노력과 헌신 없이는 메리어트는 없다.
3) 직원들을 위한 직원 감사의 날 제정하라. 'J.윌라드 메리어트공로상', '티펠상', '엘리스 S. 메리어트상'의 공로상 수여하라. 성공에 필요한 동업자들 중에는 경쟁자들도 포함된다. 그들은 가장 훌륭한 동기부여자로 성공의 중요한 요인이 된다.
4) 성공에 필요한 마지막 동업자는 바로 고객이다. 고객은 경쟁자들과 마찬가지로 노력하게 만든다. 동업자들이 있기에 기업은 존재할 수 있다.

11. 마음의 소리에 귀를 기울여라.

의사 결정시의 몇 가지 중요한 규칙이 있다. 첫째 "기꺼이 결정을 내려야 한다", 둘째 "끊임없이 공부해야 한다", 셋째 "마음의 소리에 귀를 기울여라", 넷째 "지나간 것에 대해 후회하지 말라"이다.

연구와 분석이 지식과 통찰력에 바탕을 둔 의사 결정시 유형의 자료를 제공해주지만 올바른 의사 결정을 하기 위해서는 사실만으로는 부족하다. 어떤 것도 축적된 현장 경험을 대신할 수 없다.

12. 확고히 결정하라.

성공

1) 확고히 결정해놓으면, 새로운 유혹이나 문제들에 직면할 때마다 백지 상태에서 다시 시작할 필요가 없다. 해답을 이미 결정해놓은 것이나 다름이 없다.
2) 확고히 결정한다는 것은 인간이 할 수 있거나 지적으로 다룰 수 있는 것에는 한계가 있다는 걸 인정하고 순응하는 것이다. 확고히 결정한다는 것이 누구에게나 쉬운 것은 아니지만, 체험을 통해 그것이 자유를 준다는 것을 깨달을 수 있다.

_J. W. 메리어트 2세 외

memo

오프라 윈프리의 성공 십계명

1. 남들의 호감을 얻으려 애쓰지 말라.
2. 앞으로 나아가기 위해 외적인 것에 의존하지 말라.
3. 일과 삶이 최대한 조화를 이루도록 노력하라.
4. 주변에 험담하는 사람들을 멀리하라.
5. 다른 사람들에게 친절하라.
6. 중독된 것들을 끊어라.
7. 당신에 버금가는, 혹은 당신보다 나은 사람들로 주위를 채워라.
8. 돈 때문에 하는 일이 아니라면 돈 생각은 아예 잊어라.
9. 당신의 권한을 다른 사람에게 넘겨주지 말라.
10. 포기하지 말라.

__오프라 윈프리

린든 존슨 대통령의 개인적인 설득력 개발 성공 비결 10가지

성공

1. 사람의 이름을 기억하는 법을 배워라. 이름을 기억하지 못한다는 것은 상대방에 대한 관심이 충분히 표출되지 않았다는 것을 의미한다.

2. 함께 있어도 전혀 부담되지 않을 만큼 편안한 사람이 되어라. 오래 신은 구두, 오래 쓴 모자 같은 사람이 되어라.

3. 어떤 일을 당해도 안달 내지 않을 만큼 느긋하고 여유 있는 성품을 길러라.

4. 이기적으로 행동하지 말라. 자신이 모든 것을 안다는 듯한 인상을 주지 않도록 조심하라.

5. 사람들이 자신과의 교제를 통해 뭔가 가치 있는 것을 얻을 수 있을 만큼 자신의 흥미로운 자질을 개발하라.

6. 자신의 성격을 연구하여 '모난 부분'을, 그것이 스스로 의식하지 못하는 부분이라 할지라도 없애버려라.

7. 자신이 지금까지 품어왔고 지금도 갖고 있는 모든 오해를 진실한 그리스도인다운 자세로 치료하고자 노력하라. 모든 불평을 내버려라.

8. 진실로 다른 사람을 좋아하게 될 때까지 다른 사람을 좋아하는 것을 연습하라.

9. 누군가가 성공하거나 슬픔과 실의에 잠긴 것을 보면 결코 때를 놓치지 말고 축하해주거나 동정을 표하라.

10. 사람들에게 정신적인 힘이 되어주어라. 그러면 그들은 당신에게 진실한 애정으로 보답할 것이다.

_데이비드 슈워츠

memo

경영인이 알아야 할 98가지 성공 전략

1. 큰 그림을 그려라.

지엽적인 문제에 매달려 대세를 그르치지 말고 변화의 흐름을 읽어라. 아예 처음부터 시작한다는 자세로 판을 새로 짜라.

2. 사이버 전략을 세워라.

지금은 누구든지 사이버 시장에 들어갈 수 있다. 문제는 사이버 인프라를 까는 것이 중요한 것이 아니라 기업의 조직 자체를 사이버 기업으로 전환하는 것이다.

3. 새로운 아시아 모델을 만들어라.

고전적인 아시아 모델은 글로벌 사회에 적합하지 않다. 그러나 버리지는 말라. 장점은 계속 살려 나가라.

4. 시장에 접근하라.

고객은 언제나 옳다. 고객의 수요 변화에 민감하게 반응하라. 기업의 사업 계획을 짜기 전에 고객의 사업 계획을 연구하라.

5. 글로벌 리더가 되라.

세계는 하나의 시장이다. 한 가지라도 좋다. 핵심 역량을 갖출 수 있는 부문을 찾아라.

6. 위기관리가 생명이다.

경제학의 기초부터 새로 공부하라. 환율은 그 나라의 경제력을 반영한다. 국내 경영 환경이 나빠지면 환율은 움직이게 마련이다. 문제는 항상 내부에 있다.

7. 지금은 개인 시대다.

직원들에게 경영 정보를 공개하고 새로운 충성심을 창출하라. 충성스런 직원은 충성스런 고객을 낳고 충성스런 투자가를 유치한다. 경험을 기준으로 직원을 채용하지 말라. 기업 이념에 부합하는 직원을 뽑는 것이 더 중요하다.

8. 기본부터 시작하라.

실수를 인정하라. 그리고 정직하라. 조직을 재구축하라. 비교 우위가 없는 조직은 존재 가치가 없다.

9. 아시아 최고 경영자들의 충고.

아시아의 많은 최고 경영자가 경영 세습을 반대하고 있다. 젊고 패기 있는 경영자를 찾으라고 충고하고 있다.

10. 지식 기업을 만들어라.

오늘날 경쟁 우위를 확보하기 위해서는 지식과 속도다. 얼마나 빠른 속도로 지식을 익히고 이를 축척하느냐에 성패가 달려있다.

11. 자신을 기업체로 만들어라.

자신의 부가가치를 높이려고 자신을 여러 기능을 수행하는 팀조직으로 만들어라. 지식을 공유할 네트워크를 조직하라.

성공

12. 미래를 준비하라.

변화를 읽고 이를 이익으로 전환하라. 예리한 안목과 빠른 발이 필수적이다. 마지막 한 가지 미래에 대해 너무 걱정하지 말라. 불확실하지만 궁극적으로는 해결할 수 있다는 자신감을 가져라.

WED는 이 같은 12가지 기본 구도 아래 총 98가지의 성공 아이디어를 제시한다. 구체적으로 살펴보면 다음과 같다.

■ 큰 그림을 그려라

1. 개선으로는 부족하다. 완전히 변신하라.

전략의 대가 마이클 포터 하버드대 교수는 동일한 조건으로 경쟁한다면 어느 기업도 장기간 선두를 유지할 수 없다고 말했다. 경쟁에서 영원한 승자가 되는 유일한 방법은 경쟁에서 탈출하는 것이다. 자신이 하는 일을 얼마나 잘하느냐가 중요한 것이 아니라 자신이 하는 것과 다른 일을 하는 것이다.

2. 이미지를 만들어라.

짐 콜린스 스탠퍼드대 교수는 상품이나 서비스에 집중하면 자신도 모르는 사이에 함정에 빠진다고 경고한다. 상품과 서비스의 라이프 사이클(life cycle)은 시간이 흐를수록 짧아진다. 소비자도 유행처럼 변하는 기업의 제품을 기억하지 않는다. 무엇을 만들까를 궁리하지 말고 어떤 이미지를 구축할까를 고심하라. 이미지가 좋으면 무엇을 만들든지 잘 팔린다.

3. 메커니즘을 구축하라.

리더가 아무리 변화를 외쳐도 시스템이 따라주지 않으면 소용없다. 제도적 장치를 통해 원하는 방향으로 움직이도록 유도해야 한다. 3M의 '25% 룰'은 그 전형적인 사례다. 기업 수익의 25%는 5년 미만의 제품에서 나와야 한다는 법칙을 만들어 놓음으로써 3M은 새로운 아이디어와 신제품 개발을 제도적으로 보장하고 있다.

4. 기회를 가로막는 장애물을 제거하라.

큰 비전을 갖고 새로운 영역을 찾아야 한다고 말하면서 실제 행동으로 옮기지는 않는다. 이유는 크게 세 가지이다. 첫째, 변화 자체를 인지하지 못하거나 둘째, 변화는 알아도 대책을 세우지 못하거나 셋째, 과거의 경험에 근거해 대응책을 마련하기 때문이다.

5. 실행하라.

전략에 너무 시간을 허비하지 말라. 전략은 어디까지나 전략이다. 성공의 열쇠는 실천에 있다. 한국 경제가 IMF 체제로 간 까닭도 논의만 무성했지 정작 실천은 없었던 데 있다.

■ 사이버 전략을 세워라

6. 사이버 기업을 만들어라.

오늘날 대부분 기업은 말로는 정보화를 외치면서도 실제로는 과거 조직에 의해 움직인다. 당장 사이버 기업을 만들어라. 컴퓨터 네트워크를 짜고 재고관리. 가격결정 등에 활용하라.

7. 시장 공간에 뛰어들어라.

지난해 전자상거래 시장규모는 100억달러, 기업간 거래만도 70억달러에 달한다. 가위 폭발적이다. 사이버 시장은 물리적 상점을 대처해갈 것이다. 이른바 새로운 시장공간이다.

8. 최고의 고객을 잡아라

아시아의 가구당 PC 보급율은 5% 그러나 얕보지 말라. 이들은 돈 많고 구매력이 많은 알짜 고객이다. 그러나 대부분 기업이 이 시장을 외면한다. 미래를 놓치고 있는 것이다.

9. 즉각 응대하라

고객을 실망시키지 말라. 고객의 욕구가 전해진 순간 바로 반응하라.
정보통신 매체가 실시간(리얼타임)으로 반응하는 것을 가능케 했다.

10. 완전 서비스 시스템을 갖춰라

고객이 마치 전화를 받는 것처럼 느끼도록 완전무결한 서비스를 시행하라. 조금이라도 불편함을 느낀다면 개선하라. 항상 스스로 다음과 같은 질문을 던져라. 나는 전화 교환원인가. 아닌가.

11. 황금시장을 잡아라.

전자상거래 시장은 완전한 새로운 산업이다. 모든 중소기업의 Web사업자들이 급성장하는 무대에 뛰어들 것이다.

■ 새로운 아시아 모델을 만들어라

12. 동서를 융합하라.

중국 기업을 보라. 그들은 세계 표준 모델을 따르면서도 동양의 것을 지키고 있다. 개인주의를 추구하되 가족주의의 장점은 버리지 말라.

13. 집중하라.

문어발식 경영은 종말을 고한다. 핵심 역량에 집중하지 않으면 모두 망할 수 있다. 아시아 기업은 차입 경영이 빚어낸 비극이기도 하다.

14. 비교 우위를 재창조하라.

도요타 자동차의 히로시 오쿠다는 새로운 유형의 최고 경영자다. 그는 일본식 경영을 버렸다. 종신 고용과 합의제 경영 방식을 포기했다. 대신 새로운 방식을 도입했다. 능력주의와 신속한 의사 결정 시스템 구축이 그것이다. 그럼으로써 일본과 서구 경영의 혼합으로 새로운 모델을 만들어냈다.

15. 신산업에서 승부하라.

농업, 제조업 등 전통적인 아시아식 산업에서 한 발짝 물러나 새로운 세계가 펼쳐지는 것을 목격하라. 신산업이 무엇이든지 중요한 것은 정보이다.

16. '7자리 클럽'에 가입하라.

백만 달러(7자리) 이상의 연봉을 받을 수 있도록 자신의 몸값을 높여라. 많은 최고 경영자가 성과급 체계를 통해 여기에 도전하고 있다. 게임은 시작이다.

17. 전자 엘리트가 되라

소프트 뱅크의 손정의 회장 같은 경영자가 대표적이다. 그들은 어떻게 하면 기존의 낡은 틀을 벗어던지고 새로운 패러다임을 구축하는지를 잘 알고 있다.

■ 성공에 이르는 6가지 사고 전환

18. 사업을 전쟁터가 아닌 생태계로 생각하라.

경쟁적 갈등 관계로 보지 말고 공존 관계로 인식하라.

19. 기업을 기계 조직이 아닌 공동체로 만들어라.

직원은 소모품 같은 기계가 아니라 인격체이다.

20. 경영을 관리가 아닌 서비스로 인식하라.

직원을 밀지 말고 끌어라.

21. 직원을 어린아이가 아닌 동료로 대우하라.

직원을 채용할 때 가장 소중한 사람을 뽑는다는 인상을 심어줘라.

22. 두려움이 아니라 비전으로 동기를 부여하라.

열정과 유머와 에너지가 넘치게 하라.

23. 변화를 고통이 아닌 성장으로 보아라.

변화는 새로운 성장을 예고하는 것이다.

■ 시장에 접근하라

24. 세계적인 상표를 지녀라.

아시아 기업들의 가장 큰 약점은 상표에 관한 광고와 홍보 부족이다. 상표 구축은 독립적 영업이며 모든 마케팅 활동을 보완한다.

25. 브랜드 온라인을 개발하라.

고객과 대화하라. '고객이 무엇을 원하는지 알고 있다' 로는 부족하다. 고객을 어떻게 하면 도와줄 수 있는지를 고객에게 직접 물어라.

26. 개별 구매로 돌아가라.

집단 마케팅은 결코 존재하지 않는다. 고객의 구매는 개별적이다. 상호 마케팅에 눈을 떠라.

27. 다음 네 가지 질문에 대답하라.

특성이 다른 고객을 다르게 대우하는가? 고객과 학습 관계를 유지하는가? 고객을 보호하고 있는가? 고객을 위한 조직을 갖고 있는가?

28. 매출은 죽었다.

판매는 고객에게 상품을 주는 것이 아니다. 이익을 주는 것이어야 한다.

29. 영업은 고객 봉사다.

고객 서비스를 극대화할 수 있도록 영업 기능을 재편하라.

30. 고객의 전략을 파악하라.

자신의 판매 전략을 수립하는 것은 두 번째다. 먼저 할 일은 고객이 어떤 사업 전략을 짜는가를 파악하는 것이다.

31. 고객지향형 판매 조직을 만들어라.

고객의 사업 전략을 파악한 뒤 어떤 종류의 판매 조직이 적정한지를 결정하라. 최소 비용으로 최대 부가가치를 올릴 수 있는 조직이어야 한다.

■ 글로벌 리더가 되라

32. 글로벌 리더에게는 네 가지 유형이 있다.

첫째, 비전을 갖고 조직을 이끄는 리더(captain), 둘째, 안내자(map-maker), 셋째, 매사를 적극적으로 참여하는 관리자(first mate), 넷째, 재무 관련 조언자(financier)가 그것이다.

33. 적어도 두 가지 요건은 갖춰라.

위의 네 가지를 모두 갖출 수 없다면 적어도 두 가지는 해야 한다. 사실 네 가지 요건을 충족하기는 힘들다.

34. 원대한 목표를 제시하라.

경영 상태를 다소 개선했다고 해서 세계적인 기업이 되는 것은 아니다. 원대한 목표를 세우고 기업이 끊임없이 혁신을 이룰 수 있도록 유도해야 한다. 당장 달성하기 힘들더라도 기업이 나아가야 할 방향을 세워라.

35. 새로운 성장 경로를 모색하라.

글로벌 경영을 위해서는 다음 다섯 가지 가운데 하나를 선택해야 한다. 첫째, 산업의 균형을 깨는 이단아가 되라(rule breaking). 최근 부도로 화의(和議)를 신청한 파스퇴르 우유가 좋은 예이다. 둘째, 성장하는 시장의 수요를 충족시키면서 현상유지에 충실하라(game playing). 셋째, 시장의 표준을 만들어라. 자신만의 개인의 룰(rule)을 만들어 경쟁자가 따라오게 하라. 마이크로소프트, 인텔 등 세계 초 일류기업들은 대게 이 같은 세계 표준을 만드는데 성공한 기업들이다. 넷째, 틈새시장을 특화하라(specialising). 주산업에서 승부를 낼 수 없다면 자신만의 경쟁력을 지닌 틈새시장을 겨냥해야 한다. 한국 보고서는 자동차 산업에서 경쟁력을 잃은 기업들이 자동차 디자인이라는 틈새시장을 찾아 글로벌 리더로 부상한 영국을 그 모델로 삼았다. 다섯째, 변화에서 이익을 챙겨라(improvising). 조직의 탄력성을 높여 변화에 즉각 반응할 수 있도록 하라.

36. 중국을 보라.

중국의 가족 중심의 문화는 글로벌 시대의 네트워크 문화에 그런 대로 잘 적응하고 있다. 싱가포르와 홍콩이 이를 입증하고 있다. 부존자원이 없는 두 나라가 인적자원만으로 성공한 비결에 주목하라.

■ 위기관리가 생명이다

37. 경제학을 복습하라.

아시아 금융 위기를 이해하기 위해서는 경제학 교과서 첫 장에 나오는 수요와 공급의 원리를 다시 봐라. 환율은 한 화폐에 대한 다른 화폐의 상대 가격이다. 일반 상품의 가격이 변하듯 환율도 수시로 변동한다. 경제 정책이 바뀌고 나라의 경쟁력이 변화하면 환율도 변하기 마련이다. 아시아 국가의 환율이 요동친 것은 경제 정책이 불안정했고 기본적으로는 경쟁력이 취약해졌기 때문이다.

38. 호텔이 아니라 공장을 지어라.

동남아 국가들은 호텔을 짓는데 너무 많은 자원을 낭비했다. 이제부터는 공장을 짓는데 투자해야 한다.

39. 저수익 구조를 탈피하라.

동남아시아 국가들은 저비용을 무기로 하는 중국의 공세와 엔화 약세를 틈타 수출을 늘리려는 일본 사이에서 신음하고 있다. 이른바 넛크래커(nutcracker) 형국이다. 이를 해결하기 위해서는 중국보다 먼저 고부가가치가 있는 산업에 뛰어드는 것이다. 부즈 앨런 한국 보고서의 교훈과 맥을 같이 한다.

40. 4C에 충실하라.

불황기에 기업이 가장 염두에 두어야 할 핵심 요소이다. 집중(concentration), 비용(cost), 현금(cash), 공개경영(communication)이 그것이다.

41. 비용 축소가 전부는 아니다.

이익을 내기 위해 단순히 비용을 줄이는 것은 그리 좋은 방법은 아니다. 비용 축소가 가져올 성장 잠재력의 위축에 신경 써야 한다. 여러 제한 요소를 감안해야 한다.

■ 지금은 개인 시대다

42. 충성심을 재구성하라.

충성심(loyalty)은 죽지 않았다. 민주화 시대에도 충성심은 필요하다. 비전 있는 기업은 사교 같은 기업 문화를 만들고 조직원을 한 방향으로 이끌고 있다. 월마트가 그렇고 월트디즈니가 그렇다. 충성심은 충성스러운 직원을 만들고 충성스러운 고객을 만들고 충성스러운 투자자를 유치한다. 기업이 어려울 때 이들은 무한한 도움을 줄 것이다.

43. 정보를 공개하라.

직원이 관리자나 소유주처럼 일할 수 있도록 유도하기 위해서는 경영자가 갖고 있는 모든 정보를 공개해야 한다. 그러면 직원들은 기업이 직면하고 있는 문제점을 직시하고 해결책을 모색할 것이다. 경영자 혼자 모든 것을 해결하려고 하지 말라.

44. 고용은 엄격히. 관리는 편하게.

직원을 채용할 때는 엄격하게 하되 그 후의 관리는 자율에 맡겨라. 경험을 기준으로 직원을 채용하지 말라. 경험보다는 사람 자체가 중요하다. 기업이 원하는 가치관을 지닌 직원인가를 살펴라. 기술은 기업이 가르치면 된다.

45. 자기 계발 기회를 만들어라.

좋은 기업의 기준은 기업이 직원들 스스로 자신의 부가가치를 높이기 위한 기회를 얼마나 제공하느냐에 있다. 직원의 부가가치의 합이 기업의 부가가치의 합이다. 비전코리아가 주장하는 지식근로자의 개념이 바로 이것이다.

46. 이윤보다는 사람이 우선.

한 가지 얘기로 들릴지 모르지만 실제로는 매우 중요하다. 페더럴 익스프레스가 100억 달러를 번 비결이 여기에 있다.

47. 직원의 잠재력을 믿어라.

직원의 현재 능력에 맞는 일을 주면 그는 능력만큼 한다. 그러나 직원이 할 가능성이 있는 일을 주면 그 직원은 그만큼 능력이 향상될 것이다. 직원의 잠재력을 시험하라

■ 아시아 최고 경영자들의 충고

48. 업무 규정을 버려라.

아시아 혼다자동차의 사토시 도시다 사장은 자신의 경영 스타일은 혼다(Honda)식이라고 말한다. 이는 최대 자율을 보장하는 것이다.

49. 아시아의 최고가 돼라.

세계 경영을 하는 기업도 있고 홍콩의 골드 픽스 사처럼 지역 밀착형 기업도 있다. 그러나 우선 아시아의 다국적기업으로 성장하는 방안을 고려해 보라.

50. 기업을 쪼개라.

인포시스라는 소프트웨어 개발 회사는 프로젝트를 수행할 때마다 미니 기업을 만든다. 나라야마머씨 회장은 권한 이양은 서비스 회사의 성패를 좌우하는 핵심 요소라고 말한다. 일단 예산이 확정되면 모든 결정은 자율에 맡겨라.

51. 권력을 승계하지 말라.

창업자나 2세들은 경영권에 집착하지 말라. 젊고 유능한 인재가 있으면 그에게 경영권을 넘겨줘라.

52. 고객에 의한 경영을 해라.

고객이 공장 운영을 직접 할 수 있도록 하라. 대만의 한 반도체 기업이 공장 운영을 고객에게 맡겨 성공했다

■ 자신을 기업체로 만들어라

53. 지식을 공유하라.

자신의 경력을 한 단계 높이려면 다른 지식을 받아들여라. 자신이 하나의 팀과 같은 조직, 즉 지식 결합체여야 한다.

54. 기업의 예언자가 돼라.

틀리더라도 좋다. 없는 것보다는 낫다. 조직을 이끄는 힘이 된다.

■ 21세기에 명심해야 할 10가지 명제

55. 무조건 정직해야 한다. 일관성이 중요하다.

56. 공정하라. 말한 바를 반드시 실천하라.

57. 자신에 대해 연구하라.

58. 편견은 금물이다.

59. 초 관리를 하라. 시간을 아끼되 많은 것을 얻어라.

60. 본질에 초점을 맞춰라.

61. 독특한 유머를 지녀라.

62. 비전은 장기적으로 세우되 현실을 직시하라.

63. 다른 사람과는 다른 자신만의 원칙을 세워라.

64. 일만이 전부는 아니다. 교제와 사회생활과 균형을 유지하라.

■ 차세대 기업에 필요한 6가지

65. 경험에 의존하지 말라. 과거의 방식으로는 새로운 방식을 찾을 수 없다.

66. 세계화를 주목하라. 새로운 경쟁자, 새로운 시장, 새로운 규칙이 매일 만들어지고 있다. 보조를 맞추지 못하면 도태된다.

67. 작지만 창의적인 기업이 돼라. 벤처기업을 벤치마킹하라.

68. 컨설턴트 관점에서 다른 기업의 사업을 도와줘라.

69. 단순한 관리는 아니다. 리더가 되어야 한다.

70. 움직이면서 장사하라. 글로벌 시대는 다른 기업과의 네트워크가 필수적이다.

71. 시간을 짜내라. 시간 관리가 중요하다. 최고 경영자라도 허리에 삐삐를 차고 휴대전화와 노트북을 항상 들고 다녀라. 이용 가능한 통신 수단은 모두 갖춰라.

세계화 추세가 아무리 거세도 기업의 기본이 흔들리면 곤란하다. 오히려 기본이 충실해야 예상치 못한 변화에 능동적으로 대처할 수 있다. 체조 선수가 유연성을 기르기 위해 기초 체력 훈련에 충실한 것에 비유할 수 있다.

■ 성공 경영의 6가지 필수 조건

72. 실수를 인정하라.

경영자의 잘못을 스스로 밝혀라.

73. 움직여라.

실수를 하더라도 좋다. 실수보다 더 나쁜 것은 아무 것도 하지 않는 것이다.

74. 진실을 말하라.

정직하지 못함은 화를 부른다. 제너럴 일랙트릭이 투자자들에게서 항상 최고 기업으로 선정되는 이유는 정직함에 있다. 한국 기업의 신뢰도 상실은 IMF를 불렀다.

75. 모호함은 금물이다.
왜 하는지를 분명히 하라.

76. 둘 중 하나는 안 된다.
이것 아니면 저것에서 이것과 저것으로 생각을 바꿔라. 확실한 게 필요하다.

77. 방향을 설정하라.
일관성은 신뢰를 낳는다.

성공

■ 새로운 조직의 8가지 원칙

78. 조직 자체가 비교우위가 될 수 있다. 최근 들어 변화에 즉각 대응하는 아메바 조직 같은 논의가 이는 것은 당연하다.

79. 경영자 스스로가 직접 프로젝트에 참여하는 것이 가장 효율적인 조직 통제 수단이다. 사장이 직접 팀원이 돼라.

80. 모든 근로자는 자신의 부가가치를 높여야 한다.

81. 지원 프로세스를 어떻게 구축하느냐가 조직 효율성의 열쇠다.
82. 조직은 제품과 고객 위주로 짜여야 한다.

83. 조직의 행동 방향과 과제를 규정하는 리더십이 필요하다.

84. 매뉴얼은 없다.

매뉴얼을 만들되 그 매뉴얼에 너무 구속되지는 말라. 기본에는 충실해야 하나 거기까지다. 그 뒤에는 창의성이 관건이다. 기업 특성에 맞는 경영을 해야 한다.

■ 지식기업을 만들어라.

85. 전략을 새로 짜라.

경쟁 우위를 재발견하라. 아마도 현재 상황을 초월해야 찾을 수 있을 것이다. 전략의 틀을 새로 짜 전혀 다른 경기 규칙으로 경쟁자를 압도하라.

86. 배우고 또 배워라.

학습조직을 잊지 말라. 노니카 이쿠지로 교수는 미래가 불확실하다는 사실 하나만이 확실한 지금 기업이 살아남을 수 있는 수단은 지식이라고 말했다.

87. 기계적 사고를 벗어나라.

전략을 도출하는데 두 가지 방법이 있다. 전통적인 방법과 소위 가치혁신에 의한 방법이 그것이다. 물론 후자를 택해야 한다. 설사 자신이 속한 산업 분야의 상식에 벗어나는 것이라도 고객이 원하면 언제든지 새로운 길을 가야 한다.

88. 공동선을 위하여 노력하라.

일본 경영의 새로운 용어 중 꼭 알아두어야 할 것이 교세이란 말이 있다. 개인과 조직이 공동 목표를 위해 협력하는 것이 교세이다.

89. 속도를 갖춰라.

아시아 기업의 성패는 속도에 있다. 새로운 기술을 습득하고 새로운 기술을 습득하는 속도이다. 경쟁자보다 한발 앞서야 한다. 시장점유율을 높이는 것에서 지식 점유율을 높이는 것으로 목표를 바꿔라.

90. 두뇌 자원을 관리하라.

지적 자본이라는 말이 유행한다. 지적 자본은 인간, 조직, 고객 세 가지이다.

91. 인터넷을 배워라.

인터넷을 통해 고객의 소리를 들어라.

■ 미래를 준비하라

92. 정보 고속도로를 타라.

정보 고속도로를 최대한 이용할 수 있는 조직을 만들라.

93. 변화를 관리하라.

변화를 이익을 창출할 수 있는 기회로 만들어라.

94. 권한을 나눠라.

종업원들도 주인이라는 생각을 지닐 수 있는 실질적인 권력 분점 체계를 갖춰라.

95. 제너럴리스트(Generalist)가 돼라.

최고 경영자는 오케스트라 연주자 같은 것이다. 사무실을 개방하라.

96. 예리한 눈과 빠른 발을 가져라.

먼저 보고 먼저 움직여야 한다. 팀워크의 생명이다.

97. 제조업 개념을 다시 정립하라.

지식 집약적이 아닌 기업은 죽는다. 단지 비용을 낮추는 과정만으로는 영원한 승자가 될 수 없다.

98. 걱정하지 말라.

우리는 지금까지 경험하지 못한 성장의 시대에 살고 있다. 12년마다 경제 규모가 두 배로 늘어나고 있으며 세계 모든 국가가 부의 팽창에 힘입어 빈곤의 굴레에서 벗어나고 있다. 환경 문제도 해결될 것이다. 기술의 발전과 네트워크가 이 모든 것을 가능하게 만들었다. 비관주의는 무익하다. 희망을 갖고 일하라.

_World Executive Digest 1월호 특집기사

이런 남자가 성공한다

1. 꿈을 가지고 있다.

성공하는 남자는 어렸을 때 가졌던 꿈을 늘 지키려고 노력한다. 동심의 순수함을 잃지 않으려고 하는 것이다. 일이 잘될 때나 못될 때나 그 꿈을 포기하지 않는다. 도쿄에서 조금 떨어진 지방에서 유아 교육 관련 기업을 운영하는 사장이 있는데, 이 사람의 꿈은 고향인 그곳에 문화 시설을 많이 설치하는 것이었다. 그의 꾸준한 노력 탓에 그 지역은 점차 교육을 중심으로 한 문화 타운이 되었다.

2. 얼굴에 자신감이 넘친다.

성공하는 남자는 늘 자신감에 가득 차 있다. 그렇기 때문에 쉽게 화를 내지도 않고 어떤 상황도 의연하게 받아들일 수 있는 것이다. 사소한 일에 곧장 고함을 지르는 사람은 언제나 다른 사람에게서 큰소리로 핀잔을 듣는 사람이라고 생각하면 된다.

3. 어린아이 같은 표정을 갖고 있다.

성공하는 남자는 가끔 어리광부리는 아이 같은 표정을 지어 주위 사람들을 사로잡아 버리곤 한다. 무서움을 모르는 순수한 어린아이의 마음, 천진한 눈동자를 가진 남자를 주목해보라. 그 사람이 무언가를 열심히 말하고 있는 모습을 보면 겉모습은 어른이지만 순수한 아이의 마음이 엿보여 기분이 좋아지곤 한다.

4. 가정을 소중히 여긴다.

성공하는 사람일수록 성실하다고 말할 수 있다. 가정이나 가족을 소중히 여기지 않는 사람은 어딘지 모르게 마음이 들떠있어 신뢰하기 힘들다.

5. 사전에 미리 준비한다.

중요한 사람을 만나야 한다면 사전에 미리 준비하는 계획성을 가지고 있다. 식당이라면 미리 가서 식사를 해보고, 그곳의 소믈리에나 지배인에게 언제쯤 다시 올 것이니 잘 부탁한다는 인사를 남겨두는 철두철미함도 필요하다.

6. 돈을 어디다 써야할지 잘 판단한다.

단순히 과시하기 위해 돈을 쓰지 않는다. 돈의 용도를 확실하게 구분해 쓰는 사람과 자신에 대해서는 투자하는 데 돈을 아끼지 않는 사람이라면 성공할 수 있다.

7. 끝까지 최선을 다한다.

한두 번 실패를 통해 자신의 단점을 알게 되면 이를 극복해 더욱 강한 사람으로 변신한다. 장애를 극복하고 성공에 이른 사람들에게는 헝그리 정신이 있다. 내일을 위해 오늘을 열심히 살고, 지금부터라고 결정했다면 조금도 미루지 않고 그 자리에서 행동으로 옮기는 사람이 성공하는 사람이다.

8. 남자를 반하게 만든다.

성공하는 남자들 중에는 같은 남자들이 반할만한 사람들이 많다. '저 사람을 위해서라면 몸을 불사를 정도로 열심히 일하고 희생까지도 하겠다' 는 생각을 품게 만드는 사람이다. 이렇게 되기 위해서는 상대방의 아픔을 나의 아픔으로 받아들이며, 그 상처를 쓰다듬어줄 줄 아는 사람이 되어야 한다.

성공

9. 거짓말을 하지 않는다.

하고 싶지 않을 때나 말할 수 없을 때에는 '지금은 말할 수 없습니다' 라고 말하는 것이 낫다. 말을 하게 될 때에는 반드시 약속을 지켜야 하 한다. 타인에게도 자신에게도 거짓을 말해서는 안 된다.

10. 아랫사람에게 배운다.

능력 있는 상사라면 부하 직원들의 잠재 능력을 이끌어내 발휘할 수 있게 해야 한다. 그리고 부하에게서도 배우겠다는 열린 마음을 지녀야 한다. 실제로 이런 남자가 최후에 사람을 손에 넣고 이끌 수 있는 것이다.

_긴자 마담 마스이 사쿠라

내가 성공한 3가지 이유

첫째, 집이 몹시 가난해 어릴 적부터 구두닦이, 신문팔이 같은 고생을 통해 세상을 살아가는데 필요한 많은 경험을 쌓을 수 있었고,

둘째, 태어났을 때부터 몸이 몹시 약해, 항상 운동에 힘써 왔기 때문에 건강을 유지할 수 있었으며,

셋째, 나는 초등학교도 못 다녔기 때문에 모든 사람을 다 나의 스승으로 여기고 누구에게나 물어가며 배우는 일에 게을리 하지 않았다.

_마쓰시타 고노스케

memo

당신을 성공으로 이끌 7가지 가치관 기준

1. 이 세상에서 가장 멋진 것은 일생을 바칠만한 일을 가지고 있는 사람이다.
   일은 사람에게서 돈을 버는 그 이상의 가치를 가지고 있다. 당신이 목숨을 걸 만한 일을 하라.

2. 이 세상에서 가장 비참한 것은 인간으로서 교양이 없는 것이다.
   교양은 인간의 가장 아름다운 화장이다. 교양은 곧 그 사람의 얼굴이다. 교양을 가지는 데 관심을 가져야 한다.

3. 이 세상에서 가장 쓸쓸한 것은 할 일이 없다는 것이다.
   살아가면서 일을 하지 않고 사는 사람은 사실은 가장 괴로운 사람이다. 아무리 풍족해도 일을 꼭 해야 한다.

4. 이 세상에서 가장 추한 것은 남을 부러워하는 것이다.
   남을 부러워하는 것은 자신을 더욱 추하게 만든다. 남을 부러워하기 전에 당신만이 가지고 있는 것이 분명히 있다. 그 장점을 개발한다면 분명 다른 사람이 당신을 부러워할 것이다.

5. 이 세상에서 가장 존귀한 것은 봉사하고 보상을 바라지 않는 마음이다.

봉사는 인간의 가장 아름다운 행위이다. 대가를 바라지 않고 하는 순수함이 가장 값진 것이다.

6. 이 세상에서 가장 아름다운 것은 사물에 대하여 애정을 가지는 것이다.

무관심은 우울증의 첫 번째 증상이다. 항상 모든 관심을 가지고 애증을 가지면 오히려 당신이 더 건강해지고 더 많은 관심과 사랑을 받게 된다.

7. 이 세상에서 가장 슬픈 것은 거짓말을 하는 것이다.

거짓말이 가장 슬픈 것이다. 남을 속이기 이전에 벌써 자기 자신을 속이는 것이기 때문이다.

_리더피아

memo

자신을 성공적으로 이미지 메이킹하는 10계명

제1계명 당신이 성공하고 싶은 분야에서 최고로 성공한 사람들을 연구하라.
그리하여 성공요인을 당신에게 맞게 접목하여 그대로 따라하라.

제2계명 결코 부정적인 말을 하지 말라.
당신이 노력해도 부정적인 말은 나오게 되어있다. 노력을 하지 않으면 부정으로 얼룩진 말들만 주로 하게 될 것이다. '자신에 대해서나 남들에 대해서나 언제나 좋은 말만 하겠다'는 말하기 원칙을 세워놓아라.

제3계명 자기 자신에게는 언제나 최고로 대해주어라.
그러나 남들 앞에서는 겸손하라. 자부심과 겸손은 성공이 가져야 하는 필수 이미지다.

제4계명 상대방을 진심으로 존중하라.
당신이 존중을 받고 싶으면 먼저 존중해야 한다. 이는 황금률의 진리이다. 존경받고 싶은 욕구는 모든 인간이 다 가지고 있다.

제5계명 자신의 모든 것을 있는 그대로 인정하라.
부족한 것은 감싸주어라. 뛰어난 것은 아낌없이 칭찬해주어라. 그리고 지금의 당신을 한없이 사랑하라. 무조건 말이다.

제6계명 자기의 몸을 귀하게 다루어 잘 관리하라.

당신에게 가장 중요한 최고의 자산이다. 그 외의 것(돈, 일, 명예 등)은 모두가 두 번째이다. 자신에 대한 투자를 아끼지 말라. 가장 투자가치가 높다.

제7계명 자기의 가치를 높여줄 사람과 어울려라.

백로가 까마귀와 섞여 놀면 가치가 떨어진다. 만나면 즐겁고 유익한 사람과 만나라. 찜찜한 사람들과 억지로 만나는 것을 과감하게 끊어라. 당신의 직관을 믿어라. 만나서 상쾌하지 않으면 결코 당신의 성장에 도움이 되지 않는다.

제8계명 칭찬 전문가가 되어라.

자신에게 수시로 칭찬하라. 남들을 만나면 칭찬으로 시작하라. 약점을 보지 말고, 장점을 찾아 칭찬하라. 칭찬도 하나의 습관이다. 습관 중에서도 가장 비싼 습관이 칭찬 습관이다. 칭찬을 연습하여 전문가가 되어라.

제9계명 다른 사람들과 비교하지 말고 당신만의 색깔을 만들어라.

당신이 가장 잘 할 수 있는 분야를 전심전력을 다해서 계속적으로 개발하라. 남들보다 탁월하게 될 때까지 집중적으로 개발하는 것이다. 조금 잘 해서는 안 된다. 남들보다 뛰어나야 한다. 그래야 당신이 최고의 대접을 받게 된다. 최고와 2등의 실력은 종이 한 장 차이이지만, 보상은 수십 배 차이가 난다. 오직 최고를 목표로 달려라.

제10계명 당신이 바라는 최고의 상태를 상상하라.

조금도 의심하지 말고 마음속에 아주 선명하게 그 모습을 그려라. 사람은 마음먹은 대로 흘러가게 되어있다. 바라지 않는다면 이루어지지도 않는다. 대신 강렬하게 바라면 그대로 이루어진다. 최고로 성공한 모습만 상상하라. 그러면 최고의 이미지가 형성된다.

__유철수(자아성공전문가, 성공코치)

memo

성공을 위해 나에게 하는 8가지 충고

1. 언제나 어깨 짜악~ 펴고 당당해라.

항상 자기의 부족함으로 구부정한 모습을 보이지 말라. 성공하는 사람은 언제나 당당하다. 거울을 보고 당당한 모습을 연출하라. 당당한 태도가 성공을 불러오고 당당함이 쌓여 미래에 원하는 삶을 만들어준다.

2. 열정을 깨워라.

너의 가장 큰 미덕은 다름 아닌 '열정'이다. 지기 싫어하는 네 승부욕이 비록 초라하지만 지금까지의 네 삶을 이끌어온 원동력이었다. 정년퇴직 앞둔 공무원처럼 일하지 말라. 사자처럼 덤비고 늑대처럼 집요해라.

3. 일찍 자고 일찍 일어나라.

새벽 3시는 정상인의 취침시간이 아니다. 좀 더 체계적으로 밤과 낮을 관리하라. 허둥지둥하며 뛰쳐나가 지각하는 것은 이제 그만하자. 네 아침을 즐겨라. 시간에 끌려다니지 말고 지배하라.

4. '반성'하되 '후회'하지 말라.

누구나 돌아보면 잘못된 선택이 셀 수 없이 많다. 잘못함을 뼈저리게 아파하고 반성하라. 하지만 후회란 이름으로 시계를 거꾸로 돌리려 하지 말라. 개선할 것은 알고 노력하되 거기에 연연하여 매달리지는 말라.

성공

5. 널 위해 투자하라.

더 이상 남을 위해 살지 말며, 남을 위한다며 널 위하는 짓도 하지 말라. 줄 수 있는 것은 다 주고, 받을 수 있는 것도 기분 좋게 받아라. 널 위해 쉬고, 널 위해 노력하며, 널 위해 투자하라. 세상에서 가장 가치 있는 투자는 자신에게 하는 것이다.

6. 매일 성공을 상상하라.

자신의 성공한 모습을 상상하라. 무엇이 되고 싶은가. 되고 싶은 그 모습을 영화로 만들어라. 그리고 그 영화를 매일 보아라. 상상의 효과는 엄청나다. 성공한 사람들은 자기의 미래 모습을 분명하게 그린 사람들이다. 성공은 얼마나 명확하게 상상하느냐에 달려있다.

7. 용서를 구하고 사과하라.

네 잘못된 행동으로 상처받은 사람, 네 실수로 피해를 입은 사람에게 당장 사과하고 용서를 구하라. 다시는 사람에게 상처주거나 피해주지 말라. 이제는 다른 사람들에게 용기를 주어라.

8. 고맙다고 사랑한다고 말하라.

평소에 조금이라도 도움을 받은 사람이 있으면 마음을 표현하라. 감사함과 사랑을 기회 되는 대로 표현하자. 말하지 않으면 상대가 모를 수 있다. 가까운 사이일수록 더 많이 표현하라. 온 마음을 담아 언어로 전달하라.

__지식in

이순신에게 배우는 승리의 기술 6가지

1. 이겨본 자만이 이긴다.

성공과 승리의 경험은 무엇보다 값진 자산이다. 패배감에 물든 군대, 이기는 싸움을 해본 적이 없는 군대는 절대 승리할 수 없다.

2. 여세를 몰아라.

할 수 있을 때 해야 한다. 작은 성취에 만족하는 순간 위기는 찾아온다. 마지막까지 밀어 붙이는 강력한 추진력, 그것만이 완전한 승리를 보장한다.

3. 그 누구보다 자신을 믿어라.

자신의 선택을 믿어라. 스스로 믿을 수 있을 때까지 준비하라. 주먹은 결국 자신이 쥐는 것이다. 자신을 신뢰할 때 적을 공격할 수 있다.

4. 전면전을 피하지 말라.

결국 승부는 전면전에서 결정 난다. 모든 것을 걸어야 하는 전면전, 전면전을 회피해서는 최후의 승자가 될 수 없다.

5. 제1선에서 지켜라.

지키는 것도 이기는 것이다. 지켜야 한다면 제1선에서 지켜라. 한번 밀리면 끝까지 밀린다.

6. 적은 더 빨리 강해진다.

적은 항상 나를 주시한다. 적은 나를 이기기 위해 무슨 수단이든 동원할 것이다. 나보다 빨리 강해지는 적, 그 적을 이기려면 한걸음 먼저 나아가야 한다.

_윤영수

memo

이병철 회장의 경영 15계명

1. 행하는 자 이루고, 가는 자 닿는다.
2. 신용을 금쪽같이 지켜라.
3. 사람을 온전히 믿고 맡겨라.
4. 업의 개념을 알아라.
5. 판단은 신중하게, 결정은 신속하게.
6. 근검절약을 솔선수범하라.
7. 메모광이 되라.
8. 세심하게 일하라.
9. 신상필벌을 정확하게 지켜라.
10. 전문가의 말을 경청하라.
11. 사원들을 일류로 대접하라.
12. 부정부패를 엄히 다스려라.
13. 사원 교육은 회사의 힘을 기르는 것이다.
14. 목계의 마음을 가져라.
15. 정상에 올랐을 때 변신하라.

__이병철

마셜필드의 10가지 성공 법칙

1. 시간을 헛되이 낭비하지 않는다.
2. 무슨 일이든지 중도에 포기하지 않는다.
3. 열심히 일하며 또 일하고 나태하지 않는다.
4. 복잡하게 생각하지 말고 단순 명료하게 산다.
5. 자기 자신은 물론 남을 속이지 않는다.
6. 어떤 일이든 무관심하지 말고 모르면 알려고 노력한다.
7. 정신적이든 육체적이든 쓸데없는 곳에 힘을 쏟지 않는다.
8. 성공은 한 걸음씩 나아가는 것이다. 조급히 원하는 것을 바라지 않는다.
9. 누구의 잘못이든 결과가 좋지 않을 경우 결코 책임을 회피하지 않는다.
10. 끊임없이 노력하고 자기 계발에 소홀히 하지 않는다.

_마셜필드

목표 설정 시 고려해야 할 5가지 요소

1. 적극적이고 건설적인 목표를 세워라. '무엇을 하고 싶지 않다'가 아니라, '무엇이 하고 싶다'고 확실히 하자.
2. 구체적인 형태로 목표를 세우고 기한을 정하라.
3. 목표 달성 후 자신의 구체적인 이미지를 생각하라. 목표 달성에 도움이 될 것이다.
4. 자신의 힘으로 달성할 수 있는 목표를 세워라. 자신의 행복은 자신의 힘으로 성취해야 한다. 타인에게 의지하지 말라.
5. 자신은 물론 주위 사람에게도 도움이 될 수 있는 목표를 세워라.

_앤터니 로빈스

memo

목표를 설정하는 4가지 방법

1. 목표는 커야 한다.

작은 목표는 작은 성취감만 느끼게 할 뿐이다. 목표가 커야 성취감도 크고 자신의 능력을 극대화시킬 수 있다.

2. 목표는 장기적이어야 한다.

단기적인 목표는 일시적인 장애물에 부딪혀도 쉽게 포기하게 된다. 그러나 장기적인 목표는 사소한 문제나 일시적인 장애물에 굴복하지 않고 그것을 극복하여 성취할 수 있다.

3. 매일 매일의 목표가 있어야 한다.

목표를 달성하려면 매일 어느 만큼의 전진이 있어야 하는 것이다. 그것이 모여 장기적인 목표가 달성되는 것이다.

4. 목표는 구체적이어야 한다.

구체적인 목표가 없는 사람은 자신이 어떤 일을 해야 할지, 또 어떻게 해야 할지, 또 어떻게 해야 할지 모른다.

_지그 지글라

문제를 해결하는 8가지 방법

1. 어떤 문제에도 반드시 자신의 힘으로 해결할 수 있다는 신념을 가져라.
2. 항상 편안한 마음으로 문제에 접하라. 긴장된 상태에서는 정상적인 판단은 어렵다.
3. 문제를 무리하게 해결하려 하지 말라.
4. 발생한 문제에 대한 모든 사실들을 수집하라.
5. 현재 일어난 문제점들을 순차적으로 종이에 적어보라. 그러면 모든 문제점들이 올바르게 파악할 수 있고 대처 방안을 세울 수 있다.
6. 당신의 문제점에 대해서 신께 상의하라. 그러면 당신을 인도해 줄 것이다.
7. 자신의 통찰력과 직관력을 믿어라.
8. 자신보다 능력 있는 사람들에게 조언을 구하라.

__로버트 H. 슐러

사람을 움직이는 3가지 대원칙

1. 잘못을 저지른 사람에게도 그 나름대로 까닭이 있다는 것을 인정하라.
2. 상대방이 원하는 바를 알아내고 그것을 실행할 수 있도록 도와줘라.
3. 상대방의 입장에서 생각하라. 역지사지(易地思之)의 철학을 생각해보라.

_데일 카네기

memo

사업에 성공하는 4가지 방법

1. 오늘 해야 할 일을 내일로 미루지 말라.
2. 시간의 낭비는 마음 밭에 잡초만 무성케 한다.
3. 하루 15분 정도의 알찬 활용이 삶의 명암을 갈라놓는다.
4. 시간을 끄는 인간은 성공이라는 기차를 놓치게 된다.

_사무엘 스마일즈

memo

성공의 7가지 신념

1. 어떠한 역경 속에도 최고의 기회, 최고의 지혜가 숨겨져 있다.
2. 이 세상에 실패는 없다. 단지 미래로 이어지는 결과가 있을 뿐이다.
3. 무슨 일이 일어나더라도 책임은 모두 자신에게 있다는 사실을 명심한다.
4. 정보나 지식은 머리로 이해하는 것은 아니다. 행동으로 옮기고 실천해야 한다.
5. 인재야말로 최대의 자본임을 명심하고 인간관계를 중시하자.
6. 인생 최고의 보람은 일을 즐겁게 하는 데 있다.
7. 성공에 필요하다며 무슨 일이든 하겠다는 생각을 가져라.

_앤터니 로빈스

memo

성공한 사람의 일상생활 10가지

1. 매우 매력적이고 현실적인 목표를 갖는다.
2. 오늘의 자신, 지금의 자신을 출발점으로 삼는다.
3. 타인과 비교하지 않는다.
4. 적극적이고 낙천적이며 정열적인 사고방식을 갖는다.
5. 창조적인 상상력을 적극 활용한다.
6. 현재의 일을 최후의 일이라고 생각하고 몰입한다.
7. 자신만의 개성적인 매력을 가진다.
8. 성공에 대해서 서두르지 않고, 교만하지 않고, 쉬지 않고, 포기하지 않는다.
9. 명예가 있는 인간이 될 것을 마음에 새긴다.
10. 하나의 일이 끝났을 때, 훌륭한 성공 체험을 얻는다.

__로버트 H. 슐러

실패를 성공으로 만드는 8가지 방법

1. 과거의 실패나 불행했던 일에 대해서 미련을 갖지 않겠다.
2. 과거의 모든 경험을 통해서 도움이 되는 것은 지속적으로 배우겠다.
3. 어떻게 실패를 했던 또는 어느 정도의 비참한 실패를 했던 낙심하지 않겠다.
4. 실패에서 성공을 이끄는 아이디어를 찾아내겠다.
5. 과거의 경험에서 이번에는 실패하지 않고 성공할 수 있는 방법을 모색하겠다.
7. 중요한 것을 비록 잃을지라도 보람 있는 인생을 살겠다.
8. 나쁜 일이 생기더라도 좋은 방향으로 해석하겠다. 그리고 정도(正道)를 걸으면 최후의 승리자가 될 것을 확신하고 바른 길을 걷겠다.

_헤롤드 셔먼

멋대로 살면서 최고로 성공하는 10가지 방법

1. 우리는 교훈을 배우기 위해 세상에 왔으며, 세상은 우리의 스승이다.
2. 성공과 행복은 이 세상에 존재하는 자연 법칙을 어떻게 이용하느냐에 달려있다.
3. 당신의 삶은 당신이 믿는 대로 이루어진다.
4. 당신이 사람이든 돈이든 무엇인가에 집착하는 순간, 그것이 당신을 거꾸로 옭아맬 것이다.
5. 당신이 집중하는 부분이 가장 크게 성장한다.
6. 마음 가는 대로 해라.
7. 신을 절대로 구름 속에 숨어서 "이제 내가 성공할 차례다"라고 말해주지 않는다.
8. 당신이 삶에 맞서 싸우면, 언제나 삶이 이긴다.
9. 사람을 사랑하는 유일한 방법은 상대를 있는 그대로 받아들이는 것이다.
10. 우리가 해야 할 일은 세상을 바꾸는 것이 아니라 우리 자신을 바꾸는 것이다.

_앤드류 매튜스

성공하는 사람들이 해야 하는 9가지

1. 뚜렷한 목표(Objective)를 설정하라.

뚜렷한 목표는 당신을 일직선으로 나가게 만들어준다. 당신이 사용할 수 있는 시간은 한정되어 있다. 지금 당장 닥치는 일들을 잘 처리하면 될 것 같지만 사실은 그렇지 않다. 시간이 흐르면 흐를수록 더 많은 문제를 직면하게 될 것이다. 뚜렷한 목표는 목표 달성을 이루게 하고 나아가 단축시키는 효과가 있다. 간절히 원하는 일을 찾아라. 그것이 당신의 목표가 될 것이다.

2. 최소한 12가지 이상의 목표를 정하고 달성하라.

크게 3가지 기준으로 목표를 세워라.

1) 사회봉사를 염두에 두어라.

2) 가정의 목표를 뚜렷하게 설정하라.

3) 자아실력 향상을 정해라.

적어도 한 달에 하나씩은 목표를 달성한다는 전략을 가져라.

3. 가정에 성공을 이루어라.

모든 힘은 가정에서 나온다. 가정을 소홀히 하며 성공하기란 힘들다. 인생은 마라톤과 같다. 마라톤을 달릴 수 있는 힘은 가정에서 나옴을 명심하라.

돈을 아무리 많이 번다고 해도 자식 농사를 망치면 아무 소용없다. 돈은 나중에 벌어도 가능하지만 자식 교육은 시기를 놓치면 안 된다. 우선순위는 가정이다. 사업에 실패하는 사람은 다시 회생할 가능성이 있지만, 가정에 실패하는 사람은 절대 회생하지 못한다.

4. 절약을 생활화하라.

진정한 부자는 만원을 벌기보다는 천원을 절약하는 데에서 나온다. 절약하지 않고서는 부자 될 생각은 하지 말라.

5. 자기 계발에 시간과 자금을 투자해서 실력을 쌓아라.

직장인이 자영업이나 사업가로 변신하기 위해서는 대략 2년에서 길게는 5년의 준비가 필요하다고 한다. 어려움을 당하고 나서야 변하겠다고 생각하면 이미 게임은 끝났다고 보는 것이 옳다.

당신 자신을 위한 R&D(연구개발비) 비율은 10%로 하라. 만약 연봉이 2천만 원이면 2백만 원은 자신을 위해서 투자하라. 술을 마시거나 오락비, 유흥비만 줄이면 충분히 가능하다. 아파트 관리비, 자동차 보험료도 연간 백만 원이 넘는다. 그런 것들보다 당신은 수천만 배 더 귀중하다. 엉뚱한 곳에 돈 쓰지 말고 자신을 위해서 투자를 하라.

성공 관련 워크숍, 책 구입, 운동 등에 과감하게 투자하라. 교육은 비용이 아니라 투자이다. 투자하지 않고 얻는 것은 없다. 돈이 아깝다는 생각이 드는가? 교육 투자는 비용 회수율이 대략 480%가 넘는다는 사실을 명심하라.

6. 생활 패턴을 조기조침으로 만들어라.

최근 조사 결과, CEO의 평균 수면 시간은 4시간 정도라고 한다. 일찍 일어나지 않으면 절대 성공하지 못한다. 새벽은 당신에게 황금과 건강 그리고 성공을 가져다준다. 집안에 한 명이라도 새벽 패턴을 가지면 집안 전체가 건강해지는 경우가 많다. 이제 아침형인간이 되어라. 30대를 지나면서도 새벽 생활을 하지 못하면 평생 가난과 싸우게 됨을 명심하라.

7. 시간 관리에 성공하라.

시간 관리는 목표와 계획에 의해서 관리된다. 반드시 종이에다 잘 정리해서 적어두고 매일 꾸준하게 점검하라. 아무리 잘 만들어진 목표와 계획이라도 자주 점검하고 체크하지 않는다면 아무 소용없다.

먼저 평생 목표를 정해야 한다. 적어도 죽기 전까지 100가지 이상은 목표로 정하라. 그리고 그것을 이루기 위해서 십 년, 일 년, 한 달 목표를 각각 세운 뒤 주간 계획, 일간 계획을 세워야 한다. 이것에 의해서 실행하고 평가하고 분석하고 다시 실행하는 반복이 바로 시간 관리의 핵심이다. 시간 관리는 목표와 계획에 의해서 행동하는 것이다. 일주일을 계획하여 행동하라. 그러고 시간이 흐르면 당신도 모를 정도로 많은 것을 이룬 것을 알게 될 것이다.

8. 급변하는 경제 흐름을 주시하라.

지금은 경제적 지식이 큰 이익을 당신에게 가져다준다. 돈을 벌고 싶다면 신문의 경제면을 주시하라. 정치, 스포츠, 오락, 연예에 관심을 두고 생활한 사람치고 부자를 만나지 못했다.

무식하게 증권만 한다고 돈을 벌던 시대는 이제 갔다. 전체의 경제 흐름을 잘 파악해야만 한다. 그러기 위해서는 반드시 경제 기초 상식을 알아야 한다. 그렇지 않으면 죽을 때 까지 불안하게 살아가게 될 것이다.

재테크 제1조는 '모르면 가만있어라' 이다. 괜히 모르면서 약간 배웠다고 투자하다 있는 재산 다 날리는 경우가 우리 주위에는 너무 많다. 경제적 기초를 돈을 주고서라도 배워라. 그렇게라도 경제 흐름을 잘 분석하고 파악한다면 엄청난 기회를 얻게 될 것이다.

9. 성공훈련을 하라.

성공은 지식에 있는 것이 아니라 지식을 통한 경험에 있다. 많이 알기보다 아는 것을 실천해서 경험이 중요하다. 새로운 지식을 가지고 행동하고 그 실천을 통해 소중한 경험을 많이 한 사람이 성공하기 때문이다. 성공을 원한다면 성공훈련을 하라. 성공훈련을 하루에 한 시간 이상 하라.

_지식in

memo

맥스웰 몰츠의 22가지 성공 습관

1. 머리를 쓰며 살아라.

"빈대도 머리를 쓰며 사는데…" 정주영 씨가 입버릇처럼 내뱉는 말이다. 한겨울 보리를 심어 잔디를 대신했던 부산UN묘지 공사며, 폐 유조선으로 단번에 물길을 막았던 서산 간척지 공사 등 그의 성공은 상식에 매달리지 않는 신선한 발상에서 나왔다.

2. 시작보다는 마무리를 잘하라.

"사람은 '어떻게 시작하는가'로 평가되지 않고 '어떻게 끝을 내는가'로 평가된다"는 말을 기억하라. 시작은 누구나 잘 할 수 있다는 뜻이다. 언제나 중요한 것은 마무리이다.

3. 미리 준비하는 습관을 갖자.

"기회는 준비하는 자에게 찾아온다"는 루이 파스퇴르의 명언을 되새겨보자. 준비된 하루를 맞이하자.

4. 실패하더라도 실망하지 않는다.

기회를 얻지 못했다는 것은 아직 그만큼 기회가 있다는 말이다. 봄이 가면 여름이 오고, 가을이 가면 겨울이 오는 것처럼 인생에도 사계절이 있다. 과거는 지울 수 없지만 인생은 반드시 새롭게 시작할 수 있다.

5. 마지막 날이라 생각하고 일하라.

현자가 충고했다.

"하나님을 위해 죽기 전날까지 살아라."

그러자, 이런 항의의 목소리가 들려왔다.

"그걸 어떻게 알아요. 우리가 언제 죽을지도 모르는데."

이 말을 들은 현자는 이렇게 말했다.

"하루하루를 죽기 전날처럼 살아라. 그럼 간단해."

6. 사고의 전환이 필요하다.

사람들의 고개는 좌우 180도 밖에 돌지 않는다. 그러나 인간의 사고는 360도 한 바퀴를 돌릴 수 있다. 이렇듯 사고를 바꾸면 세상이 달리 보인다.

7. 한 가지 이상의 외국어를 마스터하라.

현 IOC부회장인 김운용 위원이 구사하는 언어는 총 6개 국어이다. 그 중 러시아어는 88올림픽을 준비하면서 예순이 넘은 나이에 배운 것이다. 국제화 시대의 무기는 외국어임을 깨닫고 학창 시절부터 열성으로 공부한 영어, 불어, 스페인어, 독어, 일어 등은 오늘날 그가 세계적인 스포츠 외교관이 되는 데 일등 공신이 되었다.

8. NATO를 버려라.

불행한 사람들은 항상 NATO(No Action Talking Only)로 살아간다. 성공한 사람들은 말보다 행동이 앞선다. 강한 결심이란 지금 있는 이곳에서 변화시킬 수 있는 용기라는 것을 잊지 말라.

9. 유머를 개발하라.

동료를 기분 좋게 웃길 있는 유머야말로 성공인의 필수 요소다. 유머전략의 기본은 '수사반장' 이다.

수집하라.
사용하라.
반응을 살피라.
장기를 살려라.

이 정도면 당신도 유머의 대가가 될 수 있다.

10. 서비스 정신을 잊지 말라.

고객에게 편안하고 확실하게 서비스하면 당신의 일은 번창한다.

11. 자신에게 성공한 사람이 되라.

상처 입은 사람들 주위에는 언제나 상처 입은 사람들로 가득하다. 실패한 사람들 곁에는 실패한 사람들만 득실거린다. 성공한 사람이 되려거든 자신에게 먼저 성공한 사람이 되라.

12. 자신의 일을 즐겨라.

언제나 해야 될 일을 찾지 말고 하고 싶은 일을 해라. 하지만 기억하라. 성공의 비밀은 자신이 좋아하는 일을 하는 것이 아니라 자신이 하는 일을 좋아하는 것이다.

13. 사명 선언서를 만들라.

IBM은 훈련 과정 때마다 간부가 참석해서 그 회사가 추구하는 세 가지 사명을 말한다. 개인에 대한 존중, 탁월성, 그리고 서비스이다. 이러한 원칙이 조직을 성공으로 이끈다.

나의 사명서는 무엇인가? 매일 아침 스스로에게 사명 선언을 해보라.

14. 모든 삶이 배움의 현장이 되게 하라.

우주만물에는 신의 지문(指紋)이 있다. 나아가 "업은 아이에게도 배울 것이 있다"는 격언이 있다. 자연현상뿐만 아니라 삶의 현장을 살아있는 교과서로 삼아라.

15. 정보 인맥을 구축하라.

'개미형'이 아니라 '거미형'으로 살아라. 산업사회에서는 근면과 성실을 상징하는 개미가 표준 인간형이었지만 정보사회에서는 거미가 모델이다. 곳곳에 정보의 그물을 쳐두고 여유 있게 기다려라.

16. 아날로그가 아니라 디지털로 사고하라.

아날로그는 24시간을 나눠, 8시간은 일하고 8시간을 자고 8시간은 쉰다. 하지만 디지털은 일하는 시간을 별로 중요하게 여기지 않는다. 24시간 연속으로 일할 수 있고 24시간 내내 잘 수도 있다. 생산성만 있으면 되는 것이다. 디지털의 실체는 유연함과 무정형에 있다.

17. 상처를 거부해라.

현명한 사람은 자기 마음의 주인이 되고, 미련한 자는 그 노예가 된다. 내가 나를 주장하는 것이야말로 성공의 지름길이다. 그러므로 이렇게 외쳐보라.

"내가 허락하지 않는 한 나는 상처받지 않는다."

18. 일기를 써라.

또렷한 기억보다 희미한 기록이 낫다는 말이 있다. 하루를 돌아보는 일기야말로 내면세계의 질서를 찾아가는 자신만의 수업 현장이다.

19. 성공의 주인공이 되라.

"명성에 빛나는 지도자들의 행위를 자세히 검토하면 그들이 운명으로부터 받은 것이라곤 기회 밖에 없었다는 것을 알게 될 것이다. 그리고 그 기회라는 것도 그들에게는 재료로 제공되었을 뿐이며, 그 재료조차도 그들은 자기네 생각에 따라 요리했던 것이다."

마키아벨리의 〈군주론〉에 나오는 말이다.

20. 결점에 매달리지 말라.

"신은 우리를 인간으로 만들기 위해 무엇인가 결점을 부여해주었다."

세익스피어가 '안토니오와 클레오파트라'에서 한 말이다. 결점에 매달리기보다 장점에 매달려라.

21. 가정을 소중히 하라.

부시 바버라 여사는 "우리 사회의 성공 여부는 백악관이 아니라 여러분의 가정에 달려있습니다"고 말했다. 억대 연봉자들의 첫 번째 성공 요인은 화목한 가정이었다. 가정생활을 우선으로 하라.

22. 사소한 일에 목숨을 걸지 말라.

"마지막으로 실은 짚 한 오라기가 낙타 등을 부러뜨린다"는 말이 있다. 자신의 감정을 상하게 할 수 있는 사소한 것들을 흘려버리고 매달리지 말라.

_맥스웰 몰츠

memo

성공 철학 100가지

1. 믿음은 기적을 만든다.
2. 성공의 첫 번째 비결은 실천이다.
3. 꾸준함이 중요하다.
4. 자기 비하의 짐을 던져버려라.
5. 성공은 목표를 설정함과 동시에 시작된다.
6. 시련은 빛나는 인생을 만들어준다.
7. 다른 사람에게 당신의 인생을 결정하게 하지 말라.
8. 희망을 심으면 기적이 일어난다.
9. 용기를 함부로 보지 말라.
10. 무한한 잠재력이 있다.
11. 기적을 믿어라.
12. 'No' 라고 용감하게 말하라.
13. 스스로를 믿어야 남도 당신을 믿을 수 있다.
14. 자신을 강하게 만들어라.
15. 해야 할 것은 꼭 하라.
16. 두려움은 성공의 장애물이다.
17. 상상만큼 그렇게 어렵지 않다.
18. 결정의 시기를 잘 알아야 한다.
19. 남과 다른 이상이 다른 인생을 결정한다.

20. 습관이 성패에 영향을 준다.
21. 남을 구하기보다는 자기 자신을 구하라.
22. 적극적으로 도전에 응하라.
23. 꿈을 이루어라.
24. 공부의 자세를 가져라.
25. 자신의 단점도 잘 사용하라.
26. 자신이 뛰어나다고 자만하지 말라.
27. 자신의 잘못에 책임을 져라.
28. 자기에게 극단적인 상황을 설정하라.
29. 모든 교훈을 스스로 경험해보라.
30. 학문에는 끝이 없다.
31. 협력만이 살길이다.
32. 남의 힘을 빌려 행하라.
33. 너무 많은 것은 내다 버려라.
34. 비판대신 칭찬하라.
35. 침묵은 금이다.
36. 자신을 바꿔 환경에 적응하라.
37. 자기를 PR하라.
38. 조건은 노력으로 만들 수 있다.
39. 대화에도 기술이 있다.
40. 잘 경청해주면 어딜 가나 환영 받는다.
41. 참신함은 당신을 남들보다 돋보이게 한다.
42. 감정을 컨트롤하면 어려움에서 벗어날 수 있다.
43. 많이 쌓이면 욕심이 많아져 적게 나눠 준다.
44. 자기의 주관을 가지라.

45. 불리한 요소들을 유리한 요소들로 바꾸어라.
46. 사소한 일들이 성패를 결정한다.
47. 불완전한 자신을 인정하라.
48. 초조함을 극복하라.
49. 시간은 돈이다.
50. 인격의 존엄함을 잃어서는 안 된다.
51. 선량한 것은 모든 것을 품어줄 수 있는 가슴이다.
52. 용감히 책임을 지라.
53. 버리는 지혜를 가지라.
54. 항상 선한 생각을 하라.
55. 세 번 생각하고 말하라.
56. 잘못을 고치고 나면 마음이 편해진다.
57. 재물도 나눌 수 있어야 한다.
58. 유혹을 거절하라.
59. 관용은 인생을 더 아름답게 만들어준다.
60. 자기 자신을 아는 것은 어렵다.
61. 선과 악은 한 순간이다.
62. 자기의 짐을 극복하라.
63. 고기를 낚는 비결을 깨달아라.
64. 욕심은 호랑이 보다 사납다.
65. 하나님은 공평하다.
66. 생활의 아름다움을 찾아라.
67. 주인을 기쁘게 하라.
68. 재앙은 한 순간의 바람과 같다.
69. 항상 기뻐할 수 있는 이유가 있다.

70. 마음가짐은 운명을 결정한다.
71. 걱정하는 습관을 버리라.
72. 웃음의 힘을 믿어라.
73. 감정을 주변사람들과 나누어라.
74. 남을 용서하는 것은 곧 자신을 용서하는 것이다.
75. 현재의 행복을 잡아라.
76. 넓은 아량을 품어라.
77. 진실한 자신을 보여라.
78. 평형을 이루어라.
79. 어울리는 것이 가장 좋은 것이다.
80. 작은 일에 걱정하지 말라.
81. 자기 마음을 가볍게 하라.
82. 당신은 마음을 바꿀 수 있다.
83. 내어 줄 때 가장 큰 만족이 있다.
84. 지금 그 연령이 가장 좋을 때이다.
85. 가난해도 초라해지지 말라.
86. 화낼 필요 없다.
87. 항상 감사의 마음을 지녀라.
88. 마음의 지혜를 떠나보내지 말라.
89. 사랑은 기적을 만든다.
90. 혈육의 정이 두터우면 기쁨이 넘친다.
91. 사랑은 죽음도 초월한다.
92. 사랑을 하려면 공간에 대한 제약이 없어야 한다.
93. 결혼생활에 관용은 필수이다.
94. 사랑은 상대방을 위해 생각하는 것이다.

95. 모성애의 문은 영원히 닫히지 않는다.
96. 인생에 있어 용서는 꼭 필요하다.
97. 돈이 혈육의 정을 대신할 수 없다.
98. 생명과도 바꿀 수 있는 우정을 중요시하라.
99. 어려움을 함께 해야 한 우정이 탄탄해진다.
100. 가혹한 요구는 우정을 떨어뜨릴 수 있다.

_지식in

memo

머피의 100가지 성공 법칙

1. 좋은 것을 생각하면 좋은 일이 일어나고 나쁜 것을 생각하면 나쁜 일이 일어난다.
2. 잠재의식에는 받아들인 것을 모조리 실현하고 마는 성질이 있다. 잠재의식에는 농담이나 거짓말이 통하지 않는다.
3. 잠재의식은 만능 기계이다. 그것을 움직이는 것은 오직 당신의 현재 의식이다.
4. 잠재의식을 배에 비유하면 의식하는 마음은 배의 선장이다 아무리 큰 배도 선장이 "오른쪽"이라고 하면 그 쪽으로 움직인다.
5. 복숭아를 먹고 두드러기가 났던 사람은 복숭아를 보기만 해도 두드러기가 생긴다. 잠재의식은 무엇이건 잊어버리는 일이 없다
6. 우주의 보물창고는 당신의 마음속에 있다. 그 속에서 보물을 찾아내어 움켜줘라.
7. 잠재의식은 기름진 땅이며 의식하는 마음은 씨앗과 같다. 좋은 씨에서는 좋은 열매가, 나쁜 씨에서는 나쁜 열매가 열린다.
8. 믿음이 깊어지면 기적이라고 밖에 말할 수 없는 일이 일어난다.
9. 잠재의식에 씨를 뿌리는 가장 좋은 때는 의식하는 마음이 쉬고 있을 때, 근육이 풀린 상태일 때이다.
10. 암시의 힘은 놀라운 것이다. 나쁜 암시는 바로 바로 거부하고 밝고 건설적인 암시를 받아들이라.

11. 어려운 상황에 부딪쳤을 때 "이젠 틀렸어"라고 말하는 것은 잠재의식의 협력을 거부한다는 뜻이다.
12. 정직하고 부지런한 사람이 행복하지 못한 이유는 잠재의식을 제대로 쓰지 못했기 때문이다.
13. 잠재의식은 우리의 존재도 가능하게 한다. 그것을 어떻게 쓰냐에 따라 질병을 고칠 수 있다.
14. 건강을 바란다면 건강한 자신의 모습을 잠재의식에 새겨놓는 일이 중요하다.
15. 잠재의식을 잘 활용하면 몸과 마음을 푹 쉬게 하는 기술부터 익혀야 한다.
16. 소망이 이루어졌다고 상상하면서 그 때의 기분을 느꼈다면 잠재의식이 그것을 받아들인 것으로 생각해도 좋다.
17. 무엇을 믿고 있는 것만으로도 잠재의식은 기적을 만들어낸다.
18. 최면술은 잠재의식을 움직이도록 하는 한 가지 방법일 뿐이다.
19. 우상숭배를 간단히 부정해서는 안 된다. 그것은 잠재의식을 움직이는 또 하나의 효과적인 방법이기 때문이다.
20. 잠재의식의 기적을 일으킨다는 것을 모두가 알게 되면 종교 간의 싸움은 없어질 것이다.
21. 기도하고 있는 동안 감사의 기분이 들면 그 기도는 바라는 대로 이루어진다.
22. 잠재의식에 소망을 넘겨주려면 되풀이할 필요가 있다.
23. 로스앤젤레스에 사는 사람이 뉴욕에 병든 어머니를 위해 기도한 그 마음이 잠재의식에 통하면 병이 낫게 된다.
24. 당신을 만든 것은 당신 자신이다 그러므로 당신을 바꾸는 것도 당신 자신이어야 한다.

25. 잠재의식에 소망을 보낼 때 그것을 그림으로 그리는 것이 가장 효과가 높다.
26. 당신의 소망을 짧은 문장으로 만들어서 자장가를 부르듯이 되풀이하라.
27. 감사하는 마음은 우주의 무한한 부에 가깝다는 것을 잊지 말라.
28. 자신이 바라는 것을 뚜렷하게 알고 긍정함으로써 기적의 효과를 얻을 수 있다.
29. 현대인이 진실로 깊이 믿기 위해서는 우선 이성을 충분히 이해시킬 필요가 있다.
30. 간단히 단정하는 것만으로 잠재의식이 소망을 실현해주는 일도 있다.
31. 소망을 다른 말로 말하면 기도이다. 기도는 이미 이루어진 것으로 보고 그림으로 그려 마음속에 끌어안으라.
32. 당신이 기도해야 할 것을 소설이나 영화에서 찾아내도 좋다.
33. 영화는 그 자체가 하나의 세계를 보여주는 것이므로 소망을 구체화하는 데 도움이 된다.
34. 내버려두어도 몸을 돌보아주는 지성이 있는가 하면, 그것을 계속 방해하려는 의식도 있다.
35. 11개월에 한 번 몸의 세포는 새로 만들어진다. 당신은 생각을 바꿈으로써 1년 안에 몸의 상태를 바꿀 수 있다.
36. 건강한 것이 정상이고 질병은 이상이 있는 것이다. 날 때부터 가지고 있는 조화의 원리를 작용하라.
37. 기도할 때 힘을 주어서는 안 된다. 힘을 준다는 것은 마음이 갈라져 있다는 증거이다.
38. 번영, 부, 성공 따위의 생각을 잠재의식에 예금하라. 그렇게 하면 잠재의식은 당신에게 몇 배로 불려줄 것이다.

39. "나는 부자이다"라고 되풀이하기보다는 현재 진행형으로 말하는 것이 좋다.

40. 어려운 입장에 놓였을 때는 버둥거리지 말고 조용한 마음으로 잠재의식에 기도하라.

41. 부자가 되고 싶은 마음을 잠재의식에 심으려 할 때 부(富)라든가 성공을 뜻하는 단어를 되풀이하는 것만으로도 충분하다.

42. 질투는 부에 이르는 길을 가로막는 가장 큰 적이다.

43. 남의 부를 축적하는 것은 바로 자신에게도 부를 가져오게 하는 것이다.

44. "부자가 되는 것은 나의 권리이다"라고 큰 소리로 말하라. 잠재의식은
딱 잘라 말하는 그 말에 보답할 것이다.

45. 가난은 미덕이 될 수 없다. 그것은 다른 많은 마음의 병과 마찬가지로 질환의 일종이다.

46. 결코 돈에 대해서는 나쁘게 말해서는 안 된다. 만약 당신이 돈에 악담을 퍼부으면 돈은 당신에게서 도망쳐간다.

47. 돈을 저주하는 사람은 좋은 것도 쓰는 데에 따라 해가 될 수 있다고 하는 평범한 진리를 모르는 사람이다.

48. 우주의 부를 상징하는 돈이 당신의 생활을 풍요롭게 한다는 순환을 믿고 긍정하라.

49. 마음속에서 결과를 볼 수 있다면 잠재의식이 그 결과를 받아들여 실현하는 것도 보게 된다.

50. 마음속으로 자신이 속한 조직을 비난하는 것은 잠재의식에 그 조직과의 관계를 끊으라고 명령하는 것과 같다.

51. 겨우 생활만 할 수 있을 만큼의 돈에 욕심을 부릴 것이 아니라 하고 싶은 것은 모두 그때그때 할 수 있는 돈을 바라라.

52. 성공한 실업가들은 자신의 사업 계획이 성공하고 있는 상태를 똑똑히

볼 수 있었던 사람이다.

53. 자신의 모습이 스크린에 클로즈업되는 광경을 꿈꾸지 않고 스타가 된 사람은 아무도 없다.

54. 당신의 소망 수준을 높이라. 그렇게 하면 믿음대로 되리라.(마태 9:29)

55. 괴테가 그랬듯이, 마음과 대화하는 것은 잠재의식을 움직이는 가장 뛰어난 기술이다.

56. 머리가 나쁜 학생도 잠재의식을 잘 활용하면 우수한 학생이 될 수 있다. 잠재의식은 기억의 보물창고이기 때문이다.

57. 물건을 사고파는 일도 잠재의식에 맡겨 놓으면 생각 밖의 도움을 받을 수 있다.

58. 당신 마음의 본바탕은 모든 사람의 마음과 통한다. 따라서 당신에게 팔고 싶은 어떤 것이 있다면 누군가가 그것을 사고 싶어 한다.

59. 문제 해결을 위해서 그것과 관계되는 어떤 상징적 행동을 하면 아주 놀라운 결과가 나타난다.

60. 소망하는 것을 눈으로 보듯 또렷하게 떠올리고 있다가 기회가 오면 잡으라.

61. 성공한 실업가는 '성공'이라는 생각을 계속해온 사람이다. 끊임없는 상상의 힘은 잠재의식의 기적을 만든다.

62. 하늘 한 귀퉁이에서 번쩍이는 빛과 같이 잠재의식은 노력하는 자에게 정답을 제시한다.

63. 의식하는 마음이 지쳐서 어찌할 수 없게 되어도 잠재의식은 멈추지 않고 땅에서 싹이 돋아 나오듯이 답을 던져준다.

64. 의식하는 마음이 알지 못하는 것을 잠재의식이 꿈에서 제시해 주는 일이 있다. 때로 그것은 학문상의 발견으로 이어진다.

65. 잠재의식에 기대면 우연이라고 밖에 생각할 수 없는 일이 벌어지면서

당신의 소망이 이루어진다.

66. 잠재의식은 시간을 초월하기 때문에 당신이 태어나기 전의 일도 잘 알고 있다.

67. 잠재의식의 해답은 토스터에서 빵이 구워져 나오듯이 가볍게 튕겨 나온다.
68. 잠재의식의 가르침은 "느낌" 또는 "내적인 의식" 또는 "뛰어난 예감"으로 나타난다.
69. 두려움이나 걱정은 실제로 생각하는 일이 아니다. 참다운 생각은 공포로부터 자유로운 것이다.
70. 기도는 잠의 한 형식이며 잠은 기도의 한 형식이다. 잠자고 있을 때 사람은 잠재의식으로부터 정신을 충전받는다.
71. 잠을 통해 잠재의식의 내적인 지혜와 조용히 교류할 수 있다.
72. 어떤 결정을 내릴 때 망설여진다면 잠을 자면서 잠재의식의 지시를 받으라.
73. 잠재의식에 길들여지면 바른 길을 꿈속에서 보게 된다.
74. 잠재의식은 기계의 설계도 같은 것도 그대로 그려낸다.
75. 소설이나 논문을 쓰는 사람이 잠재의식에 부탁하면 절대적인 도움을 받는다.
76. 돈이 모이지 않는다고 불평하는 사람은 마음속으로부터 "돈은 필요 없다"고 말하는 사람이다.
77. 부는 마음의 상태이지만 동시에 마음의 상태가 부를 만들고 명성을 만든다.
78. 부유한 자는 더욱 더 부를 쌓는다.
79. 결혼을 앞둔 여자라면 바라는 남편상에 대해서 조용히 생각에 잠기라. 잠재의식은 좋은 상대자와 인연을 맺어준다.

80. 이상적인 여자를 아내로 맞고 싶은 남자는 우선 그 여자가 지녀야 할 성품을 마음속에 그려보라.
81. 두 번이나 결혼에 실패한 여자가 잠재의식의 도움을 받아 세 번째 결혼해서 매우 행복하게 살고 있다.
82. 결혼 상대자를 어디서 어떻게 만날까 하는 것에 대해서는 조금도 걱정할 필요가 없다.
83. 이혼은 맨 처음 마음속으로부터 시작한다. 법률적인 절차는 그 다음의 일이다. 이것은 마음의 상태가 그대로 현실이 되어 나타남을 보여준다.
84. 당신은 행복을 선택할 권리가 있으며 또한 행복을 당신의 습관으로 할 수 있다.
85. 사람이란 그가 하루 종일 생각하고 있는 그 자체이며 사람의 일생은 어떻게 생각하는가에 달려있다.
86. 믿음을 가지고 새겨 넣은 잠재의식의 힘은 19세기 가장 큰 발견이었다.
87. 만능인 잠재의식은 누구에게나 있다. 그러나 그것은 바깥 세계의 모든 간섭으로부터 벗어나 조용히 생각에 잠겨야만 끌어낼 수 있다.
88. 주위의 모든 것에서 자신을 격리시켜 보라. 고요함이 문제를 해결한다.
89. 잠재의식은 녹음기 같아서 당신이 습관처럼 생각하고 있는 것도 현실로 나타난다.
90. 당신의 마음은 창조력이 있는 매체이다. 따라서 당신이 다른 사람에게 대해서 생각하거나 느낀 것도 당신의 체험이 된다.
91. 남을 용서하지 못하는 것은 언제까지나 아픔이 가시지 않은 상처를 안고 사는 것과 같다.
92. 남을 용서한다는 것은 그를 자유롭게 놓아주는 것이다. 그러므로 또 다시 놓아준다고 하는 일은 있을 수 없다.
93. 당신은 이제까지 지녀온 습관의 뭉치 같은 것이다. 습관은 잠재의식의

틀이므로 당신을 바꾸고 싶다면 먼저 이 틀을 바꾸라.

94. 징크스(악운)도 잠재의식의 습관일 뿐이므로 거기에서 쉽게 빠져나올 수 있다.

95. 알코올 중독의 참 원인은 부정적이고 파괴적인 사고방식이다.

96. 공포는 우리의 가장 큰 적이다. 실패라든지 질병이라든지 나쁜 인간관계의 뒤편에는 공포가 숨어있다.

97. 시험을 치를 때마다 겪는 기억상실의 그늘에는 공포가 있다. 공포에서 자유로워지지 않으면 지식은 살아남지 못한다.

98. 물이 무서운 사람은 헤엄치는 자신을 마음속에 그려보라. 정상이 아닌 두려움은 반드시 이겨낼 수 있다.

99. 실패가 걱정이라면 성공 쪽으로 주의를 돌리라.

100. 당신의 인생에서 가장 생산적인 나이는 65세 이후부터 일 수도 있다.

__오시마 준이치

memo

주식 투자 7가지 성공 요령

주식 투자에서 성공하려면 '2 · 3 · 5 법칙'을 지켜야 한다. 어떤 주식을 사려고 분석할 때 필요한 정력을 '10'이라고 한다면, 해당 종목 분석에 '2'를 쓰고, 나머지 '3'은 그 종목이 속해 있는 산업의 흐름을 분석하는 데 쓰고, 더 많은 '5'는 경제 전체의 흐름을 파악하는데 중점을 두어야 한다는 말이다.

1. 우선 기업의 실적이 나쁠 때 매수에 나설 수 있는가.

   기업 실적도 경기 사이클처럼 사계절이 있다. 실적이 좋지 않을 때 주가가 바닥이기 때문에 이때 사서 기다릴 수 있는 용기가 있어야 한다.

2. 최고의 실적에서 주식을 팔 수 있는가.

   기업이 성장하기 위해 투자할 때는 이익 지표는 좋지 않고 주가도 싸진다. 하지만 투자가 마무리되고 이익이 가장 좋을 때 주가는 상투에 이르면 남들이 주식을 사려고 몰려든다. 바로 이때가 이익을 실현할 수 있는 최고의 타이밍이다.

3. 시세 동향보다 빠르게 행동할 수 있는가.

   주가는 항상 실적에 선행한다. 실적을 확인만 해서는 뒷북치기 십상이다. 경기와 기업 이익의 사이클을 분석해서 좋아지기 전에 주식을 살 수 있어야 한다.

4. 불황에 웃으며 주식을 살 수 있는가.

100% 이상의 높은 수익률은 항상 불황에서 회복기로 전환될 때 나타난다. 남들이 모두 주식을 버릴 때 웃으며 주식을 살 수 있는 혜안이 주식 투자 수익률을 좌우한다.

5. 기업의 열렬한 후원자가 될 수 있는가.

장기 주식 투자는 기업과 운명을 같이하는 것이다. 기업이 어려울 때 성장 가능성을 믿고 투자할 수 있어야 성공한 뒤 달콤한 열매를 함께 나눌 수 있다.

6. 자신의 투자 리듬을 지킬 수 있는가.

주가는 투자자들이 기다리는 저점까지 떨어지지 않고 반등한다. 따라서 바닥을 치기 전에 주식을 사야 한다. 또 기다리는 고점까지 오르지 못하고 하락한다. 따라서 상투가 오기 전에 파는 결단이 필요하다.

7. 폭락 때 살 수 있는가.

주가가 급락할 때 매수 주문을 낼 수 있는 것은 장기 투자자인지를 가려내는 리트머스 시험지이다. 폭등 때 팔고 폭락 때 사는 거꾸로 투자를 할 수 있는 투자자가 성공 가능성이 훨씬 높다.

__사와카미 아쓰토

성공하는 사람들의 11가지 사고 기술

1. 언제나 큰 그림을 생각한다.

큰 그림을 볼 줄 아는 사람들은 당장 눈앞의 필요와 감정에 사로잡히는 일이 없이 세상을 위로부터 조망하는 능력을 갖고 있다. 이는 어떤 상황에서든 열린 마음을 갖고 새로운 아이디어와 가능성을 받아들일 마음의 준비가 돼 있음을 의미하는 것이다.

2. 생각에 초점을 가져야 한다.

생각에 초점을 잘 맞추는 사람들은 중요한 이슈에만 전념하고 그밖에 다른 사소한 일들은 모두 무시할 줄 안다. 이들은 자신들의 강점과 목표를 분명히 이해하므로 그로부터 거리가 있거나 우선순위가 낮은 일들 때문에 주어진 목표를 실행하지 못하는 일이 드물다.

3. 창조적으로 생각한다.

창조적으로 생각할 줄 아는 사람은 언제나 남들과는 다르게 생각하고 새로운 것을 받아들이는 데 주저하지 않는다. 창조성이란 리스크를 받아들이고 새로운 아이디어를 끊임없이 찾는 마음의 준비를 갖추고 있는 것을 의미한다.

4. 사고 과정에 있어 현실성을 잃지 않는다.

창조적이고도 낙관적으로 생각하는 능력을 키우려면 사고에 있어 언제나 현실성을 잃지 않도록 해야 한다. 이를 꾸준히 하지 못한다면 결코 문제 해결을 한다거나 과거의 실수로부터 교훈을 얻지 못할 것이다.

5. 전략적 사고를 한다.

행동에 본격적으로 착수하기 전에 잠시 멈추고 전략적 사고를 시도해본다. 무엇을 먼저 해야 할지에 대해 생각하여 내가 기울이는 노력이 비생산적인 활동으로 낭비될 수 있는 가능성을 줄일 수 있다.

6. 가능성을 염두에 둔다.

가능성을 염두에 둔 사고란 현재 가능하지 않은 일이나 과거에 한 번도 시도되지 않았던 일에 대해서 생각하는 것을 의미한다. 이러한 종류의 사고를 함으로써 광범위한 옵션과 아이디어를 가능성의 영역으로 끌어들일 수 있다.

7. 과거 회귀형 사고를 시도한다.

과거 회귀형 사고란 내가 하는 일을 깊이 생각하고 이를 평가해보는 태도를 말한다. 이런 사고 태도는 요리로 비유하면 생각이 완전히 익을 때까지 푹 익히는 찜통 같은 역할을 한다.

8. 항상 지배적인 사고방식에 의문을 제기한다.

일반적으로 받아들여지는 상식과 역행하는 것은 때로 상당한 자신감을 요하는 일이다. 그러나 그에 따른 보상은 엄청나게 클 수 있다. 내가 무슨 일을 할 때 단순히 남들이 하기 때문에 하고 있는 것이라면 잠시 멈춰

서서 내가 뭘 하고 있는지를 자문해볼 필요가 있다.

9. 다른 사람들의 의견을 적극 받아들인다.

효과적 사고를 하는 사람들은 진정으로 도움이 될 만한 아이디어를 내는 사람들을 귀중하게 여길 줄 안다. 성공의 가능성을 높이기 위해 다른 사람들의 아이디어를 내 생각에 적극 반영한다. 이는 내 생각을 더 다듬을 수 있을 뿐 아니라 더 나은 결과를 얻는 데도 도움이 된다.

10. 팀워크를 통한 사고 과정을 시도해본다.

협력을 통한 사고란 이타적인 사고를 말한다. 협력적 사고는 내 자신의 문제에만 치중하지 않고 외향적 사고를 지향한다.

11. 분명한 목적의식을 갖는 사고를 한다.

목적의식을 갖는 사고는 반드시 돈과 관련된 것만은 아니다. 이는 내가 속한 조직의 목표를 생각하고 내가 지금 약속한 바를 제대로 이행하고 있는가를 평가하는 것을 의미한다. 이것이 진정한 목적의식을 갖는 사고이다

_KTB-Daily

자 기 계 발 대 사 전

인맥관리

성공적인 인맥 만들기 13가지 노하우

1. 인맥은 정보의 인풋에서 시작된다.

   1) 화제가 풍부해지려면 정보의 인풋을 많이 하는 것이 기본이다.

   2) 책이나 신문은 물론 잡지, 영화, 이벤트 등으로 관심을 다양하게 확대해나가야 한다.

   3) 키맨(Key-man)들과의 대화를 통해 정보를 늘려나가야 한다.

2. 다양한 모임에서 인맥 채널을 만들어라.

   1) 연구회나 모임에 가입하여 활동한다.

   2) 조그만 비즈니스의 성공이 아니라 자신의 잠재 가능성을 찾도록 노력해야 한다.

   3) 명함의 수가 인맥과 직결되는 것이 아니다.

   4) 목적이 없는 만남은 단순히 스쳐 지나가는 바람에 불과하다.

3. 회사의 가치관에 개인의 가치관을 맞추지 말라.

   1) 인격은 회사의 격과 다르다.

   2) 인맥, 정보, 철학, 교양, 감성, 자금, 건강에 노력해야 한다.

4. 인생을 100년 계획하면 앞길이 보인다.

   1) 장기적인 인생 계획을 세우고, 일주일에 한번 이상 확인할 필요가 있다.

2) "이것이 인생의 분기점이다"라는 인식을 가능하게 하기 위해서는 미리 인생의 이정표가 설정되어 있어야 한다.

3) '인연'을 의식하면서 행동해나가는 것이 중요하다.

5. 상대의 이익을 존중하고 나의 이익을 챙긴다.

비즈니스맨은 철학, 건강, 인맥, 교양, 감성, 정보, 자금의 7가지 메리트로 모임에 참가한다.

1) 앞의 7가지 메리트를 기준으로 두고 행동하는 것이 좋다.

2) 키맨과 접촉을 원한다면 키맨과 관계된 사람부터 공략해야 한다.

3) 이때 신뢰감이 중요한 요소이다.

4) 인맥 만들기는 자신의 존재 이유, 존재 의의를 확인시켜준다.

6. 원하는 것은 간절한 만큼 이루어진다.

1) 우선 인맥을 만들고 싶다고 강렬히 원해야 한다.

2) 인맥이란 자신의 영혼을 송두리째 뒤흔들어 놓을 사람과 만나는 것이다.

7. 인맥은 넓히는 것이 아니라 퍼져 나가는 것이다.

1) 인맥 넓히기의 기본 원리는 자기 탐구이다.

2) 자기 탐구는 가신의 내면을 깊이 성찰하는 것이다.

이를 위해서는 유행이나 추세에 휘둘리지 않기, 정치와 경제에 대한 흥미, 지칠 줄 모르는 호기심, 다수의 의견에 "이건 아닌데" 하고 생각하는 훈련, 전문가 의견뿐 아니라 다양한 의견 청취 등이 중요하다.

8. 모임에서 환영 받는 사람과 미움 받는 사람을 구분하라.

정직한 사람, 겸손한 사람, 인생에 적극적인 사람, 체험담을 이야기해주는 사람, 상대의 고민이나 과제에 딱 들어맞는 키맨을 소개해주는 사람은 환영 받고, 제멋대로인 사람, 운이 나쁜 사람, 돈 버는 이야기밖에 하지 않는 사람, 화제가 직장 이야기 밖에 없는 사람, 남의 이야기를 듣지 않는 수다스러운 사람은 미움 받는다.

9. 때로는 대가 없이 남을 돕는다.

조직에는 반드시 주목받거나 주위에 사람들이 모여지는 사람, 인망(人望)있는 사람으로 대개 키맨이 이런 특성을 지닌다.

10. 인맥의 3대 요소(헤드워크, 풋워크, 네트워크)를 잡아라.

헤드워크

1) 신문, 잡지, TV 등 일반적으로 오픈되어 있는 미디어 등을 철저히 활용한다.
2) 다양성이 포인트다.

풋워크

1) 풋워크로 파악한 정보는 질이 포인트다.
2) 스스로 체험한 것, "우리만 아는 이야기를 어느 정도 갖고 있는가?"가 중요하다.

네트워크

1) 헤드워크와 풋워크로 얻은 정보를 네트워크로 확인한다.
2) 키맨은 하나의 미디어이다.
3) 키맨의 행동, 발언, 사상은 혼자 걸어 다니며 전파를 내보낸다.

11. 첫인상이 중요하다. 첫인상이 좋은 사람의 공통점을 찾아라.

1) 차분하다.
2) 상대방의 눈을 보고 천천히 말한다.
3) 위트가 풍부하다.
4) 손아랫사람에게도 예의가 바르다.
5) 무엇인가를 배우려는 자세로 남의 이야기를 듣는다.
6) 적극적이고 호기심이 강하다.

12. 기분 좋은 긴장을 주는 사람이 되라.

1) 이야기를 나누고 있으면 힘이 솟는 사람.
2) 만나면 새로운 지식을 공급하는 사람.
3) 주위를 느슨하게 이완시키는 것이 아니라 기분 좋은 긴장을 주는 사람.
4) 상쾌한 기분을 느끼게 하는 사람.

13. 무엇보다 중요한 것은 자기만의 강렬한 매력을 갖춘 키맨이 되는 것이다.

1) 다면적인 가치관: 키맨에게는 상반되는 것이 자연스럽게 공존한다.
2) 쓸데없는 것의 가치 발견: 남들이 쓸데없는 것으로 지나치는 것에서 가치를 발견한다. 기업에서도 쓸데없는 것에서 많은 신규 사업이 탄생된다.
3) 자기만의 독특한 방식: 결코 남을 흉내 내지 않는다. 흉내 속에서도 독창적인 아이디어를 첨가시켜야 한다.

_나카지마 다카시(中島孝志)

인맥관리

삶에 필요한 10가지 도구

1. 올바른 지식: 인생을 항해하는 데 필요한 도구를 제공한다.
2. 지혜: 자신의 존재와 현재를 발견하는 데 유용하도록 과거에 축적된 지식을 사용할 수 있다.
3. 동정: 자신의 사고방식을 견지하면서, 자신과 다른 사고방식을 가진 사람들과 같이 활동할 때 그들을 부드럽고 이해심 있게 받아들여 주게 된다.
4. 조화: 인생의 자연스러움을 받아들일 수 있게 해준다.
5. 창조성: 자신의 인생 항로가 곤란에 처했을 때 다른 길로 인도하거나 새로운 길을 찾게 해준다.
6. 건강: 두려움에 대항해 싸울 수 있는 힘을 주고, 어떤 확증이나 보수 없이도 모험을 걸 수 있게 한다.
7. 평화: 자신을 안정되게 해준다.
8. 기쁨: 항상 즐겁게 노래하고, 웃고 춤출 수 있게 한다.
9. 사랑: 자신을 가장 높은 수준으로 도달하게 하는 영원한 지침이 된다.
10. 통합: 모든 일들을 하나가 되는 곳으로 되돌아가게 해준다.

_레오 버스카글리아

행복한 대인관계를 위한 10가지

1. 당신의 혀에 자물쇠를 채워라.

   항상 당신이 생각하는 것보다 적게 말하라. 낮고 설득력 있는 목소리를 길러라. 때때로 당신이 무엇을 말하는가보다 어떻게 말하는가가 더 중요하다.

2. 약속을 쉽게 하지 말되, 한 번 한 약속은 어떤 일이 있어도 지켜라.

3. 다른 사람에게 친절한 말이나 힘을 북돋울 수 있는 말을 건넬 수 있는 기회를 절대 지나치지 말라.

   대상이 누구이더라도 잘한 일에 대해 칭찬하라. 만약 비판이 필요하다면 도움이 되는 방식이 되어야지 절대 꾸짖는 방식이어서는 안 된다.

4. 다른 사람들에게 흥미를 가져라.

   그들이 추구하는 목표, 그들의 일, 가정과 가족에게 흥미를 가져라. 기뻐하는 사람과 흥겹게 어울려라. 슬퍼하는 사람과도 어울려라. 아무리 하찮은 사람이라 하더라도 당신이 만나는 모든 사람들로 하여금 당신이 그들을 중요하게 여기고 있다고 느끼게 하라.

5. 항상 명랑하고 쾌활해라.

당신의 작은 아픔이나 고통, 실망감이 주변 사람들에게 짐이 되거나 그들을 우울하게 만들지 않도록 하라. 그리고 기억하라. 모든 사람들은 나름의 심로(心勞)를 가지고 있다.

6. 열린 마음을 가져라.

토론하되 논쟁하지 말라. 불쾌함을 유발하지 않으면서 상대방의 의견에 동의하지 않을 수 있다는 것은 내 의견의 우월성을 나타내는 표시이다.

7. 당신의 덕(德)이 스스로 말하게 하라.

다른 사람의 악덕에 대해 말하지 말라. 뒷담화를 피하라. 그것은 소중한 시간의 낭비이며, 극도로 파괴적일 수 있다.

8. 다른 사람의 감정에 유의하라.

다른 사람의 약점을 이용하는 유머는 대부분 가치가 없고, 경우에 따라서는 의외로 큰 상처를 줄 수도 있다.

9. 당신에 관한 험담에 귀 기울이지 말라.

당신에게 그 메시지를 전달한 사람이 세상에서 가장 정확한 리포터가 아닐 수 있음을 명심하라. 그저 아무도 그 말들을 믿지 않도록 살면 된다. 오히려 험담에 신경을 씀으로써 생기는 신경과민과 소화불량이 험담의 원인을 제공한다.

10. 당신에게 주어지는 평판에 대해 너무 조급증을 갖지 말라.

최선을 다하고, 인내심을 가져라. 당신 스스로를 잊고, 다른 사람들로

하여금 당신을 기억하도록 하라.

_강신장 상무(삼성경제연구소)

memo

인간관계를 위한 습관 7가지

1. 자신을 잘 관리하라.
   1) 항상 최고의 컨디션을 유지하도록 노력하라.
   2) 최고의 컨디션은 기쁨과 감사하는 마음과 사랑스러움이다.

2. '3비'를 절대 금하라.
   1) '3비'란 비난, 비판, 불평을 말한다.
   2) 링컨의 성공비결은 절대 비판하지 않고, 불평하지 않은 것이었다.

3. 정중한 예의를 갖춰라.
   1) 실력 없는 것은 용납이 되어도 예의 없는 것은 용납이 안 된다.
   2) 예절있는 사람이 되라. 이것은 어렸을 때부터 체질화시켜야 한다.

4. 상대방을 존중하고 세워주라.
   1) 사람에게는 인정받고 대접받고 싶은 욕구가 있다. 상대를 높여주어라.
   2) 인정해주어라. 칭찬을 아끼지 말아라.

5. 상대방의 말을 잘 들어주어라.
   마더 테레사는 기자들의 질문에 이렇게 대답했다.

"내가 한 일은 사람들이 내게 와서 무언가 말할 때 그 이야기를 처음부터 끝까지 들어준 것 뿐입니다."

6. 인색하지 말라.
   1) 사람은 돈쓰는 것을 보면 그 사람이 어떤 사람인지 알 수 있다.
   2) 인색한 사람은 부모라도 그 자식을 싫어한다. 돈을 잘 쓰면 그 돈이 그 사람을 빛나게 한다.
   3) 인색하면 사람들과 더 좋은 관계로 발전할 수 없다.

7. 상대방의 필요를 채워주고 배려하라.
   낚시를 갈 때 아이스크림을 가져가지 않고 물고기가 원하는 미끼를 가져가는 것처럼 사람을 낚으려면 내 주장만 하지 말고 상대방이 원하는 것으로 채워주어라.

__최광선

memo

성공적인 인간관계 10가지 법칙

1. 첫인상을 좋게 하라.
2. 가까울수록 예절을 지켜라.
3. 말을 듣는데 성의를 보여라.
4. "상대를 키워야 내가 큰다"라는 생각을 한다.
5. 자신있는 태도를 보여라.
6. 솔선해서 우호적인 태도를 보여라.
7. 언제나 미소를 지어라.
8. 장점을 발견해서 아낌없이 칭찬하라.
9. 상대방의 입장이 돼서 생각하라.
10. 상대방을 자기 주관대로 평가하지 말라.

__지식in

최고의 인맥을 만드는 7가지 방법

1. 인맥을 만드는 목적을 세워라.

우리들은 인맥을 만들고 싶어 하지만 인맥을 만드는 목적을 분명히 만들지 않는 경우가 많다. 인맥을 만드는 목적에 따라 인맥의 양과 질이 달라질 수 있다는 것을 명심하라.

2. 현재의 인맥지도와 미래의 인맥지도를 그려라.

인맥지도(인간관계를 그림으로 표시한 것)를 만드는 것이 중요하다.

1) 현재의 인맥지도를 가족, 직장, 취미, 종교, 사회, 지역별로 나누어 그려본다.
2) 앞으로 나의 성공과 함께 할 수 있는 사람들로 새롭게 인맥지도를 그린다.
3) 현재 인맥지도와 미래 인맥지도를 그리면서 부족한 것이 무엇인지 파악하고 인맥구축에 대한 계획을 구체적으로 세워라.

3. 인맥 다이어리를 만들어라.

1) 본격적으로 인맥 구축보다 더욱 어려운 것이 인맥 관리이다.
2) 새로운 인맥 구축도 중요하지만 지속적인 인맥 관리가 그대를 성공으로 이끌어준다.
3) 인맥 관리를 위한 당신만의 인맥 다이어리를 만들어라.

4) 인맥 다이어리를 만들 때 가장 중요한 것은 인맥 다이어리를 관리하는 시간을 확보하는 것이다.

4. 당신의 브랜드를 알려라.

1) 다른 사람들이 먼저 당신을 알아주리라는 착각을 버려라.
2) 당신이 소중하게 생각하는 개념 3가지를 만들고, 그것에 집중하면 당신의 브랜드를 만들 수 있다. 그리고 당신을 홍보하라.
3) 온라인 홍보방법으로 미니홈피도 블로그도 좋지만 가능하다면 홈페이지를 만들어라. 홈페이지를 만들 때 3년 후 책으로 낼 수 있도록 기획을 하고 운영하라.

5. 다른 사람들에게 도움을 주는 무엇인가를 하라.

1) 당신에게 도움을 받는 사람들이 고마워할 수 있는 무엇인가를 찾아서 행하라.
2) 같은 일을 10년을 하면 당신에게는 엄청난 응원군이 생길 것이다.
3) 이제부터 당신은 받는 사람이 아니라 주는 사람이 되어라.

6. 인간관계에 관련한 책을 즐겨보아라.

1) 인맥만들기를 하다 보면 즐거움을 얻기도 하지만 상처를 받을 때도 많다.
2) 인맥만들기를 목표라고 생각하지 말고 과정이라고 생각하라.
3) 언제든지 과정은 변할 수 있고, 생각보다 어려울 수도 있다. 상처와 어려움을 피하지 말고 즐기기 위해서 인간관계에 관련한 책들을 즐겨보면서 나 자신을 반성하는 시간을 갖도록 하자.

7. 가끔은 친구를 만나 수다를 떨어라.

1) 편하게 만나는 친구와 아무 생각 없이 수다를 떨어라.

2) 그대에게는 친구가 있다는 것이 중요하다는 것을 느낄 것이다.

3) 친구와는 금전관계나 공적관계를 만들지 말라.

4) "빨리 가려면 혼자 가고, 멀리 가려면 함께 가라"라는 아프리카 속담을 당신에게 선물로 준다.

__지식in

memo

성공을 위한 인간관계 17가지 원칙

1. 사람의 이름을 기억하라.
2. 편안한 사람이 되어라.
3. 항상 느긋하고, 여유있는 성품을 길러라.
4. 이타적으로 행동하라.
5. 사람들에게 흥미를 줄 수 있도록 본인 스스로 자질을 개발하라.
6. 자신의 성격을 연구하여, 모난 부분은 없애 버려라.
7. 모든 불평을 내버려라.
8. 진실로 다른 사람을 좋아하는 연습을 하라.
9. 다른 사람의 성공과 슬픔을 항상 함께 하라.
10. 사람들에게 정신적인 힘이 되어 주어라.
11. 사람들에게 호감을 살 만한 면모를 지녀라.
12. 우정을 주도적으로 쌓아 나가라.
13. 인간의 다양성과 한계를 받아 드려라.
14. 사람들에 대해서 긍정적인 생각을 하고, 긍정적인 결과를 거둬라.
15. 대화의 아량을 베풀어라. 주로 다른 사람이 많은 이야기를 편안하게 할 수 있게 하라.
16. 언제든 친절을 베풀 준비를 하라.
17. 곤경에 처했을 때, 자기 탓을 먼저 하라.

__데이비드 슈워츠

신데렐라에서 배우는 인간관계의 10가지 법칙

인맥 관리

1. 자신이 아무리 어려운 환경에 처해 있더라도 스스로를 하찮게 여기지 말라.

2. 불행에 익숙해지지 말라.
불행을 당연한 것으로 받아들이기 시작하면 좀처럼 헤어 나오기 힘들다.

3. 기회가 왔을 때 도망가지 말라.
행운은 스스로 누릴 자격이 충분히 있다고 믿는 사람에게만 뒤따른다.

4. 혼자서 파티에 가는 것을 두려워하지 말라.
혼자 나서길 두려워하면 스스로 해낼 수 있는 일은 아무것도 없다.

5. 스타일은 당신을 대변한다. 자신을 꾸미는 과정을 절대 과소평가하지 말라.

6. 과거에 모욕당한 일을 복수하기 위해 이를 갈기보다는 현재 당신에게 주어진 상황 안에서 행복을 찾는 데 집중하라.

7. 자신에 대한 불안감과 불만 때문에 공연히 다른 사람을 비난하지 말라.

자격지심은 호의를 갖고 다가오는 사람들까지 가로 막는다.

8. 잘 생기고 멋진 남자가 밤새도록 당신과 춤을 추고 싶다고 간절히 원하더라도, 다른 사람들과 스스로에게 한 약속이나 원칙을 반드시 지켜라.

9. 소문이나 의심 많은 친구들의 억측 따위는 완전히 무시하라.

스스로에게 가장 충실한 조언자가 되도록 노력하라.

10. 만일 남자가 숨가쁘게 달려와서는 덥석 당신을 안고 가기를 원한다면, 그렇게 하도록 내버려둬라.

상대방의 호의를 받아들일 줄 아는 태도야말로 진정한 자신감의 표현이다.

__웬디 패리스

인어공주에서 배우는 인간관계의 7가지 법칙

인맥 관리

1. 누군가 당신에게 유독 관심을 보이는 부분이 있다면, 그것이야말로 당신의 진정한 매력이라고 생각하라.

2. 만일 당신이 누군가를 간절히 원하는데 그 사람은 당신만의 고유한 개성에서 매력을 느끼지 못한다면, 그는 당신의 짝이 아니다.

3. 사랑을 추구하기 위해 정직하지 못한 술책에 의존하지 말라. 만일 그 전략이 어쩐지 잘못된 것 같다는 생각이 든다면, 그것은 필경 문제가 있는 방법이다.

4. 절대로 그 누구를 위해서든 자신의 혀를 잘라주지 말라! 다른 사람을 위해 자신의 장점을 포기할 수는 없는 법이다. 만일 자신을 좀 더 낮추기만 하면 로맨스가 당장 이루어질 것으로 생각된다면, 지금 당장 그 사람에게서 벗어나라. 그는 절대로 하늘이 내려준 인연이 아니다.

5. 한순간의 이끌림도 중요하지만, 오래 지속되는 관계에서 정말로 필요한 것은 진심 어린 의사소통과 내밀한 감정의 교감이다.

6. 어느 정도 비슷한 환경에서 살아온 사람을 목표로 삼겠다는 생각을 품어

보기 바란다. 그런 사람과의 결합이라면, 자신이 속해 있던 세상 전체를 뒤에 남겨두고 매몰차게 떠나야 하는 일 따위는 없을 것이다.

7. 누군가를 진심으로 사랑한다면 그에게 자신의 본래 모습을 숨김없이 보여줘라.
그것이 자기 자신을 사랑하는 법이며, 동시에 연인에 대한 예의다.

__웬디 패리스

memo

미녀와 야수에서 배우는 인간관계의 10가지 법칙

인맥 관리

1. 긍정적인 시각 안에는 큰 힘이 있다. 그 놀라운 힘을 절대 과소평가하지 말라.

2. 흔들림 없는 도덕적 신념은 불운으로부터 당신을 지켜줄 최고의 방어벽이자, 당신에게 행운을 안겨다 줄 원천이다.

3. 언제 어떤 경우에 처하더라도, 자신의 행복에 대한 책임은 스스로 져야 한다.

4. 누구나 상대에게 눈부신 첫인상을 줄 수는 없다. 사람들이 저마다 소중하게 간직하고 있는 가장 아름다운 면을 조심스레 드러낼 수 있도록, 그들에게 기회를 줘라.

5. 사랑하는 사람이 가진 결점에 너무 집착하지 말라. 누군가의 문제점만 집중해서 바라보면 그 부분만 더 도드라져 보이기 마련이다.

6. 힐난이 아닌, 연민의 시선으로 연인의 결점을 바라보라.

7. 당신의 애정을 스스럼없이 표현하라. 솔직한 표정을 아낀다는 것은 당신의 감정을 아끼는 것과는 전혀 다르다.

8. 훌륭한 인간관계에는 진정한 공감이 요구된다.

9. 당신의 노력으로 그를 변화시킬 수 있기를 남몰래 바라며, 누군가에게 결혼을 승낙하지 말라. 그런 일은 동화책 속에서나 일어나는 일이다.

10. 비록 누군가에 대한 절실한 사랑의 갈망 때문이라 해도, 죽음에 이를 정도로 끼니를 걸러서는 안 된다. 절대로 당신의 인생 자체를 포기하진 말라. 당신 말고는 당신의 인생을 가치있게 바라볼 수 있는 사람이 아무도 없다.

__웬디 패리스

memo

좋은 인맥을 구축하는 5가지 방법

인맥
관리

1. 상대방의 처지에서 생각하라.

상대방을 소중히 대하는 마음을 갖는다. 자신의 처지, 형편, 이익 밖에는 안중에 없는 자기중심적인 사람은 자신만의 세계에 빠져 소중한 것을 놓쳐버릴 수 있다.

2. 함부로 부탁하지 말라.

부탁을 가볍게 여기는 사람들은 좋은 사람을 만나면 금세 사람이나 일을 소개시켜 달라든가 돈을 빌려달라고 하는 경우가 많다. 그런데 서로 신뢰를 쌓기도 전에 쉽게 부탁을 하면 결과적으로 보면 어렵게 만든 인맥을 잃을 수도 있다. 즉, 좋은 인맥을 만들고 싶다면 함부로 부탁하지 말라.

3. 불필요하게 만나거나 전화하지 말라.

특별히 볼일도 없으면서 바쁜 사람(인맥을 맺었으면 하는 사람)에게 만나자고 하는 것은 좋지 않다. 전화를 걸 때도 상대를 배려하지 않고 무작정 붙잡고 잡담을 하는 사람들이 많다. 중요한 사람을 만날 때, 전화를 할 때는 반드시 상대에게 도움을 줄 수 있어야 한다.

4. 용건이 끝나면 바로 일어서라.

1시간 정도 만나기로 했더라도 30분 만에 용건이 끝났으면 길게 끌지 말고 일어난다. 용건이 끝난 다음에 하는 잡담도 1~2분 정도면 충분하다. 이렇게 했을 때 상대는 30분을 벌었다고 생각해 다음 약속을 잡을 때도 '그 사람이라면 시간 낭비를 하지 않아 좋다'며 당신이 요구하는 만큼의 시간을 내줄 것이다.

5. 떠날 때는 미련 없이 떠나라.

어렵게 받아낸 약속이라도 상대가 15분 이상 늦을 때는 명함 뒷면에 "오늘은 바쁘신 것 같군요."라는 메모를 남기고 미련 없이 일어선다. 상황을 적절히 판단하기가 쉽지 않지만 대인관계에서 상대에게 끌려 다니는 것은 금물이다. 자신이 매달리기보다 이런 식으로 상대에게 일종의 '빚'을 만들어두는 편이 훨씬 현명한 처사이다.

_호리 코이치

memo

디지털 인맥을 만드는 10가지 방법

1. 자신이 가장 가까이 하고 싶은 사람을 설정하라.

자신이 가장 하고 싶은 일이 무엇이며, 어떠한 목표를 정하고 그 목표에 달성하기 위해서는 어떻게 해야 하는가를 정해야 한다. 우선 주변에서 가장 가까이 하고 싶은 사람을 결정하는 것이 중요하다.

2. 효과적인 스케줄을 통해서 시간활용을 잘 해야 한다.

자신의 목표가 정해졌으면, 그 목표를 달성하기 위해 효과적인 스케줄을 작성해야 한다.

3. 직접 만나서 배워라.

학습에는 여러 가지 방법이 있다. 그 중 가장 확실한 방법은 바로 직접 체험하는 것이다. 전문가와 가까워질수록 자신의 실력은 자기도 모르게 향상될 것이다.

4. 지속적으로 도전하라.

이 세상에 공짜는 없다. 공짜경품을 타기위해서도 부단히 노력해야만 고수가 될 수 있다. 지속적으로 노력하라.

5. 자신의 개성을 발휘해라.

자신의 끼와 재치는 어떤 분야에서도 응용할 수 있다. 자신만의 색깔과 코드를 발휘하라. 트렌드는 가까운 곳에서 탄생한다.

6. 자신만의 작품을 만들어라.

자신이 관심 있는 분야에 대한 모든 것을 메뉴로 구분하여 저장하고 일기장을 쓰듯이 자신만의 창작물을 자꾸 만들어 보라.

7. 앞을 내다보고 크게 봐라.

인생을 넓고 크게 보라. 바로 앞에 닥칠 일에만 급급하지 말고 5년 10년을 보고 '나는 잘될 것이다' 라는 희망을 가지고 웃으면서 즐겁게 일을 하라.

8. 디지털 인맥을 쌓아라.

학연지연이 지배하던 인맥의 시대는 갔다. 자신의 꿈을 이루기 위해 넓은 세상의 다양한 디지털 인맥들을 만들어 보라.

9. 자신만의 무기를 가져라.

'나는 이것만은 자신 있다.' 사회생활하면서 무기가 없는 사람은 왕따 당하고 도태되기 쉽다. 자신만의 무기를 개발하라.

10. 성공한 자신을 그리며 자신감을 가져라.

가장 중요한 게 자신감이라 생각한다. '나는 할 수 있다' 라는 자신감을 잃게 되면 중도하차 하기 마련이다. 성공한 자신을 그리며 힘차게 전진하라.

__지식in

주부 인맥관리 10계명

1 '착한 엄마 콤플렉스'여 안녕.

여성이 '주부'라는 이름을 갖는 순간 인맥이 줄어들기 시작한다. '착한 엄마 콤플렉스' 때문이다. 나만을 위해 시간을 쓰면 아이와 남편에게 죄책감이 든다. 그래서 모든 시간을 가족에게 맞추려다 보니 다양한 사람을 만날 기회를 잃는다. 엄마와 아내이기 전에 하나의 인간이라는 사실을 명심하자. 가족 스케줄에 맞춰 시간을 나누던 습관을 버리고 나만을 위한 시간을 만들어 보라.

2 습관적인 만남을 자제하라.

아이들 학교 보낸 뒤 동네 아줌마들과 차 한 잔 마시는 모임이 매일 똑같이 반복된다면 일단 인맥관리에 적신호가 켜진 셈이다. 적어도 일주일에 한 번은 취미, 봉사, 종교, 학습 모임 등 자신을 업그레이드할 수 있는 자리를 마련한다. 교육기관에서 뭔가를 배우는 것도 생기 있고 활력 넘치는 생활을 하는 방법이다.

3 남편의 인맥을 활용하라.

아이들 생일을 활용하면 주변의 엄마들과 친밀해질 수 있다. 학원, 자녀 등 공통 관심사가 많아 유용한 정보를 공유할 수 있다. 부모의 인맥이 아이들 관계에도 긍정적 영향을 줄 수도 있다. 남편의 인맥은 좀 더 다양한 사람을 만날 수 있는 기회다. 남편의 직장모임에 참석하면 동년배의 주부를 다수 만날 수 있다. 부부동반 모임에서 만난 뒤 따로 챙기는 노력도 필요하다.

4 아침 시간을 활용하라.

남편이 출근하고 아이들을 학교에 보낸 뒤 집안을 정리하고 나면 10시. 점심 전 두 시간이 인맥 관리의 '골든아워'다. 가까운 스포츠센터나 사회교육원을 찾으면 많은 사람과 가까워질 수 있다. 다만 한 번 만나면 끝날 줄 모르는 '시간낭비형' 모임은 금물. 각자 생활이 있는 만큼 남의 시간도 존중하자.

5 주변 사람부터 챙기자.

인맥관리는 '시작'이 '절반'이다. 한 사람만 알게 돼도 그와 관계를 맺고 있는 많은 사람과 만날 수 있다. 가까운 곳부터 관리를 시작한다. 이웃, 친지, 동창부터 챙겨 본다. 한동안 관계가 끊겼거나 서먹해졌다면 먼저 재회를 요청하고 관계를 회복시키자. 집에 초대해 사는 모습을 보여 주고 헤어질 때 작은 선물에 마음을 담은 글귀를 써 주면 옛정을 되찾을 수 있다.

6 일상적인 수다는 그만!

취지가 어떻든 주부 모임은 남편이나 아이와 관련된 수다로 빠질 가능성이 크다. 주부 스트레스를 털어내는 게 모든 모임의 목적이라면 곤란하다. 무언가 배우겠다는 자세로 임해야 한다. 내가 줄 수 있는 '꺼리'가 많아야 다른 사람도 나를 만나고 싶어 한다. 책이나 신문, 잡지를 챙겨 보면서 정보의 양을 늘린다.

7 모임의 리더를 자주 만나라.

시간에 쫓기는 주부라면 모임의 리더를 접촉한다. 그 주변의 다른 사람을 만나는 게 수월해진다. 최소의 노력으로 최대의 효과가 경제적 원리다. 학부모 모임의 반장 엄마, 동호회 회장, 부녀회장 등과 친분을 유지하며 정보에 뒤처지지 않도록 한다. 고마움을 표시하는 것도 잊지 말자.

인맥관리

8 인간관계의 예의를 지키라.

인맥관리의 기본은 '마음'이다. 눈앞의 이익에 급급해선 안 된다. 예의를 지켜야 관계가 오래간다. 남의 사생활에 대한 지나친 관심이나 험담을 조심해야 한다. 또 e-메일이나 문자 메시지가 왔을 때는 적어도 24시간 안에 응답을 한다. 경조사, 특히 부모상을 잘 챙기는 게 중요하다. 조의금도 아끼지 말라.

9 디지털을 적극 활용하라.

e-메일과 휴대전화 문자는 짧은 시간에 상당한 효과를 거둘 수 있는 도구다. "눈 왔으니 조심해서 출근해라" 등의 문자가 인간관계를 부드럽게 해 준다. 인터넷에선 새로운 인맥을 만들 수 있다. 취미 혹은 가사와 관련된 동호회가 활발하다. 혈연, 지연, 학연을 넘어 새 활력소가 될 수 있다.

10 인맥도 돈 못지않은 유산.

돈과 땅만이 유산이 아니다. 네트워크의 시대, 부모의 인적 자산도 대물림된다. 당연, 자식에게 인맥관리법을 전수하는 것도 중요하다. 사람들과 좋은 관계를 맺는 데 솔선수범하는 모습을 아이들이 어렸을 때부터 보여 주자.

__도움말: 김미경 더블유인사이츠 대표, 김구주 구주코칭&리더십 대표, 송은숙 ㈜한국인식기술 사장, 진희정 지니미디어 대표('성공한 CEO 12인의 아침식사를 활용한 인맥관리' 저자), 유순신 유앤파트너즈 대표

memo

CEO를 위한 인맥관리 10계명

1. 사람을 추구하라.

   푸쉬킨이 말했다. "인간이 추구해야 할 것은 돈이 아니다. 인간이 추구해야 할 것은 항상 인간이다" 그러니 업적을 남기지 말고 사람을 남겨라. 일을 추구하지 말고 사람을 추구하라.

2. 10년을 내다보고 교제하라.

   10년 후 회사의 비전을 상상하라. 10년 후 자신의 비전을 상상하라. 그렇게 되기 위해 필요한 만남을 나누고, 그렇게 되었을 때 필요한 만남을 나누라. 인맥에는 유효기간이 없다. 10년, 100년이 넘는 우정을 쌓아라.

3. 콜럼버스 같은 선장이 되라.

   꿈과 열정으로 사람들을 너와 함께 한배에 태워라. 새로운 세계에 대한 희망의 돛을 올리고 신대륙을 향해 항해하라. 희망의 증거, 신념의 증거, 열정의 증거가 되라

4. 동고동락하지 말라.

   네가 더 많이 고생하라. 네가 더 많이 다른 사람들을 기쁘게 하라. 다른 사람의 애경사는 꼭 함께 하고 네 애경사는 조용하게 지내라.

5. 사슴처럼 나누라.

사슴은 먹이를 발견하면 울음으로 무리를 불러 모은다. 결실은 함께 나누고 다른 사람에게 더 많이 줘라. 네가 가지고 있던 것까지 보태어서 주라.

6. 올챙이 알이었던 시절을 생각하라.

잘못과 실수에 관용을 베풀라. 눈에 힘주고 핏발 세워봐야 네 건강만 해롭다.

벼는 익을수록 고개를 숙이고, 물은 깊을수록 소리가 나지 않는다. 개구리 올챙이 시절 생각하고, 그보다도 못했던 알의 시절을 생각하라.

7. 상사가 되지 말고 스승이 되라.

부모의 마음으로 대하고, 스승의 마음으로 가르쳐라. 사랑과 회초리로 정성껏 가르쳐라. 유능한 상사를 만드는 것은 유능한 부하니 열심히 가르치면 결국은 네 복이다.

8. 한가족이 되라.

직원들의 배우자, 가족에게 감사하고 보답하라. 그들과 함께 할 수 있는 시간을 마련하라. 직장을 생활비 벌어오는 곳으로 만들지 말고 기쁨과 슬픔을 같이 하는 또 하나의 가족으로 만들라.

9. 존중하고 후원하고 믿으라.

진심으로 직원들을 존중하고, 경청하며, 배려하는가? 진심으로 용기를 북돋아 주고, 성장을 후원하는가? 대답하라. 진심으로 너는 직원들을 사랑하고 믿고 아끼는가?

10. 3번 웃고, 3번 이름을 부르고, 3번 어깨를 두드려라.

밝게 웃어라. 다정하게 이름을 불러라. 따뜻하게 손을 잡고 어깨를 두드려 주라. 하루의 1/3을 직장에서 보내니 인생의 1/3이 너로 인하여 행복하게 하라.

단 한사람의 인생이라도 행복하게 만드는 것, 그것이 바로 성공이다.

인맥관리

_양광모 휴먼네트워크연구소(HNI) 소장

memo

직장인을 위한 인맥관리 10계명

1. 목마르기 전에 우물을 파라.

인맥은 재수만 좋으면 당첨되는 로또복권이 아니다.

좋은 인맥을 만드는 데는 오랜 시간과 노력이 필요하니 목마르기 전에 우물을 파라

2. 등잔밑부터 살펴라.

가장 소중한 시간은 지금, 가장 소중한 곳은 여기, 가장 소중한 사람은 옆에 있는 사람이다. 안에서 새는 바가지, 밖에서도 샌다. 등잔밑부터 살펴서 좋은 인맥이 되라.

3. 옆사람의 인생에 도움이 되라.

상사, 동료, 부하의 인생에 도움이 되라. 그들이 회사에서 성공할 수 있도록 힘껏 지원하라. 능력이 있으면 일을 돕고, 능력이 없으면 마음으로라도 도와라.

그들도 네 인생에 도움이 돼 줄 것이다.

4. 과부 심정 알아주는 홀아비가 되라.

다른 직원, 다른 부서의 일에 대해서는 입장을 바꿔놓고 생각하라.

그들의 업무와 그들이 처한 상황을 이해하려 노력하고 관점과 방식의 차

이에 대해 존중하라.
내가 역지사지해야 남도 나를 역지사지한다.

5. 원숭이도 나무에서 떨어진다.

남의 실수나 잘못에 비난하지 말라. 그냥 "그럴 수도 있지"하고 생각하라. 인간은 신이 아니며 원숭이도 나무에서 떨어지고 한번 실수는 병가지상사다.

6. 아니 땐 굴뚝에 연기나랴.

누군가에게 비난을 받는다고 절대로 분노하거나 옳고 그름을 가리지 말라.
"아니 땐 굴뚝에 연기나랴" 생각하고 그렇게 비난하는 이유가 나의 어떤 점에서 비롯된 것인지 찾아라.

7. 신입사원처럼 행동하라.

회사 안에서는 신입사원의 마음으로 행동하라. 정열을 가지고, 적극적으로 행동하고, 힘껏 배워라. 누군가 해야 할 일이 생기면 네가 먼저 나서서 하라. 등 떠밀려서 하면 일 실컷 하고 욕먹는다.

8. 사장처럼 행동하라.

회사 밖에서는 사장처럼 행동하라. 품위를 지키고, 당당하게 행동하고, 높은 비전을 제시하라. 너를 통하여 회사가 인정받고 칭찬받을 수 있도록 하라.
남들이 사장감으로 인정해야 사장이 된다.

9. 고객, 거래처, 업계에 네트워크를 구축하라.

현대사회는 네트워크 경쟁시대다. 그 누구도 혼자 힘만으로는 성공할 수는 없다.

고객, 거래처, 업계에 네 편을 만들어라.

일로서 만나되 사람으로, 생산적이되 인간적인 네트워크를 구축하라.

10. 하루에 3번 감사하고, 3번 자랑하고, 3번 축복하라.

성공해서 행복한 것이 아니라 행복해서 성공하는 것이다.

__양광모 휴먼네트워크연구소(HNI) 소장

memo

인맥관리 10계명

인맥
관리

01계명 : 한 시간에 한 번은 '안녕하세요', '고맙습니다' 라고 말하라.

02계명 : 하루에 한 번은 인맥 다이어리를 체크하라.

03계명 : 이틀에 한 번은 감사메일을 발송하라.

04계명 : 사흘에 한 번은 점심약속을 하라.

05계명 : 일주일에 한 번은 오직 나만을 위한 시간을 가져라.

06계명 : 1개월에 한 번은 네트워킹 데이를 만들라.

07계명 : 3개월에 한 번은 엔돌핀 메이커로 거듭나라.

08계명 : 6개월에 한 번은 명함을 정리하라.

09계명 : 1년에 한 번은 노는 물을 점검하라.

10계명 : 3년에 한 번은 자신을 표현하는 키워드를 업데이트하라.

__지식in

인맥 네트워크 성공 17계명

1. 지금 힘이 없는 사람이라고 우습게보지 말라.
   역지사지(易地思之)라는 사자성어가 괜히 있는 것이 아니다.
   나중에 큰코다칠 수 있다.

2. 평소에 잘해라.
   평소에 쌓아둔 공덕은 위기 때 더욱 빛을 발한다.

3. 당신 밥값은 당신이 내고 남의 밥값도 당신이 내라.
   기본적으로 자기 밥값은 자기가 내는 것이다.
   남이 내주는 것을 당연하게 생각하지 말라.

4. 고마우면 고맙다고, 미안하면 미안하다고 크게 말하라.
   입은 말하라고 있는 것이다.
   마음으로 고맙다고 생각하는 것은 인사가 아니다.
   당신의 마음속까지 읽을 만큼 한가한 사람은 없다.

5. 남을 도와줄 때는 화끈하게 도와라.
   처음에 도와주다가 나중에 흐지부지하거나 조건을 달지 말라.
   괜히 품만 팔고 욕먹는다.

6. 남의 험담을 하지 말라.

그럴 시간 있으면 팔굽혀펴기나 해라.

험담은 일상의 부메랑이다.

7. 회사 바깥사람들도 많이 사귀어라.

회사 사람들하고만 놀면 우물 안 개구리가 된다.

그리고 회사가 당신을 버리면 당신은 오갈 데 없는 고아가 된다.

8. 불필요한 논쟁을 하지 말라.

회사는 학교가 아니다.

9. 회사 돈이라고 함부로 쓰지 말라.

사실은 모두가 다 보고 있다.

당신이 잘나갈 때는 그냥 두지만 결정적인 순간에는 그 이유로 잘린다.

10. 남의 기획을 비판하지 말라.

당신이 쓴 기획서나 보고서를 떠올려보라.

11. 가능한 한 옷을 잘 입어라.

외모는 생각보다 훨씬 중요하다.

할인 매장 가서 열 벌 살 돈으로 좋은 한 벌을 사 입어라.

12. 조의금은 많이 내라.

부모를 잃은 사람은 이 세상에서 가장 가엾은 사람이다.

사람이 슬프면 조그만 일에도 예민해진다.

2만~3만원 아끼지 말라.
나중에 다 돌아온다.

13. 수입의 1% 이상은 기부해라.
마음이 넉넉해지고 얼굴이 핀다.

14. 수위 아저씨, 청소부 아주머니에게 잘해라.
정보의 발신인이자 소문의 근원일뿐더러, 당신 부모의 다른 모습이다.

15. 옛 친구들을 챙겨라.
새로운 네트워크를 만드느라 지금 가지고 있는 최고의 재산을 소홀히 하지 말라. 정말 힘들 때 누구에게 가서, 누구의 품에서 울겠는가.

16. 당신 자신을 발견해라.
다른 사람들 생각하느라 당신 자신을 잃어버리지 말라.
일주일에 1시간이라도 좋으니 혼자서 조용히 생각하는 시간을 가져라.

17. 지금 이 순간을 즐겨라.
지금 당신이 살고 있는 이 순간은 나중에 당신의 인생에서 가장 좋은 추억이 된다. 나중에 후회하지 않으려면 마음껏 즐겨라.

__김무곤

인간관계 22가지 성공 법칙

1. 상대방에게 호감을 느끼는 태도로 상대방을 대한다.
2. 자기 자신과 친근하면 다른 사람과도 친근할 수 있다.
3. 질투나 증오의 감정은 다른 에너지로 전환한다.
4. 상상속의 진실한 대화를 상대방에게 전달한다.
5. '친구가 생기지 않는다' 고 생각하면 영원히 친구를 얻지 못한다.
6. 상대방의 기쁨을 나의 기쁨으로 생각한다.
7. 험담을 들으면 그 말에 대해 곰곰이 생각한다.
8. 감정을 지혜롭게 발산하는 방법을 터득한다.
9. 호감을 사려면 먼저 상대방에게 호의를 베풀어야 한다.
10. 진심으로 바라는 것은 이루어진다.
11. 억울한 일을 긍정적으로 받아들이면 뜻밖의 행운을 얻게 된다.
12. 용서하고 축복할 줄 알아야 다음에 좋은 상대를 만날 수 있다.
13. 긍정적인 생각은 최악의 상황을 최상의 상황으로 바꾼다.
14. 나의 두려움은 상대방을 더욱 강하게 만들어 준다.
15. 순수한 마음의 소리에 귀 기울이면 실수 없는 선택을 할 수 있다.
16. 인간 관계에 자신이 없으면 작은 성공을 경험해 보라.
17. 소극적이고 부정적인 대중의 판단에 휘말리지 않는다.
18. 남의 이야기를 잘 듣는 것이 설득의 최대 무기다.
19. 험담은 그 자리에 없는 상대방에게도 전달된다.

20. 무심코 내뱉은 남의 말 때문에 인생을 엉망으로 만들지 말라.

21. 어설프게 이기기보다 지는 것이 인간 관계에 보탬이 된다.

22. 원만하고 조화로운 사람과 사귀면 나쁜 운명도 조화롭게 변화가 된다.

__지식in

memo

인맥 넓히기 5가지

1. 상대방이 없는 자리에서 칭찬해주기.

   상대방이 없을 때 칭찬해주면 다른 경로로 그 사람 칭찬했다는 사실이 알려지면 많이 신뢰하게 되고 좋아하게 된다.

2. 다른 사람의 흉을 보지 말기.

   어떤 사람앞에서 다른 사람의 흉을 보면 다른 데 가서도 자기의 흉을 보지 않을까 의심하게 되고 친해지기 어렵다.

3. 상대방의 입장에서 상대방을 이해한다.

   상대를 진정으로 이해해 줄 때 사람사이에는 분쟁이나 싸움은 없어지고 친해지게 된다.

4. 상대방의 취미 같이 해보기.

   사람은 부대끼면서 친해지는 법이다.

   같은 취미를 가짐으로서 동지의식을 느끼게 되고 깊은 우정을 쌓을 수 있다.

5. 친한 사람은 두되 사람에 대한 좋다 싫다를 너무 분명히 하지 말 것. 특히 싫다는 표시는 인간관계를 나쁘게 하는 극약이나 같으므로 주의해야 한다.

__지식in.

memo

인맥관리현황 체크 리스트

1. 나는 미안함이나 고마움을 표현하는 데 매우 익숙하다.
   결코 그렇지 않다, 그렇지 않다, 보통이다, 그렇다, 매우 그렇다

2. 나는 하루에 적어도 한 번 이상 누군가에게 안부전화를 한다.
   결코 그렇지 않다, 그렇지 않다, 보통이다, 그렇다, 매우 그렇다

3. 나는 전화 이 외에 지인들과 커뮤니케이션 수단을 갖고 있다.
   결코 그렇지 않다, 그렇지 않다, 보통이다, 그렇다, 매우 그렇다

4. 나는 업무상 한번 만난 사람의 명함을 30초 이내에 찾을 수 있다.
   결코 그렇지 않다, 그렇지 않다, 보통이다, 그렇다, 매우 그렇다

5. 나는 최근 유행하는 유머 한두 개는 늘 알고 있다.
   결코 그렇지 않다, 그렇지 않다, 보통이다, 그렇다, 매우 그렇다

6. 나는 공식적인 모임 이 외에 비공식적인 모임에 한두 개 이상 참여하고 있다.
   결코 그렇지 않다, 그렇지 않다, 보통이다, 그렇다, 매우 그렇다

7. 나는 한 달에 평균 2번 이상 다른 사람에게 비공식적인 부탁을 받는다.
결코 그렇지 않다, 그렇지 않다, 보통이다, 그렇다, 매우 그렇다

8. 나는 한번 만난 사람들의 개인적인 특성을 다음에 만날 때 기억한다.
결코 그렇지 않다, 그렇지 않다, 보통이다, 그렇다, 매우 그렇다

9. 나는 내가 아는 사람들을 중요도 혹은 관계에 따라 체계적으로 분류해 놓고 있다.
결코 그렇지 않다, 그렇지 않다, 보통이다, 그렇다, 매우 그렇다

10. 나는 낯선 사람들을 만나는 것이 즐겁다.
결코 그렇지 않다, 그렇지 않다, 보통이다, 그렇다, 매우 그렇다

[채점 방법]

아래의 점수를 보고 자신의 점수를 종합해 보자.

결코 그렇지 않다 – 1점
그렇지 않다 – 2점
보통이다 – 3점
그렇다 – 4점
매우 그렇다 – 5점
[채점 결과]
10~15점 : 불충분함

16~25점 : 평균 이하

26~35점 : 평균

36~45점 : 평균이상

46점 이상 : 매우 뛰어남

__지식in

memo

인맥관리 실천 10계명

1. 24시간, 365일 네트워킹하라.
    1) 인맥은 운이 좋으면 발견되는 산삼이 아니라 땀과 정성으로 자라나는 인삼이다.
    2) 산속을 찾아 헤매지 말고 만나는 모든 사람을 일기일회(一期 一會)의 마음으로 대하라. 인삼의 꽃말을 아는가? "사슴의 보은"이다.

2. 미소와 열정으로 만나라.
    1) 첫인상을 위해 옷에 목숨 걸지 말라.
    2) 우리 모두가 모델은 아니니 그저 깨끗하고 어울리게 입어라.
    3) 중요한 것은 자신감 넘치는 태도와 긍정적인 표정이다. 처음 만남은 미소와 열정으로 만나라.

3. 죽은 물고기처럼 악수하지 말라.
    1) 악수는 힘있게 하라. 손끝만 잡거나 맥없이 하지 말라.
    2) 상대방의 손을 포옹하듯이 따뜻한 느낌으로 악수하라.
    3) 펄떡이는 물고기처럼 악수하라.

4. 명함은 먼저 받고 나중에 주어라.
    1) 명함은 두 손으로 받고 두 손으로 주어라.

2) 상대방의 명함부터 먼저 받고 네 명함은 나중에 주어라.
3) 받은 후에는 자세히 살펴보고 명함에 있는 내용에 관해 대화하라.

5. 자기소개는 끌리게 하라.

1) 자기소개의 목적은 호감과 기대감을 심어주기 위함이다.
2) 구체적으로 소개하고 압축된 단어로 개인브랜드를 만들어라.
3) 강점, 장점, 비전을 제시하여 너에게 반하게 하라.

6. 커뮤니케이션은 듣고 또 들어라.

1) 대화는 말하기보다는 들어라. 진심어린 관심으로 경청하라.
2) 귀로 듣고, 눈으로 듣고, 머리로 듣고, 가슴으로 들어라.
3) 상대방과 마음이 통하며 들어라.

7. 스킨십으로 우정을 전달하라.

1) 따뜻하게 악수하라. 가볍게 포옹하라.
2) 팔짱을 끼고 어깨동무를 하라. 어깨나 등을 두드려 주어라.
3) 신뢰와 우애감을 친근감있게 전달하라.

8. 고운 정 미운 정이 들어라.

1) 안 보면 멀어지고 보면 볼수록 정이 든다.
2) 한 달에 한 번 이상 전화하고, 3개월에 한 번 이상 메일을 보내라.
3) 6개월에 한 번 이상 직접 만나고, 1년에 한 번 이상 선물을 하라.
4) 형식적으로 하지 말라. 진심에서 하라.

9. 나를 알게 하고, 좋아하게 하고 신뢰하게 하라.

1) 나를 알게 하라. 그 전에 먼저 상대방을 알라.

2) 나를 좋아하게 하라. 그 전에 먼저 상대방을 좋아하라.

3) 나를 신뢰하게 하라. 그 전에 먼저 상대방을 신뢰하라.

10. 먼저 상대방의 인맥이 되라.

1) 상대방의 사업에 도움을 주라. 상대방의 건강에 도움을 주라

2) 상대방의 가족에 도움을 주라. 상대방의 취미에 도움을 주라.

3) 네 인맥으로 만들려 하지 말고 먼저 상대방의 인맥이 되라.

_양광모 휴먼네트워크연구소(HNI) 소장

memo

인간관계 10계명

1. 말을 걸어라.
   즐거운 인사말보다 더 이상 멋진 것은 없다.

2. 미소를 보내라.
   찡그리는 데는 얼굴 근육이 72개 필요하고, 웃는 데는 단 14개가 필요하다.

3. 그의 이름을 불러 주어라.
   사람의 이름만큼 아름다운 음악은 없다.

4. 친절한 마음으로 대하라.
   친절만큼 가슴을 따뜻하게 하는 것은 없다.

5. 성심성의껏 대하라.
   즐거운 마음으로 일을 하면 진심이 우러난다.

6. 관대하라.
   비판보다는 칭찬이 사람을 넓게 한다.

7. 관심을 가져라.

마음만 먹으면 모든 사람과 친해질 수 있다.

8. 감정을 존중하라.

사랑과 미움은 종이 한 장 차이에서 온다.

9. 의견을 존중하라.

의견은 세 가지가 있다. 당신의 의견, 상대방의 의견, 가장 올바른 의견.

10. 봉사하라.

세상에서 가장 가치 있는 일은 남을 위해 일하는 것이다.

_이상각

memo

대인관계 개선을 위해 지켜야 할 원칙 6가지

1. 먼저 사과하라.

   관계개선은 종종 "미안해"라는 간단한 한마디로 시작된다.

2. 인정하라.

   악화된 관계의 원인이 자신에게 있었음을 인정하라.

3. 대가를 치러라.

   조용히 내면의 소리를 들어라.

4. 희생하라.

   때때로 화해를 하기 위해서는 많은 희생이 필요하다.

5. 행동하라.

   종종 치유과정은 어떠한 말보다도 행동만이 필요할 때가 있다.

6. 용서하라.

   화해하려면 가끔 용서와 망각 그리고 허용이 필요하다.

_지식in

좋은 인간관계를 맺게 하는 10가지 지혜

1. 순수한 관심을 표현하라.
   내가 호감을 보이지 않는 한 누구도 관심을 가져 주지 않는다.

2. 상대방의 이름을 기억하라.
   사람은 누구나 자신의 이름에 애착을 가진다.

3. 항상 미소를 가져라.
   당신의 얼굴이 인격이다.

4. 진심으로 칭찬하고, 아낌없는 찬사를 보내라.
   인간은 누구나 칭찬 받기를 원한다.

5. 상대방의 입장에서 생각하라.
   얽힌 매듭도 쉽게 풀린다.

6. 상대방을 최고라고, 생각하고 대하라.
   '그' 도 당신을 그렇게 대한다.

7. 기대를 거는 만큼 격려하라.

상대방은 당신을 위해 최선을 다 할 것이다.

8. 끝까지 상대방의 말에 귀를 귀울여라.

그것은 당신이 보여 줄 수 있는 최고의 경의이다.

9. 상대방의 실수를 지적하지 말라.

열심히 하던 일도 멈추게 된다.

10. 잘못이 있을 경우, 스스로 인정하라

비난의 소리를 듣는 것 보다 마음이 편하다.

_지식in.

memo

원활한 커뮤니케이션 7가지 방법

1. 명확한 목표를 설정한다.
   모든 조직원이 목표가 무엇인지를 분명히 이해할 수 있도록 한다. 여기서 그 목적은 눈부신 미래에 대한 비전을 제시하여 행동을 자극하려는 데 있다. 따라서 내가 할 수 없는 일을 섣불리 약속해서는 안 된다.

2. 대중 앞에 서기 전에 소수의 관련자들에게 내가 전달하려는 메시지에 대한 지지를 얻어내야 한다.
   이것을 통해 모든 조직원의 마음을 움직일 수 있다.

3. 다른 사람들을 위해 적극적으로 코치 역할을 한다.
   어떤 일을 해야 할지 다른 사람들에게 가르칠 수 있다면 훨씬 많은 것을 성취할 수 있다. 모든 사람이 이에 필요한 도구와 자원을 가지고 훈련을 받을 수 있도록 해야 한다. 그런 다음 이들이 직접 실천을 하도록 만든다. 이들에게 건설적인 피드백을 제공해야 하지만 그렇다고 모든 일에 사사건건 간섭해서는 안 된다.

4. 앞에 나서서 지도를 한다.
   내가 원하는 행동을 직접 모범을 보인다. 이것을 통해 자신감을 심어줄 수 있다.

5. 구체적인 행동지침을 내세운다.

사람들의 지지를 얻도록 하고 조직이 원하는 목표에 대해 한치의 오해도 생기지 않도록 만든다. 이 과정에는 한 사람도 빠짐없이 참여할 수 있도록 한다.

6. 다른 사람들에게 효과적인 커뮤니케이션 방법을 가르친다.

그래서 조직 내 각계각급 직원들이 분명한 목적의식과 방향감각을 갖게 한다. 그렇게 하여 소수의 위임원들 뿐만이 아니라 모든 조직원에게 커뮤니케이션 능력을 가지도록 한다.

7. 언행일치를 시킨다

내가 하는 말을 실천으로 뒷받침하고 이를 통해 다른 사람들의 모범이 된다. 언행일치를 요구하는 리더는 부하들에게 에너지를 북돋우고 이들이 자발적으로 따라오도록 하는 마음을 불러일으킨다.

_지식in

memo

나를 다스리는 10가지 교훈

1. 먼저 인간이 되라.
   좋은 인맥을 만들려 하기 전에 먼저 자신의 인간성부터 살펴라.
   이해타산에 젖지 않았는지, 계산적인 만남에 물들지 않았는지 살펴보고 고쳐라.
   유유상종이라 했으니 좋은 인간을 만나고 싶으면 너부터 먼저 좋은 인간이 되라.

2. 적을 만들지 말라.
   친구는 성공을 가져오나, 적은 위기를 가져오고 성공을 무너뜨린다.
   조직이 무너지는 것은 3%의 반대자 때문이며, 10명의 친구가 한 명의 적을 당하지 못한다.
   쓸데없이 남을 비난하지 말고, 항상 악연을 피하여적이 생기지 않도록 하라.

3. 스승부터 찾아라.
   인맥에는 지도자, 협력자, 추종자가 있으며, 가장 먼저 필요한 인맥은 지도자, 스승이다.
   훌륭한 스승을 만나는 것은 인생에 있어 50%이상을 성공한 것이나 다름없다.

유비도 삼고초려했으니 좋은 스승을 찾아 삼십고초려하라.

4. 생명의 은인처럼 만나라.

만나는 사람마다 생명의 은인처럼 대하라.

항상 감사하고 어떻게 보답할 것인지 고민하라.

그 사람으로 인하여 운명이 바뀌었고, 또 앞으로도 바뀔 것이라 생각하고 대하라.

언젠가 그럴 순간이 생기면 기꺼이 너의 생명을 구해 줄 것이다.

5. 첫사랑보다 강렬한 인상을 남겨라.

첫 만남에서는 첫사랑보다도 강렬한 이미지를 남겨라.

길거리에서 발길에 차인돌처럼 잊혀지지 말고 애써 얻은 보석처럼 가슴에 남으라.

6. 헤어질 때 다시 만나고 싶은 사람이 되라.

함께 있으면 즐거운 사람, 함께 하면 유익한 사람이 되라.

든사람, 난사람, 된사람, 그도 아니면 웃기는 사람이라도 되라.

7. 하루에 3번 참고, 3번 웃고, 3번 칭찬하라.

참을 인자 셋이면 살인도 면한다. 미소는 가장 아름다운 이미지 메이킹이며, 칭찬은 고래도 춤추게 한다. 3번에 10배라도 참고 웃고 칭찬하라.

8. 내 일처럼 기뻐하고, 내 일처럼 슬퍼하라.

애경사가 생기면 진심으로 함께 기뻐하고 함께 슬퍼하라.

네 일이 내 일 같아야 내 일도 네 일 같다.

9. Give & Give & Forget 하라.

먼저 주고, 조건 없이 주고, 더 많이 주고, 그리고 모두 잊어버려라.

Give & Take 하지 마라. 받을 거 생각하고 주면 정 떨어진다.

10. 한 번 인맥은 영원한 인맥으로 만나라.

잘 나간다고 가까이 하고, 어렵다고 멀리 하지 마라.

한 번 인맥으로 만났으면 영원한 인맥으로 만나라.

100년을 넘어서, 대를 이어서 만나라.

_지식in

memo

워싱턴 대통령에게 배우는 인생의 지침서, 인간관계의 13가지 비법

1. 다른 사람의 언행을 존중하라.
   다른 사람에 대한 존중은 곧 자신에 대한 우대이다.
   서로 존중하는 법을 배워라.
   상대방을 존중하며 말하라.
   단정한 차림은 상대방에 대한 배려이다.
   예의 바른 행동으로 상대방을 존중하라.
   타인에 대한 존중은 자기 성공의 지름길이다.
   다른 사람들도 나처럼 대하라.
   존중은 돈으로 살 수 없다.
   타인을 존중해야 타인의 존중을 얻는다.
   다른 사람과 함께 있을 때 상대방의 언어와 행동을 존중해야 한다.

2. 부드러운 표정을 지어라.
   밝은 표정을 지으면 어디서나 환영받는다.
   미소는 성공의 도우미다.
   미소는 삶을 변화시키는 원동력이다.
   미소 짓는 사람은 다가가기 쉽다.
   어떠한 상황에서도 미소로써 일관하라.

미소는 최고의 예의다.

미소는 자신감의 상징이다.

열정을 담아 웃어라.

엄숙해야 할 때는 엄숙하게 행동하라.

밝은 표정을 유지하되 엄숙해야 할 때에는 엄숙하게 행동해야 한다.

3. 상사와 논쟁하지 말고 겸손하라.

상사와 말다툼하지 마라.

논쟁꾼은 비극을 초래한다.

상사보다 잘난 척 나서지 마라.

공개적으로 상사를 질책하지 마라.

완곡어법으로 충고하라.

내가 더 잘났다고 우기지 마라.

시비 가리기가 최선책일까?

겸손한 태도로 자기 관점을 표현하라.

진심으로 상대방을 감동시켜라.

상사와의 논쟁은 되도록 피하되 겸손한 태도로써 상사에게 자신의 의견을 피력할 수는 있어야 한다.

4. 품행이 바른 사람과 사귀어라.

어떤 사람에게 다가가야 할까?

아무하고나 친구하지 마라.

좋은 친구를 사귀려면 지피지기로 승부하라.

소인을 멀리하고 군자와 가까이 지내라.

향기 나는 사람과 친구하라.

먹을 가까이 하면 검어진다.

자기보다 우수한 사람들과 어울려라.

친구란 진실함에서 만들어진다.

고통 속에 진짜 우정이 보인다.

진정한 우정은 오랜 시간의 시련도 거뜬히 견뎌내는 것이다.

자신의 명성을 중요하게 여긴다면 품행이 바른 친구와 교제해야 한다.

불량 친구와 교제하느니 외톨이로 지내는 게 낫다.

5. 악의를 품지 말고 냉정함을 유지하라.

밧줄을 팽팽하게 당기되 채찍질은 자제하라.

작은 일에 화내지 마라.

화를 잘 내는 것은 천성인가?

분노 삭이는 법을 배워라.

자기감정을 스스로 컨트롤하라.

자신의 언행을 이성적으로 극복하라.

악감정을 일에까지 연장시키지 마라.

사랑으로 원수를 감싸주어라.

질투심으로 스스로에게 상처주지 말자.

악의와 질투가 담긴 말을 자제하는 온순한 성품의 소유자가 되기 위해 노력하고, 삼성이 격해질수록 냉정함을 유지해야 한다.

6. 상대방을 폄하하거나 지나치게 띄워주지 마라.

진심에서 우러나온 칭찬이 진짜 칭찬이다.

지나친 과장은 자제하라.

칭찬도 상황에 맞게 하라.

성의 있는 칭찬을 하라.
비단 위에 아무렇게나 꽃을 뿌리지 마라.
아첨꾼이 되지 마라.
훈계의 기술을 배워라.
칭찬해야 할 때 칭찬하라.
칭찬도 기술이 필요하다.
상대방을 너무 과소평가해서도 안 되며, 그렇다고 지나치게 칭찬해서도 안 된다.

7. 나만 옳다는 사고방식을 버려라.

사사건건 대립하지 마라.
지나친 고집은 극단으로 치닫기 쉽다.
집요한 논쟁은 금물이다.
잘못을 솔직히 시인하라.
싸우지 말고 양보하라.
상대방에게 표현의 기회를 줘라.
떳떳하다고 너무 강압적으로 나서지 마라.
작은 일에 연연해하지 마라.
큰일을 위해 정당하게 싸워라.
논쟁을 할 때 자기 의견만 고집해서는 안 된다. 별로 대수롭지 않은 일이라면 대다수의 의견을 따라줘라.

8. 타인에게는 관대하고 자신에게는 엄격하라.

타인에게 관대하라.
타인의 결점을 들쑤시지 마라.

사람을 미워하지 마라. 누구나 장점은 있다.
타인을 칭찬하는 법을 배워라.
아무 생각 없이 돌을 던지지 마라.
함부로 다른 사람을 비난하지 마라.
용서의 미덕을 발휘하라.
참고 용서하면 분명 보답이 있다.
'스캔들 바이러스'가 되지 마라.
비밀을 지켜야 신뢰를 얻는다.
타인의 결점을 부여잡고 끝까지 추궁해서는 안 된다. 친구와의 비밀은 절대 다른 사람에게 새어나가지 않도록 한다.

9. 대화에 신중을 기하라.
당신의 혀를 컨트롤하라.
말의 분수를 지켜라.
상황에 맞는 이야기를 골라서 하라.
말할 때 상대방의 반응을 주목하라.
말할 때는 여지를 남겨라.
이왕이면 듣기 좋게 말하라.
우물거리지 말고 당당하게 의사표시를 하라.
정확한 표현으로 오해의 소지를 세서하라.
말을 할 때는 사전에 심사숙고하고 발음을 정확히 해야 한다. 너무 서두르지 말고, 또렷하고 논리 정연하게 대화를 이끌어나가라.

10. 교제를 할 때도 시기를 잘 타라.
접대할 때는 예의 바르게 행동하라.

기회를 잘 포착하라.
약속시간은 반드시 지켜라.
교제 타이밍을 잘 잡아라.
귓속말을 하지 마라.
상사와 비밀을 공유하지 마라.
일정한 거리를 유지하라.
지나친 친밀감은 상처를 남긴다.
남의 '개인공간'에 침범하지 마라.
적절한 시기를 선택해 타인과 교류하고 다른 사람 앞에서 귓속말을 해서는 안 된다.

11. 약속은 반드시 지켜라.
신뢰를 잃지 마라.
신용이야말로 진정한 매력이다.
신용상실은 결국 자기무덤 파기다.
약속하면 반드시 지켜라.
약속은 천금과 같다.
약속은 실행해야 진가가 발휘된다.
자기 역량 밖의 일은 함부로 약속하지 마라.
약속할 때는 여지를 남겨라.
거절해야 할 것은 거절하라.
스스로 실행하지 못할 일은 애초에 약속하지 마라. 그러나 한 번 약속한 일은 꼭 지켜야 한다.

12. 상사의 말에 귀 기울이고 아무 때나 끼어들지 마라.

사람은 사람답게 대하라.

내가 원하는 것은 남들도 원한다.

많이 듣고 적게 말하라.

경청을 간과하지 마라.

적극적인 청중이 되자.

마음으로 듣자.

남의 말을 가로채지 마라.

적당한 침묵유지도 필요하다.

측은지심을 지녀라.

상사가 다른 사람과 이야기 중일 때는 귀 기울여 듣고 절대 끼어들거나 큰 소리로 웃어서는 안 된다.

13. 양심적인 사람이 되라.

성실은 최고의 처세술.

널리 선을 베풀어라.

겸손한 품성과 인연을 맺어라.

정직이라는 불꽃을 꺼뜨리지 마라.

인간은 본분을 지켜야 한다.

용감하게 책임져라.

항상 감사하는 마음을 가져라.

주는 것이 받는 것보다 더 아름답다.

사랑이 없으면 빈껍데기다.

가슴속에서 양심이라는 불꽃이 꺼지지 않도록 노력해야 한다.

_지식in

인맥을 형성하는 5가지 원칙

첫째, 인맥을 형성하는 데 있어 무엇보다 중요한 것은 마음의 벽을 허무는 것이라 생각한다. 열린 마음으로 상대를 진정으로 대할 때 좋은 인맥을 형성할 수 있다. 또한 상대방의 의견을 존중할 줄 알아야 한다. 귀는 크게 열리고 입은 작은 사람이 되라는 뜻이다.

둘째, 성공한 사람들의 인맥을 살펴볼 필요가 있다. 직접적인 체험이 아니더라도 우리는 책을 통해 성공한 사람들의 주변 인맥을 살펴볼 수 있다. 그리고 그 사람이 성공적인 삶을 살아가는 데 있어 주변 인맥이 어떻게 영향을 끼치는지 깨닫게 된다.

셋째, 타인의 인맥을 내 인맥으로 만든다. 인맥이 많은 사람과 자주 접촉하는 것은 인맥 창조의 기본적인 원칙이다. 예를 들어 중고차 판매상을 하는 지인의 경우 인맥이 많은 사람에게 끊임없이 접촉한다. 그 이유는 인맥이 많은 사람은 그 사람 주위로 사람들이 모이고 그 사람을 중심으로 정보가 모이기 때문이다.

넷째, 좋은 인맥을 형성하기 위해서는 경우에 따라 투자가 필요한 경우가 있다. 금전적으로 여유가 없는 사람도 있겠지만, 인맥을 만드는 데 돈이 들어가는 것을 피하거나 힘들어 하는 사람은 좋은 인맥을 만들 수 없다. 물론 여기에는 자기 계발을 위한 투자 계획도 포함될 수 있다.

다섯째, 온라인 인맥을 최대한 많이 형성할 필요가 있다. 블로그를 하는 사람들은 대부분 이 내용에 동감할 것이다. 온라인의 인맥 역시 자신의 인생을 설계하는 데 많은 도움을 준다. 요즘 세대는 온라인에서 모든 걸 해결할 정도다. 새로운 정보나 지식을 습득하는 데도 많은 도움을 준다. 좋은 관계가 지속될 경우 오프라인의 인맥 형성에도 도움을 준다.

_지식in

memo

성공적인 인맥만들기 7가지 방법

1. 약속을 잘 지키는 사람.

신용은 약속을 지키는 데서 시작한다. 어디서든 약속을 잘 지키는 사람이 신뢰할 수 있는 사람, 신용도가 높은 사람으로 평가 받는다.

그리고 신용은 모든 인간관계에 있어서 바탕이 된다. 이 바탕이 있어야 인맥관리를 잘 할 수 있다고 말해도 좋을 것이다. 신용을 가진 사람이 되는 것. 그래야 비로소 인맥형성은 시작된다.

2. 작은 정성을 아는 사람.

영업을 하는 사람은 특히나 인맥관리에 신경을 많이 쓴다. 그 중에 하나가 안부를 묻는 레터를 보내는 것이다. 최근에는 통신수단의 발달로 편지나 엽서대신 문자 메시지나 이메일을 사용하기도 한다. 어떠한 인연으로 만났든 레터를 받는 사람이 실제로 필요할 때 그 영업사원을 찾기도 한다.

그러나 중요한 것은 상술이 아닌 상술, 이익을 따지지 않았는데 이익이 발생하는 경우라고 말하고 싶다. 기왕의 인연을 정으로 가꾸는 사람이 인맥관리에 성공하는 사람일 것이다.

3. 시간을 쪼갤 줄 아는 사람.

직장 생활하는 사람이 하루 24시간을 여럿으로 쪼개서 여기저기 얼굴을 내밀기는 쉽지 않다. 직장업무가 시작되기 전이나 퇴근 후에 운동을 하는 사람, 취미 생활을 갖는 사람 등은 나름대로 시간을 잘 쪼갤 줄 아는 사람이다. 운동이나 취미 생활로 인한 모임이 적지 않아 인맥형성에 많은 도움이 된다.

4. 모임을 주재하는 사람.

모임을 주재하는 사람은 누구보다 적극적으로 모임에 참여하는 사람일 것이며, 정보는 주재하는 사람에게 집중이 될 수밖에 없다. 구성원들은 자기가 제의한 일을 실천해 나가는데, 그럴 때 주재하는 사람은 오피니언 리더, 즉 의견을 이끌어 나가는 사람이 될 것이다. 인맥을 넓히려거든 어떤 모임이든 그 모임의 주재자가 될 필요가 있다.

5. 능력을 키우는 사람.

능력이란 기본적으로 자신이 택한 직업에서의 업무능력을 말한다. 사람을 사귀다 보면 대하기 편한 사람이 있고 불편한 사람이 있다. 사람들은 당연히 편한 사람이 인맥이 넓으리라 생각하지만 그렇지 않다. '편하기는 하지만, 도움이 안 된다. 별 신선한 정보를 얻을 수 없다' 라면 상대방에게 관심을 끊기 시작한다.

6. 윗사람과 즐겁게 어울리는 사람.

대리는 대리 수준의 인맥, 부장은 부장 수준의 인맥, 사장은 사장 수준의 인맥을 보유하고 있다. 높은 직급의 사람들과 어울린다는 것은 영양가 있는 광활한 인맥의 바다로 나가는 것과 같다고 할 수 있다.

7. 베풀기를 즐기는 사람.

남에게 베풀면 그만큼 돌아온다는 말이 있다. 그러나 남에게 베풀기란 말처럼 쉬운 일이 아니다. 한 사람만의 힘으로 살아가기 힘든 사회에서 베풀기는 한 여름날의 그늘 속과 같을 것이다. 인맥관리에 성공하는 사람은 남에게 베풀기를 즐겨, 상대방에게 고마운 마음을 갖게 하는 사람이다.

_머니투데이

memo

직장인에게 유용한 인맥관리법 5가지

인맥
관리

1. 인맥도를 만들어라.

우선 현재 자신이 갖고 있는 인맥이 얼마나 되는지, 연이 닿아 있는 지인이 얼마나 존재하는지 스스로 판단하는 것이 필요하다. 인맥도를 만들어 두면 인맥관리에 도움이 된다. 쉽게 생각할 수 있는 인맥은 학연, 지연, 혈연, 사내, 사외, 동아리, 인터넷, 군대 등이 있다.

2. 모임을 주선하는 사람이 되라.

어느 모임이던 항상 '지킴이'가 있다. 그리고 이런 지킴이가 있기에 모임은 유지될 수 있다. 이 역할을 충실히 수행하면 회원의 인맥을 관리하는 부가적인 효과를 얻게 된다. 모임을 주선하는 사람은 모임을 알리기 위해 전화는 물론 문자메시지, 메일 등으로 자연스레 참석자들과 격의 없는 사이가 될 수 있다.

3. 경사는 빠져도 조사는 꼭 챙겨라.

조사는 최소한 3일 정도의 시간을 두고 진행된다. 이 기간 짬을 못내는 것은 결례다. 경사는 웃으며 보내는 시간이라 금방 지나가나 조사는 침통한 마음으로 보내는 시간이다. 이럴 때 같이 있어준 것만으로도 큰 힘이 된다. 또 상갓집은 제2의 인맥형성의 기회다. 이곳에 있다 보면 상주의 지인들이 오고, 합석하게 되면 명함을 교환하게 된다. 뚜렷한 목적 없이 몇 시간을 같이 있다 보면 이런저런 얘기를 기탄없이 나누면서 쉽게 가까워질 수 있다.

4. 명함은 제2의 얼굴이다.

명함을 여기저기 방치해 필요할 때 찾지 못하는 경우가 많다. 명함은 꼭 명함첩에 넣어 관리해야 한다. 또 1년에 한 번 정도는 자신이 보관하고 있는 명함을 '살아있는 것' 과 '죽은 것' 으로 분류한다. 지위가 높은 사람이나 유명인의 명함을 갖고 있다 해서 그와 연락 한 번 하지 않으면 그것은 죽은 명함이다. 이런 명함을 갖고 있다면 자기 만족은 될지언정 인맥 형성에는 도움이 안 된다.

5. 점심시간을 활용하라.

늘 같은 회사 동료들과 점심을 먹는 사람에게 점심시간은 그저 배를 채우기 위한 동물적인 시간밖에 되지 않는다. 그러나 늘 새로운 사람들을 찾아내 같은 시간을 활용하는 사람은 자신의 인맥을 채우는 활동을 하는 셈이다. '오늘 점심은 또 뭘 먹나' 보다 '오늘은 누구와 점심을 먹을까' 를 고민하는 사람이 돼야 한다.

_좋은글

좋은 인맥만드는 4단계 법칙

인맥
관리

1. 헤어질 때 다시 만나고 싶은 사람이 되어라.

좋은 인맥을 만들려면 다시 만나고 싶은 사람이 되어야 한다.

모임이나 행사에 참석하여 많은 사람을 만나도 나에게 호감과 기대감이 없으면 좋은 인맥은 만들어지지 않는다. 헤어질 때 다시 만나고 싶은 사람은 네 가지 유형으로 나뉜다.

1) 특정한 분야에 자신만의 전문성과 브랜드를 가진 사람.

2) 내가 필요로 하는 정보 · 기회 · 자원을 제공해 줄 수 있는 사람.

3) 함께 있으면 즐겁고 기분 좋은 사람.

4) 앞으로의 꿈과 비전이 큰 사람.

최소한 네 가지 중에 한 가지 이상을 갖추도록 노력하라.

2. 더 넓은 인맥의 바다로 나가라.

좋은 인맥을 만나려면 놀던 물에서 떠나야 한다.

사람은 대부분 유유상종하기 때문에 비슷한 사람들과 어울린다. 비슷한 생각, 비슷한 행동을 하는 사람들끼리 어울리면 발전이 없다. 나와는 다른 생각, 다른 행동을 하는 사람들을 만나야 배울 점이 생긴다.

고래를 잡으려면 바다로 가야 하듯이 좋은 인맥을 만나려면 내가 놀던 개천과 강에서 떠나야 한다. 모임이나 단체에 참가하여 활동하면 인맥을 쌓을 기회가 늘어난다.

늘 만나던 사람과 만나면 마음은 편안할 수 있어도 새로운 걸 접하기는 어렵다.

3. 인맥 DB를 체계적으로 관리하라.

좋은 인맥을 만들려면 DB를 체계적으로 관리해야 한다. DB관리는 두 가지 사항에 신경써야 한다.

첫째, 인맥에 관한 정보를 효율적으로 검색할 수 있고,
둘째, 커뮤니케이션이 원활하게 이뤄져야 한다.

4. 식물을 가꾸듯 꾸준한 노력과 정성을 들여라.

독일의 슈테판 그로스는 인간관계가 가까워지는 핵심요소로 개인적인 커뮤니케이션과 협력을 이야기했다. 인간관계는 지속적 · 반복적으로 연락하고 상대방에게 도움을 주는 것이 필요하다. 무엇보다 인맥은 산삼이 아니라 인삼으로 생각해야 한다. 5~6년 땀과 노력을 기울여야 한다. 그러나 대부분의 사람들은 인간관계를 맺을 때 주식투자하듯이 단기투자를 한다. 2~3개월 정도 노력하다가 친해지지 않으면 연락을 끊는 경우가 비일비재하다. 그런 식으로는 좋은 인맥을 만들 수 없다. 인간관계는 장기간에 걸친 관심과 노력 · 정성에 의해서만 결실을 맺을 수 있다.

_양광모

내 인맥이 빈약한 27가지 이유

인맥
관리

* 첫인상을 강하게 어필하지 못하는 경우

1. 모임에 가면 할 말이 별로 없는 사람이다.

   처음 가는 모임에서는 모두 그렇다.

   공통 관심사가 없는 사람과도 자연스럽게 이야기할 수 있도록 이야깃거리 몇 가지를 생각해 놓는 습관을 들이는 것이 좋다.

2. 나를 소개하는 자리에서 우물쭈물한다.

   좋은 인상을 줄 수 있는 기회를 갉아먹고 있다. 나를 소개할 짧고 굵은 말을 생각하되 '주부 9단', '초등학생 교육 커뮤니티 운영자' 등 나의 핵심 콘텐츠를 포함시킨다.

3. 첫 만남에서는 옷차림에만 신경쓴다.

   옷차림보다 중요한 것은 말투와 태도다.

   먼저 손을 내밀어 악수를 하고 상대방에게 다가가려는 노력을 다 하라.

   많이 웃으려고 애쓰고 나도 웃음을 주기 위해 노력하라.

   말투와 태도가 훌륭하다면 당신의 외모는 어느새 상대방의 관심 밖으로 밀려날 것이다.

4. 명함을 받으면 그냥 넣어 둔다.

명함에 쓰인 내용을 유심히 보고 한마디라도 그에 대해 이야기해 보자. 상대방에게 가장 효과적으로 관심을 표현하는 방법이다.

5. 잘 모르는 화제가 나오면 침묵하고 딴 짓한다.

혹시 실수할까 걱정돼 침묵한다면 상대방은 당신이 자신에게 관심이 없거나 냉소적인 사람이라고 생각할 것이다.

'잘 모르는 분야 이기는 하지만 관심이 있습니다.'

'그 부분에 대해 간략히 설명해 주시겠어요?' 라는 한마디를 해보자.

당신이 상대방의 말에 관심이 있다는 것을 지속적으로 표현하는 것이 좋다.

6. 사람을 좋아하지 않는다.

대부분의 사람은 자신을 좋아하는 사람을 알아본다. 또한 그런 사람을 좋아하게 된다.

인맥을 넓히고 싶다면 사람을 보는 태도를 근본적으로 바꿔야 한다.

내 눈에 좋지 않은 부분보다 좋은 부분을 보려고 노력한다.

7. 나를 잘 보여 주지 않는다.

아주 일상적인 이야기라도 직접 겪거나 들은 이야기를 하기 시작하면 대화 분위기가 금세 풀린다.

때로는 실수한 이야기로 인간미를 보여 주기도 하고 주위 사람을 자랑하며, 내가 행복한 사람임을 보여 주라.

8. 내가 좋은 인맥이 아니다.

인맥만들기는 상호적인 것이다.

좋은 인맥을 만나려면 그 사람에게도 내가 만나고 싶은 사람이어야 한다.

특정 분야에서 전문적인 능력을 인정받도록 꾸준히 노력하고 대화 스킬에 대해 고민한다.

* 인맥을 만날 기회가 막혀 있는 경우

9. 늘 가던 곳에 가서 늘 하던 일을 한다.

단짝 친구와 매일 가는 카페에서 했던 이야기를 100번 반복한다?

인맥만들 기회가 없는 것이 당연하다. 매일 점심을 같이 먹을 사람을 '찾아라'.

10. 당장 생각나는 멘토나 멘티가 없다.

같은 직종에 종사하는 멘토나 멘티는 앞으로 당신의 인맥을 풍요롭게 해줄 황금줄이다.

없다면 당장 구하라.

11. 필요로 하는 인맥을 어디서 만나야 할지 모르겠다.

인터넷 카페 모임 등 쉽게 접근할 수 있는 곳도 인맥을 만날 수 있는 곳이다.

이미 알고 있는 모임에서도 스터디 그룹을 만들거나 자체 동호회를 만들면 거리가 느껴지는 사람도 인맥으로 끌어 올 수 있다.

중요한 것은 새로운 관계를 계속 만들어야 한다는 사실이다.

12. 온라인과 오프라인 한곳에서만 활동한다.

온라인에서만 활동하면 사람과의 관계가 깊어지기 힘들다.

오프라인으로만 하는 활동은 우물 안 개구리를 만들 가능성이 크다.

13. 상대방의 도움 요청을 거절한다.

인맥 관리는 계산적으로 해서는 성공하기 힘들다.

진정 사람에게 관심을 가지고 베푸는 자세가 되어 있어야 사람들이 내 주변으로 모이게 된다.

가깝지 않은 상대라도 도움 요청을 거절하는 것은 관계를 계속하고 싶지 않다고 선언하는 것과 같다.

* 인맥 관리와 관련한 툴이 없는 경우

14. 만난 사람에 대한 정보를 정리해 두지 않는다.

한 번 만난 사람을 잊어버리고 다시는 만나지 않는다면 그 사람을 애초에 만나지 않은 것과 다를 바 없다.

15. 메신저나 블로그 등 한 가지 이상의 PR 도구가 없다.

온라인 툴은 시간과 경비 면에서 가장 경제적인 인맥 관리 도구다.

16. 단체 문자 메시지로 대부분의 인맥을 관리한다.

명절이나 새해에 보내는 단체 문자에는 더 이상 사람들이 답을 하지 않는다.

대신 상대방의 이름을 불러라. 단체 이메일을 보내기 전에도 꼭 '개인

메일로 보내기' 를 클릭해서 내가 한 사람에게만 메일을 썼다는 인상을 주어야 한다.

17. 인맥관리는 인성으로 하는 줄 안다.
인맥관리는 성격이 좋다고 저절로 되는 것이 아니다.
아무리 모임에서 좋은 인상을 주었더라도 사후 관리가 필요하다.

인맥 관리

18. give & take가 당연하다고 생각한다.
언젠가 받을 것을 생각하고 주면 상대방이 안다.
계산적인 관계에서는 인맥이 꽃피지 않는다.

* 만든 인맥도 관리를 못하는 경우

19. 한 번 구축한 인맥은 영원히 지속되리라 생각한다.
인맥 지도는 사막 지형처럼 바람에 따라 변하고 없어지기도 한다.
적어도 2~3개월에 한 번씩은 연락하는 지속적인 관리가 포인트이다.

20. 각종 모임에 참여만 한다.
모임에 아무리 자주 나가더라도 모임을 주도하거나 적극적으로 활동하지 않으면 특별한 사람이 되지 못한다.

21. 한 번 만났던 사람이 아쉬울 때만 생각난다.
인맥 관리가 어려운 것은 당장 눈앞에 이익이 없을 때 관계를 지속하기 위해 노력을 해야 하기 때문이다.

당장 필요가 없더라도 인맥 관리를 후순위로 미루게 되면 후회하게 된다.

22. 적을 만든다.

아무리 인맥을 많이 구축해도 한 사람의 적이 생기면 와르르 무너지게 된다.

사람 관계에서는 입소문이 가장 강력한 파워임을 염두에 둔다.

* 인맥에 대한 기본 개념이 부족한 경우

23. 동창이나 직장 동료가 많으면 인맥이 좋은 것으로 착각한다.

노력 없이 저절로 만들어지는 인맥으로는 최상의 인맥 지도를 그릴 수 없다.

진정 좋은 인맥은 내가 평소에 만나기 어려운 집단에 속해 있으면서 서로 기분 좋게 도움을 주고받을 수 있는 사람이다. 이런 인맥은 적극적인 활동 없이는 얻기 힘들다.

24. 소위 '잘 나가는' 사람들로 인맥을 구성하면 된다고 생각한다.

나에게 맞는 인맥 지도를 그리는 것이 중요하다.

모두가 보기에 잘 나가는 사람이 아니라 현재, 그리고 미래에 서로에게 도움이 될 수 있고 지속적으로 만날 수 있는 사람이어야 한다.

25. 좋은 인맥은 운이 좋아야 만난다고 생각한다.

가만히 앉아 있는데 좋은 인맥이 만들어질 가능성은 제로에 가깝다.

좋은 인맥을 만나려면 좋은 사람을 찾아다녀야 한다.

멘토가 필요하다면 멘토가 있을 법한 커뮤니티에 가입하라.
같은 직종에 종사하는 사람을 사귀고 싶다면 모임에 나가거나 적극적으로 소개를 받아라.

인맥
관리

26. 참여하는 모임이 많으면 인맥이 좋은 것으로 착각한다.
중요한 것은 모임에 참가한다는 사실이 아니라 그곳에서 어떤 사람을 만나느냐다.
모임에서는 항상 누구와 어떤 대화를 나눌지 머릿속에 그려 본다.

27. 나에게 부족한 인맥을 파악하지 못했다.
지금 당장 먹고 사는데 부족함이 없더라도 당신의 인맥에는 구멍이 뚫려 있을 수 있다.
인맥 지도를 그려 보라.
나에게 필요한 인맥은 어떤 사람인지 리스트를 만들어라.
직업이나 연령 등이 한쪽으로 치우쳐 있다면 인맥 관리 계획을 수정해야 한다.
인맥 관리의 시작은 내 인맥을 확인하는 작업부터이다.

_지식in

성공 인맥을 만드는 50가지 방법

1. 친절하게 인사하라. 친절하면 절친해진다.
2. 미소 짓는 인생이 되라. 미소는 소리 없는 향기다.
3. 내가 먼저 협력하라. 이 세상에 외상이나 공짜가 없는 법이다.
4. 상대가 다가오기를 바라지 말라. 내가 먼저 다가서라.
5. 이익에 집착하지 말라. 손해가 이익을 끌어온다.
6. 애경사에는 빠지지 말라. 한국인에게는 가장 중요한 행사다.
7. 모임에 참석하라. 중요한 인맥은 모임을 중심으로 자라난다.
8. 세미나에 참가하라. 인맥은 물론 지식과 기쁨의 3마리 토끼를 잡는다.
9. 긍정의 눈으로 세상을 보라. 모두가 인맥이다.
10. 중심을 잃지 말라. 공정한 사람에게는 적이 없다.
11. 사랑의 마음으로 사람을 대하라. 끈끈한 인연이 연인처럼 부활한다.
12. 남의 어려움을 외면 말라. 어려울 때의 도움은 죽을 때까지 잊지 못한다.
13. 배신자가 되지 말라. 한 번 배신자는 영원한 배신자다.
14. 혈연, 지연, 학연을 개발하라. 그 곳에 노다지가 몰려 있다.
15. 같은 취미를 공유하라. 취미는 사람을 뜨겁게 결속시킨다.
16. 이웃에게 다가서라. 먼 곳에 사는 친척보다 이웃사촌이 낫다.
17. 뒤에서 험담 말라. 인맥의 실타래가 끊어진다.
18. 비난 원망을 하지 말라. 입맛 떨어지는 사람은 모두가 외면한다.
19. 아낌없이 베풀어라. 비료를 준만큼 나무는 자라난다.

20. 보고 있어도 보고 싶은 사람이 되라. 영원히 내 사람으로 기록된다.
21. 수시로 연락하라. 수시 연락은 수시 입학보다 값진 일이다.
22. 이름을 불러라. 이름은 부르면 더욱 친근해진다.
23. 상대를 좋아하라. 내가 좋아하는 강도에 비례하여 밀착된다.
24. 단 한 번 윙크로 내 마음 주는 것이 아니다. 끊임없이 정성을 다하라.
25. 주식 투자보다 사람에 투자하라. 펀드보다 이율 높은 투자다.
26. 공든 탑은 무너지지 않는다. 정성을 다하라.
27. 비상금은 항상 지참하라. 비상금은 전투의 비상식량과 같다.
28. 매너있는 사람이 되라. 매너있는 사람은 어디서나 돋보인다.
29. 헌신적으로 봉사하라. 봉사는 창조주의 일을 대행하는 것이다.
30. 어디서나 진실하라. 진실만이 서로를 끈끈하게 연결시킨다.
31. 자신의 이미지를 개선하라. 강력한 에너지의 주인공이 된다.
32. 남의 말을 좋게 하라. 없던 복도 굴러온다.
33. 전화요금을 아끼지 말라. 요금에 비례하여 인맥이 자라난다.
34. 상대방을 위해 기도해줘라. 하늘에서 다리를 놓아준다.
35. 어디서나 꼭 필요한 사람이 되라. 필요한 사람에게는 사람이 몰려온다.
36. 책 선물은 흡착력이 강하다. 이왕이면 필자의 사인을 받아 선물하라.
37. 약속은 생명처럼 지켜라. 신용을 잃으면 더 이상 남는 것이 없다.
38. 네편 내편 가르지 말라. 적군도 감싸주면 아군이 되는 법이다.
39. 편견을 갖지 말라. 세상에 소중하지 않은 사람은 없다.
40. 상대방을 변화시키려 말라. 내가 먼저 변화하라.
41. 열정적인 태도를 보여라. 용광로 속에서는 모두가 녹아 하나 된다.
42. 사람과 포도주는 오랠수록 값이 나간다. 옛 친구를 챙겨줘라.
43. 짐이 되지 말라. 짐을 들어주는 사람이 되라.
44. 보이지 않는 곳에서 칭찬하라. 칭찬의 힘은 천하장사 보다 강하다.

45. 멘토가 되라. 여기서 존경받는 사람은 어디서나 존경받는다.
46. 한 사람도 잃지 말라. 한 사람 잃으면 100사람을 따라 잃는다.
47. 만나면 기분 좋은 사람이 되라. 줄줄이 알사탕이다.
48. 인맥이 없다고 한탄말라. 인맥은 있는 것이 아니라 만드는 것이다.
49. 인맥을 만드는 것만 중요한 것이 아니다. 관리하는 것이 더 중요하다.
50. 있는 자리에서 빛이 되고 소금이 되라. 세상 모두가 인맥이다.

_닥터브레이드

memo

최고의 인맥을 활용하는 34가지 비결

인맥
관리

1. 나는 과연 인맥 체질인가?
   먼저 자신이 인맥을 구축할 수 있는 자질이나 소질을 가지고 있는지를 확인해 보는 것이 좋다.

2. 인생의 백년 계획을 세워라.
   백년 계획을 세우는 순간, 인맥 지도가 바뀐다. 현재부터 미래로 향하여 상세하게 그려보는 것이다.

3. 수시로 자신의 인맥을 업그레이드하라.
   인맥에도 공적, 사적인 인맥이 있다. 사람을 애정으로 대하는 사람에게 인맥은 모여든다.

4. 인맥은 내 주변에서부터 시작된다.
   학연은 평생의 인맥이다. 지연으로 통해 맺어지는 인맥도 중요하다. 혈연은 같은 피를 나눈 인간관계이다. 입사동기도 푸근한 정을 느낀다. 작은 이익을 탐하기보다는 평생의 친구로 대하라.

5. 모임을 통해 접촉을 강화한다.
   취미를 통한 인맥, 종교 인맥은 불가능도 가능하게 한다. 단체는 인맥의 보고다. 다른 업종에 근무하는 사람들을 대상으로 교제한다. 모임장소에서 가까운 사람들만 대상으로 한다. 1주일에 한 번은 꼭 모임을 가진다. 테마방식으로 모임을 갖는다.

6. 개성 있는 자기 PR을 준비하라.

자기소개를 어떻게 하느냐에 따라서 그 모임이 중심인물이 되느냐 그렇지 않느냐가 정해진다. 자기소개를 잘하려면 분명하게 말한다. 자세를 똑바로 한다. 자신만의 키워드, 어구를 갖는다. 시간을 잘 활용하라. 평상시에 연습을 해둔다. 처음에는 재미있는 이야기, 도움이 되는 이야기로 시작한다. 그날의 신문은 반드시 체크한다. 그러면 사람들의 관심을 순간적으로 자기 쪽으로 모을 수 있다.

7. 연출하듯이 이미지를 관리하라.

첫인상의 힘은 막강하다. 외모에 신경을 쓴다. 화제를 풍부하게 갖도록 한다. 균형감각을 가지며 품위가 있어야 한다. 겸손하고 예의가 바르게 행동하며, 솔직하고 명랑하며 긍정적인 사고를 가지고 있으며 자세가 안정되도록 한다.

8. 신용을 쌓으면 인맥은 저절로 형성된다.

성공을 원한다면 많은 사람의 지원을 받을 수 있는 시스템을 만들어야 한다.

9. 목표를 설정해 그 분야의 인맥을 구축하라.

부자가 되려면 부자들과 교제해야 한다. 부자들은 돈이 아니라 돈 버는 일을 좋아한다. 부자에 대한 막연한 적대감과 오해가 우리의 마음을 부정적으로 만들고 부자가 될 수 있는 가능성의 싹을 잘라 버린다.

10. 인맥이 많은 사람은 인맥의 중심에 서 있다.

인간이 평균적으로 관리하는 인맥의 수는 500명이라고 한다. 서로 돕고 산다는 것이 네트워크 인맥을 가능케 하는 기본이다.

11. 'give and take'로 살아남는다.

인맥은 서로가 빛날 수 있도록 갈고 닦는 것이다. 인맥은 세로로 뻗어나가는 것이다. 인맥이란 시간과 돈은 물론이고 많은 신경을 써야 비로소 형성된다. 따라서 소중하게 다루어야 한다.

12. 인맥 지도는 자신의 인생 설계도다.

인맥은 자신의 인생을 설계할 때 가장 강한 장점을 발휘한다.

13. 수직적 인맥에서 보다 많은 것을 얻을 수 있다

영향력 있는 사람을 발굴하라. 영향력 있는 사람을 소개받아라. 최고실력자와 친해져야 한다. 언제든지 만나 주고 전화도 받아 주고, 상담에 적극적으로 응해 준다. 충고를 해주거나 단점을 지적해 주고, 대상에게 도움이 될 사람을 소개해 준다.

14. 인맥이 또 다른 인맥을 부른다

주변의 가까운 인맥부터 치밀하게 관리하라. 가까운 사이일수록 자주 접촉해야 한다. 사소한 인맥도 소홀히 하지 마라. 인맥유지는 확장이다. 시간적으로나 공간적으로 자주 접촉할 수 있는 기회를 마련하는 것이 인맥관리의 핵심이다.

15. 내가 키맨이 되면 더 많은 키맨과 만날 수 있다.

정보는 발신하는 곳으로 많이 모인다. 키맨은 키맨을 알아본다. 누구나 쉽게 키맨이 되는 분야는 경영자, 작가, 강사, 연사, 예술가, 봉사활동가, 독지가 등이다.

16. 인맥 개척에 시간을 아끼지 마라.

시간은 발견 삭감, 창조를 만든다. 비즈니스맨의 영원한 테마는 타임 매니지먼트(시간경영, 시간관리)다.

17. 설득력, 프리젠테이션 능력을 높여라.

설득과 납득의 반복 균형이 잘 잡혀야 한다. 설득의 기술이나 추진력이 없으면 좋은 인맥을 만들 수 없다. 설득과 협상, 신뢰감을 주는 프리젠테이션을 통해 담당자의 마음을 확실하게 붙잡을 수 있어야 인맥이 빠르게 늘어나게 된다.

18. 인맥만들기의 첫걸음, 인맥 지도 그리기.

인맥 100명을 확보하기 위한 5단계 프로젝트는 정보입력에 성실하라. 특별한 명함을 만들어 깊은 인상을 심어주라. 사람들이 많이 모이는 장소에 간다. 연락을 통해 친밀한 인간관계를 유지한다. '내기' 중심이 되는 이벤트를 개최한다.

19. 내가 중심이 되는 이벤트를 개최하라.

휴먼 네트워크가 곧 정보 네트워크다. 성공할 때까지 계속하면 재미도 느끼게 되고 결과에도 신경을 쓰게 된다. 그렇게 되면 동료가 빠르게 증가한다. 세포분열이 시작될 때까지 계속하게 되면 굳이 바라지 않더라도 성공하게 되는 것이다.

20. 남의 인맥을 나의 인맥으로 만든다.
인맥만들기의 기본원칙은 인맥이 많은 사람과 접촉한다.

21. 나의 인맥을 비즈니스와 연결하라.

22. 헤드워크, 풋워크, 네트워크로 무장하라.
비즈니스는 혼자서는 할 수 없다. 하지만 옆에서 도와주는 사람이 있으면 부드럽게 전개해 나갈 수 있다. 정보로 무장하라. 항상 메모를 하는 습관을 기르는 것이 좋다. 사원교육을 통한 지도, 연수가 불가능하다.

23. 성공적인 직장인 인맥관리 노하우.
친목모임을 갖는다. 친밀감을 높이기 위해 개인적인 경조사, 취미, 관심사 등을 챙긴다. 온라인 사이트나 동호회 커뮤니티를 자주 이용해 유대감을 쌓는다.

24. 각종 동호회 인맥관리 노하우-"꿩 먹고 알 먹고"
동종업계 모임에 적극 참여하라. 모임의 직책을 맡으라. 명함정리가 인맥관리의 출발이다. 우선순위는 가까운 사람부터 먼저 챙겨라.

25. 첨단 정보화 시대의 디지털 인맥술.
현대인들은 정보맨이 되어야 한다. 디지털라이징이 세상을 바꾼다.

26. 변화의 시대에 대비한 멀티 인맥술.

27. 다른 업종간 교류를 위한 인맥술.

28. 컴퓨터 통신을 이용한 인맥술.

29. 인맥을 활용한 비즈니스 인맥술.

제3자, 자신, 의뢰인 순으로 이익의 우선순위를 정하자.

30. 새로운 분야의 사람들과의 인맥술.

취미 모임, 연구 모임.

31. 사람의 마음을 움직인다.

좋은 인맥을 만나는 사람들은 언제나 상대의 입장에서 생각한다. 인맥을 관리하기 위해서는 상대를 배려하고 세심하게 신경써야 한다.

32. 인맥 데이터베이스를 활용한다.

인맥은 관심이다. 기본에 충실하라.

33. 인맥 관리에 성공하는 사람들이란.

늘 사람에게 정성을 기울인다. 작은 약속도 소홀히 하지 않는다. 시간 활용에 능숙하다. 모임의 주역으로 활동한다. 윗사람과 즐겁게 어울린다. 받는 것 이상으로 베푼다.

34. 모든 인맥은 자산이라는 긍정적인 마음을 가진다.

모든 관계가 재산이다. 인맥이 자라나 또 다른 인맥을 낳는 셈이다.

_지식in

인맥관리

memo

인맥을 관리하는 10가지 방법

1. 자기 관리가 필요하다.

   신문의 헤드라인과 사회적 이슈에는 늘 촉각을 곤두세울 필요가 있다. 지나치게 현실감각이 부족하다거나 시대에 뒤떨어진 듯한 인상을 가진 사람에게는 사람들이 결코 꼬이지 않는다.

2. 가까운 사람들과의 만남을 소중히 하자.

   가족, 친구, 선후배 등 지금껏 알고 지내온 사람들은 당신의 소중한 자산이다.

   새로운 사람을 찾는 일보다 그 사람들을 한 번 더 챙기는 것이 훨씬 현명한 방법일 수 있다.

3. 내가 먼저 그들의 '봉'이 되자.

   내가 원하는 것은 남들도 원하게 마련이다.

   좋은 사람들이 주변에 많은 사람을 보면 특별한 전략이 있는 것이 아니다. 남에게 베풀면 그만큼 돌아오게 돼 있다. 아깝게 생각하지 말자.

4. 약속을 지켜라.

   사람 사이에서 가장 중요한 것은 상대방에 대한 믿음이다.

   한두 번씩 약속을 어기다 보면 당신은 말과 행동이 다른 사람으로 낙인

찍혀 영영 신용을 잃어버리게 될지도 모른다.

5. 시간 관리를 잘하자.

사람 관리 잘하는 사람들은 만나야 할 상대에 따라 오전, 오후, 밤 등의 시간대를 잘 조절해 약속을 정한다.

정 만나기 힘든 경우에는 짬짬이 전화나 메일을 보내는 것을 잊지 않는다.

6. 당당한 모습을 보여라.

'남들이 나를 어떻게 생각할까' 하는 생각에 매사에 주눅 들어있는 사람에게는 호감이 가지 않는다.

긍정적이며 솔직한 태도로 진솔하게 행동하는 사람에게 누구나 끌리게 마련이다.

7. 들어 주되 떠벌리지는 말라.

말은 하는 것보다 들어주는 것이 중요하다.

누구나 자기 이야기를 하고 싶어 할 때 유독 남의 이야기에 귀 기울여주는 모습을 보인다면 사람들에게 좋은 인상을 심어줄 수 있다.

8. 자기를 표현하라.

자신이 가진 독특한 개성은 표현하는 게 좋다.

개성 있는 사람이 기억에 오래 남기 때문이다. 그리고 처음 만나는 사람에게는 자신의 이름을 계속해서 말하며 인지시킬 필요가 있다.

9. 모임을 만들어라.

새로운 모임은 두말할 것도 없이 새로운 만남을 가져다준다.

비슷한 취미나 성향을 가진 사람들끼리는 금방 친해질 수 있다. 인터넷 포털 사이트의 커뮤니티를 활용해봄 직하다.

10. 진실한 마음을 가져라.

인맥 좋은 사람들의 가장 큰 비결은 바로 진실한 마음가짐이다. 의도적인 전략이나 계획에는 한계가 있다. 결국 끝까지 곁에 남는 사람은 진심을 가지고 대한 사람이라는 사실을 명심하라.

_지식in

memo

인맥만드는 7가지 방법

1. 술자리에서 간사를 맡아라.
2. 이메일을 받으면 빨리 답장을 하라.
3. 정보는 '등가교환' 이 기본이다. 단, 기밀정보는 명확하게 구분하라.
4. 누구나 필요로 하는 자신만의 전문성을 키워라.
5. 편리한 이메일에만 의존하지 말고, 때로는 직접 편지를 써보자.
6. '항상 당신에게 신경쓰고 있습니다' 라는 성의를 표현하라.
7. 자신이 생각하기에 괜찮은 사람을 다른 사람에게 적극적으로 소개하라.

_지식in

memo

인맥관리 17가지 계명

1. 인맥은 인간에서 비롯된다.
사람을 만날 때 지위의 고하를 막론하고 인격 대 인격으로 대하는 것만이 내 사람을 늘리는 비결이다.

2. 작은 만남의 기회를 소중히 하라.
어느 구름 뒤에 해가 숨어 있는지 알 수 없다. 작은 기회도 놓쳐서는 안 된다.

3. '일'로써가 아니라 '가슴'으로 만나라.
사람을 대할 때 일로만 접근해서는 안 된다.
일보다는 사람에 초점을 두고 다가서야 일도 풀리고 사람도 얻는다.

4. 논리가 아닌 감성 코드로 말하라.
진정한 성공과 진실은 언제나 논리 저 너머에 있다.
성공하려면 감성 코드로 살아야 한다.

5. 베풀라, 부메랑이 되어 돌아올 것이다.
주변 사람들에 대한 작은 인사를 잊지 말라.
그것은 애정과 존경의 마음이고, 인맥구축의 지름길이다.

6. '고마운' 사람이 아닌, '필요한' 사람으로 남으라.

고마운 사람은 잊혀질지라도 자신에게 꼭 필요한 사람은 절대 놓치지 않는 법이다.

인맥관리

7. 고객을 인맥화, 인맥을 고객화하라.

인맥이 음식을 팔면 음식을 사주고 옷을 팔면 옷을 사주는 게 디지털 인맥이다. 이는 물건을 사는 게 아니라 마음을 사주는 것이다.

8. 고마운 일에는 반드시 피드백을 보내라.

가까운 사이라도 고마운 일에는 반드시 답례를 해야 한다.

한두 번 서운함이 쌓이면 어렵게 만든 인맥을 송두리째 놓쳐 버리는 수가 있다.

9. 시간의 길이가 아닌 신뢰의 깊이로 만나라.

확신이 서는 사람이라면 처음 만난 그 순간 내 사람으로 만들어야 한다.

10. 인생의 멘토를 가지라.

존경하는 사람이 없다면 꿈이 없는 것이다.

꿈이 없는 사람은 성공할 수 없다.

성공의 길에 안내자가 되어 줄 사람을 찾아 인맥으로 만들어야 한다.

11. 내 편이 많아지는 것이 인맥의 크기

나의 성공을 바라는 주변 사람들의 기원, 나의 성공을 확신하는 주변 사람들의 소리가 커질수록 성공은 한 걸음 더 가까워진다.

12. 누구나 좋은 인맥이 되지는 않는다.

좋은 사람이라고 해서 좋은 인맥이 되는 것은 아니다. 서로의 성공과 발전에 도움을 주는 사람을 나의 인맥으로 만들어야 한다.

13. 인맥 선택의 첫 번째는 '신뢰성'

아무리 가진 것이 많고 전문성이 있고 장래가 유망한 사람이라 해도 신뢰할 수 없다면 좋은 인맥이 되지 못한다.

14. 긍정적인 사람을 선택하라.

긍정적인 사람은 좋은 기운을 불러들인다.
불가능한 일도 가능한 일로 만드는 신비한 힘을 가지고 있다.

15. 늘 도전하는 사람과 함께하라.

도전하는 삶은 아름답고 도전하는 삶은 분명 성공을 거둔다.
미래를 위해 오늘을 투자하는 사람을 나의 인맥으로 만들어야 한다.

16. 좋은 인맥을 얻기 위해 때론 자신을 철저히 버리라.

유비는 제갈량을 얻기 위해 삼고초려를 불사했다.
꼭 필요한 인맥이라면 자신을 낮추고 버려서라도 절대 놓쳐선 안 된다.

17. 너무 완벽해 보이지 말라.

지나친 완벽주의로 거리감을 준다면 폭 넓은 인맥을 만들기 어렵다. 실수도 하고 빈틈도 보이는 모습에서 인간적인 매력을 느낄 수 있는 것이다.

_이태규

디지털 인맥을 만드는 5가지 요소

인맥
관리

아날로그(Analog) 인맥은 태생적으로 혈연, 지연, 학연 등으로 이루어지지만 디지털(Digital) 인맥은 사회생활을 시작하면서 모르는 사람들과의 만남과 인연, 그리고 창조적인 인간관계를 통해 형성된다.

나보다 우수한 사람들과의 수평적인 디지털 인맥을 구축하여 지혜로운 인생을 영위하고 성공한 사람들의 반열에 오르려면 기본적으로 아래의 5가지 요소를 이해하고 본인 스스로 역량을 갖추어야 한다.

1. 꿈과 비전

디지털 인맥관리에서도 가장 중요한 것은 꿈과 비전이다. 꿈이 있는 사람만이 좋은 인맥을 필요로 하고 좋은 인맥을 만들기 위해 부단히 노력한다. 큰 꿈을 가진 사람은 큰 인맥을, 작은 꿈을 가진 사람은 작은 인맥을 필요로 한다.

3명이 모여 CEO, 대통령, 변호사를 꿈꾸고 있다면 세 사람이 필요로 하는 인맥의 절실함이나 좋은 인맥을 만들기 위한 노력에도 많은 차이가 있을 것이다. 인맥의 크기는 결국 꿈의 크기와 비례한다.

꿈이 있는 사람, 꿈꾸는 사람만이 좋은 인맥을 만들 수 있다. 좋은 인맥을 만들고 싶다면 먼저 자신의 꿈부터 점검해야 한다.

- 내게 과연 큰 꿈과 비전이 있는가?
- 내게 다른 사람의 협력을 필요로 하는 꿈과 비전이 있는가?
- 내게 다른 사람과 함께 이루어 보고 싶은 꿈과 야망이 있는가?

2. 땀과 노력

좋은 인맥을 만들려면 많은 땀과 노력이 필요하다. 좋은 인맥은 결코 노력 없이 하루아침에 얻어지지 않는다.

첫째, 머리품을 팔아야 한다.

현재 나는 어떤 인맥을 가지고 있는지, 좋은 인맥을 만들기 위해 내게 부족한 점은 무엇인지 생각해야 한다. 그리고 내가 만나야 하는 인맥이 누구인지 목표부터 정하고, 좋은 인간관계를 유지하기 위해 무엇을 어떻게 해야 하는지 머리품을 팔아야 한다.

둘째, 발품을 팔아야 한다.

만나는 사람마다 모두 친구가 되지는 않는다. 한두 번 만나서 식사를 하고 술을 한잔 했다고 해서 인맥이 형성되었다고 생각하는 것은 착각이다.

나와 지향하는 이상과 가치관이 비슷한 사람, 사업상 약점을 상호 보완할 수 있는 사람, 소위 코드가 통하고 이해관계가 맞는 사람만이 친구가 될 수 있다.

- 좋은 인맥을 만들기 위해서는 우선 많은 사람들을 만나 보아야 한다.

- 내가 잘 알고 놀던 물에서 과감하게 벗어나야 한다.
- 나보다 좋은 인맥은 내가 현재 노는 물이 아니라 다른 세계, 다른 분야, 다른 물에서 비로소 만날 수 있다는 발상의 전환부터 해야 한다.

셋째, 손품을 많이 팔아야 한다.
인간관계는 쌍방향 커뮤니케이션(Interactive Communication) 관계다. 좋은 만남을 통해 인맥을 형성하고 잘 유지하기 위해서는 상대방에게 대한 지속적인 관심과 배려를 해야 한다.

디지털 멀티미디어(Digital Multimedia) 시대, 인터넷 시대에서는 수시로 전화를 하고, 문자나 이메일을 보내고, 메신저로 채팅을 하고, 커뮤니티 포룸(Community Forum)에 자주 글을 올리고, 미니홈피와 블로그에 안부를 남기고 컴퓨터나 휴대전화를 통해 열심히 손품을 파는 사람만이 좋은 인맥을 만들 수 있다.
이것이 진정한 의미의 디지털 인맥을 구축하는 지름길이다.

3. 좋은 습관

좋은 인맥을 만들기 위해서는 좋은 습관을 가져야 한다.
인간관계에서 상대방으로부터 호감을 얻고 친밀감을 강화하는 습관에는 미소, 경청과 공감, 관심과 배려, 칭찬, 솔직함, 유머 등이 있다.

매사에 긍정적이고, 친절하고, 미소를 짓는 사람들의 주위에는 늘 사람들이 모여들고 항상 가치있는 정보가 넘쳐나게 마련이다.

- 먼저 다가가서 인사를 하고 밝은 표정으로 환하게 미소짓는다.

- 상대방의 말을 잘 경청하고 말, 생각, 감정에 공감한다.
- 진심어린 관심을 갖고 상대방의 입장에 서서 생각하고 배려한다.
- 따뜻한 말을 베풀고 칭찬한다.
- 긍정적인 사고로 일 자체와 유머를 즐긴다.

이러한 덕목들은 평소에 꾸준한 연습과 노력을 통해 습관화가 충분히 가능한 사항들이다.
천성적으로 좋은 성품을 타고난 사람도 있지만 대부분의 사람들에게는 부족한 덕목들이므로 평상시에 노력과 실천을 통해 습관으로 만들어야 한다.

우선 가정에서부터 사랑하는 가족들과 따뜻한 대화를 나누며 웃고, 경청하고, 칭찬하고, 관심을 갖고 배려하는 자세가 필요하다.

우리 선현들이 家和萬事成 이요, 修身-齊家-治國-平天下 라고 했던가.

가정에서부터 실천되지 않으면 직장이나 사회에서도 실천되지 않으며 또 가정에서 이러한 덕목들을 실천하는 것이 바로 행복이다.

4. 자기성장과 나눔

인간관계는 상호적인 관계다.
어느 한쪽이 일방적인 이득을 보거나 손해를 보면 인간관계는 더 이상 지속되기 어려우며 서로에게 도움이 될 수 있어야 좋은 관계로 발전할 수 있다.
전 세계적으로 유명한 경영학자인 피터 드러커(Peter Drucker)는 가장 바람직한 인간관계를 나타내는 적합한 단어로 "생산적(Productive)"이라는 말을 추천했다. 상호간에 경제적, 정신적으로 유익하고 즐거운 관계를 의미한다.

- 좋은 인맥을 만들기 위해서는 우선 자기성장이 필요하다.
- 다른 사람에게 도움이 될 수 있는 자신만의 가치, 강점, 역량을 갖춘다.
- 스스로 든사람(知識), 된사람(人性), 난사람(智慧)이 된다.
- 최소한 한 가지 이상 분야에서는 전문가가 되어 다른 사람들이 나를 필요로 할 요소를 지속적으로 발굴한다.
- 정보를 공유하고 아낌없이 나누어 준다. 정보는 공유할 때 빛이 나는 법이다.
- Give & Take 하지 말고 Give & Forget 한다.
- 준다고 생각하지 말고 함께 나눈다고 생각한다.

5. 인내와 끈기

좋은 인맥을 만들기 위해 마지막으로 필요한 것은 인내와 끈기다.
좋은 인맥은 짧은 기간에 만들어지지 않는다.

인간관계에서 가장 중요한 것은 신뢰인데, 신뢰는 하루아침에 형성되는 것이 아니라 일관성 있고 말과 행동이 지속적, 반복적으로 확인되었을 때 비로소 형성되는 것이다. 따라서 좋은 인맥을 만드는 데는 오랜 시간을 필요로 한다.

"진실된 우정이란 느리게 자라나는 나무와 같다."
"빨리 가는 사람은 혼자 가지만, 멀리 가는 사람은 여럿이서 간다."

"君子三人行 必有我師焉 (군자삼인행 필유아사언)"

큰 나무가 하루아침에 자라나지 않듯이 좋은 인맥, 큰 우정은 천천히 오랜 세월에 걸쳐 자라고 성장한다.

인터넷의 발달과 더불어 짧고 피상적인 인간관계가 많아지다 보니 인간관계에 있어서 끈기있는 사람들이 점점 줄어들고 있는 것이 요즈음 현실이다.

좋은 인맥보다 중요한 것은 좋은 인연이므로 만나는 모든 사람을 열린 마음으로 대하고 예의범절을 지켜야 한다. 인맥은 바로 우리의 삶이요, 운명이다.

주위에서 어떤 사람들을 만나 어떤 인간관계를 맺느냐가 곧 인생을 두 배, 세 배로 지혜롭게 사는 방법이요, 이것이 바로 성공적인 인생 여부를 결정한다.

꿈과 비전, 땀과 노력, 좋은 습관, 자기성장과 나눔, 인내와 끈기를 가지고 훌륭한 디지털 인맥을 함께 만들어 보자.

_김이환

자 기 계 발 대 사 전

리더십

리더의 등급 6가지

큰 인물이냐, 작은 인물이냐를 판단하기란 쉬운 일이 아니지만 명(明)나라 말기의 석학(碩學)이자 정치가였던 여신오(呂新吾)가 재상을 그릇의 6등급을 나눈 것이 있다. 이건 요즘으로 보면 리더의 등급으로 보아도 좋을 것이다.

제1급
그런 존재가 있는지 없는지 모를 정도로 원만하되, 백성이 무사태평하게 살아가게 하는 인물.

제2급
착실, 민첩, 강직하여 때로는 반발을 사기도 하나, 장애가 있더라도 과감히 추진하는 인물.

제3급
나쁜 짓은 하지 않지만 무사안일주의로 흘러서 안전만을 추구하는 인물.

제4급
입으로는 국가와 민족을 위한다고 외치면서도, 실제로는 자기의 신분이나 지위를 지키는 데 급급한 인물.

제5급

야욕과 사심이 넘쳐, 자기편 사람만 등용하고 원칙에 어긋난 일도 서슴지 않는 인물.

제6급

야망을 위해서는 폭동이라도 일으켜야 된다고 생각하는 인물.

이 여섯 등급의 사람은 멀리 역사를 거슬러 볼 필요도 없이 우리 주위에서도 볼 수 있다. 우리가 취해야 할 인물, 우리가 목표로 해야 할 인물상을 곰곰이 생각해보자.

__여신오(呂新吾)

memo

장수(將帥)의 그릇

배반할 사람을 가려내며 위기를 예견할 줄 알고 부하를 잘 통솔하면 열 명의 장수가 될 수 있고 十人之將,
아침부터 밤까지 일하고, 언변이 신중하고 능하면 백 명의 장수가 될 수 있고 百人之將,
부정을 싫어하고 사려가 깊으며 용감하고 전투 의욕이 왕성하면 천 명의 장수가 될 수 있고 千人之將,
겉으로는 위엄이 넘치고 속으로는 불타는 투지가 있으며, 부하의 노고를 동정하는 마음씨가 있다면 만 명의 장수가 될 수 있고 萬人之將,
유능한 인재를 등용함은 물론 자신이 매일매일 수양에 힘쓰며, 신의가 두텁고 관용할 줄 알며 항상 동요함이 없으면 십만 명의 장수가 될 수 있고 十萬人之將,
부하를 사랑하고 경쟁자에게 존경받고 지식이 풍부하여 모든 부하가 따른다면 천하만민의 장수가 될 수 있다. 天下萬民之將

__제갈공명(諸葛公明)

한비자의 리더십

중국 전국말기의 사상가 한비자는 군주의 시점에서 중앙집권, 부국강병을 논했다. 그는 리더를 3개의 범주로 다음과 같이 나누었다.

하군(下君)은 자신의 능(能)을 다하고
중군(中君)은 남의 역(力)을 다하며
상군(上君)은 남의 능(能)을 다한다.

최저의 리더는 자신의 능력만을 쓰는 데 주력하고,
중간의 리더는 남의 힘을 쓰는 데 애를 쓰며,
최고의 리더는 남의 능력을 얻는 데 애를 쓴다는 뜻이다.

__한비자(韓非子)

리더가 꼭 알아야 할 18가지

유능한 관리자의 4가지 포커스

1. 재능을 보고 선발하라.
   1) 재능을 새롭게 정의하라.
   2) 사람마다 정체성이 다른 이유.
   3) 독자성을 바탕으로 변화를 도입하라.
   4) 직원들의 재능, 관리자가 만든다.
   5) 재능을 꿰뚫어보는 기술.

코치의 한 마디: '인재란 가능성에 불과하다'

2. 합리적 목표를 설정하라.
   1) 상충하는 믿음을 통합하라.
   2) 통제의 유혹을 떨쳐라.
   3) 수단, 재능과 성과를 연결하는 플랫폼.
   4) 무엇이 합리적 목표인가.

3. 장점을 개발하라.

1) 직원들의 장점을 살펴라.

2) 문제는 캐스팅이다.

3) 직원관리, 불평등하게 하라.

4) 최고의 직원을 공략하라.

4. 적합한 역할을 찾아라.

1) 승진만이 능사가 아니다.

2) 역할과 재능의 관계를 밝혀라.

3) 각자의 역할에서 영웅을 창조하라.

4) 진정한 성공의 견인차.

5) 냉정한 사랑의 미학.

__마커스 버킹엄

memo

리더가 갖춰야 할 5가지 5S

1. 기술 SKILL

이는 전문성을 살린 직무수행 능력, 여러 형태의 기능과 기량에 리더십을 더한 능력이다.

2. 강인함 STRENGTH

신체적인 강인함까지 갖추었다면 더할 나위가 없겠지만, 병약했던 마쓰시타 고노스케의 예에서 볼 수 있듯이 육체적인 역경과 좌절을 딛고 일어서 목표를 달성하는 '내면의 강인함'이 훨씬 중요하다.

3. 감수성 SENSITIVITY

이는 주위의 상황이나 다른 사람의 심리를 정확하게 파악하는 감성을 말한다.

4. 웃음 SMILE

여유로운 태도와 다른 사람을 편안하게 하는 평상심을 유지하는 능력이다.

5. 자기희생 SACRIFICE

먼저 자신의 발판을 확실하게 구축한 다음, '여유 있는 마음'으로 다른 사람에게 물질적, 심리적인 측면에서 지원하라는 뜻이다.

_아타라시 마사미

잭 웰치 31가지 리더십

리더십

1. 늦기 전에 변화하라.
2. 눈앞의 현실을 직시하고, 그것을 회피하지 말라
3. 언제라도 실행 계획서를 고쳐 쓸 수 있는 마음 자세를 가져라.
4. 관리를 적게 하는 것만큼 경영 성과는 높아진다.
5. 당신이 관여하는 사업 전체를 주의 깊게 관찰하라. 그리고 가능한 한 빨리 무엇을 개선할 필요가 있는가, 무엇을 육성할 필요가 있는가, 그리고 무엇을 버려야 하는가를 결정하라.
6. 현실을 직시하라.
7. 한 가지 집중적인 아이디어만을 쫓지 말라. 그보다는 비즈니스 전략으로 몇 가지 가능성이 분명하고 전반적인 목표를 설정하라.
8. 제1위 또는 2위가 되라.
9. 너무 늦기 전에 조직 규모를 줄여라.
10. 기업의 개혁과 변화에 있어서 성역은 없다.
11. 유망한 시장을 찾을 때 가능한 한 경쟁을 피할 수 있는 분야를 선택하라. 그러나 경쟁이 불가피하다면 반드시 승자가 되도록 해야 한다. 승자가 될 수 없다면 빠져나갈 수 있는 방법을 찾아야 한다.
12. 새로운 기업 문화를 만들어 그것을 전파하라.
13. 과거에 집착하지 말라. 열린 마음으로 변화를 받아들여라.
14. 실행 계획서를 끊임없이 점검하라. 필요하다면 언제라도 망설이지 말

고 계속 수정하라.

15. 아이디어를 제공하고 자원을 분배하라.
16. 조직 구성원들에게 의사 결정에 필요한 모든 정보를 얻을 수 있다는 믿음을 주어라.
17. 조직 구성원들이 성장할 수 있는 자원을 마련해주고 성장을 위한 교육수단을 유용하게 활용할 수 있게 하여 구성원들의 미래 지평을 확대할 수 있는 분위기를 제공하라.
18. 조직 계층 줄이기 : 군살은 제거하라.
19. 비전을 제시하라. 구성원이 회사의 비전을 자신의 것과 동시에 실천하도록 하라.
20. 작은 회사처럼 움직여라.
21. 도약을 목표로 삼아라.
22. 비용을 절감하라. 저항이 얼마나 큰가는 문제되지 않는다.
23. 더 빠르게 하라.
24. 조직의 장벽을 없애라.
25. 사업 부서간의 상승효과를 도모하고 통합된 다양성을 추구하라.
26. 조직 구성원들에게 권한을 부여하라.
27. 조직 구성원들이 자유롭게 자신의 의견을 발표할 수 있는 분위기를 만들어라.
28. 현장의 목소리에 귀 기울여라.
29. 불필요한 업무를 제거하라.
30. 조직 구성원들 앞에서 그들의 모든 질문에 대답하라.
31. 신속성, 단순성, 자신감을 목표로 삼아라.

__잭 웰치

리더가 갖추어야 할 9가지 원칙

1. 칭찬과 감사의 말로 시작하라.
2. 잘못을 간접적으로 알게 하라.
3. 상대방을 비평하기 전에 자신의 잘못을 인정하라.
4. 직접적으로 명령하지 말고 요청하라.
5. 상대방의 체면을 세워 주라.
6. 아주 작은 진전에도 칭찬을 아끼지 말라.
7. 상대방에게 훌륭한 명성을 갖도록 해주라.
8. 격려해주라. 잘못은 쉽게 고칠 수 있다고 느끼게 하라.
9. 당신이 제안하는 것을 상대방이 기꺼이 하도록 만들라.

_지식in

역발상 12법칙(혁신적인 기업이 될 수 있는 방법)

1. 기업 코드에 적응 못하는 '고문관'을 고용한다.

멍청한 사람을 고용하라는 것이 아니라 어떤 특별한 종류의 우둔함 또는 고지식함을 가진 사람을 고용하라는 말이다. 이런 사람들은 개성과 다양성을 고루 갖춘 사람이기 때문에 혁신에 적합하다. 낯선 기업 문화에 빨리 적응하는 사람일수록 빠른 적응력 때문에 새로운 것을 보기 힘든 경향이 있다.

2. 당신이 싫어하는 사람, 당신을 불편하게 하는 사람을 채용한다.

당신을 불편하게 만든다는 것은 그만큼 동질성이 없고, 동질성을 띠기가 쉽지 않다는 것이다. 이런 사람은 조직의 코드에 동화되지 못하는 '쓸모 있는 괴짜'가 될 가능성이 많다.

3. 필요 없는, 혹은 필요 없을지도 모르는 사람을 고용한다.

이런 사람은 가끔 전혀 다른 시각(자신만의 전문 분야의 지식으로)에서 문제의 본질을 색다른 방법으로 해석한다. 이를 통해서 혁신이 시작될 수 있다.

4. 면접에서는 사람을 보지 말고 아이디어를 본다.

조직의 다양성을 확보할 수 있는 방법 중의 하나다.

5. 상사나 동료를 무시하고 자신의 주장을 굽히지 않는다.

전문 분야에 대해서는 비록 후배라 할지라도 자신의 주장을 굽히지 않게 하라. 사물이나 문제에 대한 새로운 시각과 기존 조직에 동화되지 않은 생각은 조직의 다양성이 증가시킨다. 특히 특정 프로젝트가 진행될 때 경영층의 간섭을 가능한 한 없애고 팀별 전결권을 주는 것이 더욱 혁신적인 아이디어가 나온다.

6. 잘 지내고 있는 사람들을 찾아 그들을 싸우게 한다.

'정반합(正反合)' 의 원칙. 지적 충돌을 유발시켜 더 완전한 내용을 도출할 수 있도록 한다. 창조적 갈등은 혁신의 계기가 된다.

7. 성공하든 실패하든 상을 준다. 나태한 사람만 처벌한다.

실패의 경험이 많을수록 성공할 가능성이 커진다. 실패하지 않겠다는 말은 성공을 위해 노력하지 않겠다는 의미다.

8. 언제든 실패할 수 있다. 모두에게 성공한다는 확신을 주는 것이 중요하다.

실패를 성공으로 연결시키기 위해서는 성공한다는 확신에서 자신 있게 추진한다.

9. 말도 안 되는 것을 생각해내고 실행 계획을 세운다.

자신의 행동 중에 가장 말이 안 되는 방식을 생각하고, 그 이유와 구체적인 실행 계획을 세우다 보면 혁신적인 아이디어가 생긴다.

10. 돈만 밝히는 사람이라면 지위 고하를 막론하고 따돌린다.

단기적 투자 회수만을 강조하다 보면, 기존에 검증된 과거 방식을 선호하게 된다. 이런 상황에서 혁신은 기대할 수 없다.

11. 답을 이미 알고 있는 사람에게 아무 것도 묻지 않는다.

고정관념을 탈피하기 위해서는 '부자데(Vu ja de)' 방식이 필요하다. 답을 미리 알아버리면 새로운 답을 찾고자 노력하는 정도가 약해지고, 어려움에 닥치는 순간 기존의 답을 채택해 버린다.

12. 과거는 잊어야 한다. 특히 과거의 성공은 깨끗이 잊어야 한다.

한 때 혁신을 통해 성공한 기업도 화려했던 과거에 빠져 더 이상 혁신이 일어나지 않는 경우가 종종 있다. 성공 경험이 오히려 독으로 작용한 경우다.

_로버트 서튼

memo

역발상 실행을 위한 9가지 지침

1. 때로는 방임이 최선의 관리다.
   자유로운 분위기 유지를 위해 간섭을 절제하라.

2. 팔리지 않으면 아이디어가 아니다.
   팔릴 수 있는 아이디어, 어필할 수 있는 아이디어가 중요하다.

3. 혁신에는 융통성과 고지식함이 모두 필요하다.
   적절한 조화가 필요하다.

4. 불편한 느낌을 조장하고, 오히려 드러나게 한다.
   불편한 상황이 혁신을 유도한다.

5. 모든 것은 변하고 있다.
   변화에 적절하게 대응해 나가는 것이 혁신이다.

6. 공정은 가능한 한 단순화한다.
   복잡하면 고치기 힘들다.

7. 혁신에는 감수해야 할 단점들이 반드시 있다.

불편함, 단기적 손해 등은 감수해야 한다.

8. '자주' 실패하는 것보다는 '빨리' 실패하는 것이 낫다.
빨리 실패하면 빨리 배울 수 있다.

9. 개방은 좋지만 폐쇄는 나쁘다.
외부 아이디어 수용으로 문제점 발견 및 다양성을 확보한다.

_로버트 서튼

memo

섬기는 리더들이 보여 주는 10가지 특징

리더십

1. 경청하는 자세

섬기는 리더는 말로 표현된 것이나 그렇지 않은 것 모두에 귀 기울인다. 즉, 외적으로 표현되지 않은 개인의 내면 깊은 곳에서 나오는 음성까지 듣는 것이다. 이를 경청이라고 한다. 묵상의 시간과 짝을 이루는 경청은 섬기는 리더가 올바르게 성장하는 데 필수적이다.

2. 공감하는 자세

섬기는 리더는 타인을 이해하고 그들과 공감하기 위해 노력한다. 사람들이 갖고 있는 각자의 독특하고 특별한 모습은 누구나 인정받아야만 한다. 섬기는 리더는 바로 이런 각자의 개성을 인정하고 공감하는 자세를 가지고 사람들을 대한다.

3. 치유에 대한 관심

많은 사람들은 낙담한 영혼을 가지고 있으며 다양한 감정적 상처로 인해 고통 받는다. 섬기는 리더가 보여주는 가장 강력한 영향력 가운데 하나는 바로 사람들이 갖고 있는 상처와 고통의 치유에 관심을 갖고 있다는 것이다.

4. 분명한 인식

섬기는 리더는 무작정 섬기지 않는다는 점에서 '종(servant)'과 다르다. 섬기는 리더는 상황에 대한 분명한 인식을 기반으로 근거 타당한 대안을 제시한다. 섬기는 리더가 보여주는 결정과 태도는 그의 분명한 인식을 통해 나타나는 것들이다.

5. 설득

섬기는 리더가 갖는 또 다른 특징은 지위의 권위에 의존하기보다는 설득에 의존한다는 점이다. 섬기는 리더는 순종을 강요하기보다는 타인을 납득시킨다. 이것은 전통적인 권위주의적 모델과 섬기는 리더를 구분 짓는 확실한 차이점이다.

6. 폭넓은 사고

전통적인 리더는 단기적인 목표를 성취하기 위한 필요에 에너지를 소진한다. 그러나 섬기는 리더는 좀 더 폭넓은 사고를 통해 미래에 대한 비전을 가지고 현실에 적합한 조치를 취하기 위해 노력한다.

7. 통찰력

섬기는 리더들은 그들이 갖고 있는 통찰력을 통하여 사람들에게 과거로부터의 교훈을 이해할 수 있도록 돕는다. 그 결과 그들로 하여금 현실을 제대로 인식하게 하며, 어떤 결정으로 인해 수반될 수 있는 미래의 결과에 대한 예측을 가능케 한다.

8. 청지기 의식

섬기는 리더들은 자신이 다른 사람들을 섬기기 위해 현재의 직분을 맡고 있다고 생각한다. 따라서 그들에게 있어서 최우선적인 일은 다른 사람들을 위한 헌신이다. 그리고 다른 사람들을 섬기기 위해 '통제' 보다는 '개방' 과 '설득' 이라는 방법을 주로 사용한다.

9. 사람들의 성장에 대한 헌신

섬기는 리더는 사람들이 일하는 부분만큼의 실제적인 기여를 넘어서서 본질적인 가치를 갖는다고 믿기 때문에 다음과 같은 구체적인 행동들을 실시하기도 한다.

예) 다른 사람의 발전이나 그를 돕기 위한 기금을 마련하기, 모든 구성원들이 제시한 아이디어와 제안들에 대해 관심을 표현하기, 의사 결정 과정에 직원의 개입을 적극 권장하기, 정리 해고된 직원이 다른 일을 찾도록 활발히 돕기 등

10. 공동체 형성

섬기는 리더는 조직 안에서 일하는 사람들 사이에 공동체 의식을 형성할 수 있는 수단을 찾기 위해 노력한다. 섬기는 리더는 참다운 공동체란 직장에서 일하는 사람들 사이에서도 형성될 수 있다고 생각한다.

__로버트 그린리프(Robert K. Greenleaf)

프로 비즈니스맨을 위한 인맥 경영 비법 108가지

성공을 위한 철저한 준비가 필요하다

1. 성공을 원한다면 네 가지 이념을 지켜라.
2. 두 번 생각한 후 행동하라.
3. 부드러우면서 단호하라.
4. 지나친 사치도, 겸손도 버려라.
5. 신용을 잃을 수 있으니 돈을 버려라.
6. 즐기면서 일하는 사람이 되어라.
7. 좋은 경쟁과 나쁜 경쟁을 구별하라.
8. 한 가지 일에 몰입하는 습관을 가져라.
9. 사과할 일은 분명하게 사과하라.
10. 나름대로 일류의 조건을 갖추어라.
11. 돈은 좋아하되 너무 집착하지 말라.
12. 발전을 위해 환경을 바꿔라.
13. 똑바로 앞만 보고 가라.
14. 40대를 잘 보내라.

어떤 기회든 두 번 오지 않는다

15. 부하 직원의 능력을 신뢰하라.
16. 동료의 어려움에 귀 기울여라.
17. 상사라면 좋은 인격을 갖추어라.
18. 믿을 수 없으면 함께 하지 말라.
19. 높은 사람이라면 행동에서 모범이 되라.
20. 리더라면 먼저 말단 사원을 배려하라.
21. 리더라면 우선 자신의 몸가짐부터 바로 하라.
22. 신뢰를 얻으려면 먼저 진심으로 대하라.
23. 물고기를 잡는 법을 가르쳐주어라.
24. 결정적인 순간을 효과적으로 활용하라.
25. 인내심이 부족한 부하 직원을 다루는 테크닉을 길러라.
26. 있는 그대로의 모습으로 존경받는 사람이 되라.
27. 겉모습과 내면이 일치하도록 하라.
28. 성과를 드러내지 말라.
29. 업무에 적확한 인재를 발굴하라.
30. 아무 데서나 계산하지 말라.
31. 말을 너무 잘하지 말라.
32. 다른 사람에게 책임을 전가시키지 말라.

훌륭한 팀웍은 1+1=3이 될 수 있다

33. 하기 싫은 일은 남에게 시키지 말라.
34. 미운 사람을 두 팔로 안아라.

35. 의사 표현을 정확하게 하라.
36. 협상하기 전에 철저히 준비하라.
37. 업무 의욕을 고취시켜라.
38. 건설적인 싸움을 하라.
39. 고마움과 달갑지 않은 친절의 차이를 인식하라.
40. 두 번 생각하고 한 번 말하라.
41. 관리자가 되지 말고 리더가 되라.
42. 가치 없는 사람에게 아부하지 말라.
43. 멀리 내다보고 소신 있게 행하라.
44. 정당하게 평가하라.
45. 분명한 자기 기준을 세워라.
46. 양쪽 극단을 결합시켜라.
47. 남을 위해 무언가를 할 수 있는 사람이 되라.
48. 서로 맞지 않는 상대와도 잘 지낼 수 있도록 노력하라.

되도록 많은 실력자가 필요하다

49. 성공하려면 무엇보다 건강하라.
50. 가까이 있는 사람을 소중히 여겨라.
51. 솔직한 경험담을 들려주어라.
52. 자기편을 멀리서 찾지 말라.
53. 조직에 남는 이유를 정확히 파악하라.
54. 옆에 있는 동료를 위해 흥을 돋워라.
55. 좋은 친구는 자산임을 명심하라.
56. 될 수 있는 대로 거울을 많이 보라.

57. 사람을 부리려면 먼저 신뢰를 얻어라.

계획 그 자체로는 쓸모없다

58. 공부하는 상사가 되어라.
59. 자신만이 할 수 있는 한 가지 일을 가져라.
60. 남들보다 더 영리해져라.
61. 남이 눈치 챌 정도로 최선을 다하라.
62. 확실하다면 끝까지 가라.
63. 상사를 비판할 때는 한 번 더 생각하고 비판하라.
64. 양 극단을 지양하라.
65. 자신이 사활을 걸 수 있는 것을 찾아라.
66. 남과 협조는 하되, 자신의 의견은 확실히 표현하라.
67. 인생 프로그램을 만들어라.
68. 되도록 말은 적게 하라.
69. 칭찬은 때로 독이 될 수 있다는 것을 명심하라.
70. 눈앞의 이익에 에너지를 낭비하지 말라.
71. 남을 즐겁게 하라.
72. 허영심을 버려라.
73. 어제와 다르게 살라.

변화만이 변화를 이길 수 있다

74. 어제의 신문은 버려라.
75. 지식에 투자하라.

76. 남을 뒤따라가지 말라.
77. 이론에만 머무르지 말라.
78. 자신의 능력에 최면을 걸어라.
79. 민첩하게 움직여라.
80. 전력을 다해 살라.
81. 마무리를 잘하라.
82. 자신에게 철저하라.
83. 세상을 넓게 보라.
84. 적극적이되 신중하라.
85. 자기 자신과 제일 친하라.
86. 매사에 너무 지나치지 말라.

공부는 끊임없이 해야 한다

87. 재능이 아닌 노력으로 성공하라.
88. 남의 이야기는 끝까지 들어라.
89. 판단력을 길러라.
90. 만나는 사람 모두를 스승으로 여겨라.
91. 과거를 다 잊지는 말라.
92. 때로 놀면서도 일하라.
93. 당연한 일을 당연하게 할 수 있도록 하라.
94. 지식을 남에게 자랑하지 말라.
95. 설득할 때는 단계적으로 설득하라.
96. 콤플렉스를 성장 동기로 삼아라.
97. 작은 것에도 호기심을 가져라.

98. 창조적인 모방을 하라.

99. 실패에서 배워라.

100. 부하 직원에게 묻는 것을 부끄러워 말라.

101. 적어도 하루에 3번은 반성하라.

102. 무슨 일이든 3개월은 지속하라.

103. 얼음처럼 냉정하라.

104. 험담으로 시간 낭비하지 말라.

105. 침묵의 힘을 알아라.

106. 변명하지 말라.

107. 성공을 원한다면 아홉 가지에 유의하라.

108. 최후의 승자가 되어라.

_우에니시 아키라

리더십

memo

브레인스토밍을 위한 5가지 방법

1. 즐거운 환경을 조성하라.

   사무실을 벗어나라. 성인용 오락실은 어떤가. 창의력에서 재미는 필수다. 사람들이 웃을 때 성공적인 아이디어를 떠올릴 가능성이 3~5배 높아진다는 메릴랜드 대학의 연구 결과도 있다. 음악은 요란하고 빠르고 다양한 것이 최고다. 먹으면서 하는 것도 좋은 방법이다. 초콜릿, 청량음료, 커피, 설탕을 가미한 식품 등은 혈액 순환을 돕고, 일의 효율도 높여준다.

2. 자극을 많이 주어라.

   잡지, 장난감, 제품, 그림 등을 회의장에 비치하고 그것들을 보면서 회의를 한다.

3. 전혀 다른 곳에서 일하는 창의적인 사람들을 초대하라.

   터무니없는 생각이 필요하다.

4. 열광적인 에너지를 불어넣을 수 있는 사회자를 만들라.

   모든 참가자들은 캐주얼을 입는 게 좋다. 평등해야 하기 때문이다.

5. 아무리 어이없고 미친 아이디어라도 일단 평가하지 말라.

특히 부정적으로 생각하지 말아야 한다. 아이디어가 나오면 일단 굉장한 것으로 생각해야 한다.

__에릭 슐츠(코카콜라와 P&G, 월트 디즈니 마케팅 책임자)

리더십

memo

리더들이 갖춰야 할 10가지 덕목

1. 성실.
2. 비전.
3. 듣기.
4. 피드백 제공.
5. 정서적인 현명함.
6. 명확함.
7. 지식과 지혜.
8. 관리 능력.
9. 일관성.
10. 겸손.

_수잔 베이츠

말 잘하는 리더들의 8가지 비밀

1. 확실한 주제를 말하라.
2. 상화에 충실 하라.
3. 쉽게 전달하라.
4. 있는 그대로 이야기하라.
5. 긍정적으로 사고하라.
6. 미래에 초점을 맞추라.
7. 청중에게 친근하게 다가가라.
8. 스토리를 가진 사람이 되라.

__수잔 베이츠

리더들이 가장 많이 저지르는 8가지 실수

1. 연설의 중요성을 과소평가하는 것.
2. 즉흥적인 연설이나 인터뷰를 하는 것.
3. 연설 전문가에게 모든 것을 맡기는 것.
4. 성의 없이 대답하는 것.
5. 청중을 염두에 두지 않는 것.
6. 쉬운 질문에 대답하지 못하는 것.
7. 멈춰야 할 때를 모르는 것.
8. 유머가 없는 것.

__수잔 베이츠

진정한 리더가 되는 8가지 특징

리더십

1. 신념을 공유하라.
2. 가장 중요한 가치에 대해 말하라.
3. 솔직하라.
4. 자신의 도전에 대해 이야기하라.
5. 일관되게 행동하라.
6. 개인적인 삶을 공유하라.
7. 근원을 소중히 하라.
8. 재미를 찾으라.

_수잔 베이츠

미팅에서 효과적인 Listening을 위한 10가지 스킬

1. 관심 영역을 찾아라.

Bad Listener : 자기에게 실속이 없다고 생각하는 주제는 무시한다.

2. 말투(전달)가 아니라, 내용을 판단하라.

Bad Listener : 말투(전달)가 서투르면 무시한다.

3. 열정을 품어라.

Bad Listener : 열정 보다는 논쟁을 하는 경향이 있다.

4. 아이디어를 기대하고 경청하라.

Bad Listener : 새로운 아이디어나 기회 보다는 사실(facts)만을 기대하고 듣는다.

5. 유연한 마인드를 가져라.

Bad Listener : 단지 하나의 사고(思考) 및 정보 시스템만을 사용하는 데 주목한다.

6. 부지런히 들어라.

Bad Listener : 에너지를 쏟지 않고 주의하는 체 한다.

7. 주의를 산만하게 하지 않도록 하라.

Bad Listener : 쉽게 주의산만 해진다.

리더십

8. 마음을 훈련시켜라.

Bad Listener : 어려운 설명보다는 쉬운 오락적인 것을 찾는다.

9. 마음을 열어 두도록 하라.

Bad Listener : 감정적인 말에 쉽게 반응하고, 듣기 거북한 말은 듣지 않으려 한다.

10. 말(speech)보다 더 빠른 사고(thought)를 이용하라.

Bad Listener : 상대방이 말을 천천히 하는 사람일 경우, 공상에 잠기는 경향이 있다(딴 생각을 한다).

__구창환

지도자가 되기 위한 10가지 법칙

1. 지도자는 용기가 있어야 한다.
2. 지도자는 엄격하게 스스로 통제해야 한다.
3. 지도자는 공정한 마음과 정의감이 있어야 한다.
4. 지도자는 결단력이 있어야 한다.
5. 지도자는 계획을 수립하고 실천하는 능력이 있어야 한다.
6. 지도자는 부하를 감싸주고 봉사해야 한다.
7. 지도자는 성격이 쾌활해야 한다.
8. 지도자는 인정이 있어야 한다.
9. 지도자는 모든 일에 대해 정확히 잘 알고 있어야 한다.
10. 지도자는 책임감이 강해야 한다.

_나폴레옹 힐

다른 사람으로부터 존경을 받는 10가지 법칙

1. 처음 만나는 사람의 이름을 잘 기억한다.
2. 타인을 편안하게 해주는 사람이 되라.
3. 느긋하고 편안한 마음을 갖도록 노력하라.
4. 이기적이 되지 말라. 모든 것을 다 알고 있는 척하지 말라. 평범하고 겸손하라.
5. 자신의 성격 결함을 개조하라.
6. 타인에게 도움을 줄 수 있도록 하라.
7. 불평불만을 버리고 자신의 잘못을 솔직히 인정하라.
8. 모든 사람을 진심으로 사랑하라.
9. 주위 사람의 성공에 대하여 축하하라. 그리고 슬픔이나 실망에 처한 사람을 위로하라.
10. 당신과 함께함으로써 사소한 것일지라도 무엇인가 얻을 수 있다는 생각을 갖게 하라.

_데일 카네기

파워 리더에게 요구되는 10가지 자질

최고경영자는 무슨 일에 관해서든 객관적인 입장에서 초연하게 대처하고 항상 대세의 추이에 달관해야 한다. 마음을 가라앉히고 대국적인 입장에서 지도하고 시의적절한 결정을 내려야 한다. 그것이 전쟁의 선두에 서는 지도자의 가장 큰 책무이다.

상황이 심각하고 문제 해결이 어려워 보일수록, 최고경영자가 용감하고 과감하게 난제에 맞서서 돌진해나가야 한다. 일반적으로 최고경영자에겐 다음과 같은 '10가지 자질'이 필요하다.

1. 확고하고 강렬한 의지와 실행력.
2. 지성적이고 고매한 성품.
3. 모든 것을 책임질 수 있는 용기.
4. 항상 심사숙고하는 대담성.
5. 선견성과 통찰력이 있는 날카로운 안목.
6. 사람을 보는 뛰어난 식견.
7. 타인보다 우월하다고 믿는 자신감.
8. 전략적이고 비범한 식견.
9. 탁월한 창조력.
10. 적절한 종합력.

비즈니스 전쟁에서 이기는 것이 최대의 임무인 최고경영자에게 가장 필요한 조건은 '확고한 의지와 실행력'이다. 그것이야말로 사람을 지배하고 상황을 제압하며 비즈니스 전쟁터의 주인공이 되는 첫 번째 요건이 된다.

물론 인덕도 겸비해야 한다. 리더로서의 명쾌함, 사람에게 전달하는 힘, 그리고 결단력이 매우 뛰어나야 한다. 또한 한번 결정한 것은 어떤 비판을 받아도 철저하게 실천하는 실행력이 있어야 한다.

위급한 일이 닥칠 때 부하 직원들은 일제히 최고경영자를 주목한다. 최고경영자는 행여나 부하 직원들이 실망하거나 비탄에 빠질 말은 절대 입 밖에 내서는 안 된다. 마음속으로 굳게 승리를 믿으며, 냉정하고 명철한 판단력을 잃지 않고 침착하고 굳건해야 한다.

부하 직원들이 최고경영자를 굳게 믿고 따를 수 있도록 흔들림이 없어야 하며, 부하 직원들의 사기를 북돋아주어 승리를 쟁취할 수 있도록 전력을 다해야 한다. 난국에 처할 때 리더의 진가가 발휘되는 것이다.

__창업경영신문사 www.sbiznews.com

직원 몰입도 높이기 5계명

1. 직원을 파악하라(Know Them).
'고객'을 아는 만큼 '직원'에 대해서도 잘 알아야 한다.

2. 직원을 성장시켜라(Grow Them).
끊임없이 직원들의 능력을 시험하고 계발하라.

3. 직원에게 영감을 줘라(Inspire Them).
직원 스스로 삶을 가치 있게 여길 수 있게 영감을 주라.

4. 직원의 참여를 이끌어라(Involve Them).
명확한 의사소통을 통해 직원들이 의지에 따라 실행할 수 있도록 유도하라.

5. 성과에 대해 충분히 보상하라(Reward Them).
직원들이 잘 대우받고 인정받고 있다고 느끼게 하라.

__타워스 페린

리더가 알아야 할 50가지 습관

1. 스스로 먼저 변하라, 그것만이 살길이다.
2. 협상력과 설득력이 강해야 산다.
3. 정보는 공유하고 시스템 창구는 일원화한다.
4. 때로는 조직을 파괴하는 용기가 필요하다.
5. 비전의 밑그림을 제시하라.
6. 조직 관리는 인사(人事)에서 시작된다.
7. 현장 경험에서 창의력을 개발한다.
8. 경영자의 마음을 읽어야 길이 보인다.
9. 3040 팀장은 경영자의 오른팔과 같다.
10. 성취감 단위로 업무를 재편성한다.
11. 사소한 일도 얼굴을 맞대고 보고를 받아라.
12. 회의는 의사소통의 핵심 창구이다.
13. 작은 메모에서 경쟁력이 시작된다.
14. 오늘의 실패를 내일의 교훈으로 삼는다.
15. 리더십은 마음에서 우러나온다.
16. 확실한 동기 부여는 능력 이상을 발휘한다.
17. 개성 있는 부하를 살려라.
18. 의사 전달은 확실하게 표현한다.
19. 평등주의에서 능력주의로 전환하라.

20. 화내는 일과 꾸짖는 일은 구별해야 한다.
21. 부하 직원의 숨어 있는 능력을 발굴하라.
22. 상벌을 확실히 해야 조직의 규율이 바로 선다.
23. 부하 직원은 상사의 거울이다.
24. 회사 방침은 모든 조직원의 목표이다.
25. 마음의 벽을 허물면 조직의 미래가 보인다.
26. 회사는 자아실현의 광장이다.
27. 변화는 성장의 원동력이다.
28. 인간적인 매력을 키워라.
29. 자신감이 없으면 강해질 수 없다.
30. 적극적으로 고객을 접하라.
31. 뚜렷한 목표 의식을 가져라.
32. 생각은 젊게, 업무는 노련하게.
33. 목표가 없는 길은 가지 않는다.
34. 업무는 계획적이고 과학적으로 추진한다.
35. 실행 계획의 우선순위를 정하라.
36. 기획은 꿈을 현실로 이루는 것이다.
37. 기획의 핵심을 짚어라.
38. 기획의 주체가 되어 대상을 선별하라.
39. 도전 정신과 개척 정신으로 무장하라.
40. 팀워크를 재정비하라.
41. 매너리즘은 비즈니스의 적이다.
42. 자신을 체크하고 약점을 인정하라.
43. 일과 후에도 말과 행동을 조심하라.
44. 남의 탓으로 돌리지 말라.

45. 자기 암시를 활용하라.
46. 핸디캡을 두려워하지 말라.
47. 새로운 직장 문화를 창조하라.
48. 업무의 고유 권한을 파악하라.
49. 상사는 회사 방침의 유능한 전달자이다.
50. 간부 육성이 회사 성장을 좌우한다.

리더십

_김승용

memo

리더가 가져야 할 5가지 덕목

1. 혜(惠, 은혜 혜) : 배려 (조직원에 대한 배려와 관심)
   조직에 대해 항상 따뜻한 마음으로 배려와 관심을 가져라. 단, 그 배려가 지나치면 안 된다. 과한 배려는 간섭이 될 수 있다.

2. 로(勞, 일할 로) : 적절한 과업과 포상
   일을 시킬 때 원망이 들게 해서는 안 된다. 항상 적절하게 과업을 부과하고 과업 달성을 했을 때는 적절하게 격려와 포상을 해야 한다

3. 욕(欲, 욕심 욕) : 조직의 비전 설정
   조직의 비전을 위해 다소 욕심을 낼 줄 알아야 한다. 하지만 너무 욕심을 부리면 탐욕이 된다.(이 부분은 탐욕의 시대라는 책이 생각나며 미국에서 시작된 글로벌 위기가 과도한 탐욕이 원인인 것처럼)

4. 태(泰, 편안한 태) : 자유롭고 편안한 분위기 조성
   다소 편안하고 자유로운 분위기를 조성하되 너무 많으면 교만해질 수도 있다.

5. 위(威, 위엄 위) : 위엄하고 카리스마를 가짐
   다소 카리스마가 있어야 한다. 하지만 너무 과하면 무섭다는 이야기를

듣게 되므로 적절해야 한다.

_박재희

memo

리더가 알아야 할 카네기 리더십 31가지

사람을 다루는 4가지 원칙

1. 상대방을 비난하지 말라.
2. 상대방이 중요한 존재임을 인식시켜라.
3. 아첨과 칭찬을 구별하라.
4. 상대방의 욕구를 자극하라.

상대방의 호감을 사는 6가지 비결

5. 상대방의 의견에 귀를 기울인다.
6. 상대방의 관심의 소재를 파악한다.
7. 성실한 자세로 상대방을 대한다.
8. 미소 띤 얼굴을 잃지 않는다.
9. 상대방의 이름을 기억한다.
10. 진심에서 우러나는 칭찬을 한다.

상대방을 설득하기 위한 12가지 방법

11. 시시비비의 논쟁을 피한다.
12. 상대방의 잘못을 지적하지 않는다.
13. 자기의 잘못은 과감하게 시인한다.
14. 부드럽고 친절하게 말한다.

15. '네'라고 대답할 수 있는 문제를 선택한다.

16. 상대방으로 하여금 말을 하도록 만든다.

17. 상대방으로 하여금 스스로 생각하게 만든다.

18. 상대방과 입장을 바꾸어 생각해 본다.

19. 상대방으로 하여금 동정심을 갖게 한다.

20. 인간의 아름다운 감정에 호소한다.

21. 극적인 연출의 효과를 노린다.

22. 상대방의 경쟁심을 자극한다.

상대방을 교정하기 위한 9가지 방법

23. 인간은 칭찬에 약하다.

24. 충고는 간접적으로 하라.

25. 자기의 단점을 인정하라.

26. 명령에 움직이는 건 노예뿐이다.

27. 상대방의 체면을 세워줘라.

28. 사소한 일에도 칭찬을 아끼지 말라.

29. 기대감을 버리지 말라.

30. 끊임없이 격려하라.

31. 스스로 협력하게 하라.

_카네기

리더의 5가지 원칙

1. 모델을 제시하고 모범을 보여라.
2. 공유된 비전을 수립하고 사람들을 동참시켜라.
3. 틀에 박힌 과정에 도전하고, 실험하고, 위험을 감수하라.
4. 사람들을 행동하게 하고 구성원의 힘을 길러 줘라.
5. 사기를 높여라. 가치관을 강조하고 성공을 축하하라.

_제임스 M. 쿠제스

memo

리더십의 4가지 덕목

1. 대인관계 : 많이 듣고 적절한 피드백을 하라.

지식사회에서 기존 방식대로 지식근로자를 관리할 수 없다고 피터 드러커는 말했다. 많은 시간을 투자한다고 좋은 결과를 기대할 수 없고, 게으름을 피워도 알아낼 수 없다. 머릿속을 들여다보지 않는 이상 말이다. 그래서 직원을 믿어야 한다. 그냥 믿고 내버려 두라는 말이 아니다. 방임하라는 말이 아니라, 리더는 큰 시각에서 관심을 보이고 가이드해 주어야 한다. 팀원은 기술 전문가가 되어야 하지만 리더는 팀원에 대한 전문가가 되어야 한다. 리더는 가장 많은 시간을 투입하여 팀원의 말에 귀를 기울여야 한다.

2. 학습 : 꾸준히 배워라.

지식(information)은 시간이 갈수록 가치가 떨어진다. 누구나 공감할 것이다. 특히 IT 분야는 가장 빠르게 새로운 지식이 등장한다. 1년 전만 해도 스마트폰을 어떻게 사용하는지 몰라서 허둥거렸지만, 이제는 스마트폰 개발자가 많아졌고 많은 서비스가 사회적으로 영향을 미치게 되었다. 지혜(knowledge)는 어떨까? 지혜도 과거의 지식에 의지해서는 안 된다. 급변하는 현대 사회에 맞지 않는다. 내가 왕년에는, 이런 얘기는 더 이상 도움이 안 된다. 나이가 들면서 저절로 쌓이는 지혜로는 부족하다.

끊임없는 자기계발이 필요하다. 배움을 게을리 하고 새로운 환경에 수동적으로 반응하면 순식간에 뒤쳐진다. 정보가 있어야 책임있게 행동한다. 정보가 없는 사람은 수동적이 된다. 리더가 판단해야 하는 순간에 명확한 지식과 통찰력이 없으면 주위 사람의 의견에 휩쓸릴 뿐이다. 지혜를 가지고 영리하게 일하려면, 끊임없이 정보를 습득하고 지혜로 승화시키는 학습이 필요하다.

3. 비전 : 핵심 가치를 확인하고 공유하라.

내가 진정으로 원하는 게 무엇인가? 팀, 회사가 진정으로 추구하는 게 무엇인가? 이런 질문에 쉽게 답할 수 있는 사람은 별로 없다. 많은 회사가 비전을 언급하지만 실제 회사의 행동에 미루어보면 맞지 않은 경우가 대다수이다. 구성원들의 합의를 거치지 않았거나 모호하기 때문이다. 개인의 비전, 조직의 비전은 명확히 해야 한다. 조직 구성원이 핵심 가치를 확인하고 공유해야 한다. 최소한 조직의 목표를 진심으로 동의해야 한다.

분명한 목표만 이루면 된다. 애매해서는 안 되고, 실제 목표와 달라서도 안 된다. 비전을 이루는데 기존의 절차나 방법이 장해가 된다면 없애야 한다. 말단 직원이 비전을 이루기 위해 절차를 무시해도 인정해야 한다. 아니, 오히려 잘 했다고 칭찬해 주어야지 조직의 문화를 비전에 맞출 수 있다. 노드스트롬 백화점이 서비스로 유명한 이유는 일개 매장 직원이 고객의 편의를 위해 회사의 이익에 반하는 서비스도 흔쾌히 했기 때문이다. KT가 서비스 불만이 많은 이유는 발로 뛰겠다는 비전에도 불구하고 여전히 고객의 혜택을 위해 최선을 다하지 않기 때문이다. 팀도 명확한 비전을 가지고, 이를 팀원 모두의 행동에 각인시켜야 한다. 비전이 없으면 팀은 같은 방향을 보지 못한다. 같은 목표를 향해 최선을 다하여 나아가지 못한다. 이렇게 비효율적인 팀을 만든 것은 온전히 리더의 잘못이다.

4. 팀워크 : 원만한 관계를 위한 책임을 부담하라.

스스로에게 질문을 던져보자. 팀에 이득이 나에게 이득인가? 팀의 이득이 나에게 이득이 되는 시스템이 필요하다. 열심히 일하는 사람보다 일하지 않는 사람들이 팀에 많으면, 팀의 성과는 줄어들지만 공은 나누어 가지기 마련이다. 일하는 사람이 손해 본다고 느끼고, 일하지 않는 사람은 놀아도 된다고 생각하면 팀워크가 생길 리 만무하다.

팀워크는 모든 팀원이 최선을 다한다는 가정이 필요하다. 팀원 각자가 얻을 수 있는 성과의 총합보다 팀의 것이 더 크다는 확신이 필요하다. 앞에서도 언급했듯이 지식노동자의 성과는 측정하기 애매하다. 그래서 비전을 통한 명확한 목표 설정과 권한 위임이 필요하다. 팀원들이 같은 목표를 공유하고 최선을 다할 수 있는 환경이 마련된다면, 하나의 목표만 보고 함께 나갈 수 있다. 이에 따른 성과와 책임은 팀원들의 역할에 따라 분배하면 된다. 더 큰 성과를 위해 서로의 의견을 모으는 작업도 자연스럽게 이루어질 것이다.

_켄 블랜차드

리더의 7가지 덕목

1. 리더는 자신의 미션(mission)을 정확히 알아야 한다.

리더는 자신이 하고 싶은 일을 하는 사람은 아니다. 먼저 그는 자신에게 주어진 시대적 소명을 정확히 이해하고 있어야 한다. 그래서 누구든지 새로운 직책에서 리더의 위치를 부여 받게 되면, 스스로 '지금 이 자리는 나에게 어떤 일을 하도록 요구하는가?' 라는 질문을 던질 수 있어야 한다. 새로운 직책을 부여받기 전까지 승승장구하던 사람도 새로운 자리에서 타인을 실망시키는 경우가 종종 발생하게 된다. 여러 가지 이유가 있지만, 이 가운데서도 자주 범하는 실수는 자신의 미션을 정의하는데 실패하는 경우이다. 과거의 어떤 길을 걸어왔던지 간에 새로운 직책이 요구하는 미션을 정확히 파악하도록 하는 것이 급선무이다.

2. 리더는 비전과 목표를 설정할 수 있어야 한다.

미션을 이해하게 되면, 자연스럽게 조직이 무엇을 해야 하는가에 대한 답을 찾을 수 있다. 리더는 조직이 가진 모든 역량을 총동원해서 목표를 가장 효과적으로 달성해 가는 사람이다. 한 방향을 향해서 나아가기 위해 조직은 비전, 핵심가치 그리고 목표를 공유할 수 있어야 한다. '함께 나눈다' 는 것이 말처럼 쉽지 않다. 비전과 목표를 만드는 일을 제대로 하는 것도 중요하지만, 조직 구성원들 사이에 끊임없는 쌍방향 커뮤니케이션이 이루어지지 않으면 공유가 제대로 이루어질 수 없다.

3. 리더는 적재적소(適材適所)할 수 있어야 한다.

리더는 경영을 진두지휘하는 사람이다. 경영은 무엇인가? 그것은 조직이 갖고 있는 최고의 자원인 인재를 가장 효과적으로 배분함으로써 최고의 성과를 만들어 내는 일이다. 인재의 적재적소를 통한 최고의 성과 올리기, 이것이 리더의 의무이다. 이를 위해선 핵심 인재를 정확하게 파악하고 있어야 하고, 이들의 특성에 대한 정확한 진단을 통해서 그들을 움직일 수 있어야 한다. 조직의 성장에도 불구하고, 자신의 역량에 지나치게 의존한 나머지 몰락의 길로 들어서는 리더의 심심찮게 발견할 수 있다.

4. 리더는 솔선수범할 수 있어야 한다.

부하들의 마음을 잡을 수 있는 것은 달변이 아니다. 몸소 자신이 수고를 아끼지 않을 때 사람들의 마음을 살 수 있다. 리더가 화려한 미사여구로 한두 번 전체를 속일 수 있다. 하지만 오래 오래 그들 모두를 말만으로 속일 수는 없는 일이다. 결국 스스로 모범을 보이는 것이 몸에 완전히 붙어있어야 한다.

5. 리더는 언행의 일치를 보여야 한다.

리더의 신뢰가 실추되는 많은 경우는 말과 행동이 다를 때 일어난다. 리더는 자리에 맞는 언행을 보여야 한다. '내가 이런 이야기를 한다면, 어떤 파급효과가 있을까?' 라는 질문을 스스로에게 던지는 것이 거의 몸에 배어 있어야 한다. 생각나는 대로 말을 던지고, 그것을 번복하는 일이 반복되다 보면 권위의 실추를 피할 수가 없다. 권위란 스스로 만들어 가는 것임을 기억할 필요가 있다.

6. 리더는 불편부당(不偏不黨)해야 한다.

공과 사를 구분할 수 있어야 한다. 자리가 올라가면 자신의 일거수일투족이 거의 부하 직원들에게 알려진다고 보면 된다. 특히 사적인 목적을 위한 사소한 금전 문제가 이미지와 권위를 실추시키는 경우가 자주 일어남을 명심해야 한다.

7. 리더는 스스로 책임질 수 있어야 한다.

리더가 남의 탓으로 돌리는 언행은 아래 사람들이 신망을 얻는 데는 거의 치명적이다.

_공병호

memo

신지식인 리더가 갖추어야 할 10계명

1. 먼저 일하는 모습을 보여준다. 독수리의 새끼는 언제나 창공을 나는 엄마독수리를 바라본다. 그러면서 배우는 것이다. 솔선수범만큼 좋은 교육의 효과는 없다.

2. 최고 위치에 있다는 자세로 일한다. 그래야 부하가 따른다. 리더가 뒤떨어져 있다고 생각하면 부하직원은 꼴찌라고 생각한다. 높은 위치는 곧 발전을 가져오는 동기부여인 셈이다.

3. 항상 자기계발에 힘쓴다. 반드시 부하보다 많이 알아야 하는 것은 아니지만 그런 모습을 보여주면 부하도 따라 한다. 고급정보를 확보하여 부하 직원에게 주도록 한다.

4. 모든 일에 적극적이 되어야 한다. 핵심자리에 있는 사람이 나태한 생각을 하면 일의 추진력이 떨어진다.

5. 조직을 활성화시킨다. 활성화하는데 반드시 돈이 필요한 것은 아니다. 마음을 움직이도록 동기부여를 구성원 각자에게 불어넣는다. 유동성이 높은 조직으로 만든다.

6. 좌우로 치우치지 않는다. 누구 한쪽에 치우치면 한 사람은 사기가 떨어진다. 한쪽에 짐을 과다하게 실은 배는 파도에 휘말리기 쉽다.

7. 자신감을 가진다. 자신감은 곧 리더십이다. 리더가 자신이 없으면 구성원들은 그를 따르지 않는다. 자신감은 곧 많이 아는 것과 많은 경험을 가진 것을 의미한다.

8. 의견교환을 많이 한다. 대부분의 문제는 서로 대화와 토론을 통해 해결할 수 있는 것들이다. 부하와 많은 대화를 하도록 한다. 많은 사람이 모이는 곳에 자주 참여하여 보고 듣고 이야기하는 습관을 들이도록 한다.

9. 창조력을 보여준다. 기존의 것들을 타파하는 마음을 길러준다. 그래야 혁신이 있고 발전이 있다.

10. 부하의 성장을 기대하는 마음을 보여준다. 생각하는 만큼 믿는 만큼 구성원은 자라난다. 사람은 누구나 기대하는 만큼 열심히 일하려고 노력하는 기질이 있게 마련이다. 부하직원에 대한 믿음은 호수와 같다. 언제나 샘물이 흘러 들어갈 수 있도록 수문을 열어 놓는 것이 좋다. 새 물이 헌 물을 밀어내는 힘이 강할 때 호수로서 가치가 있고 희망이 있는 것이다.

_지식in

리더의 12가지 자질

리더십

1. 사명(Mission)

가장 중요하다. 리더는 자기가 하는 일의 목적을 모르면 구성원들을 제대로 인도할 수 없다. 사명이 없는 지도자는 직책이 관리자일 뿐이다.

2. 크게 생각하기(원대한 비전)

사명과 더불어 중요한 내용이다. 소임을 다했을 때의 장래상을 제시해야 한다. 리더는 구성원과 함께 미래를 창조해야 한다. 상상력이 발휘되어야 한다.

훌륭한 장수는 외적을 물리쳤을 때 행복해하는 국민의 모습, 평화로운 땅에서 뛰어노는 우리들의 자손들을 머릿속에 그리고 있을 것이다.

3. 윤리의식(정직: 신뢰의 기초)

윤리적으로 모범을 보여야 한다. 도덕적으로 문제가 있어가 언행일치가 되지 않는 리더를 누가 믿고 따르겠는가? 일관성이 없는 리더도 문제이다. 즉, 잣대가 다르면 되겠는가? 내가 하면 예술이고, 다른 사람이 하면 불륜?

4. 변화에 능숙(개척, 미래창조)

리더는 "변화"를 주도해야 한다. 변화의 선봉에서서 구성원을 이끌지 않고 변화에 수동적으로 대처하는 리더에게 어찌 우리의 미래를 맡길 수 있을까?

혁신과 변화의 순간에 리더는 가장 맨 앞에 있어야 한다.

5. 감수성(배려와 Loyalty고취)

요즘 강조되는 있는 리더의 자질이다. 끊임없는 격려와 칭찬, 다양성(diversity)을 존중하고 인정하는 리더가 필요하다. "情"에 의한 관리, Servant Leadership 등 구성원의 마음상태, 가족의 애경사, 건강상태 등을 모르고 무작정 배려만한다면 무능하거나 가식적으로 보일 수 있다.

6. 위험감수(도전)

매우 간단하다. "모든 책임은 내가 진다." 이런 마음자세가 중요하다. 그래야 변화와 혁신을 주도할 수 있고, 구성원에게 믿음을 줄 수 있다.

7. 결단력(↔ 우유부단, 미루기)

판단하기 애매한 상황에서 과감한 결단이 필요하다. 결재를 늦게 하는 리더일수록 무능하거나, 자신이 없거나, 책임감이 없을 확률이 높다. 소위 미적거리는 거다.

위험을 감수할 자질이 없으면 결단력도 없다.

상황판단이 되었으면 즉시 실천해야 한다. 이것을 "즉실천"이라 한다. 리더의 결단부족으로 시간과 비용이 얼마나 낭비되는지는 그 리더는 아마 모를 것이다.

8. 힘의 현명한 사용(영향력)

고삐를 가볍게 쥐라. 유능한 기사일수록 말이 기사가 고삐를 쥐고 있는

지를 모른다고 한다. 말고삐는 필요할 때 적절하게 힘을 주어야 한다.

물은 한없이 아래로 흐르며 부드럽지만 궁극적으로는 바위를 닳아 없앨 수 있다. 이것이 물의 힘이다. 리더는 물과 같아야 한다. 老子는 최고의 선은 곧 물이라 했다.

직급을 이용한 리더십, 강압적 리더십은 반드시 필요하지만, 계속 그 방법을 쓴다고 해서 영향력이 커지는 것은 아니다. 어쩌다 한 번 반드시 필요할 때 한 번씩만 사용해야지 그 파괴력이 크다. 곧 평소에는 설득과 상호존중의 리더십을 발휘해야 한다는 말이다.

리더십

9. 효과적 의사소통 및 갈등해소(대화)

리더는 정직하고 분명한 언어를 사용해야 한다. 같은 말을 빙빙 돌려 요점도 없이 한없이 이야기하는 리더들이 많다. 이렇게 될 경우 리더의 생각과 듣는 사람의 생각이 달라질 수 있다. 오해의 소지가 분명히 있다. KISS(Keep It Short & Simple) 법칙을 활용해야 한다.

10. 팀워크 구축 : 명확한 방향 제시가 중요하다.

동기부여, "저산을 넘으면 어여쁜 아가씨들과 맛있는 음식이 우리를 기다린다!"

그다음은 훈련, "산을 오르기 위해서는 체력이 필요하고, 산에서 살아남기 위한 생존훈련도 필요할 것이며, 독도법도 알아야 한다."

권한의 위임과 목표달성에 대한 보상이 따라야 한다.

그러나 가장 중요한 것은 바로 PMMFI(Please Make Me Feel Important : 팀원 각자를 중요한 사람으로 느끼게 하라)이다. 스스로의 일에 대해 가치를 느끼고 스스로 만족하며 자연스럽게 조직에 기여하는 게 기본이 된다고 본다.

11. 용기(의지): 위험 감수와 유사하게 보인다.

그러나 위험에 대한 도전보다 보다 감성적 개념으로 보인다. 즉, 진실에 대한 추구, 강한 신념, 겸손, 도덕적 삶, 참여, 냉소를 거부, 압력에 대한 저항, 논쟁의 중심에 과감하게 서기, 그리고 그것에 대한 책임, 가족을 (제대로)이끌기, 무작정 반대가 아닌 올바른 방향에 대한 지지(해결책 제시), 포기하지 않기, (자신이 중요하게 생각하는 무언가를)섬기기, (올바른 일이라고 판단될 때 기꺼이) 남을 따르기 등 가치관과 연관되는 내용들이다.

12. 헌신(집중): 위의 11가지에 헌신하기

실행력이다.

_Sheila Murray Bethel

memo

리더가 되기 위한 5가지 필수 조건

1. 항상 지식에 굶주려 있어야 한다.

리더가 되기 위해서 가장 중요한 요건 중 하나가 바로 충분한 지식이다. 자신이 가지고 있는 지식을 유용하게 활용하는 것도 무척 중요하겠지만 성공하기 위해서는 새로운 지식에 대한 지적 갈망이 있어야 한다.

또한 어떤 한 가지의 지식만으로도 성공한 사례가 많지만 리더가 되기 위해서는 다방면의 지식이 큰 역할을 하므로 여러 가지 경험을 쌓아야 한다.

2. 책임을 지려는 마음가짐이 필요하다.

리더가 되기 위해서는 사회생활에서 인정을 받아야만 한다. 그러기 위해서는 맡고 있는 일에 대한 책임감은 필수다. 한번 시작한 일은 자신이 밤을 새워서라도 끝마칠 줄 아는 책임감이 필요하다. 물론 일에서의 책임감뿐만 아니라 인간관계에서도 자신의 말과 행동에 대한 책임을 질줄 알아야 한다.

3. 주변의 협력이 필요하다.

직장 내에서는 높은 직급의 상사부터 일반 단순 업무를 보는 아르바이트생까지 여러 관계의 사람들을 만나게 된다. 바쁜 사회생활을 하다 보면 상사와의 일 처리만으로도 힘든 하루를 보내게 되지만 가끔은 낮은 위치에 있는 사람과 따뜻한 말 한마디라도 나눠라. 따뜻한 말 한마디가 앞으로의 협력자를 만드는 것이다. 리더는 주변 사람들의 협조 없이 혼자되는 것이 절대 아니다. 만약 혼자서의 힘으로 리더의 위치에 올랐어도 그 자리를 지키기 위해서는 낮은 위치에 있는 사람의 협력이 절대적이다.

4. 신속한 결단력이 필요하다.

아무리 관련 지식이 풍부하고 인간관계가 좋다고 하여도 신속한 결단력 없이는 리더가 될 수 없다. 앞에 고지를 남겨두고 결정을 못 내린다면 일을 시작한 것만도 못한 결과를 낳을 수 있다. 또한, 리더가 결단을 신속하게 내리지 못한다면 밑에 있는 사람의 판단까지도 흐려질 수밖에 없다.

5. 리더가 되기 위한 계획을 세운다.

하루의 일을 계획하고 인생의 순차적인 절차도 계획한다. 그러나 대부분의 계획들이 작심삼일로 끝나고 만다고 해서 두려워하거나 한숨지을 필요는 없다. 자신의 계획이 왜 작심삼일로 끝나고 마는지를 깨닫고 다시 계획을 세운다면, 그것이 작심삼일이라도 좋은 경험이 될 것이다. 사흘에 한 번씩 작심삼일을 반복해서 한다면 계획성 있게 자신의 일을 해나갈 수 있다.

삼일동안의 노력이 쌓이고 쌓이면 일 년, 십 년의 계획이 되므로 계획하는 습관을 갖는 것이 중요하다. 리더를 꿈꾸며 리더가 되기 위해 노력하고 있는 사람이라면 지금부터라도 리더가 되기 위한 계획을 세우고 적극적으로 모든 일의 리더가 되도록 노력해야 한다.

_팟지닷컴

德(덕)과 能(능)을 갖춘 리더가 지켜야 할 7가지 원칙

1. 威而不猛(위이불맹)

위엄이 있어도 두렵게 보이면 안 된다. 보통 위엄이 있는 사람은 좀 사납게 보이게 마련이기 때문이다.

2. 泰而不驕(태이불교)

태연하되 교만해 보이지 않아야 한다. 자만심, 오만, 거만함이 드러나서는 안 된다는 것이다.

3. 周而不比(주이불비)

두루 사귀되 사람과 사람을 비교하지 말라는 것이다.

4. 矜而不争(긍이부쟁)

긍지를 갖되 남과 다투지 말라고 했다. 보통 자긍심을 갖고 있으면 자신을 공격하는 사람에 대해 싸우려 한다.

5. 群而不黨(군이부당)

사람과 어울리면서도 편당을 짓지 말라는 것이다.

6. 食無求飽(식무구포)

밥을 먹되 배부르게 먹지 말라는 말이다. 모든 욕심은 식욕에서 시작한다. 매사에 절제할 줄 알아야 한다.

7. 居無求安(거무구안)

집 짓고 살되 너무 편하게 살지 말라는 말이다.

_송 복 교수

memo

좋은 리더 되는 법 8규칙

규칙 1. 리더는 모든 상황을 끊임없이 평가하고, 지도하며, 자신감을 구축하는 기회로 삼아 팀을 부단히 향상시켜야 한다.

1) 당신은 평가해야 한다. 적합한 사람이 적합한 직무를 맡고 있는지, 적합한 사람을 지원하고 승진시키고 있는지 또 적합하지 않은 사람을 퇴출시키고 있는지 확인해야 한다.

2) 당신은 지도해야 한다. 사람들이 모든 방면에서 그들의 실적을 향상시킬 수 있도록 사람들을 이끌고 비평하고 도와주어야 한다.

3) 자신감을 심어주어야 한다. 사람들에게 아낌없는 배려와 격려, 인정을 부여주어야 한다. 자신감은 직원들을 활기차게 만들며 그들에게 용기를 불어넣어 능력을 최대한으로 발휘하고 리스크를 감수하며 그들의 꿈 이상을 성취할 수 있게 해준다. 자신감은 승리하는 팀의 원동력이다.

규칙 2. 리더는 사람들이 비전을 이해할 수 있도록 해야 할뿐만 아니라 비전으로 살고 비전으로 숨 쉬게 해야 한다.

비전은 리더의 직무 중 본질적인 요소이다. 하지만 비전이 인쇄된 문서 이상의 가치를 가지는 비전은 지속적으로 전달되고 보상으로 강화되어야 한다. 그렇게 해야만 비전은 문서에서 벗어나 생명을 얻게 된다.

규칙 3. 리더는 긍정적인 에너지와 낙관적인 생각이 전 직원의 피부 속까지 침투하도록 해야 한다.

나는 직원들과의 거리를 유지하면서도 사업을 운영해 나가는 능력 있는 관리자를 몇몇 본 적이 있다. 이런 관리자들은 정직함과 엄격함 같은 올바른 가치를 자주 실천하면서 훌륭한 성과를 이끌어냈다. 하지만 진정으로 직원들의 속마음까지 다가가지는 못했다. 일은 그저 일일이었던 것이다.

그때 리더가 적합한 태도를 취했다면 훨씬 더 많은 성과를 얻어낼 수도 있었을 것이다. 그런 태도를 자신의 것으로 만들어라.

규칙 4. 리더는 정직함과 투명함, 신용을 통해 신뢰를 쌓아야 한다.

기억하라. 사람들이 당신을 리더로 만들었을 때, 당신은 왕관을 받은 것이 아니다. 당신은 다른 사람으로부터 최선의 것을 이끌어낼 책임을 맡은 것이다. 당신이 정직함을 보여주고 신용을 지키고 당신의 진실한 모습을 보인다면 직원들은 당신을 신뢰할 것이다.

규칙 5. 리더는 인기 없는 결정을 내리는 용기와 배짱 두둑한 결단력이 있어야 한다.

당신이 리더가 된 것은 당신이 더 많은 사람을 봐왔고, 그에 대해 옳은 판단을 내린 경우가 더 많았기 때문이다. 당신의 직감에 귀를 기울여라. 그것은 당신에게 무엇인가를 말해 주고 있다.

규칙 6. 리더는 회의주의자에 가까울 정도로 집요하게 질문을 던지고 의문은 반드시 행동을 통해 풀게 해야 한다.

하지만 그것이 상사의 직무이다. 당신은 보다 알차고 보다 나은 해법을 원한다. 질문, 건전한 논쟁, 의사결정, 실행은 모든 사람을 그 고지에 이르게 해줄 것이다.

규칙 7. 리더는 위험을 감수하고 그것을 통해 배우는데 모범이 되어야 한다.

만일 변화시키고 싶다면 스스로 본보기를 보여라. 당신은 당신이 만들어낸 그 신나는 문화와 당신이 얻게 될 성과를 사랑하게 될 것이다. 그것은 당신의 팀도 마찬가지이다.

규칙 8. 승리의 기쁨을 직원들과 함께 축하하라.

성취의 순간을 인정해 주지 않기에는 우리 삶의 너무 많은 부분을 일이 차지하고 있다. 가능하면 많은 기회를 잡아라. 그리고 그곳에서 커다란 축하행사를 만들어내라. 당신이 축하하지 않으면 아무도 하지 않을 것이다.

_잭 웰치

리더십 관련 명언

나무에 가위질을 하는 것은 나무를 사랑하기 때문이다.
부모에게 꾸중을 듣지 않으면 똑똑한 아이가 될 수 없다.
겨울 추위가 한창 심한 다음에 오는 봄의 푸른 잎은 한층 푸르다.
사람도 역경에 단련된 후에야 비로소 제값을 한다.
_벤자민 프랭클린

어려운 일과 쉬운 일을 물었을 때
그리스 천문학자 탈레스는 이렇게 대답했다.
'자신을 아는 일이 가장 어렵고
다른 사람에게 충고하는 일이 가장 쉽다.'
_디오게네스, 그리스 철학자

불평주의자를 위해 일하려는 사람은 없다.
연구 결과 사람들은 부정적인 상사보다는
낙관적이고 열정적인 리더를 따르는 것으로 나타났다.
리더가 행복할 때 주변 사람들은
모든 일을 좀더 긍정적으로 생각하기 때문에
목표를 성취할 수 있다고 믿는다.
또한 리더가 긍정적일 때 조직 전체의 창의력과 의사결정의 효율성이 증가하고 남을 돕기 위해 노력한다.

_다니엘 골만

해마다 우리는 직원들에게 무엇이 동기를 일으키는지 묻는다.
그러면 그들은 해마다 다음과 같이 대답한다.

1. 업무를 수행하면서 느끼는 성취감
2. 동료와 상사의 인정
3. 승진
4. 관리 팀의 지원
5. 월급

_퍼포먼스 그룹의 앤드류레비

리더의 열정과 낙관주의가 일으키는
파문효과는 실로 엄청나다.
냉소와 비관주의도 마찬가지다.
리더가 불평하고 비난하면 그의 동료들도 똑같이 행동한다.
나는 내게 '현실주의자' 라는 냉정한 단어보다는
언제나 낙천주의자의 비현실적인 열망을 주라고 기도한다.

_콜린 파월, 미국 전 국무 장관

내 성공의 10%는 비할 데 없이 왕성한
내 개인의 진취적 태도에 의한 것이고,
나머지 90%는 모두 강력한 나의 팀에 의한 것이다.

_잭 웰치 GE 전 회장

누구든 열정에 불타는 때가 있다.
어떤 사람은 30분 동안,
또 어떤 사람은 30일 동안,
인생에 성공하는 사람은 30년 동안 열정을 갖는다.
_노만 빈센트 필

우리는 '백문이 불여일견(百聞 不如一見)' 이라는 말을 많이 쓰지만
중국에서는 '백견이 불여일행(百見 不如一行)' 이라는 말을
훨씬 많이 쓴다.
_한비야

한 나라를 이끌어가기 위해서는
충분한 먹을거리(足食)와
충분한 군사력(足兵),
백성의 신뢰(民信)가 필요하다.

이 세 가지 가운데 하나를 뺀다면 군사력,
둘을 뺀다면 먹을거리다.
_공자

60점의 능력을 갖춘 사람이라면 일을 맡기기에 충분하다.
60% 전망과 확신이 있다면 그 판단은 확실하다고 말할 수 있다.
사람이 예측할 수 있는 것은 기껏해야 60%에 지나지 않는다.
나머지는 그 사람의 열의와 용기, 그리고 실행력에 달려있다.
_마쓰시타 고노스케

지도자가 될 수 있는 사람은
역경에서도 불만을 품지 않고,
영달을 해도 기뻐하지 않고,
실패해도 좌절하지 않고,
성공을 해도 자만하지 않는다.
_장자

내가 성공할 수 있었던 것은 내가 무엇을 알거나
나 스스로 무언가를 해서가 아니라
나보다 잘 아는 사람을 쓸 줄 알았기 때문이다.
이것은 누구나 알아야 할 귀한 지식이다
_앤드류 카네기

시작하기 전에 15분 동안 무엇을 할 것인지 생각하면,
나중에 4시간을 절약할 수 있다.
미리 하루의 일을 생각해서 우선순위를 정하고,
하루의 업무를 조직화한 사람은
생각 없이 하루를 보내는 사람들 보다 성공할 가능성이 훨씬 높다.
그러므로 자신과 직원들의 시간을 절약하고 효율을 높이기 위해
15:4의 법칙을 따르라.
_제임스 보트킨

직원을 채용할 때 반드시 체크하는 3가지 기준은
성실(Integrity: 정직, 윤리, 도덕적 성향), 지능(Intelligence), 에너지(Energy)이다.
이 3가지 중 정직과 성실성이 없이 지능과 에너지만 있는 사람을 채용하면

그 사람은 결국 당신을 죽이고 말 것이다.
_워렌 버핏

내가 매번 같은 이야기를 한다고
나를 바보라고 생각하지 마십시오!
정말 중요하다고 생각하는 일은 모든
사람들의 뇌리에 새겨질 수 있도록 100번이고 반복해야 합니다.
_퍼시 바네빅, ABB 회장

세상에서 가장 현명한 사람은
모든 사람으로부터 배울 수 있는 사람이고,
남을 칭찬하는 사람이고,
감정을 조절할 수 있는 사람이다.
_탈무드

흔히 사람들은 자본이 없어서 사업을 시작하지 못한다고 말하는데
자본보다는 신용이 훨씬 중요하다.
사업계획이, 그리고 내 과거가 주위로부터 신뢰받을 수만 있다면
그 규모의 대소는 크게 문제되지 않는다.
신뢰가 전부다.
_정주영, 현대 창업회장

"덩치가 크다고 해서
항상 작은 기업을 이기는 것은 아니지만,
빠른 기업은 느린 기업을 언제나 이긴다."

_존 챔버스, 시스코 시스템즈 회장

행동에는 위험과 대가가 따른다.
그러나 이때의 위험과 대가는 안락한 나태함으로 인해 생길 수 있는
장기적 위험 보다는 훨씬 정도가 약하다.
_존 F 케네디 전 미국 대통령

내가 살던 마을의 작은 공립 도서관이 오늘의 나를 만들었다.
나는 오늘날까지 아무리 바빠도 매일 한 시간씩,
주말에는 두세 시간씩 책을 읽는다.
_빌 게이츠

관리란 비둘기를 손으로 잡고 있는 것만큼이나 아슬아슬하다.
지나치게 꽉 잡으면 새는 죽을 것이고,
너무 살살 잡으면 새는 날아갈 것이다.
_토미 라소다(Tommy Lasorda) 미국 야구감독

결점 없는 인재를 등용하려는 조직은
최대한 발전해 봤자 평범한 조직에 머무르는 수준이다.
'모든 면에서 뛰어난' 인재를 찾으려는 이도
결국 무능한 자만 발견할 뿐이다.
색채가 없는 사람은 세상은 온통 하해서 눈이 피로하다.
단점이 없다면 사람이 아니다.
큰 성과를 거두는 이들은 대개 장단점이
뚜렷하게 대조를 이루는 유형이다.

_피터 드러커

위대한 기업이 되기 위해서는 기업과 경영자가
'그만두어야 할 목록' 이
'해야 할 목록' 보다 훨씬 더 중요하다.
_짐 콜린스, Good to Great 저자

인생의 목표를 정하기 전에
반드시 다음 4가지를 점검해보아야 한다.
첫째, 자신이 정말 잘 하는 것(재능),
둘째, 정말 하고 싶은 것(열정),
셋째, 사회가 원하는 것(수요),
넷째, 옳다는 확신이 드는 것(양심)을
적어보는 것이 바로 그것이다.
_프랭클린 코비사, 션 코비 부사장

자산을 소유하게 되면
일하는 과정에서 교만함으로 연결된다.
자산이 없음으로 인해
긴장감을 가지고 열심히 일할 수 있다.
오히려 돈이 없는 것이 행운이다.
_세븐 일레븐, 스즈키 회장

리더가 넘어야 할 18가지

1. 능동적이 되라. The Proactive Challenge.
   - 내 이야기를 쓰라.
2. 영향력을 행사하라. The Influence Challenge.
   - 확실하게 충격을 주라.
3. 현실적이 되라. The Reality Challenge.
   - 현재 위치를 파악하라.
4. 비전을 가지라. The Vision Challenge.
   - 미래를 그리고 사람들을 끌어들이라.
5. 전략을 세우라. The Strategy Challenge.
   - 미래로 향하는 길을 닦으라.
6. 지혜로운 사람이 되라. The Wisdom Challenge.
   - 경험에서 배운 것을 활용하라.
7. 통찰력을 기르라. The Insight Challenge.
   - 눈에 보이는 것이 전부는 아니다.
8. 자신감을 기르라. The Confidence Challenge.
   - 당신 자신을 믿으라.
9. 내면의 방향을 설정하라. The Internal Compass Challenge.
   - 당신 자신에게 집중하라.

10. 더 높은 곳으로 오르기. The 'Bigger and Bigger Challenge.'

- 당신의 스킬 개발을 중단하지 마라.

11. 리더십 혼란 이겨내기. The Vertigo Challenge.

- 곤경으로부터 탈출하라.

12. 긴장에서 벗어나라. The 'Managing the Tension' Challenge.

- 절대 권력을 포기하라.

13. 경력의 전환. The 'Life and Career Transition' Challenge.

- 전 인생에 걸쳐 변화를 추구하라.

14. 고독을 이겨내라. The Loneliness Challenge.

- 네트워크를 만들라.

15. 성격을 이해하라. The Personality Challenge.

- 다른 사람에게 미치는 당신의 영향력을 이해하라.

16. 병적 행동을 관리하라. The Pathology Challenge.

- 당신의 맹점을 관리하라.

17. 불확실성을 이겨내라. The Confusion_Complexity_Chaos Challenge.

- 혼돈을 관리하라.

18. 일과 삶의 균형잡기. The Work_Life balance Challenge.

- 두 마리 토끼를 잡으라.

_트레버 윌독, 셰너즈 켈리 라왓

리더 알아야할 98가지 성공전략

리더십

■ 큰 그림을 그려라.

1. 개선 만으로는 부족하다. 완전히 변신하라.
   동일조건의 경쟁으로 어느 기업도 장기간 선두를 유지할 수 없다.
   경쟁에서 승자가 되는 유일한 방법은 경쟁에서 탈출하는 것이다.
2. 상품과 서비스의 라이프 사이클은 갈수록 짧아져 변해가는 제품을 기억되지 않는다.
   무엇을 만들까를 궁리하지 말고 어떤 이미지를 구축할까를 고심하라.
3. 리더가 아무리 변화를 외쳐도 시스템이 따라주지 않으면 소용없다.
4. 기회를 가로막는 다음과 같은 장애물을 제거하라.
   첫째 _ 변화 자체를 인지하지 못하는 무지.
   둘째 _ 변화는 알아도 대책을 세우지 못하는 무능.
   셋째 _ 과거의 경험에 근거해 대응책을 마련하는 정체성.
5. 전략에 너무 시간을 허비하지 말고 실행하라. 성공의 열쇠는 실천에 있다.

■ 사이버 전략을 세워라.

6. 사이버 기업을 만들어라. 네트워크를 짜고 재고관리 등에 활용하라.
7. 물리적인 상점을 대처해갈 사이버시장 공간에 뛰어들어라.
8. 매출 또는 브랜드 이미지를 살릴 최고의 고객을 잡아라.

9. 고객의 욕구가 전해진 순간 즉각 반응하라.
10. 고객이 전화를 받는 것처럼 느끼는 서비스로 고객의 불편함을 개선하라.
11. 황금시장을 잡아라. 웹 사업자들이 급성장하는 무대에 뛰어들 것이다.

■ 새로운 글로발 모델을 만들어라.

12. 동서를 융합하라.
13. 집중하라. 핵심역량에 집중하지 않으면 망할 수 있다.
14. 비교우위를 재창조하라. 능력주의와 신속한 의사결정의 시스템으로 재무장하라.
15. 신산업에서 승부하라. 신산업에 중요한 것은 정보력이다.
16. 자신의 몸값을 높여라. 게임은 시작이다.
17. 기존의 낡은 틀을 벗어던지고 새 패러다임을 구축하라.

■ 성공에 이르는 6가지 사고전환.

18. 사업을 전쟁터가 아닌 생태계로 보라. 경쟁적으로 보지 말고 공존관계로 인식하라.
19. 기업을 기계조직이 아닌 공동체로 만들어라.
20. 경영을 관리가 아닌 서비스로 인식하라. 직원을 밀지 말고 끌어라.
21. 직원을 채용할 때 가장 소중한 사람을 뽑는다는 인상을 심어줘라.
22. 두려움이 아닌 비전으로 동기를 부여하라. 열정과 유머와 에너지가 넘치게 하라.
23. 변화를 고통이 아닌 성장으로 보아라.

■ 시장에 접근하라.

24. 세계적인 상표를 구축하라. 상표는 독립적 영업이다.
25. 브랜드 온라인을 개발하라.
26. 고객의 구매는 개별적이다. 상호 마케팅에 눈을 떠라.
27. 특성이 다른 고객별로 다르게 대우하며 고객을 위한 조직을 갖고 있는가.
    고객과 학습관계를 유지하고 있으며, 고객을 보호하고 있는가.
28. 판매는 고객에게 상품을 주는 것이 아니라 이익을 주는 것이어야 한다.
29. 영업은 고객봉사다. 고객서비스를 극대화할 수 있도록 영업기능을 재편하라.
30. 자신의 판매전략 수립은 두 번째다. 고객의 전략을 파악하는 게 첫 번째다.
31. 최소비용으로 최대가치를 올릴 고객지향형 조직을 만들어야 한다.

■ 글로벌 리더가 되라.

32. 글로벌 리더에게는 네 가지 유형이 있다.
    첫째 비전을 갖고 조직을 이끄는 리더.
    둘째 친절한 안내자.
    셋째 매사를 적극적으로 참여하는 관리자.
    넷째 재무. 자금관련 조언자.
33. 위 네 가지 중 적어도 두 가지 이상 요건은 갖춰라.
34. 당장은 힘들더라도 기업이 나아갈 원대한 방향을 세워둬야 한다.
35. 새 성장경로를 모색할 글로벌 경영을 위해 다음중 하나를 선택해야 한다.
    첫째, 산업의 균형을 깨는 이단아가 되라.

둘째, 성장하는 시장의 수요를 충족시키면서 현상유지에 충실하라.

셋째, 시장의 표준을 만들어 경쟁자가 따라오게 하라.

넷째, 틈새시장을 특화하라.

다섯째, 변화에서 이익을 챙겨라. 조직의 탄력성을 높여 변화에 즉각 반응하게 하라.

36. 중국처럼 인적 자원만으로 성공한 비결에 주목하라.

■ 위기관리가 생명.

37. 경제학을 복습하라. 수요와 공급원리. 국가경쟁력이 취약하면 환율이 요동친다.
38. 많은 자원을 낭비하는 호텔이 아니라 생산 공장을 지어라.
39. 저수익 구조를 탈피하고 고부가가치가 있는 산업에 뛰어들라.
40. 불황기에는 4C에 충실하라.(4C _ 집중, 비용, 현금, 공개경영)
41. 이익을 내기 위해 비용만 줄이는 것은 하책이다.
    비용축소가 가져올 성장 잠재력의 위축에 신경써야 한다.

■ 지금은 개인시대.

42. 충성심을 재구성하라. 기업이 어려울 때 이들은 무한한 도움을 줄 것이다.
43. 직원이 관리자나 소유주의식을 갖도록 경영자는 모든 정보를 공개하라.
    경영자 혼자 모든 것을 해결하려고 하지 말라.
44. 직원을 채용할 때는 엄격하게 하되 그 후의 관리는 자율에 맡겨라.
    경험을 기준으로 직원을 채용하지 마라. 경험보다는 사람자체가 중

요하다.

45. 직원 스스로 자신의 부가가치를 높이기 위한 자기계발의 기회를 제공하라.
46. 이윤보다는 사람이 우선이다.
47. 직원의 현재 능력에 맞는 일을 주면 그는 능력만큼 한다.
직원이 할 가능성이 있는 일을 주면 그 직원은 그만큼 능력이 향상될 것이다

■ 아시아 최고 경영자들의 충고.

48. 업무규정을 버려라. 최대 자율을 보장하라.
49. 지역밀착형 기업보다 다국적기업으로 성장하는 방안을 고려해 보라.
50. 기업을 프로젝트의 분야별로 쪼개라.
51. 권력을 승계하지 마라. 젊고 유능한 인재가 있으면 그에게 경영권을 넘겨줘라.
52. 고객에 의한 경영을 해라. 고객이 공장운영을 직접 할 수 있도록 하라.

■ 자신을 기업체로 만들어라.

53. 자신의 지식을 한단계 높이려면 다른 지식을 받아 들여라.
54. 기업의 예언자가 되어라. 틀리더라도 좋다. 없는 것보다는 낫다.

■ 21세기에 명심해야 할 16가지 명제.

55. 무조건 정직해야 한다. 일관성이 중요하다.
56. 공정하라. 말한 바를 반드시 실천하라.
57. 자신에 대해 연구하라.
58. 편견은 금물이다.

59. 초 관리를 하라. 시간을 아끼되 많은 것을 얻어라.
60. 본질에 초점을 맞춰라.
61. 독특한 유머를 지녀라.
62. vision은 장기로 세우되 현실을 직시하라.
63. 다른 사람과는 다른 자신만의 원칙을 세워라.
64. 일만이 전부는 아니다. 교제와 사회생활과 균형을 유지하라.
65. 경험에 의존하지 말라. 과거의 방식으로는 새로운 방식을 찾을 수 없다.
66. 세계화에 주목하라. 새로운 경쟁자, 시장, 규칙이 매일 만들어지고 있다.
67. 작지만 창의적인 기업이 되어라. 벤처기업을 벤치마킹하라.
68. 컨설턴트 관점에서 다른 기업의 사업을 도와줘라.
69. 단순한 관리는 아니다. 리더가 되어야 한다.
70. 움직이면서 장사하라. 글로벌시대는 다른 기업과의 네트워크가 필수적이다.
71. 시간을 짜내라. 이용가능한 통신수단은 모두 갖춰라.

■ 성공경영의 6가지 필수조건.

72. 경영자 스스로 실수를 인정하라.
73. 실수를 하더라도 좋다. 실수보다 더 나쁜 것은 아무 것도 하지 않는 것.
74. 진실을 말하라. 최고 기업으로 선정되는 이유는 정직함에 있다.
75. 모호함은 금물이다. 왜 하는지를 분명히 하라.
76. 둘 중 하나는 안 된다. 확실한 게 필요하다.
77. 방향을 설정하라. 일관성은 신뢰를 낳는다.

■ 새로운 조직의 8가지 원칙.

78. 변화에 즉각 대응하는 조직 자체가 비교우위가 될 수 있다.
79. 경영자 스스로가 직접 프로젝트에 참여하는 팀원이 되어라.
80. 모든 근로자는 자신의 부가가치를 높여야 한다.
81. 지원 프로세스를 어떻게 구축하느냐가 조직효율성의 열쇠다.
82. 조직은 제품과 고객위주로 짜여져야 한다.
83. 조직의 행동방향과 과제를 규정하는 리더십이 필요하다.
84. 매뉴얼을 만들되 그 매뉴얼에 너무 구속되지는 말아라.

리더십

■ 지식기업을 만들어라.

85. 전략의 틀을 새로 짜 전혀 다른 경기규칙으로 경쟁자를 압도하라.
86. 배우고 또 배워라 불확실한 미래에 살아남을 수 있는 수단은 지식이다.
87. 기계적 사고를 벗어라. 고객이 원하면 언제든지 새로운 길을 가야 한다.
88. 공동선을 위하여 개인과 조직이 공동 목표를 위해 협력하는 것.
89. 경쟁자 보다 한발 앞서라. 시장점유율 보다 지식점유율에 목표를 두라.
90. 두뇌자원을 관리하라. 지적자본은 인간, 조직, 고객 세 가지가 있다.
91. 인터넷을 활용하라.

■ 미래를 준비하라.

92. 정보 고속도로를 최대한 이용할 수 있는 조직을 만들라.
93. 변화를 이익을 창출할 수 있는 기회로 만들어라.
94. 종업원도 주인이라는 생각을 갖게 실질적인 권한을 위임하라.
95. Generalist가 돼라.
96. 먼저 보고 먼저 움직여야 한다. 팀워크의 생명이다.
97. 지식 집약적이 아닌 기업은 죽는다.

98. 기술발전은 모든 것을 가능하게 한다. 비관주의는 무익하다. 희망을
갖고 일하라.

_지식in

memo

카리스마 리더가 되는 5가지 방법

1. 매력적인 비전을 커뮤니케이션한다.

카리스마를 가진 리더들은 매력적인 비전을 가지고 있다. 단지 비전을 가지고 있는 것에 만족하지 않고 이를 공유하기 위해 커뮤니케이션한다. 커뮤니케이션의 수단으로써 일반적인 리더들은 공식적이고 공개적인 방법을 주로 사용한다. 그러나 카리스마를 지닌 리더들은 사적이고 개인적인 커뮤니케이션도 병행한다는 점이 특이하다. 이런 개인적인 커뮤니케이션 계기를 통해 리더들은 자신을 적절히 노출시키고, 사람들로 하여금 가까이 다가올 수 있게 만드는 것이다. 신비적인 영역이 남아 있어야 카리스마가 생긴다는 일반적인 믿음과는 다소 차이가 있다.

2. 부하들에게 높은 기대감을 전달한다.

상대방에게 영향력을 미칠 수 있는 사람이 가진 기대감이 명확히 전달됐을 때 만들어지는 놀라운 결과를 우리는 피그말리온(Pygmalion) 효과라 부른다. 조직 내에서 리더가 부하들에게 구체적인 기대를 가지고, 이를 개개인과 수시로 커뮤니케이션할 때 부하들은 그 기대를 인식하고 리더의 기대를 저버리지 않기 위해 기대되는 수준에 도달하는 노력을 하게 된다. 이처럼 피그말리온 효과가 생기려면 리더는 먼저 부하 개개인에 대해 세세하게 알아야 한다. 부하들이 가진 장점도 파악해야 하고, 한계점도 알아야 한다. 때로는 부하 자신도 모르는 장점을 찾아주기도 해야 한다. 개별화되지 않은 벽걸이용 구호나 반복하는 커뮤니케이션이라면 기대한 결과는 생기지 않을 것이다.

3. 부하들에게 절대적인 믿음을 보인다.

기대감 다음으로 부하들에게 놀라운 영향을 미치는 것은 상사의 절대적인 신뢰다. 리더가 믿음을 보여준다면 부하들은 허위 지지자(False advocate)가 되지도 않을 것이다. 결국 리더의 믿음은 부하들의 업무에 대한 자신감과 업무성과로 이어진다. 아이러니컬하게도 과거의 국내 지도자들은 추종자를 믿지 못하고 여러 종류의 안테나를 가동해 부하들의 동태를 감시하고, 부하들을 항상 긴장하게끔 만든 이들이 많았다. 이들이 바로 부정적인 카리스마를 대중들에게 각인시킨 장본인이다. 물론 신뢰는 상호적이고 상대적이다. 누가 먼저 믿음을 줘야 하는가에 대해서도 논란이 있을 수 있다. 그러나 리더가 먼저 신뢰를 보여준다면 부하들도 상사를 존경하고 따를 것이다.

4. 일을 통해 부하들을 육성한다.

부하 육성은 어떤 리더에게나 매우 중요한 과제지만, 특히 카리스마를 가지려는 리더에게는 더더욱 중요해진다. 왜냐하면 부정적인 카리스마를 가진 리더들은 의도적으로 부하를 육성하지 않고 모든 것을 리더 자신에게 의존하게 하는 경향이 있기 때문이다. 일종의 자기자리 방어수단이다. 이에 반해 부하 육성에 적극적인 리더들은 부하들과 상사들로부터 신뢰를 얻고 지지를 얻게 되므로 자연적으로 카리스마를 확보하게 된다.

부하들도 자신에게 다양한 기회를 주고 이를 통해 동반 성장하기를 원하는 리더를 존경하고 따르지 않을 수 없다. 부하 육성이란 말에 대해 많은 리더들이 부담감을 가질 수 있다. 그러나 부하 육성은 교육이나 훈련에 의한 것(30%)에 비해 업무적인 경험에 의한 것(70%)이 결정적인 역할을 한다는 것을 안다면 부담감 없이 부하를 육성할 수 있을 것이다. 왜냐하면 권한을 위임하고, 더 많은 일을 맡기면 되기 때문이다.

5. 자신의 임프레션을 관리한다.

임프레션(Impression)이란 부하들이 리더에 대해 갖는 인상을 말한다. 카리스마를 가진 리더들은 부하들이 자신에게 확실한 신뢰를 가지도록 자신의 모습을 관리한다. 이런 임프레션 관리 범주에는 리더가 공식 또는 비공식적인 장소에서 하는 모든 말과 행동 · 복장 · 태도 등을 포함한다. 일반적으로 알려진 이미지 관리보다는 광범위하다.

임프레션 관리의 핵심은 부하와 주변 사람들이란 거울을 통해 자신을 보려 하는 관점의 전환에 있다. 주변 사람들이나 추종자들의 시각을 모니터링해서 자신의 모습이 기대하지 않은 방향으로 왜곡됐을 때 자신의 행동을 수정하는 것이다. 이런 조치는 일반적으로 직원 면담이나 직원 의견 조사와 같은 공식 또는 사적인 모임이나 비공식적인 방법을 통해 이뤄진다.

긍정적인 카리스마를 개발하라.

여기에서는 카리스마를 지닌 리더가 갖춰야 할 다섯 가지 조건을 제시했다. ▲매력적인 비전을 제시하고 이를 적극적으로 커뮤니케이션 하는 것 ▲부하들에 대한 높은 기대감을 공유하는 것 ▲부하들에게 절대적인 신뢰를 보이는 것 ▲부하들에게 새로운 기회를 주고 육성하는 것 ▲자신이 투영하고자 하는 임프레션과 실제로 타인에게 비쳐진 임프레션이 일치하는지 여부를 분석하고 관리하는 것 등의 다섯 가지다.

카리스마는 타고나는 것이라고 사람들은 믿어왔다. 타고난 카리스마는 분명 존재한다. 그러나 리더십이 훈련과 자기 경영을 통해 개발되는 것처럼 카리스마도 개발된다. 개발의 수단들도 그리 어려운 것들이 아니다. 다만 실천하기로 마음먹었다면 포기하지 않는 끈기가 필요할 뿐이다.

단기적인 술책보다는 장기적인 안목으로 기본에 충실해, 모든 리더들이 긍정적인 카리스마를 확보할 때 조직구성원들은 공동의 목표달성에 더 몰입하게 될 것이다. 이런 조직몰입이 이뤄질 때 사람들은 그 조직의 리더를 보고 '카리스마가 있다' 고 부르게 된다.

_월간 HRInsight

memo

리더가 가져야 할 6가지 성공전략

리더십

1. 목표 설정

이것이 바로 성공목표다. 목표 달성하는 방법은 다들 알고 있다. 그래서 목표 설정이 더 중요하다. 당신이 가고자 하는 것은 어디인가? 방법은 단지 20%일 뿐이다. 목표 설정이 80%인 것이다. 여러분이 어떤 일을 선택하고 약속(commitment)을 하였을 때만이 그 일을 해낼 수 있다. 그 목표를 실현하기 위해서는 자신의 목표를 여러 사람 앞에서 공언하라. 성공 목표를 공언하라. 미라클 스테이지(miracle stage)를 만들어라. 에너지를 사용해야만 에너지가 전달한다. 여러분 안에 담긴 에너지를 내뿜어라. 자신의 성공 목표를 발표하는 것이다.

2. 참가 100%. 모두가 성공하는 시스템

인생의 밑바닥 맛을 본 사람이 성공이라는 무대에 더 올라가기 쉽다. 만끽할 수 있는 것이다. 나는 1분 1초도 그냥 보내고 싶지 않았다. 혼자 성공하는 것이 아니라 "같이 함께 가치 있는 성공을 한다." 한 사람이 빠져서는 성공할 수 없다. 모두 100% 참가하는 것이다.

3. 책임 의식

여러분은 지금 조직에서 Comfort Zone (안전한 지대)에 있는 것은 아닌가? 유능한 인재도 무책임하고 안일하게 일하면 comfort zone에 빠지게 된다. 그러면 조직은 맹목적 하락의 길을 걷게 된다. 만일 당신이 당신의 일에 최선을 다하지 못하고 타협한다면 조직은 침체되고 유능한 인재는 빠져나가고 결국 'Yes Man' 만 남게 된다. 그러면 조직은 침체에서 정체로 영원히 몰락하게 되는 것이다.

4. 자기 성찰

솔직하게 자신을 되돌아보라.

5. 표현하라. 오픈하라.

자신의 마음을 오픈하는 것이다. 마음을 나누는 것이다. 서로의 이해관계를 버려라. 그냥 나눠라.

6. 모험하고 도전하라.

안전한 길로 가려하지 말고 어려운 길을 선택하라.

_정철상

memo

리더가 저지르기 쉬운 10가지 실수

1. 무조건 명령하지 마라. 권위적인 거만한 명령하달식의 태도는 가장 최악의 리더십이다. 잘못된 리더는 무지라는 어둠 속에 부하들을 방치하여 자기 권력을 유지하려 한다. 권위적인 리더는 섬김의 리더십에 대해 외면하려 한다.

2. 일보다 사람을 우선순위에 두라. 우리가 하는 모든 일들은 결국 사람을 위한 것이다. 일 때문에 사람을 경시하는 건 잘못된 것이다. 리더가 저지를 수 있는 최악의 실수는 높은 자리에 올라갈수록 사람들을 만나지 않고 일에 파묻히는 것이다. 잘못된 리더는 바쁠 때 만나는 사람을 기회가 아니라 방해물로 여긴다. 자기 삶에 사람을 위한 공간을 남겨두라.

3. 확신있게 말하고 격려와 칭찬을 하라. 리더가 저지를 수 있는 최악의 실수는 사람들이 필요로 하는 칭찬과 격려의 말들을 연구하지 않고 표현하지 않는 것이다. 어리석은 리더는 용기를 북돋우며 따뜻한 말 한 마디를 건네는 것이 쓸데없는 일이라고 여긴다. 잘못된 리더는 작은 친절의 위력을 과소평가한다.

4. 도전자(개척자)를 위한 공간을 마련하라. 리더가 저지를 수 있는 최악의 실수는 공동체 내의 도전자들이 도전하고 일할 기회를 막아버리는 것이다.

도전자들은 결국 무언가를 해낼 것이고, 그것은 누군가에 의해 유용하게 사용될 거라는 사실을 망각하기 때문이다. 어리석은 리더는 검증, 회의, 심사, 복잡한 결재 라인이라는 절차로 도전자들을 옭아맨다. 잘못된 리더는 자유가 아닌 통제를 통해 목표를 달성하려고 한다.

5. 혼자 의사결정을 하지 말고 독불장군이 되지 마라. 리더가 저지를 수 있는 최악의 실수는 자기가 혼자서 미리 의사결정을 해놓고 그대로 진행하는 것이다. 또한 일을 맡겨 놓고도 믿지 못해 계속 상황을 확인하면서 안절부절 하는 것이다. 어리석은 리더는 개인 고유의 가치와 다양성을 인정하지 않는다. 잘못된 리더는 사람들을 믿지 않고 자기 자신만을 믿으려 한다.

6. 믿고 맡기라. 리더가 저지를 수 있는 최악의 실수는 한 사람에게 신뢰를 주며 일을 맡기지 않는 것이다. 어리석은 리더는 일과 권한의 위임에 대해 쓸데없는 두려움을 가진다. 잘못된 리더는 권한이 주어진 사람들이 얼마나 효율적인 생산력을 보이는지 믿지 않으려 한다.

7. 온 마음으로 대화하고 경청하라. 리더가 저지를 수 있는 최악의 실수는 말만 하려 하고 듣지 않는 것이다. 어리석은 리더는 조직의 목표와 핵심가치를 나누려 하지 않는다. 잘못된 리더는 일이 어떻게 진행되고 있는지, 어떤 결정을 내렸는지 팀 사람들에게 알리지 않는다.

8. 협력하고 함께 나아가라. 협력 문화를 만들고 다양한 사람들을 다양한 방법으로 다루라. 리더가 저지를 수 있는 최악의 실수는 가치와 믿음을 분류하려 하지 않는 것이다. 선과 악의 흑백논리가 아닌 사람마다 가치가

다르다는 점을 인정하라. 잘못된 리더는 다양한 사람들을 한 가지 방법으로 다루려고 한다. 또한 어리석은 리더는 조직문화가 지닌 강력한 힘을 과소평가한다.

9. 사람을 키우고 후계자를 미리 만들라. 리더가 저지를 수 있는 최악의 실수는 자기 자신만이 최고의 리더라고 생각하는 교만이다. 후계자 없는 성공은 실패이다. 어리석은 리더는 리더십을 이양하는 것을 자기가 실패했기 때문이라고 생각한다. 잘못된 리더는 후임자를 양성하지 않을 뿐만 아니라 후임자 양성의 중요성도 깨닫지 못한다. 후임자가 없으면 조직은 거기서 끝이 난다.

10. 꿈꾸는 자가 되라. 리더가 저지를 수 있는 최악의 실수는 미래를 두려워하는 것이다. 어리석은 리더는 부정적인 시각을 가진 사람들과 한 팀이 되어 도전하지 않는다. 잘못된 최악의 리더는 꿈꾸지 않는 리더다.

_한스 핀젤 저, 프리셉트

리더십 21가지 법칙

1. 수준의 법칙: 한 조직의 성공은 주요 몇몇 리더십이 강한 사람들의 수준에 의해 좌우된다.(리더십 능력이 그 사람과 조직의 전체적인 성공 수준을 결정한다.)

2. 영향력의 법칙: 우리가 무심코 누군가에게 행한 언행이 한 사람의 삶에 영향을 주게 되고, 결국 그로 말미암아 세상이 변할 수 있다.(리더십을 측정하는 진정한 척도는 영향력이다. 그 이상도 그 이하도 아니다.)

3. 과정의 법칙: 리더는 한밤에 완성되는 것이 아니다. 리더십은 인내를 필요하며, 일생에 거쳐 서서히 이루어지는 과정이다.(리더십은 매일매일 개발하는 것이지 하루아침에 개발되는 것이 아니다.)

4. 항해의 법칙: 누구나 배를 운항할 수는 있으나 항로를 결정하는 것은 리더가 해야 한다. 과거의 경험과 지식으로만 리더가 결정을 내리면 좋은 결정을 내릴 수 없듯이 리더는 항상 변화에 민감해야 하고, 과거 경험에 의존하면 안 된다.(누구나 배를 조종할 수 있다. 그러나 선박의 항로를 결정하기 위해서는 리더가 필요하다.)

5. 휴톤(E. F. Hutton)의 법칙: 술자리에서 어떤 사람이 이야기할 때, 하던 행

동을 모두 멈추고 그 사람을 볼 때 그 사람이 리더이며, 아무리 열심히 떠들어도 듣지 않으면 리더가 아니다. 즉, 사람들은 메시지에 담긴 진리 때문이 아니라, 말하는 자에 대한 존경 때문에 그의 말을 듣는다.(진정한 리더가 말을 하면 사람들은 경청한다.)

6. 굳건한 기초의 법칙: 신뢰는 리더십의 기초이다. 신뢰를 쌓기 위해 리더는 유능함과 관계성과 인격이 요구되기 때문이다.(신뢰가 바로 리더십의 기반이다.)

7. 존경의 법칙: 사람들은 나보다 강한 사람을 따르고 존경하기를 원하고 있다.(사람들은 본능적으로 자신보다 강한 사람을 따르고 존경한다.)

8. 직관의 법칙: 리더는 직관을 통해서 사물을 관찰한다.(리더는 직관을 통해서 사물을 평가한다.)

9. 자석의 법칙: 당신이 어떤 사람인가에 따라 당신 주위에 어떤 사람들이 모일지 결정된다.(당신의 능력에 따라서 당신 주변사람들이 모이기도하고 흩어지기도 한다.)

10. 친밀의 법칙: 리더는 따르라고 요구하기 전에 마음을 감동하게 해야 한다.(리더는 도움을 요청하기 전에 먼저 감성적인 접근으로 마음의 문을 두드린다.)

11. 이너 서클(Inner Circle)의 법칙: 리더가 잠재력이 있지만, 훌륭한 리더인지 알 수 있는 것은 어떤 사람이 리더의 주위에 있는지가 중요하다.(리

더의 잠재력은 리더와 가장 가까운 사람들에 의해서 결정된다.)

12. 권한위임(Empowerment)의 법칙: 권한위임을 할 때는 확실히 해야 하며, 간섭하지 않을 일과 간섭해야 하는 일은 정확히 나누어야 한다.(자기 자신을 신뢰하는 리더만이 권한을 다른 사람에게 위임할 수 있다.)

13. 재생산의 법칙: 일반적으로 아는 만큼 가르치고, 자신과 비슷한 리더를 양성하게 된다.(훌륭한 리더가 훌륭한 리더를 기른다.)

14. 수용의 법칙: 사람은 그 사람을 받아들이고 나서 비전을 받아들인다. 따라서 리더로서 커다란 비전과 가치 있는 대의를 갖는 것만으로는 사람들을 충분히 따라오게 할 수 없으므로 먼저 사람들이 당신을 좋아하게 만들 수 있는 좋은 리더가 되어야 한다.(구성원들은 먼저 리더를 수용하고, 다음에 비전을 수용한다.)

15. 승리의 법칙: 승리를 목표로 하는 사람은 눈물을 절대 보여서는 안 되며, 혼자서 하는 것은 승리가 아니라 성취이기 때문에 위대한 지도자들은 항상 이기는 방법을 찾는다.(리더는 팀이 승리할 수 있는 길을 찾아낸다.)

16. 동력(Momentum)의 법칙: 가만히 서 있는 배는 움직일 수 없다. 가만히 있는 조직을 움직이고 동력을 만드는 것이 바로 리더의 역할이다.(모멘텀은 리더에게 최고의 친구이다.)

17. 우선순위 법칙: 열심히 한다고 해서 반드시 성과가 나는 것은 아니므로 리더가 성과에 대한 우선순위를 정하지 않는다면, 성장이란 없다.(열심

히 일한다고 해서 반드시 성과가 나는 것은 아니다.)

18. 희생의 법칙: 희생은 리더가 한 번만 지급하는 비용이 아니라, 리더십 위치에 있는 한 계속해서 겪어야 하는 과정이기 때문에 얻을 것이 있다면, 반드시 포기해야 할 것이 있다.(성장하려면 리더는 희생을 치러야 한다.)

19. 타이밍의 법칙: 리더에게 있어서 때를 아는 것은 해야 할 일과 가야 할 목적지를 아는 것 못지않게 중요하다. 즉, 잘못된 시기에 잘못된 행동은 재앙을 낳고, 잘못된 시기에 올바른 행동은 저항을 낳으며, 올바른 시기에 잘못된 행동은 실수이며, 올바른 시기에 올바른 행동은 성공을 낳는다.(리더는 때와 해야 할 일과 가야할 목적지를 알아낸다.)

20. 폭발적 성장의 법칙: 작은 성장을 이루려면 추종자들을 끌고 가야해야 하겠지만, 정말 큰 성장을 이루고자 한다면 리더들을 제대로 선도해야 한다.(작은 성장을 이루려면 추종자(follower)들을 리드하고, 큰 성장을 이루고자 한다면 리더(leader)들을 리드하라.)

21. 리더의 유산: 리더의 마지막 가치는 계승으로 이어간다. 즉, 장기적인 관점에서 조직을 경영해야 하며, 리더십 문화를 만들고, 내일의 성공을 위해 오늘 대가를 지급해야 하고, 개인리더십보다는 팀의 리더십을 더 중시해야 하며, 결국 품위 있게 조직을 떠나라.(장기적인 관점에서 리더의 가치는 승계, 유산의 크기에 의해서 측정된다.)

_존 맥스웰

리더가 알아야 할 7가지 키워드

1. 다른 사람을 위한 리더가 되어야 한다.
   훌륭한 리더들은 개인적인 유익을 위해 리더의 자리에 앉지 않는다. 그들은 다른 사람들을 섬기기 위해 리더가 된다.

2. 먼저 좋은 부하가 되라.
   좋은 부하가 되는 것을 배우지 못한 사람은 유능한 리더가 될 수 없다. 그렇기 때문에 미 육군사관학교 같은 리더십 기관에서는 장교들에게 먼저 유능한 부하가 되라고 가르친다. 그래서 미 육군사관학교에서 하버드 경영대학보다 더 많은 리더들이 배출된다.

3. 긍정적인 관계를 세우라.
   리더십은 영향력 그 이상도 그 이하도 아니다. 다시 말해 리더십은 본질적으로 관계적인 것이다. 요즘 세대의 리더들이 특별히 이 점에 주목하는 것은 직함이나 지위가 그들에게 별 의미가 없기 때문이다. 그들은 사람들이 대인 관계가 좋은 사람과 함께하고 싶어한다는 것을 알고 있다.

4. 탁월성을 갖고 일하라.
   평범한 사람을 존경하거나 따르는 사람은 없다. 자격을 획득한 리더들은 자신이 하는 일에 자신의 모든 것을 바친다.

그들은 자신의 기술과 재능을 사용할 뿐 아니라, 대단한 열정을 가지고 열심히 일하며, 자신이 할 수 있는 한 최고의 수준으로 일한다.

5. 감정이 아니라 규율에 의지하라.

좋은 시절에 리더로 있는 것은 대체로 쉽다. 하지만 모든 일이 막힌 것 같을 때, 가령 당신의 에너지가 고갈되어서 자신도 리더를 그만두고 싶을 때, 바로 그때가 당신이 리더의 자리를 획득할 때다. 인생의 계절 속에서 리더들은 추진할 것인지 포기할 것인지 선택해야 하는 중대한 시기들을 맞이한다. 그 시기를 잘 통과하려면 힘없는 감정의 모래알에 의지할 것이 아니라 든든한 규율의 반석에 의지해야 한다.

6. 당신의 목표에 가치를 부여하라.

평범한 삶으로 돌아간 후에도 오랫동안 존경받는 리더들을 생각해 보라. 그들은 사람들이 더 나은 삶을 살고 잠재 능력을 발휘할 수 있도록 도운 사람들이다.

이것이 리더에게 주어진 최고의 사명이며 최고의 가치이다.

7. 당신의 힘을 나누라.

리더십의 모순 중 하나는 자신이 가진 힘을 축적함으로가 아니라 나눔으로 더 좋은 리더가 된다는 것이다.

여러분은 저수지가 아니라 강물이 되어야 한다.

다른 이들을 세우기 위해 힘을 사용한다면 당신의 리더십은 상상할 수 없는 지경까지 확장될 것이다.

_존 맥스웰

리더가 되기 전에 읽어야 할 명품고전 50가지

1. 《행복론》 알랭 _ 실천으로 이끄는 마음공부법.
2. 《꿈의 해석》 프로이트 _ 꿈은 억압당한 욕망의 충족이다.
3. 《월든》 소로 _ 이 세상 모든 가식과 허영을 버리고 인생의 의미를 탐구한다.
4. 《자신감》 에머슨 _ 인간은 무한한 가능성을 갖고 있다.
5. 《적과 흑》 스탕달 _ 젊은 날의 야망 그리고 좌절.
6. 《방법서설》 데카르트 _ 나는 생각한다. 고로 존재한다.
7. 《햄릿》 셰익스피어 _ 내 과업을 아는 것이 곧 나를 아는 길이다.
8. 《수상록》 몽테뉴 _ 관용 정신은 무지와 어리석음의 자각에서.
9. 《소크라테스의 변명》 플라톤 _ 철학은 영혼을 살찌운다.
10. 《논어》 공자 _ 배움은 최고의 기쁨이다.
11. 《자유로부터의 도피》 에리히 프롬 _ 자유와 함께 스며드는 고독과 불안.
12. 《호모 루덴스》 호이징가 _ 인간의 문화는 놀이에서 탄생했다.
13. 《내가 살아온 이야기》 헬렌 켈러 _ 인간의 능력과 노력의 가능성을 보여준 위대한 생애.
14. 《차라투스트라는 이렇게 말했다》 니체 _ 당당하고 자긍심을 갖춘 인간이 되어라.
15. 《전쟁과 평화》 톨스토이 _ 인간의 삶에 물음표를 던지다.
16. 《죄와 벌》 도스토예프스키 _ 젊은 날의 인생을 다시 생각한다.

17. 《파우스트》 괴테 _ 인간은 노력하는 한 방황한다.
18. 《의지와 표상으로서의 세계》 쇼펜하우어 _ 이 세상은 고통의 샘이다.
19. 《자서전》 벤저민 프랭클린 _ 인생의 행복은 철저한 자기관리에서 시작된다.
20. 《팡세》 파스칼 _ 인간의 삶은 영원한 환각일 뿐이다.
21. 《세일즈맨의 죽음》 아서 밀러 _ 아버지는 지쳤다.
22. 《온리 예스터데이》 프레드릭 알렌 _ 번영의 정점에서 대공황으로.
23. 《여론》 월터 리프먼 _ 현대 사회를 지배하는 매스컴의 허와 실.
24. 《심판》 카프카 _ 부조리한 세계에서 살다.
25. 《유한계급론》 소스타인 베블런 _ 모든 것은 과시에서 비롯된다.
26. 《게마인샤프트와 게젤샤프트》 퇴니에스 _ 사회의 참모습을 인간의 상호관계로 규명하다.
27. 《사회계약론》 루소 _ 민주주의의 본질을 설파하다.
28. 《로빈슨 크루소》 대니얼 디포 _ 어떻게 하면 혼자 살아갈 수 있을까.
29. 《유토피아》 토머스 모아 _ 이상향을 그리다.
30. 《군주론》 마키아벨리 _ 인간과 동물을 구분해서 부리는 처세술.
31. 《콘티키》 소르 헤위에르달 _ 가설을 실증한 실험항해의 기록.
32. 《죽음의 수용소에서》 프랑클 _ 유태인 강제수용소의 체험 기록.
33. 《조제프 푸셰》 슈테판 츠바이크 _ 변절에 능한 어느 정치적 인간의 초상.
34. 《프로테스탄티즘의 원리와 자본주의 정신》막스 베버 _ 자본주의를 키워낸 직업의식과 금욕주의.
35. 《이탈리아 르네상의 문화》 야콥 부르크하르트 _ 현대의 출발점, 이탈리아 르네상스를 분석하다.
36. 《항해록》 콜럼버스 _ 신대륙 발견의 항해 기록.
37. 《삼국지연의》 나관중 _ 영웅호걸들의 대활약.
38. 《역사》 헤로도토스 _ 페르시아 전쟁사를 넘어 세계 문화사로.

39. 《일리아스》 호메로스 _ 트로이 전쟁의 대서사시.
40. 《성서》 _ 서양의 사상과 문학, 관습을 이해하는 절대 지식.
41. 《이중나선》 제임스 왓슨 _ DNA 구조 및 메커니즘의 발견.
42. 《침묵의 봄》 레이첼 카슨 _ 농약 · 살충제가 일으킨 자연 파괴를 고발하다.
43. 《과학혁명의 구조》 토머스 쿤 _ 패러다임으로 과학혁명을 분석하다.
44. 《은하의 세계》 허블 _ 우주는 팽창하고 있다.
45. 《인체의 지혜》 월터 캐넌 _ 생체 항상성을 밝히다.
46. 《곤충기》 파브르 _ 곤충의 본능과 습성을 노래하다.
47. 《종의 기원》 다윈 _ '자연 선택' 이라는 생물 진화의 원리를 제창하다.
48. 《절대의 탐구》 발자크 _ 지칠 줄 모르는 과학자의 집념을 그리다.
49. 《수기》 다빈치 _ 시대를 앞서 나간 독창적인 고찰.
50. 《고대 의학에 관하여》 히포크라테스 _ 질병을 미신과 종교에서 떼어 놓다.

_기하라부이치

memo

리더가 되기 위한 10가지 영향

1. 실력

   유통능력_ 소비자랑 사업자 만들기 _초대가 젤 먼저 되어야 하는 것.

   관리능력_ 감정조절, 즉 자기 자신에 감정조절.

   교육능력_ 복제. 따라 하는 것.

2. 인격: 인격을 갖춰야 한다.
3. 비전 제시능력: 파트너를 만났을 때 비전을 제시할 능력이 있어야 한다.
4. 경험: 실수를 말한다. 실수노트를 활용한다. 내가 활동했을 때 그 실수에 대해서 일기처럼 적고 반성한다. 나중에 읽어보고 참고가 될 수가 있다.
5. 팔로우(follow): 잘 따라하는 사람이 최고의 리더가 된다.
6. 책임감: 책임감이 크기가 보상하고 비례한다.
7. 열정: 열정이 지속되어야만 한다. 죽은 닭한테 알을 품게 하지 마라.
8. 끊임없는 성장: 배움과 겸손 다른 사람의 말을 경청할 줄 알아야 하고 그 사람 말속에서 내가 배워야 할 점은 겸허하게 받아드릴 줄 알아야 한다. 내면을 변화시킬 줄 알아야 사업에 성공할 수 있다.
9. 팀워크: 팀 내에서 시너지를 일으킬 수 있어야 한다.
10. 리더가 할 수 있는 진짜 중요한 요점

    '솔선수범' 행동으로 먼저 보여주어야 한다.

_지식in

조직의 리더가 위대함에 이르는 4가지 열쇠

■ 위대한 인물들의 공통 특성

1. 카리스마가 있다.
경외감을 느낄 정도의 자신감이 있다. 자기존중감이 탁월하다.(자기를 비하하면 위대할 수 없다.)
2. 타고난 승부근성.
내 발명품을 상품화할 공장이 없다면 내가 공장을 짓는다.(에디슨)
3. 모든 것을 거는 경쟁심.
주변상황 또는 라이벌들과의 경쟁 환경 속에서 승리한다.
4. 일 중독자가 많다.
일할 시간을 많이 확보하기 위해 말 걸음 생각이 빠르다.(빌 게이츠)
5. 직관력이 뛰어나다.
멀리 넓게 정확히 본다. 직관이 없으면 내용이 없다.
6. 반항적이다.
앞서가고 있으므로 행동은 기발하고 독특하다.
7. 끈기가 있고 근성이 강하다.
절대 포기하지 마라.(처칠) 내 인생은 곧 투쟁.(만델라)
8. 창조적이면서도 강한 열망 내재.
모든 일의 기본은 강한 내적 열망이다.

■ 지도자의 필수요건 3D

1. 방향제시(Direction)
2. 권한 위양(Delegation)
3. 강한 추진(Drive)

솔선수범과 공정한 평가

리더십

■ 성공한 아시아 기업인의 특징 4가지

1. 당면문제 정면 돌파
2. 대인관계 매우 중시
3. 가족보다 일이 우선
4. 외국에서 기회 잡기

■ CEO의 습관_성공한 CEO들의 작지만 특별한 습관

1. 한 번 시작하면 끝장을 보고 만다.
2. 당장 자신의 이익부터 따지지 않는다.
3. 장애물을 뜀틀로 여긴다.
4. 욕먹는 것도 즐길 줄 안다.
5. 스트레스를 보약으로 여긴다.
6. 잘 나갈 때일수록 위험탐지 안테나를 세운다.
7. 초심을 잃지 않기 위한 장치가 있다.
8. 자신과 대화할 작전타임이 있다.
9. "나는 된다"는 말을 입에 달고 산다.
10. 가치부여의 도사다.
11. 사장처럼 일한다는 말을 평사원 시절부터 들었다.
12. 점심 약속이 일주일에 5일은 있다.

13. 타업종 인사 열 명 이상과 교류를 하고 있다.

14. 거절을 하면서도 상대를 기분 좋게 한다.

15. 말하기보다 질문하기를 더 좋아한다.

16. 뒷모습을 앞모습보다 소중히 여긴다.

_지식in

memo

21C 좋은 리더가 되는 방법 11가지

첫째, 인간성 좋은 리더가 좋은 리더이다

1. 부하직원을 부하로만 보지 않고 사람으로 보는 상사가 좋은 리더이다.
   "나도 사람이다. 더 이상은 못 참는다." 고객의 컴프레인을 받고 난 뒤에 푸념하는 소리를 들어본 적은 없는가? 고객들에게 자존심 상하는 일이나 시달림을 받는 경우가 많다. 부하직원으로 제한하기 전에 사람으로 보고 인격체로 대한다. 직장의 동반자, 삶의 동반자로서 존중한다. 신하를 지배하는 왕의 권위적 자세가 아니라, 동등한 인격체로서 존중하고, 역할을 존중한다. 대화를 할 때 경어를 사용하고 이름을 불러주면 좋다.

2. 부하직원 사랑에 기쁨이 있는 상사가 좋은 리더이다.
   부하직원 사랑의 눈높이만큼 조직 장악력이 강화된다. "우리는 고객에게 친절해야 한다." 너무나 흔한 말인데, "좋은 상사는 부하 직원에게 친절해야 한다." 이 말을 실행해야 한다.
   고객에게든, 부하 직원에게든 아무튼 친절은 어떨 때 가능한가를 보자.
   1) 친절하려면 사랑이 있어야 하고,(사랑 없는 친절은 친절이 아님)
   2) 사랑 속에는 수고가 있어야 하고,(수고 없는 사랑은 사랑이 아님)
   3) 수고 속에는 기쁨이 있어야 한다.(기쁨 없는 수고, 사랑, 친절은 빈껍데기와 같다).

3. 부하직원의 감정을 인정하는 상사가 좋은 리더이다.

부하직원도 사람이며, 그렇기 때문에 생리적인 작용도 있고, 심리적인 작용도 있다는 것을 인정해야 한다. 부하직원의 감정과 생각을 존중한다. 부하직원이 기쁜 일이 있을 때나 슬픈 일이 있을 때, 기쁨지수나 슬픔지수가 부하직원과 동일한가, 아니면 차이가 있는가?

본인은 힘들어하는데, 제3자가 보기에는 대수롭지 않은 일인 경우도 있다. 좋은 상사라면 힘들어하는 마음을 함께 나누고 회복시켜 줄줄도 알아야 한다. 그렇게 되면, 모든 열정을 다해 상사를 따르게 될 것이다.

4. 부하의 사생활에 관심을 가져주는 상사가 좋은 리더이다.

때로는 상사이기도 하고 때로는 형님 같기도 한 상사. 업무뿐만 아니라 인생을 논의할 수도 있어야 한다. 부모님의 건강은 어떠신지, 친구들과는 어떻게 지내는지, 개인적으로 해결해야 할 문제나 고민거리를 함께 풀어준다. 사생활의 대화를 하지 않다가 업무적인 대화를 하면 잘 먹혀들지 않게 된다.

둘째, 지도해 주는 상사가 좋은 리더이다.

5. 신입사원에게는 지도해 주고, 능력자에게는 위임해 주는 상사가 좋은 리더이다.

배울 것이 있고, 가르쳐 주고, 키워주는 상사를 좋아한다. 맡기지도 않고 가르쳐 주지도 못하는 상사는 실무자의 때를 벗지 못했기 때문이다. 부하의 품질 수준이 상사의 품질이다.

부하직원의 능력이 상사의 능력이다. 상사는 새로운 개선의 방법을 고안해 내고 그것을 가르쳐서 숙달시키고 위임하는 부하 육성의 사이클을 따라 관리해 나가야 한다. 가르치고 위임하는, 양 날개를 사용하여 부하직원이 맹활약 할 수 있도록 하자.

6. 방침과 목표를 분명히 제시하여서, 행동의 혼란을 예방해주는 매니저가 좋은 리더이다.
리더십 속에는 보고 갈 방침과 목표가 제시되어야 하고, 팀워크도 분명한 방침과 목표가 구심점이 됨으로써 일사분란하게 된다. 방침과 목표가 없으면 부하들은 생각이 산만해지고, 비생산적으로 실패와 방황이 거듭되게 된다. 나침반 없는 배와 같게 된다.
울타리 벗어나는 잘못된 것만 챙기는 관리자는 트집쟁이 관리자, 시비꾼 관리자가 될 뿐만 아니라 부하를 혼란에 빠뜨리고 고생만 시킨다. 방침과 목표를 명확히 하면(공동 설정하면 더욱 유용) 상사에게는 파워가 생기고, 부하직원에게는 성취감이 있다.

7. 책임은 내가, 공은 부하 직원에게 돌리는 상사가 좋은 리더이다.
관리자는 부하를 통해 자기를 실현하는 사람이다. 부하직원이 상을 받고 부서목표가 달성되면 상사는 그것이 바로 포상인 것이다. 부하직원이 진열을 잘 했다고 칭찬을 받으면, 그것으로 상사도 만족해야지, '내가 그렇게 하라고 시켰다.' 라는 식으로 공을 가로채려고 하면, 부하직원들의 협동을 받아 내는 일은 끝장이다.

8. 부하 평가와 육성의 항목을 알고 객관적으로 행하는 상사가 좋은 리더이다.
첫째, 직무적인 측면에서는

리더십

1) 업적

2) 직무지식

3) 문제해결 능력

4) 책임완수 능력

5) 기한준수 능력이 있고,

둘째, 심리적인 측면에서는

1) 책임완수 의식

2) 성취의욕

3) 끈기

4) 일처리 방식

5) 독립성 등을 분별하여 관찰하고 장려와 육성을 한다.

셋째, 능력 있는 상사가 좋은 리더이다.

9. 솔선수범하여 부하직원들이 도전할 행동을 보여주는 상사가 좋은 리더이다.

가르쳐서 배우는 것보다는 보고서 배우고, 시켜서 하는 것보다는 본 대로 하는 것이다. 점포관리는 임장(臨場)관리가 효과적이다. 항상 매장에 있으면서 친절의 시범도 보이고, 솔선수범으로 진열도 할 때 리더십이 확보되는 것이다. 프로야구의 감독처럼 현장에 있으면서 작전사인을 주고받으면서 함께 뛰어야 한다.

10. 관리자가 해야 할 일을 알고 행하는 상사가 좋은 리더이다.

등만 잘 두들겨준다고 따르던 시대는 지나갔고, 상사 스스로가 실력으로 무장되어 있을 때 추종하고 협력한다.

1) 목표 지향력
2) 문제해결 능력
3) 조직 능력
4) 의사소통 능력
5) 동기부여 능력
6) 지도육성 능력
7) 자기혁신 능력

11. 부하직원이 상사의 어떤 파워에 이끌리는가를 알고 강화해 가는 상사가 좋은 리더이다.

부하는 단지 상사라고만 하는 이유만으로는 최선을 다해 행동하지 않는다. 어떤 파워에 의해 행동하게 될까?

1) 규제력(엄격한 조치나 상벌)
2) 연결력(유력자나 영향력 있는 사람과 연결)
3) 전문력(지식, 판단, 경험, 기술 이해력 소유)
4) 정보력(지식, 정보를 지니고 있고 입수방법, 정보원천을 알고 있음)
5) 공권력(나를 지도할 권리를 조직에서 부여받음)
6) 인격력(좋아하며, 기쁘게 해주고 싶은 인격)
7) 보상력(협력자에게 의논이나 지원 능력)

_www.jobaksa.com

리더가 되는 9가지 방법

1. 칭찬과 감사의 말로 시작하라.

칭찬으로 시작하는 것은 마취제를 써서 마취를 한 후 일을 시작하는 치과의사와 같다.

지도자는 그런 방법으로 사람을 다루어야 한다.

2. 미움을 사지 않고 비평하는 방법.

많은 사람들이 비난을 하기 시작할 때 처음에는 솔직한 칭찬을 한다. '그러나' 라는 단어와 함께 비난하는 말로 끝을 맺지만, '그리고' 로 바꾸어 비난을 간접적으로 암시하는 방법으로 사용하면 놀라운 효과를 얻게 된다.

3. 자신의 실수를 먼저 이야기하라.

야단을 치는 쪽이 먼저 자기 또한 완벽한 사람이 아니라는 점을 겸손하게 인정하면서 실수를 지적해 주면 별로 듣는데 거북하지 않을 것이다.

4. 아무도 명령받기를 좋아하지 않는다.

명령보다는 제안을 통한 상대방의 자존심을 세워주고 자기 중요성을 느끼게 해주며 반감대신 협조를 불러일으킨다.

5. 상대방의 체면을 세워주어라.

설령 우리가 옳고 상대방이 분명히 잘못했다하더라도 그 사람의 체면을 잃게 하면 곧 자존심에 상처를 주게 된다.

6. 사람들을 성공으로 이끄는 법.

조그만 진전이라도 보이면 칭찬을 해주자.

그것은 상대방을 분발시켜 더욱 그를 발전시킨다. 능력은 비난 속에서는 시들지만 격려 가운데서는 찬란히 꽃을 피우는 법이다.

7. 개에게도 좋은 이름을 지어주어라.

다른 사람에게도 개발시켜 주고 싶은 장점이 있다고 가정하고 그것에 대해 자주 말하라.

그들에게 좋은 평판을 생각하게 해주어라. 그렇게 되면 그들은 당신을 실망시키지 않을 것이다.

8. 실수는 고치기 쉽다.

실수하는 것에 대하여 자신감을 불어 넣어 주고, 용기와 신념을 갖도록 격려해 준다면 자신의 우수성을 보여주기 위해 의욕을 갖고 성공할 때까지 꾸준히 그 일을 해나갈 것이다.

9. 즐거운 마음으로 협력하게 만들어라.

첫째. 성실해야 한다.

자신이 할 수 없는 일은 어떤 경우에도 약속하지 말라.

자신에 대한 이익은 잊어버리고 다른 사람에 대한 이익에 대해 집중하라.

둘째. 다른 사람이 무엇을 하기를 원하는지 정확하게 알고 있어야 한다.

셋째. 동정적이어야 한다.

다른 사람이 진심으로 무엇을 원하는지를 자신에게 물어보라.

넷째. 자신이 제의하는 일을 함으로서 그 사람이 어떤 이익이 돌아가는가를 생각하라.

다섯째. 그러한 이익을 다른 사람의 소망과 일치시키도록 하라.

여섯째. 요구를 할 때 그 일을 함으로서 그 사람에게 이익이 돌아간다는 것을 암시하는 식의 방법을 취해서 하라.

_지식in

memo

리더가 되기 위한 11가지 중요한 조건

1. 용기를 가질 것.

용기는 자기 자신의 지식과 경험에 의해 뒷받침되는 것이다. 어떤 부하라도 자신과 용기가 없는 리더는 따르지 않는다. 현명한 부하라면 그런 리더 밑에는 있지 않을 것이다.

2. 셀프컨트롤 뇌력을 지닐 것.

자신을 컨트롤할 수 없는 사람이 다른 사람을 컨트롤할 수는 없다. 물론 리더로서의 지위를 이용해 부하에게 셀프컨트롤을 강요할 수는 있지만, 부하는 그러한 리더의 지시를 진심으로 받아들이지는 않는다. 다시 말해 실체는 전혀 바뀌지 않는다는 것이다. 자신을 컨트롤할 수 있는 리더는 언제나 부하에게 좋은 모범이 된다. 부하는 그러한 리더를 서로 배우려고 한다.

3. 정의감을 가질 것.

리더에게 공정한 마음과 정의감이 없다면 부하나 주위 사람들의 존경을 받을 수도, 또한 그것을 유지할 수도 없다.

4. 강한 결단력을 가질 것.

결단을 해야 할 때 망설이는 우유부단한 사람은 자신이 나아가야할 방향에 대한 신념이 없다는 증거이다. 또한 "책임을 지고 싶지 않다"라는 의식적 또는 무의식적인 생각을 갖고 있는 경우도 있다. 이것도 하나의 "신념"이다. 신념의 일반적 의미는 "개인이 신봉하고 견지하고 있는 생각"이기 때문이다.

사회심리학 상으로 "바람직하다 - 바람직하지 못하다"와 같은 개인적인 신봉은 "태도"라고 불리는 경우가 많다. 아무튼 "마음가짐"의 문제이다. 그런 사람은 훌륭한 리더는 될 수 없다.

5. 계획력을 가질 것.

성공한 리더는 일을 정확히 계획하고 그 계획을 실행에 옮긴다. 현실적이며 정확한 계획 없이 닥치는 대로 일을 하는 리더는 지도가 없는 배처럼 좌초된다. 목표설정이 얼마나 중요한 것인가는 이것만 봐도 알 수 있을 것이다.

6. 보수 이상의 일을 하는 습관을 가질 것.

부하에게 필요 이상의 일을 요구하지 말 것. 리더로서의 필요조건은 부하에게 요구하는 이상으로 자신이 직접 일을 하는 의욕을 갖는 것이다.

7. 밝은 성격을 가질 것.

성격이 어두운 사람은 리더가 될 수 없다. 리더는 다른 사람들로부터 존경받아야 한다. 밝은 성격이 아니라면 부하의 존경을 받을 수는 없을 것이다.

8. 배려하는 마음과 이해심을 가질 것.

리더는 부하를 신뢰하고 부하의 마음을 이해할 수 있는 사람이어야 한다. 리더는 부하를 배려하는 마음과 부하가 안고 있는 공적 또는 사적인 문제나 고민을 이해해야 한다. 이해했다면 다음으로 그 문제를 해결하기 위한 대안을 부하와 함께 짜내 문제해결을 모색하는 것도 때로는 필요하다.

9. 상세히 알고 있을 것.

훌륭한 리더가 되기 위해서는 리더로서의 입장에 관한 것을 상세하게 알고 있어야 한다. 이것은 당연한 말일 것이다. 당신이 지금 리더라는 지위에 있지 않다면, 지금부터 "훌륭한 리더가 되기 위해서는 리더로서의 입장에 관한 것을 상세하게 알고 있어야 한다."는 것을 머리에 새겨두기 바란다. 그것을 완전히 몸에 익힌다면 당신의 현재의 신분이야 어떻든 사실상은 리더가 된 셈이다.

10. 책임감을 가질 것.

훌륭한 리더란 부하의 실패나 결점에 대해서도 책임을 질 수 있는 사람이어야 한다. 책임을 회피하고자 하는 사람은 리더의 자리를 반납해야 한다. 부하가 과오를 범해도 또한 능력 또는 뇌력이 없다는 것을 알아도 자신의 실수로 생각하는 사람이어야 한다.

11. 협조심이 있을 것.

리더는 '협조'라는 말의 참의미를 이해하고 실천해야 한다. 또한 부하에게도 그것을 철저히 교육해야 한다. 훌륭한 리더가 되려면 힘이 필요하지만 그 힘을 얻으려면 협조가 필요하다.

_지식in

리더가 실패하는 10대 원인

1. 정밀한 사고의 결여.

훌륭한 리더라면 세세한 것까지 검토하고 또한 숙지하고 있어야 한다. 아무리 하찮은 것이라 할지라도 리더로서 해야 할 일은 해야 한다. "너무 바빠서"라는 변명을 하는 사람은 참된 리더가 될 수는 없다. 리더가 너무 바빠 계획을 수정하지 못했다거나 너무 바빠 긴급사태에 대처할 수 없다고 주장하는 것은 "나는 충분한 뇌력이 없다"고 인정하는 것과 같다. 성공한 리더라면 그 입장에 관한 모든 것을 파악하고 있다.

2. 하찮은 일은 하고 싶지 않다.

정말로 훌륭한 리더가 되고 싶다면, 다른 사람에게 부탁해도 될 일도 직접 하도록 해야 한다. "가장 훌륭한 사람은 만인의 하인도 될 수 있는 사람이다"라는 말은 리더가 새겨두어야 할 진리이다. 반면 리더가 되고 싶지 않다면 이것과 반대의 행동을 하면 된다.

3. 행동보다 지식을 더 소중히 여길 것.

사회는 그 사람의 "지식"에 대해 보수를 지불하는 것은 아니다. 그 사람이 지식을 토대로 무언가를 해주었을 때, 또는 지식을 토대로 다른 사람에게 무언가를 시켰을 때 보수를 지불하는 것이다. 단순한 "지식"은 백과사전을 펼치면 알 수 있다. 여러 가지 것들을 많이 알고 있으면 된다는 사고방식은 버려야 한다.

4. 부하의 도전을 두려워할 것.

만약 리더가 부하에게 대해 자신의 지위를 뺏지 않을까 하는 두려움을 느낀다면 언젠가는 현실로 될 것을 각오해야 한다. 훌륭한 리더는 부하를 훈련하여 언제라도 자신의 대역을 할 수 있도록 해야 한다. 그렇게 함으로써 리더는 자신의 분신을 만들 수 있게 된다.

또한 훌륭한 리더는 자기 혼자의 노동에 의해 얻는 수입보다 부하에게 일을 시킴으로서 얻는 수입이 많다는 것을 알고 있다. 유능한 리더는 그것을 알고 있기 때문에 자신이 지닌 직업적지식과 매력적인 성격으로 부하의 뇌력을 능숙하게 끌어올려서 유효하게 활용하고자 한다. 또한 부하들도 유능한 리더 밑에서 일을 하는 편이 효율적이라는 사실을 알고 있다.

5. 상상력의 결여.

상상력이 결여된 리더는 긴급사태에 대처할 수 없다. 또한 부하를 효율적으로 지도하는 계획을 세울 수가 없다.

6. 이기주의자.

부하가 하는 일에 일일이 간섭하는 리더는 모두가 등을 돌린다. 우수한 리더는 부하의 명예에 손상을 주지 않는다. 정말로 훌륭한 리더라면 부하가 명예를 얻기를 바란다. 누구나 돈만을 위해 일하는 것은 아니다. 유능한 리더라면 인간은 인정받고 칭찬받을 때 더 일을 잘한다는 인간의 심리를 잘 알고 있을 것이다.

7. 과격한 성격.

과격한 리더를 존경할 부하는 없다. 그뿐 아니라 변덕스러운 성격은 인간의 인내력과 활력을 파괴해 버린다.

8. 불성실.

이것은 10대 특징 중 1위로 들어야 하는 문제이다. 자기 자신에 대해, 또는 동료에 대해, 상사에 대해 불성실한 사람은 오래 리더로서 있지 못한다. 불성실한 것만큼 좋지 않은 것도 없다. 사람들의 경멸만을 살 뿐이다. 성실함이 결여된 것은 인생에서의 실패의 최대 요인이다.

9. 특권의 남용.

훌륭한 리더는 격려하며 부하를 지도한다. 결코 권력으로 지도하지 않는다. 리더의 권력으로 부하를 억압하려는 리더는 힘으로 정상에 오른 사람과 같다. 부하에 대해서는 배려하는 마음을 갖고 공정해야 한다. 권력으로 밀어붙이는 것이 아니라 업무상의 지식을 나타내는 정도로 좋다.

10. 지위의 과시

정말로 훌륭한 리더라면 직함이 없어도 부하로부터 존경을 받는다. 지위만을 내세우는 사람은 달리 내세울 것이 없다는 뜻이다. 참된 리더가 되려는 사람을 위한 문은 언제나 열려 있다. 일하는 곳에 형식이나 허영은 필요치 않다.

지금 열거한 열 가지 조건은 리더가 실패할 때 흔히 볼 수 있는 원인이다. 이 중 어느 것도 리더로서 실패하는데 충분한 이유가 된다. 만약 당신이 훌륭한 리더가 되고자 한다면 이 10대 특징을 다시 한 번 주의깊게 읽어보기 바란다. 그리고 이 중 어느 하나도 당신에게는 해당되지 않기를 바란다.

현대는 여러 분야에서 새로운 리더와 새로운 타입의 리더십이 필요시 되고 있다. 세계는 급격한 속도로 변화되고 있으므로, 인간의 습관이나 사고방식도 이 변화에 대응해 자기변혁을 이루어야 한다.

_지식in

memo

모든 리더가 가져야 할 8가지 얼굴

1. 공감하는 얼굴

공감은 상대방의 마음을 진심으로 이해하고 인정하는 것이다.

주위 사람들은 자신이 당신에게 중요한 존재라는 것을 느끼고 싶어한다.

사람들은 당신이 자신을 진심으로 염려한다는 사실을 깨달을 때 당신을 믿는다.

2. 자신 있는 얼굴

눈에 보이는 것이 공포와 불안, 망설임뿐이라면 어느 누구도 당신을 따르지 않을 것이다.

이것은 전장에서만 통하는 이야기가 아니다.

두려움에 질린 얼굴을 따르려는 사람은 아무도 없다.

3. 집중하는 얼굴

진정한 집중력은 계획에 따라 행동하겠다는 단호한 의지에서 나온다.

집중력은 다른 사람들은 고무시킨다.

4. 관심 있는 얼굴

관심을 가지려면 존중해야 한다.

조금 더 시간을 투자해서 사람들의 이야기에 귀를 기울인다고 해서 당신이 해야 할 일의 목록이 짧아지는 것은 아니다.

5. 실망한 얼굴

당신이 어떤 결과에 대해 실망했다면 주의 사람들은 당신이 입을 열기 전에 그 실망을 감지할 수 있어야 한다.

긍정적인 성장이란 실망감을 표현하고 그들을 이끌어 성공하게 하는 것이다.

리더십

6. 행복한 얼굴

행복은 주위 상황에 만족하고 그로 인해 즐거워하는 것이다.

행복한 얼굴은 당신이 인정하고 있음을 드러낸다.

7. 진실한 얼굴

진실한 얼굴은 성실과 정직을 드러낸다.

눈이 영혼의 창이라면 얼굴은 속마음의 스크린이다.

8. 낙관적인 얼굴

낙관주의는 의식적인 선택이다.

낙관주의는 당신의 생각에 내구력을 더한다.

_론 헌터 주니어

스스로 리더가 되는 10가지 팁

1. 사람은 자연스러울 때 능력을 발휘한다.

당신은 모든 일에 대해, 혹시 너무 생각을 많이 함으로써, 혹은 너무 잘하려고 노력함으로써 오히려 결과를 더 나쁘게 만들고 있는 것은 아닌가요? 자연스럽게 몰입할 때, 우리는 진정 우리 안에 내재된 능력을 발휘할 수 있게 된다.

* 참고 자료: 웨인 다이어 著 '자유롭게'

2. 매 순간 집중하여 스트레스에서 해방되자.

매 순간에 주의를 기울여 보라. 그리고 조금이라도 마음에 걸리는 것이 있다면 즉시 그것을 풀어버리기 위한 적절한 행동을 취하라. 이렇게 하는 것이 습관이 되면, 우리의 마음은 더할 나위 없는 평정을 얻게 되며, 우리는 좀더 활동적이고도 균형적인 삶을 살아갈 수 있게 된다.

* 참고 자료: 미츠오 코다마 著 '성공한 사람들은 우뇌로 생각한다.'

3. 시간 관리가 곧 인생 관리다.

어떻게 보면 시간은 우리에게 가장 소중한 자산이라고도 할 수 있다. 시간을 효과적으로 관리할 수 있을 때, 우리의 인생 역시 그만큼 성공적으로 관리할 수 있는 것이다. 여러 가지 시간 관리 방법들을 이용해 보라. 그리고 삶을 보다 윤택하게 만들길 바란다.

*참고 자료: 수이 사오밍 著 '인생에 꼭 필요한 열두 가지 자본'

4. 지나치게 남을 의식하는 것에서 벗어나라.

특별히 긴장되는 상황 속에 있게 된다면, 과도하게 조심하려는 마음가짐으로부터 벗어나 자신이 가장 자연스럽게 행동하는 순간의 느낌, 그리고 그때 당신이 어떻게 행동하는지를 떠올려 보라. 그렇게 편안한 마음을 유지할 수 있을 때, 당신은 가장 적절하고도 자연스럽게 행동할 수 있게 된다.

*참고 자료: 맥스웰 몰츠 著 '성공의 법칙'

5. 때로는 뉴스와 담을 쌓아 보자.

우리가 듣게 되는 소식, 접하게 되는 환경은 알게 모르게 우리에게 커다란 영향을 미친다. 주변 환경에 의해 긍정적이고 활기찬 사람이 될 수도, 부정적이고 시니컬한 사람이 될 수도 있는 것이다. 흔히 임산부들은 좋지 않은 소식들은 피하며 태교에 힘쓴다. 임산부의 부정적인 감정이 태아에게 영향을 미치게 되는 것을 방지하기 위해서 이다. 우리 모두는 태아였던 이래로 우리의 마음을 어떤 소식과 감정으로 채울 것인지를 선택할 권리를 가지고 있다. 당신이 접하게 되는 환경을 스스로 선택하라. 그리고 당신의 하루를 좀더 행복한 것으로 만들기 바란다.

*참고 자료: 꿈을 이루게 해주는 특별한 거짓말

6. 항상 자신을 입증할 필요는 없다.

우리는 상대방을 존중해야 하지만 상대방으로부터 존중받을 권리 역시 가지고 있다. 하고 싶은 것에 대해서, 의도한 것에 대해서 항상 자신을 입증해야만 할 필요는 없다. 우리는 더 이상 상대방으로부터 '주목' 을 받고 싶어하는 어린아이가 아닌, 충분히 우리의 삶에 책임질 수 있는 어른이기 때문이다.

*참고 자료: 웨인 다이어 著 '자유롭게'

7. 끈기의 원칙을 단호하게 적용하라.

만약 지금 그 어떤 일을 대해 포기하고 싶은 생각이 든다면, 주저앉아 버리고 싶은 생각이 든다면 한 번만 더 시도해 보라. 한 번 더 해보는 것, 배짱을 부려보는 것, 계속 살아보는 것, 바로 그것이 우리를 인생에서의 승리의 순간으로 이끌어 준다.

8. 당신 안의 적극적 존재와 함께 하라.

당신 안의 적극적 존재를 찾아내라. 그는 당신을 올바른 길로 이끌어 줄 것이다.

9. 칭찬은 시끄럽게 비판은 조용하게.

세상에서 제일 억울한 것이 기껏 칭찬하고도 상대에게 감사하단 얘기 못 듣고, 진심으로 비판하고서도 상대에게 욕먹는 상황이 아니겠는가. 시끄럽게 칭찬해서 상대로부터 나의 칭찬에 감사한 마음이 들도록 하고, 조용하게 비판해서 상대가 자존심 다치지 않도록 하는 것은 사람을 부르는 성공 언어의 기본이다.

10. 심호흡하는 법을 새로 배우자.

생각이 잘 진행되지 않는다고 생각된다면 지금 당장 책상에서 일어서라. 그리고 팔과 다리를 움직여 혈액순환이 원활하게 이루어지게 하면서 크게 숨을 들이마셔 보라. 창조적인 생각을 위해서는 뇌에 산소가 공급되어야 한다. 간단한 운동과 심호흡을 통해서 당신의 두뇌를 원활하게 만들어줘 보라.

_김용섭(날카로운상상력연구소 소장)

리더십

memo

훌륭한 리더가 버려야 할 10가지

1. 파괴적 언사

불필요하게 상대방을 조롱한다든가 빈정대는 파괴적 말투를 피하라.

2. 정보 독점

다른 이들에게 영향력을 행사하기 위해 정보를 혼자만 독점하고 공유하지 않으려고 하는 것은 조직 발전에 해를 주는 버려야 할 행위이다.

3. 화가 난 상태에서 말하는 행위

100사람을 관리하는 도구로서 감정적 언사를 사용하게 되면 득보다 해가 더 큰 만큼 자신의 감정을 조절한 후 말을 시작하라.

4. 인색한 칭찬

상대방을 칭찬하면 상대가 건방져진다는 생각에 칭찬에 매우 인색한 경우가 있는데, 인정과 칭찬은 오히려 사람을 고무시키고 일에 대한 열정을 배가시킨다.

5. '아니오' 혹은 '그러나' 등 부정적인 뜻의 언어 남발

부정적인 뜻의 언어는 "당신은 틀렸소. 내가 맞소."라는 의미로 전달되어 반발심을 불러일으킨다.

6. 불필요한 변명

자신의 잘못에 대해 끊임없이 변명하는 태도를 지양한다.

7. 과거에의 집착

앞서 나아가야 할 리더로서 당연히 버려야 할 습관이다.

8. 감사할 줄 모르는 태도

부하라고 해도 자신이 입은 은혜에 대해 감사하는 것은 가장 기본적인 예절이다.

9. 남의 말에 귀 기울이지 않는 태도

동료나 부하가 말할 때 무시하고 귀담아 듣지 않는 태도는 스스로를 존경받지 못하게 하는 첩경이다.

10. 항상 이기려는 태도

사안의 경중을 가려 지고 이기고를 선별할 줄 아는 지혜가 필요하다.

_비즈니스위크

부하 직원을 승진시키기 전에 해야 할 3가지

1. 부하 직원의 현재의 성과를 명확히 평가하라.
   현재의 성과를 명확히 기억해서 향후 미래의 성과와 비교할 수 있도록 활용하라.

2. 승진시 그 업무가 그 사람에 잘 맞을지 확인하라.
   새로운 job이 그 사람이 즐길만하고 좋아할만 한 일인지 판단하고 적당한 업무인지 확인해라.

3. 실제 승진시키기 전에 실험해 보라.
   실제 그 직원의 능력을 테스트해 보기 위해 도전적인 업무를 시켜볼 수 있도록 새로운 업무를 만들어 시켜보라.

_박찬균

훌륭한 리더가 되기 위한 6가지 방법

1. 훌륭한 리더의 모델을 정하라.

   자신이 처한 상황과 개인적인 특징을 잘 고려해 역할 모델을 설정하는 것이 중요하다.

2. 현재의 도전을 회피하지 말고 의미 있게 받아들여라.

   도전은 시련이지만 잘 극복하면 미래를 향한 기회가 된다.

3. 도전과 시련을 겪으면서 심리적인 강단을 키워라.

   풀무의 뜨거운 불길을 거쳐야 금과 은을 정제할 수 있으며, 강철은 두드려야 더 강해진다. 인내와 끝없는 정진만이 성공하는 리더로 가는 열쇠이다.

4. 신뢰를 쌓아라.

   먼저 스스로에 대한 신뢰를 구축해야 한다. 자신에 대한 확신 없이는 다른 사람과의 신뢰를 쌓을 수 없다. 꾸준하고 성실한 노력을 통해 형성된 신뢰를 잘 유지해 나가야 한다.

5. 인간관계 기술을 발전시켜라.

   리더십은 기본적으로 사람과의 관계인만큼, 사람들을 이해하는 방법과 설득하고 의사소통 하는 방법을 계발해야 한다. 이런 기술은 타고나는 것이 아니며, 노력에 의해 발전시킬 수 있다.

6. 리더십을 계발하라.

목표를 설정하고 꾸준히 노력하는 만큼 훌륭한 리더십을 갖추게 될 것이다. 인류 역사 속에서 훌륭한 리더로 인정받은 그 어떠한 사람도 순식간에 그런 위치에 오른 자는 아무도 없다.

_지식in

memo

변혁적 리더가 갖춰야할 6가지 원칙

제1원칙, 환경에 주파수를 맞춰라.

한 사람의 리더로서 당신은 모든 것을 알 수 없다. 당신은 새로운 방식을 제시해 줄 수 있는 정보를 적극적으로 수집해야만 하며, 조언을 해줄 수 있는 네트워크를 형성해야만 한다. 당신이 갖고 있는 환경이 무엇인지 살펴보라. 그리고 당신이 활용할 수 있는 자원과 환경으로 어떤 것이 있는지 찾아보라.

제2원칙, 조직의 관행을 깨뜨려라.

변화를 추구하는 리더는 조직의 모든 부분에 문제의식을 갖고 의문을 제기해야 한다. 또한 문제마다 다양한 해결책이 있다는 사실도 인정해야 한다. 다른 시각에서 문제를 바라보다 보면 새로운 방식의 해결책을 발견할 수 있다. 때로 그것을 위해 조직의 관행을 깨뜨려야만 할 때도 있다.

제3원칙, 변화의 동맹관계를 구축하라.

변화를 추구하는 리더는 변화에 도움이 되는 자원과 정보를 가진, 실제적인 영향력을 끼칠 수 있는 사람들의 도움이 절대적으로 필요하다. 그들은 주로 오피니언 리더들, 각 분야의 전문가들이다. 놀라운 사실은 변화를 추구하는 많은 리더들이 그들이 주도하는 변화의 과정에서 바로 이 원칙을 가장 많이 무시한다는 것이다.

제4원칙, 책임을 전가하려는 유혹에서 벗어나라.

변화가 성공하느냐는 개인과 팀의 능력뿐만 아니라, 그 팀에 지원이 얼마나 적절히 제공되느냐에도 달려 있다. 팀 스스로 정체성을 확립하고 역할을 분담하며, 외부로부터의 압력을 거부할 수 있으려면 적절한 지원은 필수적이다. 팀 구성원들에게 과도한 책임을 지우지 말고 자신의 책임에 최선을 다할 수 있도록 지원해야 한다.

제5원칙, 인내를 배워라.

모든 변화는 중간에 실패한 것처럼 보이는 순간을 맞이한다. 이때 변화의 과정을 중단하면 결국에는 실패하고 말 것이다. 리더는 초기의 장애를 극복하고 상황이 호전될 때까지 참고 기다리는 것이 필요하다. 오랜 시간이 걸리는 변화 프로젝트를 완성하기 위해서는 끈기 있는 리더십이 요구된다.

제6원칙, 모든 사람을 영웅으로 만들어라.

조직원들의 성취를 인정하고 보상하는 일도 리더십의 중요한 기술이다. "칭찬에는 돈이 들지 않는다"는 말이 있다. 칭찬에는 한계도 없다. 그런 칭찬은 조직의 구성원들에게 기대를 불어넣어 강한 동기를 갖게 만드는 힘이 있다. 성공의 성과를 구성원들과 공유하는 것이 중요하다. 그래야 변화가 계속 지속된다.

_지식in

리더의 책임감(Accountability)의 의미

인정: Acknowledge the situation.(상황을 인정하라.)

용기: Courageously face difficulties.(어려움에 용감하게 맞서라.)

대화: Communicate with positive language.(긍정적인 말을 하라.)

내탓: Own the problem...and the solution.(문제도 해답도 다 내게 있다.)

이해: Understand other' s viewpoints.(다른 사람들의 시각을 이해하라.)

협상: Negotiate solutions that work for everyone.(협상으로 윈_윈 전략을 찾아라.)

책임: Take on new responsibilities.(새로운 책임을 기꺼이 떠맡아라.)

실천: Act, don't simply react.(수동적인 모습을 벗어나서, 행동하라. 실행하고 실천하라.)

유연한 대처: Be willing to reassess and renegotiate.(재평가와 재협상에 유연하게 대처하라.)

긍정적 영향: Influence others and collaborate.(주위에 긍정적인 영향을 주고, 협력하라.)

무기력증 탈피: Leave the 'poor me' victim mentality behind.(남 탓만 하는 무기력증에서 탈피하라. 책임 회피형 인간에서 '책임지는 인간' 으로 거듭나라.)

주도적 태도: Initiate thoughtful and deliberate problem solving.(깊이 생각하여 문제 해결을 주도하라.)

자부심: Take pride in your results.(자신이 한 일에 자부심을 가져라.)

'예스' 마인드: 'Yes' leads to success. ('Yes' 라는 말이 성공으로 인도한다.)

_지식in

memo

리더십 실패의 5가지 이유

리더십

1. 지도자가 불명확한 커뮤니케이션을 할 때

많은 리더들은 어느 정도 의사전달을 하면 사람들이 대충 따라 올 것이라고 추측한다. 그러나 사람들은 어디로 향하고 무엇을 해야 하는지 명확하게 알지 못할 때 방황하고 답답해하고 때로는 두려움까지 느끼게 된다. 사람들이 지도자의 방향과 의사를 명확히 모를 때, 그들은 멋대로 상상하게 된다. 명확한 커뮤니케이션은 리더에게 있어서 필수 조건이다.

2. 지도자가 지역문화를 간과할 때

지역문화를 통해 그 지역의 종교와 가치관 그리고 근본적인 풍토는 물론 그 지역 사람들의 커뮤니케이션이 어떻게 이루어지는지 알 수 있다. 문화적인 감각을 가지고 한다면 한 차원 높은 일처리가 될 것이다.

3. 지도자가 일관적이지 못할 때

지도자가 일관적이지 못하면 불안감을 가져다준다. 남녀노소를 막론하고 누구나 안정감을 갖기를 원한다.

4. 지도자의 삶이 자신이 지지하는 비전과 일관되지 않을 때

지도자가 잘못을 저질러도 사람들이 그를 따르는 것을 보았다. 왜 그렇겠는가? 그를 따르는 사람들은 그 지도자가 자신의 비전과 목표에 대한

열정을 가지고 헌신한 것을 보고 확신을 얻었기 때문이다. 사람들에게 한 방향을 제시하면서 지도자 자신은 다른 방향으로 간다면 사람들은 그를 따르지 않을 것이다.

5. 따르는 사람들의 필요를 채워주지 못할 때
성공적인 지도자들의 비전의 근본적인 바탕에는 사람들의 필요와 꿈과 감동이 내포되어있음을 알 수 있다. 지도자가 현재나 미래에 영향을 끼칠 수 없으면 사람들은 관심을 가지지 않는다. 설사 비전이 그들과 직접적인 연관이 없다고 하여 반대는 안 할지 모르지만 그것을 위해 목숨 걸고 헌신과 투자를 하지도 않을 것이다.

_지식in

memo

실패하는 리더들의 6가지 특징

1. '시키는 대로 해라' 식 리더

이들은 구성원들이 아이디어를 내면 이를 무시하며 '시키는 대로나 해라' 와 같은 반응을 보이고 부하가 이견을 제시하면 권위를 내세워 자신의 주장을 관철한다. 또한 반발하는 사람들을 설득하지 않고 동조하는 사람들만을 중심으로 일을 추진하고 부하 직원들의 업무 스타일을 인정하기보다 자신의 스타일에 맞추도록 강요한다.

2. 변화에 둔감한 리더

기존의 업무 체제를 고집할 뿐 다양한 내외부 고객들의 요구를 무시하거나 현조직의 상황을 고려하지 않고 과거의 성공 경험을 그대로 적용하려 하는 성향을 보인다. 이들은 업무 수행에 차질이 생길 것을 우려해 새로운 시도를 꺼리거나 실패에 대한 두려움으로 새로운 시도보다 현상 유지에 더 중점을 둔다.

3. 조직을 위해 개인의 희생을 요구하는 리더

구성원들이 잠시 여유를 갖는 모습을 보면 불안해하고 실적을 위해 과도한 개인의 희생을 요구한다. 또한 개인의 자질과 능력을 충분히 고려하지 않고 조직 상황에 따라 업무 부담을 준다. 단기적인 업무 장애를 우려해 부하 직원의 직무 순환 요구를 수용하지 않고 조직에 대한 충성심을 강조해 구성원들의 개인 생활을 배려하지 않는다.

4. 필벌(必罰) 중심의 사고를 가진 리더

업무상 난관에 부딪혔을 때 해결 방향을 제시해주기 보다 질타와 책임 추궁만을 하고, 책임감과 열의를 가지고 열심히 일하는 모습을 인정하는데 인색한 리더는 반드시 실패하고 만다. 질책은 하지만 무엇을 어떻게 고치라는 내용은 없고 사소한 일에도 꼬투리를 잡아 야단을 치는 식이다.

5. 실행력이 부족한 리더

이런 리더들은 너무 많은 변수를 고려하다 보니 제때에 기회를 포착하지 못하는 경우가 있거나 자신이 옳다고 생각하더라도 상대방이 강하게 나오면 자신의 주장을 쉽게 굽히는 경향을 드러낸다. 또 구성원들의 합의를 지나치게 중시하다 보니 업무의 실행 속도가 느려지는 경향이 있고 한번 내린 결정에 대해 번복하는 경우가 잦다.

6. 등잔 밑이 어두운 리더

결정이나 지시를 내려놓고 실제로 실행이 되는지를 챙기지 않거나 평소 현장에 대한 관심이 부족해 연장 업무에 대해 잘 알지 못하는 리더이다. 이들은 대개 신뢰하는 측근의 보고는 사실 여부 확인을 하지 않은 채 그냥 믿어버린다.

_지식in

강하고 용기 있는 리더의 핵심적인 5가지 요소

1. 격려하는 리더

리더는 팀, 조직 또는 나라로 하여금 의로운 목표를 성취할 수 있도록 힘을 더해주고 격려하는 사람이 되어야 한다.

2. 의사를 전달하는 리더

이해는 의사소통의 필수요소이다. 만약 이해가 되지 않거나 의미를 깨닫지 못한다면 진정한 의사소통이 아니다.

3. 연합을 도모하는 리더

팀이 어떤 일을 하는데 성공의 열쇠는 연합이다. 때문에 리더들은 모든 멤버들에게 연합의 개념과 개개인의 중요성, 그리고 각자의 기능의 중요성에 대해 주지시킬 필요가 있다. 똑같은 수의 인원이라 할지라도 헌신, 의사소통, 연합이라는 세 가지 요소가 잘 갖추어져 있지 않으면 목표를 성취할 수 없다.

4. 보호하는 리더

우리는 사람들을 안전하게 보호하기 위해 의로운 보호자와 방어자들이 필요한 시대에 살고 있다. 용기 있는 리더는 옳은 것, 즉 진리와 자유, 비인간적인 행위 등에 반대하면서 자신의 생명과 성공까지도 위험에 내던진다.

5. 섬기는 리더

섬김의 리더십(servant leadership)이라는 개념을 최초로 제시한 그린리프(Robert K. Greenleaf)는 1970년 발표한 그의 논문에서 "섬기는 리더란 우선 자기 자신이 종인 사람이다."라고 표현했다. 그는 계속해서 이렇게 말한다. "섬김의 리더십이란 사람을 섬기기 원하는, 먼저 섬기고자 하는 자연스러운 감정에서 시작된다. 그 후에 의식적인 선택을 통해 지도하고 싶은 열망을 갖는다. 섬김의 리더십은 다른 사람들의 최우선적인 필요를 먼저 섬기는 데서 증명된다. 진정한 섬김인지에 대한 시험은 당신이 섬기고 있는 사람들이 성장하고 있느냐는 것이다."

_지식in

memo

역동적인 리더의 8가지 특징

1. 자각

리더들은 모두가 자기 지식면에서 뛰어났다. 한마디로 이들은 자기 자신을 있는 그대로 잘 이해하고 있었다는 말이다. 뿐만 아니라, 그들은 자신의 자질과 그것을 어떻게 개발할 것인가를 잘 알고 있었으며, 자신만의 방식을 통해 더 많은 지식을 쌓아가고 있었다.

2. 가치 있는 피드백

좋은 리더들은 자신의 행동과 성과에 대한 피드백을 얻기 위해 가치 있고 다양한 근원을 개발한다. 핵심은 역동적인 리더들은 가치 있는 피드백을 의도적으로 얻고자 했다는 사실이다. 많은 리더들에게 최고의 근원은 배우자이다. 이들의 연구에 의하면 '포춘' 지가 선정한 200대 기업 중 40여명의 CEO가 첫 배우자와 살고 있었으며 결혼과 가정에 대해 매우 긍정적인 생각을 갖고 있었다고 한다. 즉, 그들은 진정으로 신뢰할만한 가치 있는 피드백을 제공해 주는 사람과 관계를 지속하고 그 의견에 귀 기울이며, 이를 통해 변화를 추구했다는 사실이다. 당신은 가치 있는 피드백을 추구하며, 그것을 향해 열린 귀를 가지고 있는가?

3. 학습에 대한 열망

유능한 리더들은 훌륭한 화자(Speaker)인 동시에 청자(Listener)이다. 그들은 자신의 업무와 일, 회사와 관련된 문제에 대해 항상 잘 알고 있다. 그들은 학습에 대한 열정을 가지고 있으며, 끊임없이 기술과 능력을 연마하고 향상시킨다. 동시에 누구에게서든 배우고자 하는 겸손함을 가지고 있다. 또 그들은 긍정적인 변화를 이룰 수 없었던 경험을 통해서도 배울 뿐 아니라, 예상치 못했던 난관을 피하기 위해 늘 새로운 정보에 귀를 기울인다.

4. 끝없는 호기심

리더들은 모험가이자 위기 수용자로 호기심이 많다. 그들은 어떤 큰 위기가 닥쳐와도 기꺼이 감수한다. 롱펠로우는 "인생은 여행이다"라고 말했다. 이것은 목적지에 도달하는 것보다 그 여정이 더 중요하다는 의미이다.

5. 역경에서의 깨달음

누구나 인생에서 큰 역경과 위기, 실패를 겪게 마련이다. 이들이 연구했던 리더들 중에도 어린 시절을 힘겹게 보낸 사람들이 많았다. 하지만 UCLA의 존 우든 감독과 같은 사람은 어렸을 때 겪었던 남다른 좌절을 매우 감사하게 여긴다. 그런 고통을 통해 미래의 성공을 준비할 수 있었기 때문이다. 실패는 그를 성장시켰다. 그의 목표는 단지 좋은 시즌 전력이나 연속 승리, 챔피언이 아니라 선수들이 실패와 성공을 통해 뭔가를 배움으로 미래를 준비시키는 것이었다.

6. 전통과 변화의 균형

유능한 리더는 전통과 변화 사이에서 균형을 잡는다. 화이트 헤드는 유능한 리더가 되기 위해서는 개혁과 변화뿐 아니라 전통도 받아들여야 한다고 했다. 웨렌 베니스는 자기 자신이 개혁과 변화에 대한 욕구가 너무 커서 전통과 안정을 고려하지 못했고, 그로 인해 큰 문제에 봉착한 적이 있었음을 이야기한다. 그러나 동시에 자신이 역사와 문화에 지나치게 집착했더라면 이뤄내지 못했을 일도 많았을 것이라고 회고한다. 그러고 보면 여기에는 분명히 모순이 존재한다. 따라서 리더는 문화적 특성을 충분히 이해하면서도 그것에 함몰되지 않는 비결을 알아야 한다.

7. 개방적인 스타일과 올바른 업무처리

유능한 리더는 자신이 모든 문제를 다 다룰 수는 없으며, 더 잘 해결하기 위해서는 동료들과 시스템의 도움이 필요하다는 것을 잘 알고 있다.

8. 훌륭한 역할 모델

좋은 리더들은 좋은 역할 모델을 가지고 있다. 동시에 그들은 자신이 역할 모델과 선구자 노릇을 하는데 자부심을 갖는다. 결국, 역동적인 리더는 진심으로 그를 따르는 추종자를 만들게 되고, 사람을 길러내게 된다.

_지식in

memo

원칙 중심의 리더들의 8가지 특징

1. 끊임없이 배운다.

원칙 중심의 리더들은 그들의 경험을 통해 끊임없이 배운다. 책을 읽고, 기회가 있을 때마다 교육을 받고 각종 강의에 참석한다. 그들은 다른 사람의 말을 경청하며, 자신의 눈과 귀를 통해 배운다. 그들은 호기심이 강하여 끊임없이 질문을 할뿐 아니라 자신이 아는 것이 많아질수록 모르는 것도 더 많아진다는 사실을 발견한다.

2. 서비스 지향적이다.

원칙을 중심으로 살아가는 사람들은 인생을 직업적 측면만이 아닌 하나의 사명으로 여긴다. 실제로 이런 사람들은 아침에 일어나면서부터 다른 사람들을 생각하기 시작한다. 이들은 서비스 정신이 장착된 도구를 지니고 평생 살아간다. 애써 어떤 일을 이루고자 하는 데 대한 책임의식, 서비스 정신, 공헌의식이 없다면 우리의 노력은 수포로 돌아갈 것이다.

3. 긍정적 에너지를 발산한다.

원칙 중심적인 사람들은 표정이 밝고 유쾌하다. 태도 역시 낙관적이고 긍정적이며 또한 기대에 차 있다. 이러한 긍정적 에너지는 마치 이들을 에워싸고 있는 에너지 장(場)과 같아서 주변에 있는 약하거나 부정적인 에너지 장을 충전시키거나 변화시킨다. 부정적인 에너지가 횡행하는 오늘날의 현실에서 파괴적 에너지를 무력화시키고 오히려 긍정적 에너지로 되돌려 놓을 수 있는 평화의 사자가 되고 조정자가 되는 것이다.

4. 다른 사람을 믿는다.

원칙 중심의 리더들은 부정적 행동이나 비판 그리고 인간적 약점 등에 과잉반응을 보이지 않는다. 이들은 설사 다른 사람의 약점을 발견하더라도 크게 개의치 않는다. 순진해서가 아니라 밖으로 보이는 행동과 내면에 감추어진 잠재력은 별개의 것이라고 생각하기 때문이다. 사람은 누구나 보이지 않는 잠재력을 가지고 있다고 생각한다. 이들은 도토리를 보면서도 머릿속에는 참나무를 그리며, 그 도토리가 거대한 참나무로 성장할 수 있도록 도와준다.

리더십

5. 균형 잡힌 삶을 산다.

원칙 중심의 리더들은 최고 수준의 책과 잡지들을 읽으며, 현재 일어나고 있는 일들도 잘 파악하고 있다. 이들은 지적인 면뿐만 아니라 다방면에 관심을 가지며, 나이와 건강이 허락하는 한 신체적으로도 매우 활동적이다. 친구가 많고 자신의 인생을 즐길 줄 알며, 건전한 유머감각을 갖고 있다. 한 마디로 이들은 건강한 자기 존경심을 갖고 있으며, 자기 자신에게 매우 솔직하다.

6. 인생을 모험으로 여긴다.

이들은 인생을 음미하며 재미있게 살아간다. 어떤 의미에서 이들은 마치 미지의 세계를 찾아 떠나는 용감한 탐험가들과 흡사하다. 장차 어떤 일이 일어날지는 모르지만 무언가 흥미롭고 자기 성장에 도움이 되는 일이 있을 것이라고 확신한다. 이들은 신천지를 발견하여 무언가 새로운 공헌을 만들어 내며, 가장 소중하게 여기는 원칙 중 하나는 유연성이다.

7. 시너지를 활용한다.

시너지란 전체가 부분의 합보다 더 큰 상태를 의미한다. 원칙 중심적인 사람은 시너지를 잘 활용한다. 또한 변화를 일으키는 촉매자로 자신들의 분야에서 생활을 개선시킨다. 이들은 열심히 일할 뿐만 아니라 스마트하게 한다. 이들은 적대적인 상황에서 다른 사람과 협상이나 대화를 하게 되더라도 사람과 문제를 분리시킬 줄 알며, 유리한 위치를 확보하기 위해 다투기보다는 오히려 상대방의 이해와 관심사에 더 신경을 씀으로써 상대방도 점차 이들의 성실성을 이해하도록, 그리고 창의적인 문제 해결 과정에 동참하도록 이끈다.

8. 자기 쇄신을 위해 노력한다.

원칙 중심적인 사람들은 인간 본질의 4가지 차원, 즉 신체적, 정신적, 사회 감정적, 그리고 영적 차원을 부단히 쇄신한다. 하루 24시간 가운데 자기를 쇄신하는 데 투자하는 시간만큼 투자효과가 큰 것도 없을 것이다. 매일 이와 같은 쇄신을 계속한다면 누구나 머지않아 일생 동안 지속될 좋은 효과를 경험하게 된다.

_지식in

리더가 갖춰야 할 7가지 습관

1. 매일매일 배워라.

배움은 재개발이다. 지위 고하를 막론하고, 어떠한 놀이에서든 매일매일 배운다. 나는 분명 잭 웰치와 같은 세계적인 인물들에게서 많은 것을 배운다. 바다의 일꾼들에게서조차 많은 것을 배운다. 그들은 비록 많이 배우지는 못했을지 모르지만 절대 웃음을 잃지 않고 열정을 지닌 자들이다. 그러나 결국 내게 인생에 대해 가장 많이 가르쳐 주신 분은 어머니다.

2. 꿈을 찾아 실현되게 하라.

사람들은 내게 'Creovation(창조+혁신의 합성어)'이 어떤 작용을 하는지 묻곤 한다. 그것은 꿈을 이루기 위한 격려를 받는 의미이상이다. 그것은 꿈을 찾아 실현되게끔 하는 것이며 바로 문제의 해결방법 혹은 문제의 본질일 수도 있다.

3. 항상 'integethical' 하게 행동하라.

'integethic' 이란 내가 만든 새로운 개념으로, 이는 때론 윤리의 문제일 수도, 혹은 성실성의 문제일 수도 있는 모든 개념을 아우르는 것이다. 'integethical' 한 사람이란 마음에서부터 생겨난 가치를 따르는 사람이다. 내가 이 개념을 발표한 후로 나는 이를 통해 세계 최고 기업들로부터 엄청난 이윤을 벌어들였다.

4. 칭찬하자.

이것은 정말 중요한 사항이다. 만일 성공적인 결과를 이뤄내기 위해 이것은 필수적이다. 만일 어떤 일의 성공에 있어서 120%의 기여를 했다고 하더라도 반드시 네 주변 사람들과 그 성공을 함께 나누고, 설령 그들이 아무리 작게 기여했더라도 그들의 공로를 높이 평가하는 태도를 보여라.

5. 겸손해라.

내가 그동안 수많은 성공적인 기업가들을 만나오며 그들을 관찰할 수 있었다. 공통적으로 그들은 놀라울 만큼 그들의 성공이나 업적에 대해 겸손했다. 나는 내가 모든 것을 다 알지는 못한다고 거리낌 없이 인정한다. 또 나는 내 성과를 널리 전파할 곳이 아직도 많다는 것도 알고 있다.

6. 골프를 쳐라.

골프는 다른 어떤 스포츠보다도 큰 면적의 경기장에서 이루어지면서 한 치의 오차도 없는 완벽한 결정을 요구하는 경기이다. 이것이 바로 내가 골프에 반한 이유이다. 그것은 무한하고 예외가 없다. 골프는 집중하고, 사람들과 관계를 만들고, 경쟁하고, 즐기게 하는 스포츠이다. 난 누구든지 골프 한 번만 함께 쳐 보면 그가 어떤 종류의 사람인지, 그를 고용할 만한지 등을 알 수 있다.

7. 항상 가족을 최우선으로 여겨라.

요즘과 같은 경쟁사회에서 하루에 24시간 이상을 일해도 모자란다. 하지만 나는 'ab 글로벌'에 수년간 몸담아 왔지만 가족을 항상 최우선으로 두는데 주저하지 않는다. 나는 현재 가족과 떨어져 애틀랜타에 살고 있지만 이메일 등으로 자주 가족과 연락을 주고받는다.

_마틴 루크

리더십

memo

자 기 계 발 대 사 전

대화
커뮤니케이션

구성원들과의 효과적인 커뮤니케이션 20가지

1. 목표 설정할 때는 직원들과 함께 하라.
2. 일을 훌륭하게 끝냈을 때는 의미 있는 포상을 하라.
3. 개인적인 시간을 함께 하라.
4. 직원들의 작업 공간으로 가라. 일터에서 그들을 직접 만나라.
5. 오픈 마인드로 직원들의 의견을 물어보고 들어라. 그들의 논점을 이해하도록 노력하라.
6. 기밀이 아닌 정보는 직원들과 함께 공유하고 그 주제에 대한 반응을 물어보라.
7. 용기를 꺾는 사건이나 일들은 잘된 점을 지적하여 상쇄하고, 그 기회를 통하여 경험을 습득하도록 하라.
8. 80%의 시간을 듣고, 20% 시간을 말하라.
9. 직원들에게 루머에 대해 물어보고, 그것에 대해 이야기 하도록 하라.
10. 직원들과 함께 필드로 직접 나가라. 직원들이 효율을 높일 수 있는 기회를 이해하고, 그 기회를 살펴라.
11. 관리자 회의가 끝난 후에는 직원들과 그 정보를 함께 나누어라.
12. 회사의 비전과 미션, 목표가 명확하고 이해하기 쉬운가를 직원들에게 물어보라.
13. 직원들을 어떻게 도울 수 있는지를 물어보라.
14. 우리들의 고객과 클라이언트가 가장 만족할 만한 일과 가장 실망스러

운 일이 무엇인가를 물어보라.

15. 공개적으로 칭찬하고, 개인적으로 잘못을 지적하라.
16. 함께 일하는 직원이 무엇을 좋아하는지를 발견하라.
17. 매일 모든 직원들을 바라보며 활기차게 이야기하라.
18. 당신이 불편을 느끼는 사람과 공감대를 가져라.
19. 매달 목표를 설정하라.
20. 직원들과 점심식사를 함께 하고 신뢰를 구축하는 기회로 이용하라.

__seri.org

memo

잘못된 16가지 대화 습관

1. 이성에게 외면당하는 대화 습관

1) 이미 끝난 일을 계속 문제 삼는다.

과거에 대한 집착을 생각에 그치지 않고 꼭 말로 하는 사람이 있다. "~했어야 했는데…" 라며 반성하고 있다는 것을 주위 사람들로부터 인정받으려 한다. 이런 종류의 사람은 일이 끝났어도 다음 일로 넘어가지 못한다.

2) 무엇이든지 의심하고 억측한다.

너무 둔감한 것도 문제지만 무엇이든지 자기 일로 받아들이는 것도 문제다. "요즘 피곤한 것 같으니까 이번 일은 쉬는 게 어때?" 하고 배려하면 오히려 '따돌린다' 고 느끼고, "힘들지만 자네가 없으면 안 되니까 부탁해"라고 말하면 '끝까지 부려먹는다' 고 생각한다. 이런 종류의 사람은 다소 자의식이 강하고 남의 말을 들으려 하지 않는 경향이 있다.

3) 감정에 휘둘린다.

이런 사람들은 일시적인 감정으로 동정하고 일도 감정적으로 판단한다. '저 사람의 일을 잘 봐줬으니까 내 의견에 찬성할 거야' 라는 식이다. 풍부한 감정은 인간적으로 매력이 되지만 감정에 휘둘려서는 냉정한 판단을 할 수 없다.

4) 우유부단해서 자기 의견을 말하지 못한다.

자기 의견을 말할 때뿐만 아니라 만사를 이런 식으로 행동한다. 무언가를 결정해야 할 때 쉽게 하지 못한다. 이것은 배려심이 아니라 단지 결단력이 없어 상대에게 맡긴 것이다. 여성들은 자기 의견이나 취향을 정확히 말하지 못하는 남자를 가장 싫어한다.

2. 업무 능력 평가에 지장을 주는 대화 습관

1) 도덕적인 설교만 늘어놓는다.

모든 것을 도덕적인 측면으로 해석하고, 무슨 말을 하든 도덕적인 설교를 하는 사람이 있다. 이런 종류의 사람은 술이 한잔 들어가면 꼭 자신의 고생담을 늘어놓는다. 진부한 속담이나 격언을 자주 인용하는 것도 큰 특징이다.

2) 남의 권위를 내세워 잘난 척한다.

"부장이 말했듯이", "사훈에도 있듯이…" 하고 권위를 내세우는 사람들이 있다. 자신의 생각을 남에게 확실히 밝힐 때 그 사람의 지성이 드러난다. 남의 판단에 의존해서는 자신의 지성을 발달시킬 수 없다. 상황에 맞게 스스로 판단하는 것이 지성을 인정받는 일임을 잊지 말자.

3) 근거를 말하지 않고 결론짓는다.

자기 의견을 말할 때에는 근거를 설명해야 한다. 어떤 판단이든지 그것에는 이유가 있어야 하고 책임이 뒤따라야 한다. 가치관이 다른 사람과 교류할 기회가 많아질수록 근거를 확실하게 밝히지 못하면 어리석은 인간으로 취급당할 수밖에 없다.

4) 난해한 말로 연막을 친다.

간혹 사람들은 본인도 이해 못하는 어려운 말을 사용하고 싶어 한다. 본인도 말의 뜻을 모른 채 사용을 하기에 문제가 된다. 이런 사람들은 외래어를 많이 쓴다는 특징도 있다. 무리해서 어려운 단어를 쓰는 것은 충분히 이해하지 못했거나 상대의 수준을 생각하지 못하고 자기 멋대로 떠드는 것밖에 안 된다.

3. 인간관계를 악화시키는 대화 습관

1) 감정 기복이 심하다.

감정 기복이 심한 사람은 그날의 기분에 따라 반응이 달라진다. 상대는 똑같은 말을 하는데도 어떤 때는 화를 내고 어떤 때는 웃는다. 처음에는 꽤 냉정하게 이야기하다가 어느 순간 정말로 화를 내는 상황까지도 간다. 한마디로 원맨쇼를 벌이는 것인데, 주위 사람들은 겁을 내면서도 속으로 웃지 않을 수 없다.

2) 정론만 내세운다.

몇몇이 모여서 미운털 박힌 사람의 험담을 하고 있는 자리에 정론만 내세우는 설교자가 나타나면 상당히 썰렁해진다. 부정한 사람에 대해서 용서할 수 없다고 단죄한다. 아무도 반론할 수는 없지만 속으로는 강한 저항을 느끼기 마련이다. 중요한 것은 입으로만 번지르르하게 말하는 사람은 자격이 없다는 것이다.

3) 흔한 말만 한다.

무엇을 말하든지 지금까지 다른 사람들이 몇 백번은 들은 것을 다시 말한다. 어이없는 말로 사람을 난처하게 만들기도 하고 모든 것에 말참견을 한다. 그러나 항상 내용이 없다. 아무 의미 없는 똑같은 내용을 반복해서 말한다. 결국 어리석은 사람으로 가볍게 취급당하는 운명이 된다.

대화

4) 어떤 화제든 늘 똑같은 이야기로 끌고 간다.

주위 사람과는 달리 똑같은 이야기도 그 사람이 하면 고생담이 되는 경우가 있다. 개중에는 과거의 성공담을 이야기하는 사람도 있다. 주위 사람과 공통된 과거라면 그나마 낫다. 하지만 그렇지 않다면 주위는 시들해질 뿐이다.

4. 자칫 잘못하면 만만하게 보일 수 있는 대화 습관

1) 다른 사람의 생각을 비판 없이 받아들인다.

남을 의심하지 않고 전부 믿는 것은 어릴 때부터 좋은 환경에서 자라고 마음이 착하다는 증거다. 그러나 단적으로 말해서 스스로 상황 판단을 잘 못한다는 것이다. 사람이 좋다고 착각할 수도 있지만 사실

'만만한 사람', '다루기 쉬운 사람', '얼마든지 속일 수 있는 사람' 취급을 당할지도 모른다.

2) 쉽게 감동한다.

감동하는 것은 좋은 일이다. 감동하지 않으면 살아갈 가치가 없기 때문이다. 그러나 앞뒤 가리지 않고 무엇에든 감동한다면 어리석어 보인다. 쉽게 말해 그 상태로 정지되는 것이다. 생각을 멈추고, 감정에 몸을 맡기는 것을 의미한다. 감동하기 전에 제대로 생각해야 한다.

3) 착한 사람이 되고 싶어 한다.

무언가를 한다는 것은 또 다른 무언가를 희생한다는 것이다. 무언가를 결정하면 불이익을 당하는 사람이 있다. 모두에게 좋은 얼굴로 있을 수는 없다. 그러나 이럴 때 상대에게 상처를 주고 싶지 않아서 바른말을 하지 못한다. 그렇게 해서 벌어진 일을 본인이 책임지지 못하고 누군가에게 그 뒤처리를 맡긴다면 비겁한 행동이다.

4) 지나치게 친절하다.

지나치게 친절한 태도는 어리석어 보이는 특징 가운데 하나다. 무언가에 대해 설명할 때 대충 요점을 말하고 상세하게 설명하는 것이 이해하기 쉬운 방법이다. 그러나 처음부터 자세하게 설명하려 들어 상대를 더욱 혼란에 빠뜨리곤 한다.

__히구치 유이치

성공하는 사람들의 말하기 법칙 10가지

1. 말을 아낀다.

국민 MC 이상벽 씨는 남의 말에 끼어들지 않고 전부 들은 다음 한 가지를 꼬집어 재미있게 되묻는 특기를 가졌다. 미국 TV 토크쇼의 여왕 오프라 윈프리 역시 가능한 한 초대 손님이 자신의 이야기를 다 풀어내도록 유도하는 능력으로 인기를 얻고 있다. 말을 너무 많이 하면 추해진다. '가야할 때를 알고 가는 이의 뒷모습은 얼마나 아름다운가' 라는 표현이 대화법에 그대로 적용된다. 미국의 쇼 비즈니스 세계에서도 '무대에서 퇴장할 때를 아는 사람이 현명한 사람이다' 라는 말이 있다.

2. 자기 목소리를 가꿀 줄 안다.

말을 할 때마다 목에서 소리를 내지 말고 배에서 내는 습관을 길러보자. 목에서 나는 소리보다 배에서 나는 소리는 안정감이 있고 부드럽다. 신문이나 책을 소리 내어 읽는 연습도 좋다. 가장 효과적인 방법은 자신의 목소리를 녹음해서 직접 들어보는 것이다.

3. 때로 안개 작전을 구사한다.

정치인은 일반인과 다른 화법을 구사할 때가 많다. 자신의 발언이 예상치 못한 파장을 몰고 와 사회적으로 책임을 추궁 받을 수 있기 때문이다. 책임지지 못할 말을 요구받았을 때 위기를 벗어나는 화법으로 안개 작전이 많이 쓰인다. 물론 아무 곳에서나 이런 화법을 사용하면 신뢰감이 떨어지고 평판도 나빠진다.

4. 자기만의 스타일이 있다.

사람마다 성격이 다르듯 말하는 스타일도 다르다. 말 잘하는 사람을 보면 자기만의 스타일을 가지고 있다. 제스처를 많이 쓰는 사람이 있는가 하면 조용히 서서 말하는 사람도 있다. 큰 소리로 감정을 섞어 말하거나 낮은 소리로 속삭이듯 해서 설득력을 갖는 사람도 있다. 자기에게 가장 잘 어울리는 스타일을 개발하는 것이 중요하다.

5. 달변보다는 진실한 한 마디 말로 감동을 준다.

복잡한 현대인은 현란한 말보다는 오히려 소박하고 진심 어린 말에 감동을 받는다. 허세부리지 말고 진실하게 말하는 것이 가장 큰 힘을 발휘한다.

6. 거절과 부탁은 확실하게 한다.

거절당하는 사람의 마음을 최대한 편하게 만들면서도 자신의 의사를 분명히 밝히는 것이 좋다. 무조건 '안 돼', '싫어', '못해' 하는 식으로 거두절미하면 가족일지라도 서운해 한다. 누구나 부탁하는 순간에는 약자가 된다. 따라서 거절은 정중해야 한다. 진심으로 부탁을 들어주지 못해 미안하다는 말을 먼저 전하고 예의 바르게 거절해야 상처를 남기지 않는다.

7. 남보다 반 박자 앞선 화제를 구사한다.

이야기를 재미있게 하는 사람이 그룹의 리더가 된다. 분위기를 밝게 만 듣고 주변 사람들을 편하게 하기 때문이다. 어려운 이야기도 듣는 입장에서 쉽게 말하므로 그 주변에 사람이 몰리기 마련이다. 내가 아는 지식을 몽땅 다 드러내려고 애쓰지만 않는다면 어떤 소재로도 재미있게 이야기할 수 있다.

8. 솔직함으로 남을 웃긴다.

한번은 오스카 시상식에서 수상자 이름이 여러 번 호명되는데도 주인공이 나타나지 않아 식장 안에 약간의 소동이 일었다. 잠시 후 한 여배우가 상을 받으러 올라왔다. "어머, 농담이 진담됐네요. 사람들이 네가 지금 화장실에 가면 틀림없이 네 이름을 부를 거라고 했었는데…… 화장실에 갔거든요." 그러자 참석한 배우들은 와르르 웃었다. 화려한 인기스타들 앞에서 그 여배우는 물기가 남은 손을 타월로 닦으며 솔직하게 말해 큰 박수를 받았다. 솔직함에 유머만 가미하면 어떤 상황이든 문제없다.

9. 눈을 맞춰 확실하게 설득한다.

커뮤니케이션을 연구하는 학자들은 메시지 전달 비중에서 눈의 표정이 35%나 차지한다고 주장한다. 연설을 잘하려면 적어도 한 사람을 2분씩 지속적으로 응시하라고 말한다. 그런데 2분간 한 사람을 바라보라는 실험에서 최고 기록을 세운 사람은 50초밖에 안되더라는 분석이 있다. 연설을 잘한다고 자타가 공인하는 사람들 중에서도 눈 맞춤을 제대로 하는 사람은 많지 않다. 거짓말을 하면서 눈을 똑바로 쳐다볼 수 없는 것처럼 훌륭한 연설은 '눈으로' 완성된다.

10. 말과 옷을 하나로 매치시킨다.

전문직 여성이 지나치게 짧은 스커트나 몸의 곡선을 드러내는 원피스를 입으면 신뢰감이 떨어진다. 옷차림이 성패를 좌우하는 경향이 많고 이 때문에 말도 영향을 받는다. 점잖은 자리에서 현란한 옷을 입었다면 차림새에 신경이 쓰여 제대로 대화도 못하고 이미지만 구기게 된다.

__이정숙

memo

듣기 좋은 말 베스트 10

1. 수고했어. 역시 자네가 최고야.
2. 이번 일은 자네 덕분에 잘 끝났어.
3. 괜찮아. 실수할 수도 있어.
4. 오늘 내가 한잔 살게.
5. 그런 인간적인 면이 있었군.
6. 내가 뭐 도와줄 건 없을까?
7. 나도 잘 모르겠는데, 도와줄래?
8. 그래, 자네를 믿네.
9. 패션 감각이 돋보이는데?
10. 조금만 더 참고 고생합시다.

_지식in

듣기 싫은 말 베스트 10

1. 그렇게 해서 월급 받겠어?
2. 시키면 시키는 대로 해!
3. 내가 사원 때는 더한 일도 다 했어.
4. 퇴근시간에 "내일 아침까지 다 해놔."
5. 야! 너~ 이리와!
6. 이거 확실해? 근거자료 가져와.
7. 이번 실수는 두고두고 참조하겠어.
8. 머리가 나쁘면 몸으로 때워!
9. 자네는 성질 때문에 잘 되긴 글렀어.
10. 요새 한가하지, 일 좀 줄까?

__삼성전자(자사 임직원 600명을 대상으로 한 설문조사)

memo

직장 상사에게 삼가야 할 말 10가지

1. "기분이 우울해서 하루 쉬고 싶어요."
   차라리 감기에 걸렸다고 하라. 직장 상사는 업무상 이해할 수 있는 변명을 좋아한다.

대화

2. "제가 사실은 사무실에 있는 누구를 좋아하는데요."
   무슨 일이 있어도 공과 사를 혼동하지 말라. 애정은 철저한 개인문제이다.

3. "이건 실수하신 겁니다."
   항상 중간자적인 입장을 유지하는 것이 현명하다. 당신의 직장 상사가 틀렸을지라도 한 발자국 뒤로 물러서서 사태를 관망하는 것이 좋다.

4. "내 아내(혹은 남편)와 싸웠습니다."
   직장상사는 당신의 집안 문제까지 끌려 들어가길 원하지 않는다. 그는 카운슬러가 아니다.

5. "에이, 어떻게 그런 정치가를 지지하세요."
   화제에서 정치나 낙태 같은 골치 아픈 논쟁거리는 피하라. 논쟁에서 반대 입장을 내세우면 업무상 당신에게 불리한 결정을 내릴 수도 있다.

6. “어제 술을 너무 많이 마셨어요.”

술을 마셨더라도 그냥 머리가 아프다고만 말하라. 그는 당신이 회사 일에 전념하는 사람이길 원한다. 출근 전날 술 파티를 벌였다는 것을 알면 당신을 무시할 수도 있다.

7. “전에 있던 직장에서 해고됐어요.”

이 말은 당신에게 중대한 결점이 있는 것이 아닌가하는 의심을 낳게 한다. 얼떨결에 그렇게 말했다면 즉시 스스로의 뜻으로 그만둔 것임을 강조할 필요가 있다.

8. “전에 모시던 직장상사는 영……”

남을 욕하는 당신을 보고 ‘이 친구가 나중에 나에 대해서도 혹시……’라는 의심을 불러일으킬 수 있다.

9. “요즘 살이 찐 것 같네요.” 혹은 “담배를 너무 많이 피는 것 아니에요?”

그 자신도 이미 잘 알고 있다. 직장 상사가 스스로 느끼고 있는 사실을 재차 확인시키지 말라. 이런 소리를 듣기 싫어 당신을 멀리하게 될지도 모른다.

10. “제가 그렇게 될 거라고 말했잖아요.”

당신의 경고에도 불구, 상사가 실수를 했다면 모른 척 하라. 그는 나름대로 다른 관점에서 일을 한 것이다. 그를 무능한 존재를 취급한다면 그 역시 당신은 무능하게 만들는지도 모른다.

_위클리 월드 뉴스WWN 지

설득력 높이는 10가지 방법

1. 위험을 두려워 말고 당당하게 맞서라.

사람들과 대화하기 전에 망설임과 두려움을 느끼는 까닭은 커뮤니케이션에 리스크가 따르기 때문이다. 이러한 리스크가 따르는 커뮤니케이션에 도전하려면 무엇보다 용기와 판단력이 필요하다. 리스크 커뮤니케이션은 성공보다 실패할 가능성이 더 많을 수도 있다. 하지만 리스크와 정면으로 맞서야 커뮤니케이션 감각도 단련된다.

2. 자신의 개성을 살려서 이야기하라.

강하고 약하고의 차이는 있겠지만 누구에게나 개성이 있다. 이야기의 매력은 곧 그 사람의 매력이다. 이때 그 사람의 매력이란 곧 그 사람이 가지고 있는 장점, 제 맛, 곧 그 사람 자신을 말한다. 매력 있는 화자가 되려면 먼저 자기 자신을 바로 보아야 한다. 커뮤니케이션은 결국 자신을 표현하는 것이다. 자기만의 장점을 살려서 이야기하면 커뮤니케이션이 훨씬 원활해질 것이다.

3. 긴장이 몰려오면 마음껏 긴장하라.

누구든지 격식을 차려야 하는 자리에서 이야기를 하려면 긴장하게 마련이다. 긴장하는 것은 자연스러운 현상이며 누구나 경험하는 인간적인 모습이다. 대부분 처음 긴장하는 순간에는 '아, 나는 역시 안 돼. 틀렸어'

하면서 당황한다. 그리고 긴장을 억누르려고 애쓰는데, 이렇게 하면 오히려 어중간해서 안 된다. '자신다운 면'이 드러나야 커뮤니케이션도 활기를 띤다.

4. 자기 생각을 솔직하고 분명하게 말하라.

사람들은 누구나 남들이 자기의 장점만 봐주기를 바란다. 그러나 이런 걱정을 지나치게 하다 보면 자기의 생각이나 느낌을 솔직하게 말하지 못하고, 하고 싶은 말이나 요구가 있어도 쉽게 입 밖으로 내뱉지 못한다. 남의 눈치만 살피면서 행동하다가는 분위기를 더 서먹서먹하게 만들거나, 할 말도 제대로 못하는 사람이라고 홀대를 받게 된다. 남들에게 호감을 사고 싶고, 커뮤니케이션을 활발하게 하고 싶다면 우선 자기 생각과 하고 싶은 말을 솔직하고 분명하게 표현할 수 있어야 한다.

5. 무조건 잘 보이려고 애쓰지 말라.

호감을 사고 싶다는 심리가 강하게 작용하면, 미움 받고 싶지 않다는 생각이 전면에 드러난다. 그래서 말을 필요 이상으로 삼가거나 잘 보이려고 무리를 한다. 잘 보이려고 박식한 척 하거나 변명을 늘어놓으면 상대방도 금방 눈치 챈다. 자기 마음을 솔직하게 말하라. 그럴 수 있는 사람은 참으로 강하고, 매력 있는 사람이다. 긴장되면 긴장된다고, 모르면 모른다고, 기쁘면 기쁘다고 말하라. 자신의 생각을 있는 그대로 전하라. 그래야만 커뮤니케이션도 마음이 오가는 교류가 되는 것이다.

6. 내가 먼저 적극적으로 다가가라.

인터넷과 컴퓨터 기술의 발달로 이메일이 대화를 대신하는 일이 많아졌다. 그러나 편리하다고 해서 무조건 좋은 것은 아니다. 사람은 사람의 온기를 통해 살아가는 것이고, 모든 사람들이 사람과의 따뜻한 대화를 필요로 한다. 당신은 속마음을 털어놓고 무엇이든 의논할 수 있는 사람이 주위에 몇 명이나 있는가? 당신의 인간관계는 당신이 직접 만들어 가야 한다. 당신이 먼저 남에게 다가가 말을 건네고 커뮤니케이션을 해서 관계를 만들어야 한다. 컴퓨터와 같은 편리한 기계가 잇따라 개발되는 와중에 정작 중요한 존재인 인간을 망각하는 일이 없어야 한다. 사람에게 관심을 갖고 주변 사람과 적극적으로 커뮤니케이션을 해보자.

대화

7. 중얼거리지 말고 큰소리로 말하라.

요즘은 어디에나 편리한 기계들이 자리를 잡고 있어 굳이 사람과는 말하지 않아도 되는 생활이다. 은행에서도, 전철에서 표를 끊을 때도, 집에 들어가서도 기계나 텔레비전을 상대하니 말할 기회가 별로 없다. 소리 내어 말할 기회가 줄어들면서 목청은 자꾸 가늘어진다. 그러다 보니 실제 대화에서도 생기가 느껴지지 않는다. 기계가 발달하면서 힘든 일이 많이 줄어들어서 생활이 많이 편리해졌다. 그런데 마음을 주고받는 진실한 대화의 시간까지 줄어들고 있어서 안타깝다. 단 1분이라도 좋으니 하루에 한 번은 "아! 에! 이! 오! 우!"를 힘껏 외쳐 보아라. 한두 달만 반복하다 보면 어느새 목청에 힘이 붙고 활력 있는 음색을 되찾을 수 있을 것이다.

8. 이야기할 말을 아끼지 말라.

세대 차이가 아니더라도 모든 인간관계에는 틈이 있고 다름이 있다. 서로 '이야기를 하지 않으면 알 수 없기' 때문에 커뮤니케이션의 양적 부족 상태는 개선할 필요가 있다. '충분히 짐작하고 있겠지', '굳이 말하지 않아도 알아주겠지' 하며 말을 아끼고 게을리 하는 경향에서 벗어나,

'말을 하지 않으면 모른다' 는 사실을 항상 기억해야 할 것이다.

9. 보고에 능숙한 사람이 되라.

'보고' 는 알리는 것을 목적으로 한 커뮤니케이션이다. 이를 통해 필요한 정보를 입수하고, 적절한 판단을 내리기 위한 판단 소재를 두루 갖출 수 있다. 따라서 보고에 능한 사람은 주변의 신뢰를 받는다. 가족 간에도 저녁 식탁에 모여 앉아, "오늘 이런 일이 있었어" 하며 그날 하루 동안 있었던 일을 서로에게 보고하면, 각자에게 무슨 일이 있었고 어떤 문제가 있는지도 알 수 있다. 보고를 통해 가족 모두가 정보를 공유하므로 가족 간의 유대도 강해진다.

이렇게 중요한 역할을 하는 '보고' 지만, 현실에서는 보고의 부족이 두드러진다. 보고를 하는 사람은 이미 정보를 가지고 있어서 아쉬움이 덜하므로 보고를 원하는 자의 기다림을 고려하지 못하는 것이다. 보고 커뮤니케이션의 부족은 결국 상대의 만족감을 채워주지 못하게 되어 쌍방에 불신을 키운다. 귀찮아하거나 인색하게 굴지 말고 자신을 그리고 자신의 일을 알리는 일에 힘쓰자.

10. 많이 말하고, 자주 말하라.

일반의미론 학자로 잘 알려진 S.I. 하야카와는 그의 저서 《사고와 행동에 있어서의 언어》에서 "잠자코 있지 않으려고 하는 것 자체가 언어의 중요한 기능이다"라고 같이 말한다. 매일 싸우는 부부는 점점 이해가 깊어지지만, 대화가 없는 부부는 오래도록 함께 할 수 없다. 평생을 함께 하는 두 사람이 '잠자코 있지 않으려고 하는 것' 은 부부관계를 유지하는 데도 지극히 중요하다. 특별한 일이 있을 때는 물론이고, 대화를 나눌 거리가 없어도 대화 그 자체를 즐기는 것이야말로 반려자에 대한 훌륭한 애정

표현이다.

아무리 호의를 품고 있어도 대화를 하지 않는다면 그 자체가 상대방에 대한 배려의 결여를 뜻한다. 할 이야기가 없어도 대화는 할 수 있다. 상대방의 이야기를 재미있게 들어주기만 하면 되니까. 이처럼 최소한의 노력만으로도 대화는 점차 윤기를 띨 수 있다.

_후쿠다 다케시

대화

memo

상쾌한 대화를 위한 78가지

1. 따져서 이길 수는 없다.
2. 사랑이라는 이름으로도 잔소리는 용서가 안 된다.
3. 좋은 말만 한다고 해서 좋은 사람이라고 평가받는 것은 아니다.
4. 말에는 자기 최면 효과가 있다.
5. '툭' 한다고 다 호박 떨어지는 소리는 아니다.
6. 유머에 목숨을 걸지 말라.
7. 반드시 답변을 들어야 한다고 생각하면 화를 자초한다.
8. 상대편은 내가 아니므로 나처럼 되라고 말하지 말라.
9. 설명이 부족한 것 같을 때쯤 해서 말을 멈춰라.
10. 앞에서 할 수 없는 말은 뒤에서도 하지 말라.
11. 농담이라고 해서 다 용서되는 것은 아니다.
12. 표정의 파워를 놓치지 말라.
13. 적당할 때 말을 끊으면 다 잃지는 않는다.
14. 사소한 변화에 찬사를 보내면 큰 것을 얻는다.
15. 말은 하기 쉽게 하지 말고 알아듣기 쉽게 해라.
16. 립 서비스의 가치는 대단히 크다.
17. 내가 이 말을 듣는다고 미리 생각해 보고 말해라.
18. 지루함을 참고 들어주면 감동을 얻는다.
19. 당당하게 말해야 믿는다.

20. 흥분한 목소리보다 낮은 목소리가 위력 있다.

21. 한쪽 말만 듣고 말을 옮기면 바보 되기 쉽다.

22. 눈으로 말하면 사랑을 얻는다.

23. 덕담은 많이 할수록 좋다.

24. 자존심을 내세워 말하면 자존심을 상하게 된다.

25. 공치사하면 누구나 역겨워한다.

26. 남의 명예를 깎아내리면 내 명예는 땅으로 곤두박질 처진다.

27. 잘못을 진심으로 뉘우치면 진실성을 인정받는다.

28. 잘난 척하면 적만 많이 생긴다.

29. 모르는 것은 모른다고 말해야 인정받는다.

30. 말의 내용과 행동을 통일시켜라.

31. 두고두고 괘씸한 느낌이 드는 말은 위험하다.

32. 상대에 따라 다른 언어를 구사해라.

33. 과거를 묻지 말라.

34. 일과 사람을 분리해라.

35. 애교는 여자의 전유물이 아니다.

36. 자기 자신을 제물로 사용해야 웃길 수 있다.

37. 대화의 시작은 호칭부터다.

38. 대화의 질서는 새치기 때문에 깨진다.

39. 말을 독점하면 적이 많아진다.

40. 무시당하는 말은 바보도 알아듣는다.

41. 작은 실수는 덮어 주고 큰 실수는 단호하게 꾸짖어라.

42. 지나친 아첨은 누구에게나 역겨움을 준다.

43. 무덤까지 가져가기로 한 비밀을 털어놓는 것은 무덤을 파는 일이다.

44. 악수는 또 하나의 언어다.

45. 쓴 소리는 단맛으로 포장해라.
46. 말은 입을 떠나면 책임이라는 추가 달린다.
47. 침묵이 대화보다 강한 메시지를 전한다.
48. 첫 한 마디에 정성이 실려야 한다.
49. 다양한 문화를 인정하면 대화는 저절로 잘 된다.
50. 낯선 사람도 내가 먼저 말을 걸면 십년지기가 된다.
51. 목적부터 드러내면 대화가 막힌다.
52. 보이는 것만으로 판단해서 말하면 큰 낭패를 당하기 쉽다.
53. 말을 잘한다고 대화가 유쾌한 것은 아니다.
54. 내 마음이 고약하면 남의 말이 고약하게 들린다.
55. 타협이란 완승, 완패가 아니라 승&승이다.
56. 험담에는 발이 달렸다.
57. 단어 하나 차이가 남극과 북극 차이가 된다.
58. 진짜 비밀은 차라리 개에게 털어놓아라.
59. 지적은 간단하게 칭찬은 길게 해라.
60. 가르치려고 하면 피하려고 한다.
61. 정성껏 들으면 마음의 소리가 들린다.
62. 비난하기 전에 원인부터 알아내라.
63. 내 말 한 마디에 누군가의 인생이 바뀌기도 한다.
64. 눈치가 빨라야 대화가 쉽다.
65. 불평하는 것보다 부탁하는 것이 실용적이다.
66. 말도 연습을 해야 나온다.
67. 허세에는 한 번 속지 두 번은 속지 않는다.
68. 내가 먼저 털어놓아야 남도 털어놓는다.
69. 그런 시시한 것조차 모르는 사람은 모른다.

70. 약점은 농담으로라도 들추어서는 안 된다.

71. 지나친 겸손과 사양은 부담만 준다.

72. 도덕 선생님은 선생님 자리에서 내려올 수 없다.

73. 말은 가슴에 대고 해라.

74. 넘겨짚으면 듣는 사람 마음의 빗장이 잠긴다.

75. 말투는 내용을 담는 그릇이다.

76. 때로는 알면서도 속아 주어라.

77. 남에게 책임을 전가하지 말라.

78. 정성껏 들어주면 돌부처도 돌아보신다.

__이정숙

대화

memo

후회하지 않는 대화법 78가지

1. 친할수록 말은 가려서 한다.
2. 상대방이 궁금해 하기 전에 먼저 보고한다.
3. 지시받은 말을 다시 한 번 반복한다.
4. 한국말은 끝까지 들어야 알 수 있다.
5. 나이 값을 존중해야 나도 존중받는다.
6. 여럿이 대화할 때는 모든 사람을 참여시킨다.
7. 인사는 큰소리로 정중하게 한다.
8. 말은 되로 주고 말로 받는다.
9. 이미 결정된 일에는 토를 달지 말라.
10. 억울함을 호소하는 말은 요란할수록 역효과만 난다.
11. 안다고 생각하는 것이 꼭 아는 것은 아니다.
12. 팥으로 메주를 쑨다는 말도 당당하게 하면 믿는다.
13. 요구하지 않는 일을 챙겨주고 생색내면 바보 된다.
14. 다름을 인정해야 말이 통한다.
15. 그가 소중히 여기는 것은 비판하지 말라.
16. 타고난 외모나 성격을 농담으로 만들지 말라.
17. 비교하면 나는 더 심하게 비교 당한다.
18. 들려주고 싶은 말이 아니라 듣고 싶은 말을 하라.
19. 같은 말을 두 번 하면 잔소리다.

20. 억지로 위로하지 말고 그냥 들어주어라.

21. 어릴수록 반말을 더 싫어한다.

22. 신분이 바뀌면 즉시 바뀐 호칭으로 불러라.

23. 곤란한 질문이나 어려운 부탁은 대답할 시간부터 벌어라.

24. 공감 표현만이 충고가 될 수 있다.

25. 실수에는 격려가 약이다.

26. 목소리를 낮추면 오히려 높아진다.

27. 명령어는 유치원 아이들도 싫어한다.

28. 윗사람이 솔선수범하면 아랫사람은 알아서 움직인다.

29. 사과에도 타이밍이 있다.

30. 들으면서 딴 짓 하면 듣지 않는 것만 못하다.

31. 외국어는 얼굴 두께도 실력이다.

32. 남의 나라 말이 서툰 것은 당연하다.

33. 화제가 많으면 대화가 풍성해진다.

34. 몸으로만 대화해도 통한다.

35. 주변 사람들을 깎아내리면 내 가치부터 하락한다.

36. 타인의 약점은 잡지 말라.

37. 때로는 부탁이 대화를 여는 열쇠이다.

38. 결과를 짐작하지 말고 용기 있게 시도하라.

39. 충고는 고맙게 받아들여라.

40. 험담은 반드시 돌아온다.

41. 까다로운 사람도 마음의 친구를 필요로 한다.

42. 말하기도 연습이 필요하다.

43. 프레젠테이션은 나만 떠는 것이 아니다.

44. 준비 없는 말하기는 상처를 준다.

45. 승자처럼 말하라.
46. 원하는 것을 알아야 진정한 대화가 된다.
47. 도움과 참견을 구분하라.
48. 회사 이메일은 지워도 되살아난다.
49. 이메일은 두 줄이 가장 적절하다.
50. 이메일은 소속과 이름을 밝혀라.
51. 이모티콘, 특수 문자 남용하면 중요한 내용도 장난으로 변한다.
52. 이메일은 답장을 보내야 전달된 것이다.
53. 이메일의 문장은 간결하게, 대용량을 보낼 때는 미리 양해를 구하라.
54. 이메일을 보내기 전에 주소와 오 · 탈자를 확인하라.
55. 가능한 일 대 일 이메일로 보내고, 첨부 파일 버전은 가장 낮은 것으로 쓴다.
56. 껄끄러운 말은 반드시 만나서 하라.
57. 문제 메시지에도 품격이 있다.
58. 전화와 문자 메시지 답장은 반드시 하라.
59. 문자 메시지라도 보내는 사람을 생략하지 말라.
60. 때와 장소를 가리지 않는 문자 메시지 중독은 상사를 화나게 한다.
61. 회사 전화를 받을 때는 자신의 이름과 소속부터 밝혀라.
62. 전화 목소리에도 말하는 사람의 자세가 보인다.
63. 전화 내용은 반드시 메모해서 정확하게 전달한다.
64. 전화는 반드시 상대방이 수화기를 내려놓은 후에 끊어라.
65. 대화에도 묻지 말아야 할 것이 있다.
66. 공동생활에서는 의견을 묻고 난 후 행동하는 것이 예의다.
67. 돈 이야기는 분명할수록 좋다.
68. 맞장구만 잘 치면 기밀도 누설한다.

69. 무조건 "예, 예" 한다고 환영받는 것은 아니다.
70. 마음이 시키는 대로 말하면 다른 나를 볼 수 있다.
71. 상대방에게 득 되는 말부터 하라.
72. 극찬은 다른 사람을 비난하는 말이 될 수 있다.
73. 정당한 요구는 당당히, 그러나 부드럽게 말하라.
74. 축하에 사족을 붙이면 놀리는 말이 된다.
75. 부탁은 단도직입적으로 하라.
76. 안 되는 것을 조르면 부담만 안겨준다.
77. 화해는 먼저 하는 사람이 이긴다.
78. 긍정적으로 말하면 안 될 일도 성사된다.

__이정숙

대화

memo

경쟁력을 키워주는 파워 업 대화법 17가지

꼭 실천해야할 대화의 테크닉

1. 말을 할 때는 이성적이고 논리적인 사고를 하라.
2. 말을 시작하기 전에 먼저 3초간 요점을 가다듬고 정리하라.
3. 불만이나 푸념 또는 부정적인 말을 가급적 자제하라.
4. 목소리의 속도와 높이, 그리고 크기를 변화 있게 잘 조절해서 말하라.
5. 간결하고 명확한 문장구사를 하도록 하라.
6. 상대방의 반응에 적절히 대응하면서 말하라.
7. 평소에 대중 앞에 서는 연습을 자주 하라.
8. 보다 넓고 깊은 안목으로 세상을 관찰하여 이야깃거리를 많이 만들어 두어라.
9. 심각한 이야기에도 때로는 유머를 섞어 긴장을 없애는 여유를 가지라.
10. 친한 사이일수록 예의를 갖춰 말하라.

절대 하지 말아야할 대화의 테크닉

1. 화가 난 상대방의 말을 감정적으로 맞받아치지 말라.
2. 상대방도 내 생각과 같을 것이라고 속단하지 말라.
3. 사전 준비 없이 어떤 상황이 돌아가는 대로 대충 말하지 말라.
4. 지나치게 스스로를 과소평가하는 말을 쓰지 말라.
5. 상대방에게 말할 기회를 주기보다는 자기 말을 앞세우려 하지 말라.

6. “저기요”, “있잖아요” 등 무의미한 단어를 쓸데없이 반복하지 말라.
7. “~인 것 같다”라는 불확실한 분위기의 말을 피하라.

__김승용(스피치 전문가)

memo

대화

절대 실패하지 않는 설득의 기술 12가지

1. '당신에게만 특별히' 라는 말로 유혹하라.
   인간은 누구나 대우를 받고 싶어 한다.

2. 이름이 비슷한 사람을 협상 사절로 내보내라.
   성이나 이름이 비슷하면 호감을 가진다.

3. 일부러 어렵게 말하라.
   상대는 자존심 때문에 자신이 이해하지 못하는 것을 숨기고 당신의 말에 따를 것이다.

4. 양복 단추를 하나씩 풀면서 이야기하라.
   상대는 긴장을 풀고 당신에게 마음을 열 것이다.

5. 어려운 협상은 해질 무렵에 하라.
   늦은 시간일수록 이성적으로 판단하기 힘들다.

6. '우리' 라는 말을 자주 써라.
   상대와의 일체감이 형성되면 보다 쉽게 설득할 수 있다.

7. 의자의 높이를 높여 내려다보며 이야기하라.

상대는 위축되어 당신의 말에 따를 것이다.

8. '한 가지' 만이라고 말하라.

그러면 상대는 무엇이든 쉽게 받아들인다.

9. 상대의 표정과 모션을 따라 하라.

인간은 자신과 비슷한 사람에게 호감을 갖게 마련이다.

대화

10. 사죄나 애원을 할 때는 어려보이는 사람을 보내라.

동안은 상대의 신뢰를 끌어내기 쉽다.

11. 촉촉한 눈길을 보내라.

상대는 당신이 자신의 이야기를 경청한다고 믿고 감동한다.

12. 협상 장소는 중국식당으로 하라.

둥근 탁자는 상대의 마음을 편안하게 해준다.

_나이토 요시히토

성공하는 대화법 10가지

1. 인사말은 명확해야 하며 경직되지 않은 평온한 얼굴로 한다.
2. 가슴은 펴고 고개는 든 채 부드러운 시선을 유지한다.
3. 상대와의 거리는 1미터를 넘지 않는 것이 좋다.
4. 상대의 눈을 보며 시종일관 정중한 자세를 지킨다.
5. 건조한 말투보다는 리드미컬하게 표현한다.
6. 항상 존칭을 잊지 말고 긍정적인 표현을 쓴다.
7. 상대의 말을 끝까지 듣고 '예'와 '아니오'의 구분을 확실히 한다.
8. 중요한 부분에서는 강조의 악센트를 적절하게 활용한다.
9. 상대가 제시한 핵심 포인트에 대해 한 번 더 질문해 신뢰를 얻는다.
10. 대화를 마칠 때도 명확히 하며 예의바른 인사를 잊지 않는다.

__지식in

상대방의 이야기를 잘 듣기 위한 마음가짐 7가지

대화

1. 상대방의 입장을 이해해주면서 말을 듣는다.

   즉, 역지사지(易地思之)해 가면서 듣는다. 쓸데없는 사소한 것에 연연하지 말고 상대방이 진정으로 하려고 하는 이야기의 요점을 정확히 파악하는 것이 중요하다.

2. 상대방의 생각이나 주장, 요구를 일단 인정하고 난 후에 자신의 생각을 주장한다.

   무엇보다도 중요한 것은 먼저 상대방의 이야기를 존중해주는 것이다. 그러면 상대방도 역시 당신의 이야기를 존중해준다.

3. 상대방의 이야기를 중도에 끊거나 가로채는 일이 없어야 한다.

   상대방의 이야기를 끝까지 들어주고 상대방이 스스로 충분하게 말했다고 느끼게 해야 한다. 그런 다음 이야기해도 늦지 않고 손해 보지도 않는다. 다 들어주고 난 후에 잘 정리된 생각을 차근차근 조리 있게 말하면 된다.

4. 상대방이 이야기를 몇 마디만 듣고 섣불리 판단하지 말라.

   끝까지 상대방의 이야기를 다 듣고 난 다음에 충분한 이해를 토대로 객관적으로 판단하라.

5. 상대방이 말하는 속도에 당신의 사고력과 이해를 맞추도록 하라.
상당한 인내가 필요할 것이다. 빠르면 빠르게, 늦으면 늦게 맞추라.

6. 이해하지 못한 것은 질문을 통해 반드시 이해하라.
전문용어나 개념이 납득되지 않으면 설명을 부탁하거나 개념을 함께 정의하라. 그렇지 않으면 한국 사람끼리 이야기하고도 전혀 다른 이야기를 한 것과 같은 결과를 낳을 수도 있다.

7. 귀뿐만 아니라 눈으로도 듣는다.
상대방이 이야기할 때는 상대방의 얼굴을 봐주는 것이 예의이다. 그리고 상대방을 잘 관찰해야 상대방의 이야기를 더 잘 이해할 수 있다. 사람은 언어뿐만 아니라 표정, 제스처, 태도, 행동 등으로도 많은 것들을 이야기하기 때문이다. 이야기를 듣는 기술 중에서 상대방의 얼굴을 보는 것이 무엇보다 중요함을 다시 한 더 강조한다.

_강영수

성공을 부르는 말하기 8가지 노하우

1. 말은 송신자가 아닌 수신자의 중심이 되어야 한다.
   듣는 이를 배려하는 대화가 필요하다. 이것이 사람의 마음을 사로잡는 대화의 첫 번째 원칙이다. 날 위해서가 아니라 상대를 위한 말을 하라. 그리고 상대의 이야기를 잘 들어주어라. 정말 쉬우면서도 간과하기 쉬운 일이다.

2. 오픈 마인드가 필요하다.
   팔짱끼고 '그래 너 한번 이야기해봐라. 어쩌나 두고 보자' 는 식은 안 된다. 이미 선을 그어놓고 자기만의 답을 찾은 상태에서 대화에 임하는 것은 상대의 마음을 더욱 닫게 만드는 길이다. 상대로 하여금 내가 그어놓은 벽을 느끼게 하지 말아야 한다.

3. 밝은 표정으로 말하는 사람에겐 사람을 끄는 힘이 있다.
   웃는 얼굴에 침 못 뱉는다. 잘 웃는 사람, 표정이 밝은 사람과 있으면 나도 모르게 표정이 밝아진다.

4. 적절한 립서비스(lip-service)는 상대의 마음을 열게 만든다.
   입에 발린 소리 같아도 말을 그럴듯하게 해서 상대가 공감하게 만드는 이야기나 칭찬하고 떠받들어주면 기분은 좋다.

대화

5. 상대의 말에 호응을 해주는 게 좋다.

고개만 끄덕여도 좋고, 미소 지어도 좋고, 입으로 크게 맞장구를 쳐줘도 좋다. 상대가 호응해주면 '내 이야기를 저 사람이 잘 듣고 있구나'를 느끼게 되어, 대화에 더 흥미를 가지게 된다. 그리고 자기 이야기에 호응해주는 사람에겐 왠지 호감을 더 가지게 된다.

6. 먹으면서 말하라.

부탁이나 설득의 이야기를 주고받고 싶으면 식사 시간을 이용하라는 말이다. 사람은 음식을 먹을 때 마음이 더 여유로워진다. 식사 때가 아니라면 차라도 한잔 마시면서 이야기를 나누는 것도 좋다. 입으로 뭔가가 들어갈 때 상대의 이야기에 더 우호적으로 다가갈 확률이 높다. 먹으면서 할 만한 상황이 아니라면 조그만 선물을 하나 준비하는 것도 아주 효과적이다. 선물은 상대의 마음을 부드럽게 만드는 효과 빠른 약 같은 것이다.

7. 시선을 마주쳐라.

상대의 눈을 보고 이야기하는 것은 진실성을 보여주는데 좋다. 나의 정직과 진실을 강조하기 위해서라도 상대의 눈을 부드럽게 쳐다보면서 이야기를 나눠라. 눈을 바로 쳐다보기가 불편하면 눈언저리를 보면 된다. 절대 고개를 숙이거나 눈을 피하고 말하지 말라. 상대에게 경계하고 있거나 뭔가를 속이고 있음으로 보일 수 있기 때문이다.

8. 내가 대답하기 곤란한 것은 상대에게도 묻지 말라.

프라이버시에 해당되는 질문은 피해야할 말이다. 내가 그런 질문을 받았을 때 불쾌하거나 대답하기 난처한 질문은 상대에게도 마찬가지이다.

_머니 투데이

효과적 커뮤니케이션을 위해 가져야 할 6가지 마인드

대화

1. 이루어진다고 굳게 믿으라.

믿음을 가지고 목표를 세우라. 그리하면 당신의 목표는 반드시 성취된다. 반드시 그렇게 하고자 하는 신념과 그렇게 되기를 바라는 기도가 결합된 정신 상태는 엄청난 괴력을 발휘한다. 신념은 한계가 있는 인간에게서 그 한계를 없애는 유일한 방편이다. 반드시 이루고자 하는 신념은 실패의 유일한 예방책이다. 확신과 목표를 가진 상태에서의 커뮤니케이션은 반드시 성공한다.

2. 삶의 의지를 불태우라.

자신의 삶에, 특히 하루하루에 특별한 의미를 부여하며 적극적으로 사는 사람은 최고가 될 자격이 있다. 그가 던지는 메시지는 이미 상대방에게 파워풀한 설득력을 지니고 있다.

3. '자신과의 의사소통'에 능해져야 한다.

커뮤니케이션에 앞서서 자신이 전달하고자 하는 핵심 메시지를 항상 자신에게 먼저 던져보라. 자신이 전달하고자 하는 메시지가 확실해지면 그 커뮤니케이션의 성공가능성은 매우 높아진다.

4. 다른 사람이 전달하고자 하는 메시지의 핵심에 접근해야 한다.

아무도 당신이 이해할 때까지 모든 것을 상세하게 설명해주지 않는다. 타인이 보낸 메시지를 수신했을 때, 불확실한 점은 반드시 다시 질문할 수 있어야 한다.

5. 말투, 목소리, 어휘 등의 차이가 메시지 수신자의 변화 여부를 결정한다.

똑같은 메시지를 전달하더라도 당신의 태도에 따라 상대방에게 전달되는 메시지는 천차만별이다. 수신자의 변화를 원한다면 말투, 목소리, 어휘의 사용에 신경쓰라. 당연한 이야기로 들릴지 모르겠지만 나중에 초래되는 결과의 차이는 크다.

6. 긍정적인 미래를 상상하라.

긍정적인 미래를 상상하는 것은 뛰어난 커뮤니케이터가 되는 길을 방해하는 불안감, 긴장감 등을 사라지게 한다. 당신의 긍정적 사고는 메시지의 전달자에게 반드시 전달되게 되어있다. 긍정적 마인드는 엄청난 파괴력을 지닌 바이러스다.

_구창환

상대방을 설득하는 방법 4가지

1. 주변 사람들과 우호관계를 구축하라.
2. 비공개적이며 다른 사람들이 가지지 못한 정보를 제공하라.
3. 전문가의 의견을 준비하라.
4. 사람들은 자기 주변 사람의 사고와 행동방식에 많은 영향을 받고, 자신과 비슷한 처지에 있는 사람을 따르려는 경향이 있다.

__구창환

대화

memo

스피치의 4가지 법칙

제1법칙 : 화제를 풍부하게, 대화는 즐겁게 하라.

1. 화제를 풍부하게 하고 밝은 표현을 사용한다.
2. 청중에게 도움이 되는 내용이어야 한다.
3. 상호간의 공감이 형성되는 이야기여야 한다.
4. 쌍방향 커뮤니케이션이 되도록 한다.
5. 반복되는 화술을 전개하지 말아야 한다.
6. 상대방을 지루하게 해서는 안 된다.

제2법칙 : 최고의 화술가는 최고로 잘 듣는 사람이다.

1. 듣기는 화술의 근본이다.
2. 듣기는 쌍방향 커뮤니케이션의 기본이다.
3. 듣기는 정보수집에서 가장 중요한 부분이다.
4. 듣기는 상대방의 본심을 이끌어내라.
5. 들을 때는 자신을 카운슬러라고 생각하라.
6. 들으면서 맞장구를 쳐라.

제3법칙 : 보디랭귀지는 좋은 커뮤니케이션의 필수품이다.

1. 눈빛과 표정은 곧 제2의 화술이다.
2. 첫인상은 만남과 대화에서 큰 선입견을 준다.

3. 나쁜 태도는 나쁜 감정을 전달하는 역할을 한다.
4. 적정한 보디랭귀지는 화술에 시너지 효과를 가져다준다.

제4법칙 : 대중화술의 기술을 익혀라.
1. 준비를 철저히 하라.
2. 스피치는 시작이 중요하다.
3. 대중의 니즈를 먼저 파악하라.
4. 상대방이 공감하는 스피치를 하라.
5. 즉석 스피치가 가능하도록 만들라.
6. 열의와 자신감을 갖고 하라.
7. 멋진 스피치를 할 수 있다고 분명히 확신하라.

__이창호

memo

직원들을 제대로 이끌 수 있는 5가지 커뮤니케이션 기술

1. 감정에 도취되지 말라.

대중 앞에서 말하는 것을 즐기는 사람은 종종 자기 말에 도취되기도 한다. 하지만 이런 감정 때문에 집중력을 잃어서는 안 된다. 집중력을 잃으면 말이 길어지고 말이 길어지면 듣는 사람들을 짜증나게 해서 대화의 효율성이 추락한다. 동기를 부여하고 감동을 전달하고 싶다면 되도록 짧고 날카롭게, 필요한 말만 하도록 하라.

2. '우리'를 강조한다.

회사 직원들과 대화할 때는 결코 남 이야기를 하듯이 해서는 안 된다. 항상 직원과 자신, 그리고 회사가 직접적으로 연관돼 있다는 사실을 강조하라.

3. 시킬 것이 있으면 노골적으로 말한다.

시킬 것이 있을 때 이리저리 말을 돌리면 부정적인 인상만 받는다. 모호한 표현은 삼가고 되도록 노골적으로 분명하게 말해야 한다.

4. 정직하게 말한다.

상대방은 정직하게 나올 때 감정적으로 동화된다. 직원들에게 자신의 기분과 감정을 솔직하게 표현하라. 하지만 솔직하게 표현한다고 해서 지나치게 감정적으로 나오면 역효과를 볼 수 있다.

5. 역동적인 표현을 쓴다.

마치 전쟁터에서 사령관이 병사들을 독려하듯이 강하고 절도 있는 표현을 사용하라. 지루하고 뻔하고 흔해 빠진 표현은 대화의 효율을 크게 떨어뜨린다.

__BILL BENNETT, 코리아인터넷닷컴

대화

memo

스피치하기 전 꼭 알아둬야 할 7가지 노하우

1. 과소평가하지 말라.

스피치에 임하는 사람은 흔히 자신의 능력이 부족하다고 과소평가한다. 미리부터 말주변이 없고 경험이 부족해서 스피치를 잘 할 수 없다고 지레 겁먹을 필요가 없다.

2. 불안감을 공개하라.

스피치의 불안감은 누구나 갖는 것이므로 자신의 불안감을 지나치게 의식할 필요가 없다. 오히려 불안감을 숨기려 하기보다는 자신이 이 스피치를 중요하게 생각하고 있기 때문에 무척 긴장하고 있다는 사실을 솔직히 털어놓는 것이 좋은 방법이 될 수 있다.

3. 스피치에 집중하라.

스피치를 시작하기 직전은 스피치에 대한 공포가 가장 정점에 이르는 순간이다. '내가 잘해 낼 수 있을까?' 하는 걱정을 하기 시작하면 준비한 원고를 잊지 않았는지 거듭 확인하게 되고 청중들의 표정 또한 마치 화가 난 듯하게 느껴져 두려움마저 생긴다. 이런 불안을 잊어버리는 방법은 스피치 자체에 몰두하는 것이다.

4. 철저하게 준비하고 과감하게 훈련하라.

한 번 스피치를 잘 못했다고 해서 인생이 끝나는 것은 아니다. 그것은 오히려 다음 스피치를 위한 귀한 경험이 된다. 그러나 준비 부족으로 인한 스피치의 실패는 타인으로부터 쉽게 용납 받을 수 없다. 스스로도 준비 부족으로 인한 실패에 대해서는 관대해지면 안 된다.

5. 청중과 친숙해져라.

스피치에 능숙한 사람도 많은 청중 앞에서는 상황적 불안에 빠진다. 다른 사람의 시선을 의식하기 때문이다. 이런 상황에서 느끼는 불안은 청중과 가까워지는 것으로 극복할 수 있다.

6. '호흡' 이라는 진정제를 활용하라.

불안에 빠지고 긴장하게 되면 온몸에 힘이 빠지면서 다리나 손이 떨리기 마련이다. 또한 얼굴이 붉어지고 호흡도 거칠어지면서 발음도 불안정해진다. 이럴 때 복식 호흡으로 신체적인 이상을 조절하게 되면 긴장도 풀리고 불안증도 진정된다. 숨을 깊이 들이마셨다가 내쉬어보아라. 한결 안정된 기분을 느낄 수 있다.

7. 시각 자료를 활용하여 분산법을 써라.

시각 자료는 발표 불안증의 완화에 큰 도움이 된다. 시각 자료를 사용하게 되면 발표자는 청중을 정면으로 바라보지 않아도 된다. 청중의 시선이 자신에게 집중되고 있다고 의식할 때 발표 불안증이 가장 고조되기 쉽다. 시각자료의 사용은 청중의 시선을 시각 자료로 돌릴 수 있으므로 시선에 대한 부담이 크게 완화된다.

__스피치와 리더십

'아니오' 라고 부드럽게 말하는 7가지

1. "생각할 시간을 좀 주세요."

그 자리에서 분명하게 거절해야 할 일이라도 한 시간 정도 생각해본 척 한 다음 분명하게 거절하는 편이 상대의 반발을 막을 수 있다.

2. "정말 좋은 제안이군요."

상대방의 제안을 일단 인정한 다음 다른 일 때문에 바빠서 함께 할 수 없다고 말한다. 다른 일이 어떤 일인지는 굳이 설명할 필요는 없다.

3. "정말 대단하세요."

일단 상대방을 칭찬한 다음 "당신과 같이 일하고 싶지만 이번에는 어쩔 수 없네요"라고 말한다.

4. "원칙적으로 저는 그런 일을 하지 않아요."

일정한 자신의 확고한 기준이 있다고 하면 개인적인 이유로 거절하는 것보다 더 잘 받아들여진다.

5. "정말 안 됐네요."

들어주기 어려운 부탁이라면 거절에 앞서 일단 그 사람의 처지를 이해해 주어라.

6. "지금은 곤란한데요."

사실상 거절이지만 다음 기회로 미루는 방법이다. 어떤 특정한 날 무엇을 해달라는 부탁을 받으면 "안 돼요. 하고 싶은 마음이 없어요" 보다는 "그날은 어렵겠는데요"가 사람의 마음을 덜 상하게 한다.

7. "음… 안 되겠어요."

싫은 것은 싫다고 말해야 하지만 잠시 뜸을 들여 고민하는 모습을 보인다. 그다음 분명하게 상대를 보며 "아니오"라고 말한다. 아니면 아직도 마음의 결정을 내리지 못한 것처럼 보일 수 있기 때문이다.

_유철수

대화

memo

좋은 의사소통을 위한 10가지 방법

1. 비판적인 단어나 감정이 실린 용어를 쓰지 말라.
   상대방의 흠을 잡는 단어를 쓰지 않는다.

2. 일반화된 이름 붙이기를 하지 말라.
   상대방의 정체성에 대하여 일반화된 공박을 하는 것이다. 즉, 상대방의 행동자체가 아니라 인간성에 초점을 맞추는 것이다.

3. 비난하고 판단하는 식의 '너' 메시지를 쓰지 말라.
   메시지는 상대에게 직접적으로 이유를 돌리지 않으며, 비난하지 않는 진술 방법이다.

4. 과거의 일을 들추지 말라.
   명확한 의사소통은 당면한 문제에만 초점을 맞추라. 과거를 돌아보는 것은 때로 유용하고 문제를 긴 안목으로 보게 해주지만 옛이야기를 들추는 것은 상대방의 잘못에 대해 근거를 찾기 위한 경우가 흔하다. 화가 났을 때 과거의 일을 들먹이지 않도록 한다.

5. 부정적인 비교를 하지 말라.
   명확한 의사소통은 상대방이 자기 자신에 대해 나쁜 감정을 갖게 만들려는 것이 아니다. 그것은 상처를 주기 위한 것이 아니라 오히려 도움을 주기 위한 것이다. 부정적인 비교는 상대방을 처벌하고 공격하는 것이다.

6. 위협하지 말라.

위협에는 "당신의 잘못했으니까 내가 당신을 처벌할 것이다"라는 메시지가 포함되어 있다. '당신은 나쁘다' 라고 하는 메시지는 듣는 사람 입장에서는 고통스러운 것이다. 상처를 주려는 의도는 관계를 손상시킨다.

대화

7. 감정으로 공격하기보다는 그것을 말로 표현하라.

자신의 감정에 대해 말할 때 아주 명료한 단어를 사용한다. 감정으로 공격한다는 것은 그것을 무기처럼 사용한다는 말이다. 목소리가 커지고 비꼬기도 하고 차갑게 적대적으로 되기도 한다. 명료하게 의사소통을 하려면 목소리와 억양을 최대한 정상적으로 유지해야 한다. 그래야만 상대방이 과장 없이 당신의 감정을 들을 수 있다.

8. 개방적이고 수용적인 신체 언어를 사용하라.

신체는 당신이 의사소통에 얼마나 열려 있고 그것을 얼마나 바라는지를 보여준다. 입술을 악물고, 주먹을 꼭 쥐고 있다면 몸은 당신이 이야기하고 싶지 않다는 것을 너무나 큰 소리로 말하고 있는 것이다. 몸이 의사소통에 열려 있게 하려면, 눈 맞춤을 유지하고 듣는 동안 고개를 끄덕이고, 팔짱 낀 팔을 풀고, 약간 앞으로 향해 앉으며 얼굴 표정을 이완시킨다.

9. 전체 메시지를 일치하여 사용하라.

의사표현을 할 때 관찰, 사고, 감정, 기대의 네 요소가 모두 포함될 때 분명하고 친밀감을 형성시킬 수 있는 대화가 될 수 있다. 네 가지 요소 중

하나 이상을 뺀 부분적인 메시지는 심각한 오해를 초래할 수 있다. 전체 메시지는 관찰, 사고, 감정, 기대의 네 가지 요소를 모두 포함한다.

10. 분명하게 말하라.

은연중에 암시하거나 질문을 가장하여 비난하지 말고 분명하게 본 것과 생각한 것과 느끼는 것과 원하는 것을 말해준다.

_사티어 의사소통 훈련 프로그램

memo

나를 발전시키는 대화법 50가지

대화

1. 같은 말이라도 때와 장소를 가려서 해라.
   그곳에서의 히트곡이 여기서는 소음이 된다.

2. 이왕이면 다홍치마다.
   말에도 온도가 있으니 썰렁한 말 대신 화끈한 말을 써라.

3. 내가 하고 싶은 말보다 그가 듣고 싶어 하는 말을 하라.

4. 입에서 나오는 대로 말하지 말라.
   체로 거르듯 곱게 말해도 불량률은 생기게 마련이다.

5. 상대방을 보며 말하라.
   눈이 맞아야 마음도 맞게 된다.

6. 풍부한 예화를 들어가며 말하라.
   예화는 말의 맛을 내는 훌륭한 천연 조미료이다.

7. 한번 한 말을 두 번 다시 하지 말라.
   듣는 사람을 지겹게 한다.

8. 일관성 있게 말하라.

믿음을 잃으면 진실도 거짓이 되어버린다.

9. 말을 독점하지 말고 상대방에게도 기회를 주어라.

대화는 일방통행이 아니라 쌍방교류다.

10. 상대방의 말을 끝까지 들어줘라.

말을 자꾸 가로채면 돈 뺏긴 것보다 더 기분 나쁘다.

11. 내 생각만 옳다고 생각하면 큰 오산이다.

상대방의 의견도 옳다고 받아들여라.

12. 죽는소리를 하지 말라.

죽는소리를 하면 천하장사도 살아남지 못한다.

13. 상대방이 말할 때는 열심히 경청하라.

지방방송은 자신의 무식함을 나타내는 신호다.

14. 불평불만을 입에서 꺼내지 말라.

불평불만은 불운의 동업자다.

15. 재판관이 아니라면 시시비비를 가리려 말라.

옳고 그름은 시간이 판결한다.

16. 눈은 입보다 더 많은 말을 한다.

입으로만 말하지 말고 표정으로도 말하라.

17. 조리 있게 말하라.

전개가 잘못되면 동쪽이 서쪽이 된다.

18. 결코 남을 비판하지 말라.

남을 감싸주는 것이 덕망 있는 사람의 태도다.

19. 편집하며 말하라.

분위기에 맞게 넣고 빼면 차원 높은 예술이 된다.

20. 미운 사람에게는 특별히 대하여라.

특별하게 대해주면 적군도 아군이 된다.

21. 남을 비난하지 말라.

남을 향해 쏘아 올린 화살이 자신의 가슴에 명중된다.

22. 재미있게 말하라.

사람들이 돈을 내고 극장가는 것보다도 재미가 있기 때문이다.

23. 누구에게나 선한 말로 기분 좋게 해주어라.

그래야 좋은 기의 파장이 주위를 둘러싼다.

24. 상대방이 싫어하는 말을 하지 말라.
   듣고 싶어 하는 이야기만 하기에도 바쁜 세상이다.

25. 말에도 맛이 있다.
   입맛 떨어지는 말을 하지 말고 감칠맛 나는 말을 하라.

26. 또박또박 알아듣도록 말하라.
   속으로 웅얼거리면 염불하는지 욕하는지 남들은 모른다.

27. 뒤에서 험담하는 사람과는 가까이 말라.
   모진 놈 옆에 있다가 벼락 맞는다.

28. 올바른 생각을 많이 하라.
   올바른 생각을 많이 하면 올바른 말이 나오게 된다.

29. 부정적인 말은 하지도 듣지도 전하지도 말라.
   부정적인 말은 부정 타는 말이다.

30. 모르면 이해될 때까지 열 번이라도 물어라.
   묻는 것은 결례가 아니다.

31. 밝은 음색을 만들어 말하라.
   듣기 좋은 소리는 음악처럼 아름답게 느껴진다.

32. 상대방을 높여서 말하라.

말의 예절은 몸으로 하는 예절보다 윗자리에 있다.

33. 칭찬, 감사, 사랑의 말을 많이 사용하라.

그렇게 하면 사람이 따른다.

34. 공통 화제를 선택하라.

화제가 잘못되면 남의 다리를 긁는 셈이 된다.

대화

35. 가슴에서 우러나오는 말을 하라.

입에서 나오는 대로 말하는 사람은 경솔한 사람이다.

36. 대상에 맞는 말을 하라.

사람마다 좋아하는 음식이 다르듯 좋아하는 말도 다르게 마련이다.

37. 조심해서 말하라.

말에는 지우개가 없다. 상대방의 말로 입은 상처는 평생 지워지지 않는다.

38. 맞장구를 쳐주어라.

말하는 사람과 듣는 사람 간에 신뢰가 생긴다.

39. 품위가 있는 말을 사용하라.

자신이 하는 말은 자신의 인격을 나타낸다.

40. 자신을 낮춰 겸손하게 말하라.
자만, 교만, 거만은 적을 만드는 언어다.

41. 기어들어가는 소리로 말하지 말라.
그것은 임종할 때나 쓰는 말이다.

42. 표정을 지으며 온몸으로 말하라.
드라마 이상의 효과가 나타난다.

43. 활기 있게 말하라.
생동감은 상대방을 감동시키는 원동력이다.

44. 솔직하게 말하고 진실하게 행하라.
그것이 승리자의 길이다.

45. 책임질 수 없는 말은 하지 말라.
말에는 언제나 책임이 따른다.

46. 실언을 했을 때는 곧바로 사과하라.
실언이 나쁜 것이 아니라 변명이 나쁘다.

47. 말에는 메아리의 효과가 있다.
자신이 한 말이 자신에게 가장 큰 영향을 미친다.

48. 말이 씨가 된다.

어떤 씨앗을 뿌리고 있는가를 먼저 생각하라.

49. 말하는 방법을 전문가에게 배워라.

스스로는 잘하는지 못하는지 판단하지 못한다.

50. 적게 말하고 많이 들어라.

그래야 넉넉한 사람이 된다.

_이상헌

대화

memo

첫 만남에서의 대화 방법 10가지

1. 상대를 이해하기 위해 들어라.

커뮤니케이션의 가장 중요한 목적은 상대방에 대한 이해다. 상대방의 말을 주의 깊게 듣고 어떤 사람인지 파악하라. 어떤 성격인지, 무슨 일을 하는지, 어떤 철학을 지녔는지 분석하라.

2. 관심을 가지고 온몸으로 들어라.

상대방의 말에 관심을 보이는 것이 중요하다. 눈을 맞추고, 머리를 끄덕이고, 몸을 상대방에게 기울여라. 상대방의 감정에 한편이 되어 상대방과 똑같이 느껴라.

3. 공통분모에 대해 질문하라.

고향, 학교, 가족, 취미, 종교 등을 질문하라. 인간관계를 밀접하게 하는 요소 중 하나는 유사성이다. 상대방이 당신과 어떤 공통분모를 가지고 있는지 찾아라.

4. 당신과의 연결고리 대해 질문하라.

경력, 직업, 업무, 꿈, 목표 등을 질문하라. 비즈니스 인맥에서 기대감을 주는 것은 보완성이다. 당신과 상대방 사이에 어떤 비즈니스 연결고리가 있는지 찾아라.

5. 당신을 알리기 위해 말하라.

당신이 어떤 사람인지 알아야 호감도 생기고 다시 만나고 싶어진다. 상대방에게 당신이 누구인지, 무엇을 하고 있는지, 무엇을 할 계획인지 알려라. 당신의 능력과 비전, 꿈에 대해 말하라.

6. 진지하게 온몸으로 말하라.

진지하고 열정에 가득 찬 눈빛은 상대방에게 신뢰감을 준다. 자신감 넘치고 당당한 태도로 말하라. 손으로, 얼굴로, 온몸으로 말하라.

7. 상대방이 좋아하는 것에 대해 이야기하라.

상대방이 말하고 싶어 할 주제에 대해 대화하라. 상대방의 믿음, 주장, 관심사항, 자랑거리에 대해 질문하고 경청하라.

8. 상대방이 잘 아는 것에 대해 이야기하라.

상대방이 자신 있는 주제에 대해 대화하라. 상대방의 취미, 특기, 전공분야에 대해 질문하고 경청하라.

9. 대화소제가 없으면 아무 이야기나 하라.

대화는 연설이 아니고 모든 사람이 웅변가도 아니다. 당신이 본 것, 당신이 들은 것, 당신이 겪은 자잘한 일에 대해 이야기하라. 사람들은 조금 부족한 사람을 좋아한다. 완벽하려고 노력하지 말라.

10. 전략적으로 커뮤니케이션하라.

상대방에 관해 무엇을 알아야 하는가? 어떻게 질문할 것인가? 당신에 관해 무엇을 알려야 하는가? 어떻게 말할 것인가? 대화를 통해 얻을 수 있는 생산적인 목표는 무엇인가?

_지식in

memo

대화를 잘하는 요령 12가지

대화

1. 먼저 정확하게 자신을 소개하자.

마주 보고 말하든 전화로 이야기하든 이름부터 밝히자. "만나서 반갑습니다. 저는 000입니다" 혹은 "안녕하세요? 지금 전화하는 저는 000입니다"라고 정중히 말하라. 처음 이야기를 시작할 때 '내가 지금 누구하고 이야기하는 거지?' 라는 생각만큼 본래 의도에서 빗나가게 하는 요소도 없다.

2. 대화에 보탬이 되는 간결하고 정확한 손동작을 개발하자.

이것은 여성에게나 남성에게나 모두 필요하다. 우선 손을 활짝 펴서 호감을 표시하자.

3. 이름을 기억하자.

이것은 우리가 다른 사람에게 베풀어야 할 가장 중요한 예의이다. 누군가 자신을 소개할 때에는 주목하자. 그리고 곧 "000씨, 만나서 반갑습니다" 하며 그의 이름을 불러주자. 혹시 이름을 정확히 알아듣지 못했을 때는 "죄송합니다. 잘 못 들었습니다"라고 정직하게 말하자. 상대방은 자신의 이름을 알려고 하는 우리의 성실한 태도에 감사할 것이다.

4. 말을 할 때는 상대방과 눈을 마주치자.

그리고 다른 사람이 말할 때에도 그의 눈을 똑바로 쳐다보자. 눈을 마주치는 것은 우리가 말하는 내용에 대한 확신을 불러 일으켜줄 뿐 아니라 다른 사람의 말에 가치를 부여하고 있음을 나타내준다.

5. 늘 이런 태도를 지니자.

상대방에게 도움이 되는 말을 하자. 상대방이 관심을 기울이는 것에 대해 질문하자. 상대방이 자신을 표현하는 것을 도와주자. 아마 그들은 우리와 이야기하기를 좋아하게 될 것이다.

6. 적극적으로 말하자.

행복한 표정은 보는 사람도 기분 좋다. 우리가 일하고 생활하면서 얻는 즐거움을 함께 나누자. 그렇게 하면 모두들 우리와 친해지고 싶어 할 것이다. 불평이나 비난의 말은 삼가자.

7. 신중하게 듣자.

그들이 하는 말 중에는 다른 사람에게 전달되지 않기를 바라는 내용도 있다. 그들에게 신뢰할 수 있는 믿음을 주자. 그들은 그런 우리와 이야기하면서 편안한 기분을 느낄 것이다.

8. 이기적인 태도보다는 상대방을 도우려는 태도로 대화하자.

자기주장을 내세우지 말고 다른 사람의 생각에 관심을 보이자. 우리가 진심으로 그들의 생각에 관심을 기울이면 그들에게도 그 마음이 전달되는 법이다. 물론 그들이 느끼는 신뢰도 우리에게 되돌아온다.

19. 상대방에게 중요한 사람이라는 느낌을 심어주자.

이것은 그들에게 모든 관심을 기울이기만 하면 된다. 지금 이 순간에는 그들의 일과 고민, 문제점만이 우리에게 가장 중요한 것처럼 행동하자.

10. 상대방의 말을 충분히 이해했다는 확신을 주자.

일하면서 가장 골치 아픈 일이 바로 '오해'이다. 잘못 해석하고 잘못 이해한 데서 비롯되는 오해가 다른 어떤 이유보다 우리를 속상하게 한다. 상대방이 한 말을 우리 자신의 언어로 반복하면서 확실히 이해하자.

11. 회의나 약속은 시간을 꼭 지키자.

지각은 '이 일은 나한테 중요하지 않다'는 말을 행동으로 보이는 것이다. 피치 못할 사정으로 늦게 될 경우에는 미리 전화하자. 늦는 이유를 솔직히 설명하고 언제쯤 도착할지를 정확히 밝히자.

12. 다른 사람의 입장을 먼저 생각하자.

그들이 무엇을 원하는지, 그리고 우리와 무엇이 다른지를 알고 받아들이려고 애쓰자. 그들의 시선으로 세상을 보려고 노력하자. 그리고 그들이 생각하는 대로 나를 생각하려고 노력해 보자. "어떻게 하면 내가 한 일에 내 상사가 만족할까?"

_윤치영

가장 하기 쉽고, 듣기 좋은 말 6가지

1. "잘 지냈는가?"
   물어오는 당신의 안부전화는 하루 종일 분주했던 내 마음에 커다란 기쁨 주머니를 달아주는 말이다.

2. "고맙워."
   가만히 어깨 감싸며 던진 한마디는 가슴 저 깊이 가라앉는 설움까지도 말갛게 씻어주는 샘물과 같은 말이다.

3. "수고했어."
   엉덩이 툭툭 치며 격려해주는 당신의 위로 한마디는 그냥 좋아서 혼자 걸레질 하고 난 신나는 말이다.

4. "최고야."
   눈 찔끔감고 내민 주먹으로 말하는 그 말 한마디는 세상을 다 얻은듯한 가슴 뿌듯한 말이다.

5. "사랑해."
   내 귓가에 속삭여주는 달콤한 사랑의 말 한마디는 고장난 내 수도꼭지에서 또 눈물을 새게 만드는 감미로운 음악과도 같은 말이다.

6. "힘내세요."

확신 있는 말로 손을 잡아주는 그 한마디는 좌절에 빠져있는 이에게 하나님의 음성과도 같은 말이다.

__좋은글

대화

memo

말 잘해서 성공한 사람들의 10가지 말하기 습관

1. 상대방이 결론을 내리도록 말한다.

성공한 사람들은 절대 자신이 먼저 결론을 내리지 않는다. 상대방이 결론을 내리도록 이야기의 방향만 조정할 뿐이다. 한 예로 미국은 이라크 전쟁에 우리나라 젊은이들을 참전시키라고 직접적으로 말하지 않는다. 다만 북한 핵문제 등 한반도의 복잡한 문제를 거론함으로써 우리 스스로 파병을 결정하게 했다. 말하기의 목적을 달성하기 위해서는 듣는 사람이 스스로 결론을 내리도록 해야 한다는 것을 잊지 말아야 한다.

2. 먼저 듣고 나중에 말한다.

성공한 사람들은 자기 의견을 먼저 제시해 상대방이 그에 맞는 말만 하도록 내버려 두지 않는다. 이들은 상대방이 가진 정보를 제대로 얻어 내기 위해 먼저 듣고 나중에 말한다. 아직까지도 최고의 경영자로 꼽히는 미국 GE의 잭 웰치 전 회장은 말단사원에게도 귀를 열어 놓았다. 그는 먼저 그들의 불만을 들은 후 나중에 자기 의견을 말하는 방법으로 최고 경영자가 되었다.

3. 긍정적인 표현을 즐겨 사용한다.

미국의 유력 잡지들은 매년 성공한 딸을 둔 부모들의 공통적인 특징을 모아 발표한다. 그 중에 매년 변함없이 소개되는 내용이 있다. "여자라는 사실이 장벽이 될 수는 없어. 너는 얼마든지 네가 하고 싶은 일을 해낼 수 있어" 성공한 딸을 둔 부모들은 한결 같이 이렇게 격려해주었다고 한다. 긍정적인 말은 긍정적인 태도를 낳고 긍정적인 결과를 가져온다. 긍정적인 사고방식은 어려운 일도 긍정적으로 풀어갈 수 있도록 해주는 원동력이다. 긍정적인 사고방식은 바로 긍정적인 표현을 생활화할 때 정립된다.

대화

4. 상대방의 입장에서 말한다.

상대방의 입장을 헤아리지 못할 때 갈등이 커진다. 성공하는 사람들은 상대방의 입장에서 말을 해 감동시킴으로써 그들의 마음을 사로잡는다.

5. 객관적으로 말한다.

커뮤니케이션에서 갈등을 일으키는 주요 원인 중 하나는 자신의 주관을 가치의 척도로 놓고 다른 사람의 의견을 무시하는 데 있다.

6. 대화 방식에 신경을 쓴다.

대화 방식은 메시지를 왜곡할 수 있는 또 하나의 메시지가 되기 때문에 대화 내용 못지않게 신경을 많이 써야 한다. 성공하는 사람들은 대화 방식이 메시지를 왜곡시키지 않도록 신경을 쓴다. 대화할 때의 태도도 대화 방식이라고 할 수 있다. 기본적으로 바른 태도와 일정한 말하기 패턴을 유지하면 대화방식에서 오는 오해를 최소화할 수 있다.

7. 일과 사람을 분리해 말한다.

이제 기업은 성격 좋은 사람보다 능력 있는 사람을 요구한다. 성격이 좋지 않은 부하직원이 있다고 해서 그 사람의 의견을 무시하면 능력을 제한하게 되고 결국 자신의 능력까지 낮게 평가받게 된다. 성공하려면 일과 사람을 분리해야 한다. 사람이 싫어도 일을 잘하면 그 점을 부각시켜 대화를 나눌 수 있어야 한다. 직장생활을 하면서 내 마음에 드는 사람만 만날 수는 없는 일이다.

8. 좋은 감정은 즉각 표현하고 비난은 자제한다.

아무리 좋은 충고도 비난받고 있다는 생각이 들게 하면 거부 반응이 일어나게 마련이다. 성공하는 사람들은 상대방을 비난하거나 잘못을 지적하는 대신 칭찬부터 한다. 꼭 지적해야 할 일이 있을 때라도 먼저 칭찬을 해준다. 그런 후에 조심스럽게 충고를 한다.

9. 짧고 간결하게 말한다.

텔레비전 뉴스에서 한 아이템을 다루는 시간은 평균 1분25초에서 30초이며, 광고는 15초를 넘지 않는다. 그 이상은 전파낭비일 뿐이다. 영상과 컴퓨터 시대에는 사람이 집중할 수 있는 시간이 그만큼 짧다. 1대1의 관계에서도 마찬가지다. 혼자서 1분 이상 말을 독점하면 원활한 대화가 어려워진다. 상대방은 한 귀로 듣고 한 귀로 흘려버리거나 아예 듣지 않고, 다른 생각을 하게 된다. 이러한 사실을 알고 있는 사람은 대체로 짧고 간결하게 말한다. 길게 말하면 시간을 낭비하는 것은 물론 메시지 전달도 제대로 할 수 없기 때문이다. 이 시대에는 간결하고 짧게 말할 줄 아는 사람이 성공할 수밖에 없다.

10. 적절한 용어를 사용한다.

용어를 얼마나 적절하게 사용할 수 있는가에 따라 인간관계가 크게 달라진다. 성공한 사람은 어떤 용어가 타인의 기분을 상하게 하는지 잘 안다. 그리고 그런 용어는 절대 사용하지 않는다.

_이정숙

memo

대화

설득의 대가가 되는 화술 11가지

1. 준비는 많이 하되 연설은 짧게 하라.

   발표는 될 수 있는 대로 짧게 하는 것이 좋다. 어떤 정해진 시간을 채워야 한다면 그렇게 하되 그 이상은 하지 말라. 길고 산만한 발표를 하는 것보다 설득력 있고 간단한 연설을 준비하는데 더 많은 시간이 요구될 것은 분명하다. 그러나 그것은 그만큼 가치 있는 일이다.

2. 당신의 목적을 진술한 다음에는 그것에 관해 어떠한 의심도 하지 말라.

   당신의 목적이 논쟁할 가치가 있는 것이라면 또한 진술한 만한 가치도 있다는 뜻이다. 일단 진술할 가치가 있는 것이라면 그것을 반복해서 주장하는 데 대해 걱정하지 말라. 당신의 목적을 자주 그리고 다양한 방법으로 진술하는 것을 두려워하지 말라.

3. 당신이 찾아낼 수 있는 견해의 일치점이 무엇이든 거기에서 시작하라.

   당신이 다른 사람과 공유하고 있는 신념과 욕망으로부터 시작하라. 당신과 완전히 다른 목적을 갖고 있는 집단에게 말할 때라도 일치점을 (필요하면 억지로라도) 찾아내라. 당신과 그 집단 모두 진리의 존재를 믿는다. 둘 다 공동체에 관심을 갖고 있다. 이 점에서 당신이 상대방의 순수성을 알고 있다는 점을 분명히 해라.

4. 당신의 요구사항을 최소한으로 줄여라.

당신은 견해의 일치점에서 시작했다. 이제부터는 차이점을 최소한으로 유지하라. 어떤 발표에서든 단지 1~2점만을 얻을 수 있을 뿐임을 깨달아라. 잘못된 점이 많이 있다면, 그것들을 한꺼번에 모두 제기하지 말라. 그렇지 않으면 상대편이 압도당하거나 스스로를 무력하게 느끼게 될 것이다.

대화

5. 욕망에 호소하라.

그러나 그것을 욕망과 동일시하지 말라. 그렇지 않으면 상대방은 욕망에 불타고 있는 것처럼 보이지 않기 위해 틀림없이 저항할 것이다. 은근히 호소하라.

6. 듣는 사람의 감정에 호소하라.

하지만 이성에 호소하고 있는 것처럼 보이게 하라. 순전히 논리적으로만 보이는 주장을 하는 것은 흔히 저질러지는 실수이다. 특히 총명한 사람들일수록 이런 실수를 잘 범한다. 물론 당신은 가능한 한 모든 논리를 사용해야만 한다.

7. 당신 말을 듣고 있는 사람에게 느끼는 방법까지 말하지 말라.

사람들은 어떤 것에 대한 자신의 경험이 꼭 어떠해야만 한다고 말하는 사람에게 본능적이고 사나운 분노를 터뜨린다. "당신이 이 결혼생활을 끝장낸다면 평생 동안 후회할 것이다"라고 했다면 만약 상대방이 용기 있는 사람이라면 이런 진술을 무슨 일이든 네 멋대로 해보라는 도전으로 받아들여 당신에게 대들 것이다.

8. 푸념하지 말라. 자기연민을 내뱉지 말라.

노골적으로든 어감으로든 푸념하지 말라. 이것은 무엇보다도 당신을 실패자처럼 보이게 만든다. 당신이 불공평한 취급을 받았다고 불평하는 것은 상대방을 동정심이 없고 잔인하다고 비난하는 것이나 마찬가지다.

9. 당신의 주장을 단도직입적으로 말하지 말라.

질서정연하게 증거를 제시함으로써 당신 말을 듣고 있는 사람들을 이끌어라. 당신의 목적을 분명하게 말하라. 그러나 그 때 그 사람이 당신의 결론을 자신의 것으로 받아들일 수 있도록 당신의 입장을 제시하라.

10. 웅변가처럼 보이지 말라.

매우 명료하게 말을 잘하는 사람이라는 인상을 주는 것은 종종 당신에게 해로울 수 있다. 당신은 사람들을 감동시키고 있다고 생각할지도 모르지만, 지적 능력이 부족한 사람들은 예상 밖의 반응을 보일 것이다.

11. 당신이 청중들에게 말한 것 이상의 무엇이 존재한다고 암시하라.

청중들로 하여금 당신이 아직 하지 못한 말이 많다고 느끼게 만들어라. 당신의 입장을 옹호할 모든 세세한 사항들과 이유들로 그들을 괴롭히고 싶지 않다는 점을 은근히 부각시켜라. 듣는 사람들의 수고를 덜어주어라.

_조지 와인버그

논쟁에서 이기는 6계명

1. 회상의 시간을 가져라.

말싸움이란 90% 이상이 아주 사소한 의견 차이에서 비롯된다. 상대방과의 말로 인한 논쟁이 심화될 경우 아주 잠시 동안 상대방의 말을 무시한 채 머릿속을 비워보라. 논쟁의 발단을 떠올려 보고 논쟁의 발생을 바로 깨닫게 된다면 90%이상의 말싸움이 피를 보지 않고 해결된다. 잠깐 동안의 회상(?) 시간을 가졌음에도 불구하고 논쟁의 해결점을 발견하지 못한다면 당신은 그 살벌한 언변의 전쟁터에서 승리의 기쁨을 맛봐야만 한다. 이 글을 읽은 당신은 전쟁의 비참한 패배자가 아닌 위대한 승리자이다.

2. 목소리는 높이되, 혈압은 낮춰라.

한평생동안 말싸움을 하지 않는 인간이란 있을 수 없다. 따라서 상대방과 뜨거운 논쟁을 벌일 때마다 저절로 높아지는 목소리의 특성을 모를 사람이 없다. 누군가는 '말싸움에서 목소리를 높이는 것이 지는 것이다'라고도 했지만 어리석은 생각이다. 말싸움을 하면 목소리가 높아지기 마련이다. 쩌렁쩌렁 울리는 상대방의 목소리를 제압하고 나의 논리를 바로 이해시키기 위해서 큰 목소리는 필수 요소로 작용한다.

신이 아닌 이상 주변 환경에 의해 저절로 높아진 혈압을 스스로 낮추지는 못한다. 혈압을 낮추라는 것이 아니라 흥분하지 말라는 것이다. 자신이 끓리는 구석이 있지 않다면, 말싸움을 하는 도중 전혀 흥분할 필요가 없다. 위에서 말했던 첫 번째 단계(회상단계)를 거친 사람이라면 끓리는 구석이 있을 턱이 없다. 만약 있다하더라도 노하우로써 제압할 수 있다. 구석구석 찔러오는 상대방의 공격에 분개하여 스스로 폭발해 버리면 마음을 진정시키기가 어렵다. 패배로 직결되는 것이다. 따라서 안정감 있는 높은 톤의 목소리가 최적의 무기이다.

3. 상대방에게 말할 기회를 제공하라.

상대방이 말할 기회를 주지 않은 채 쉴 새 없이 떠들어 댄다면 물론 좋은 방법이다. 승리를 이끌어 내기엔 허나 너무 비굴하고 수준 낮은 방법인 동시에, 실패 확률이 큰 방법이기도 하다. 말할 기회를 주지 않은 채 혼자 떠들다 보면 상대방의 평상심을 자극하여 폭발한 이성을 잃은 몬스터와 싸워야 한다. 이성을 잃은, 즉 논리가 통하지 않는, 그런 자와 싸우게 된다. 상황이 이렇게 되면 최악의 경우, 정말 피를 보게 될 수도 있다. 또한 쉴 새 없이 자신의 주장만을 펼치다 보면, 상대방이 말하고자 하는 요점을 정확히 파악하기가 어렵다. 그렇게 되면 자신의 논리로 상대방을 이해시키기 어려울 뿐만 아니라, 단지 말만 많은 수준 이하의 인간으로 취급받기 쉽다. 한마디로 더러워서 피하게 만들 수 있다는 말이다.

위에서 말한 그런 수준 이하의 야만스런 전쟁터에서 비굴한 승리자가 되고 싶은가? 그렇지 않다면 나의 노하우를 따르라. 상대방이 말할 기회를 제공하라. 상대방의 공격에 좀 더 효과적으로 대처할 수 있다. 상대가 이성을 잃지 않은 인간(?)이라면 스스로 자신의 주장을 논리정연하게 열거하려고 노력할 것이다. 미리 정리되어 있는 주장은 이해하기가 쉽고 자신의 견해가 뚜렷한 이상 더욱 반박하기가 쉬운 법이다.

4. 먼저 말하지 말라.

사건의 발단이 나에게 기인하건, 상대에게 기인하건, 절대로 나의 주장을 상대방에게 먼저 내비치지 말라. 회상의 시간을 가졌음에도 불구하고 논쟁이 심화되었다는 것은 상대방과 당신 자신이 모두 이 문제에 대해 신중히 생각해 보았으며, 뚜렷한 견해를 갖고 있었음을 의미한다. 따라서 상대뿐만 아니라 당신 자신도 할 말이 쌓여있다는 것은 이해한다.

그러나 말싸움은 토론이 아니다. 상대방의 견해에 대해 생각할 시간을 가질 수 없다는 것이다. 섣부른 판단으로 자신의 생각을 먼저 내비치면 허점을 보이기 쉽다. 한번 허점을 보이게 되면 상대방의 반박에 대응할 방법을 찾을 시간 또한 갖지 못하여, 또다시 허점을 보이게 되고 상대방의 주장에 이끌려 다니게 될 수 있다. 반대로 자신의 주장을 먼저 내비친 상대방은 너무도 이기기 쉬운 상대가 된다. 상대가 자신의 주장을 펴는 동안 최대한 신속하게 나의 의견과 상대의 의견을 종합해 가며 허점을 찾는다. 위에서 말했듯 상대방도 생각할 시간이 없었다. 쉽게 허점이 보일 것이다. 상대방의 허점에 발맞춰 당신은 가벼운 잽만 날려주면 되는 것이다. 여기서 말싸움의 즐거움을 잠시나마 맛볼 수 있을 것이다.

5. 신속정확하게 의견을 종합하라.

가장 중요한 단계이다. 위에서 열거한 단계들을 최대한 성실히 수행하면서, 상대방의 의견과 나의 의견을 최대한 신속하고 정확하게 종합한다. 위의 단계들을 성실히 수행한다면, 당신에게 더욱 많은 사고의 시간이 주어질 것이다. 그렇다면 남은 것은, 상대방의 요점만을 정확히 파악한 뒤 나의 의견을 종합하여 보기 좋게 결정타를 날려주는 것이다.

상대방이 말하는 중에 요점만을 빠르게 뽑아낸 뒤, 나머지 잡담은 잘라버린다. 그리고 상대방의 요점에 응수할 수 있는 생각들만을 생각나는 대로 재빠르게 떠올린다. 물론 말싸움 도중이기 때문에, 떠오르는 말들을 논리정연하게 짜 맞출 시간은 없다. 따라서 말하면서 차근차근 맞춰 나간다. 여기에서 위에서 말한 두 번째 단계가 크게 작용한다. 흥분한 상태에서는 이 단계를 10%이상 수행하기 어렵다. 당신이 평상심을 최대한 유지하고 있으며 위 단계들을 성실히 수행하고 있다면 당신은 이 싸움을 승리로 이끌 수 있을 것이다.

6. 연습하라.

이번 단계는 연습단계이다. 말싸움에서 가장 중요한 게 침착함을 잃지 않는 거겠지만 연습(?)역시 중요한 부분이다. 집안에 손위 형제들 보다는 손아래 형제들이 있다면 안성맞춤이다. 물론 부모님과 허물없이 지내는 사이라면 부모님을 상대로 연습하는 것도 좋다. 가족들끼리는 대립이 발생해도 쉽게 화해할 수 있으며, 혹 허점을 보여 말싸움에서 패배하더라도 느낄 수 있는 수치심이나 패배감이 상대적으로 적다는 장점이 있다. 따라서 가족 내에서 발생하는 의견대립이 있을 시에 머릿속에 글의 단계를 차근차근 떠올려 보며 연습하는 것이다.

_지식in

memo

빌 게이츠가 격찬한 아이리버를 디자인한 김영세의 39가지 사고방식

1. 공상이 아닌 상상을 해라.
2. 생각을 그려라.
3. 무난함을 버리고 확실한 차이를 만들어라.
4. 새로운 기술을 활용하여 새로운 용도를 창조하라.
5. 사소한 일상에서 보물을 발견하라.
6. 나만의 블랙박스를 가져라.
7. 누구도 예측하지 못한 생각은 누구도 예측하지 않은 보상을 준다.
8. 자신의 일에 대한 열정과 사랑을 가져라.
9. 우선 자신을 만족시켜라.
10. 잘된 디자인만큼 멋진 커뮤니케이션 수단은 없다.
11. 자신만의 행복하고 편안한 공간을 창조하라.
12. 디자인은 자신감을 파는 일이다.
13. 삶을 모험처럼 즐겨라.
14. 미래를 움켜쥐어라.
15. 해결책은 바로 자신에게 있다.
16. 자신의 의도를 끝까지 따라가라.
17. 기쁘지 않으면 못 배기는 사람이 되라.
18. 유행을 쫓기보다 아이덴티티를 만들어라.

19. 불편한 것을 참지 말고 해결하라.
20. 가장 가까운 사람을 즐겁게 하라.
21. 자신의 아이디어를 보호하기 위해 실현하라.
22. 좋은(good)것보다 적절한(right)한 것을 만들어라.
23. 삶을 더욱 쉽게 만들어라.
24. 생명을 구하라.
25. 남을 위해 일하라.
26. 미적인 욕망을 충족시켜라.
27. 협상가가 되어라.
28. 디자인 감각은 비즈니스 감각이다.
29. 움직이는 과녁에 집중하라.
30. 내용을 놔두고 방식을 바꾸어라.
31. 사랑하면 아이디어가 샘솟는다.
32. 전문가적인 열정을 가져라.
33. 타인을 감동시키는 논리를 가져라.
34. 쓸데없는 것을 찾아내고 버려라.
35. 여러 가지 모습을 한꺼번에 포용하라.
36. 스스로 세상에 필요한 일을 찾아라.
37. 순간적으로 떠오르는 영감을 놓치지 말라.
38. 정리하면 또 다른 창조가 된다.
39. 스스로 변화를 만들어라.

__김영세

비즈니스 이미지 관리 7계명

1. 상대를 만나기 전 자신의 장점 5가지를 되새겨보라.
2. 미소를 띠어라.
3. 자기만의 인상적인 인사말을 만들어라.
4. 상대에게 칭찬. 감사할 요소를 찾아 한 가지라도 표현하라.
5. 머리는 단정할수록 호감을 준다.
6. 악수는 힘 있게 하고, 명함은 내 얼굴임을 잊지 말라.
7. 상대와 친해지고 싶다면 자기 이야기를 먼저 하라.

__이종선

대화

memo

말을 잘하는 7가지

1. 머릿속에 그려지게 말하라.

   영화를 보듯 말하면 효과가 있다. 비유와 예시는 더 효과적이다.

2. 듣는 사람이 누구인지 파악하라.

   그가 당신을 어떻게 보는지 생각하지 말라. 어떻게 하면 당신의 말이 상대방에게 도움이 될지 생각하라.

3. 듣는 귀를 가져라.

   말하기와 듣기는 49대 51이 좋다. 2% 부족한 말하기가 되어야 한다.

4. 책을 많이 읽어라.

   재치는 많이 알고 정확히 아는 지식에서 나온다.

5. 결과를 먼저 말한다.

   두괄식 말하기는 오해와 지루함을 제거한다.

6. 유머를 구사하라.

   웃음은 제대로 된 윤활유다.

7. 낯익은 얼굴을 보고 말하라.

많은 사람 앞에서 떨리기 시작하면 그 중 낯익은 얼굴을 찾아내 그와 만났던 좋은 추억을 떠올리면 여유가 생길 것이다.

_지식in

대화

memo

성공을 도와주는 하루 한마디

1. 먼저 꿈꾸지 않는다면 그 어떤 일도 일어나지 않는다. _미상

Nothing happens unless first a dream.

2. 어차피 생각하는 거 대범하게 하라. _도널드 트럼프

As long as you're going to think anyway, think big.

3. 어떤 일을 하기 위한 시간은 절대로 저절로 생기지 않는다. 시간이 필요하다면 만들어야 한다. _찰스 벅스톤

You will never find time for anything. If you want time you must make it.

4. 작고 사소한 기회들이 때로는 커다란 일의 시작이 된다. _데모스테네스

Small opportunities are often the beginning of great enterprise.

5. 겨울이 오면 봄도 가까이 있지 않을까? _미상

If winter comes, can spring be far behind?

6. 성공이란 사람이 도달하려는 목적지라기보다는 여행을 시작하고 지속시켜 주는 힘이다. _알렉스 노블

Success is not a place at which one arrives but rather the spirit with which one undertakes and continues the journey.

7. 사람들을 따라하지 말고 당신만의 길을 찾아라. _피터 드러커

Choose you own direction-rather than climb on the bandwagon.

8. 인생은 하나의 실험이다. _랄프 왈도 에머슨

All life is an experiment.

9. 모든 사람을 존경하되, 아무도 두려워하지 말라. _미상

Respect all, fear none.

10. 재물을 스스로 만들지 않으면 쓸 권리가 없듯, 행복도 스스로 만들지 않으면 누릴 권리가 없다. _조지 버나드 쇼

We have no more right to consume happiness without producing it than to consume wealth without producing it.

_지식in

말을 하면서도 피해야 할 7가지 말

1. 격렬한 화약 같은 말

"당신은 늘 그래!", "똑바로 좀 들어!", "이제는 당신 좀 변해!" 하며 불같이 말해서 문제를 확대시킨다. 자신의 말이 어떤 문제를 일으키는 줄을 항상 본인이 알면서도 그 말을 멈추지 않는다. 이런 말을 자주 하는 사람과는 대화를 하고 싶지 않게 된다.

2. 침묵

침묵은 의심, 혼동, 추측, 경멸, 무관심, 냉정함을 상대방에게 전한다. 침묵 속으로 빠지지 말고, 험한 말로 남을 침묵 속으로 빠뜨리지 말라.

3. 실망시키는 말

"어린애도 너보다는 낫겠다" 상대방의 잘못을 인식시키겠다는 의도로 이런 말을 하지만 이런 말은 태도 변화를 이끄는데 가장 부적합한 말투이다. 처음에는 약간의 효과가 있어 보이나 나중에는 그 말을 아예 귀담아 듣지 않는다. 그래서 정작 중요한 말을 할 때도 '녹음기 틀어놓은 말'로 무시해 버린다.

4. 빗대어 하는 말

자신의 생각을 말하면서도 남의 이야기인 것처럼 남을 끌어들여 말한다.

선한 이야기는 그렇게 해도 좋지만 나쁜 이야기는 그렇게 하면 안 된다.

5. 방어적인 말

불편한 말을 들었다고 대뜸 맞대응해서 짜증 섞인 말을 하는 사람이 있다. 이 사람은 상대방의 필요에 대한 민감성이 부족한 사람이다.

6. 감정 섞인 말

큰 소리, 화난 소리, 격렬한 소리, 극적인 소리도 좋지 않다. 그것은 감정의 솔직한 반영이라기보다는 대화의 주도권을 잡으려는 나쁜 획책이다.

7. 많은 말

사람들이 말을 많이 하는 이유는 다른 사람을 지배하고 분위기를 장악하려고 하거나 자신의 분노와 좌절을 그런 식으로 표현하기 때문이다.

_지식in

대화

memo

상대를 내편으로 만드는 말하기 기술 8가지

1. 상대방을 바로 보면서 이야기하라.
2. 대화의 맥을 제대로 짚어라.
3. 상대방의 협력을 얻어라.
4. 설득의 순간에는 단순한 감상이 아니라, 설명이 필요하다.
5. 논리적인 설명은 대화의 기본이다.
6. 살아있는 말, 생생한 표현으로 설득하라.
7. 강요하지 말고, 스스로 행동하게 유도하라.
8. 상대를 한순간에 사로잡아라.

__후쿠다 다케시(福田健)

memo

골치 아픈 사람 다스리는 법 14가지

1. 문제 있는 사람과 대화할 경우에는 이해를 위해 경청하라.
   1) 시각적 · 청각적으로 융합하라.
   2) 그들 언어의 일부를 되풀이하라.
   3) 그들의 의미, 의도, 기준을 명확하게 하라.
   4) 당신이 들은 내용을 요약하라.
   5) 올바른 것을 찾아내어 확인하라.

2. 토론이 갈등을 야기할 경우에는 보다 깊이 이해하라.
   1) 긍정적인 의도를 파악하라.
   2) 가치 기준을 파악하라.

3. 당신이 문제의 사람을 다룰 경우에는 상대가 이해하도록 말하라.
   1) 어조를 조절하라.
   2) 긍정적인 의도를 말하라.
   3) 재치 있게 장애 요인을 차단하라.
   4) 진실을 말하라.
   5) 경청할 준비를 갖추라.

대화

4. 사람들이 최악의 상태에 있을 경우에는 최상의 것을 계획하고 기대하라.

1) 피그말리온의 힘을 사용하라.

2) 의문점을 좋게 해석하라.

3) 비판을 수용하라.

5. 상대가 탱크스타일일 경우에는 공경심을 유도하라.

1) 당신의 입장을 고수하라.

2) 공격을 중지시켜라.

3) 상대의 요점을 이해했음을 보여주라.

4) 당신의 요점을 밝혀라.

5) 화합하라.

6. 상대가 저격병 스타일일 경우에는 은신처에서 끌어내라.

1) 멈춰 서서 관찰하고 후퇴하라.

2) 탐색 질문을 사용하라.

3) 필요하다면 탱크 스타일에게 사용했던 전략을 사용하라.

4) 계속해서 불만의 원인이 무엇인지 관찰하라.

5) 건설적인 대안을 제시하라.

7. 상대가 박식한 스타일일 경우에는 그들의 마음의 문을 열어젖혀라.

1) 당신의 생각을 명료하게 정리하라.

2) 상대의 요점을 되풀이하라.

3) 상대의 의구심과 욕구를 포용하라.

4) 당신의 의견을 간접적으로 전달하라.

5) 그들을 스승으로 삼으라.

8. 상대가 박식한 체하는 스타일일 경우 그들의 잘못된 생각을 교정하라.

1) 그들에게 약간의 관심을 보여라.
2) 구체적인 설명을 요구하라.
3) 진실을 말하라.
4) 그들에게 빠져나갈 여유를 주라.
5) 악순환의 고리를 끊으라.

9. 상대가 수류탄 스타일일 경우에는 분위기를 조절하라.

1) 그들의 주의를 끌라.
2) 문제의 핵심을 찌르라.
3) 분위기를 가라앉혀라.
4) 냉각기를 가져라.
5) 앞으로의 폭발을 미연에 방지하라.

10. 상대가 맹종하는 스타일일 경우에는 필요 이상의 큰 기대를 하지 말라.

1) 솔직히 말할 수 있는 분위기를 만들어라.
2) 솔직해라.
3) 그들에게 계획하는 방법을 가르쳐 주라.
4) 분명한 약속 이행 의사를 확인하라.
5) 인간관계를 강화하라.

11. 상대가 우유부단한 스타일일 경우에는 단호하게 생각하도록 도와주라.

1) 안전지대를 설정하라.
2) 갈등을 표면화시키고, 선택 가능한 대안을 제시하라.
3) 체계적인 의사 결정 방법을 사용하라.
4) 확신을 주고 실행하도록 관심을 보여라.
5) 인간관계를 강화하라.

12. 상대가 벙어리 스타일일 경우에는 입을 열도록 유도하라.

1) 충분한 시간을 계획하라.
2) 간단히 답할 수 없는 질문을 하라.
3) 분위기를 띄우라.
4) 입장을 바꿔놓고 생각해 보라.
5) 미래를 제시하라.

13. 상대가 부정적인 스타일일 경우에는 문제 해결을 위한 단계적 변화를 유도하라.

1) 내버려 두라.
2) 그들을 타산지석으로 삼아라.
3) 문을 열어두라.
4) 역설법을 사용하라.
5) 그들의 좋은 의도를 인정하라.

14. 상대가 투덜대는 스타일일 경우에는 문제 해결의 동반자가 되라.

1) 불만의 핵심을 파악하라.
2) 불만의 내용을 구체화시켜라.

3) 초점을 문제 해결로 이동시켜라.

4) 예상되는 미래를 보여 주라.

5) 한계선을 그어라.

_릭 브린크먼 · 릭 커슈너

대화

memo

자신과의 대화 방법 9가지

1. 난 내가 원하는 것을 추구하고, 내가 얻은 것을 소중히 한다.
2. 어딘가에 기회가 있을 거야.
3. 배울 수 있는 것은 무엇이든 배우자.
4. 시도해 보자. 엉뚱한 것이라도.
5. 나는 무엇이든지 가능하다고 생각한다.
6. 다시 생각하고 시작하자.
7. 달도 차면 기운다. 느긋하게 여유를 가지자.
8. 괴로운 과거로 괴로워 말자. 이미 과거가 아닌가.
9. 인내하자. 사필귀정이다.

_릭 브린크먼 · 릭 커슈너

memo

공감을 불러일으키는 적극적 경청기법 6가지

1. 시선이나 자세를 상대쪽으로 향한다.

부드럽고 부담 없는 시선으로 응시하면서 상체를 상대 쪽으로 약간 기울인다. 그리고 인정한다는 의미로 고개를 끄덕인다. 시선을 외면하거나 뒤로 젖혀진 자세는 상대에게 거부감과 무시당하고 있다는 기분을 줄 수 있다.

2. 입장을 바꾸어 생각한다.

사람마다 성장배경과 처지가 다르기 때문에 자신의 생각과 다르더라도 상대방의 입장에서 그럴 수밖에 없는 이유를 찾아야 한다.

3. 의문점이 있으면 질문한다.

지레 짐작으로 넘어가지 말고 확실하게 파악하려고 노력한다는 모습을 보인다. 그래야 자기 말에 관심을 가지고 있다는 것을 상대가 알고, 공감 수준도 넓어진다.

4. 선입관과 편견에서 벗어난다.

상대의 과거, 전해들은 말, 신체적 특성 등에 의한 선입관을 가지지 말고 지금 현재의 상대를 보려고 노력한다.

5. 결점, 문제점 보다는 감춰진 장점, 잠재력을 찾으며 듣는다.

다른 사람의 문제점은 누구나 잘 찾는다. 그러나 공감을 잘하고 말을 잘 들어주는 사람은 상대방의 감춰진 장점을 찾는 능력이 뛰어나다.

6. 표현된 말 보다는 비언어적인 제스처에 귀를 기울인다.

말의 내용보다는 목소리의 강약과 떨림, 시선, 제스처, 억양, 표정, 자세 등에 보다 많은 내면적 정보가 있다.

__지식in

memo

즐거운 대화를 위한 6가지 포인트

1. 혼자서만 이야기하지 말라.
2. 잘난 체하지 말라.
3. 입에 발린 말이나 독설을 피하라.
4. 투덜대거나 자랑만 일삼는 것은 금하라.
5. 무조건 찬성이나 무조건 반대는 삼가라.
6. 경어를 소홀히 하지 말라.

__윤치영

대화

memo

상황별 화술 테크닉 16가지

브리핑할 때

1. 브리핑 원고를 철저히 외워서 중간에 틀리지 않도록 한다.
2. 청중을 바라보고 반응을 살피며 말한다.
3. 크고 활발한 목소리로 말한다.
4. 간단명료하게 보고한다.
5. 딱딱한 한문, 문어체 용어는 풀어서 사용한다.
6. 지루한 책 읽기식 보고는 금물, 자연스럽게 말한다.
7. 도표나 OHP 등 시각적 자료를 준비하되 최대한 단순하게 준비한다.

면접 볼 때

1. 회사에 대한 정보를 수집하라.
2. 일에 관한 열정을 드러내라.
3. 지난 경력을 늘어놓기보다 회사를 위해 어떤 이익을 가져올 것인가를 말하라.
4. 너무 당당하거나 비굴한 태도는 금물이다.

협상할 때

1. 질문을 정확히 이해하기 전에는 긍정의 표정을 짓지 말라.
2. 정중한 태도로 말하라.

3. 함부로 약속을 하지 말라.

4. 미리 요점을 정리해서 할 말을 준비하라.

5. 유머를 사용해 분위기를 부드럽게 만들라.

__이정숙

대화

memo

대화스킬 6계명

1. 긍정문으로 장식하라.

가능하면 밝고 긍정적이고 도전적인 문장으로 대화에 참여하라. 자신을 돕고 타인을 돕는 멋진 습관이다.

2. 대화를 독점하지 말라.

그런 유혹을 느낄 때라도 상대방도 공평하게 참가할 수 있도록 유도하라. 상대방이 잘 아는 부분에 대한 질문이 대화를 활성화하는데 도움을 줄 수 있을 것이다.

3. 대화에 집중하라.

대화를 나누면서 엉뚱한 일에 신경 쓰지 말라. 핸드폰이 울리면 양해를 구하고 가능한 짧게 대화를 마무리 하도록 하라.

4. 배우는 자세를 유지하라.

대화를 통해서 배움을 청하는 태도를 유지하라. 자연히 대화에 몰입하는 경험을 하게 될 것이다. 상대방은 당신이 진정으로 대화에 열중하고 있음을 알아차리게 될 것이다.

5. 의견이 다르더라도 존중하라.

절대로 다른 의견을 가진 사람을 무례하게 대하지 말라. 필요에 따라 상사에게 도전할 수 있는 기회를 주어야 한다.

6. 단정적인 표현을 삼가라.

'아니오' 라는 말로 대화의 흐름을 처음부터 끊어버리지 않도록 유념하라. 어느 정도 대화가 진행된 다음에도 얼마든지 '저의 의견은' 이란 표현으로 상대방의 얼굴을 세우면서 자신의 의견을 관철시킬 수 있음을 기억하라.

_공병호

대화

memo

파워 스피치 10계명

1. 철저하게 준비하라.
   철저하게 준비하면 자신감이 생긴다.

2. 주제와 목적을 파악하라.
   주제와 목적이 뚜렷해야 내용이 선명해진다.

3. 강한 자신감과 열정 그리고 확신을 갖고 말하라.
   할 수 있다는 정신으로 자신감을 갖고 열정적으로 말하라. 뜨겁게 말해야 뜨겁게 전염된다.

4. 청중의 주의를 끌어라.
   도입 부분부터 청중의 시선을 제압해야 한다.

5. 밝은 마음, 밝은 음성, 밝은 표정을 갖고 말하라.
   가장 듣기 좋은 음성은 밝은 음성이고 가장 아름다운 모습은 밝은 표정이다.

6. 태도는 바르게 제스처는 힘 있게 하라.
   신뢰감이 가는 태도, 힘 있고 간결한 제스처가 좋다.

7. 큰소리로 생기 있게 말하라.

자신감에 찬 목소리로 생기 있게 말하라.

8. 니드(need)화법으로 말하라.

청중이 원하는 것을 말해야 스피치가 성공할 수 있다.

9. 눈 맞춤을 골고루 하면서 침착하게 말하라.

눈은 마음의 창이다. 그리고 흥분은 금물이다. 시선 처리를 고르게 하면서 차분하게 말하라.

10. 유머를 사용하라.

유머는 친화 작용이 있다. 유머를 사용하면 긴장이 풀리고 친밀감이 생긴다.

__김찬규(펀경영프로젝트 펀코치)

대화

memo

생활속의 스피치 기법 9가지

1. 인사말을 분명히 하라.

   인사는 생활의 기본이며 인사말은 화술의 기본이다. "안녕하세요", "반갑습니다", "미안합니다", "또 뵙겠습니다" 등의 인사를 자신 있게 하라.

2. 불평, 불만, 비난의 말을 삼가라.

   새로운 변화를 위한 비판은 필요하지만 매사를 부정적으로 보고 불만 투로 말하는 습관은 자기와 남을 파멸시킨다.

3. '예, 아니오'를 분명히 하여 주체성을 확립하라.

   싫으면 싫다, 좋으면 좋다의 소신을 분명하게 하고 말끝을 흐리지 말라.

4. 상대(동료, 사장, 강사 등)가 말(대화, 연설, 토론)할 때 눈과 귀와 가슴을 열고 경청하라.

   경청은 화술의 필요조건이다. 진지하게 끝까지 듣고 나서 공감 수긍 반론이나 대안을 피력하라.

5. 위사람(사장)에게 보고 할 때는 겸손과 당당함을 함께 갖추라.

   결론 -> 이유 -> 경과 순으로 간결하게 하되 사안이 복잡할 때는 메모 또는 서류로 정리하여 보고 하라.

6. 칭찬과 격려를 많이 하라.

칭찬과 격려는 사기를 진작시키고 자신감을 갖게 하며 말하는 사람과 듣는 사람 모두를 기분 좋게 한다.

7. 미소 띤 얼굴로 말하라.

표현에는 언어적 요소와 비언어적 요소가 있다. 입으로만 말하려 하지 말고 눈과 표정, 손과 몸으로 말하라.

8. 광고의 효과를 말하라.

모든 광고는 장점만을 PR한다. 처음에는 의심하지만 자꾸 들을수록 믿게 된다. 말이 씨가 된다는 말처럼 긍정 암시를 계속하여 시너지(synergy) 효과를 꾀하라.

9. 쉽게 말하라.

가벼운 화제에서 심각한 화제로, 쉬운 화제에서 어려운 화제로, 과거에서 현재, 현재에서 미래의 화제로, 구체적인 화제에서 추상적인 화제로, 전달하는 화술에서 설득하는 화술로 말하라.

_이성식

대중 연설의 기법 10가지

1. 서두를 힘 있게 시작한다.

   깜짝 놀랄 만한 통계나 유머러스한 인용구로 청중의 주의를 사로잡는다.

2. 일화, 실례, 증거를 많이 사용한다.

   청중에게 직접 연관이 되고, 연설의 흐름을 도울 수 있는 것을 구체적으로 드라마틱하게 이야기한다.

3. 구어체를 쓴다.

   듣는 사람으로 하여금 친근감을 느낄 수 있도록 일상 회화에서처럼 쉬운 단어, 짧은 문장, 반복, 질문 등을 사용한다.

4. 시각적으로 묘사한다.

   시각적으로 묘사하면 청중들의 상상력을 자극하여 똑같은 메시지라도 훨씬 강렬한 인상을 준다.

5. 기쁘게 편안하게 말한다.

   연사가 여유가 있고, 편안해 보이면 듣는 사람들도 부담이 없다. 연사가 마지못해 이야기하는 것처럼 보일 때 감동 받을 청중은 없다.

6. 긍정적으로 이야기한다.

사람들은 두려움을 자극하는 사람보다는 희망을 주고 용기를 주는 사람을 좋아한다.

7. 활기차게 말한다.

연사는 청중의 분위기를 컨트롤한다. 연사가 활기 있게 이야기하는데 졸 수 있는 사람은 없다. 얼굴에 생기를 띠고 말하라.

대화

8. 진지하게 말한다.

훌륭한 연설이 말로 그치는 빈껍데기가 아니라는 사실을 입증하기 위해 말 한마디 한마디를 진지하게 한다. 적어도 그렇게 보이도록 하라.

9. 자신 있게 말한다.

자기가 말하고 있는 것을 분명히 알고 있다는 인상을 주어라. 권위자로 초빙되어 확신 없이 말하는 것처럼 청중을 실망시키는 것은 없다.

10. 청중에게 골고루 시선을 준다.

허공이나 원고에 시선을 교정시키거나 한 쪽만 쳐다보는 일이 없이 청중 한 사람 한 사람에게 따뜻한 시선을 보내라.

_지식in

경청의 법칙 7가지

1. 상대방을 주시하라.
2. 상대방의 말에 깊은 관심을 갖고 있다는 것을 태도로 보여라.
3. 상체를 상대방 쪽으로 밀어라.
4. 질문을 하라.
5. 말을 중간에서 가로막지 말라.
6. 상대방의 화제에 충실하다.
7. 당신의 의견을 말할 때 상대방의 표현을 이용하라.

_지식in

memo

상대를 사로잡는 대화 법칙 10가지

1. 30%를 말하고 70%를 들어라.
2. 눈을 보며 대화하라. 상대보다 1초 길게 눈을 바라보라.
3. 먼저 인사를 건네라. 먼저 묻인 말에는 상대의 마음을 휘어잡는 힘이 있다.
4. 정직하게 자신을 내보여라. 정직한 말은 경계심을 풀어준다.
5. 상대가 마음을 열지 않을 땐 자신의 장점보다 단점을 더 많이 이야기하라.
6. 누구나 흥미를 가질 만한 3가지 화제를 항상 준비해 두어라.
7. 상대가 이야기할 때는 적극적으로 맞장구를 쳐라.
8. 칭찬은 특별 보너스와 같다. 틈나는 대로 상대를 칭찬해 주어라.
9. 상대와 적절한 거리를 유지하라. 너무 가까워도 너무 멀어도 안 된다.
10. 때오는 선의의 거짓말이 대화에 생동감을 준다.

_후쿠다 다케시

인맥을 만드는 CEO 파티 110가지

1. 다른 사람을 배려하라.
2. 서로 주고받는 마음이 중요하다.
3. 스스로 축복 받는 사람이 되자.
4. 하찮은 일도 소중히 생각하라.
5. 자신의 운명은 개척하기 나름이다.
6. 큰 인재는 감정 조절을 잘한다.
7. 세대 간의 교류에 관심을 기울여라.
8. '나' 보다 '우리' 가 먼저다.
9. 웃음은 당신의 수명을 연장한다.
10. 한 박자 늦추자.
11. 얼굴은 마음의 거울이다.
12. 사사로운 감정이 큰일을 그르친다.
13. 베푸는 삶은 아름답다.
14. 더불어 사는 방법을 터득하라.
15. 좋은 인상을 창출하라.
16. 인생은 연분을 잘 살려야 한다.
17. 인사는 많이 할수록 유익하다.
18. 중생의 은혜를 베풀자.
19. 깃털이 가지런한 새가 높이 난다.

20. 비전을 제시하는 리더가 존경 받는다.
21. 빠르게 변하는 직업 환경에 대응하라.
22. 플러스 생각을 가져라.
23. 꼭 필요한 사람이 되자.
24. 현상 유지는 퇴보다.
25. 나의 일을 소중히, 즐거운 마음으로 하라.
26. 마음의 여유를 갖자.
27. 신나는 직장 분위기를 가진 기업이 성공한다.
28. 젊었을 때 선택이 평생을 좌우한다.
29. 최초의 승리감을 얻도록 노력하자.
30. 작은 일부터 실천한다.
31. 시간 포착이 성공의 열쇠이다.
32. 일하는 이유를 충분히 파악하라.
33. 자신을 멋있고 독특하게 알리라.
34. 이왕이면 다홍치마다.
35. 지도자의 용기는 진정한 것이어야 한다.
36. 좋은 지도자는 인재를 알아본다.
37. 하루 24시간을 효율적으로 관리하라.
38. 능력의 씨앗을 키워야 한다.
39. 사랑이 깃든 말을 늘 찾아라.
40. 부부간의 사랑은 100% 모두 주는 것이다.
41. 화가 났을 때는 현명하게 대처하라.
42. 잔소리가 많은 사람은 그만큼 손해를 본다.
43. 질투심으로 인한 상대의 공격을 잘 극복하라.
44. 인간관계의 본질은 믿음이다.

45. 관용의 미덕을 배워라.
46. 인생의 마지막 동반자는 남을 위해 쌓은 덕과 선행이다.
47. 돈을 가치 있게 쓸 줄 알아야 한다.
48. 탐욕이 지나치면 낭패한다.
49. 올바른 가정은 아버지의 처신에 달려 있다.
50. 사람의 품성은 가정에서 부모가 만든다.
51. 존경받는 아버지는 함부로 행동하지 않는다.
52. 자녀들에게 사랑과 관심을 보여라.
53. 고기 잡는 방법을 가르쳐라.
54. 상대방의 이야기를 충분히 들어라.
55. 오래 참고 기다릴 줄 알아야 한다.
56. 인간은 어머니의 사랑을 먹고 산다.
57. 성공한 남편 뒤에는 훌륭한 아내가 있다.
58. 가족도 오락을 함께할 때만이 진정한 운명 공동체다.
59. 이 세상에 불가능이란 없다.
60. 사업에 성공하려면 남보다 수십 배 더 노력하라.
61. 실패의 원인을 바로 파악하라.
62. 과거와 현재에 너무 집착하면 실패한다.
63. 훌륭한 야구 선수도 5할을 넘지 못한다.
64. 인간은 자신과 싸우는 유일한 동물이다.
65. 성공의 문턱은 높지만 불가능은 없다.
66. 역경을 환경 탓으로 돌리는 자는 다시 못 일어난다.
67. 끈기와 도전 정신으로 돌파하라.
68. 역사는 위대한 만남에서 비롯된다.
69. 가치 있는 정보를 가능한 한 빨리 선별하라.

70. 집중력은 성공의 지름길이다.
71. 위대한 삶의 걸작은 정성에서 비롯된다.
72. 꿈을 잃지 말자.
73. 프로 정신은 승리자의 첫걸음이다.
74. 역경 다음에 오는 성공은 달콤하다.
75. 무엇이든 자기만의 특기를 개발하라.
76. 궁하면 통한다.
77. 위기는 극복한 후에 빛난다.
78. 조개와 도요새의 싸움도 관찰하기 나름이다.
79. 거짓말은 또 다른 거짓말을 부른다.
80. 임기응변에 능해야 성공한다.
81. 훌륭한 스피커는 스스로 만들어 가는 것이다.
82. 대화는 혼과 역사까지 움직인다.
83. 스피치도 많은 학습과 실습이 필요하다.
84. 말로 상대방의 마음을 움직여라.
85. 말의 효과를 높이는데 최선을 다하라.
86. 명연사는 하루아침에 되지 않는다.
87. 무심코 던진 말 한마디가 생사를 좌우한다.
88. 케네디의 명연설은 정신적 유산이다.
89. 평범한 말도 위대한 힘을 불러온다.
90. 말은 끝까지 책임져야 한다.
91. 즉흥 연설도 뛰어난 실력이다.
92. 말은 그 사람의 인격이다.
93. 유연한 사고방식을 가져라.
94. 물의 철학을 배워라.

95. 올바른 가치관을 세워라.
96. 시간을 창조적으로 활용하라.
97. 성공적인 삶은 연마 끝에 태동된다.
98. 폭넓은 사고력을 가져라.
99. 존경받는 사람이 되어라.
100. 인생 성공의 제1보는 자기 수양이다.
101. 중도의 정신을 몸에 배게 하라.
102. 인생을 후회 없이 살아라.
103. 미련한 독수리가 되지 말라.
104. 책 속에 해답이 있다.
105. 선물은 그 사람의 인격 표현이다.
106. 자기 만들기에 소홀하지 말라.
107. 수시로 자신을 점검하라.
108. 가끔은 산에 올라가라.
109. 기대한 대로 된다.
110. 검소한 생활을 습관화하라.

_구창환

memo

자 기 계 발 대 사 전

영업

웃음 테크닉 10가지

1. 힘차게 웃으며 하루를 시작하라.
2. 세수할 때 거울을 보고 미소를 지어라.
3. 밥을 그냥 먹지 말라.
4. 모르는 사람에게도 미소를 보여라.
5. 웃으며 출근하고 웃으며 퇴근하라.
6. 만나는 사람마다 웃으며 대하라.
7. 꽃을 그냥 보지 말라.
8. 남을 웃겨라.
9. 결혼식에서 떠들지 말고 큰소리로 웃어라.
10. 집에 들어올 때 웃어라.

__배군득(이타임즈 신디케이트)

협상의 7가지 요소

1. 힘

협상을 하려면 우선 힘이 있어야 한다. 만일 상대방이 원하는 것을 주거나 또는 어떤 방법으로든 상대방에게 영향을 주는 힘이 없다면 누구도 진정으로 당신과 협상하려고 하지 않을 것이다.

2. 준비

협상의 성공 여부의 80% 이상은 당신이 하는 준비의 질과 양에 의해서 결정된다. 협상 전에 먼저 3가지를 결정하여야 한다.

주 제 : 무엇을 협상할 것인가?

목 표 : 주된 협상 항목은 무엇인가? 각각의 항목에서 당신의 목표와 상대방의 차이는 무엇인가?

포지션 : 쌍방의 출발과 목표점은 무엇인가?

협상을 시작하기 전에 이러한 것들을 철저하게 생각해보고 종이에 기록해서 확실하게 마음에 새겨라. 상대방의 입장에 서서 당신의 협상 전반을 철저하게 검토하고 이해되지 않는 부분에 대해서는 논박해보라. 이렇게 함으로써 협상 전체를 조감할 수 있고 실제 협상 테이블에서 더욱 효과적으로 협상할 수 있게 된다.

3. 정보

협상 테이블에서는 정보를 많이 가진 쪽이 힘을 가진다. 따라서 협상하기 전에 필요한 정보를 획득해야 한다. 협상 주제에 대해서 좋은 의견을 줄 수 있는 사람이라면 누구에게나 의견을 물어라. 상대방이 얻고자하는 것이 무엇인지를 최대한 알아내라. 상대방에 관해서 조사해보라. 가능하다면 상대방의 욕구와 기분까지도 밝혀내라. 협상과 관련된 여러 가지 사실을 세세한 부분까지 알아내면 알아낼수록 협상 결과는 당신이 의도한대로 될 가능성이 높아진다.

4. 시기

머리가 맑고 사고가 활발한 아침에 협상하는 것과 저녁에 협상하는 것은 커다란 차이가 있다. 자신의 마음 상태도 확인해봐야 한다. 만일 긍정적이고 정신이 맑으면 협상하기에 좋지만 반대로 화가 나 있다든지 정신 집중이 안 되고 잡념이 생긴다든지 하면 차라리 협상을 연기하는 것이 바람직하다. 서두르는 사람보다는 느긋한 사람이 협상에 성공한다는 것을 명심하라. 중요한 사항을 충동적으로 결정해서는 안 된다.

5. 장소

가능하면 당신의 집이나 사무실 등 당신의 영역에서 협상을 하라. 불가능하면 최소한 중립적인 장소를 제안하라. 상대방의 사무실이나 집 등은 상대방에게 심리적인 우위를 주게 됨으로 피해야 한다.

6. 잡음

외적 또는 내적인 잡음은 커뮤니케이션에 영향을 미친다. 외부 잡음은 교통, 음악, 사람들의 말소리, 소음 등인데 꼭 소리만이 아니라 연기, 광선 등 정신 집중을 방해하는 외부 환경을 모두 포함하는 개념이다. 내부 잡음은 상대방의 마음속에서 일어나는 것으로 부정적인 감정, 신체적인 고통, 피로, 스트레스 등을 의미한다.

잡음을 협상에 유리하게 활용하려면 우선 자신의 내부 잡음을 인식하고 다음에는 상대방의 집중을 방해하는 잡음은 없는지 주의를 집중하는 것이다. 만일 대단히 중요한 문제에 대한 협상인데도 불구하고 여러 가지 잡음으로 인해 상대방의 주의 집중이 어렵다고 판단되면 협상을 연기하거나 장소를 바꾸는 것이 바람직하다.

7. 욕구

협상의 결과에 대한 욕구가 강한 쪽이 협상에서 불리한 위치에 서게 된다. 감성적으로 협상에 임해서는 안 된다는 것이다. 협상이 결렬될 경우까지 상정하여 필요하다면 언제든지 협상 테이블을 떠날 수 있도록 마음의 준비를 해두어야 한다. 이렇게 하면 스스로도 놀랄 만큼 평안한 마음으로 협상에 임할 수 있게 될 것이다.

_구창환

memo

진정한 영업의 프로가 되는 6가지 방법

1. 영업의 기본

1) 기본을 실천하면 영업력은 반드시 향상된다.
2) 고객의 희망을 충족시키고 불안을 제거한다.
3) 용기를 내서 영업 활동을 시작한다.
4) 손님에게 호의를 갖고 고객에게 호감을 갖도록 노력한다.
5) 영업에 창조적 활동을 도입한다.
6) 스스로 목표를 만들어 도전한다.
7) 꾸준히 노력한다.
8) 종을 치면 울리듯 재빨리 피드백을 준다.
9) 의욕을 북돋아 성공 체험을 늘린다.
10) 마지막 한수, 끈기의 끝내기가 필요하다.

2. 영업의 지식

1) 지식은 영업의 무기이다.
2) 상품에 대한 지식이 중요하다.
3) 상품의 강점과 약점을 파악한다.
4) 고객의 니즈를 파악한다.
5) 고객의 정보를 파악한다.
6) 거래 선을 분석한다.

7) 고객에게 자주 연락한다.

8) 좋은 고객을 발굴한다.

3. 성공하는 화술과 태도

1) 첫 방문을 성공시킨다.

2) 의견을 물어 주의를 이끌어낸다.

3) 첫인상을 좋게 하여 상담을 성공시킨다.

4) 말의 내용보다 말씨가 인상을 좌우한다.

5) 이야기의 내용을 점검한다.

6) 좋지 않은 농담은 삼간다.

7) 밝은 화제로 고객의 기분을 좋게 한다.

8) 간결하고 명료한 화술을 연마한다.

4. 상담의 기본

1) 전화는 상담의 기본이다.

2) 멋지게 설명하고 실현해 보인다.

3) 상담을 궤도에 올린다.

4) 숫자를 써서 상담을 궤도에 올린다.

5) 언제라도 주문 받을 태세를 갖춘다.

6) 타이밍을 놓치지 않는다.

5. 교섭의 지혜와 기술을 연마한다

1) 만나는 일에 전력을 다한다.

2) 호의를 보여 친해지도록 노력한다.

3) 낯이 익었으면 터놓는 자세로 임한다.

4) 이야기를 들어 보고 싶게 만든다.
5) 고객은 구입할 생각이 있어도 반대한다.
6) 꾸준한 단골로 만든다.
7) 할 수도 없는 일을 맡지 말라.
8) 반대 의견에 대응을 잘해야 한다.
9) 최후의 찬스를 강조한다.
10) 상황 변화에 잘 대응해야 한다.

6. 마음을 닦아 일류가 된다
1) 사고방식과 행동을 바꾼다.
2) 자기 계발에 힘쓴다.
3) 팀워크를 구축한다.
4) 타성에서 탈피하여 뜻을 새롭게 한다.
5) 컨설팅 세일즈를 익힌다.
6) 할 수 있는 일부터 해서 자신감을 키운다.
7) 불안과 공포를 극복하는 정신을 가꾼다.
8) 새로운 자신을 발굴한다.
9) 결단력을 기른다.
10) 충동을 억제한다.
11) 대립 관계를 하나로 융합한다.
12) 기량이 있는 사람이 된다.
13) 땅에 발을 딛고 일어서며 마음을 단련하여 일류를 지향한다.
14) 새로운 자신을 발견하여 결단력을 기른다.

마케팅 및 영업 분야의 직무에 있어서는 과정보다는 결과를 평가를 받기 때문에 목표 관리를 철저히 하면 영업 분야의 진정한 프로가 될 수 있다. 위에 제시한 사항을 몸에 배게 하라. 건강한 마음과 행동으로 꾸준하게 목표를 세운 후 노력하면 반드시 영업 분야에 있어서 진정한 프로가 될 수 있을 것이다.

__scout.co.kr

memo

영업

협상을 할 때 알아두면 좋은 19가지 법칙

1. 질질 끄는 것은 거절의 가장 치명적인 형태이다.
2. 남을 잘 이용하는 사람들에게 불가능이란 없다.
3. 좋은 사람은 좋게 끝낸다.
4. 손안의 새 한 마리가 머리 위의 새 두 마리보다 안전하다.
5. 잘못될 가능성이 있는 일은 결국 언젠가는 잘못될 것이다.
6. 겉보기보다 쉽지 않다.
7. 모든 일은 생각보단 많은 시간이 걸린다.
8. 잘못되어 있는 것은 방관할수록 더욱 더 나쁜 쪽으로 흘러간다.
9. 자연은 숨겨진 폭풍우를 달고 다닌다.
10. 모든 것은 순식간에 나빠진다.
11. 좋게 느껴진다면 걱정을 말라. 곧 극복할 수 있을 것이다.
12. 제안자에 의해 나온 제안은 다른 사람(고객)에 의하여 판단될 것이다.
13. 직접적인 행동은 직접적인 반응을 일으킨다.
14. 함께 놓인 모든 것은 조만간에 갈라져 떨어진다.
15. 커다란 문제 속에는 작은 문제들이 있는 법이다.
16. 1온스 이미지는 1파운드의 업적보다 가치 있다.
17. 잘못된 상황에서도 미소를 지울 수 있는 사람은 책임 전가를 생각하고 있다.
18. 오늘의 좋은 계획은 내일의 완전한 계획보다 더 낫다.

19. 미사여구에는 모호성이 깔렸다.

_지식in

memo

영업

장애인을 위한 50가지 배려

1. 장애를 가진 사람에 대한 용어는 장애인이다. 불구자나 장애자라는 단어는 옳지 못한 표현이다.
2. 뇌성마비로 언어장애가 있고 온몸을 흔든다고 지능이 낮은 것으로 생각해서는 안 된다. 뇌성마비의 지능지수는 정상이다.
3. 정신지체를 바보 또는 정신박약아라고 놀리고, 나이에 상관없이 반말을 하면 안 된다. 그들의 인격을 존중해주어야 한다.
4. 아침에 시각장애인을 보면 재수가 없다고 피하는데 그런 낡은 사고방식은 버려야 한다.
5. 청각장애인의 언어인 수화를 몇 단어라도 익힌다. 간단한 인사를 수화로 하면 쉽게 가까워질 수 있다.
6. 청각장애인은 듣지 못한다고 함부로 말하는데 청각장애인들은 그것을 이미 알고 있다.
7. 장애인이 지나가면 발길을 멈추고 쳐다보는 사람들이 있다. 그 시선을 장애인들은 고통스러워한다.
8. 장애인과 눈길이 부딪히면 먼저 미소를 짓는다. 호감을 갖고 있다는 표시가 되어 마음이 편해진다.
9. 비가 올 때 장애인들은 곤란을 느낀다. 두 손을 목발에 빼앗기기 때문이다. 우산을 받혀주자.
10. 택시를 잡으려고 쩔쩔매는 장애인을 만나게 된다. 택시를 잡아 태워주자.

11. 피서지나 놀이 시설에서 장애인을 만나면 '몸도 성치 못한데 왜 여기까지 왔지?' 라는 생각을 한다. 장애인도 어디든지 갈 수 있는 사람이다.
12. 엘리베이터 앞에 장애인이 있으면 장애인이 안전하게 엘리베이터를 이용할 수 있도록 열림 버튼을 눌러주자.
13. 건물에 들어서는 장애인을 위해 이용하기 쉬운 방법을 아는 대로 안내해주자.
14. 장애인이 회전문 앞에서 쩔쩔매고 있으면 다른 문을 사용할 수 있도록 시설 관리인에게 부탁하자.
15. 다운증후군이란 그 내용에 대해 모르면 누구랑 똑같이 생겼네 하면서 신기해한다. 다운증후군은 생김새가 비슷하다는 것을 알아두자.
16. 장애인을 보고 혀를 차거나 동정 어린 격려, 또는 호기심으로 묻는 질문은 삼간다.
17. 장애인의 부모에게 자녀 중에 또 장애인이 있느냐고 묻는 것은 큰 상처를 주는 일이다.
18. 장애인을 집단화하여 말하는 것은 잘못이다. 장애인은 특성 있는 개체이다.
19. 휠체어는 장애인의 몸의 일부이다. 갑자기 뒤에서 잡고 밀어주면 놀라고 불쾌해한다. "도와드릴까요?" 하고 먼저 묻는 것이 예의이다.
20. 속해있는 모임이나 직장에 장애인이 들어오는 것을 환영하고 권하는 적극적인 자세를 가지자.
21. 장애인 친구를 가지자.
22. 주위에 장애인이 있으면 재활에 필요한 정보가 입수되는 대로 알려주자.
23. 산업재해나 교통사고로 인한 중도장애를 남의 일로 생각하지 말고, 장애를 운명이 아닌 사회적 현상으로 발전시키자.
24. 임산부에게 장애 예방에 대한 정보를 주자.

25. 장애인 차량 주차 공간에는 절대로 차를 세우지 말자. 위반 차량을 제재하는 적극적인 자세를 가진다.
26. 횡단보도를 건너는 장애인을 보면 자동차는 서행하자.
27. 어린이가 장애인을 보며 "왜 저래?"라고 물었을 때 "엄마 말 안 들어서 그래"라는 식으로 부정적인 인식을 심어주지 말고 장애에 대해 정확히 설명해준다.
28. 모든 부분에 장애인이 함께해야 한다는 생각으로 자기가 맡고 있는 일에서 장애인에 대한 고려를 한다.
29. 장애인을 무조건 칭찬하는 것도 편견이다. 정확히 판단하여 평가해주는 것이 좋다.
30. 휠체어를 다루는 방법을 알아두자.
31. 계단 앞에서 곤란을 겪는 휠체어 장애인을 보면 지나가는 사람 두세 명을 모아 휠체어를 들어서 도와주자.
32. 뇌성마비 장애인에게 음료수를 권할 때는 빨대를 꽂아서 내놓는 것이 좋다.
33. 어떤 건물에 들어온 장애인에게 무슨 일로 왔느냐고 따지듯이 묻는 것은 잘못이다. 장애인을 와서는 안 될 잡상인처럼 취급하면 안 된다.
34. 휠체어 장애인과 대화를 나눌 때는 시선 높이를 맞추는 것이 예의이다. 앉거나 구부린 상태에서 대화를 나누도록 하자.
35. 시각장애인이 길을 물으면 전후좌우로 정확히 알려주어야 한다.
36. 시각장애인과 동행할 때는 팔을 내주어 팔짱을 가볍게 낀 상태에서 반보 정도 앞장서서 걷는 것이 좋다.
37. 시각장애인의 안내견을 무서워하지 말고 자연스럽게 대해주자.
38. 시각장애인이 물건을 사려할 때 물건에 대한 설명을 자세히 해준다.
39. 시각장애인이 음식점에 찾아오면 메뉴를 가격과 함께 설명해주고 식사

를 내온 후, 음식의 위치를 설명해주는 것이 예의이다.

40. 시각장애인을 만나면 반드시 악수를 하며 자기소개를 말로 해야 한다.

41. 시각장애인에게 위험한 물건은 가까이 놓지 말고 그런 물건이 있다는 것을 말로 알려준다.

42. 절단장애인 중 오른쪽 의수를 사용하는 사람은 악수를 청하면 당황하는 경우가 있다. 왼손으로 바꾸어 악수를 하자.

43. 청각장애인은 공중전화 박스 앞에서 전화를 걸어줄 사람을 찾고 있다. 대신 전화를 걸어주자.

44. 청각장애인이 대화에서 소외되지 않도록 필담으로 중간 중간 내용을 전해주고 이야기할 기회를 주어야 한다.

45. 청각장애인과 대화를 나눌 때는 마주보고 입모양을 정확히 하여 말해야 한다.

46. 정신지체인이 옆에 오면 피하는데 그런 일이 없도록 하고 무슨 도움이 필요한지 살피면서 보살펴준다.

47. 장애인이 있는 가정을 방문하면 장애인에게 먼저 가서 인사하고 같이 어울리도록 하자.

48. 장애인과 결혼을 하는 것이 큰 불행인양 말하지 말고 축하와 격려를 보내자.

49. 학교에 장애인이 다니면 관심을 갖고 친구하기를 주저하지 말자.

50. 직장에 장애인이 있으면 특별대우로 소외시키지 말고 자연스럽게 어울리도록 해주자.

__지식in

다른 사람의 마음을 얻기 위한 10가지 원칙

1. 남의 이름을 익히는 데 숙달되도록 한다. 흔히 이름을 기억하지 못하면 그 사람에게 관심이 없다는 뜻이다. 새로운 사람을 만나면 일단 그 사람의 이름을 익히는 데 신경 써라.
2. 나와 함께 있다는 것에 아무런 부담을 느끼지 않도록 온화하고 편안한 모습을 보인다. 즉, 오래 사용해서 익숙하고 편안해진 헌 모자나 헌 신발과 같은 사람이 되도록 노력한다.
3. 항상 겸손한 자세를 갖는다. 상대방이 나보다 못한 사람이라고 생각되어도 우쭐해하지 말고 내가 무엇이든지 알고 있다는 인상을 주는 일은 피하도록 한다.
4. 어떠한 일에도 흥분하지 않는다. 깜짝 놀랄 일을 당하더라도 차분한 자세를 견지한다.
5. 사람들이 나와의 교제를 통해서 무엇이든 가치 있는 것을 얻을 수 있도록 폭넓은 인격을 갖추도록 노력한다.
6. 자신의 성격에서 조화를 이루지 못하는 성격은 설사 그것이 무의식적인 것이라 할지라도 제거한다.
7. 타인에 대한 모든 오해를 없애도록 노력한다.
8. 진정으로 타인들을 좋아할 수 있도록 노력한다. 남이 나를 좋아하기 전에 내가 먼저 애정을 표현한다.
9. 성공한 사람에게 축하의 말을, 슬픔이나 절망에 빠져 있는 사람에게 위

로의 말을 할 기회를 놓치지 않는다.

10. 약한 사람들에게 정신적인 힘이 되도록 한다.

__루스벨트(미국 대통령)

memo

영업

여유로워지는 12가지 방법

1. 30분 일찍 일어나라.
2. 지하철을 놓쳐라.
3. 회사에 혹은 집에 휴가계를 내라.
4. 자가 운전 대신 대중교통을 이용하라.
5. 천천히 걸어라.
6. 말한 만큼의 세배를 들어라.
7. 벌어지지 않은 상황에 대해 겁내지 말라.
8. 주는 것 자체를 즐겨라.
9. 한걸음 물러서라.
10. 목적지를 정하지 않고 걸어본다.
11. 순간순간을 즐겨라.
12. 남과 나를 비교하지 말라.

__지식in

차분해지는 15가지 방법

1. 해주고 나서 바라지 말자.
2. 스트레스를 피하지 말고 그대로 받아들이자.
3. 할 일을 내일로 미루지 말고 지금 시작해놓자.
4. 울고 싶을 땐 소리 내어 실컷 울자.
5. 숨을 깊고 길게 들이마시고 내쉬어보자.
6. 잠들기 바로 직전에는 마음과 몸을 평안히 하자.
7. 상처받는 것을 두려워하지 말자.
8. 하고 싶은 말은 하자.
9. 인생은 혼자라는 사실을 애써 부정하지 말자.
10. 지금 이대로의 내 모습을 인정하고 사랑하자.
11. 나 자신을 위한 적당한 지출에 자책감을 갖지 말자.
12. 할 수 없는 것에 대한 욕심을 버리자.
13. 다른 사람은 나와 다르다는 것을 인정하자.
14. 하루 일을 돌이켜보는 명상의 시간을 갖자.
15. 잔잔한 클래식을 듣자.

_지식in

즐거워지는 14가지 방법

1. 일하는 동안 낄낄낄 웃는다.
2. 재미있게 말한다.
3. 콧노래를 부른다.
4. 즐겁고 열정적으로 일한다.
5. 무언가에 푹 빠져라.
6. 가장 하고 싶은 일을 한다.
7. 지금 하고 있는 일에 최선을 다한다.
8. 고통스러운 시간의 끝을 상상한다.
9. 매 순간이 단 한번뿐이라고 생각한다.
10. 지금하고 있는 일을 사랑한다.
11. 내가 먼저 큰소리로 인사한다.
12. 유머러스한 사람과 친하게 지낸다.
13. 부정적인 사람은 되도록 멀리 한다.
14. 하기 싫은 건 열심히 해서 최대한 빨리 끝내버린다.

__지식in

편안해지는 11가지 방법

1. 잘해야겠다는 강박관념을 버리자.
2. 가방을 절반의 무게로 줄이자.
3. 기억해야 할 것은 외우지 말고 메모를 하자.
4. 부탁을 두려워하지 말자.
5. 빚을 지지 말자.
6. 중요한 일부터 처리하자.
7. 인생은 불완전하고 불안정한 것임을 인정하자.
8. 임무는 굵고 짧게 처리하자.
9. 한번 할 때 확실하게 마무리를 짓자.
10. 남의 눈치를 보지 말자.
11. 인간관계를 넓고 얇게 만들자.

_지식in

발전하는 13가지 방법

1. 매주, 매달 목표를 세우자.
2. 여행을 자주 다니자.
3. 다른 분야의 사람들과 정기적으로 대화하자.
4. 신문과 잡지와 친하게 지내자.
5. 의논할 수 있는 상대를 곁에 두자.
6. 돼지 저금통에 하고 싶은 일을 적고 저축하자.
7. 특별 요리에 하나씩 도전해보자.
8. 어린 사람과 친구가 되자.
9. 단 한 줄이라도 일기를 쓰자.
10. 한 번도 경험해보지 않은 일을 해보자.
11. 맨 처음 시작할 때의 초심을 잊지 말자.
12. TV보는 시간을 줄이자.
13. 망설이는 일들의 리스트를 작성하고 실천 여부를 결정하자.

__지식in

감사하는 15가지 방법

1. 태어나줘서 고마워요.
2. 무사히 귀가해줘서 고마워요.
3. 건강하게 자라줘서 고마워요.
4. 당신을 만나고부터 행복은 내 습관이 되어버렸어요.
5. 당신은 바보, 그런 당신을 사랑하는 난 더 바보예요.
6. 이 세상 전부를 준대도 당신과 바꿀 순 없어요.
7. 당신 없는 세상은 상상할 수도 없어요.
8. 난 전생에 착한 일을 많이 했나 봐요. 당신을 만난거보면…….
9. 당신이 내 곁에 있다는 사실보다 더 큰 행운은 없어요.
10. 당신은 나의 비타민, 당신을 보고 있음 힘이 솟아요.
11. 지켜봐주고 참아주고 기다려줘서 고마워요.
12. 내가 세상에 태어나 가장 잘한 일은 당신을 선택한 일이에요.
13. 당신 없이 평생을 사느니 당신과 함께 단 하루를 살겠어요.
14. 난 세상 최고의 보석 감정사, 당신이라는 보석을 알아봤으니까요.
15. 사랑해요. 그리고 고마워요.

__지식in

원만한 대인 관계를 유지하는 10가지 방법

1. 사람들을 향해서 말하라. 명랑한 인사말보다 더 기분 좋은 것은 없다.
2. 사람들을 만나면 웃어라. 그러면 같이 웃을 것이다.
3. 사람들을 만나면 이름을 불러라. 그러면 더 친숙해질 것이다.
4. 친절하고 도움을 주는 사람이 되라.
5. 성실한 사람이 되라.
6. 진실로 사람에게 관심을 가지는 사람이 되라. 노력한다면 거의 모든 사람들은 당신을 좋아할 것이다.
7. 다른 사람의 감정을 고려하라.
8. 서비스를 신속하게 하라. 남을 위해 사는 것만큼 중요한 것은 없다.
9. 칭찬을 아끼지 말며 관대한 사람이 되라.
10. 이 모든 것에다 유머와 인내, 그리고 겸손을 더하라.

_로버트 리

상대방을 설득시키는 12가지 방법

1. 논쟁을 피하라.
2. 상대방의 잘못을 들추지 말라.
3. 자신의 잘못을 인정하라.
4. 공손하고 온화하게 말하라.
5. 긍정적인 대답이 나올 수 있는 화제를 찾아라.
6. 상대방으로 하여금 말하게 하라.
7. 상대방이 생각해내도록 하라.
8. 상대방에게 호감을 표시하고 동정하라.
9. 상대방의 입장에서 생각하라.
10. 마음씨에 호소하라.
11. 훌륭한 연출 솜씨를 발휘하라.
12. 경쟁 심리를 자극하라.

_데일 카네기

상대에게 신뢰받는 5가지 방법

1. 대화할 때 혼자만 이야기하지 말라.
   대화라는 것은 혼자서 독점하는 것이 아니다. 자신의 말은 최소한도로 하고 상대방의 말에 귀를 기울여라.

2. 상대방에 맞는 화제를 선택하라.
   상대방이 좋아할 것 같고 도움이 될 만한 화제를 대화 내용으로 삼아라.

3. 자기 말만 앞세우지 말라.
   남의 말을 가로채거나 자기 자랑만 하면 상대방에게 불쾌감을 안겨 줄 수 있다.

4. 자기 자랑으로 높은 평가를 받는 사람은 없다.
   자신은 누구의 후손이며 또 누구와 친하다던가, 혼자서 양주 몇 병을 마셨다느니 하는 자랑은 자신의 인격을 드러내는 것이다.

5. 가만히 있어도 장점은 빛난다.
   자기소개 등 꼭 자신에 대한 말을 하지 않으면 안 될 경우에는 상대가 오해할 만한 말을 일체 삼간다. 인재는 주머니 속에 있어도 송곳처럼 뚫는 법이다.

__필립 체스터

상대방의 거짓말을 알아채는 10가지 방법

1. 보디랭귀지를 관찰하라.

20년 경력의 뉴욕 시경 수사 반장 데릭 파커는 〈악명 높은 COP〉라는 책의 저자다. 그는 신체적 징후를 잘 살펴보라고 말한다. 말하면서 땀을 흘리거나 손으로 뭔가를 만지작거리고 있다면 거짓말을 하고 있다는 증거다.

2. 상세하게 물어보라.

거짓말은 급하게 꾸며낸 이야기이므로 상세한 내용이 없다. 하버드대 출신의 전직 미 연방 수사국(CIA) 요원으로 자신의 경험담을 책 〈위장을 폭로한다(Blowing My Cover)〉에 담아낸 린제이 모란은 이야기의 특정 부분을 물고 늘어지라고 권한다. 세부 사항에 대해 뭔가를 이야기할 때 상대방은 실수하기 쉽다. 앞에서 들은 자잘한 이야기를 다시 한 번 확인하면서 물어보라. 그러면 엉뚱한 대답이 나올 지도 모른다. 사실이라면 주저없이 이야기하겠지만 즉흥적으로 한 거짓말이라면 우물쭈물하거나 기억이 안 나서 대충 넘어가려고 할 것이다.

3. 불쾌감과 짜증에 주목하라.

심리학자 벨라 M 드파울로와 웬디 L 모리스는 사기에 대한 연구서인 〈과학수사에서의 사기의 식별(The Detection of Deception in Forensic Contexts)〉이라는 책에서 "거짓말쟁이들은 진실을 말하는 사람에 비해

눈에 띄게 비협조적인 태도를 보인다"고 말한다. 경우에 따라서는 화를 내기도 한다.

4. 상대방의 눈을 응시하라.

거짓말쟁이는 상대방의 시선을 무의식적으로 피한다. 눈빛이 흔들리기도 한다. 미국 뉴욕 시경 수사국 출신의 데릭 파커, CIA 출신의 린제이 모란의 공통적 의견이다.

5. 스트레스의 징후에 주목하라.

목소리가 떨리거나 동공이 커지는지 잘 살펴보라. 사실을 말하는 사람에 비해 거짓말쟁이에게 이 같은 현상이 자주 발생한다고 심리학자 드파울로와 CIA 출신의 모란은 말한다.

6. 말을 하다가 망설일 때를 주목하라.

현장에서 임기응변으로 이야기를 꾸며내야 하기 때문에 거짓말하는 사람은 생각을 가다듬기 위해 한 템포 쉬어가며 우물쭈물하기 쉽다.

7. 다시 물어보라.

경찰 수사관들은 용의자가 했던 이야기를 다시 해보라고 하는 경우가 자주 있다. 그래서 앞에서 했던 이야기와 나중에 한 이야기가 서로 불일치하는 지를 가려낸다. 하지만 조심하라. 메사스추세츠대 심리학과 교수 로버트 펠드만에 따르면, 머리가 영리한 사람은 기억력이 좋아서 거짓말을 할 때도 앞에서 했던 이야기를 한 마디도 틀리지 않고 그대로 반복할 수 있다고 한다.

8. 극구 자기 이야기가 옳다고 주장하는 사람을 조심하라.

대화 도중에 '솔직하게 말하지만', '정직하게 말하자면' 이란 표현을 자주 사용해서 의식적으로 상대방을 설득하려고 애쓰는 사람이 있다면 지금 거짓말을 하고 있다고 의심해봐야 한다. 대부분은 평소에도 자신의 말을 상대방이 진심으로 받아들이리라고 전제하고 말한다. '솔직하게 말하자면' 이라고 자꾸 말한다면 왜 그런지 곰곰이 생각해보라. 진의를 의심해보아야 한다.

9. 자신을 알라.

심리학자 로버트 펠드만은 "거짓말쟁이들이 사기에 성공하는 이유 중 하나는 듣는 사람이 정말로 진실을 알고 싶어 하지 않기 때문이다"라고 말한다. 그러므로 당신이 듣고 싶어 하는 게 무언지에 대해 솔직할 필요가 있다.

10. 직관력을 동원하라.

"사람의 거짓말을 잘 식별해내는 사람이 있다면 직관력이 뛰어난 심리학자일 가능성이 높다. 어떤 상황에서 거짓말을 할 때는 사실을 말하는 것에 비해 이들 생각과 느낌을 행동으로 표현할 가능성이 높기 때문이다." 심리학자 드 파울로와 모리스의 말이다.

__디지털뉴스 jdn@joins.com

웃는 모습에서 알 수 있는 27가지 성격 유형

1. 활짝 웃는 사람

활짝 웃는 사람은 솔직하고 진실하며 열정적이다. 이런 사람은 자발적으로 남을 잘 도와주며 우정도 깊다. 일단 어떤 일을 결정하면 바로 행동으로 옮겨 시작하는 결단력이 있고 성실하며 매우 빠르게 일을 처리하기 때문에 남에게도 신뢰성이 높다. 또한 일을 미루거나 우유부단한 성격을 보이지 않는다. 그러나 이런 사람은 겉으로는 매우 강해 보이지만 마음이 약한 내유외강형이라 남이 공격할 때는 대처 능력이 부족하다.

2. 배를 움켜쥐고 웃는 사람

웃음이 극치에 달하면 허리를 구부리고 배를 움켜쥐고 웃게 된다. 이런 사람은 대부분 성격이 밝고 애정이 넘치며 동정심이 많은 사람이라 자신이 할 수 있는 범위라면 언제라도 다른 사람을 도와준다. 그들은 유머가 많으며 친한 친구와 함께 기쁨을 나누는 것을 특히 좋아한다. 그렇기에 주위에는 늘 활기찬 분위기가 가득하다. 이들은 마음이 평온하고 단정하며 아첨하지 않을 뿐 아니라 지위가 낮은 사람도 멸시하지 않는다. 자신의 동료나 친구가 성공했을 때도 질투하지 않고 진심으로 축복해준다.

3. 웃음을 멈추지 못하는 사람

명랑하고 활발한 성격으로 자신의 감정을 감추지 않는 사람이다. 남과 대화할 때도 거리낌이 없으며 자신의 생각을 바로 전하는 스타일로 매우 시원스럽다. 일을 할 때는 대범하여 작은 것에 연연하지 않으며 남에게 나눠주는 것을 좋아하고 남이 어려움에 처해있으면 잘 도와주며 그 가운데서 큰 기쁨을 찾는다. 그렇기 때문에 가족과 친구들이 모두 좋아하는 스타일이다.

4. 눈물을 흘리며 웃는 사람

웃을 때 자주 눈물을 흘리는 사람은 감정이 풍부한 사람으로 동정심과 애정이 넘친다. 그들은 삶을 사랑하고 자신의 공간을 다채롭게 꾸미는 것을 좋아한다. 낙관적이고 적극적이며 진취적인 자세로 모든 것을 대한다. 일이 잘못되어도 쉽게 좌절하지 않으며 자신의 뜻을 끝까지 굽히지 않고 용감하게 전진하는 스타일이다. 중요한 시기에는 다른 이를 돕기 위해 자신의 이익도 희생할 줄 아는 사람으로 보답을 바라지는 않는다.

5. 온몸으로 웃는 사람

온몸을 흔들며 웃는 사람은 솔직하고 진실하게 남을 대한다. 자신을 숨기지도 않으며 친구가 부족함을 보일 때는 망설임 없이 잘못을 지적 해준다. 마음이 착하고 애정이 넘치기 때문에 친구가 어려울 때는 항상 자신의 능력이 닿는 한 반드시 도와준다. 이런 장점 때문에 만약 이 사람이 어려워지면 자신을 아끼지 않고 그를 돕는 사람이 많다. 그러나 단점이 있다면 너무 솔직해서 다른 사람의 감정을 상하게 할 수도 있다.

6. 웃음소리가 지나치게 큰 사람

자신을 표현하기 좋아하는 사람으로 떠벌리기 좋아하는 편이다. 하지만 실제적으로는 냉정한 성격이며 신중하게 일을 처리한다.

7. 웃을 때 완전히 다른 사람이 되는 사람

평상시에는 과묵한 사람인데 웃기만 하면 수습이 안 되고 허리까지 못 펴고 웃는 사람이다. 이런 사람은 진실한 마음을 가졌으며 자신의 감정을 숨기지 않아 친구로 사귀기에 가장 적합한 사람이다. 그러나 낯선 사람과 처음 만날 때는 매우 차가운 분위기를 풍기기 때문에 쉽게 친해지기가 힘들지만 한번 친해지고 나면 상대를 매우 아껴주는 사람이다. 친구를 위해서라면 어떤 희생도 감수하는 스타일이다.

8. 항상 미소를 짓는 사람

내성적이고 부끄러움이 많고 이성적인 사람이다. 일을 할 때는 신중하여 남의 입장에서 객관적으로 상황을 관찰하고 결정할 줄 아는 사람이다. 마음이 깊어 남에게도 쉽게 자신의 생각을 털어놓지 않는다. 미소는 짓지만 웃음소리를 내지 않는 사람은 온화한 성격으로 남에게 친절하다. 감성적이며 환상을 좋아하고 로맨틱한 것을 꿈꾼다. 때론 낭만적인 분위기를 만들기 위해 큰 대가를 지불하기도 한다.

9. 이가 보이도록 웃는 여자

전형적인 낙천파로 활발하고 명랑한 성격의 소유자다. 호기심이 많고 대범하며 개방적이다. 자기 마음대로 생활하는 편으로 동성과 이성 모두를 똑같은 태도로 대해 때론 가벼워 보일 수도 있다. 그런 여자는 결혼을 중요시하지 않으며 일부일처제도 당연하게 여기지 않는다.

10. 웃음소리가 끊어졌다 이어졌다 하는 사람

좀 냉정한 사람이다. 현실을 중시하고 하늘에서 돈벼락이 떨어질 거라는 생각 따위는 처음부터 하지 않는다. 오직 성공을 위해서는 끊임없는 노력만이 필요하다고 생각한다. 남의 마음과 심리 세계를 꿰뚫어보는 예리한 관찰력과 통찰력을 동시에 가지고 있다. 매사에 신중하여 정보가 확실해지기 전까지는 경솔하게 입을 열지 않는 사람이다. '나를 알고 남을 알면 백전백승이다' 가 그의 둘도 없는 원칙이다.

11. 조심스럽게 몰래 웃는 사람
냉정한 사람으로 자기 보호 의식이 강하고 생각이 깊다. 일에 앞서 세 번 이상 생각을 한 후 행동으로 옮기기 때문에 항상 신중하다. 치밀한 계획이 없으면 절대 행동하지 않는 사람으로 업무에 능동적이지 못하고 모험을 두려워하기 때문에 책임을 지지 않으려는 단점을 가지고 있다. 그래서 때를 놓치기 쉽다. 또한 보수적인 성격으로 부끄럼을 잘 타는 편이며 자신의 마음을 드러내는 것을 꺼려한다. 그러나 이런 사람은 남에 대한 기대치가 높아 요구 사항이 까다롭지만 한번 친구가 되면 어떤 어려움이라도 함께한다.

영업

12. 손으로 입을 가리고 웃는 사람
내성적인 성격으로 부끄러움을 많이 타고 따뜻한 사람이다. 어떤 일이든지 의심을 잘하며 친한 친구에게도 쉽게 자신의 진심을 밝히지 않는다. 때문에 이들이 받는 심리적 압박감은 매우 크며 터무니없는 생각을 자주 하는 것이 단점이다. 이런 사람은 주의가 산만해 일에 집중하지 못하는 경향이 있다.

13. 남이 웃을 때 따라서 웃는 사람
이런 사람은 삶에 대한 애정이 풍부하며 삶의 곳곳에서 즐거움을 발견한다. 낙천적이고 명랑하여 좌절을 만나도 쉽게 낙담하지 않는다. 실패를 경험해도 남을 불평하지 않고 오히려 투지를 불태우며 절대로 그냥 주저앉지 않는다. 실패를 경험과 단련의 시간으로 생각하기 때문에 사업에서 성공할 만한 스타일이다

14. 긴장하면서 웃는 사람

웃을 때 긴장하는 사람은 웃으면 안 될까봐 주변 사람들을 수시로 살핀다. 남이 계속 웃어야 자신도 따라 웃는 스타일이다. 이들은 매사에 자신감이 없고 소심하여 대범하지 못하다. 민감한 성격을 소유하고 있으며 자존심이 강해 남이 자신을 어떻게 보고 있는지 매우 중요하게 여긴다.

15. 웃음소리가 날카로운 사람

세심한 사람으로 감정이 풍부하고 남을 잘 따르며 믿음이 강하다. 항상 일에 대한 열정이 넘치고 모험심을 가지고 있다. 모험 또한 인생의 참맛을 알아 가는데 필요한 과정이라고 생각하기 때문에 매우 적극적으로 일을 처리하며 실패를 해도 절대로 실망하지 않는다. 다만 너무 주관적인 생각이 앞서 자신의 기준에서 선악을 판단하기 때문에 원칙적인 규정을 무시하는 경향이 많다.

16. 웃음소리가 낮고 느린 사람

일반적으로 이런 사람은 자주 추억에 잠기며 감상적이며 환상을 좋아하는 낭만적인 사람이다. 주관이 부족해 쉽게 주위의 분위기에 휩쓸려 자신의 기분과는 상관없이 남을 따라 행동한다. 일에 대한 분석과 감별 능력이 부족해 남에게 쉽게 속고 옳고 그름에 대해 분별을 잘 못하는 경향이 있다. 이런 사람은 계산적이지 않아 남과의 관계는 원만하다.

17. 웃음소리가 부드러운 사람

침착하고 믿음이 강한 사람으로 일을 조리 있게 처리한다. 일을 하다가 생각지도 못한 일이 생기더라도 냉정함을 유지할 줄 알며 원칙을 매우 중시한다. 사리에 밝고 대세를 볼 줄 아는 사람으로 남의 입장에서 항상 객관적으로 문제를 생각하기 때문에 남에게 해를 끼치는 일에는 절대로 참여하지 않는다. 또한 인간관계가 원만하기 때문에 갈등에 대한 화해를 이끌어 내는데 유능하다. 만약 이런 사람이 지도자가 된다면 아주 뛰어난 능력을 발휘할 것이다.

18. "하하하" 크게 웃는 사람

명랑하고 호탕한 사람으로 마음에 거리낌이 없다. 대개 이런 사람은 몸이 건강하다. 그래서 하하하 크게 웃는 사람에게는 정력이 넘친다. 이런 사람은 관계가 원만해 좀처럼 감정이 상하지 않는다. 만약 이렇게 웃는 사람이 여자라면 조직 능력이나 리더십이 뛰어난 경우가 많다.

19. "키득키득" 웃는 사람

상상력이 풍부하고 창의적인 사람이다. 다른 사람들이 생각지도 못한 것들을 생각해내서 다른 사람들의 부러움을 사기도 한다. 유머가 많아 이 사람의 주변에는 늘 즐거움이 넘쳐나기 때문에 자신도 모르게 가까워지기 쉽다. 인내심이 있어 일을 잘 처리하며 자신에게도 엄격해 실수가 없다. 일단 큰 계획을 세우면 최선을 다하는 사람으로 어려움을 두려워하지 않는 사람이다.

20. "허허" 웃는 사람

웃음소리를 완전히 내지 않는 사람으로 의욕과 정력이 부족한 사람이다.

일반적으로 자신감이 부족한 사람들이 이렇게 웃는 습관을 가지고 있다. 정신이 피곤하거나 마음이 급할 때도 이렇게 웃는 경향이 많으며 자신에게 실망과 불안이 있을 때도 이런 웃음이 나올 수도 있다.

21. "헤헤헤" 조소에 가깝게 웃는 사람

이런 웃음은 남을 비웃거나 멸시 혹은 비판의 의미를 가지고 있다. 그렇기 때문에 다른 사람과 대화 중에 상대가 이렇게 웃고 있다면 양측 모두 대화가 적절히 진행되지 않고 있음을 알아야 한다. 일반적으로 이렇게 웃는 사람은 마음이 불편한 상태에 놓여 있으며 이런 웃음소리로 상대를 제압하고 잠시라도 쾌감을 얻고자 하기 위함이다.

22. "히히" 애교스럽게 웃는 사람

소녀형 웃음소리로 다른 사람의 주위를 끌기 위한 웃음이다. 이들은 호기심이 왕성해 어떤 일이든 다 해보고 싶어 하는 경향이 있다. 특히 신기한 일과 낯선 일에 대해서는 제대로 파헤치기 전까지는 끝까지 포기하지 않는다. 이런 여자들은 남자들의 호감을 얻는 것을 갈망하며 자기만의 욕구가 아주 강하기 때문에 경박하게 보이기 쉽다. 변덕스럽고 감정의 기복이 심해 남이 종잡을 수 없다.

23. 콧소리로 웃는 사람

웃음을 참지 못하다가 일시적으로 참게 되면 대개 콧소리와 함께 웃게 된다. 이런 사람은 부끄러움이 많은 성격으로 겸손하며 남에게 떠벌리지 않는다. 남의 기분을 중시하기 때문에 세심하고 따뜻해 친구에게 인기가 많다. 어떤 일을 하든지 원칙대로 하며 경솔하게 일을 처리하지 않는다.

24. 턱을 들고 웃는 사람

턱을 치켜들고 경멸하는 표정으로 웃음을 짓는 사람은 자만심이 지나친 사람으로 자신 이외의 다른 사람은 모두 무시하는 경향이 있다. 사실, 이런 사람은 진정한 자신감이 부족하기 때문에 반대로 이렇게 표현하는 것에 지나지 않는다. 다른 사람을 낮춰서 자신의 가치를 높이려는 기대심리를 가지고 있다.

25. 입을 오므리고 웃는 사람

입을 오므리고 웃는 것이 버릇이 된 사람은 자신감이 아주 강한 사람으로 야심만만하다. 자기현시 욕구가 매우 강하다.

영업

26. 여자처럼 웃는 남자

극단적인 성격의 소유자로 때론 아주 충실하고 성실하게 규율을 지키지만 때론 대범하게 변한다. 때론 미친 것처럼 보이기도 한다.

27. 웃음소리가 일정하지 않은 사람

분위기에 따라 웃는 모습이 다른 사람은 환경 적응 능력이 뛰어나며 현실적인 사람이다. 사교 능력이 뛰어나 자연스럽게 남과 분위기도 잘 맞추기 때문에 사람들과 잘 융화한다. 이런 사람이 함께 있다면 모임의 분위기가 좋아지기 때문에 많은 사람들이 이들과 함께 있고 싶어 한다.

__지식in

가짜 웃음을 구분해내는 법 4가지

1. 마음으로부터 우러나는 웃음은 눈의 근육을 움직이게 하므로 눈가에 주름이 생기기 마련이다. 만약 거짓 웃음을 짓고 있다면 근육이 움직인다 할지라도 좀 굳고 경직된 느낌이 남아있게 되고 주름도 빨리 사라진다.
2. 오랫동안 거짓 웃음을 웃으면 웃음을 멈춰야 하는 타이밍을 포착하지 못한다.
3. 거짓 웃음은 얼굴 근육들이 서로 대칭되지 않는다.
4. 의식적으로 웃기 때문에 거짓 웃음의 시작과 끝은 모두 갑작스럽다.

__지식in

memo

시간 경영법 20가지

1. 무슨 일이든지 미루지 말고 지금 바로 한다.
2. 출퇴근 시 자동차 안에서 보내는 시간을 활용한다.
3. '나'에게 최고로 능률이 오르는 시간이 언제인가를 파악하고, 그 시간에는 가장 소중한 일을 하라.
4. 낙관주의자가 되어라.
5. 자잘한 업무를 묶어서 한꺼번에 처리한다.
6. 정신을 집중해야 하는 창조적인 업무는 행정적 업무와 분리시킨다.
7. 한번 손대기 시작한 일은 가능하면 끝을 낸다.
8. 사무실이나 책상의 동선을 개선하고, 특히 책상은 되도록 깔끔하게 잘 정돈한다.
9. 모든 업무상의 편지와 리포트, 수입 명세서 등에 날짜를 기입하고 봤다는 표시를 하는 습관을 기른다.
10. 계획을 짜고 우선순위를 정하는 데 시간을 할당한다.
11. 동료들이나 상관과 어느 일을 먼저 해야 할 것인가를 의논한다.
12. 타이트한 스케줄보다 느슨한 스케줄이 업무 완성률을 높인다.
13. 개인적인 대화나 전화는 최대한 자제한다.
14. 아이디어가 떠오를 때마다 써놓을 수 있는 아이디어 노트를 꼭 갖고 다닌다.
15. 스스로 업무에 대한 마감 시간을 정해놓는다.

16. 머리와 체력도 리듬을 탄다. '10분 휴식' 은 리듬에 상향 곡선을 그리게 해준다.
17. 약속 시간에 일찍 도착하도록 항상 10분 여유를 둔다.
18. 자신의 컨디션에 맞춰 중요한 일과 사소한 일에 분배해 처리한다.
19. 정말 원하는 것을 하기 위해 꾸준히 시간을 내려고 노력한다.
20. 지금 시간을 최대한 효율적으로 쓰고 있는가를 자문한다.

__USA TODAY

memo

당당해지는 15가지 방법

1. 두려움을 버려라.
2. 열정을 가져라.
3. 분석하고 평가하라.
4. 독립적 사고를 하라.
5. 현실에 만족하라.
6. 환하게 웃어라.
7. 무언가에 푹 빠져라.
8. 한순간도 자신을 의심하지 말라.
9. 허리를 꼿꼿이 펴라.
10. 당신이 믿는 것에 단호하라.
11. 부끄러움 없는 야심으로 밀고 나가라.
12. 능력을 발굴하고 약점은 무시하라.
13. 싫은 것은 당당히 'NO' 라고 말하라.
14. 웃음거리가 되는 것을 두려워 말라.
15. 어떤 것도 지나치게 심각하게 받아들이지 말라.

__지식in

영업

느낌 좋은 사람들의 99가지 공통점

하나. 만나면 편안한 사람

1. 느낌 좋은 사람은 먼저 기분 좋게 서브를 넣는다.
2. 호의를 표현하는 방식도 늑장을 부리다가는 시들해진다.
3. 많은 경험을 쌓으면 사람과 사람 사이의 느낌이 좋아진다.
4. 느낌 좋은 사람은 강한 정신력의 소유자이다.
5. 느낌 좋은 사람은 상대의 아픔에까지 생각이 미친다.
6. 느낌 좋은 사람은 함께 식사할 수 있는 사람이다.
7. 느낌 없는 사람아, 타산지석이니 고맙다.
8. 느낌 좋은 사람은 자신의 열등감도 즐길 줄 안다.
9. 느낌 없는 사람은 자기중심적이다.
10. 느낌 없는 사람이 일시적으로 성공하는 경우도 있다.
11. 느낌 좋은 사람은 좋은 타이밍에 자신을 드러낸다.
12. 느낌 좋은 사람은 자신의 '허점'을 보일 줄 안다.

둘. 거절 잘하는 사람

13. 거절 잘하는 사람일수록 신뢰 받는다.
14. 거절을 잘 받아들일 수 있어야 잘 사귈 수 있다.
15. 느낌 좋은 사람은 거절을 잘 받아들인다.
16. 유머는 인간관계를 부드럽게 해준다.

17. 예능은 몸을 구원하고, 유머는 마음을 구원한다.
18. 남의 말을 잘 들어주는 사람은 상대에게 에너지를 준다.
19. 이야기를 잘하는 사람일수록 상대의 기분을 잘 헤아린다.
20. 우선 상대방의 장점을 칭찬하고 귀를 기울여라.
21. 가끔 반성하더라도 다른 사람 몫까지 반성하지는 말라.
22. 자신의 아픔에 둔감하면 타인의 아픔에도 둔감하다.
23. '남에 대한 배려' 는 상상력에서 나온다.
24. '칭찬하려는 의도' 가 불쾌함으로 이어진다.
25. 느낌 없는 사람은 '한 묶음' 으로 타인을 본다.
26. 달콤함 속에 소금을 약간 쳐보자.
27. 가시를 집어넣어라. 지나친 자기 방위는 오히려 위험하다.

셋. 멀지도 가깝지도 않은 사람

28. 당연한 일을 제대로 할 수 있는 능력.
29. 자신의 사정에 맞춰 사회 룰을 바꾸는 사람.
30. 느낌 좋은 사람에게는 '내게 지켜 주어야지' 하는 기개가 보인다.
31. 느낌 좋은 사람에게는 억지스러움이 없다.
32. 느낌 좋은 사람은 애정에 둘러싸여 있다.
33. 전체를 보고 그 장소의 흐름을 읽어라.
34. 친한 사이라도 작은 마음 씀씀이, 상대의 기분을 살펴라.
35. 섬세하게 느끼고 대범하게 임한다.
36. '짐작' 으로 사귀되 의심하는 지성도 잊지 말라.
37. 너무 붙지 말라, 자신은 자신이고 타인은 타인이다.
38. 우리 집 헌법 제1조, 붙지도 떨어지지도 침입하지도 않는다.
39. 우리 집 헌법 제2조, 타인에게 의지하지 말라

영업

40. 우리 집 헌법 제3조, "어디 가?" 묻는 것은 쓸데없는 참견.
41. 느낌 좋은 사람은 기분 좋은 거리를 유지한다.

넷. 적응의 폭이 넓은 사람
42. 느낌 없는 사람은 타인에게 엄하고 자신에게는 무르다.
43. 다른 사람의 험담을 해서 누가 득을 볼까!
44. 자신의 취미뿐만 아니라 다른 사람의 취미도 즐기자.
45. 느낌 좋은 사람은 상당히 어설픈 감이 있다.
46. 느낌 좋은 사람은 서비스의 달인.
47. 당신의 희망과 누군가의 희망을 뒤죽박죽 섞지 말라!
48. 혼자 이겨서는 소용없다. 때로는 이기고 때로는 지자.
49. 매일 조금씩 죽이면 더 오래 살 수 있다.
50. 베스트드레서의 조건은 교제가 부담스럽지 않을 것.
51. 느낌 좋은 사람은 적응 폭이 넓다.

다섯. 지나치게 겸손하지 않은 사람
52. 선의나 선행도 적당한 것이 좋다.
53. 아무리 좋아도 선물은 적당하게 하라.
54. 요란한 포지티브를 경계하라.
55. 적당히 살아가는 것도 능력이다.
56. 모르는 사이에 상대의 능력을 끌어낸다.
57. 느낌 없는 사람은 약자를 좌절시키고 권위에 아첨한다.
58. 느낌 좋은 사람은 시야가 넓고 편견이 없다.
59. 호기심이 넘치는 사람일수록 겸허해진다.
60. 당근과 채찍으로 조금씩 개선해나간다.

61. 느낌 좋은 사람은 타인에게 당근과 채찍을 휘두르지 않는다.

여섯. 자신을 잘 드러낼 줄 아는 사람

62. 느낌 좋은 사람은 섣부른 충고는 하지 않는다.
63. 평소에 시끄러운 사람일수록 무슨 일이 생겼을 때 도움이 되지 않는다.
64. 어려운 이야기를 쉽게 하기는 어렵다.
65. 조용히 이야기하면 더 깊게 전달된다.
66. 80%로 만족하고, 나머지 20%에는 둔감하라.
67. 에고를 노골적으로 드러내서는 안 된다! 에고를 숨기기만 해서도 안 된다!
68. '딱딱한 머리'를 가진 사람에게는 두부 같은 부드러움이 없다.
69. '이래야 한다'보다 현실을 즐겨라.
70. 느낌 좋은 사람은 본심 배출법을 알고 있다.
71. 강함의 비결은 유연함과 여유이다.
72. 느낌 좋은 사람은 마음의 체조를 게을리하지 않는다.
73. 느낌 좋은 사람은 타인과의 차이를 은근히 즐긴다.
74. 받아주는 사랑이 있는가 하면 내치는 사랑도 있다.
75. 느낌 좋은 사람은 자신의 의견을 확실히 말할 수 있다.

일곱. 스스로에게 만족하는 사람

76. 회사 이름만 번듯한 사람, 명함 없이도 멋있는 사람.
77. '자신의 색'과 '자신의 맛'을 살려라.
78. 자유자재로 변신하는 가운데 '일관된 자아'가 있다.
79. 경쟁이 있기 때문에 질 수도 있다.
80. 자신을 과대 광고하면 마음이 편하지 않다.

81. 자신을 소중히 여기고 사랑하라.
82. 조그만 룰이 큰 번거로움을 막는다.
83. 느낌 좋은 사람은 좋아하는 일을 당당하게 한다.
84. 느낌 좋은 사람은 자기 자신에게 만족하고 있다.
85. 자신에게 긍지를 가질 수 있으면 타인도 존중할 수 있다.

여덟. 잘 주고 잘 받는 사람

86. 느낌 좋은 사람은 링 밖에서는 싸우지 않는다.
87. 느낌 좋은 사람은 가상의 아군을 만들지 않는다.
88. 느낌 좋은 사람은 쉽게 상처받지 않는다.
89. 느낌 좋은 사람은 정중히 사과하면서도 늠름하다.
90. 느낌 좋은 사람은 자신의 기분을 솔직히 전달한다.
91. 느낌 좋은 사람은 자유로운 어른이다.
92. 느낌 좋은 사람은 주눅 들거나 비뚤어지지 않는다.
93. 느낌 좋은 사람은 열등감을 잘 극복한다.
94. 튀어나온 말뚝이 얻어맞는 것은 당연하다.
95. 남들과 다른 일을 하는 것이 개성은 아니다.
96. 느낌 좋은 사람은 기브앤테이크(Give&Take)가 가능하다.
97. 느낌 좋은 사람은 헌신하는 것도 헌신을 받는 것도 싫어한다.
98. 느낌 좋은 사람은 잘 주고 잘 받는 사람이다.
99. 느낌 좋은 사람은 혼자 힘으로 강을 건넌다.

_사이토 시게타

좋은 사람에게만 있는 8가지 마음

1. 향기로운 마음

향기로운 마음은 남을 위해 기도하는 마음이다. 나비에게, 벌에게, 바람에게, 자기의 달콤함을 내주는 꽃처럼 소중함과 아름다움을 베풀어주는 마음이다.

영업

2. 여유로운 마음

여유로운 마음은 풍요로움이 선사하는 평화이다. 바람과 구름이 평화롭게 머물도록 끝없이 드넓어 넉넉한 하늘처럼 비어 있어 가득 채울 수 있는 자유이다.

3. 사랑하는 마음

사랑하는 마음은 존재에 대한 나와의 약속이다. 끊어지지 않는 믿음의 날실에 이해라는 구슬을 꿰어놓은 염주처럼 바라봐주고 마음을 쏟아야 하는 관심이다.

4. 정성된 마음

정성된 마음은 자기를 아끼지 않는 헌신이다. 뜨거움을 참아내며 맑은 옥빛으로 은은한 향과 맛을 건네주는 차처럼 진심으로부터 우러나오는 실천이다.

5. 참는 마음

참는 마음은 나를 바라보는 선이다. 절제의 바다를 그어서 오롯이 자라며 부드럽게 마음을 비우는 대나무처럼 나와 세상의 이치를 바로 깨닫게 하는 수행이다.

6. 노력하는 마음

노력하는 마음은 목표를 향한 끊임없는 투지이다. 깨우침을 위해 세상의 유혹을 떨치고 머리칼을 자르며 공부하는 스님처럼 꾸준하게 한 길을 걷는 집념이다.

7. 강직한 마음

강직한 마음은 자기를 지키는 용기이다. 깊게 뿌리내려 흔들림 없이 사시사철 푸르른 소나무처럼 변함없이 한결같은 믿음이다.

8. 선정된 마음

선정된 마음은 나를 바라보게 하는 고요함이다. 싹을 틔우게 하고 꽃을 피우게 하며 보람의 열매를 맺게 하는 햇살처럼 어둡을 물리치고 세상을 환하게 하는 지혜이다.

__지식in

칭찬이 좋은 30가지 이유

1. 칭찬은 바보를 천재로 만든다.
2. 칭찬을 하면 꼭 칭찬들을 일을 한다. 칭찬하고 칭찬하라.
3. 한 마디의 칭찬이 건강을 심어준다. 몸에서 엔도르핀이 생성되기 때문이다.
4. 칭찬을 받으면 발걸음이 가벼워지고 입에서 노래가 나오는 법이다.
5. 돈은 순간의 기쁨을 주지만 칭찬은 평생의 기쁨을 주는 것이다.
6. 본인도 모르고 있는 부분을 찾아 칭찬하라. 그 기쁨은 열 배, 백 배로 증폭된다.
7. 자기 자신을 칭찬할 줄 알아야 남을 칭찬할 수가 있다. 자기부터 칭찬하라.
8. 아무리 나쁜 사람이라도 칭찬거리를 찾다보면 무수한 칭찬거리가 나타난다.
9. 칭찬은 자신을 기쁘게 하고 상대방을 행복하게 하는 공동 승리를 안겨준다.
10. 누구를 만나든 칭찬으로 시작하여 칭찬으로 끝내라. 이 세상이 기쁜 세상이 된다.
11. 운동선수는 응원 소리에서 힘을 되찾고 사람은 칭찬을 들으며 자신감을 갖는다.
12. 미운 사람일수록 칭찬을 해 주어라. 언젠가 나를 위해 큰일을 해 줄 것

이다.

13. 칭찬하는 데는 비용이 들지 않는다. 그러나 큰 비용으로도 해결할 수 없었던 부분까지도 해결해준다.
14. 칭찬은 어떤 훈장과도 비교될 수 없을 정도의 큰 훈장이다.
15. 칭찬은 보물찾기와 같다. 보물은 많이 찾을수록 좋은 것이다.
16. 칭찬은 사랑하는 마음의 결정체이고 비난은 원망하는 마음의 결정체이다. 한 방울의 꿀이 수많은 벌을 끌어 모으지만 만 톤의 가시는 벌을 모을 수 없다는 서양 속담도 있다.
17. 칭찬은 적군을 아군으로 만들고 원수도 은인으로 만든다.
18. 고객 만족, 고객 감동을 내세우지만 칭찬은 이 두 가지를 모두 만족시키고도 남는다.
19. 목마른 사람에게 물을 주는 것이 공덕이다. 사람은 너나없이 칭찬에 목마름을 느끼고 있다. 칭찬으로 변화시키지 못하는 것은 어떤 것으로도 변화시키지 못한다.
20. 10점을 맞다가 20점을 맞는 것은 대단한 향상이다. 칭찬을 듣고 또 들으면 30점이 되고 50점이 되다가 끝내는 100점이 되어버린다.
21. 칭찬은 불가능의 벽을 깨뜨리는 놀라운 힘이 있다.
22. 자기를 사랑하는 사람만이 남을 칭찬할 수 있다. 먼저 자신을 사랑하라.
23. 상대방의 약점을 보려고 하지 말라. 약점의 눈으로 보니 약점만 보이는 것이다.
24. 사람의 참모습은 칭찬에서 나타난다. 칭찬을 통해서 행복한 가정, 신나는 세상이 펼쳐진다.
25. 칭찬은 부정적이고 소극적인 마음을 긍정적이고 적극적인 사고로 바꿔준다. 내가 말하는 한마디 칭찬이 의식 개혁의 시작이다.
26. 칭찬은 웃음꽃을 피우게 하는 마술사이다. 이 세상에서 가장 아름다운

꽃은 웃음이다.

27. 내가 칭찬을 하면 상대방도 칭찬을 되돌려준다. 칭찬을 주고받는 세상이 지상 천국이다.
28. 칭찬을 받으면 더 잘 하려는 노력을 하게 된다. 더욱 더 칭찬을 받고 싶은 마음이 10배의 능력을 만든다.
29. 칭찬을 받으면 앞길이 훤하게 열린다. 마음을 열고 활력 있게 행동을 하게 되고 불가능도 가능으로 바뀐다.
30. 칭찬을 하다 보면 네가 내가 되고 내가 네가 되어 모두 하나가 된다.

__좋은글

memo

비즈니스에 좋지 않은 7가지 습관

1. 빌려간 물건을 돌려주지 않는다.

당신에게는 사소한 물건들이지만 그 물건들을 당신에게 빌려준 당사자들에게는 짜증나는 일이다.

해결 방법: 자신의 물건에 이름표를 붙여라. 당신의 주머니에 라벨이 붙어있지 않은 물건이 있다면 그것은 남의 물건들이란 소리다.

2. 말이 반복적이고 많다.

혹시 간단한 메시지를 전달하는데도 5분 이상 걸리는가. 그렇다면 당신은 말이 너무 많고 반복적인 사람이다. 당신과 이야기하는 사람들은 당신 말을 중간에 자르고 싶은 마음이 굴뚝같을 것이다.
상대에게 조금만 주의를 기울인다면 당신 말의 문제점을 알아차릴 수가 있다. 만약 상대가 천천히 뒤로 물러나거나 다른 방향으로 눈을 돌린다면, 당신이 말하는 시간이 너무 길다는 증거다.

해결 방법: 당신은 뉴스 앵커가 되어야 한다. 우선 상대에게 말할 내용을 수첩에 정리한 뒤 말하는 습관을 들여라. 이는 전화할 때도 마찬가지다. 이런 연습은 대답과 생각이 보다 간결해지는 효과가 있다.

3. 아무런 준비 없이 회의에 참석한다.

회의에 아무것도 준비해오지 않았다면 차라리 침묵하는 게 좋다. 회의 중간에 모두 알고 있는 질문으로 시간을 끄는 행위는 회의를 비효율적으로 잡아먹는 구멍이다.

해결 방법: 미팅 들어가기 전 15분 정도 준비하는 시간을 가져라. 처음에는 불편하겠지만 당신을 정상으로 올려줄 습관이 될 것이다.

4. 상사에게 아부성 칭찬과 'YES'를 남발하지 말라.

고래도 춤추게 하는 것이 칭찬이라지만 상사에게 편중된 칭찬은 '아부' 그 이상도, 그 이하도 아니다. 또 상사의 요구에 무조건적으로 예스라고 답한 뒤 동료와 부하 직원들을 볶는 행위는 업무에 치명적이다. 자신에게 단 한 번의 반론도 제기하지 않고 예스와 칭찬만 남발한다면 상사 역시 당신을 곱지 않은 시선으로 바라보게 된다.

해결 방법: 칭찬과 연계된 긍정적인 마인드는 조직에 활력을 불어넣는 장점이다. 하지만 당신의 그 관대함을 부하 직원에게도 나눠줘야 한다. 이는 '아부쟁이'에서 긍정적인 리더로 거듭나기 위한 필수 조건이다. 또 상사가 요구하는 지시 사항 가운데 당신이 동의할 수 있는 리스트를 만들어라. 만약 동의할 수 없는 사항이 있다면 'NO'라고 대답할 수 있는 근거와 대안을 제시하는 것이 좋다.

5. 개인 사생활의 지나친 노출.

혹시 회사 동료들과 사적인 이야기를 과하게 떠들지 않는가. 직장 동료들을 당신의 친구처럼 생각해 사생활을 드러내서는 안 된다. 대부분의 사람들은 당신의 고상한 사생활에 대해 듣는 걸 원치 않는다.

해결 방법: 만약 누군가 당신에게 관심을 가지고 있다면 사생활에 대해 물어올 것이다. 그들이 당신에게 요구하는 정보보다 더 많은 것을 노출하는 짓은 금물이다. 자칫하면 전문가적인 이미지와 동떨어져 보일 수 있다.

6. 일에 대한 자신감 부족으로 스스로 불안해한다.

신뢰는 성공적인 출세에 매우 중요한 요인이다. 만약 자신을 믿지 못한다면 다른 이들 역시 당신을 신뢰하지 못한다. 그리고 그들은 당신이 가치 있는 일을 할 수 없다고 판단하게 된다. 만약 누군가 당신을 의지하고 일을 맡겼다면 당신은 그것을 책임감 있게 제시간에 잘 해낼 수 있다는 확신을 심어줘야 한다.

해결 방법: 당신이 흔히 저지르는 실수들을 리스트로 만들어 체크하라. 리스트에 체크된 항목들을 하나씩 줄여나간다면 당신은 불안감으로부터 해방되고 직장에서 중요한 위치로 자리매김할 수 있다.

7. 사무실 안에서 큰 소리로 전화를 받는다.

물론 비즈니스 전화 통화는 자신감에 찬 목소리가 좋다. 개미 목소리로 기어들어가는 당신의 목소리에 신뢰를 느낄 사람은 아무도 없으니까 말이다. 그러나 당신이 일하고 있는 환경이 공개된 사무실이라면 조금 자제하는 것이 좋다. 당신의 목소리가 다른 사람의 업무 집중을 방해하는 구멍이 되기 때문이다.

당신의 통화소리가 너무 크다는 징후들

1. 당신이 통화할 때면 주변에서 헛기침 소리가 나온다.
2. 일하던 다른 직원들이 기지개를 키며 휴식 타임을 갖는다.
3. 통화하는 종종 한기가 느껴진다.

해결 방법: 비어있는 회의실을 찾아 들어가면 장시간 안정적인 이야기를 나눌 수 있다. 불가능하다면 스피커폰을 자제하고 목소리 톤을 낮게 잡아 통화하는 것이 좋다.

_playboy.joins.com

영업

memo

웃음의 34가지 테크닉

1. 힘차게 웃으며 하루를 시작하라. 활기찬 하루가 펼쳐진다.
2. 세수할 때 거울을 보고 미소를 지어라. 거울 속의 사람도 나에게 미소를 보낸다.
3. 밥을 그냥 먹지 말라. 웃으며 먹고 나면 피가 되고 살이 된다.
4. 모르는 사람에게도 미소를 보여라. 마음이 열리고 기쁨이 넘친다.
5. 웃으며 출근하고 웃으며 퇴근하라. 그 안에 천국이 들어있다.
6. 만나는 사람마다 웃으며 대하라. 인기인이 될 수 있다.
7. 꽃을 그냥 보지 말라. 꽃처럼 웃으며 감상하라.
8. 남을 웃겨라. 내가 있는 곳이 웃음 천국이 된다.
9. 결혼식에서 떠들지 말고 큰 소리로 웃어라. 그것이 축하의 표시이다.
10. 신랑 신부는 식이 끝날 때까지 웃어라. 새로운 출발이 기쁨으로 충만해진다.
11. 집에 들어올 때 웃어라. 행복한 가정이 꽃피게 된다.
12. 사랑을 고백할 때 웃으면서 하라. 틀림없이 점수가 올라간다.
13. 화장실은 근심을 날려 보내는 곳이다. 웃으면 근심 걱정 모두 날아간다.
14. 웃으면서 물건을 팔라. 하나 살 것 두 개를 사게 한다.
15. 물건을 살 때 웃으면서 사라. 서비스가 달라진다.
16. 돈을 빌릴 때 웃으면서 말하라. 웃는 얼굴에 침 뱉지 못한다.
17. 옛날 웃었던 일을 회상하며 웃어라. 웃음의 양이 배로 늘어난다.

18. 실수했던 일을 떠올려라. 기쁨이 샘솟고 웃음이 절로 난다.
19. 웃기는 책을 그냥 읽지 말라. 웃으면서 읽어 보라.
20. 도둑이 들어와도 두려워말고 웃어라. 도둑이 놀라서 도망친다.
21. 웃기는 개그맨처럼 행동해보라. 어디서나 환영받는다.
22. 비디오 웃기는 것을 선택하라. 웃음 전문가가 된다.
23. 화날 때 화내는 것은 누구나 한다. 화가 나도 웃으면 화가 복이 된다.
24. 우울할 때 웃어라. 우울증도 웃음 앞에서는 맥을 쓰지 못한다.
25. 힘들 때 웃어라. 힘이 저절로 생겨난다.
26. 웃는 사진을 걸어 놓고 수시로 바라보라. 웃음이 절로 난다.
27. 웃음 노트를 만들고 웃겼던 일 웃었던 일을 기록하라. 웃음도 학습이다.
28. 시간을 정해놓고 웃어라. 그리고 시간을 점점 늘려라.
29. 만나는 사람을 죽은 부모 살아온 것 같이 대하라. 기쁨과 감사함이 충만해진다.
30. 속상하게 하는 뉴스를 보지 말라. 그것은 웃음의 적이다.
31. 회의할 때 먼저 웃고 시작하라. 아이디어가 샘솟는다.
32. 오래 살려면 웃어라. 1분 웃으면 이틀을 더 산다.
33. 돈을 벌려면 웃어라. 5분간 웃을 때 오백만 원 상당의 엔도르핀이 몸에서 생산된다.
34. 죽을 때도 웃어라. 천국의 문은 저절로 열리게 된다.

__지식in

사과하는 10가지 방법

1. 사과는 반드시 얼굴을 마주 보면서 하라.

사과는 직접 만나서 하는 것이 좋다. 싸운 뒤 서로 감정이 좋지 않은 상태에서 전화나 메신저를 통해 사과하게 되면 자신의 진심을 충분히 전달할 수 없어 오히려 싸움을 더 키우는 경우도 적지 않다. 싸운 뒤 만나는 것이 어색하다고 생각하는 사람도 있겠지만 오히려 직접 마주본 상태에서 이야기하는 것이 더욱 편안하고 자연스러운 분위기를 만드는 데 도움이 된다는 것을 기억해야 한다.

2. 상대방 기분에 철저히 맞춰주어라.

사과의 궁극적인 목적은 상대방의 상한 마음을 풀어주는 것이다. 사과할 때는 먼저 상대방의 기분이 지금도 화가 나 있는지 살펴야 한다. 아직 화가 난 상태라면 상대방의 감정을 상하게 하는 말들은 삼가고 상대방이 좋아할 만한 말들을 적절히 골라 사용해야 한다.

3. 사과보다 상대방의 말을 듣는 것이 먼저다.

무작정 사과부터 하는 것은 효과적이지 않다. 상대방이 왜 화가 났는지 어떤 점이 불만인지 말하게 하고 이를 귀담아 들어야 한다. 이런 과정을 통해서 상대방은 화를 어느 정도 풀 수 있고 자신도 어떤 점을 사과해야 하는지 정확하게 알 수 있다.

4. 사과는 타이밍이다.

사과하는데도 적절한 타이밍은 아주 중요하다. 잘못을 저지른 뒤 가급적 빨리 사과하는 것이 좋다. 그러나 서로 기분이 상하고 난 뒤 바로 그 자리에서 사과하는 것은 오히려 진심으로 미안한 마음이 없는 것처럼 보이기 쉽다. 싸우고 난 뒤 서로 어느 정도 화가 가라앉을 때쯤 사과하는 것이 좋다.

5. 자신이 무엇을 잘못했는지 확실하게 알아야 한다.

자신이 무엇을 잘못했는지도 모르면서 하는 사과만큼 상대방의 마음을 상하게 하는 것은 없다. 연인 사이라면 특히 더 조심해야 한다. 여성은 자신이 어떤 점 때문에 화가 났는지 상대방이 알고 있는 것을 매우 중요하게 생각한다. 남성이 여성에게 사과의 의미로 꽃을 보내는 것은 좋은 방법이지만 만약 자신의 잘못이 무엇인지도 모르고 무조건 사과부터 하자는 마음이었다면 여성은 이 꽃을 쓰레기통에 버릴 수도 있다.

영업

6. 만나기 힘들다면 사과는 편지로 하라.

만나서 사과하는 것이 가장 좋지만 만나기 힘든 상황이라면 편지도 좋다. 진심이 담긴 편지는 상대방의 마음을 움직인다. 사과할 때 가장 적절하지 않은 방법은 문자메시지다. 성의가 없어 보이기 때문에 오히려 상대방의 마음을 상하게 할 수 있다.

7. 사과는 여러 번 하면 좋다? NO!

반복된 사과는 진실성이 떨어뜨리는 역효과를 불러올 수 있다. 상대방이 자신을 진실성 없는 사과를 하는 사람이라고 인식하면 앞으로도 자신이 한 사과를 잘 받아주지 않기 때문에 주의할 필요가 있다.

8. 부모도 자녀에게 사과해야 한다.

부모와 자녀는 서로 사과를 잘 하지 않고 넘어가는 경향이 있지만 부모와 자녀 사이의 솔직한 대화는 많을수록 좋다. 특히 부모들은 사소한 잘못을 저질렀다고 해도 아이들에게 진심을 사과하는 모습을 보여주어야 한다. 부모의 솔직한 모습은 자녀들에게 좋은 영향을 주기 때문이다.

9. 자녀도 부모에게 사과해야 한다.

어린 자녀들은 대부분 자신이 저지른 잘못을 잘 알지 못하고 말로만 사과를 하는 경우가 많다. 그러나 자녀들도 자신의 잘못을 솔직하게 인정할 필요가 있다. 오히려 먼저 자신의 잘못을 솔직히 인정하고 부모에게 사과하면 부모는 자녀를 더욱 신뢰하게 된다.

10. 지는 것이 이기는 것이다.

계속 '네가 잘못했다, 내가 잘못했다' 싸우는 것은 서로의 인간관계에 도움이 되지 않는다. 누구의 잘못인지 따지기에 앞서 자신의 먼저 잘못을 인정하고 사과하는 것이 서로의 관계를 더욱 발전시킬 수 있는 길이라는 것을 명심해야 한다.

__호주 공영방송 채널7 보도

상사를 움직이는 7가지 키워드

1. 마인드 리셋(Mind Reset), 지금까지의 상사에 대한 생각을 바꿔라.

부하 직원은 상사인 그 '사람'을 모시는 것이 아니라, 그 '직책'을 모신다는 발상을 해야 한다. 자신이 일할 때 상사가 가진 권한이나 기능을 충분히 활용하면 얼마나 일이 편해지고 성과물의 폭이 넓어질 수 있는지를 생각하라.

상사의 단점에 집중하기보다 상사의 권한과 기능을 이끌어내려면 자신이 어떻게 하면 좋을지에 온 신경을 집중하면서 상사를 대해야 한다. 이득을 얻을 수 있다면 상사의 성격 파탄쯤은 너그럽게 보아 넘길 줄도 알아야 한다.

2. 상사도 인간, 이해하고 받아들여라.

상사도 우리와 다르지 않은 인간이다. 부하 직원과 마찬가지로 날마다 괴로워하고, 고통스러워하고, 헤매면서 일하고 있다. 상사에게도 자신 위의 상사가 있게 마련이고, 그 또한 말도 안 되는 억지를 부리고 있을지도 모른다.

상사도 부하를 필요로 하고, 부하에게 화를 내긴 해도 후회하는 일이 많다. 부하인 당신이 먼저 너그러운 눈으로 상사를 바라보라. 상사에게 얼마만큼 연민이라도 느껴진다면 아주 훌륭하게 첫걸음을 내디딘 것이다.

영업

3. 열린 질문, 자신을 표현하라.

유능한 부하 직원은 상사에게 의사 결정을 물어볼 때 무방비 상태로 가지 않는다. 분석한 데이터, 구체적인 선택 방안, 사전 시나리오 등을 준비한다. 상사가 의사 결정을 하기 쉽도록 상황을 만들어야 한다.

좀 더 현명한 부하는 자신이 생각하는 목표를 대충 결정한 다음, 자신이 원하는 것을 드러내지 않으면서 상사가 그것을 고르도록 유도한다. 그리고 가능하다면 자신의 독창적인 제안을 덧붙여 상사가 기대하는 그 이상을 보여 준다.

4. 상하가 아닌 공생 관계, 신뢰와 공감을 얻어라.

업무를 수행하는 기본적인 기술을 가지고 항상 성과를 내려고 노력하면서 상사가 하나를 이야기하면 둘을 이해하고, 솔선해서 행동하는 부하 직원도 있다. 게다가 그가 상사와 목적을 공유하고 진척 상황을 확인하는 습관을 가진 부하라면 최고의 신뢰를 얻을 것이다.

이 경우 상사는 부하의 능력을 신뢰함과 더불어 인간 자체를 신뢰하게 된다. 상사에게 알랑거리거나 비위를 맞출 필요는 없다. 다만 꾸준히 자신의 능력을 보이며 상사의 일에 협조하면 좋은 결과를 얻을 수 있다.

5. 세이프티 네트(Safety Net), '장'과 '인맥'을 만들어라.

상사와 부하의 관계를 양자 간에 닫힌 관계로 가두면 아무래도 능력 차이나 인간성에 집중하기 쉬워지며 이에 따라 감정적인 지배가 강해질 수 있다. 너무 멀지도 가깝지도 않게 지내려고 하지만 무슨 일이 일어날 때마다 애증 어린 감정에 휘둘리게 마련이다.

상사와 부하의 관계를 두 사람 간의 선만으로 한정 짓지 않고 다른 사원을 포함시켜라. 다른 사원이 때로는 의견을 말하기도 하고 지원이나 응원을 한다면 상사도 감정적으로 경솔한 발언을 자제할 것이다.

6. 부러지기 전에 휘어지기, 스트레스와 공생하라.

현대 비즈니스 사회에서 업무상 스트레스는 피할 수 없는 존재다. 스트레스 자체를 소멸시키는 것은 불가능하고 사실 어느 정도의 스트레스는 성장을 위해 필요하다. 그렇다면 스트레스와 공존하는 법을 모색해보는 것이 좋다.

스트레스를 쌓아 두지 않으려면 '지는 것이 이기는 것' 이라고 담백하게 마음먹자. 스트레스 가득한 비즈니스 사회에서 살아남기 위해 가장 필요한 것은 스트레스를 느끼는 마음을 다스리는 기술이다.

영업

7. 강한 마음의 에너지, 원대한 목적을 가져라.

꿈이나 이상과 같은 목적이 없다면 긴 직장 생활을 하면서 인생을 보내는 것은 소모전을 각오해야 한다. 왜냐하면 마이너스의 힘에 대해서 미는 힘 하나만으로는 경사면에 계속 있을 수가 없기 때문이다.

하지만 큰 목적을 자신의 마음속에 그릴 수 있다면 거기에서 '정열' 이라는, 끌어당기는 힘을 얻을 수 있다. 보다 원대한 목적을 가짐으로써 앞으로 나아갈 강한 에너지를 얻어야 한다.

__김영번(문화일보 기자)

'24시간 원 사이클(One Cycle)' 기분 전환법

모든 일을 능수능란하게 잊을 수 있으려면 그 나름의 노력과 훈련이 필요하다. 잊으려는 노력도 하지 않은 채 실패한 것을 어이없이 금방 까먹는 사람은 그저 멍텅구리일 뿐이다. 기분 전환이 빠르며, 실패로 인한 낙담을 노력으로 잘라버리고, 새로운 기분으로 일에 임할 수 있는 사람은 틀림없이 일 잘하는 사람이다.

내 기분 전환법은 "24시간을 한 마디 매듭으로 살아간다"이다. 싫은 일은 그날 완전히 끝낸다. "목숨까지 잃는 일은 없겠지" 하며 낙관적으로 생각한다. 심각하게 생각해서 사태가 호전된다면 얼마든지 심각하면 되겠지만, 사태는 장본인의 기분과는 관계가 없다. 그렇다면 심각해지는 만큼 손해다. 실패는 기억에서 지우고, 성공 체험만을 입력하도록 한다. '망각력'은 '기억력'과 마찬가지로 일을 잘하기 위해 중요한 요소이다.

__호리바 마사오

커뮤니케이션 333법칙

커뮤니케이션을 잘 하기 위해서는 30초 안에 상대의 관심을 유발하고, 이에 따라 3분의 시간을 더 얻어서 보고하려는 내용을 확실하게 전달해내든가,
아니면 보고받는 사람의 필요에 따라 이후 30분의 시간을 할애 받아 충분하게 설명하고 소기의 결정을 얻어내야 한다.

__진대제(전 정통부 장관)

영업

memo

사람을 보는 지혜 9가지

공자는 말했다.
무릇 사람의 마음은 험하기가 산천(山川)보다 더하고, 알기는 하늘보다 더 어려운 것이다. 하늘에는 봄, 여름, 가을, 겨울의 사계절과 아침, 저녁의 구별이 있지만, 사람은 꾸미는 얼굴과 깊은 감정 때문에 알기가 어렵다.

외모는 진실한 듯하면서도 마음이 교활한 사람이 있고, 겉은 어른다운 듯하면서도 속은 못된 사람이 있으며, 겉은 원만한 듯하면서도 속은 강직한 사람이 있고, 겉은 건실한 듯하면서도 속은 나태한 사람이 있으며, 겉은 너그러운 듯하면서도 속은 조급한 사람이 있다. 또한 의(義)로 나아가기를 목마른 사람이 물을 찾듯 하는 사람은 의(義)를 버리기도 뜨거운 불을 피하듯 한다.

그러므로 군자는 사람을 쓸 때에

1. 먼 곳에 심부름을 시켜 그 충성을 보고,
2. 가까이 두고 써서 그 공경을 보고,
3. 번거로운 일을 시켜 그 재능을 보고,
4. 뜻밖의 질문을 던져 그 지혜를 보고,
5. 급한 약속을 하여 그 신용을 보고,
6. 재물을 맡겨 그 어짐을 보며,

7. 위급한 일을 알리어 그 절개를 보고,

8. 술에 취하게 하여 그 절도를 보며,

9. 남녀를 섞여 있게 하여 그 이성에 대한 자세를 보는 것이니,

이 9가지 결과를 종합해서 놓고 보면 사람을 알아볼 수 있게 되는 것이다.

_공자

영업

memo

나이와 상관없이 해야 하는 16가지 도전

1. 웃어라.

한국 사람은 웃음에 대해 무지하다. 왜 유머에 관련된 글이나 TV프로를 보면 웃으면서 사람을 만나면 저승사자가 되나.

2. 칭찬하라.

처음에는 아부성이나 미친 사람 취급받을 수도 있다. 한국 사회가 개개인에게 칭찬 한마디만 해도 우리나라 국민 소득은 2만 불 아니 3만 불도 쉽게 될 것이다.

3. 사랑하라.

남부터 사랑하지 말고 본인부터 사랑하라. 사랑 받기 위해 태어난 사람이라는 가사는 본인을 두고 하는 말이 아닌가 본다.

4. 책을 읽어라.

적어도 책에 쓸데없이 돈 들어간다고 생각하지 말라.

5. 자기 계발에 힘써라.

준비하라는 경고다. 운은 준비한 사람에게 오는 특권이다. 그리고 기회이며 희망이다.

6. 주말을 활용하라.

노는 일에만 몰두하지 말고 의미 있는 일에 신경을 써라. 본인이 필요로 하는 모임이나, 운동 등을 찾아라.

7. 운동을 하라.

돈 드는 쪽만 생각하지 말고 일주일에 한번 정도 산행을 한다든가 아침에 걷는 것도 운동이다. 유산소 운동을 많이 하라.

8. 가족과 대화를 하라.

바쁘더라도 하루에 30분정도는 꾸준히 대화를 하라.

9. 긍정적인 생각을 하라.

성공한 사람들의 95% 이상은 긍정적인 생각과 낙관적인 사고를 가지고 있다.

10. 꿈을 가져라.

평범한 꿈은 꿈이 아니다. 이상적인 생각이 진정한 꿈이 될 수 있다. 꿈이 없는 사람은 자신의 철학도 인생의 삶의 의미를 모른다. 그리고 생각 자체가 부정적으로 된다.

11. 점검을 하라.

점검은 꼭 자신의 목표에 대한 점검만을 말하는 것이 아니다. 건강도 있고, 운동도 있다.

12. 가족 생일을 챙겨라.

사랑은 작은 것에 감동을 받으면 그것이 사랑이다. 나를 기억한다는 것 그것이 사랑이다.

13. 좋은 생각만 하라.

어찌 보면 이것이 가장 핵심일수도 있다. 힘들어도 좋은 생각을 하면 반드시 쨍하고 해 뜰 날이 생긴다. 절대 힘들다고 표현하지 말라.

14. 얼굴 관리에 신경을 써라.

화장에 신경을 쓰라는 뜻이 아니다. 좋은 생각, 긍정적인 생각, 밝은 생각을 한 사람이라면 남들이 볼 때 부러움을 살 것이며, 반대의 생각을 하면 걱정을 할 것이다.

15. 10년 계획을 작성하라.

계획을 작성해서 생활하는 사람과 안 하는 사람과의 생각과 대화 수준은 종이 한 장 차이지만 생각만큼 크다. 10년 계획이 아니면 5년 계획이라도 생각하라.

16. 미래의 꿈을 꿔라.

미래를 생각하지 않는 것은 계획이 없든가 포기했다라고 볼 수도 있다.

__정동문 변화코치

자 기 계 발 대 사 전

가족·연애

아내를 행복하게 만드는 100가지 방법

1. 집에 돌아오면 아내를 찾아 가볍게 포옹하라.
2. 오늘 아내의 계획이 무엇이었는지 알고 있었음을 보여 주는 특별한 질문을 하라.
3. 아내의 말을 들어주고 적절한 질문을 하라.
4. 아내의 문제를 해결하겠다는 생각은 버리고, 그녀의 편에서 이해해주어라.
5. 하루 20분 정도는 아내에게 적극적이고 순도 높은 관심을 기울여라. 그 동안은 신문을 보거나 다른 일을 하지 말라.
6. 특별한 날이 아니더라도 때로는 불쑥 꽃다발을 건네 아내를 놀라게 해 주어라.
7. 금요일 밤이 되어서야 아내에게 주말 계획을 묻지 말고 며칠 전부터 미리 데이트 계획을 세워 두라.
8. 저녁 준비를 하는 아내가 바쁘고 피곤해 보이거든 당신이 하겠다고 자청하라.
9. 아내의 외모에 대해 찬사를 보내라.
10. 아내가 언짢아할 때 그 기분을 이해해주어라.
11. 아내가 피곤해 보이면 무엇이든 거들어 주려고 애쓰라.
12. 여행할 때는 아내가 급히 서두르지 않아도 되도록 시간 계획을 여유 있게 짜라.

13. 귀가가 늦어질 것 같으면 아내에게 미리 전화로 알려라.
14. 아내가 도움을 요청해올 때는 그것이 잘못된 행동인 것처럼 생각되게 하지 말고 단지 당신이 할 수 있는지 없는지만 분명하게 말하라.
15. 아내가 기분이 언짢아 보이면 "당신이 그렇게 우울해하니 내 마음이 안 됐군"이라고 말하며 공감을 표시하라. 너무 많은 말을 하지는 말되 당신이 그녀의 기분을 이해하고 있다는 것을 느끼게 하라. 공연히 해결책을 제시하려 하거나, 그녀가 언짢아하는 것이 당신 탓은 아니라고 애써 변명하려 하지 말라.
16. 혼자 있고 싶거든 어떤 문제에 대해 생각할 시간이 필요하며, 대충 어느 정도 걸릴 것 같다고 미리 아내에게 귀띔해주어라.
17. 생각을 정리하고 나오면, 아내가 최악의 상상으로 마음 졸이지 않도록 당신이 고민하던 문제가 무엇이었는지 친절하게 이야기해주어라.
18. 겨울철에는 화로나 벽난로에 불을 피워라.
19. 아내가 당신한테 이야기할 때는 잡지를 덮고 텔레비전을 끈 다음 온전히 관심을 기울여라.
20. 아내가 피곤해 보이는 날에는 당신이 설거지를 하라.
21. 아내가 우울해하거나 지쳐 보이면 지금 그녀가 해야 할 일이 묻고, 그 중에서 몇 가지를 기꺼이 해주어라.
22. 밖에 나갈 때는 들어오는 길에 가게에서 뭐 사올 것이 없느냐고 묻고, 반드시 그것을 사와라.
23. 낮잠을 자거나 외출할 계획이라면 아내에게 미리 알려주어라.
24. 직장에서 집으로 가끔 전화해서 어떻게 지내고 있는지 묻고 즐거운 일이 있다면 함께 나눠라. 그리고 사랑한다고 말하라.
25. 적어도 하루에 두 번 "사랑해"라고 말하라.
26. 이불을 펴고 개는 일은 당신이 하라.

가족
연애

27. 양말을 벗을 때 뒤집어 벗지 말라.
28. 휴지통이 가득 찼으면 알아서 비워라.
30. 집을 떠나 멀리 가게 되었을 때는 아내에게 전화를 걸어 당신이 무사히 도착했음을 알리고, 당신에게 연락할 수 있는 전화번호를 일러주어라.
31. 아내의 차를 대신 세차해주어라.
32. 아내와 외출할 때는 미리 세차하고 차 안을 말끔히 정돈하라.
33. 부부관계 전에 샤워하고, 아내가 좋아하는 향수를 뿌려라.
34. 아내가 누군가와 다투고 감정이 상해 있으면 아내 편을 들어주어라.
35. 아내의 등이나 목, 혹은 발을 안마해주어라.
36. 꼭 성행위가 아니더라도 가끔은 아내를 꼭 껴안아 주고 애정표현을 하라.
37. 아내가 이야기할 때는 참을성을 갖고 끝까지 들어라. 도중에 자꾸만 시계를 들여다보지 말라.
38. 아내와 함께 텔레비전을 보면서 리모컨으로 자꾸 채널을 바꾸지 말라.
39. 남들 앞에서도 애정을 표현하라.
40. 아내와 손을 꼭 쥐고 걸어라.
41. 아내가 좋아하는 술이나 칵테일을 기억해두어라.
42. 외식하러 나갈 때는 몇 군데 괜찮은 식당을 제안하라. 어디로 갈 것인지 생각해내야 하는 짐을 아내에게 지우지 말라.
43. 연극이나 연주회, 오페라, 발레 등 아내가 좋아하는 공연을 기간 중 내내 관람할 수 있는 정기 입장권을 구해놓아라.
44. 가끔은 두 사람이 잘 차려입고 외출하는 기회를 만들어라.
45. 외출 준비가 오래 걸리거나 다른 옷으로 바꿔 입어야겠다고 해도 이해하라.
46. 남들 앞에서는 더 다정하고 상냥하게 하라.
47. 아이들보다 아내를 먼저 생각하고 당신이 최우선으로 관심을 쏟는 대

상은 아내임을 아이들에게도 알게 하라.

48. 앙증맞은 상자에 든 초콜릿이나 향수와 같은 작은 선물을 아내에게 건네라.
49. 아내에게 정장 한 벌을 선물하라.
50. 특별한 날에는 아내의 사진을 찍어주어라.
51. 짧고 로맨틱한 여행을 즐겨라.
52. 당신이 지갑 속에 아내의 사진을 지니고 다니며 이따금 한 번씩 최근 사진으로 바꾸어 넣는다는 것을 그녀가 알게 하라.
53. 아내와 함께 호텔에 투숙할 때는 샴페인이나 거품이 이는 사과주스, 꽃장식 등 특별한 것을 준비하도록 호텔 측에 미리 부탁하라.
54. 결혼기념일이나 생일 같은 특별한 날을 잊지 않도록 메모해두어라.
55. 긴 여행길에서는 당신이 운전하라.
56. 운전석 옆에 앉은 아내를 배려하면서 천천히 안전하게 차를 몰아라.
57. 아내의 기분을 살펴 관심을 주어라.
58. 아내와 함께 외출할 때는 미리 방향을 생각해 그녀가 부담을 느끼지 않도록 하라.
59. 댄스파티에 같이 가거나 함께 댄스 강습을 받으러 다녀라.
60. 사랑의 편지나 시로 아내를 깜짝 놀라게 해주어라.
61. 처음 만났을 때의 기분으로 대하라.
62. 망가진 것이 있으면 고쳐주겠다고 말하라. 단, 자기 능력 밖의 일을 떠맡지는 말라.
63. 주방용 칼이 무뎌졌으면 갈아주어라.
64. 초강력 접착제를 사다가 깨지거나 떨어진 것을 새 것처럼 고쳐주어라.
65. 전구가 다 되었으면 제때에 갈아 끼워라.
66. 쓰레기 분리수거를 도와주어라.

67. 아내가 흥미로워할 신문 기사를 오려 두거나 큰 소리로 읽어주어라.
68. 아내에게 걸려온 전화는 단정한 글씨로 메모를 남겨놓아라.
69. 욕실 바닥을 더럽히지 말고 샤워 후에는 반드시 물기가 없도록 해놓아라.
70. 아내를 위해 문을 열어주어라.
71. 쇼핑한 식료품은 당신이 들고 와라.
72. 무거운 상자는 당신이 들어주어라.
73. '고쳐야 할 것들'의 리스트를 작성해 주방에 두고 시간이 날 때마다 하나씩 고쳐주어라.
74. 아내가 설거지를 하면 냄비를 솔로 박박 문지르는 일 같이 힘든 일을 맡아서 하라.
75. 여행할 때는 당신이 여행 가방을 책임져라. 가방을 자동차 트렁크에 싣는 일도 당신이 알아서 하라.
76. 아내의 요리 솜씨를 칭찬해주어라.
77. 아내의 이야기를 들을 때에는 눈을 쳐다보아라.
78. 아내에게 이야기할 때는 가끔 그녀의 몸에 다정하게 손을 올려놓아라.
79. 아내가 하루 동안 무엇을 하며 지냈는지, 어떤 책을 읽고 있으며 어떤 사람들과 이야기를 나누는지 관심을 가져라.
80. 아내의 기분이 어떤지 물어보아라.
81. 아내가 얼마 전부터 몸이 좋지 않았다면 요즘은 상태가 어떻고 기분이 어떤지 물어보아라.
82. 아내가 피곤해보이면 차를 끓여다 주겠다고 말하라.
83. 가능하면 함께 잠자리에 들어라.
84. 집을 나설 때는 키스를 해주면서 다녀오겠다고 말하라.
85. 아내가 재미있는 이야기나 농담을 하면 유쾌하게 웃어주어라.
86. 아내가 당신에게 무언가를 해주었을 때는 고맙다고 말하라.

87. 그녀가 머리를 새로 하고 오면 아는 체를 해주고 보기 좋다고 안심시켜 주어라.
88. 가끔은 둘만의 특별한 시간을 가져라.
89. 둘만의 은밀한 시간이나, 아내가 속상한 마음을 하소연하고 있는데 전화벨이 울릴다면 받지 말라.
90. 비록 짧은 거리라도 함께 자전거를 타고 달려보아라.
91. 피크닉을 계획하고 함께 준비하라.
92. 아내 대신 옷가지들을 세탁소까지 갖다 주거나 세탁기를 돌려주어라.
93. 아이들을 동반하지 않고 둘이서만 산책을 나서라.
94. 아내에게 자상하게 마음을 써주되 자신이 희생자가 되지는 말라. 아내가 원하는 것을 들어주고 싶어 하며 자신이 원하는 것도 갖고 싶어 한다는 것을 그녀가 알게 하라.
95. 집을 떠나있을 때면 아내가 보고 싶어진다고 말하라.
96. 집에 돌아올 때 아내가 좋아하는 음식을 사와라.
97. 가끔은 장보기를 자청하라.
98. 로맨틱한 날에는 가볍게 먹어라.
99. 사랑한다는 말을 자주 하라.
100. 소변을 본 후에는 변기의 앉은 부분을 도로 내려놓아라.

_지식in

가정을 평화롭게 하는 남편의 10가지 수칙

1. 아내의 말을 다그치지 말고 자상하게 들어주어라.
   듣는 것은 사랑하는 자세의 기본이다. 결론만을 요구하지 말고 일의 과정까지 들어주어라.

2. 가족 사이의 갈등을 잘 조정하라.
   남의 편이 아닌 완전한 당신 편이라는 사실을 확신시켜 주면 아내는 시댁 식구들에게 잘하기 마련이다.

3. 자주 따뜻한 말과 신체적인 접촉으로 애정을 표현하라.

4. 다른 여성이 지닌 매력을 아내와 비교하지 말라.

5. 남 앞에서 모욕하는 말이나 태도를 보이지 말라.

6. 아내가 마음대로 쓸 수 있는 돈을 주어라.

7. 아내의 연약함과 살림살이의 고충을 알아주어라.

8. 아내의 생일과 결혼기념일에는 아내가 좋아하는 선물을 반드시 해주어라.

9. 아이들에게 관심을 갖고 함께 놀아주어라.

10. 쉬는 날에는 아내에게 시간을 할애하라.

__이지현

딸에게 아빠가 필요한 100가지 이유

1. 딸에게는 금방 괜찮아질 거라고 말하면 그렇게 될 거라는 믿음을 주는 아빠가 필요하다.
2. 딸에게는 자신을 희생함으로써 딸의 희생을 막아주는 아빠가 필요하다.
3. 딸에게는 외모보다는 한 인간으로서의 가치가 더 중요하다고 가르치는 아빠가 필요하다.
4. 딸에게는 필요한 순간에 늘 자신을 향해 웃어주는 아빠가 필요하다.
5. 딸에게는 언제든 자신을 안아주고 입맞춰주는 아빠가 필요하다.
6. 딸에게는 춤을 추다가 발을 밟아도 개의치 않는 아빠가 필요하다.
7. 딸에게는 언제든 돌아갈 집이 있다는 사실을 확인시켜주는 아빠가 필요하다.
8. 딸에게는 가족을 온전하게 지켜주는 아빠가 필요하다.
9. 딸에게는 실수를 해도 벌주지 않고 오히려 실수를 통해 배울 수 있게 도와주는 아빠가 필요하다.
10. 딸에게는 어디서든 정당한 대우를 받을 자격이 있다고 가르치는 아빠가 필요하다.
11. 딸에게는 남들이 나와 다른 점을 받아들이라고 가르치는 아빠가 필요하다.
12. 딸에게는 행동의 결과에 대해 깊이 생각하고 그에 따른 결정을 내릴 수 있도록 가르치는 아빠가 필요하다.

13. 딸에게는 누군가의 사랑을 독차지하는 것이 어떤 것인지 알게 해 줄 아빠가 필요하다.
14. 딸에게는 진심으로 누구보다 아름답다고 말해주는 아빠가 필요하다.
15. 딸에게는 밤에 보이는 무서운 것들로부터 보호해주는 아빠가 필요하다.
16. 딸에게는 어려운 문제로 잠 못 이룰 때 해답을 주는 아빠가 필요하다.
17. 딸에게는 복잡한 것을 단순하게 보게 하는 아빠가 필요하다.
18. 딸에게는 고통스러운 것을 견딜만한 것으로 만들어주는 아빠가 필요하다.
19. 딸에게는 천둥과 번개로부터 보호해주는 아빠가 필요하다.
20. 딸에게는 가족이 일보다 더 중요하다고 가르치는 아빠가 필요하다.
21. 딸에게는 언제든 기댈 수 있는 안전지대가 되어주는 아빠가 필요하다.
22. 딸에게는 헌신적인 사랑을 받는 느낌이 어떤 건지 알게 해주는 아빠가 필요하다.
23. 딸에게는 모든 남자들을 판단할 때 기준이 되는 아빠가 필요하다.
24. 딸에게는 함께 있지 않아도 자신의 삶에 영향을 미치는 아빠가 필요하다.
25. 딸에게는 남편과 아내는 동등한 존재라고 가르치는 아빠가 필요하다.
26. 딸에게는 자신이 쓸모없다고 느낄 때 언제나 그렇지 않다고 말해주는 아빠가 필요하다.
27. 딸에게는 혼자 가는 것이 너무 두려울 때 동행해주는 아빠가 필요하다.
28. 딸에게는 성실함의 의미와 험한 길을 피해가는 법을 가르쳐 주는 아빠가 필요하다.
29. 딸에게는 스스로 결정을 내릴 수 있을 때까지 어려운 결정들을 대신 내려주는 아빠가 필요하다.
30. 딸에게는 어떤 경우에도 실망을 안겨주지 않을 이상형이 적어도 한 명은 있다고 믿게 해 줄 아빠가 필요하다.
31. 딸에게는 밤에 안아다 눕혀주는 아빠가 필요하다.

32. 딸에게는 자기를 보호할 수 있을 만큼 지혜롭지 못할 때 자신을 지켜주는 아빠가 필요하다.
33. 딸에게는 위험을 감수하고라도 자신감을 얻을 수 있게 도와주는 아빠가 필요하다.
34. 딸에게는 용서는 자연스러운 것이라고 가르치는 아빠가 필요하다.
35. 딸에게는 한 번 이상 용서해도 좋다고 가르치는 아빠가 필요하다.
36. 딸에게는 의지가 굳은 것과 고집스러운 것의 차이점을 가르쳐주는 아빠가 필요하다.
37. 딸에게는 존경심은 노력을 통해서만 얻어지는 것이라는 사실을 가르쳐주는 아빠가 필요하다.
38. 딸에게는 역경을 견뎌낼 수 있는 힘을 길러주는 아빠가 필요하다.
39. 딸에게는 네가 다른 사람에게는 우주의 중심이 아닐 수는 있어도 나에게는 우주의 중심이라는 사실을 알려주는 아빠가 필요하다.
40. 딸에게는 앞으로 아이들에게 가족의 역사가 되어 줄 아빠가 필요하다.
41. 딸에게는 남편에게 기대해야 할 것이 무엇인지 가르쳐주는 아빠가 필요하다.
42. 딸에게는 다른 사람에 대해 책임감을 가지라고 가르치는 아빠가 필요하다.
43. 딸에게는 난관 속에서도 존엄성을 지키라고 가르치는 아빠가 필요하다.
44. 딸에게는 부모로서 아이를 가르치는 데 희망이 있다는 믿음을 주는 아빠가 필요하다.
45. 딸에게는 항상 그 자리에 있다는 사실이 무엇을 의미하는지를 가르쳐주는 아빠가 필요하다.
46. 딸에게는 남자의 힘은 그의 손이나 목소리의 위력이 아니라 다정한 마음에 있다는 사실을 가르쳐주는 아빠가 필요하다.

47. 딸에게는 모든 거래에서 정직하라고 가르치는 아빠가 필요하다.
48. 딸에게는 인내심과 친절을 가르치는 아빠가 필요하다.
49. 딸에게는 의지를 굽히지 않아야 할 때와 타협해야 할 때를 가르쳐주는 아빠가 필요하다.
50. 딸에게는 실패할 때마다 다시 도전할 수 있게 도와주는 아빠가 필요하다.
51. 딸에게는 자신이 기억하지 못하는 것도 생각나게 해주는 아빠가 필요하다.
52. 딸에게는 자식이 성장할 수 있도록 부드럽게 떠밀어주는 아빠가 필요하다.
53. 딸에게는 자기편이 아무도 없을 때 눈을 감으면 그 모습이 떠오르는 아빠가 필요하다.
54. 딸에게는 자신의 문제를 해결하기 시작할 때 필요한 길잡이가 되어주는 아빠가 필요하다.
55. 딸에게는 잘못된 길로 가면 뒤에서 잡아당겨주는 아빠가 필요하다.
56. 아무도 알아주지 않을 때 자신을 높이 평가해주고 눈물을 흘리며 꼭 안아주는 아빠가 필요하다.
57. 딸에게는 업어달라면 아무 이유 없이 그냥 업어주는 아빠가 필요하다.
58. 딸에게는 도덕적인 기준을 세워주는 아빠가 필요하다.
59. 딸에게는 미처 습득하지 못한 지혜를 나눠주는 아빠가 필요하다.
60. 딸에게는 자신의 모습을 지켜보기 위해 하던 일도 멈추는, 그래서 자신이 얼마나 중요한 존재인지 가르쳐주는 아빠가 필요하다.
61. 딸에게는 꼭 안기면 무서울 것이 없는 편안한 느낌으로 기억되는 아빠가 필요하다.
62. 딸에게는 지혜와 이해라는 토대 위에 사랑이 가득한 가정을 만들어주는 아빠가 필요하다.

63. 딸에게는 진실을 알아보는 눈과 그것의 가치를 알아보는 법을 가르쳐주는 아빠가 필요하다.

64. 딸에게는 성실함을 알아보는 눈과 장려하는 법을 가르쳐주는 아빠가 필요하다.

65. 딸에게는 공정함이 무엇인지 가르쳐주는 아빠가 필요하다.

66. 딸에게는 자신을 옹호하는 법을 가르쳐주는 아빠가 필요하다.

67. 딸에게는 요조숙녀다운 행동의 중요성에 대해 가르쳐주는 아빠가 필요하다.

68. 딸에게는 신뢰를 바탕으로 세워진 집에 언제든 와서 쉴 수 있게 해주는 아빠가 필요하다.

69. 딸에게는 남을 위해 봉사하는 기쁨을 가르쳐주는 아빠가 필요하다.

70. 딸에게는 삶의 무게를 이기지 못하고 힘들어할 때 다독여주는 아빠가 필요하다.

71. 딸에게는 강하고 의지력 있는 성격을 길러주는 아빠가 필요하다.

72. 딸에게는 세상일이 어떻게 돌아가는지 가르쳐주는 아빠가 필요하다.

73. 딸에게는 좋아하는 것들을 만들어주는 아빠가 필요하다.

74. 딸에게는 제 손으로 무언가를 고칠 수 있는 법을 가르쳐주는 아빠가 필요하다.

75. 딸에게는 진정한 사랑은 무조건적이라는 사실을 몸소 보여주는 아빠가 필요하다.

76. 딸에게는 가족을 사랑하는 일이 무엇보다 중요하다고 가르치는 아빠가 필요하다.

77. 딸에게는 무지함은 어떤 경우에도 변명이 될 수 없다고 가르쳐주는 아빠가 필요하다.

78. 딸에게는 자존심이 새로운 것들을 발견하는 데 걸림돌이 되어서는 안

된다고 가르치는 아빠가 필요하다.

79. 딸에게는 자신의 생각이 적합한 지 시험할 수 있는 실험을 하라고 가르치는 아빠가 필요하다.

80. 딸에게는 혼란한 가운데서도 정신을 집중하는 법을 가르쳐주는 아빠가 필요하다.

81. 딸에게는 기쁨이 넘치는 마음에는 평화가 가득하며,

82. 딸에게는 거짓이 머무를 자리가 없다고 가르치는 아빠가 필요하다.

83. 딸에게는 남자에 관해 알아야 할 모든 것을 말해주는 아빠가 필요하다.

84. 딸에게는 모든 남자들이 자신에게 상처를 준 남자와 같지는 않다고 가르치는 아빠가 필요하다.

85. 딸에게는 신사를 알아보는 법을 가르쳐주는 아빠가 필요하다.

86. 딸에게는 아버지와 같은 남자와 결혼하는 딸의 결혼식 날 그 옆에 서있는 아빠가 필요하다.

87. 딸에게는 조심해야 할 때를 가르쳐주는 아빠가 필요하다.

88. 딸에게는 여자와 남자는 좋은 친구가 될 수 있다고 가르쳐주는 아빠가 필요하다.

89. 딸에게는 경험을 통해 배우라고 가르치는 아빠가 필요하다.

90. 딸에게는 자기 자식의 아버지가 될 남자를 고를 때 어떤 타입을 골라야 하는지 가르쳐주고 가능한 한 최고의 엄마가 될 수 있도록 도와주는 아빠가 필요하다.

91. 딸에게는 가족의 가치를 중요하게 여기는 자녀를 키울 수 있게 도와주는 아빠가 필요하다.

92. 딸에게는 가족 안에서의 역할이 자신의 일보다 훨씬 중요하다는 사실을 가르쳐주는 아빠가 필요하다.

93. 딸에게는 인생에서 자신이 나아갈 길을 찾을 수 있게 도와주는 아빠가

필요하다.

94. 딸에게는 열심히 일하는 데서 오는 혜택을 알게 해 주는 아빠가 필요하다.
95. 딸에게는 엄마와도 시간을 보낼 수 있도록 집안일을 도와주는 아빠가 필요하다.
96. 딸에게는 씀씀이에 책임을 지고 만약의 경우에 대비하라고 가르치는 아빠가 필요하다.
97. 딸에게는 관대한 심성으로 베풀 수 있도록 가르치는 아빠가 필요하다.
98. 딸에게는 너무 지쳐 혼자 일을 끝내지 못할 때에 일을 끝낼 수 있게 도와주는 아빠가 필요하다.
99. 딸에게는 남자들을 신뢰해도 좋다는 사실을 알게 해주는 아빠가 필요하다.
100. 딸에게는 아빠가 필요하다. 아빠는 딸의 첫사랑이기 때문이다.

_그레고리 E. 랭글, 재닛 랭포드 모란

가족
연애

memo

10대들이 알아야 할 10가지 인생법칙

1. 얻지 못하면 잃을 것이다.
2. 인생은 스스로 만드는 것이다.
3. 사람들은 원하는 것을 얻기 위해 행동한다.
4. 자신의 문제를 인정하라.
5. 인생은 행동하는 사람의 편이다.
6. 모든 것은 꿈꾸는 만큼 이루어진다.
7. 지속적으로 인생 문제를 관리하라.
8. 대접받으려면 먼저 상대를 배려하라.
9. 자유롭고 싶다면 진심으로 용서하라.
10. 내가 원하는 게 무엇인지 알아야 얻을 수 있다.

__제이 맥그로우(Jay McGraw)

10대 자녀를 둔 부모가 빠지기 쉬운 10가지 함정

1. "너는 아빠의 꿈이고 엄마의 희망이다. 너 때문에 내가 산다."
그 결과 자녀는 부모의 희생양이 된다. 중년기에 찾아드는 배우자에 대한 불만족과 지루함을 자녀들에게 투사하지 말라. 왜곡된 기대는 자녀에게 짐이 된다. 자녀는 배우자가 아니며 대리인은 더더욱 아니다. 자녀에게 줄 수 있는 최대의 선물은 자신의 배우자를 사랑하는 것임을 명심하라.

2. "공부만 열심히 하면 된다. 일단 대학에 들어가서 네 마음대로 해라."
그 결과 자녀들은 절름발이 인생이 된다. 공부 지상주의가 자녀를 망친다. 자녀에게는 대학보다 더 소중한 인생의 가치가 있다. 모든 것을 대학 입학 후로 미루다 보면 자녀들은 대학이 지상 최대의 목표가 되어 버린다. 대학이 요술방망이는 아니다.

3. "엄마, 아빠가 시키는 대로 해. 다 너를 위한 거야."
그 결과 자녀는 마마보이가 된다. 자녀를 로봇으로 만들지 말라. 말썽 안 부리고 잘 자라주는 것이 가장 모범적인 자녀 양육인 것처럼 여기는 부모들이 자녀들의 장래를 망친다. 하나에서 열까지 부모가 대신해주거나 일일이 지시하고 명령하기 시작하면 자녀들은 스스로의 노력을 포기할 뿐만 아니라 분별력을 잃고 면역 체계가 약화된다.

4. "너는 몰라도 돼. 아직은 때가 아니야."

그 결과 자녀들은 미숙아가 된다. 자녀의 호기심을 억누르지 말라. 10대에는 10대에 맞는 경험이 필요하고 20대는 20대에 맞는 경험이 필요하다. 10대 자녀들에게 가장 필요한 경험 중 하나가 '실수' 이다. 자녀들을 인큐베이터에 가둬서 팔삭둥이를 만들지 말라.

5. "지금은 성(性)에 눈 뜰 시기가 아냐. 나중에 저절로 알게 돼."

그 결과 자녀들은 성(性)을 훔쳐 배우게 되고 비뚤어진 성 의식의 희생자가 된다. 성적 호기심을 억누르는 것은 마치 터져 나오는 기침을 막는 일과 같다. 성은 저절로 알게 되는 지식이 아니다. 무작정 덮어두기보다 좀 더 적극적으로 광고 속에 나타난 여성의 상품화된 성 이미지를 조사한다든가 남성과 여성의 성적(性的) 차이 등을 토론하는 자세가 필요하다. 이는 성에 대한 문제 의식과 바람직한 성 모럴을 정립시켜주는 기회가 될 것이다.

6. "네 친구들은 어째 다 그 모양이냐? 걔한테 배울 게 뭐가 있니?"

그 결과 자녀들은 열등생이 된다. 친구에 대한 비난은 '누워서 침 뱉기' 다. 내 자녀가 그런 수준이라는 이야기와 다름없다. 자녀들은 친구가 비난받는 순간 자신이 모멸감을 느끼며 자존감에 심한 상처를 입게 된다. 자녀들의 친구 선택을 격려하고 도와주어라. 그렇지 않으면 친구를 몰래 만나게 되고 더 이상 아무 이야기도 꺼내지 않게 되어 대화의 통로가 닫힐 것이다.

7. "세상은 절대 믿을 게 못 돼."

그 결과 부정적 세계관의 소유자가 된다. 세상을 부정적으로 묘사하고 믿지 못하게 만들어서 자녀들의 미래를 어둡게 채색하지 말라. 세상은 적대시해야 할 대상이 아니라 내가 가꾸고 변화시켜야 할 세계다. 자녀들에게 세상을 아름답게 볼 수 있는 눈을 길러줄 때 그들은 미래를 꿈꾸는 자가 된다.

8. "뭐니 뭐니 해도 돈이 최고야, 돈 없이 되는 것 봤니?"
그 결과 자녀들은 돈의 노예가 된다. 돈은 가치를 배우는 가장 좋은 도구이다. 그렇지만 가사를 도운 대가로 용돈은 주지 말라. 당연히 해야 할 일에도 금전적인 보상을 바랄 수 있다. 또한 자녀에게 미안한 마음을 물질적으로 보상하려 하지 말라. 더구나 돈이 최고가 되면 인간 가치를 상실하게 된다. 작은 것에 만족하고 감사하는 마음을 가르쳐라.

9. "엄마, 아빠는 이래도 너희들은 이러면 못 써."
그 결과 자녀들은 이중인격자가 된다. 말과 행동이 불일치할 때 자녀들은 거짓을 배우게 된다. 그리고 이중잣대가 혼란에 빠뜨린다. 눈앞의 이익을 따라 살게 하기보다는 손해를 볼지라도 약속에 신실한 사람이 되도록 가르쳐라. 세상이 나를 속일지라도 자신을 속이지 않게 하라.

10. "이제 끝났어. 뭘 하겠다고 그래. 더 이상 시간이 없어."
그 결과 비관주의자가 되고 인생 실패자가 된다. 너무 늦은 경우란 없다. 더구나 하나님은 실패자는 쓰셔도 포기자는 쓰지 않는다. 건강한 생각의 씨앗을 뿌려라. 할 수 있다는 생각만큼 인생의 큰 자본도 없다. 언제든지 새롭게 시작하는 법을 가르쳐 주어라.

__김향숙

가족
연애

2020 부모 십계명

당신은 지금 미래의 지식기반 사회를 살아갈 자녀를 낡은 20세기 방식으로 키우고 있지는 않은가? 조선일보와 '코리아 프로젝트 2020' 은 서울 YWCA와 공동으로 2020년 성인이 되는 자녀의 부모들이 참고할 '2020 부모 십계명' 을 만들었다.

1. 사랑한다고 말하라.

클린턴 전 미국 대통령의 어머니는 "사랑한다"와 "네 능력을 믿는다"는 두 마디로 아들을 길렀다. 새아버지가 수없이 바뀌었지만 클린턴이 훌륭하게 자라나 대통령이 된 것은 어머니가 심어준 사랑과 자신감 덕분이었다.

2. 믿는다고 말해주어라.

'낯선 변화' 앞에 선 자녀들은 자신의 능력을 철석같이 믿는 부모를 떠올리고 힘을 얻게 될 것이다. 단 "사랑한다", "믿는다"는 말은 소리 내어 자녀에게 표현해야 한다.

3. 자녀의 거울이 되어라.

2020 사회를 살아갈 자녀들은 '감수성(sensitivity)' 을 갖춰야 한다. 감수성은 다른 사람의 느낌과 반응을 정확히 읽어내는 능력이다. 자녀의 거

울이 되어서 자신의 일거수일투족이 상대에게 어떻게 비춰지는지 알려주어라.

4. 타인을 위한 꿈을 갖게 하라.

'내가 이 세상에 태어남으로써 한 사람 이상의 인생이 행복해져야 된다'는 비전을 갖게 될 때 자녀는 전력투구해서 살아갈 삶의 이유를 찾게 된다.

5. 강점에 주목하라.

2020 사회에서 자녀는 자기가 잘하는 분야에서 전문 능력을 발휘하는 지식근로자로 살아갈 것이다. 이때 자녀의 약점보다 강점에 치중하는 교육이 필요하다.

가족
연애

6. 창의적인 자녀는 당신을 불편하게 만든다.

창의적인 자녀는 기존의 인습과 사고에서 벗어나있기 때문에 부모를 불편하게 만든다. 당신이 불편함을 관용할 때 아이의 창의성이 길러지고, 아이는 2020 사회에서 혁신을 일궈낼 것이다.

7. 실패를 높이 사라.

실패는 시행착오라는 교훈을 통해 혁신으로 비약할 수 있는 자산이다. 부모가 두려워해야 할 아이는 실패가 두려워 실천으로 넘어가지 못하는 아이이다.

8. 부모부터 자기 일에 미쳐라.

자녀에게 일에 미쳐 열중하는 모습을 보여주어라. 일에 미친다는 것은 창조적, 생산적 영재가 탄생하기 위한 필요조건이다. 열중이 자연스런 삶의 일부가 되게 하라.

9. 열중하는 자녀에 환호하라.

당신은 지금 인문(人文)만을 숭상하고 출세지향적인 부모 행세를 하고 있지 않은가? 자녀가 무언가 궁금해서 만지고 자르고 부수느라 밤을 새워도 야단치지 말라. "공부해라"는 말을 삼키고 대신 환호해주어라.

10. '세상 똑똑이'로 키우라.

2020 사회에선 책에 쓰인 분명한 지식보다, 세상에 통용되는 모호한 지식이 더 필요하다. 지식근로자가 판단하고 결정해야 할 문제의 해답은 학문보다 현실 세상에 더 많이 널려있다. 책 똑똑이(Book-Smart)보다 세상 똑똑이(Street-Smart)로 키우라.

__이미나 (코리아 프로젝트 2020 기획 위원, 서울대 교수)

memo

행복한 가정에 꼭 있어야 할 10가지

1. 용서가 있어야 한다.
   가정에서도 용서해주지 않는다면 그 사람은 지구상에서 용서받을 곳이 없다.

2. 이해가 있어야 한다.
   가정에서도 이해해주지 않는다면 그 사람은 짐승들과 살 수밖에 없다.

3. 대화의 상대가 있어야 한다.
   가정에서 말동무를 찾지 못하면 전화방으로 갈 수밖에 없다.

4. 골방이 있어야 한다.
   혼자만의 공간(수납장, 옷장, 공부방, 화장실 등)이 많을수록 인품이 유순해진다.

5. 안식이 있어야 한다.
   피곤에 지친 몸을 편히 쉬게 할 수 있는 환경이 가정에 없으면 밖으로 나간다.

6. 인정을 해주어야 한다.

가정에서 인정받지 못한 사람은 바깥에서도 인정받지 못하게 된다.

7. 유머가 있어야 한다.

유머는 가족 간의 정감을 넘치게 하는 윤활유 역할을 한다.

8. 어른이 있어야 한다.

연장자가 아니라 언행에 모범을 보이는 어른이 있어야 한다.

9. 사랑이 있어야 한다.

잘못은 꾸짖고 잘한 것은 칭찬해 주는 양면성의 사랑이 있어야 한다.

10. 희망이 있어야 한다.

앞으로 더 잘될 것이라는 희망이 보이면 가정의 가치는 더욱 높아진다.

__사랑밭 새벽편지(http://www.m-letter.or.kr/)

memo

여자의 10가지 콤플렉스

1. 지성 콤플렉스

'나도 여자지만, 직장에서는 남자들과 일하는 게 더 편해' 라고 믿는 유형이다. 남자를 유난히 좋아하며 남자가 주도권을 잡으면 쉽게 자신의 권한을 포기한다. 이런 유형의 여자는 자신의 의사를 분명히 밝히는 여자를 가장 싫어하며 같은 말을 하더라도 여자보다 남자의 말을 더 신뢰한다. 이는 사회가 부여한 '여성은 남성에 비해 지적 능력에서 열등하다' 는 말을 스스로 내재화함으로써 나타나는 지적 열등감의 표출로 볼 수 있다.

2. 평강공주 콤플렉스

자기보다 모자란 남자지만, 그게 불쌍해서 사랑하고 있다고 생각한다면 평강공주 콤플렉스일 가능성이 많다. 이런 유형의 여자들은 사랑이란 남자의 능력을 개발시키고 그 성공을 통해 느끼는 성취감에 있다고 믿는다.

3. 착한 여자 콤플렉스

착한 여자란 상대편의 기분에 맞추어 원하는 것을 다 해주고 거세게 자기주장을 하지 않는, 한마디로 만나서 편안한 여자이다. 착한 여자로 살아야 한다는 고정관념에 얽매여 항상 다른 사람의 눈을 의식하면서 주변

가족
연애

의 기대에 부응하려 한다. 페즐러(William Fezler)와 필드(Eleanor Field)는 주변 사람들을 만족시키기 위해 봉사해야 한다는 자기 파괴적인 사고방식을 '착한 여자 콤플렉스(Good Girl Complex)' 라고 명명하였다.

착한 여자의 기준은 얼마나 남자들의 기대에 부응하며 그들이 정한 규칙에 따르는가이다. 따라서 착한 여자가 꼭 천사표일 필요는 없다. 하지만 착한 여자는 '여자답게', '착하게' 살아야 한다는 고정관념에 얽매여 다른 사람의 눈에 비치는 자신을 의식하는가하면, 자아실현의 잠재력을 희생하면서까지 주변 사람들로부터 칭찬을 받으려 한다. 만약 주변의 기대에 부응하지 못하거나 칭찬을 받지 못하면 자신을 비하하고 스스로 못된 여자라고 생각하는 열등 의식을 갖는다.

4. 신데렐라 콤플렉스

신데렐라 콤플렉스를 가지고 있는 여자는 어려서부터 인생의 황혼기에 이르기까지 가장 합법적인 안전 지대인 결혼을 선택하여 그 틀에 갇힌 채 남편에 의존하며 살아간다. 이런 유형은 홀로 서야 할 때 보호벽이 무너지는 듯한 두려움을 느낀다. 콜레트 다울링(Colette Dowling)은 "여성들은 진정한 삶을 추구하는 데 따른 긴장이 싫기 때문에 이를 피하기 위해 순종적인 역할을 받아들인다"는 보부아르의 말을 인용하면서, 타인의 보호를 받고자하는 심리적 의존 상태를 일컬어 '신데렐라 콤플렉스' 라고 불렀다.

감수성이 예민한 시절에 신데렐라 이야기를 읽는 여자 아이는 은연중에 신데렐라의 환상을 품고 어른이 되어서도 그 꿈을 버리지 못하며 현실 생활까지 영향을 받는다. 신데렐라 콤플렉스에 빠진 여자는 무엇인가를 하려고 하거나, 해야 할 때 두려움이나 불안을 느낀 나머지 주저하며 포기하려는 상태에 이른다. 실제로 못하게 막거나 억압하는 대상이 없을 때도 미리 겁을 내거나 두려워하여 아무것도 하지 못하고 누군가 해주었으면 하고 바란다. 어릴 때는 부모에게, 어른이 된 뒤에는 남편에게 의지한다. 특히 일정한 나이를 먹으면 일생을 책임져 줄 남편감을 찾기에 급급해진다. 동화 속의 신데렐라처럼 자기의 인생을 뒤바꿔줄 왕자를 기다리는 신데렐라의 꿈을 깨지 못하는 것이다.

5. 외모에 관련된 콤플렉스

외모가 자신의 생애에 중대한 영향을 미친다고 생각하는 여자들은 더 예뻐지고 싶어 한다. 그래서 다이어트에 집착하고 그러다 보면 거식증 같은 정신 질환에 걸리며 사망률은 30%에 이른다.

본래 아름다움이란 여성다운 태도, 성격, 용모를 말하지만 요즘은 외모가 아름다움을 판단하는 절대적인 지표가 되었다. 또 아름다운 외모는 사회 생활에 있어서도 긍정적인 영향을 불러일으킨다는 인식은 외모 콤플렉스를 심화시킨다.

6. 맏딸 콤플렉스

맏이지만 딸이라는 이유로 아들인 장남만큼 대우를 받지 못한 채 부모나 동생들을 위하여 희생하고 봉사하는 생활이 기대되므로 맏딸 콤플렉스가 생긴다. 이들은 인정받는 맏딸로서 잘해야 된다는 의무감과 그 기대에 부응하지 못할 때 느끼는 자책감 사이에서 고민한다. 한국 사회에서 장녀로 태어났다는 사실 자체가 갈등 상황이라고 할 수 있다.

한 집안에서 맏이와 딸이라는 두 가지 역할을 해야 하므로 자유롭게 자아를 성취하며 살기 힘들다. 그러므로 진정 자기가 원하는 것이 무엇인지를 분별해야 한다. '맏딸이니까 해야 하는 것' 보다 '내가 하고 싶은 것' 을 한다는 판단이 설 때, 자아가 안정되고 자주적인 삶을 영위할 수 있다. 맏이로서 동생들에게 모범을 보여야 하고, 책임감도 강해야 하고, 양보해야 하고, 맏딸로서의 의무감을 느끼는 등의 맏딸 콤플렉스의 허상을 깨는 것이 필요하다.

7. 슈퍼우먼 콤플렉스

슈퍼우먼은 자신이 가지고 있는 능력에 관계없이 직장인, 주부, 어머니, 아내, 며느리라는 서로 상충되는 역할을 완벽하게 하려는 여자이다. 많은 여자들이 자신의 역할들 사이에서 갈등하며 결국 슈퍼우먼 콤플렉스에 빠진다. 이들은 모든 것을 완벽하게 하지 못하면 불안감, 초조감, 죄책감으로 고통 받는다. 하지만 어느 누구도 직장 생활과 자녀 양육 및 가족생활을 완벽하게 해낼 수는 없다. 슈퍼우먼은 지배적인 사회질서가 만들어낸 허구의 개념이며 신화임을 깨달아야 한다.

8. 계모 왕비 콤플렉스

질투심이 많고 허영으로 가득 찬 여자들에게 나타나는 콤플렉스이다. 꽤 신경 쓴 옷차림과 머리스타일, 유행하는 화장을 하고 '누가 날 좀 봐 줬으면' 하는 듯 걷고 있는 여자 중 십중팔구는 이 유형이다. 자기보다 남이 잘나 보이면 못 견디지만 남의 불행을 자신의 행복으로 삼는 것은 아니다. 자신의 자만심에 작은 생채기라도 생기면 그때부터 속이 끓는다.

9. 낙랑공주 콤플렉스

호동왕자와 사랑에 빠진 낙랑공주는 자명고를 찢었다. 낙랑공주 콤플렉스에 빠진 여성들은 사랑이라면 가족, 형제도 버릴 수 있으며 피는 커피보다 묽다고 생각한다. 사랑을 위해서 가족, 조국, 민족도 배신할 수 있는 위험한 유형이다.

10. 파파 콤플렉스

아빠가 최고의 이상형이고 아빠에게 절대 복종한다. 핵가족 시대에 아버지의 사랑을 흠뻑 받고 자란 여성들이 보이는 행태이다.

_http://zizz.x-y.net/psycho/life.htm

memo

가족 연애

남자의 10가지 콤플렉스

1. 능력 콤플렉스

'능력 있는 남자가 예쁜 여자를 얻는다' 고 믿는 남자들이다. 의외로 열등감이 심하며 자격증이나 학력 따위에 목을 맨다. 하지만 이런 남자에게 능력이란 친한 친구마저도 경쟁자로 여기며 요령껏 출세하는 일이다. 남자들은 남들보다 능력 있는 사람이 되어야 한다는 강박관념에 시달린다. 자본주의 사회에서 생산수단을 갖지 않은 사람들은 자신의 노동력을 팔아 자본가들에 의해 선택되어야 하는 입장이기 때문이다. 그렇기에 우리나라에서는 능력 그 자체보다 학력 콤플렉스, 각종 연줄 콤플렉스, 금전 콤플렉스 등이 연관되어 있다.

2. 마더 콤플렉스

결혼을 앞두고 '결혼 생활에서 만약 고부간의 갈등이 생긴다면 나는 제3자의 입장으로 지켜볼 거야' 라고 말하는 남자는 마더 콤플렉스를 가지고 있을 가능성이 많다. 이런 남자는 진로 선택에 있어 어머니의 영향을 많이 받고, 어머니가 좋아할만한 여자를 보면 '바로 이 여자다' 라고 믿는다. 또 이러한 남자는 자기중심적이어서 연인이나 아내를 어머니의 대리자, 성의 도구, 허전할 때 위안을 주는 존재 등 오로지 자신을 위한 사람이라고 여긴다.

구조적으로 보면 가부장제 사회에서 부자(父子) 중심의 가족 관계가 유지되었고 여성들은 낮은 지위를 아들로 보상받으려는 심리를 갖게 되었다. 때문에 남아 선호 사상은 여성의 삶에 나쁜 영향을 미쳐왔을 뿐만 아니라 남성의 생애에도 부담을 주었다고 볼 수 있다.

한편 가벼운 마더 콤플렉스는 긍정적인 측면도 가진다. 어머니의 뜻에 따라 바람직한 아들이 되고자 노력하면서 자신의 삶을 발전시킬 수 있다.

3. 차남 콤플렉스

무거운 의무 대신에 재산상의 보호를 받는 장남과는 달리 차남은 아무 보장 없이 사회에 던져지기 때문에 시행착오를 거치면서 고난과 개척 끝에 성장해나가는 경우가 많다. 그들의 진취적이고 모험적인 사고는 장남보다 큰일을 이뤄내는 경향이 많다는 사실이 역사적으로도 증명된다.

4. 카인 콤플렉스

아우나 후배에 성공을 도저히 참아낼 수 없는 유형이다. 이런 사람들은 윗사람으로서의 권위와 위계질서를 지나치게 강조한다. 또 후배를 경쟁 상대로만 보기 때문에 항상 경계하고 두려워한다.

5. 사내대장부 콤플렉스

남자는 강하고 대범하며, 가족을 먹여 살려야 하고, 성공해야 한다는, 즉 '사내대장부' 가 될 것을 강요받는 콤플렉스이다. '거물이 되어 사회적 인정을 받아야 한다', '힘이 세고 강해 다른 사람으로부터 존경을 받아야 한다', '대범해야 한다' 등의 강박관념에 쫓기며 인생의 목적은 성공과 권력을 쥐는 것이라고 굳게 믿는다.

이런 유형의 남자는 "사내대장부가 그래서 쓰나", "무섭긴 뭐가 무서워", "계집애처럼 울긴 왜 울어", "여자애가 이렇게 까불어" 같은 표현을 자주 사용한다. 학생일 때는 주먹 센 학생이 우상이 된다든지, 학년에 따른 서열이 중시되어 선배에게 맞는 일들을 일어날 수도 있다.

6. 온달 콤플렉스

재력이나 능력이 뛰어난 여성을 배필로 만나 신분 상승하려는 열망을 온달 콤플렉스라고 한다. 남자로서의 우월감을 내세우고 싶은데 자신의 능력이 따르지 못할 때 발생하는 콤플렉스이기도 하다. 가족 위에 군림하려는 모습 뒤에 아내의 재산이나 지혜를 바탕으로 발돋움하고픈 의존심을 갖고 있다. 경제력으로 집안을 일으키고, 현명함으로 남편을 훌륭하게 만든 평강공주 같은 여자를 부인으로 맞고 싶어 한다.

7. 지적 콤플렉스

여성보다 남성이 더 많은 지식을 가지고 있을 뿐 아니라 여성은 감정적이고 비논리적인데 비해 남성은 이성적 · 합리적이란 그릇된 통념에 갇혀 있다. 여성이 상사로 부임하면 견디지 못하고 상사를 비하한다. 남성의 지적인 우월성이 중시되므로 자신의 지적 우월감이 손상될 때 '남성다움'에 불안을 느끼며, 같은 남성끼리 또는 여성과 겨뤄서 꼭 이겨야 한다는 강박관념에 사로잡히게 된다.

8. 외모 콤플렉스

외모에 대한 관심이 여성의 전유물은 아니다. 추남이어도 능력과 재담, 돈이 있으면 그만이란 건 옛말. 잘생긴 외모가 이성 교제는 물론 사회생활에도 득을 가져다준다는 의식이 강해지면서 현대 남성의 외모에 대한 갈등이 더욱 심화하고 있다. 남성다움을 나타내기 위해 키가 커야 하고, 근육이 발달한 건장한 체격을 가져야 하며, 좋은 인상에 세련되지만 여자 같지 않은 외모를 가져야한다는 생각이 이런 콤플렉스를 일으킨다.

9. 장남 콤플렉스

'한번도 가족에게 어려운 사정을 털어놓은 적이 없다', '나를 믿고 의지하는 가족의 기대를 꺾는 게 두렵다'는 생각을 가지고 있다. 가족에 얽매이지 않고 자신의 자질과 욕구대로 살아가든, 가족에 둘러싸여 힘겨운 장남 노릇을 하든, 대부분의 장남은 '장남 노릇을 잘해야 한다'거나 '장남 노릇을 잘 못한다'는 콤플렉스에 빠져 있다.

부모를 모셔야 하며, 경제적으로 책임져야 하고, 동생들에게는 너그럽고 모범을 보이며 그들의 앞길까지도 책임져야 한다는 등의 압력으로 진로 선택에 있어 자신의 적성보다는 가족의 기대에 부응하게 하는 경우가 있다.

가족
연애

10. 카사노바 콤플렉스

카사노바 콤플렉스는 모든 여성을 자신의 성적 대상 범주에 놓고 실제로 수많은 여성과 쉽게 관계를 맺었다가 끊는 행동과 심리 상태이다.

성에 대한 사회적 통념은 남성들에게 성의 방종쯤은 큰 허물이 안 되면서도, 여성들에게는 순결함과 정조를 강조한다. 그래서 미혼 남성들 사이에서는 동정을 지키고 있다는 것 자체가 스스로에게 부담이 되거나 주변의 조롱거리가 된다. 반면 성경험이 많은 친구들은 지극히 남성다운 남성이라는 선망의 대상이 된다.

_http://zizz.x-y.net/psycho/life.htm

여자가 배려해야 할 64가지

1. 대화하라. 많은 대화만이 그를 알 수 있다.

2. 적어도 나에게 어떤 스타일 남자가 어울리는지 알고 있어야 한다. 가장 좋은 방법은 직접 부딪히면서 알아내는 것이다. 상대가 내 타입이 아니라고 생각될 경우 과감하게 'NO' 라고 말하라.

3. 실수를 하지 않으려면 단기간에 상대방에 대한 정보를 되도록 많이 얻어야 한다. 작은 것도 놓치지 말고 잘 기억해두라. 그날그날 그에 대한 정보를 정리해보는 것도 필요하다.

4. 어느 한순간 나의 운명을 바꿔 놓을 것 같은 남자가 눈에 들어오는 순간이 있다. 그럴 때 그의 시선이 나에게 머물도록 유도하라.

5. 자주 얼굴을 마주쳐라. 전화가 가능하다면 4일에 한번 정도 전화해서 싱거운 몇 마디라도 나누며 자신의 존재를 늘 상기시켜라. 남자들은 의외로 눈치가 없기 때문에 감정은 알기 쉽게 표현하는 것이 좋다.

6. 남자가 있는 모임에 빠지지 말라. 모임에서는 그의 옆자리에 앉아야 하고 화장실 갈 때 한번쯤은 따라 나가서 사적인 대화를 시도하라. 그리고

만남에 대한 구체적 약속을 유도하라. 시간은 저녁 식사 후가 좋고 옷차림은 수수한 게 좋다.

7. 그가 하고 있는 일에 대한 전문 서적이라도 몇 권 읽고 진지하게 질문을 해보라. 그저 남자 하나 잘 만나서 팔자 고치겠다는 생각으로 사는 여자들과는 분명 구분될 것이다.

8. 당신은 아직도 '여자는 절대 남자보다 약속 장소에 일찍 나가지 않는다'라는 통념에 휘둘려 행동하고 있지 않는가? 차라리 잘 계산해서 적당히 먼저 나가있는 편이 훨씬 낫다.

9. 솔직한 것이 늘 좋은 것은 아니다. 그에게 관심을 갖기 시작하면 당연히 과거에 대해 궁금해진다. 하지만 듣지 않는 편이 좋다. 억지로 졸라서 얘기를 들을 필요도 없고, 얘기를 하려 한다면 듣고 싶지 않다고 거절하라.

10. 남자들은 자신의 과거를 멋지고 진한 감동이 느껴지게 각색한다. 서로가 만나기 전 연애담은 자연스러운 과거의 일부분으로 이해하고 넘어가라. 그를 훨씬 잘 이해할 수 있다.

11. 과거에 멋진 연애를 했다는 건 현재의 당신에게 플러스 요인이다. 과거의 얘기는 말로 확인하지 않아도 행동으로 알 수 있다는 사실을 명심하라.

12. 연애담이나 누군가의 일방적인 사랑 표현을 자랑스럽게 이야기하지 말라. 남자의 경각심을 일으키기는커녕 당신을 헤픈 여자로 보이게 한다.

13. 가끔은 철저하게 혼자만의 시간을 가져보자. 혼자 카페에 앉아 명상에 잠겨보는 것도 좋다. 전시회 혹은 인사동이나 청담동 화랑가를 헤매고 다니는 것도 좋고, 인사동 고서점에 들러서 이 책 저책 뒤적이는 것도 좋은 방법이다.

14. 아직 좋은 사람이 나타나지 않아서 사랑을 못한다고 생각하는가? 지금까지 사랑을 경험하지 못한 것은 자신의 감정에 대해 주도적인 입장이 되지 못하고 끌려 다니기 때문이다. 그를 좋아한다는 감정이 생길 무렵에 주변 사람들의 좋지 않은 한마디가 영향을 주게 되는 경우도 있다. 자신의 감정을 믿어라. 사랑이 될 것이다.

15. 태어나서 한번도 예쁘다는 얘기를 들어본 적이 없어도 기죽을 필요는 없다. 길거리에 다니는 여자 중에 슈퍼 모델 같은 사람은 별로 없다.

16. O형 남자에게는 그가 '최고'라는 점을 강조하라. 그는 언제나 자신이 가장 훌륭한 사람이기를 바라기 때문에 상대방이 자신을 믿음직하게 여긴다는 점에서 가장 감동을 받는다.

17. A형 남자는 그가 리드할 때를 기다려야 한다. 신중하고 자존심이 강하기 때문에 선불리 나서지 않는다. '나의 마음을 아는 건 당신 뿐', '무조건 당신의 결정에 따르겠어요' 하고 직접적으로 사랑을 표현하라. 그럼 그는 곧 당신에게 고백할 것이다.

18. B형 남자에게 평범한 시작은 호기심을 만족시키지 못하기 때문에 애매한 태도를 보일 가능성이 크다. 오히려 야하고 자극적인 몇 마디의 고백

이 그를 쉽게 사랑에 빠지도록 한다.

19. AB형 남자는 신뢰를 받으면 좋아하기 때문에 수려한 문장으로 그의 감성을 자극하는 행동은 삼가는 게 좋다. 그는 겉으로는 냉정해 보이지만 속으로는 상대방의 진심을 보고 있다. '당신이 아니면 절대로 사랑할 수 없을 것 같아요' 라는 말은 그에게 감동을 줄 것이다.

20. 남자는 무드에 약하다. 겉으로 강해 보이고 단순해 보이는 남자일수록 내면에 여린 구석을 가지고 있다. '남자라면', '사내 녀석이' 이런 식의 얘기를 어느 곳에서든 늘 듣고 자라기 때문에 함부로 감정을 드러내지 않는 게 습관화되어 있고 그렇게 하는 것이 옳은 행동이라고 생각한다.

21. 가끔은 남자에게 감정을 풀어놓을 수 있는 여유를 만들어 주어라. 당신마저 다른 사람들이 모두 요구하는 '강함' 만을 보고 싶어 한다면 그는 당신에게 모든 것을 다 털어놓는 솔직한 사람이 되지 못한다.

22. 언제나 상대방의 감정을 존중하고 내 생각대로 만들려고 하지 말라.

23. 남자들은 모두 어린애 같은 구석이 있어서 보살핌을 받는 것을 좋아한다. 그렇게 누군가가 자신을 챙겨 주는 걸 '사랑' 의 다른 표현이라고 생각한다. 하지만 자신을 어린애 취급하는 건 아주 싫어하니 주의할 것!

24. 남자들은 거절당하는 것을 두려워하기 때문에 먼저 말을 건네지 못하는 경우가 있다. 오히려 여자 쪽에서 먼저 다가오길 기다리기도 한다. 여자는 그렇게 하면 자존심이 상할까 봐 쉽게 행동하지 않는데 먼저 접

근한다고 해서 무작정 여자를 우습게보지는 않는다.

25. 남자는 일이 더 중요하다고 믿는다. 남자들은 여자와 연애를 잘한다고 인정받기보다는 사회적으로 인정받기를 더 원한다. 자신의 능력을 최대한으로 평가받고 싶어 한다. 그가 한참 일할 나이라면 그런 부분들을 오히려 격려하고 이해할 줄 알아야 한다.

26. 마더 콤플렉스를 가진 남자는 다른 사람에게 먼저 베풀 줄을 모른다. 자기 스스로 먼저 희생해서 다른 사람을 돕겠다는 생각이 없기 때문이다. 이럴 때는 여자들이 먼저 이런저런 것을 요구하고 부탁해야 한다. 그러다 보면 점차로 어른으로서 자기 몫을 할 수 있게 된다.

27. 남자는 선천성 기억 결핍증에 걸려 있다. 그들은 작은 일을 기억하는 것을 소심하고 남자답지 못하다고 생각한다. 특히 여자의 마음을 세심하게 알아주는 남자는 없다. 현실은 만화와 다르다는 사실을 명심하라.

28. 남자들은 공간적으로 자기 앞쪽에서 일어나는 일에 더욱 민감하다. 그래서 낯선 사람이 자기와 마주보고 앉았다면 굉장히 불쾌해진다. 반면에 여자들은 낯선 사람이 자신의 옆에 앉았을 때 불쾌감을 느낀다.

29. 남자들이 공감대를 형성하기 위해서 자신의 이야기를 한다. 자신의 과거에 대해 공유하며 친해지고 싶은 것이다. 비록 그런 이야기들이 자신의 약점을 드러내는 일 일지라도.

30. 남자는 모두 슈퍼맨 신드롬에 걸려 있다. 가정, 직장, 여자를 모두 만족

시키는 슈퍼맨과 같은 모습은 모든 남자들의 희망사항이다. 하지만 현실은 그렇지 않다. 가끔은 그에게 실현 가능한 요구를 해서 그의 자신감을 키워주어라.

31. 하루에 몇 번이고 귀찮게 전화를 하는 대신 아침에 전화를 해보자. 그날 있을 특별한 일에 대한 조언이라든가, 그가 출근할 때 필요한 것을 챙겨줌으로 당신의 세심함이 빛날 수 있다. 단 통화는 아주 짧게 할 것.

32. 대부분 남자들은 편지쓰기를 싫어하지만 편지에 대한 환상은 가지고 있다. 이런 이유로 남자에게 편지보내기는 의외의 효과적이다. '오늘도 보고 싶어' 라는 문구를 하나쯤 넣어서 말이다.

가족 연애

33. 가끔은 그를 집으로 바래다주자. "당신이 나를 만나기 위해 어떤 길을 걸어오나 보고 싶어요"라고 말한다면 끝까지 거절하지는 못할 것이다.

34. 남자에게 꽃을 선물하는 경우는 드물지만 그의 직장이나 집으로 꽃을 보내보자. 만날 때 들고나가는 것도 좋다. 꽃말을 생각해서 상황과 맞는 꽃을 선물하면 금상첨화.

35. 그의 이름을 새긴 선물을 하자. 백화점의 도자기 코너에 가면 직접 이름을 새겨 넣고 원하는 문구를 넣어서 시계, 재떨이 등을 만들어 준다. 기간은 열흘 정도 여유를 두어야 한다.

36. 여자들이 좋은 화장품을 좋아하듯 남자들도 좋은 면도기를 가지고 싶어 한다. 백화점에 가면 고급스런 오크질로 된 수동면도기가 있다. 전기

면도기를 선호하면 좋은 전기면도기도 좋다.

37. 다용도 칼, 일명 맥가이버 칼은 남자의 로망이다. E-마트나 프라이스클럽에서 싸게 구입할 수 있다. 남자들은 하나씩 가지고 있는 사람도 있으니까 꼭 알아보고 구입하도록.

38. 남자에게 애프터쉐이브 향수를 선물하는 것도 센스 있는 선택이다. Jazz(이브생 로랑) Anteus Egoiste(샤넬) Vetiver Heritage Polo Ralph Lauren Polo Crest CaronPaco Rabanne Metal Shalimar(겔랑) Tuscany Armani Boss 등의 상표가 있다.

39. 간단한 소지품을 넣을 수 있는 작은 가방이나 회사원이라면 업무용으로 들고 다녀도 손색없는 가방을 당신의 세련된 감각으로 골라 선물해 주어라. 저렴한 가격에 훌륭한 선물이 된다.

40. 멜빵에는 여러 스타일이 있는데, 그가 캐주얼한 차림을 주로 한다면 화려한 쪽이 좋고 양복을 주로 입는다면 페이즐리 무늬의 차분한 색깔이 좋다. 클립을 잘 보고 고를 것.

41. 지갑을 선물할 때는 약간의 현금과 자신의 사진 혹은 같이 찍은 사진을 넣어주어라. 지갑만 주는 것보다 센스 있는 선물이 될 것이다.

42. 만년필은 세계 어느 곳에서든지 좋은 선물이 된다. 하지만 그가 무엇이든지 잘 잃어버리는 사람이라면 이런 선물은 삼가자. 그런 사람은 절대 잃어버리지 말라고 신신당부를 해도 잃어버린다.

43. 속옷은 야하기는 하지만 남자들이 가장 받고 싶어 하는 선물이다. 허리 사이즈만 알면 속옷 사이즈는 알 수 있다. 사이즈에 대해서 너무 고민하지 말라. 중요한 건 디자인이다. 트렁크팬티를 입는지 삼각팬티를 입는지는 재주껏 알아내라.

44. 캐리커처는 그에게 흔치않은 선물이 될 수 있다. 제대로 나온 사진과 그 사람의 특징이 무엇인지만 알면 된다. 단, 너무 사실적으로 그리기보다는 좀 미화시켜서 그려 달라고 하라.

45. 남자들은 수중 몇 미터까지 들어갈 수 있는 기능이 많은 시계를 좋아한다. 반드시 야광이 되는 것을 선물해줄 것.

가족 연애

46. 특별한 하루만은 깍듯이 존댓말을 사용해보자. 남자들은 이런 대접받는걸 아주 좋아한다. 그리고 상대방에게 새로운 면을 보여주는 계기가 될 것이다. 그만 하라고 해도 절대로 그만두어서는 안 된다. 물론 장난삼아서 하는 것도 금물.

47. 개인 금고가 있는 카페에 그의 이름으로 술을 한 병 선물하는 것은 어떨까. 개인금고 안에 작은 꽃다발과 함께. 단 그가 하루 만에 다 마셔 버리지 못하게 주의해줄 것.

48. 라이터는 제일 흔한 선물이긴 하지만 여전히 인기가 좋다. 지포(Zippo) 라이터를 선물한다면 지포용 라이터 기름과 라이터돌까지 선물하자.

49. 와이셔츠를 선물할 때는 왼쪽 가슴에 달린 주머니에 그의 영문 이니셜

을 새겨 선물하자. 백화점 와이셔츠 코너나 호텔 양복점에서 할 수 있다.

50. 남자들은 의외로 편안함으로 다가오거나 자신에게 헌신적인 여자에게 성적인 매력을 느낀다. 그런 느낌은 잘빠진 몸매의 여자에게서 보이는 섹시함과는 질적으로 다르다.

51. 남자에게 질투의 감정을 일깨워라. 그에게 '나에겐 당신이 전부' 라는 생각을 갖게 하는 것보다 언제든 떠날 수 있다는 긴장감을 느끼게 하는 편이 좋다.

52. 여자는 자신을 꾸밀 줄 알아야 한다. 어느 정도는 화려한 치장을 하라. 대부분의 남자들은 '빨간색' 은 선정적이며 '보라색' 은 약간 튀는 날라리 같은 이미지, '회색' 이나 '베이지색' 은 무조건 평범하다고 본다. 파스텔 톤의 고상한 색을 인식하는 남자는 거의 없다.

53. 항상 조용하고 말이 없는 것만이 최선은 아니다. 어디서든 자신의 논지로 토론을 할 수 있는 '정열적인 면' 도 보여라. 아무 곳에나 끼라는 것이 아니다. 상대방의 인간성과 상황에 따라 적절한 강도의 높이로 자신의 주장을 하면 된다. 가끔은 무조건 들어주는 태도도 필요하다.

54. 가끔은 야한 여자가 되어보자. 어떤 스타일의 속옷을 입었는지 훤히 들여다보이는 윗옷을 입는다든가 노 브래지어임을 은근히 암시하는 이야기는 그의 성적 호기심을 자극시킨다. 미니스커트보다는 옆이 허벅지까지 트인 치마가 훨씬 섹시하고, 진한 화장은 오히려 역효과를 일으킨다.

55. 자신의 버릇에 대해 얘기하면서 그의 관심을 끌 수 있다. 예를 들어 술을 마시면 뽀뽀를 한다든지 잠잘 때 옆 사람을 자꾸 안고 잔다든지 등, 말로 SEXY-UP 할 수 있는 방법이다.

56. 그의 친구나 가족들을 만나면 깍듯이 경어를 사용하자. 공식적인 자리에서 존댓말을 쓰면 자신의 자존심을 세워주었다는 생각에 분명히 당신을 다르게 보게 된다.

57. 그가 사준 작은 선물이라도 굉장히 아낀다는 것을 보여주라. 만약 귀걸이를 선물 받았다면 어느 옷에든 그것을 하고 다니자. 그를 착각에 빠지게 하는 멋진 속임수가 된다.

가족
연애

58. 눈에 보이지 않아도 늘 그를 제일 먼저 챙기자. 자신의 성의 없음을 바쁘다는 핑계로 합리화시키면 사랑은 어디론가 사라져 버리고 의무만이 남게 된다.

59. 서로 멀리 떨어져 있다면 그의 힘든 얘기에 더 집중해 들어보라. 이때 서로 힘들다는 사실을 인식하고 너무 감정적으로 변하지 않는 게 중요하다. 사소한 일에 너무 예민하게 반응하지 말 것. 싸움을 해도 바로 화해하라.

60. 헤어질 때는 언제나 밝게 웃어라. 지금은 헤어지더라도 곧 만날 수 있다는 생각으로 밝은 모습을 보여줘야 된다. 그리고 만나서는 떨어져 있었던 시간은 의식하지 말고 다니자.

61. 장거리 연애에서 비용은 되도록 각자 부담하라. 서로의 경제 사정을 고려해서 편지 교환이나 음성 사서함 등 다른 방법을 이용하는 게 서로 부담이 되지 않는다.

62. 무작정 '보고 싶다'는 생각만으로 왔다 갔다 하다가는 얼마 못가서 서로 지치기 마련이다. 오랜만에 보는 거라 그는 혼자서 모든 걸 다 해결하고 싶어 하겠지만 절대로 혼자서 모든 부담을 하도록 내버려두어서는 안 된다.

63. 그에게 반드시 사실 그대로를 전하는 것이 좋은 것은 아니다. 자신의 얘기만을 적나라하게 하소연하는 것도 좋지 않다. 하지만 비밀이 있어서도 안 된다. 이미 지나간 일이라면 그냥 지나가듯이 이야기하라. 보지 못한다고 사실을 숨기면 기본적인 신뢰마저 깨질 수 있다.

64. 그에게 믿음을 줄 수 있는 말을 해주라. 아무런 확신 없이 사랑하고 싶지는 않을 거다. 그리고 그를 믿어라.

__지식in

당신이 연애를 못하는 이유 10가지

1. 인기 많은 남자가 좋다.
2. 남이 싫어하는 여자는 되고 싶지 않다.
3. 늘 들어주는 역할이다.
4. 의외로 가족 관계는 양호하다.
5. 첫 경험은 열아홉 살.
6. 타이밍도 좋지 않다.
7. 때로 순정 만화를 읽는다.
8. 밤의 버스를 좋아한다.
9. 아웃 도어는 싫다.
10. 실수하고 싶지 않다.

__요시다 슈이치

가족
연애

여자 생활 백서 80가지

1. 절대 남자 보는 눈을 낮추지 말라.
2. 나쁜 남자를 유혹하라.
3. 작업 기간은 2주를 넘기지 말라.
4. 먼저 전화하지 말라.
5. 필 받은 남자는 영원히 사랑하라.
6. 사랑받고 싶다면 머리를 굴려라.
7. 사랑해도 외롭다는 걸 잊지 말라.
8. 첫 섹스를 기억하라.
9. 그의 손을 무안하게 하지 말라.
10. 사랑하는 사람에게 맨살 보이는 걸 부끄러워 말라.
11. 예쁘고 성능 좋은 콘돔을 상비하라.
12. 놀았다고 티내지 말라.
13. 스킨십 도중 딴생각 하지 말라.
14. 이별의 순간을 두려워하지 말라.
15. 휴대전화에 저장된 그를 지워라.
16. 일부러 헤어스타일을 바꾸지 말라.
17. 절대 술 먹고 전화하지 말라.
18. "사랑과 전쟁"을 맹신하지 말라.
19. 결혼은 현실, 웨딩드레스의 환상에서 깨어나라.

20. 남이 정한 결혼 적령기에 휘둘리지 말라.
21. 결혼, 하기 싫은 혹은 하고 싶은 진짜 이유를 대라.
22. 미모 지상주의를 욕하지 말라.
23. 아름다운 등과 목선을 만들어라.
24. 먹어도 안 찌는 체질이라는 말을 믿지 말라.
25. 뚱뚱하다고 넉넉한 옷을 입지 말라.
26. 다리털만 밀지 말고 다른 털도 관리하라.
27. 옷, 가방, 구두보다 스타킹에 신경써라.
28. 촌스러운 걸 순수하다고 착각하지 말라.
29. 작은 소품에 돈을 아끼지 말라.
30. 지름신이 강림하실 땐 딱 5분만 더 생각하라.
31. 명품 못 산다고 짝퉁은 사지 말라.
32. 배고픈 상태에서 쇼핑하지 말라.
33. 씀씀이 헤픈 친구와는 쇼핑하지 말라.
34. 귀여운 저금통과 예쁜 가계부를 장만하라.
35. 은행 직원의 말을 다 믿지 말라.
36. 하루 한 번 경제 기사를 읽어라.
37. 어설픈 경제 경영서에 매달리지 말라.
38. 30대에 재산세를 내는 즐거운 상상을 하라.
39. 돈을 빌려줄 땐 받을 생각을 하지 말라.
40. 믿는 도끼에 발등을 찍히면 이유를 물어라.
41. 혈액형 & 별자리로 사람을 재지 말라.
42. 휴대전화 속 인간관계를 관리하라.
43. 첫 만남에선 자기 매력의 반만 보여줘라.
44. 남의 비밀을 공유하면서 우정을 쌓지 말라.

45. 뒷담화할 때도 기본 매너를 지켜라.
46. 틀어진 관계는 해 넘기기 전에 풀어라.
47. 남자 때문에 친구에게 등을 보이지 말라.
48. 가끔씩 멀리 있는 친구를 마음으로 불러보라.
49. 모두에게 베스트 프렌드가 되려고 하지 말라.
50. 지인들의 경조사는 무조건 챙겨라.
51. 가족 앞에서는 눈물을 참지 말라.
52. 엄마를 너무 미워하지도 사랑하지도 말라.
53. 부모님 둘만의 시간을 방해하지 말라.
54. 가족은 내 운명이라는 생각에서 벗어나라.
55. 일일계획표를 세워 실천해 보라.
56. 좋아하는 것이 무엇인지 당당하게 말하라.
57. 아름답고 자신 있는 뒷모습을 만들어라.
58. 3년 안에 꼭 갖고 싶은 것 세 가지만 꼽아라.
59. 세상은 나를 중심으로 돌아간다는 사실을 잊지 말라.
60. 데이트보다 더 설레는 일을 찾아라.
61. 여자를 얽매는 언니 문화에서 벗어나라.
62. 다양한 친구들로부터 냉정한 평가를 들어라.
63. 닮고 싶은 역할 모델을 주변에서 찾아라.
64. 먼저 여자에게 사랑 받아라.
65. 칭찬받는 기술을 익혀라.
66. 필요할 때는 철저히 정치적으로 굴어라.
67. 외박은 해도 지각은 하지 말라.
68. 믿고 따를 만한 상사와 든든한 후배를 만들어라.
69. 극한 상황에서도 내 편이 되어줄 사람을 두어라.

70. 메신저를 멀리하라.

71. 회사 사람과는 일촌을 맺지 말라.

72. 직장에서도 신비주의를 연출하라.

73. 회사 돈으로 밥 사고 생색내지 말라.

74. 있으나 마나 한 존재라면 차라리 퇴사하라.

75. 사람에 지칠 때는 식물과 대화하라.

76. 여행 가방은 최대한 가볍게, 언제든 떠날 수 있도록 준비하라.

77. 추억을 간직한 옷은 아무리 낡아도 버리지 말라.

78. 남들이 모르는 자신만의 아지트를 만들어라.

79. 매일 아침 미소 짓는 연습을 하라.

80. 행복한 인생을 위해 자기 최면을 걸어라.

__안은영

memo

그가 날 사랑하지 않는다는 27가지 증거

1. 어느 날부터 그는 날 보지 않는다. 멍하니 먼 산만 바라본다.
2. 누구와 다투면 그는 날 나무란다. 이제는 그도 내 편이 아니다.
3. 스트레스로 살이 빠졌지만 간만에 만난 그는 "얼굴 좋아 보이네?"라며 웃으며 말한다.
4. 점심 먹고 한 통, 집에 갈 때 한 통. 평균 1분 통화, 의무 같은 그의 전화.
5. 내가 알레르기가 있는지, A형인지, 아무 것도 모르는 그.
6. 내 눈물도, 애교도, 스킨십도 그에게 전혀 약발이 먹히지 않는다.
7. 나보다 두 걸음씩 빨리 걷는 그. 한 번도 뒤돌아보지 않는다.
8. 약속시간에 늦기 시작한다. 핑계가 늘어난다. 그래도 안 되면 화부터 낸다.
9. 안 씻은 냄새가 나고 옷도 매번 봤던 옷. 하품과 이빨에 고춧가루는 예사다.
10. 옛날엔 내 솜털까지 사랑스럽다던 그, 이제는 내 멀쩡한 점까지 트집을 잡는다.
11. 간만의 잠자리, 그는 의무를 마친 듯이 등 돌려 코를 곤다.
12. 사랑한다고 말하지만, 정작 떨어져있으니 그는 날 만나러 오지 않는다.
13. 그의 행동이 변한 이유도 내 탓, 권태기가 온 것도 내 탓, 모든 게 내 탓.
14. 날 행복하게 해줄 수 없다고 말한다.

15. 우리 사이, 난 좋았던 것만 기억하는데 그는 나빴던 것만 기억한다.
16. 차츰 내 전화를 받지 않는 그, 그는 너무너무 바쁜가 보다.
17. "우리가 결혼하면…" 보다 "우리가 헤어지면…"이라고 상상하는 그.
18. 내가 눈물을 흘릴 때 그는 하품을 한다.
19. "네가 짜증나!", "너 때문에 되는 일이 없어!" 막말을 일삼는 그 사람.
20. 나와 함께 다니며 남들에게 소개하는 것을 부끄러워한다.
21. 특별한 날에 날 혼자 내버려두는 그. 미안해하지도 않는다.
22. 나한테 쓰는 돈을 무척 아까워한다. 벌벌 떠는 그의 손이 보인다.
23. 밤 12시가 넘어도 날 집에 혼자 보내는 남자.
24. 화가 나면 남보다 심하게 굴고, 과하게 사과한다.
25. 그가 주는 선물에서 사랑이 보이지 않고 가격만 보인다.
26. 나와 함께 하는 모든 시간을 귀찮아한다.
27. 날 웃게는 해도, 날 감동시키지는 못 하는 그 남자.

__지식in

memo

남자를 선택할 때 참고할 31가지

1. '사랑'이라는 말과 사랑에 빠지지 말라. 사랑할 가치가 있는 남자와 사랑에 빠져라.

2. 언제나 잘못된 만남을 하고 있다면 당신이 늘 잘못된 신호를 보내는 것이다.

3. 자존심을 잃은 사랑은 고통이다. 나를 사랑하고 그를 사랑하라. 자존심 없는 여자를 사랑하는 것은 장난감을 사랑하는 것과 다르지 않다.

4. 고통과 불안은 사랑이 아니다. 자기 학대다.

5. 남자의 과거는 그 남자의 미래다. 과거가 복잡한 남자를 변화시킬 수 있다고 믿지 말라. 사람은 자신의 깨달음에 의해서만 변할 수 있다. 그를 바꿀 수 있다는 착각에 시간 낭비하지 말라.

6. 남자의 속도를 늦춘다고 나쁠 것은 없다. 속도를 늦춘다고 그를 거부하는 것이 아니다. 속도가 늦다고 떠난 남자는 사랑받을 자격이 없다. 사랑은 속도전이 아니다. 더욱이 진실한 사랑이라면 그의 본질을 알기 전에 성문을 열어주지 말라. 열린 문은 다시 닫기 힘들다.

7. 다음과 같은 증상을 보이는 남자와는 헤어지고 잊는 게 낫다.

- 자주 연락하지 않는다.
- 약속한 시간에 나타나지 않는다.
- 약속한 시간에 전화하지 않는다.
- 변명이 많다.
- 마지막 순간에 계획을 취소한다.
- 당신의 약점을 자꾸 지적한다.
- 모든 여자가 자기를 얻기 위해 경쟁한다고 생각한다.

연락을 멋대로 끊는 남자는 아무데나 들락거리는 들쥐와 같다. 당신은 들쥐를 사랑하겠는가?

8. 그가 갑자기 연락을 끊고 당신의 인생에서 사라졌다고 울지 말라. 당신의 말, 당신의 행동이 문제가 있어서 사라진 게 아니다. 그는 그저 무책임한 남자일 뿐이다. 형편없는 인간에게 벗어났다는 것에 감사하라. 한 번 들쥐가 된 남자를 왕자로 바꿀 수 있다고 생각하지 말라.

가족
연애

9. 오직 나만 다를 것이라는 기대는 착각이다.

10. 섹스를 하고 싶다면 서로의 건강에 대해 알아야 한다. 섹스로 인해 전달될 수 있는 질환에 대해 그도 걱정한다. 당신의 두려움을 이해하지 못한다면 그는 자격이 없다. 사랑한다면 의논하고 준비하라. 한 번의 행위로도 병에 걸릴 수 있다. 예방과 준비를 철저히 하라. 당신의 몸은 소중하다.

11. 자신이 특별할 것이라는 착각 때문에 선수의 희생양이 되지 말라. 선수

가 아무나 되는 것이 아니다. 그의 뒤에는 수많은 희생양이 늘어서있다.

12. 그가 힘든 상황을 겪고 있는 것과 당신이 그의 우선순위에서 밀려나는 것은 관계가 없다. 그건 핑계일 뿐이다. 맘을 접고 나가서 뛰어라. 그를 위해 우느니 땀을 흘리는 게 낫다.

13. 물에 빠진 남자를 구하려한다면 당신도 같이 빠질 확률이 높다.

14. 자신의 비극에 끌어들이려는 남자를 경계하라. 사랑은 동정이 아니다.

15. 안정을 원한다면 카우보이타입, 자동차속도광, 노름꾼 등 스릴에 빠진 남자는 피하라. 사랑도 속도전일 테니까.

16. 확고하고 믿을 수 있는 관계를 원한다면 확고하고 믿을 수 있는 남자를 만나야 한다.

17. 사랑할수록 이성을 찾아라.

18. 혼자되는 두려움 때문에 가치 없는 남자에게 매달리지 말라. 차라리 여행을 떠나라. 결혼을 해도 당신은 혼자다.

19. 그 남자의 치명적인 결함은 호기심이 아니라 당신에게 보내는 '경고'다.

20. 허구한 날 그가 저지르는 문제를 해결해줘야 한다면 차라리 돈 받고 일하는 사회사업가가 되라.

21. 자신의 모습 그대로 최선을 다하는 게 사랑이다. 사랑은 가장무도회가 아니다.

22. 때로는 그저 안 되게 되어있는 관계도 있다. 당신 탓이 아니다.

23. 집착은 인생의 낭비일 뿐이다. 지나치게 오랜 시간 동안 몽상에 빠지거나 울면서 보낸다면 당신은 사랑을 하는 게 아니다. 집착에 빠진 것이다.

24. 이별의 이유에 대해 납득할 만한 설명을 기대하지 말라. 그도 모른다. 그냥 이별할 때가 된 것뿐이다. 그 자리에서 뒤돌아서서 빨리 떠나라. 돌아보지 말라.

25. 믿을 수 없겠지만 이별은 당신을 성장시킨다. 그리고 더 강하고 현명해진다.

26. 어떤 형태의 학대도 견디지 말라.

27. 남자를 말이 아닌 행동으로 판단하라.

28. 독립성을 잃지 말라.

29. 빨리 사랑에 빠지는 남자는 그만큼 빨리 떠난다. 한번 떠난 남자는 또 떠날 수 있다.

30. 환상과 현실의 차이를 알라. 몽상가와 현실적인 로맨티스트를 구분해라.

31. 사랑이 당신을 약하게 만든다면 그것은 사랑이 아니다. 당신에게 자신감과 용기를 주는 것이 사랑이다. 지금 울고 있는가? 고통이나 불안, 근심이 사랑이라고 믿는다면 아프리카로 떠나라. 당신의 도움이 필요한 사람이 널려있으니까.

__지식in

memo

좋은 아빠 되기 방법 12가지

1. 함께 있기(Present)

가능한 한 많이 아이 곁에 있어주어라. 아무리 함께 있는 시간의 질이 중요하다고 하지만 같이 보내는 시간이 많은 것을 대신할 수는 없다.

2. 관여하기(Engaged)

아이가 잘하는 것을 지켜봐주고 관심 있어 하는 것을 함께 즐겨라. 아이와 함께 책 읽고, 아이가 좋아하는 TV프로를 함께 시청하며, 아이에게 무엇이든 가르쳐주어라.

3. 모범적인 역할모델 되기(Exemplary)

아들에게 뿐만 아니라 딸에게도 역할 모델이 되고 있음을 항상 기억하라. 아이들은 자신의 아빠를 보며 아빠의 역할에 대해 배우고 기대하게 된다.

4. 애정 표현하기(Affectionate)

아이를 사랑하지 않는 부모는 없지만 표현하지 않으면 아무 소용없다. 아이에게 깊이 사랑하고 있음을 자주 이야기해주고 애정을 적극적으로 표현하라.

5. 공평하기(Fair)

아이는 물론 자신에게 책임감 있는 기준을 세우고 지속적으로 지키기 위해 노력하라. 편견이나 성차별적인 표현을 하지 않도록 유의하라.

6. 신나게 놀아주기(Playful)

아이 눈높이에 맞추어 놀아주는 일은 아이와 얼마만큼 실제적으로 교유하고 있는지를 보여주는 지표가 된다. 체면에 신경 쓰지 말고 아이를 행복하게 해주어라.

7. 존중하기(Respectful)

절대로 아이를 얕보거나 무시하지 말라. 아이들의 걱정과 불만과 의견을 진지하게 들어주고, 아이들을 인격적으로 대우하라.

8. 믿을 만한 모습 보이기(Authoritative)

애매한 말로 반복되는 잔소리를 하지 말고 아이를 이끌고 싶은 방향에 대해 확고하고 단호하게 설명하라. 아이의 말을 끝까지 잘 들어주고 아이와 신중하게 논의하는 습관을 들여라. 약속은 반드시 지켜라.

9. 인내하기(Patient)

소리를 지르는 일이 효과적이고 필수적인 순간은 집에 불이 났을 때 말고는 없다.

10. 지지해주기(Supportive)

아이의 꿈과 재능을 적극적으로 격려하고 지지해주어라. 아이가 기대에 못 미치더라도 아이의 상황을 이해하고 적절한 도움을 줄 수 있도록 노력해야 한다.

11. 품위 지키기(Decent)

남의 아이뿐만 아니라 내 아이와 단 둘이 있을 때에도 아이에게 예의를 지켜라. 고운 말을 사용하며 폭력적이지 않고 바르게 행동하라.

12. 술 취하지 않기(Sober)

금주가가 될 필요는 없다. 그러나 술에 취한 모습은 좋은 아빠의 모든 조건을 한꺼번에 깨뜨려버릴 수 있다.

_ i교육신문 isinmun.com (미국의 시카고 지역신문 시카고트리뷴)

가족
연애

memo

여자가 꼭 알아야할 상식 50가지

1. 유전적인 병이 있는지 확인하라.
   비록 아무런 증상이 나타나지 않았다 해도 집안 내력으로 전해지는 질병에 대해 알아두는 것이 좋다.

2. 햇볕을 많이 받는 날에는 얼굴뿐 아니라 몸에도 자외선 차단제를 발라라.
   지금 당장 눈에 보이지 않다가도 어느 한순간에 검버섯이 올라오거나 심하면 피부암을 일으킬 수 있기 때문이다. 특히 출산 후에는 그동안 보이지 않았던 검버섯들이 갑자기 나타나기도 한다.

3. 피트니스 센터나 목욕탕 탈의실에서 되도록 양말이나 슬리퍼를 신어라.
   이런 곳은 다른 곳보다 습하기 때문에 박테리아, 곰팡이 균이 번식하기 쉽고 맨발로 다니다가 옮을 수 있기 때문이다.

4. 산부인과 검사를 두려워하거나 창피하게 생각하지 말라.
   18세 이상의 여성, 특히 성관계가 있는 여성들은 더욱 염두에 두어야 할 사항이다. 정기적으로 자궁 검사를 받는 것이 좋다.

5. 탐폰을 하루 종일 사용하지 말라.

8시간마다 정기적으로 바꿔 주고, 자기 전에도 갈아 주는 것이 좋다.

6. 약을 물과 함께 먹어라.

상관없는 것도 있지만 무엇과 먹느냐에 따라 예상치 못했던 반응을 일으키거나 약효를 떨어뜨릴 수 있다.

7. 칫솔 하나를 6개월 이상 사용하지 말라.

솔이 흐트러진 칫솔은 오히려 잇몸을 상하게 할 수 있다.

8. 햇볕 아래에서 향수를 뿌리지 말라.

향수에 들어있는 몇몇 성분은 피부에 닿은 후 자외선을 받으면 선번 현상 또는 홍반을 일으킬 수 있다. 또한 여름에 맥박이 뛰는 곳에 향수를 뿌리면 체취와 섞여 이상한 향을 풍길 수 있으니 되도록 치맛단이나 발꿈치 쪽에 뿌려주자.

9. 단백질 다이어트가 무조건 좋은 것은 아니다.

중요한 것은 균형을 맞춰서 음식을 섭취해야 한다는 것이다. 탄수화물이 모자라면 수분 부족의 위험에 놓일 수 있다. 또 과일과 야채에는 질병과 싸우는 중요한 요소들이 들어 있다. 다이어트 때문에 피하고 있다면 비타민제라도 섭취해야 한다. 지방과 탄수화물, 비타민과 미네랄이 우리 몸 안에서 하는 역할은 생각보다 훨씬 크다.

11. 손을 자주 씻어라.

감기, 세균, 전염병 등 질병을 일으키는 요인들을 피하기 위한 가장 손쉬운 방법이다. 이 때 여러 사람을 거친 수건은 사용하지 말자.

12. 하루에 적어도 6~8시간 이상은 자라.

수면 부족은 다음날 몸의 리듬을 깨버리기 때문에 생활 패턴을 흐트러뜨린다. 피부 노화에도 영향을 주니 생기 있는 피부를 위해서라도 잠은 충분히 자자.

13. 물을 많이 마셔라.

수분이 부족하면 쉽게 피로해지고 피부가 건조해지며 고혈압을 일으킬 수 있다. 적어도 하루에 8잔 이상, 2리터 이상의 물을 마시도록 하자. 커피나 청량음료보다는 물과 녹차가 좋다.

14. 피임에 대한 지식을 업그레이드 하라.

새로운 방법을 접하면 그냥 지나치지 말고 주의해서 보자. 10년 전의 방법을 계속 고수한다면 지금의 내 몸에 잘 맞지 않을 수 있고 실패할 확률이 높기 때문이다.

15. 몸무게, 즉 저울이 가리키는 수치에 너무 연연하지 말라.

몸무게를 매일매일 재는 것은 오히려 다이어트를 중간에 포기하게 만드는 요인이 된다. 사람은 저마다 자신의 몸에 맞는 몸무게가 있다. 다른 사람과 비교하고 거기에 자신을 대입시켜서는 안 된다. 몸의 사이클에 따라 하루하루 달라지는 것이 몸무게다. 숫자가 줄어들지 않음으로 인해 스트레스를 받을 필요가 없다.

16. 음료수의 칼로리를 무시하지 말라.

다이어트 때문에 끼니를 거르고 음료수로 대신하는 경우가 많은데 여기에도 생각보다 많은 칼로리가 있다는 것을 알아야 한다. 특히 과일 주스에는 의외로 많은 당분이 들어 있고 많이 마시면 살이 찔 수 있다.

17. 자신의 건강에 소홀하지 말라.

여자는 어머니가 된 순간 자신의 건강에는 소홀해지기 쉽다. 남편, 자식, 가족의 건강에는 아주 민감하면서도 본인의 몸에 이상이 온 것에는 둔하거나 쉽게 지나쳐 버리는 경우가 많다.

18. 매연이 많은 곳에서 조깅하지 말라.

간혹 차들이 혼잡한 곳에서 조깅을 하는 사람을 볼 수 있는데 이는 차라리 집안에서 땀을 흘리는 것보다 못하다. 또한 황사가 심한 날 역시 마찬가지다. 야외에서 운동을 하고 싶다면 공원을 이용하거나 나가기 전에 날씨를 체크하도록 하자.

19. 운전 습관을 바르게 가져라.

안전벨트를 매는 것은 물론 휴대폰을 사용하는 것도 조심해야 한다. 그렇지 않으면 여성의 운전 실력을 비하하는 선입견은 계속될 것이다.

20. 날씬한 배를 유지하고 싶다면 임신이 된 순간부터 관리하라.

처음에 배가 많이 부르지 않았다고 방심하지 말고 꾸준히 마사지 해줘야 한다. 배 아래쪽부터 트기 시작하기 때문에 거울로 봐서는 잘 모르고 지나칠 수 있으니 주의해야 한다. 출산 후에는 복근의 근력이 현저하게 떨어지니 운동을 꾸준히 하는 것이 좋다.

21. 자연 성분이라고 해서 무조건 안심하지 말라.

특히 의사에게 진단을 받을 때 자신이 복용하고 있는 자연 식품이나 약품에 대해 반드시 설명해야 한다. 처방해 준 약과 부딪힐 수 있기 때문이다.

22. 정기적으로 콜레스테롤 수치를 재라.

콜레스테롤이 필요 이상으로 많으면 심장 질환 및 모든 성인병의 원인이 될 수 있다. 아픈 곳 없이 잘 먹고 운동을 열심히 한다고 해서 수치가 낮을 거라고 판단해서는 안 된다. 유전적으로도 수치가 높을 수 있기 때문이다.

23. 러닝화를 일 년 이상, 50마일 이상 신지 말라.

그 이상이 되면 쿠션이 줄어들고 제 기능을 똑바로 해내지 못한다. 몸에서 받는 충격을 제대로 흡수하지 못하게 되니 새 것으로 바꿔주자.

24. 과일과 야채는 항상 잘 씻어 먹어라.

유기농으로 재배된 것이라도 깨끗이 씻어 주는 것이 좋다.

25. 유방암 자가진단을 하라.

초기에 발견하면 충분히 조치를 취할 수 있다. 샤워하는 시간만 이용해도 충분하다. 또한 관련 정기 검진을 받도록 하라. 또 콜레스테롤 수치는 5년, 혈압을 위한 피검사는 2년마다 하고 시력이나 그 밖의 것들도 정기적으로 검사를 해주는 것이 좋다.

26. 예방 접종을 중간에 그만두지 말라.

중간에 그만두면 지금까지 했던 것이 무효화될 수 있고, 내성이 생겨 다음에는 효과를 보지 못할 수도 있다. 정해진 시간과 횟수를 지켜주는 것이 가장 좋다.

27. 치실 사용하는 것을 습관화하라.

칫솔과 치약을 휴대하고 다니는 것이 번거로운 경우에는 특히 치실 사용을 습관화하면 잇몸 질환까지 막을 수 있다.

28. 메이크업 카운터에 구비되어 있는 샘플을 사용할 때 주의하라.

여러 사람의 손이 거쳐 갔기 때문에 균이 옮기 쉽다. 꼭 테스트를 하고 싶다면 되도록 새로운 스펀지나 팁을 사용하고 얼굴보다는 손등에 발라 보길 권한다.

29. 시간적 · 정신적으로 여유를 가져라.

쉴 틈이 없으면 정서 불안과 스트레스를 불러온다. 계속되면 건강에 치명적일 수 있으니 취미 생활이나 스트레스 해소법을 만들어 자신을 위한 시간을 찾도록 하자.

30. 하이힐 신기를 자제하자.

7센티미터가 넘는 하이힐을 자주 신으면 등에 이상이 생길 수 있고 심하면 디스크까지 유발한다. 또 발 모양이 미워지는 것은 물론 굳은살이 생겨 혈액 순환에 영향을 미친다.

31. 너무 아플 때까지 운동하지 말라.

어딘가 다쳤거나 운동을 잘못하고 있다는 신호다. 이를 무시하고 계속 하면 다른 곳까지 영향을 미칠 수 있다.

32. 정기적으로 치과에 가라.

정기적으로 치과를 찾아 스케일링을 하고 치료를 받는 편이 좋다. 심해진 다음에는 돈과 시간만 모두를 낭비하는 수가 있다.

33. 롤러 블레이드, 자전거 등을 탈 때에는 헬멧을 착용하라.

생각지도 못한 머리 부상이 심각한 현상을 초래할 수 있으며, 헬멧을 착용하면 위험을 85퍼센트 이상 줄일 수 있다.

34. 샐러드 바에서 익히지 않은 콩을 먹지 말라.

특히 여름철에는 박테리아 감염이 쉽고 유통기한 또한 살펴볼 수 없으니 피하는 것이 상책이다.

35. 성관계 후에는 소변을 보아라.

그냥 자면 요도 감염을 유발할 수 있다.

36. 매일 똑같은 운동을 하는 것보다는 조금씩 바꿔라.

지루함을 덜어주는 것은 물론 근육도 골고루 발달시킬 수 있다.

37. 되도록 아침을 먹어라.

과일 주스, 시리얼 등 꼭 밥이 아니어도 좋다. 그렇지 않으면 다음 끼니를 너무 많이 먹게 되거나 공복이 길어져 오히려 살이 찔 수 있다.

38. 되도록 소리 내어 많이 웃어라.

엔도르핀이 많이 생성되면 스트레스 수치가 낮아지고 건강해지며 예뻐질 수 있다. 또한 일상이 즐거워진다.

39. 정신적인 스트레스를 무시하지 말라.

남자 친구의 심한 간섭을 참고 넘기는 것부터 직장 내의 문제에 이르기까지 부당한 것은 문제화시키고 해결책을 찾아야 한다. 정신 건강은 모든 신체 건강의 기본이다. 참고 넘기다보면 과다한 스트레스와 우울증을 야기할 수 있다.

40. 기분 좋은 키스는 건강에도 영향을 미친다.

하루 종일 긍정적인 방향의 에너지가 생성되도록 해주며, 1분에 2칼로리씩 열량을 줄여 주기도 한다.

가족
연애

41. 긍정적인 사고방식을 갖고 마음을 다스리는 법을 배우자.

잘못을 저지른 사람도 되도록 용서하고 여유를 찾자. 그렇지 않으면 스트레스가 계속 쌓이게 되고 심장병까지 일으킬 가능성이 높아진다.

42. 조금씩 여러 번 먹는 것이 반드시 더 좋은 것은 아니다.

물론 폭식보다는 조금씩 나누어 먹는 습관이 낫다지만, 이러한 식습관은 혈당을 높게 유지하며 체지방 축적을 빠르게 한다. 최대한 먹는 시간을 규칙적으로 정하자.

43. 산소 소모율이 높은 운동을 하기 위해서는 격렬한 운동을 단시간 하는 것보다 낮은 강도로 오래 운동하는 것이 효과적이다.

44. 과일은 아무리 먹어도 좋다는 것은 잘못된 생각이다.

많이 먹으면 생각보다 열량이 높다. 특히 식후 디저트로 과일을 많이 먹는데, 이때도 많이 먹으면 혈당을 지나치게 높일 수 있으므로 주의해야 한다. 간식으로 먹는 것이 더 좋다.

45. 비만이 기름진 음식 때문만은 아니다.

가장 큰 것은 섭취와 소비의 불균형이다. 적정 체중을 만들려면 좀 더 적게 먹고(20퍼센트 식사량 감소) 좀 더 많이 움직여야 한다(30분 이상 운동). 다이어트 보조제 역시 운동과 함께해야 체중 감량의 효과를 제대로 볼 수 있다.

46. 여름에 하는 성형수술은 관리가 필요하다.

염증이 생기거나 상처가 잘 아물지 않는 원인은 수술 후 관리가 어떠했는가에 따라 결정된다. 여름에 주의해야 할 것은 물과 땀. 일정기간 수술한 실밥 부위에 물기가 닿지 않도록 하며 격한 운동을 피하고 땀이 나면 재빨리 마른 수건 등으로 톡톡 두르려 닦아 낸다. 자외선도 반드시 차단해야 한다.

47. 자꾸만 새로운 것을 찾고 단번에 효과를 기대하는 것은 위험하다.

기본적인 충고에 귀를 기울이고 본인의 습관과 비교해 봐야 할 것이다. 적은 노력으로 큰 기대를 하는 것은 일회용이 될 수 있다.

48. 다리를 꼬는 습관을 고쳐라.

이 버릇은 허리에 무리를 주고 척추를 휘게 만든다. 그리고 결국 혈액순환에 지장을 주게 된다. 몸무게를 엉덩이 양쪽에 똑같이 골고루 준다고 생각하고 의자에 앉아라.

49. 유언장을 미리 만들어 놓자.

불의의 사고로 내 의사를 표현할 수 없을 때를 위해 준비해 두는 것이 필요하다. 미래를 계획하고 자신을 돌아볼 계기가 될 것이다.

50. 커피를 너무 많이 마시지 말라.

커피의 수많은 효능에 대해 언제나 의견이 분분하지만 하루에 3잔 이상은 분명 많은 양이다. 카페인을 과다 섭취하면 이뇨 작용이 활발해지고 변비를 일으킬 수 있으며, 칼슘의 흡수를 막아 골다공증의 원인이 된다. 또한 신경이 날카로워지고 스트레스를 줄 수도 있다.

_지식in

memo

엄마가 딸에게 해주는 당부 37가지

1. 하루 시작은 30분쯤 앞당겨라.
2. 자리에서 일어나면 침구를 반듯하게 정리해라.
3. 욕실 거울은 맑게 닦고, 젖은 신발을 그대로 두지 말라.
4. 화장을 하고 나면 주변은 처음처럼 정돈해라.
5. 눈은 맑게 닦아라.
6. 몸은 청결하게 해라.
7. 일주일에 한 번 이상 치마를 입어라.
8. 앉을 때는 가지런히 다리를 모아라.
9. 기쁠 땐 목젖이 보이도록 웃어라.
10. 자신을 아끼고 예쁘게 여겨라.
11. 방은 가장 귀한 손님이 오시는 것처럼 정돈해라.
12. 볼일이 끝난 뒤엔 화장실에 추한 냄새를 남기지 말라.
13. 외출에서 돌아오면 신발을 정리해라.
14. 남보다 조금 더 밥 잘 할 수 있는 기술을 익혀라.
15. 20대를 전후하여 평생 머리맡에 둘 책 한두 권을 결정해라.
16. 그 외에는 일주일 이상 같은 책을 두지 말라.
17. 책상 위에는 컴퓨터만 고집하지 말고 시집도 두어라.
18. 하루에 한 번은 자신을 정직하게 투시해라.
19. 함께 먼 밤길을 동행해 줄 친구를 만들어라.

20. 어른들 말씀 중에는 무릎을 꿇고 눈빛을 낮추어라.

21. 마음이 시키는 것에 용기 있게 도전해라.

22. 귀는 열어 두더라도 혀는 함부로 쓰지 말라.

23. 일상 속에 예술적 감각을 끌어들여라.

24. 자신감과 열등감을 무기로 삼아라.

25. 세상이 가르쳐 준 손익계산서에 집착하지 말라.

26. 완전한 어른을 기대하지 말라.

27. 마음의 병은 자연으로 치료받아라.

28. 지식은 머리에만 두지 말고 몸으로 끌어내라.

29. 부자를 꿈꾸되 많이 가지지 말라.

30. 부정을 긍정으로 바꾸어라.

31. 남는 것으로 베풀지 말고, 있는 것으로 나누어라.

32. 높은 것만을 고집하지 말고, 때로는 즐겁게 낮추어라.

33. 큰 것을 볼 땐 작은 것을 놓치지 말라.

34. 교과서를 탐독해라. 그리고 버려라.

35. 결과에 집착하지 말라.

36. 자신 앞에 신을 모셔라.

37. 하루의 끝은 감사 기도로 마쳐라

__지식in

자녀를 리더로 만드는 스피치 10계명

1. "미안하다", "감사하다"를 입에 달고 살도록 하라.
   말하기는 습관이다. 어렸을 때 버릇들이지 않으면 커서는 고치기 힘들다.

2. 존댓말은 말 배울 때부터 가르치라.
   부모가 자녀에게 존댓말을 사용하면 아이도 따라하게 마련이다.

3. 남의 말을 경청하게 하라.
   남의 말을 잘 들으면 친구들을 잘 사귈 수 있다.

4. 자녀가 할 말을 대신하지 말라.
   아이가 생각을 정리해 말할 수 있는 능력이 안 생긴다. 말을 못하더라도 맞장구를 치며 끝까지 들어주도록 한다.

5. 말하기 매너도 가르치라.
   말하면서 머리를 만지작거리는 등의 나쁜 습관은 빨리 고쳐준다. 그러려면 아이가 말할 때 부모는 하던 일을 멈추고 열심히 들어주는 게 우선되어야 한다.

6. 발표문은 스스로 쓰게 한다.

어려서부터 발표문을 스스로 써봐야 남 앞에서 자연스런 말투로 발표하는 능력이 길러진다. 거창하지 않은 주제를 잡아 쉬운 단어로 쓰게 한다.

7. 때와 장소에 맞게 말하도록 하라.

아이가 다른 사람 앞에서 눈치 없이 얘기할 경우 야단치지 말고 그 말이 어떤 나쁜 결과를 가져오는지 나중에 쉽게 설명한다.

8. 논리적으로 말하게 하라.

개인감정을 앞세우지 않고 원인과 결과를 정확하게 갖춰 말하도록 한다. 풍부한 독서는 사고의 토대가 된다.

9. 긍정적으로 말하게 하라.

부모가 먼저 긍정적인 표현을 사용한다. 자녀의 기를 살려준다고 거친 말투나 욕을 해도 그냥 두면 아이를 망친다.

10. 주제가 있는 토론을 자주 하라.

성적, 친구 등 개인 신상에 관해서만 얘기하면 부모와 대화하기를 싫어한다. 시사문제, 국제흐름 등 폭넓은 주제로 토론해본다.

__이정숙

행복해지는 법 13가지

1. 나 자신을 위해서 꽃을 산다.
2. 날씨가 좋은 날에는 석양을 보러 나간다.
3. 제일 좋아하는 향수를 집안 곳곳에 뿌려 둔다.
4. 하루에 세 번씩 사진을 찍을 때처럼 환하게 웃어본다.
5. 하고 싶은 일을 적고 하나씩 시도해본다.
6. 시간 날 때마다 몰입할 수 있는 취미를 만든다.
7. 음악을 크게 틀고 내 마음대로 춤을 춘다.
8. 매일 나만을 위한 시간을 10분이라도 확보한다.
9. 고맙고 감사한 것을 하루 한 가지씩 적어 본다.
10. 우울할 때 찾아갈 수 있는 비밀장소를 만들어둔다.
11. 나의 장점을 헤아려 본다.
12. 멋진 여행을 계획해 본다.
13. 내일은 오늘보다 무엇이 나아질지 생각한다.

__지식in

활기차지는 법 10가지

1. 오디오타이머를 이용하여 자명종 대신 음악으로 잠을 깬다.
2. 기상 후에는 바로 생수를 한잔 마신다.
3. 아침 식사를 거르지 않는다.
4. 즐거운 상상을 많이 한다.
5. 고래고래 목청껏 노래를 부른다.
6. 편한 친구와 만나 툭 터놓고 수다를 떤다.
7. 꾸준히 많이 걷는다.
8. 햇빛이랑 장미꽃이랑 친하게 지낸다.
9. 거울 속의 나와 자주 대화를 나눈다.
10. 박수와 칭찬을 아끼지 않는다.

__지식in

새로워지는 법 10가지

1. 평소에 다니던 길이 아닌 길로 가본다.
2. 현재의 가장 큰 불만이 뭔지 생각해본다.
3. 고민만 하던 스포츠센터에 등록한다.
4. 일주일, 혹은 한 달에 한 번 서점 가는 날을 정한다.
5. 존경하는 사람의 사진을 머리맡에 둔다.
6. 일주일에 한 개씩 시를 외운다.
7. 생각은 천천히, 행동은 즉각 한다.
8. 어제 했던 실수를 한 가지 떠올리고 반복하지 않는다.
9. 할 일은 되도록 빨리 끝내고 여유 시간을 확보한다.
10. 10년 후의 꿈을 적어본다.

__지식in

사랑스러워지는 법 15가지

1. 거울 속의 자신에게 미소 짓는 연습을 한다.
2. 사람들의 좋은 점을 찾아내 칭찬의 말을 건넨다.
3. 나 자신의 잘못은 인정하고 잘한 일은 침묵한다.
4. 상대방의 말에 맞장구를 팍팍 쳐준다.
5. 고맙고 감사한 마음은 반드시 표현한다.
6. 때로는 큰 잘못도 눈을 감아준다.
7. 파트너를, 아이들을, 나 자신을 존중한다.
8. 매 순간 누구에게나 정직하자.
9. 나 자신을 가꾸는 일에 게을러지지 않는다.
10. 아무리 화가 나도 넘지 말아야 할 선은 넘지 않는다.
11. 진정 원하는 것은 진지하게 요구한다.
12. 나 자신과 사랑에 빠져보자.
13. 갈등은 부드럽게 차근차근 푼다.
14. 소중한 사람들에게 진심 어린 편지를 쓴다.
15. 마주치는 것들마다 감사의 마음을 갖는다.

__지식in

차분해지는 법 15가지

1. 해주고 나서 보답을 바라지 말자.
2. 스트레스를 피하지 말고 그대로 받아들이자.
3. 할 일을 내일로 미루지 말고 지금 시작하자.
4. 울고 싶을 땐 소리 내어 실컷 울자.
5. 숨을 깊고 길게 들이마시고 내쉬어 보자.
6. 잠들기 바로 직전에는 마음과 몸을 평안히 하자.
7. 상처받는 것을 두려워하지 말자.
8. 하고 싶은 말은 하자.
9. 인생은 혼자라는 사실을 애써 부정하지 말자.
10. 이대로의 내 모습을 인정하고 사랑하자.
11. 나 자신을 위한 적당한 지출에 자책감을 갖지 말자.
12. 할 수 없는 것에 대한 욕심을 버리자.
13. 다른 사람은 나와 다르다는 것을 인정하자.
14. 하루 일을 돌이켜 보는 명상의 시간을 갖자.
15. 잔잔한 클래식을 듣자.

__지식in

수줍음을 극복하는 7가지 방법

1. 다른 사람들과 적극적인 교제를 하라.
   사람들과 교제를 잘하면 사회에 나가서도 순조롭게 적응할 수 있다.

2. 남의 앞에 나서는 것을 두려워하지 말라.

3. 설사 무일푼이 된다 하더라도 가난해져서는 안 된다.
   무일푼은 일시적인 상태지만 가난은 사람의 다리를 얽매이고자 한다.

4. 불가능하다는 말은 절대 쓰지 말라.

5. 사람들에게 상냥하게 대하라.
   남에게 호감을 받는 계기가 되고, 사람들과 이야기함으로써 소심한 성격이 개조된다.

6. 상대방을 기분 좋게 하고 희망을 줘라.

7. 친구를 얻기 위한 가장 위대하고 간단한 말을 익혀 두라.
   '나는 당신을 자랑스럽게 생각하고 알고 있음을 기쁘게 생각한다' 는 말은 친구를 만들고, 그 들로 인하여 소심함을 극복하는데 도움이 된다.

__엘마 윌러

실천하면 건강해지는 24가지 비결

1. 머리를 두들기라.

손가락 끝으로 약간 아플 정도로 머리 이곳저곳을 두들기는 것이다. 두피가 자극되어 머리도 맑아지고 기억력이 좋아진다. 빠지던 머리카락이 새로 생겨나고, 스펀지 머리(두피가 떠있는 상태)가 치유되며, 머리카락에 산소와 영양분이 원활히 공급되므로 윤기가 흐른다.

2. 눈알을 사방으로 자주 움직여라.

눈알을 좌우로 20번, 상하로 20번, 대각선으로 20번, 시계방향으로 회전하여 20번, 시계 반대방향으로 20번, 손을 비벼서 눈동자를 지그시 눌렀다가 번쩍 뜨기를 20번을 하면 시력이 좋아지고 실제로 안경이 필요 없어져 버리는 경우들이 있다. 눈을 혹사하여 피곤한 사람들은 눈을 들어 멀리 푸른 숲 등을 바라보거나 눈을 감고 휴식하는 시간이 필요하다.

3. 콧구멍을 벌려 심호흡하라.

특별히 맑은 공기를 심호흡하는 습관을 가져야 한다. 유명한 정신과 의사인 알렉산드 로렌박사는 정신질환자의 대부분이 가슴호흡만 하고 심호흡을 하지 않는다는 사실을 알아냈다. 폐세포는 페록시즘이란 해독기관이 잘 발달되어 있어서 각종 유해물질을 처리한다. 그러므로 심호흡을 하면 각종 유해 물질을 배출하여 건강에 도움이 된다. 뿐만 아니라 머리가 맑아지고 기억력이 좋아져 학생들은 공부를 잘하게 되며 노인들은 치매를 예방할 수 있다.

4. 혀를 자꾸 입안에서 굴리라.

혀를 가지고 입천장도 핥고, 입 밖으로 뺐다 넣었다, 뱅뱅 돌리고 혀 운동을 하는 것이다. 침은 회춘 비타민이자 옥수라고 했다. 평소 식사 때도 충분히 꼭꼭 씹어 먹으면 충분한 침이 들어가 소화 잘되어 건강에 좋다. 그러나 가래 같은 탁한 것은 뱉어 버려야 한다.

5. 잇몸을 마사지하라.

손가락으로 잇몸을 눌러서 비비며 마사지한다. 그리고 치아를 위아래를 조금씩 두드려 주는 것이 치아를 건강하게 만드는 방법이다. 이는 '고치법' 이라고 하여 치아를 단련시키는 방법 중 하나다.

6. 즐거운 노래를 부르라.

우울하고 슬픈 일을 당했을 때도 흥겨운 노래를 여러 번 되풀이 마음으로 노래하면 기쁜 마음이 회복되고 생의 활기를 찾을 수 있다. 마음의 노래는 사랑과 행복을 깨닫게 한다.

7. 귀를 당기고 부비고 때리라.

귀를 잡고 당기고 비틀고 부비고 때리는 것이 건강에 좋다. 이렇게 하면 식욕을 억제하여 비만을 예방하거나 치료해 주며 깊은 수면을 취하는데 도움이 된다. 또 신장, 비뇨, 생식기 계통의 기능이 활성화되도록 돕는다.

8. 얼굴을 자주 두드려라.

손바닥으로 살짝 아플 정도로 얼굴을 두드리면 혈관계통이 활성화되어 혈압, 동맥경화 등의 치료를 돕고 혈색이 좋아져 아름다운 얼굴이 된다. 허리통증을 자주 느끼는 사람들은 코 바로 밑에 인중을 두 번째 손가락으로 지그시 누르거나 문지르면 효과가 있다.

9. 어깨와 등을 마사지 하라.

스스로 하기 어려운 어깨와 등은 가족이나 친구끼리 서로 해준다. 머리 뒤쪽과 어깨는 스스로 지그시 누르고, 엄지와 다른 손가락으로 움켜잡고 지그시 누르는 지압을 하면 피로가 풀린다. 또 중풍을 예방하며 우리 몸의 각 장기들을 강화시켜준다.

10. 배와 팔다리를 두들기라.

배와 팔다리를 약간 아플 정도로 자주 두들기면 소화가 잘 되며 피곤이 풀리고 새로운 활력을 느낄 수 있다. 양쪽 무릎을 두 손으로 두들기면 관절에 아주 좋다.

11. '곡도'를 강화하라.

곡도라는 것은 항문을 말한다. 대변을 본 후 한 손끝에 비누칠을 해서 흐르는 물로 항문을 깨끗이 한다. 노인들 중에는 체온기를 항문에다 집어넣으려고 하면 헐렁헐렁해서 빠진다. 그런데 어린 아이들은 항문에다 체온기를 넣기가 어려울 정도로 항문에 힘이 있다. 죽을 사람들은 항문에 힘이 빠져서 열린다. 사람은 어떤 면에서는 항문의 힘으로 사는 것이라고 할 수 있다. 항문을 오므리듯이 당겨주는 풀어주는 것을 반복하는 훈련을 꾸준히 하면 성적 능력도 강화된다.

12. 손바닥을 부딪쳐 박수를 치라.

소리가 나는 것이 싫으면 한쪽 손은 주먹을 쥐고 손바닥을 교대로 치면 된다. 손바닥을 힘 있게 치면 한 번 칠 때 마다 약 4천개의 건강한 세포들이 생겨난다.

13. 발을 자극하라.

발마사지는 심신의 피로를 풀고 활력을 주는데 좋다. 발바닥을 주먹으로 치고, 발가락을 전후좌우로 돌리며 비틀고, 발가락 사이를 지그시 약간 아플 정도로 눌러 마사지를 하며 발목을 돌려 운동하면 된다. 발바닥을 엄지손가락으로 지그시 이곳저곳을 눌러 지압하면 숙면을 취하게 된다.

14. 스트레칭을 하라.

두 팔을 들어 깍지를 끼고 온 몸을 쭉 뻗어 왼쪽으로 비틀어 4~5초, 오른쪽으로 비틀어 4~5초, 뒤로 젖히며 4~5초, 몸을 왼쪽으로 젖히며 4~5초, 몸을 오른쪽으로 젖히며 4~5초를 반복하여 스트레칭을 하면 온 몸의 건육이 강화되며 신체에 활력을 얻을 수 있다.

15. 걷거나 뛰어라.

걷거나 뛰는 것은 진신운동이며 운동 중에 최고이다. 온몸의 장기가 다 망가진 사람도 처음에 가볍게 걷다가, 나중에 체력이 강해져서 뛰면 온몸의 장기가 다시 살아난다.

16. 골고루 먹되 소식하라.

의학의 아버지라는 히포크라테스는 “음식으로 고치지 못하는 병은 약이나 의사도 고치지 못한다"고 했다. 특히 육식은 되도록 안하는 것이 좋다. 동물이 죽으면 즉시 부패균이 증식되는데 1g의 육류 속에는 3천만에서 1억 이상의 세균이 들어 있다. 육식동물은 육류 섭취 때 생기는 독성물질인 요산을 분해시키는 효소가 있지만 인간은 이 효소가 없다. 따라서 육류를 먹고 생기는 요산의 독성을 중화시키기 위해서 칼슘을 끌어내어 쓰기 때문에 골다공증 치아손상을 일으킨다. 그리고 중화 작용 중 생기는 칼슘 요산 결정체들이 체내 곳곳에 정체되어 통풍, 관절염, 활액낭염, 류머티즘, 동맥경화, 부종, 요통, 백내장, 신장석, 담석증, 피부노화 등이 발생한다. 그러므로 야채와 과일을 골고루 먹는 것이 건강에 좋다. 미국의 한 보고에 의하면 순수 채식주의자는 동·식물 잡식성에 비해서 암 사망률이 39%나 낮았다.

17. 깨끗한 물을 자주 마시라.

하루에 콜라 한 병이면 1년에 대략 5Kg의 체중이 불어나기 때문에 콜라 좋아하는 미국인들에게 비만이 많다. 정수된 생수를 마시면 혈액순환 촉진되며 생리적 포도당의 발생한다. 또 세포의 신진대사와 모관 작용, 신장과 간장의 세척 작용이 원활히 이루어지기 때문에 생수를 마시지 않는 사람은 몸에 노폐물이 축적되어 노화가 빨리 찾아온다. 사람의 체세포는 16~18시간 정도에 분열작용이 이루어지고 있으므로 충분히 물을 마셔 신진대사의 부산물을 내보내야 한다.

18. 즐거운 부부생활을 하라.

성행위하는 남녀의 기관은 전신의 골수, 근육, 신경, 혈관 등 각 조직 기관과 정신을 비롯해 심신의 모든 점과 선과 면이 포함된다. 그래서 애정이 깊은 부부는 암과 각종 질병의 치유능력이 뛰어나다. 사랑받는 세포들은 암까지 이길 수 있다. 한번 사랑을 나누면 72시간 동안 모든 세포가 행복해져서 활발하게 병균과 싸워 이긴다. 부부가 서로 사랑할 때 '프로스타그란딘' 이란 물질이 분비되는데, 이 물질은 몸에 해로운 활성산소를 없애고 혈관을 넓혀 심근경색, 뇌경색을 치료해 주며 정신분열증이나 치매까지 예방해 준다. 또 모든 사람의 손은 300에서 900 나노미터의 전기 에너지를 발산하기 때문에 서로를 어루만지며 사랑하면 신체의 면력기능을 강화시켜준다.

19. 잘 자고 쉬라.

보통 사람이 건강을 유지하려면 7시간 이상 푹 자는 것이 좋다. 10시나 11시에 자고 새벽에 일어나 산책하거나 독서나 기도를 하면 건강에 도움이 된다. 하루를 살아 갈 때 짬짬이 차를 마시며 휴식을 취하라. 미 육군에서 8시간을 계속 행군시킨 부대와 50분 행군 후 10분 휴식을 취한 부대를 비교해 보니 휴식을 가진 부대가 훨씬 멀리 낙오병 없이 갈 수 있었다.

20. 두뇌훈련을 하라.

현재 미네소타 의과대학 신경과학과 교수인 김대식 박사는 "뇌를 알면 놀면서도 1등 하는 방법이 있다"고 했다. 그가 말하는 두뇌훈련 방법을 보자.

A. 연결시켜 기억하라.

새로운 정보와 이미 알고 있던 정보 사이에 연결고리를 연상하는 것이다.

B. 양손을 사용하라.

뇌는 서로 비슷하게 생긴 우뇌와 좌뇌로 이루어져 있다. 양손을 사용한다면 뇌를 균형적으로 발달시킬 수 있다.

C. 잠자기 직전에 공부하라.

잠자기 전, 꿈꾸기 전에 외운 것이 더 잘 기억된다.

D. 외우지 말고 이해하라.

인간의 뇌는 주변 환경을 분석하고 이해하면서 작용하도록 진화해왔다. 뭔가를 배운다면 이것을 왜 배우고 공부해야 하는지 뇌에게 잘 '설명' 하면 좋은 결과를 얻을 수 있다.

E. 오래 사귈수록 나쁜 게 TV다.

TV는 한꺼번에 방대한 양의 정보를 주기 때문에 뇌가 정보를 수동적으로 받아들인다. 이것이 반복되다보면 나중에 뇌가 새로운 정보를 능동적으로 얻고 처리하는데 방해가 된다. 2~3일 동안만이라도 TV을 키지 말라. 전과는 다르게 머리가 맑아진 것을 느낄 수 있다.

F. 일상적인 것에 반대하라.

우리의 뇌는 변화를 즐긴다. 틀에 박힌 단조롭고 변화가 없다는 것은 뇌가 싫어한다.

G. 여행하라.

여행은 뇌를 재충전하고 깨어있게 하는 좋은 방법이다. 이국적인 곳을 여행할수록 풍부한 자극을 경험하게 된다. 뇌의 환경이 결정되는 12세 전후이므로 여행은 빨리 할수록 좋다. 새로운 장소나 다양한 인종, 이국적인 음식들을 접하면 뇌의 활동에 도움이 된다.

H. 새로운 것을 먹어라.

한번도 먹어보지 못한 다른 나라 음식은 뇌에 새로운 자극을 줘 일상생활에 지쳐 있는 머릿속을 상쾌하게 만들어준다.

I. 도전하고 배워라.

뇌는 도전을 즐긴다. 외국어를 배우거나, 붓글씨를 써보거나, 모형비행기를 조립하거나, 도자기를 만들거나, 그림을 그리거나, 새로운 것이라면 무엇이라도 좋다.

J. 남을 따라 하지 말라.

뇌는 도전도 좋아하지만 모방도 잘한다. 하지만 뇌가 배우고 기억하는 능력을 높이기 위해서는 다른 사람과 같아지려 하는 뇌의 명령을 거부해야 한다.

21. 기도하라.

기도는 초자연적인 능력을 우리 속에 역사하도록 힘을 끌어드리는 겸손한 행위이다. 기도하는 사람은 자기의 염려와 근심을 맡겨버릴 수 있어서 건강에 좋다.

22. 소리 내어 웃어라.

정말 기뻐서 소리 내어 웃으면 건강에 아주 좋다. 별로 우습지 않는데도 손바닥을 치며 소리 내어 웃으면 정말 기뻐서 웃을 때의 98%까지 효과가 있다. 미국 덴버에 사는 관절염으로 온몸이 심히 뒤틀린 한 사람은 유머가 있는 비디오를 빌려다 보며 의도적으로 웃으며 치료를 시도하여 뒤틀렸던 팔다리와 관절이 회복되었다.

23. 덕담을 나누라.

덕담은 좋은 인간관계를 만드는 밧줄이 된다. 특히 칭찬하는 말은 행복을 증진시키고 용기를 준다. 인간의 모든 세포는 언어중추에 의해 지배받기 때문에 명랑한 언어, 서로 격려하는 언어를 생활화 하라. 불평대신 감사를 말하라. 당신은 여러 행복한 사람들에 둘러싸여 행복해지고 건강해 질것이다.

24. 즐거운 마음으로 일하라.

무슨 일이든 감사한 마음으로 성실하게 최선을 다하라. 떠오르는 아이디어를 기록하면서 보다 성실하게 일하려 노력하는 것은 당신을 행복하고 건강하게 해준다. 그리하면 당신이야말로 당신의 가족과 친구들을 행복하게 해주는 사람임을 알게 된다. 앞으로 20~30년 동안 무슨 일을 할 때가 가장 행복할 지 스스로에게 물어보고 정말로 하고 싶은 일을 하라. 즐기면서 하는 일은 행복과 건강이 따라온다.

__지식in

memo

생활 속에서 챙기는 2분 건강법 26가지

1. 칫솔 검사하기 – 병은 입으로부터

10초▶ 오래된 칫솔은 치아에 해롭다. 미국치과협회(American Dental Association)의 케네스 버렐 박사는 칫솔은 3~4개월에 한 번씩 정기적으로 교체해야 하며 칫솔모가 휘거나 변색되면 즉시 새것으로 교체해야 한다고 말한다. 또 어떤 사람들은 칫솔을 험하게 사용해서이보다 더 자주 교체해줘야 한다고 덧붙였다.

2. 잠깐 산책하기 – 산소가 필요해

2분▶ 유산소 운동의 효과를 얻기 위해 꼭 마라톤을 해야 하는 것은 아니다. 2분만 걸어도 텔레비전을 보면서 가만히 앉아 있는 것보다 4배의 칼로리를 소모한다. 매일 잠깐이라도 꼭 걸어라. 1년이면 거의 450g의 지방을 태워버릴 수 있다.

3. 오이샌드위치 만들기 – 비타민섭취

1분 30초▶ 바로 만들어 먹을 수 있는 간식이 필요하다면 껍질을 벗기지 않은 오이를 얇게 자른 것과 물냉이를 식빵 사이에 놓고 무지방 사워크림이나 마요네즈 넣어 오이샌드위치를 만들어보자. 시카고 향과 미각 연구재단(Taste Research Foundation)의 신경계 디렉터이자 의학박사인 앨런 허쉬는 이 샌드위치 하나로 시력 유지에 꼭 필요한 비타민 A 하루권

장량의 3분의 1을 섭취할 수 있고, 향긋한 오이향은 기분을 고조시키고 초조함을 감소시키는 효과가 있다고 말한다.

4. 매트리스 검사하기 – 척추는 몸의 기본

40초▶ 등을 보호하는 가장 빠른 방법이다. 침대 시트를 벗겨 매트리스의 표면에 패브릭이 닳은 흔적이 있는지 살펴보자. 닳은 흔적이 많을수록 매트리스의 스프링 상태가 나쁜 것이고, 이는 척추 건강을 해칠 위험에 더 많이 노출되어 있다는 것이다. 숙면연구위원회(The Better Sleep Council)에서는 매트리스의 가치를 정확히 파악하기 위해서 다음의 질문들을 생각해보라고 한다. 1년 전보다 숙면을 취하는 밤이 더 적지는 않은가? 푹 자고 일어났는데도 몸이 찌뿌드드하고 쑤시지는 않은가? 만약 이런 질문에 하나라도 해당된다면 매트리스를 새로 장만할 필요가 있다.

5. 자동차 운전석 조절하기 – 생사의 간격

20초▶ 자동차 운전석을 최대한 편하게 뒤로 밀자. 그리고 좌석 등받이를 기울여 에어백패널에서 가슴까지의 거리를 최대한 25cm는 되게 하라. 에어백이 터지더라도 머리를 향해서가 아니라 가슴을 향해서 터질 수 있도록 말이다. 그러면 에어백 사고로 인한 질식 등의 부상을 줄일 수 있다.

6. 숨쉬기 연습하기 – 혈중산소량

30초▶ 최근 이탈리아의 한 연구 결과에 의하면 호흡 트레이닝을 받은 심장환자의 경우 1분당 13.4 호흡에서 6 호흡까지도 조절할 수 있었다고 한다. 결과적으로 휴식하고 있는 혈중 산소 레벨을 증가시켜 호흡 문제를 덜 겪으며 더 오래 운동할 수 있게 할 수 있다는 뜻이다.

7. 바나나 먹기 – 혈압강하제

45초▶ 바나나 1개에는 평균 650mg의 칼륨이 들어 있다. 이는 조금이나마 혈압을 떨어뜨리기에 충분한 양이다. 특히 한국인들처럼 소금과 고춧가루가 많이 들어간 식단으로 생활하는 사람들에게 많이 나타나는 부종 등의 고염도 식단의 증상을 완화할 수 있다.

8. 온라인 청력 테스트하기 – 내 귀에 도청장치가?

2분▶ www.selftestonline.com에 가면 24개의 문항에 응답하는 과정을 통해 청력 자가 진단을 할 수 있다. 이 청력분석을 통해 자신의 귀가 온갖 배경의 소음 및 잔향과 일상생활의 대화를 어떻게 처리해내는지 알게 될 것이다.

가족 연애

9. 전신 스트레칭하기 – 뒤끝이 중요해

2분▶ 운동 후 반드시 이 동작으로 마무리하자. 바닥에 앉아 오른쪽다리는 쭉 펴고 왼쪽다리는 구부려서 숫자 4모양이 되도록 하고, 왼쪽발바닥이 오른쪽다리의 허벅지에 닿게 하자. 이때 오른손은 오른쪽발목이나 오른발엄지발가락에 닿도록 한다. 이 동작 하나로 오른쪽 장딴지, 아킬레스 건, 무릎 뒤쪽, 엉덩이, 무릎, 둔근, 등 아래쪽 근육, 어깨, 팔, 팔목을 스트레 할 수 있다. 30초에서 1분간 스트레칭동작을 유지하다가 발을 바꾸어 반복한다.

10. 무슨 요리를 하든 콩 첨가해먹기 – 무지막지한 콩

15초▶ 말 그대로 무엇을 요리하든 두부, 두유, 콩가루 등을 첨가하자. 맛에서는 별 차이를 느낄 수 없지만 건강상의 이득은 무지막지하다. 로스앤젤레스의 체다-시나이 메디컬 센터의 연구원들은 일주일에 여러

번 콩을 섭취하면 전립선암과 심장계 질환을 예방할 수 있다고 말한다. 영국의 식품연구기관은 콩 섭취는 백내장에 걸릴 확률을 줄여준다고 발표했다.

11. 약사와 상담하기 – 부작용에는 약도 없다

2분▶ 미국 약사협회의 보고에 의하면 매년 25만 명이 새로 처방 받은 약과 오래 전에 처방 받은 약을 섞어먹거나 처방받은 약을 다 먹지 않는 등 처방전을 무시하기 때문에 사망한다고 한다. 처방 받은 약의 부작용에 대해 약사에게 물어보자. 혹시 특정 약과 함께 복용해서는 안 되는지, 도중에 복용을 중지하면 어떤 부작용이 있는지 알아보라. 박테리아의 증식을 막을 수 있으며 따라서 그 수 역시 줄일 수 있다.

12. 고기는 요리하기 전에 양념하기 – 반갑다 양념아

20초▶ 캔자스 주립대학 연구원들은 갈아놓은 생고기에 어떤 양념을 많이 하는 것이 대장균을 포함한 미세병원균의 수를 감소시키는데 도움을 준다는 것을 알아냈다. 햄버거에는 정향(마늘 뿌리)이 가장 큰 억제 효과가 있었으며, 소시지에는 마늘이 가장 효과가 있다고 한다.

13. 눈감기 – 그렇게 깊은 뜻이?

2분▶ 직장에서 팔자 좋게 낮잠을 잘 수 있는 사람이 얼마나 될까. 그렇지만 여기 낮잠만큼 효과가 있는 게 있다. "파워수면(Power Sleep)"의 저자인 제임스 마스 박사에 의하면 의자에 뒤로 기대 눈을 붙이고 1~2분이라도 긴장을 푸는 것이 잠깐 낮잠을 자는 것만큼이나 효과가 있다고 한다. 이는 일에 집중력을 높이고 중요한 일을 신속하게 결정할 수 있게 한다.

14. 밀크티 한 잔 마시기 – 현명한 영국인들

1분 30초▶ 밀크티가 피부암 발생 위험을 감소시킬 수 있다고 한다. 호주의 한 연구 결과에 의하면 매일 우유가 10% 정도(보통 우유에는 3.25%의 지방이 들어 있다) 들어간 홍차를 마신 쥐가 물이나 우유만 마신 쥐보다 피부암 발생률이 50%나 낮았다고 한다. 아직 사람을 상대로 실험을 해볼 필요가 있긴 하지만 연구원들은 홍차의 항산화 요소가 발암물질을 억제한다고 보고 있다.

15. 다크초콜릿 한 조각 먹기 – 블랙의 판정승

40초▶ 초콜릿에는 우리 몸에 해로운 LDL 콜레스테롤의 산화를 억제해 심장 질환을 예방하는 물질인 페놀이 가득하다. 초콜릿을 먹을 때는 다크초콜릿을 먹도록 하자. 밀크초콜릿은 칼로리도 높고 콜레스테롤과 포화지방의 수치도 더 높다.

가족 연애

16. 팔굽혀펴기 – 내무반 건강법

45초▶ 체육관에 가기엔 너무 바쁘다면 잠깐 틈을 내서 팔굽혀펴기 20개만 하자. 체육관에 가서하는 운동만큼의 효과를 얻는다고는 말할 수는 없지만 팔, 등, 어깨, 가슴이 강해질 것을 느낄 수 있다.

17. 아몬드 한 줌 먹기 – 전립선의 벗

15초▶ 한 연구 결과는 아몬드와 같이 비타민 E가 풍부한 식품이 폐와 전립선의 종양세포를 억제한다고 전했다.

18. 라디오 켜기 – 사운드 오브 뮤직

3초▶ 라디오를 듣는 것이 겨울철 감기에 걸릴 확률을 줄이는 방법이 될 수도 있다. 펜실베이니아의 윅스베어에 위치한 윅스대학의 연구결과, 직장에서 듣기 편한 음악을 들으며 작업하는 직원들은 스트레스 수치가 낮아지고 호흡기질환에 대한 우리 몸의 최초보호체계인 면역글로블린 A 항체가 증가했다고 한다.

19. 채소는 장을 보고 집에 오자마자 바로 냉장고에 넣기 – 박테리아는 먹지 말라.

30초▶ 미국 미생물학회의 연례 모임에서 발표한 조사 결과에 의하면, 막 사 온 채소에는 그램당 1백만 개의 박테리아가 더 있다고 한다. 다행히도 그 조사결과 채소를 4℃에서 5℃ 사이의 냉장 온도에 바로 보관함으로써 박테리아의 증식을 막을 수 있었으며 따라서 그 수 역시 줄일 수 있었다고 한다.

20. 구기(야구, 축구, 농구 등) 경기 마지막 2분을 놓치지 않고 보기 – 본전 생각해서라도

2분▶ 스포츠 중계를 보는 것은 테스토스테론 수치를 높여준다. 유타대학의 연구팀에 따르면, 자기가 좋아하는 팀이 경기에 이겼을 때 운동장의 운동선수와 동일한 테스토스테론을 분비한다고 한다.

21. 시리얼 한 그릇 먹기 – 생큐, 닥터 캘로그!

2분▶ 비타민 강화 시리얼 한 그릇이면 비타민 E의 하루 권장량을 100% 섭취할 수 있다. 추천 제품으로는 복합 곡물 '치리오스 플러스', '프러덕트 19' 그리고 '토털레이신브랜'이 있다.

22. 〈SOS 해상기동대〉에 나오는 여자 주인공들의 몸매 떠올리기 – 머리를 써라

2분▶ 사우스플로리다 대학의 연구원들은 유전적으로 알츠하이머에 걸리기 쉬운 사람들은 끊임없이 두뇌운동을 함으로써 발병을 예방하거나 진행을 늦출 수 있다는 사실을 밝혀냈다. 과학자들은 정신 개발이 뇌 조직에 변화를 일으켜 질병의 진행을 늦추고, 뇌가 제반 증상을 상쇄하도록 도와준다고 보고 있다.

23. 진통제 한 병 사두기 – 약이 필요할 때

1분 30초▶ 해외여행을 자주하고 의사의 처방 없이 팔 수 있는 약이나 처방약을 자주 복용한다면 진통제를 한 병쯤 여유 있게 사두자. 외국에 나가면 같은 이름의 약도 성분이 다를 수 있다. 제조표준이 나라마다 다르고 같은 약이라도 해외에서 판매되는 것은 오염 균이 들어 있을 수 있다.

24. 만화책 보기 – 이런 게 바로 1석 2조

1분 30초▶ 드디어 딜버트(미국의 인기 만화 주인공)의 의학적 정당성이 증명되었다. 뉴욕 사라토가 스프링스의 유머프로젝트 디렉터 조엘굿맨 박사는 "유머는 호흡기와 순환계에 득이 될 뿐 아니라 혈중 산소농도를 높여주며 스트레스를 줄여주고 면역체계를 강화시킨다"고 말했다.

25. 식사때 V-8 챙겨먹기 – Victory ,V-8

20초▶ V-8 미국 펜실베이니아 주립대 바버라 롤스 박사에 의하면 여덟 가지 채소로 만든 주스 V-8이 물보다 더 우리 몸에 좋으며 소모되는 칼로리를 줄여준다고 한다.

26. 허리둘레재기 – '배둘레햄'의 비애

10초▶ 영국 글래스고 대학 연구원들은 1년에 한두 번은 허리둘레를 재어봄으로써 건강을 체크할 것을 권고했다. 수치가 늘어나면 질병에 걸렸을 확률도 높아진다. 신장에 상관없이 평균 남성의 허리둘레는 37인치이다. 허리둘레가 이보다 늘어나면 숨 가쁨, 등 결림 등으로 일상생활이 힘들 수 있다고 한다. 40인치가 넘어가면 당뇨, 고혈압, 관절염, 담석, 각종 암 및 심장질환에 걸릴 확률이 높아진다.

_백승관 브라이언 굿 Brian Good 에디터

memo

마술처럼 매일매일 젊어지는 13가지 방법

1. 하루 아스피린 한 알을 먹어라.

당신이 35세 이상의 남자이거나 40세 이상의 여자라면 하루에 아스피린 325밀리그램을 먹어라. 아스피린은 동맥 건강을 지켜주고 면역 노화를 방지해준다. 단 먹기 전에 아스피린 과민성이 있는지 의사와 상담하라.

생체 나이 혜택 : 90일 이내에 0.9년 젊어지고, 3년 이내에 2.2년 젊어진다.

가족
연애

2. 엽산을 먹어라.

엽산은 호모시스테인의 수준을 감소시켜 동맥 노화를 방지하고, 결장암과 유방암의 위험을 방지한다. 하루에 식품이나 보충제로 800마이크로그램의 엽산을 먹어라. 대개 식품을 통해 200~300마이크로그램을 섭취하므로 보충제로 적어도 600마이크로그램은 먹어야 한다.

생체 나이 혜택 : 1.2년 젊어진다.

3. 치실과 이 닦기를 매일 하라.

치은염과 치주 질환은 면역계와 동맥계를 노화시킨다. 예를 들어 치주 질환이 없는 55세 남자는 치은염을 가진 동년배보다 생체 나이가 2년 더 어리고, 중증의 치주 질환을 가진 동년배보다는 3년이나 더 젊다.

생체 나이 혜택 : 6.4년까지 젊어진다.

4. 예방 주사를 제때 맞아라.

매년 독감 예방 주사와 파상풍, 홍역, 유행성 이하선염, 풍진, B형 간염, 폐렴 예방 주사를 맞으면 노화를 초래하는 질병들을 방지하는 데 도움이 된다. 최근 연구 결과 독감 예방 주사가 동맥의 염증을 방지하는 것으로도 알려졌다.

생체 나이 혜택 : 0.3년 젊어진다.

5. 커피가 몸에 맞으면 즐겨라.

원두커피 한 잔은 당신을 젊게 한다. 물론 이동성 두통, 심장박동 이상, 소화기관 장애 같은 커피에 대한 부작용이 없는 사람에 한한다. 또한 커피를 마시면 파킨슨병과 알츠하이머병에 걸릴 위험이 낮아지는 것으로 알려져 있다. 단, 탈지우유와 설탕은 함께 넣지 말라. 그리고 약간의 칼슘과 비타민 B 복합제를 함께 먹으면 좋다.

생체 나이 혜택 : 0.3년 젊어진다.

6. 충분한 햇빛을 받으라, 그러나 지나치지 않게 하라.

매일 10~20분 정도의 햇빛 노출은 비타민 D를 체내에 공급해 0.9년 젊어진다. 20분 이상 햇빛에 노출될 때는 선크림을 바른다. 그러나 일광욕실은 가지 말라. 과도한 햇빛 노출은 삼가는 것이 노화 방지에 도움이 된다.

생체 나이 혜택 : 1.7년 젊어진다.

7. 토마토나 스파게티소스를 먹고 차를 마셔라.

토마토는 소량의 기름과 함께 먹으면 결장암과 유방암 발생을 감소시키는 면역 강화 항산화제를 공급한다. 토마토에 있는 카로티노이드인 리코펜(구아바, 수박, 분홍색 자몽에도 있다)이 바로 항산화제이다. 리코펜은 동맥 노화를 방지하고 추가로 차를 마시면 결장암을 방지하는 데 도움을 준다.

생체 나이 혜택 : 남성은 1.9년, 여성은 0.8년 젊어진다.

8. 섹스를 즐겨라.

더 자주, 더 높은 질의 오르가슴을 느끼면 그만큼 더 젊어진다. 평균적으로 미국인은 1년에 58회 섹스를 한다. 한 파트너와 지속적인 관계를 유지하며 높은 질의 안전한 섹스를 116회로 증가시키면 1.6년 젊어진다.

생체 나이 혜택 : 1.6~8년 젊어진다.

9. 많이 웃어라.

웃음은 정신적인 스트레스 해소제이다. 다른 사람과의 소통의 길을 열어주고 근심, 긴장, 스트레스를 덜어준다. 웃음은 면역계를 젊게 만든다.

생체 나이 혜택 : 1.7~8년 젊어진다.

10. 작은 접시를 사용하라.

동맥과 면역계 노화를 최소화하는 길은 식사의 양을 줄이는 것이다. 많은 양의 식사는 당신의 활력을 잃게 한다. 일반적인 11~13인치 접시를 9인치짜리로 바꿔라. 항상 먹는 간격을 유지하고 처음 배부르다고 느낄 때 수저를 놓는 것이 좋다.

생체 나이 혜택 : 1.3년 젊어진다.

11. 평생 배워라.

정신을 자극시키는 활동에 계속 종사하는 사람은 정신 노화가 느리게 진행된다. 정규 또는 비정규적인 교육 환경에서 계속 배우는 사람은 그렇지 않은 사람보다 더 젊다.
생체 나이 혜택 : 2.5년 젊어진다.

12. 사고력을 요구하는 새로운 게임을 배워라.
당신의 마음을 활동적으로 유지하는 것이 중요하다. 새로운 게임을 배우기에 늦은 나이란 없다. 체스나 인터넷 게임이나 글자 맞추기 퍼즐 등은 동맥과 면역계 노화로부터 당신을 지켜준다.
생체 나이 혜택 : 1.3년 젊어진다.

13. 매일 친구와 전화 통화를 하라.
친구에게 전화를 걸어서 여러 가지를 이야기하는 것은 우리 모두가 할 수 있는 생체 나이 줄이기 방법이다.
생체 나이 혜택 : 8년 젊어진다.

_마이클 로이진 교수

memo

남자가 모르는 170가지 여자의 심리

1. 큰 것이 아닌 사소한 것에도 감동을 받는, 작은 기쁨 누릴 줄 아는 마음을 가지고 있다.
2. 자기만족을 위해서 타인에게 잘 보이기 위해서 많은 노력을 한다.
3. 약해보이지만 때로는 누구보다 강하고, 오래 기다리며 혼자 슬픔을 달래는 마음을 가지고 있다.
4. 남자의 얼굴을 중요하게 여긴다. 외모가 아니면 만남의 기회를 주지 않는다.
5. 맛있는 것과 선물, 분위기에 약하다.
6. 남자의 스타일도 중요하다. 신발이 깨끗한지, 면도는 했는지, 어떤 향수를 쓰는지, 여자는 남자의 얼굴만큼 스타일도 중요하게 여긴다.
7. 타인에게 잘 보이기 위해서 내숭은 필수다.
8. 눈물을 흘릴 줄 안다. 슬플 때에도 기쁠 때에도 감정 표현을 솔직하게 한다.
9. 좋아도 싫은 척할 줄 안다. "치, 싫다"라고 말은 하지만 좋은 눈빛으로 쳐다볼 줄 안다.
10. 현실에 적응 하는 시간이 빠르고 현실을 통해 과거를 잊어 간다.
11. 여자는 남자가 잘하면 서서히 마음이 열린다.
12. 자상하고 매너 있는 남자를 좋아한다.
13. 다이어리, 일기 등 꼼꼼히 기록하고 계획을 짜는 걸 좋아한다.

14. 상상을 즐긴다. 미래의 희망에 가득 차 있다.
15. 남의 이야기나 험담을 하는 것을 좋아한다.
16. 친구의 말을 귀담아 듣고 친구가 시키는 대로 행동한다.
17. 말로써 자신의 감정을 풀려고 노력하며, 들어주기를 원한다.
18. 멋지고 로맨틱한, 달콤한 섹스를 꿈꾼다.
19. 가끔은 씻기 귀찮아한다.
20. 쇼핑하는 것을 좋아한다. 이것저것 구경할 때는 다리 아픈 줄도 모르고 잘 돌아다닌다.
21. 키스를 좋아한다. 때로는 과격한 섹스보다 달콤한 키스에 더 가슴 떨려 한다.
22. 자기보다 나이 많은 남자를 만나면 남자가 더 많은 돈을 계산할 거라 기대한다.
23. 남자 때문에 잘 삐지지만 그만큼 잘 풀기도 한다.
24. 약속시간에 조금 늦는 일은 애교로 생각한다.
25. 싫다는 말을 잘 하지 못한다.
26. 언젠가는 백마 탄 왕자가 나타날 거라고 믿고 있다.
27. 같은 여자에 대한 뒷담화를 좋아한다.
28. 칭찬에 내심 기뻐하며, 집에 가서까지 흐뭇해한다.
29. 남자가 다 늑대인줄 알고 있지만 때로는 잊어버리기도 한다.
30. 남자 보다 더 오래 기다릴 줄 안다.
31. 혼자 있는 시간을 즐기며 보낼 줄 안다.
32. 잔소리가 많다.
33. 자신의 남자 친구를 더 멋지게 꾸며주고 싶어 한다.
34. 욕심이 많아 무언가 늘 하고 싶어 한다.
35. 가끔은 저녁식사에 돈을 아끼지 않는다.

36. 화장품을 살 때는 돈을 아끼지 않는다.
37. 친구와 연인 사이의 구분이 확실하다.
38. 더 끈질기고 지구력이 강하다.
39. 예쁜 집에서 예쁘게 꾸미고 살고 싶은 로망이 있다.
40. 한번 피기 시작한 담배를 남자 보다 더 끊지 못한다.
41. 있다가 없어지는 것에 대해 더 허전함을 느낀다.
42. 잠자는 것을 좋아한다. 미인은 잠꾸러기니까.
43. 하고 싶었던 말이 있더라도 꾹 참고 참았다가 말을 한다.
44. 때로는 돈이 없어도 당당하다.
45. 천하게 보이는 것을 알면서도 행동할 때가 있다.
46. 섹시해 지고 싶어한다.
47. 스스로 숨겨진 살이 많다는 걸 알고 있다.
48. 자기 입으로는 아니라 말해도 자기가 예쁘다고 생각한다.
49. 남자에게 자연스럽게 튕길 줄 안다.
50. 의심보다 믿고 싶어 하는 마음이 더 크다.
51. 기분 좋은 말과 달콤한 속삭임을 좋아한다.
52. 사랑을 표현해주길 바란다.
53. 뚱뚱한 남자는 대부분 싫어한다.
54. 욕하며 잘난 척 하는 남자는 싫어한다.
55. 좋아하지 않는 남자가 쫓아다니는 것에 부담을 느끼고 싫어한다.
56. 너무 심한 간섭을 하거나 구속이 심한 남자를 싫어한다.
57. 항상 남자가 자기를 생각해 주었으면 한다.
58. 사랑에 빠지면 그 남자 없이 살 수 없을 거라고 생각한다.
59. 가끔 줄담배를 더 잘 핀다.
60. 생각보다 술을 잘 마신다.

61. 남자보다 중독이 쉽다.

62. 한곳에 정신이 팔리면 더 감정적이 되어 현실과 이성을 상실한다.

63. 정에 약하지만 그만큼 정을 더 빨리 뗀다.

64. 현실을 직시하면 그 현실에 맞게 변한다.

65. 보이쉬한 여자라도 치마를 입고 싶어 하는 바람이 있다.

66. 남자가 능동적으로 이끌어 주는 것을 좋아한다.

67. 자기 일에 열중하는 남자의 모습에 반한다.

68. 맘에 드는 남자가 있다고 해서 쉽게 말을 걸거나 먼저 다가가지 못한다.

69. 헤어지고 나면 남자가 아무리 매달려도 쉽게 돌아오지 않는다.

70. 운다고 해서 그 눈물이 다 진심은 아니다.

71. 현모양처가 꿈인 여자는 의외로 많다.

72. 무시를 잘하지만 그렇다고 해서 아무나 무시 하지는 않는다.

73. 이왕이면 남자가 돈도 많고 능력도 있었으면 좋겠다고 말한다.

74. 남자의 과거에 그렇게 얽매이지 않는다.

75. 남자에 대한 기억력이 좋아 가끔 남자를 당황하게 할 수 있다.

76. 남자가 자기를 얼마만큼 챙겨주느냐에 따라 사랑을 확인한다.

77. 편지를 써주는 것을 좋아한다.

78. 정성이 담긴 선물을 해주면 그 정성을 안다.

79. 남자친구 자랑을 좋아한다.

80. '살 빼야지' 라는 생각이 습관이 되어있다.

81. 말은 안 해도 다 안다.

82. 사랑을 확인 하려는 행동과 말을 많이 한다.

83. 모든 남자에게 다 잘 보이려고 한다.

84. 가방에 대한 욕심이 많다.

85. 사진 찍는 걸 좋아한다.

86. 꽃을 선물하는 건 낭비라고 말하지만 주면 좋아한다.

87. 부러워하지만 금방 현실을 직시한다. 현실에 만족하며 다만 상상을 한다.

88. 강하게 조르기도 하지만 쉽게 포기하기도 한다.

89. 날씨에 민감하다.

90. 우울증에 쉽게 빠진다.

91. 귀찮은 것을 하기 싫어한다.

92. 염려가 많다.

93. 보다 큰 표현을 원한다.

94. 변화를 주고 싶어한다.

95. 늘 관심의 대상이 되고 싶어한다.

96. 자신의 이야기에 동조하며 들어주는 것을 좋아한다.

97. 남자에게 존중받기를 원한다.

98. 실망을 하면 많이 슬퍼하고 또 그 실망에 관한 생각에 깊이 빠진다.

99. 포근하게 안아 주는 걸 좋아한다.

100. 가끔은 여자에게 불안한 감정을 줄 필요가 있다.

101. 말하지 않아도 남자가 자신이 원하는 것을 알아주었으면 한다.

102. 화장을 했을 때랑 하지 않았을 때의 차이가 크다.

103. 옷을 입었을 때랑 입지 않았을 때의 차이도 크다.

104. 한마디의 말에도 깊은 상처를 받는다.

105. 말하고 싶지 않을 때도 있다.

106. 기대하는 것을 좋아한다.

107. 직감력이 뛰어나다.

108. 거짓말이란 것을 알면서도 믿으려고 한다.

109. 거짓말하고 속이는 걸 싫어한다.

110. '남자니까, 여자니까' 라는 사고를 싫어한다.

111. 차 있는 남자를 좋아한다.
112. 오래 통화하는 것을 좋아한다.
113. 호기심이 많다.
114. 걱정이 많다.
115. 한번쯤 부르지도 않았는데 나타나서 감동을 주기를 원한다.
116. 바람둥이를 싫어한다.
117. 의외로 남자의 귀여운 모습을 좋아한다.
118. 캐주얼을 좋아한다.
119. 어설프게 정장 입는 남자를 싫어한다.
120. 머리 긴 남자보다 짧고 깔끔한 머리의 남자를 선호한다.
121. 후각이 예민하다.
122. 변화 없이 항상 똑같은 남자는 지겹다고 생각한다.
123. 따뜻하게 감싸주고 베풀어 주는 남자에게 호감을 느낀다.
124. 남자의 엉덩이에 섹시함을 느끼기도 한다.
125. 우락부락한 근육맨은 남자의 로망일 뿐이다.
126. 남자는 자기보다 키가 컸으면 하는 바람이 있다.
127. 미래가 있는 남자를 좋아한다.
128. 자기보다 괜찮은 남자를 원한다.
129. 여행을 좋아한다.
130. 남자의 쫄바지와 쫄티는 용서할 수 없다.
131. '저 남자는 분명이 이럴 거야' 라는 예상을 잘한다.
132. 아저씨 같은 스타일을 싫어한다.
133. 무식한 말과 행동을 하는 남자를 경멸한다.
134. 잘난 척, 있는 척 하는 남자를 밥맛이라 생각한다.
135. 자기를 리드해줄 수 있는 남자를 편하게 생각한다.

136. 우유부단한 걸 싫어한다.

137. 마마보이를 싫어한다.

138. 결단력 있는 남자를 좋아한다.

139. 사랑하는 것과 좋아하는 것의 차이가 분명하다.

140. 친구에서 연인으로 발전하기란 힘들다.

141. 싫은 티를 숨기지 못한다.

142. 고마움을 당연하게 느낀다.

143. 질투가 많다.

144. 정말 화났을 땐 혼자 있게 내버려 두는 것이 좋다.

145. 무엇이든 보관을 잘 한다.

146. 특별한 날에는 이벤트를 바란다.

147. 좋아져 가는 과정이 있다.

148. 남자가 순간 거리를 두면 두려워하며 그 거리를 좁히려 한다.

149. 자기가 더 이상 해줄 것이 없다는 판단이 들 때 물러난다.

150. 남자가 방향을 정해주길 원한다.

151. 생리 때는 민감해지고 나가기 싫어한다.

152. 갑자기 기분이 변할 때가 많다.

153. 누구든지 더 예뻐지기를 원한다.

154. 자기가 싫어하는 음식은 절대 먹지 않는다.

155. 엄마에게 의외로 많은 이야기를 한다.

156. 사소한 것들에 대해 쪽지를 주고받는 행동을 한다.

157. 유머 감각이 있는 남자를 좋아한다.

158. 너무 말없는 남자를 싫어한다.

159. 느끼하게 쌍꺼풀 있는 남자를 싫어한다.

160. 너무 주접을 떨면 남자로 생각하지 않는다.

161. 남자가 너무 마른 것보다 약간 등치가 있는 것을 좋아한다.

162. 밥 잘 먹는 남자를 좋아한다.

163. 슬플 때 혼자 운다.

164. 건강한 남자를 좋아한다.

165. 여자는 남자하기 나름이다.

166. 다른 여자의 스타일에 참견하는 것을 좋아한다.

167. 바퀴벌레를 세상에서 제일 싫어한다.

168. 다른 사람의 시선에 민감하게 반응한다.

169. 외모적인 놀림에 콤플렉스를 가지고 있다.

170. 헤어지고 나면 누구보다도 냉정해진다.

__지식in

memo

여자가 모르는 170가지 남자의 심리

1. 의외로 소심하다.
2. 첫사랑을 쉽게 잊지 못한다.
3. 여자의 외모를 본다.
4. 처음에 아니면 영원히 아닌 경우가 많다.
5. 길거리 지나가다 예쁜 여자나 섹시한 여자에 은연중에 눈이 간다.
6. 누구나 바람끼를 가지고 있다. 단지 그것을 참을 뿐.
7. 사랑하지 않아도 필요한 순간 사랑한다고 표현할 수 있다.
8. 여자 때문에 눈물을 흘리기도 한다.
9. 좋으면서 싫은 척할 때는 금방 티가 난다.
10. 미래에 대해 낙관적이다. 당장 일자리가 없더라도 '나는 잘되겠지' 라는 희망을 가지고 있다.
11. 급속도로 마음이 열리기도 한다.
12. 여자의 브랜드에 대해 무지하다.
13. 일기나 다이어리를 쓰는 것을 싫어한다.
14. 나이가 들어도 게임이나 만화책, 무협지에 쉽게 빠져든다.
15. 칭찬에 인색하다.
16. 친한 친구에게는 무엇이든지 이야기한다. 애인과의 섹스이야기까지 할 수도 있다.
17. 야동이나 야한사진을 싫어하는 남자는 없다.

가족
연애

18. 섹스할 때 길고 짧음에 민감한 반응을 보이고 또한 많은 신경을 쓴다.
19. 자신의 근육을 자랑하고 싶어한다.
20. 쇼핑하러 가면 여기저기 둘러보기 보다는 한 곳에 들어가서 사는 경우가 많다.
21. 자신의 힘자랑을 하고 싶어한다.
22. 동성 간 나이에 민감하다. 1살 차이라도 상하관계가 뚜렷하다.
23. 집착에 빠지면 집요해지고 무섭다.
24. 약속시간 조금 늦는 것에 대해 미안하게 생각한다.
25. 거절하는 말을 미안해한다.
26. 여자의 화장품, 악세사리보다 시각적으로 크게 들어오는 외향에 더 반응한다.
27. 뚱뚱한 여자를 싫어한다.
28. 자신이 어느 정도는 잘생겼다 생각한다.
29. 남자는 다 늑대다.
30. 누구든 약간의 사기꾼 기질을 타고 났다.
31. 술, 도박, 여자는 남자를 무너뜨리는 3대 요소이다.
32. 자신의 주머니사정에 민감하다.
33. 남자도 여자의 돈을 본다.
34. 여자의 엉덩이, 가슴, 입술, 골반라인에 섹시함을 느낀다.
35. 한번 관계를 맺고 나면 다시 관계를 맺기 위해 분위기를 조장하고 상황 연출에 집중한다.
36. 술을 마시거나 여자를 만나는 데 쓰는 돈은 아깝지 않지만 자신을 위해 옷을 사거나 액세서리를 사는 데 쓰는 돈은 아깝다고 생각한다.
37. 여자와는 달리 친구와 연인 사이의 구분이 확실하지 않다.
38. 담배 피는 모습이 남자답고 멋있다 생각한다.

39. 아버지와 형에게 약하다.
40. 연상을 좋아하는 남자들이 의외로 많지만 나이를 먹으면서는 연하를 찾게 된다.
41. 싸움을 잘하고 싶어한다.
42. 게임에 빠지면 밤낮이 없다.
43. 돈이 없으면 잘 나가려 하지 않는다.
44. 여자들은 천하게 보는 여자를 남자는 섹시하다고 생각한다.
45. 선물에 약하지만 그렇게 크게 마음이 움직이지는 않는다.
46. 자기랑 어울리지 않아도 명품 브랜드라면 다 좋은 줄 알고 있다.
47. 디자인보다 실용도에 더 관심을 기울인다.
48. 용돈을 받아내기 위해서라면 부모님께 거짓말도 서슴지 않는다.
49. 튕기는 것에 인색하다.
50. 있는 척, 예쁜 척, 싸가지 없는 여자를 증오한다.
51. 너무 마른 여자는 싫어한다.
52. 가슴이 작은 여자보다 크고 탄력 있는 가슴을 가진 여자를 좋아한다.
53. 여자가 예쁘면 많은 부분을 용서한다.
54. 자신의 주접이 매력이라 생각한다. 말을 참 잘하고 유머 있는 남자라는 착각에 빠져있다.
55. 여자가 쫓아다니면 매력이 없다고 생각한다.
56. 심한 잔소리를 하고 지나친 간섭을 하는 여자를 좋아하지 않는다.
57. 여자가 나이트에 가는 것을 싫어한다.
58. 때로는 사랑보다 우정을 소중하게 생각한다.
59. 못해도 잘하는 척을 잘한다. 술을 못 마셔도 잘 마시는 것처럼 말하고 행동한다.
60. 이분법적으로 생각하고 여자를 사귄다. 몸매나 얼굴 중 어느 한부분만

확실하게 충족되어도 사귈 수 있다.

61. 남방 단추 하나를 여는 것으로 자신이 터프하다 생각한다.
62. 남자의 헤어스타일은 여자의 여장과 같다. 헤어스타일에 따라 얼굴이 많이 변한다.
63. 헐렁한 바지를 입은 여자보다 타이트한 바지를 입은 여자에게 더 매력을 느낀다.
64. 친구에서 연인으로 발전하기 쉽다.
65. 여행을 좋아한다.
66. 반찬 투정이 심하다.
67. 여자의 순결에 대해 민감하다.
68. 섹스 하는 여자와 사귀는 여자, 이렇게 두 명의 여자를 동시에 사귈 수 있다.
69. 키스를 하면 그 다음 상황까지 생각하고 행동한다.
70. 빨리 타오르고 빨리 식는 편이다.
71. 가방 고르는 센스가 없다.
72. 여자보다 패션 감각이 떨어진다.
73. 여자가 돈을 쓰기를 바라기도 한다.
74. 여자의 과거에 민감하다.
75. 과거에 대한 기억력이 떨어진다. 관심이 없기 때문이다.
76. 섹스로 사랑을 확인한다.
77. 편지를 써서 주는 일에 인색하다.
78. 주변에 신경을 쓰지 않는다. 자기만 사랑하면 주위에서 아무리 비난하더라도 그 사랑 지킨다.
79. 강자에게 약하고 약자에게 강하다.
80. 다이어트를 별로 신경 쓰지 않는다.

81. 여자보다 눈치가 없기 때문에 말하지 않으면 잘 모른다.
82. 콘돔과 같은 피임기구를 사는 것에 인색하다.
83. 모든 여자에게 다 잘 보이려 하지는 않는다.
84. 꽃을 사주는 것을 부끄러워한다.
85. 자기 생각은 안하고 여자의 흠을 잘 잡는다.
86. 차에 관심이 많고 좋은 차를 가지고 싶어 한다.
87. 꽃미남을 보면 재수 없다고 생각하며, 남자는 남자다워야 진짜 남자라고 생각한다.
88. 자신의 몸매를 가리기만 하는 여자에 대해 매력을 느끼지 못한다.
89. 잘 먹는 여자를 좋아하지만 뚱뚱하면 안 된다.
90. 사랑하지 않아도 섹스를 할 수 있다.
91. 먼저 사랑을 표현하는 것에 인색하며 여자가 표현해주기를 바란다.
92. 돈만 많으면 어떤 여자도 다 사귈 수 있다는 생각을 가지고 있다.
93. 바람둥이를 공공의 적이라 욕하지만 은근히 부러워한다.
94. 자신이 대한민국에서 가장 힘든 군대에 갔다 왔다고 생각한다.
95. 여자보다 목욕시간이 짧다.
96. 명예를 중요하게 생각한다.
97. 너무 남자 같은 여자는 좋아하지 않는다.
98. 도도한 여자 앞에 기가 죽으며 왠지 모를 중압감에 사로잡힌다.
99. 과거 경력이 화려하지만 확인하기는 힘들다.
100. 여자가 지나치게 튕기면 제풀에 지쳐 포기한다.
101. 여자가 말하지 않는 한 무엇을 원하는지 알지 못한다.
102. 여자의 눈물에 약하지만, 눈물을 무기로 사용하는 여자에게는 짜증을 낸다.
103. 수염을 남자답고 터프하다고 생각한다.

104. 나이트에는 부킹을 하러 가는 것이다.

105. 동성친구들끼리 칭찬해주는 것에 인색하다.

106. 여자보다는 직감력이 떨어진다.

107. 거짓말을 알면서 속아주지는 않는다.

108. '남자니까, 여자니까' 라는 사고방식을 아직도 가지고 있다.

109. 남자는 갑자기 좋아지고 서서히 사랑이 식어간다.

110. 콧털정리를 귀찮아한다.

111. 여자와 함께 술을 마시면 은근히 스킨십하고 싶어 하고 섹스하고 싶어 한다.

112. 예쁘다면 열 여자 마다하지 않는다.

113. 장남과 막내라는 사실에 확연한 차이를 가지고 있다.

114. 자기가 못생겨도 못생긴 여자를 우위의 입장에서 비난한다.

115. 긴 생머리의 여자를 좋아한다.

116. 녹색으로 염색한 머리나 몸에 한 피어싱 같이 마니아적 취향을 가진 여자에게 거부반응을 일으킨다.

117. 정장을 제대로 입을 줄 아는 남자는 드물다.

118. 담배를 피고, 노는 여자를 쉬운 여자라고 생각한다.

119. 화장하지 않은 여자를 청순하다고 생각하지는 않는다.

120. 시각적 반응에 민감하다.

121. 여자도 섹스를 좋아하고 자위를 할 거라는 생각을 가지고 있다.

122. 짧은 치마를 입은 여자를 좋아한다.

123. 너무 고급만 추구하는 여자를 좋아하지는 않는다.

124. 자신보다 키가 큰 여자에게 주눅 든다.

125. 까다로운 여자를 피곤하게 생각한다.

126. 여자의 심리를 모른다.

127. 날씨에 둔감하다.
128. 모든 남자가 추위에 강하지는 않다.
129. 새로운 것이 생기면 자랑하고 싶은 심리가 있다.
130. 은연중 과거의 여자와 현재의 여자를 비교한다.
131. 영화관은 애인 또는 여자와 같이 가는 곳이라 생각한다.
132. 머리를 기르고 싶어 한다.
133. 예쁜 눈을 가진 여자를 좋아한다.
134. 자기보다 잘생긴 남자에 대한 칭찬에 인색하다.
135. 자위를 하지 않는 남자는 없다.
136. 여자가 진짜 싫어하는 것과 싫은 척하는 것을 구분하지 못한다. 그래서 잘 오해한다.
137. 혼자 있는 시간을 싫어하며 즐길 줄 모른다.
138. 여자보다 빨리 권태기에 빠진다.
139. 남자의 마음은 바다처럼 넓을 때도, 아닐 때도 있다.
140. 여자에게 빠지면 정신을 차리지 못한다.
141. 질투가 심하다.
142. 정말 화나면 무섭다.
143. 보관을 잘 하지 못하고 잘 잃어버린다.
144. 특별한 날이나 기념일을 잘 잊는다.
145. 좋아져 가는 과정은 필요 없다. 바로 빠져든다.
146. 자기가 더 이상 해줄 것이 없다는 판단이 들어도 쉽게 포기 하지 않는다. 그녀를 위해 최선을 다한다.
147. 무뚝뚝한 남자라고 해서 자상하지 않은 것은 아니다.
148. 여자의 생리 고통을 잘 알지 못한다.
149. 여자보다 기분 변화가 적다.

150. '이정도면 됐지' 라는 사고를 가지고 있다.
151. 자기랑은 외박은 좋지만 다른 남자친구 혹은 학교 선배와의 외박은 절대 안 된다.
152. 귀찮아하는 게 많다.
153. 말 많은 여자를 좋아하지는 않는다.
154. 작심삼일. 쉽게 결심하고 쉽게 포기한다.
155. 못하는 일이더라도 일단 잘한다고 말부터 한다.
156. 타고난 위기모면 능력을 가지고 있다.
157. 사랑하면 더 자주 만나고 싶어 한다.
158. 애교 있는 여자를 좋아한다.
159. 남성 혐오증을 가지고 있는 여자를 싫어한다.
160. 집착하지 않기 위해 다른 여자와 바람을 피기도 한다.
161. 전지현 같은 스타일은 무조건 좋아한다.
162. 성격이 털털하고 술도 조금 마실 줄 아는 여자를 선호한다.
163. 내숭 떠는 여자를 재수 없고 짜증난다고 생각한다.
164. 남자는 여자하기 나름이다.
165. 여자가 바퀴벌레에 약한 것처럼 남자는 쥐에 약하다.
166. 충고를 해주어도 고집이 세서 쉽게 고치려 하지 않는다.
167. 다른 사람의 시선에 둔감하다. '나는 나' 라는 사고방식을 고수한다.
168. 헤어지더라도 쉽게 마음이 변하지 않는다.
169. 뒤늦게 깨닫고 뒤늦게 후회한다.
170. 헤어진 여자 친구를 추억하며 발코니에 서서 담배 한대 필 줄 아는 여유를 가지고 있다. 그게 남자다.

__지식in

12지, 띠에 관한 모든 것

▣ 쥐띠

1. 장점

→ 매력적이다. 상상력이 풍부하다. 신중하다. 정직하다. 검소하다. 이지적이다. 영리하다. 독립적이다. 낭만적이다. 정열적이다. 관대하다. 주변의 사람을 기쁘게 하려 노력한다. 몹시 긴장한다.

2. 단점

→ 공격적이다. 탐욕스럽다. 방자하다. 의심이 많다. 기회주의자다. 캐묻기를 좋아한다. 항상 이익을 추구한다. 내성적이다. 불안을 잘 드러낸다. 누구든 착취할 수 있다. 바겐세일을 하는 가게는 그냥 지나치지 못한다.

3. 직업

→ 예술가, 슈퍼마켓 주인, 전당포 주인, 부동산 중개업자, 창녀, 사기꾼, 비평가 등.

4. 인연

→ 가장 좋은 만남은 용띠, 소띠, 원숭이띠다.
용띠는 쥐띠에게 힘을 준다.
소는 안정감을 준다. 원숭이는 꾀를 제공한다.
공격성을 받아 줄 수 있어야 한다.

→ 다음으로 좋은 만남은 돼지, 개, 뱀띠이다.

가족
연애

→ 토끼띠는 조금 노력이 필요하다.

→ 말띠와는 상극 관계를 이룬다.
개인주의인 말띠와는 이기적인 쥐띠와 충돌한다.

5. 애정

→ 용 : 좋은 금술이다.

→ 토끼 : 쥐가 평생 위험하게 잡혀 살 수 있다.

→ 범 : 힘겨운 만남이다.

→ 소 : 축복의 만남이다.

→ 쥐 : 그냥 다정한 만남이다.

→ 돼지 : 적당히 좋은 만남이다.

→ 개 : 이상주의적인 개와 안될 것이 없다.

→ 닭 : 서로 힘든 만남이다.

→ 원숭이 : 최고의 결합이다.

→ 양 : 서로에게 형벌이다.

→ 말 : 결사 반대의 만남이다.

→ 뱀 : 무척 노력이 필요한 만남이다.

▣ 소띠

1. 장점

→ 성실하다. 믿음직스럽다. 검소하다. 열심히 일한다.
참을성이 강하다. 책임감이 있다. 능률적이다.
독립적이다. 논리적이다. 균형이 있다. 조직적이다.
독창적이다. 실제적이다. 좀처럼 성을 내지 않는다.

이지적인 사색가다. 자립적이다.

2. 단점

→ 완고하다. 오만하다. 권위적이다. 동작이 둔하다. 규범주의자다.
　낭만이 없다. 거침없이 말한다.
　화가 나면 폭발적으로 분노한다. 화가 나면 자신을 감당하지 못한다.

3. 직업

→ 숙련공, 농장 일꾼, 건축사, 요리사, 근로자, 외과 의사,
　주임 상사, 경찰, 독재자 등.

4. 인연

→ 가장 좋은 만남은 닭띠, 쥐띠, 뱀띠다.
　닭과는 보수주의자의 완벽한 한 쌍이다.
　쥐는 평생동안 충성을 다한다.
　뱀은 소의 비위를 맞추는 지혜가 있다.

→ 다음으로 좋은 만남은 용띠, 토끼띠다. 소띠,
　돼지띠는 노력이 필요하다.

→ 그리 좋지 않은 만남은 말띠, 개띠, 원숭이띠다.
　원숭이는 무척 위험하다.

→ 가장 상극을 이루는 만남은 양띠와 범띠다.
　양띠의 변덕을 참아내기가 힘들다.
　범띠와는 싸움으로 결판나게 된다.

5. 애정

→ 용 : 주도권 싸움에 서로 지쳐 버린다.

→ 토끼 : 괜찮을 것 같다.

→ 범 : 서로를 망친다.

→ 소 : 보통으로 좋다.

→ 쥐 : 좋은 한 쌍이다.

→ 돼지 : 노력이 필요하다.

→ 개 : 조금 어려운 만남이다.

→ 닭 : 완벽한 한 쌍이다.

→ 원숭이 : 꾀를 감당하기가 좀 어렵다.

→ 양 : 나쁘다. 잘 싸운다.

→ 말 : 독립성에 갈라서게 된다.

→ 뱀 : 좋은 결합이다. 소를 믿고 평화를 유지한다.

▣ 범띠

1. 장점

→ 용감하다. 배짱이 있다. 지도자 자격이 있다.
관대하다. 의리가 있다. 신념가다. 혁신가다. 파워가 있다.
일관성이 있다. 힘이 좋다.

2. 단점

→ 반항적이다. 거칠다. 싸움꾼이다. 사려가 깊지않다.
해를 끼친다. 완고하다. 천박함이 있따. 고집이 세다.
이기적이다. 너무 신중하기도 하다.
의심이 많다. 소견이 좁다. 너무 인생이 격렬하다.

3. 직업

→ 갱 두목, 공사장 감독, 대장, 스턴트맨, 국가 원수,
공수 부대원, 투우사 등...

4. 인연

→ 가장 좋은 만남은 말띠, 개띠, 돼지띠이다.
말띠는 진실한 성격 때문에,
개띠는 고난을 참기 때문에 좋다.

→ 보통은 쥐, 양, 범띠다.

→ 그리 좋지 않은 만남은 닭, 용띠다.
허나 용띠는 힘과 분별력을 주기도 한다.

→ 가장 상극인 만남은 소, 토끼, 뱀, 원숭이띠이다.
소는 힘이 강해 범이 파멸할 때까지 물고 늘어진다.
토끼는 범을 약올린다. 그러나 범을 이해한다.
지나치게 지혜로운 뱀은 범을 칭칭 휘감는다. 장난이 심한
원숭이는 거짓 충성으로 범을 바보로 만든다.

가족
연애

5. 애정

→ 용 : 좋은 한쌍이나, 나빠질 수도 있다.

→ 토끼 : 교활한 토끼는 범을 놀린다.

→ 범 : 서로 잘되는 듯하나 곧 끝장난다.

→ 소 : 범을 끝장내려 한다.

→ 쥐 : 범을 기쁘게 하려다 쥐는 녹초가 된다.

→ 돼지 : 범띠의 노력에 달려 있다.

→ 개 : 훌륭한 한쌍이다.

→ 닭 : 범이 닭을 구박한다.

→ 원숭이 : 범을 코너에 몬다.

→ 양 : 범이 양을 잡아 먹는다.

→ 말 : 좋은 만남이다.

→ 뱀 : 서로는 일치점이 전혀 없다.

▣ 토끼띠

1. 장점

→ 주의 깊다. 적응을 잘 한다. 수단이 좋다. 붙임성이 좋다.
분별력이 있다. 우아하다. 신중하다. 지적이다.
세련됐다. 사교적이다. 진지하다. 직관력이 있다.
관대하다. 유순하다. 철저하다. 정직하다. 상냥하다.
동정적이다. 친구를 좋아 한다.

2. 단점

→ 망설인다. 감상적이다. 나약하다. 화를 잘 낸다. 피상적이다.
예측 불허이다. 이기적이다. 속물적이다.
변덕스럽다. 주관적이다. 쾌락적이다. 손해를 안보려 한다.

3. 직업

→ 모델, 실내 장식가, 수집가, 평론가, 기자, 변호사, 배우,
공증인, 암표 상인, 여관 주인 등.

4. 인연

→ 가장 좋은 만남은 양띠, 개띠, 돼지띠이다. 양은 취미가 같아서 좋다.
개는 진실해 잘 맞는다. 돼지는 꼼꼼해서 좋은 짝이다.

→ 소는 조금 좋은 편이다.

→ 그리 좋지 않은 만남은 용띠와 말띠다. 토끼와 뱀은 노력이 필요하다.

→ 가장 상극을 이루는 만남은 닭과 범이다.
토끼는 닭의 허영을 참아내지 못 한다. 범과는 파멸이다.
토끼가 범의 속임수를 알기 때문에 범의 간섭을 싫어 한다.

5. 애정

→ 용 : 호흡이 잘 맞는 한쌍이다.

→ 토끼 : 노력에 따라 친구처럼 좋아질 수 있다.

→ 범 : 서로 공격적이지만 서로를 이해한다.

→ 소 : 서로 비유를 맞추지는 않아도 좋다.

→ 쥐 : 무척 어렵다. 쥐가 힘이든다.

→ 돼지 : 돼지의 음흉함만 참을 수 있다면 만사 형통.

→ 개 : 서로에게 미치면 좋다.

→ 닭 : 결사 반대! 닭의 낭비를 참아내지 못한다.

→ 원숭이 : 원숭이의 노력으로 좋다.

→ 양 : 아주 좋다. 다툼이 없다.

→ 말 : 멋진 한 쌍이다.

▣ 용띠

1. 장점

→ 정력적이다. 매력적이다. 강인하다. 격렬하다.
활력이 있다. 운이 좋다. 직선적이다. 성공적이다.
주도면밀하다. 이지적이다. 열망이 강하다.
관대하다. 외향적이다. 확신이 강하다. 끊임없이 활동한다.

2. 단점

→ 요구가 많다. 편협하다. 위압적이다. 무모한 편이다. 위협적이다.
자신감이 지나치다. 항상 오만하다.
재치가 없다. 성급하다. 낭만이 없다. 궤도를 잘 벗어난다.
쉽게 식상한다. 불만족스럽다. 수다쟁이다.

3. 직업

→ 예술가, 건축가, 제조업자, 변호사, 의사, 상점주인, 성직자, 예언가, 갱, 대통령 등...

4. 인연

→ 가장 좋은 만남은 쥐띠, 뱀띠, 닭띠, 원숭이띠이다.
따뜻한 가슴을 가진 쥐도 좋다.
유머 감각이 뛰어난 뱀과도 어울린다.
허풍 떨기 좋아하는 닭은 성공의 일조를 한다.
책략이 뛰어난 원숭이는 용의 완전한
반쪽으로 용의 힘과 결합한다.

→ 다음의 만남은 소띠, 돼지띠다.
양띠, 용띠의 만남은 노력이 필요하다.

→ 나쁜 만남은 범, 토끼, 말띠다.

→ 상극을 이루는 만남은 개띠다.

5. 애정

→ 용 : 부부 싸움이 심하다.

→ 토끼 : 용의 노력이 필요하다.

→ 범 : 범의 노력에 달렸다.

→ 소 : 용을 신뢰하지 못한다.

→ 쥐 : 반대할 이유가 없다.

→ 돼지 : 돼지의 노력으로 좋다.

→ 개 : 냉소주의가 용을 상처 입힌다.

→ 닭 : 좋다. 단, 용의 자유가 있어야 좋아진다.

→ 원숭이 : 실망이 있어도 좋은 궁합니다.

→ 양 : 절대 안 된다. 용을 칭찬하지 않는다.

→ 말 : 이기적이라 용이 상처를 받는다.

→ 뱀 : 남자가 뱀이라면 덫에 걸리기 쉽다.

▣ 뱀띠

1. 장점

→ 현명하다. 인기가 있다. 직관력이 있다. 차분하다.
카리스마가 강하다. 부드럽다. 우아하다. 심사 숙고한다.
세련됐다. 로맨틱하다. 분별력이 있다. 매력적이다.
이타적이다. 조용하다. 결단력이 있다.
겸손하다. 자기 비판적이다.

2. 단점

→ 소유욕이 강하다. 질투가 심하다. 차갑다. 게으르다.
적의를 가지고 있다. 인색하다. 정직하지 않다.
혼외 정사의 소지도 있다. 편집광적이다. 너무 끈적거린다.

3. 직업

→ 교사, 작가, 법률가, 정신과 의사, 철학가, 외교관, 중개업자,
정치가, 관상장이 등.

4. 인연

→ 가장 좋은 만남은 소띠, 닭띠, 용띠다.
소와의 인연은 행복하게 살 수 있다.
닭과의 만남은 싸우면서서로 보완하며 살게 된다.
용과는 뱀이 지혜를 제공한다.

→ 다음의 만남은 개띠, 양띠, 쥐띠다. 토끼띠,

가족
연애

뱀띠는 보통의 관계로 그저 그렇다.

→ 말띠, 원숭이띠는 무척 노력이 필요하다.

→ 상극 관계는 범띠, 돼지띠다. 뱀띠는 범의 횡포성을 참지 못한다.
돼지띠는 뱀의 지략을 참지 못한다.

5. 애정

→ 용 : 좋은 한 쌍이다.

→ 토끼 : 서로를 이해하는 결합이다.

→ 범 : 완전한 파멸이다.

→ 소 : 뱀의 노력으로만 좋은 인연이 될 수 있다.

→ 쥐 : 좋은 만남이다.

→ 돼지 : 뱀에게 꼼짝 못 한다.

→ 개 : 뱀띠의 노력으로 가능성이 있다.

→ 닭 : 서로 칭찬한다.

→ 원숭이 : 원숭이의 손에 달렸다. 벅차다.

→ 양 : 지혜도 별 수 없다. 서로의 길이 다르다.

→ 말 : 무척 노력이 필요하다.

→ 뱀 : 복잡한 사랑이다. 서로의 노력이 필요하다.

▣ 말띠

1. 장점

→ 인기가 있다. 명랑하다. 섹시하다. 현실적이다. 정력적이다. 쾌활하다.
재치가 있다. 사회성이 있다.
진취적이다. 성실하다. 강건하다. 사교적이다.

기민하다. 실제적이다. 독립적이다. 설득력이 있다.

스스로 안전을 책임진다. 항상 관심이 되게 한다.

2. 단점

→ 자기 중심적이다. 혈기가 넘친다. 사려가 깊지 못하다. 화를 잘낸다.
모순된 성격을 가지고 있다. 편협하다. 어린애 같다.
조심성이 없다. 변덕스럽다. 예측할 수 없다. 요구가 많다.
지구력이 부족하다. 실패를 두려워 한다.

3. 직업

→ 숙련공, 운전수, 약제사, 물리학자, 의사, 정치가, 모험가,
작가, 비행사, 바텐더 등.

4. 인연

→ 가장 좋은 만남은 범띠, 개띠인데
개와 이 둘은 서로를 신경쓰지 않기 때문에 아주 좋다.
허나 공범 의식을 함께 가진 서로는 그것이 좋은지를 잘 모른다.

→ 다음으로는 원숭이, 돼지, 말띠다. 그러나 말끼리는
이기심으로 상당한 노력이 필요하겠다.

→ 안 좋은 만남으로는 닭, 소, 토끼, 용, 뱀띠다.

→ 쥐띠와는 완전 상극 관계를 이룬다.

5. 애정

→ 용 : 남자가 용이라면 좋으나 여자가 용이라면 이기심으로 아주 나쁘다.

→ 토끼 : 좋은 친구나 노력이 필요하다.

→ 범 : 서로 이해한다.

→ 소 : 폭력과 충돌한다.

→ 쥐 : 불똥이 튀는 인연이다. 욕망, 이혼으로 이어지는 삼류 드라마가
된다.

→ 돼지 : 말의 이기심으로 고통을 당한다.

→ 개 : 서로가 좋다.

→ 닭 : 부부애가 없는 사랑이다.

→ 원숭이 : 서로 믿지 못하는 애정없는 만남이다.

→ 양 : 말띠가 돈이 많다면 문제없다.

→ 말 : 사랑으로 이기주의를 극복한다.

→ 뱀 : 사랑의 노력이 필요한 불행한 인연이다.

▣ 양띠

1. 장점

→ 유순하다. 자비롭다. 온화하다. 친절하다. 이해심이 많다.
평화롭다. 진실하다. 운이 좋다. 관대하다.
적응력이 있다. 로맨틱하다. 품위가 있다. 창조적이다. 인내심이 있다.

2. 단점

→ 소심하다. 책임감이 없다. 의지가 약하다. 무질서하다.
비관적이다. 잘 위축된다. 항상 망설인다. 감언이설을 잘한다.
예민하다. 연민에 잘 빠진다. 돈 관리를 못한다. 항상 뚱하다.
약속 시간을 잘 안 지킨다. 변덕스럽다. 남의 것을 아낄 줄 모른다.

3. 직업

→ 기술자, 배우, 예술가, 정원사, 직업 댄서, 고급 매춘부,
가난뱅이, 기둥 서방, 건달 등.

4. 인연

→ 좋은 만남으로는 토끼, 돼지, 말띠가 있다.

양의 변덕도 어느 정도는 잘 참아 준다.

→ 다음으로 좋은 만남은 뱀띠다. 원숭이, 양, 범, 용띠는 조금 노력이 필요.

→ 안 좋은 만남은 개, 닭, 쥐띠다.

→ 소띠와는 완전 상극을 이루는 만남이다.

5. 애정

→ 용 : 양은 만족하나 용은 불만이다.

→ 토끼 : 아주 좋다.

→ 범 : 양을 상처 입힌다.

→ 소 : 소의 현실과 양의 변덕이 충돌한다.

→ 쥐 : 돈이 많고 적음에 따라 양이 적응한다.

→ 돼지 : 금전으로 양을 통제하기에 달렸다.

→ 개 : 결혼은 결사 반대다. 서로 상처를 준다.

→ 닭 : 사랑이 우선인 양은 일 하는 닭을 별로 안 좋아 한다.

→ 원숭이 : 적당히 좋다.

→ 양 : 서로 불평하면서 체념하며 산다.

→ 말 : 말의 능력에 사랑을 지속할 수 있다.

→ 뱀 : 양의 노력으로 결혼이 지속된다.
뱀이 부자라면 더이상 바랄 것은 없겠다.

▣ 원숭이띠

1. 장점

→ 사회적이다. 이지적이다. 의로운 이다. 낙천적이다. 단호하다.

자신감이 있다. 재미있다. 사교적이다.

재빠르다. 다재다능하다. 풍자적이다. 관찰력이 있다.

독창적이다. 이성적이다. 객관적이다. 창의력이 있다. 독립적이다.

2. 단점

→ 교활하다. 비열하다. 잘난 체를 한다. 비판적이다. 질투심이 많다.

복수심이 강하다. 장난기가 심하다.

허영심이 심하다. 야심적이다. 참을성이 없다.

가짜 예술가다. 힘이 세다. 협잡꾼이다. 날카롭다. 무모하다.

교묘하다. 의심을 받는 짓을 잘 한다.

3. 직업

→ 투기꾼, 중개인, 사업가, 작가, CF감독, 상점 주인, 외교관, 암표상, 사기꾼 등.

4. 인연

→ 가장 좋은 만남은 용띠, 쥐띠가 좋다.

용은 힘을 제공한다. 쥐는 길하다.

→ 다음으로는 돼지, 개띠가 좋다. 원숭이, 양, 말띠는 노력이 필요하다.

→ 안 좋은 만남은 소, 닭, 토끼띠다.

→ 범띠와는 충돌하는 완전 상극이다.

5. 애정

→ 용 : 서로 사랑한다.

→ 토끼 : 원숭이의 노력으로 좋아질 수 있다.

→ 범 : 무척 어렵다.

→ 소 : 원숭이의 끼를 버린다면 좋아질 수 있다.

→ 쥐 : 원숭이는 쥐보다 더 행복하다.

→ 돼지 : 원숭이가 사랑을 받는다.

→ 개 : 서로가 냉소적이라 결혼은 대체적으로 벅차다.
→ 닭 : 왠지 서로가 행복하지 않다.
→ 원숭이 : 완전한 공범자다. 서로 좋아질 수 있다.
→ 양 : 영리한 원숭이의 사랑으로 지속된다.
→ 말 : 애정없는 결혼이 지속은 된다.
→ 뱀 : 서로가 어려움을 극복하며 살아간다.
원숭이의 노력에 달렸다 하겠다.

▣ 닭띠

1. 장점
→ 의리가 있다. 신념에 확신이 있다. 노력가이다. 이상이 너무 크다.
거짓을 모른다. 상상력이 뛰어나다.
모험심이 강하다. 무에서 유를 창조하는 뛰어난 힘이 있다.
자신의 꿈에 대해서는 참으로 성실하다.
2. 단점
→ 독선적이다. 몽상가이다. 자랑을 좋아 한다. 바른 말을 잘 한다.
사려가 깊지 않다. 낭비벽이 심하다.
자신의 내적 충고에는 약하다. 의욕이 지나치다.
자신을 표현할 때 호전적이다. 인생의 굴곡이 심하다.
3. 직업
→ 광고업자, 카페 주인, 여행가, 미용 전문가,
의사, 깡패, 군인, 제비족 등.
4. 인연
→ 가장 좋은 만남은 소띠, 용띠, 뱀띠이다.

→ 보통의 만남은 돼지띠, 닭띠다. 가정적인 소띠와는 행복하다.
용띠는 세련미가 있다. 뱀띠와의 만남은 철학자가 된다.

→ 그리 좋지 않은 만남은 말, 양, 쥐, 개, 원숭이, 범띠다.

→ 가장 상극을 이루는 만남은 토끼띠로 닭의 화려함과 허풍을 믿으려 않는다.

5. 애정

→ 용 : 이상이 일치한다.

→ 토끼 : 소심하여 닭의 화려함을 참지 못한다.

→ 범 : 닭의 허풍을 참지 못한다.

→ 소 : 완벽한 한 쌍이다.

→ 쥐 : 닭의 낭비벽을 참지 못한다.

→ 돼지 : 닭이 너무 힘이 세다.

→ 개 : 잘난 닭을 비웃는다.

→ 닭 : 서로 짜증스럽다.

→ 원숭이 : 원숭이보다 닭이 행복하지 않다.

→ 양 : 일에 빠진 닭을 좋아 하지 않는다.

→ 말 : 서로가 그냥 그렇다. 닭이 상처를 더 입는다.

→ 뱀 : 서로 칭찬하며 산다.

▣ 개띠

1. 장점

→ 헌신적이다. 믿을 수 있다. 강인하다.
신뢰할 수 있다. 끈기가 있다.
관대하다. 지략이 풍부하다. 책임감이 있다. 품위가 있다. 항상 주의 깊다. 열심히 일한다.
도움을 준다. 생각이 깊다. 너그럽다. 겸손하다.
솔직하다. 열정적이다.

2. 단점

→ 냉소적이다. 고집이 세다. 심술이 궂다. 바른말을 잘 한다.
방어적이다. 참을성이 없다. 반사회적이다. 싸우기를 좋아 한다. 스스로를 괴롭힌다. 경계심이 많다. 부담스럽게 한다.

3. 직업

→ 노조원, 공사 감독, 비평가, 성직자, 판사, 탐정, 정치가, 경영자, 도덕론자, 학자 등.

4. 인연

→ 가장 좋은 만남은 말, 범, 토끼띠다.
개띠의 냉소주의도 문제가 되지는 않는다.

→ 다음으로 좋은 만남은 쥐, 돼지, 뱀, 원숭이띠다.
같은 개띠는 노력에 딸렸다.

→ 안 좋은 만남은 소, 닭, 양띠다.

→ 자존심 강한 용띠와는 최악의 만남이다.

5. 애정

→ 용 : 개의 현실적 성격과 이상주의가 충돌한다.

→ 토끼 : 개의 노력에 달렸다.

→ 범 : 좋은 만남이 될 수 있다.

→ 소 : 혁명가인 개와 보수적인 소와는 조금 힘이 벅차다.

→ 쥐 : 개가 짖지만 않는다면 재미있는 부부가 될 수 있다.

→ 돼지 : 좋은 부부가 될 수 있다.

→ 개 : 좋은 궁합이나 종종 곤란을 겪게 된다.

→ 닭 : 남자가 닭이라면 결사 반대다.

→ 원숭이 : 이상주의자인 개와의 만남 조금은 피곤할 것 같다.

→ 양 : 안 된다. 서로 비관적이다.

→ 말 : 결혼해도 좋다.

→ 뱀 : 개가 상처를 많이 받는다. 뱀의 노력에 따라 좌우된다.

▣ 돼지띠

1. 장점

→ 예의가 바르다. 공평하다. 진실하다. 믿음직스럽다. 씩씩하다. 활발하다. 점잖다. 충동적이다. 평화를 사랑한다. 자신만만하다. 침착하다. 자상하다. 용기가 있다. 인기가 있다. 항상 부지런하다. 발랄하다.

사교적이다. 관대하다. 적의를 숨기지 못한다.

2. 단점

→ 잘 속는다. 천박하다. 순진하다. 고집이 세다. 항상 무방비 상태다. 얼뜨기다. 슬픔에 잘 빠진다. 관능에 빠지기 쉽다. 뻔뻔하다. 유혹에 약하다. 거절할 줄 모른다.

미래를 보지 못한다. 다른 소유물을 자기 것처럼 다룬다. 단순하다.

3. 직업

→ 의사, 건축가, 제조업자, 영화 관계자, 작가, 화가, 연예인, 과학자 등.

4. 인연

→ 가장 좋은 만남은 토끼띠, 양띠, 범띠다.

언쟁을 피하기는 토끼띠가 좋다.

양띠의 변덕도 돼지띠에는 좋다. 범띠와는 범의 노력에 따라 좋아진다.

→ 다음으로 좋은 만남은 원숭이, 용, 개, 쥐띠다.

→ 소, 닭, 돼지, 말띠는 노력이 필요하다.

→ 가장 상극을 이루는 만남은 뱀띠다.

뱀은 꾀로 돼지를 꽁꽁 감아 버린다.

5. 애정

→ 용 : 좋은 궁합이다.

→ 토끼 : 궁합 만점이다. 단, 돼지가 스스로를 잘 다스려야 한다.

→ 범 : 궁합은 좋으나 돼지가 존경하게 만들어야 한다.

→ 소 : 돼지가 절제만 할 수 있다면 좋은 만남이다.

→ 쥐 : 돼지가 공격성을 자제만 한다면 좋은 궁합니다.

→ 돼지 : 서로 양보하며 사는 좋은 부부다.

→ 개 : 둘 다 관대해 지는 좋은 궁합이다.

→ 닭 : 남자가 닭이라면 안 어울린다. 여자가 닭이라면 가능하다.

→ 원숭이 : 가능성이 있다.

→ 양 : 돼지의 희생으로 궁합이 가능하다.

→ 말 : 말의 이기주의가 돼지를 이용한다.

→ 뱀 : 뱀이 돼지를 질식시키고 만다.

_지식in

행운체질로 바꾸는 방법 7가지

1. 감성을 '초' 긍정적인 상태로 유지하라

사람들은 말한다. 긍정적으로 살아야 한다고. 그러나 나는 이 말에 이의를 제기한다. 긍정적으로 사는 것만으로는 2% 부족하다. 긍정에 '초' 한 방울을 살짝 뿌려라.

2. '칭찬그라' 를 남발하라

칭찬은 고래도 춤추게 한다고 했다. 고래뿐 아니라 개미나 벼룩도 춤추게 하는 기적의 에너지가 칭찬에는 있다. 사람은 누구나 다 좋은 점이 있다. 좋은 점을 찾아서 표현해줘라. '넌 왜 그렇게 산만하니?' 라는 핀잔 대신 '넌 정말 호기심이 왕성하구나!' 라고 칭찬을, '넌 왜 그렇게 얼굴이 새까마니? 밤에 보이니?' 라는 농담 대신 '넌 자연 선탠이 아주 섹시하게 됐구나! 멋지다' 고 칭찬할 것. '넌 왜 그렇게 쪼잔하니?' 라고 나무라고 싶어도 '어머, 섬세하기도 해라' 라는 식으로 말하다 보면 나도 그 사람도 모두 즐거워진다. 이것이야말로 '윈윈' 아닐까?

3. 관계를 잘 유지해라.

모든 것은 관계의 문제로 능력은 다 비슷하다. 85% 이상이 인간관계가 힘들다고 말한다. 인간관계가 성공과 실패를 가르는 핵심 포인트, 관계 맺기가 어렵다면 대화로 풀면 된다. 대화엔 '123법칙' 이 중요하다. 1분 말하고, 2분 듣고, 3분은 맞장구쳐줘라. 그러면 어느 누구하고도 당신은 친구가 될 수 있다. 혼자 북 치고 장구 치는 사람은 모두 싫어한다. 관계는 '커뮤니케이션' 이라는 것을 기억할 것.

4. '때문에' 를 '덕분에' 로 바꿔라.
살아가면서 내 맘에 딱 드는 사람은 거의 없다. 이 사람, 저 사람 모두 스트레스를 주게 마련이다. 그럴 때마다 마음을 바꿔라. 스트레스를 받으면 내 건강만 나빠진다. '아휴, 저 인간 때문에 내가 이 고생이네' 하며 생각하고 싶을 때 빨리 마음을 '유턴' 해라. '그래, 저 사람 덕분에 내가 극기 훈련하는 거야' , '저 사람 덕에 내가 인격 수양하는 거야' 라고 말이다. 이렇게 생각하면 거짓말처럼 이내 마음이 편해진다. 그 사람을 위해서 내가 사는 것은 아니잖은가? 한 번뿐인 소중한 내 인생을 다른 사람 때문에 불행의 나락으로 떨어뜨릴 필요는 없다. 그냥 모든 것을 '덕분에' 라고 생각하면 미움도 아이스크림처럼 사르르 녹아버린다.

5. 사사건건 웃어라.
웃음은 기적의 호르몬을 분비한다. 웃음에는 쾌감 호르몬 25가지를 생성해주는 항암 효과가 있다고 과학적으로 입증되었다. 별것 아닌 일에도 하하 호호 깔깔 껄껄 웃어라. 좁쌀 백 번 구르는 것보다 호박 한 번 구르는 것이 더 효과적이다. 웃을 땐 이왕이면 까르르 뒤집어지면서 웃어라.

6. 남을 배려하라.
어떤 상황에서 누구를 만나든지 일단 다른 사람부터 먼저 생각해라. 그리고 내 맘에 들지 않아도 짜증내기 전에 딱 3초만 생각해봐라. '내가 저 사람이라면 어떻게 할까?' '좌지우지 左之右之' 하지 말고 '역지사지易

가족
연애

地思之' 하는 것을 습관화하면 '인기 짱' 이 될 수 있다.

7. '리콜' 되는 사람이 아니라 '리필' 되는 사람이 되어라.

물건을 샀을 때 불량품이거나 하자가 있으면 리콜 한다. 그리고 좋은 것은 계속 리필한다. 사람도 마찬가지다. 여러 사람에게 인기가 있고 여기저기서 찾는 사람은 리필 되는 것이다. 오라는 곳도, 친구도 없는 사람은 리콜 인간이다. 리필이 되느냐, 리콜이 되느냐. 그것은 전적으로 자신의 책임이다. '인생 학교' 에도 내신은 엄격하다. 평소 어떻게 살아왔느냐 그것이 마일리지가 되는 것이다. 성공한 사람을 보면 다 이유가 있다. 어느 날 UFO처럼 느닷없이 나타난 것처럼 보여도 그동안 남다른 노력과 피나는 내공을 쌓은 결과다.

_지식in

memo

하루를 행복하게 보내는 방법 10가지

1. 오늘만은 행복하게 살자. 사람은 자신이 결심한 만큼 행복해지는 것이다.
2. 오늘만은 자기 자신을 장소와 상황에 순응시켜보자. 욕망을 버리고 직장이나 가정 등에서 발생하는 사실을 있는 그대로 받아들이고 그 상황에 적응시켜보자.
3. 오늘만은 몸조심하자.
4. 오늘만은 자기 자신의 마음을 굳게 지키자.
5. 오늘만은 3가지 방법을 실행해보자.
   '남들에게 친절히 대하자.'
   '다른 사람들에게 유익이 되는 일을 해보자.'
   '자신이 하기 싫은 일을 자진해서 해보자.'
6. 오늘만은 유쾌하게 보내자.
7. 오늘만은 하루의 계획을 작성해보자.
8. 오늘만은 오늘 하루로써 살아보자. 오늘 하루 만에 골치 아픈 문제를 마무리해보자.
9. 오늘만은 조용히 혼자서 사색해보자.
10. 오늘만은 두려워하지 말자.

_시빌 F. 패트리지

가족
연애

아이의 자신감을 길러주는 방법 66가지

1. 아이에게 자신감의 날개를 달아줘라.
   1) 0살부터 시작한다.
   2) 한 말에 약속을 지킨다.
   3) 아이가 자신의 주인이 되게 하라.
   4) 아이를 사교의 고수로 만들라.
   5) 아이에게 취학 준비를 시켜라.
   6) 자녀에게 부담감을 주지 말라.
   7) 아이가 항상 기뻐할 수 있도록 하라.
   8) 아이가 인터넷을 할 수 있도록 격려하라.

2. 교육을 높이 평가하라.
   1) 아이의 이야기를 경청하라.
   2) 멍청한 엄마가 되지 말라.
   3) 아이가 스스로를 믿도록 만들라.
   4) 칭찬에 인색하지 말라.
   5) 장난꾸러기 아이들도 성공할 수 있다.
   6) 아이에게 인생의 지표를 설정해주어라.
   7) 아이에게 스스로를 사랑하는 법을 가르쳐주어라.

3. 상황에 맞게 칭찬하고 격려하라.

1) 아이를 격려하는 예술을 배우라.

2) 아이에게 상장을 주어라.

3) 아이의 꿈을 존중하라.

4) 아이를 인정해주는 것이 가장 큰 상이다.

5) 아이를 격려할 때 지나치게 물질적이지 말라.

6) 칭찬은 아이를 발전시키는 계단이다.

4. 웃으며 실패와 맞서라.

1) 좌절에 직면할 수 있는 능력을 길러주어라.

2) 실패의 격식이 아이에게 없도록 하라.

3) 넘어진 아이가 스스로 일어나게 하라.

4) 중도에 포기하지 않도록 교육시켜라.

5) 아이가 실패의 강을 건널 수 있도록 격려하라.

6) 아이 스스로가 자신의 세계를 개척하도록 하라.

7) 실패의 권리를 아이에게 넘겨주어라.

8) 아이의 마음속에 희망을 심어주어라.

9) 다음 승리를 쟁취하도록 하라.

5. 세상에 유용한 사람을 만들라.

1) 지루한 수학을 재미있게 만들라.

2) 아이가 대담하게 영어를 말할 수 있도록 격려하라.

3) 아이에게 글쓰기의 기회를 만들어 주어라.

4) 어려서부터 컴퓨터를 다룰 수 있게 하라.

6. 열등생이 우등생이 되다.

1) 실패의 경험이 성공을 낫는다.

2) 아이에게 적극적인 마음을 심어주어라.

3) 아이의 자존심을 지켜주어라.

4) 아이가 자신의 장단점을 파악할 수 있도록 도와주어라.

5) '나는 할 수 있어' 라고 자신 있게 말할 수 있는 아이가 되게 하라.

6) 기적이 일어날 수 있는 암시를 하라.

7. 아이가 폐쇄적이지 않도록 하라.

1) 아이가 우울함을 느끼지 못하게 하라.

2) 아이가 학교 가는 것에 대한 공포감을 느끼지 않도록 하라.

3) 아이를 과잉보호하지 말라.

4) 열등감을 극복할 수 있도록 하라.

5) 자신의 꿈을 아이에게 전가시키지 말라.

6) 심리적인 장애가 아이의 장래를 망치지 않게 하라.

7) 아이를 함부로 놀리지 말라.

8) 아이가 긍정적으로 자랄 수 있게 하라.

__지식in

자녀 건강 10대 수칙

자녀를 건강하게 키우는 것은 부모의 의무이다. 미국 소아과학회(AAP)에서 최근 발표한 자녀 건강 10대 수칙을 소개한다.

1. 자녀 앞에서 담배를 피우는 것은 절대 금물이다. 간접흡연의 피해뿐만 아니라 자녀들이 담배를 일찍 쉽게 배우게 된다.
2. 좋은 식사가 건강한 자녀를 만든다. 규칙적으로 충분한 영양을 섭취하도록 신경 써 준다.
3. 차 안에서 반드시 안전벨트를 채워준다. 자녀의 몸에 맞는 보조 의자를 설치하는 것도 필수!
4. 신생아를 재울 때는 바로 누여 유아급사증후군(SIDS)의 위험을 줄이도록 해야 한다.
5. 정확한 시기에 예방접종을 해야 한다.
6. 가정의 안전 상태를 점검해 보자. 화재경보기를 설치하고, 독극물 등은 어린이의 손이 닿지 않는 곳에 보관해야 한다.
7. 가정 내 폭력을 없애야 한다. 자녀들이 매질은 물론 부모의 말에도 상처를 입을 수 있다는 것을 명심해야 한다.
8. 생후 6개월부터는 책을 읽어주는 등 자녀의 지능 발달에도 신경 써 준다.
9. TV를 비롯한 각종 미디어에서 좋은 프로그램만 볼 수 있게 도와준다.
10. 자녀들이 늘 사랑받고 가치 있는 존재라는 느낌이 드는 환경을 만들어

준다.

__지식in

memo

가정에 없어야 할 10가지

1. 비난이 없어야 한다.
   가족 간의 비난은 난파선의 밑창을 뚫는 것과 같다.

2. 욕설이 없어야 한다.
   가정에서의 욕설은 밥에 흙을 뿌리는 것과 같다.

3. 원망이 없어야 한다.
   가족 간의 원망은 잘 끓인 국에다 찬물을 붓는 것과 같다.

4. 속임이 없어야 한다.
   가족들에게 속임수를 쓰는 것은 자라는 나무의 뿌리를 자르는 것과 같다.

5. 폭력이 없어야 한다.
   가족 간의 폭력은 윗물을 흐리게 하는 것과 같다.

6. 고집이 없어야 한다.
   가족 간의 지나친 고집은 자신의 무덤을 스스로 파는 것과 같다.

7. 비밀이 없어야 한다.

가족 간의 비밀은 가정을 파괴시킬 시한폭탄과도 같다.

8. 시기가 없어야 한다.

가족 간의 시기는 야간에 등을 켜지 않고 달리는 자동차와 같다.

9. 편견이 없어야 한다.

가족 구성원에 대한 편견은 도끼로 나무를 찍는 것과 같다.

10. 계산이 없어야 한다.

가족 간의 계산은 도배지에다 물을 붓는 것과 같다.

_지식in

memo

아버지가 아들에게 보내는 삶의 지혜 27가지

1. 약속 시간에 늦는 사람하고는 동업하지 말거라.
   시간 약속을 지키지 않는 사람은 모든 약속을 지키지 않는다.

2. 어려서부터 오빠라고 부르는 여자 아이들을 많이 만들어 놓아라.
   그 중에 한두 명은 안 그랬다면 말도 붙이기 어려울 만큼 예쁜 아가씨로 자랄 것이다.

가족
연애

3. 목욕할 때에는 다리 사이와 겨드랑이를 깨끗이 씻어라.
   치질과 냄새로 고생하는 일이 없을 것이다.

4. 식당에 가서 맛있는 식사를 하거든 주방장에게 간단한 메모로 칭찬을 전해라.
   주방장은 자기 직업을 행복해할 것이고 너는 항상 좋은 음식을 먹게 될 것이다.

5. 좋은 글을 만나거든 반드시 추천을 해라.
   너도 행복하고 세상도 행복해진다.

6. 여자아이들에게 짓궂게 하지 말거라.
   신사는 어린 여자나 나이든 여자나 다 좋아한단다.

7. 양치질을 거르면 안 된다.
   하지만 빡빡 닦지 말거라. 평생 즐거움의 반은 먹는 것에 있단다.

8. 노래하고 춤추는 것을 부끄러워하지 말거라.
   친구가 너를 어려워하지 않을 것이며 아내가 즐거워할 것이다.

9. 하느님을 찾아 보거라.
   만약 시간의 역사(호킨스), 노자(김용옥 해설), 요한복음(요한)을 이해한다면 서른 살을 넘어서면 스스로 서게 될 것이다.

10. 어려운 말을 사용하는 사람과 너무 예의바른 사람을 집에 초대하지 말거라.
    일부러 피곤함을 만들 필요는 없단다.

11. 똥은 아침에 일어나자마자 누거라.
    일주일만 억지로 해보면 평생 배 속이 편하고 밖에 나가 창피당하는 일이 없다.

12. 가까운 친구라도 남의 말을 전하는 사람에게는 절대로 속을 보이지 말라.
    그 사람이 바로 내 흉을 보고 다닌 사람이다.

13. 나이 들어가는 것도 청춘만큼이나 재미있단다.

그러니 겁먹지 말거라. 사실 청춘은 청춘 그 자체 빼고는 다 별거 아니란다.

14. 밥을 먹고 난 후에는 빈 그릇을 설거지통에 넣어주어라.

엄마는 기분이 좋아지고, 여자 친구 엄마는 널 사위로 볼 것이며, 네 아내는 행복해할 것이다.

15. 양말은 반드시 펴서 세탁기에 넣어라.

소파 밑에서 도넛이 된 양말을 흔드는 사나운 아내를 만나지 않게 될 것이다.

가족
연애

16. 네가 지금 하는 결정이 당장 행복한 것인지 앞으로도 행복할 것인지를 생각하라.

법과 도덕을 지키는 것은 어려워 보이지만 막상 해보면 그게 더 편하단다.

17. 돈을 너무 가까이 하지 말거라.

돈에 눈이 멀어진다.

18. 돈을 너무 멀리 하지 말거라.

너의 처자식이 다른 사람에게 천대받는다. 돈이 모자라면 필요한 것과 원하는 것을 구별해서 사용해라.

19. 너는 항상 내 아내를 사랑해라.

그러면 네 아내가 내 아내에게 사랑받을 것이다.

20. 심각한 병에 걸린 것 같으면 최소한 세 명의 의사 진단을 받아라.

생명에 관한 문제에 게으르거나 돈을 절약할 생각은 말라.

21. 5년 이상 쓸 물건이라면 너의 경제 능력 안에서 가장 좋은 것을 사거라.

결과적으로 그것이 절약하는 것이다.

22. 베개와 침대와 이불은 가장 좋은 것을 사거라.

숙면은 숙변과 더불어 건강에 가장 중요한 문제다.

23. 너의 자녀들에게 아버지와 친구가 되어라.

둘 중에 하나를 선택해야 될 것 같으면 아버지를 택하라. 친구는 너 말고도 많겠지만 아버지는 너 하나이기 때문이다.

24. 오줌을 눌 때에는 바짝 다가서라.

남자가 흘리지 말아야 될 것은 눈물만이 아니다.

25. 연락이 거의 없던 사람이 찾아와 친한 척하면 돈을 빌리기 위한 것이다.

분명하게 '노' 라고 말해라. 돈도 잃고 마음도 상한다.

26. 친구가 돈이 필요하다면 되돌려 받지 않아도 될 한도 내에서 모든 것을 다 해줘라.

그러나 먼저 네 형제나 가족들에게도 그렇게 해줬나 생각하라.

27. 네 자녀를 키우면서 효도를 기대하지 말라.

나도 너를 키우며 네가 웃으며 자란 모습으로 벌써 다 받았다.

_김종욱(전 한빛은행 부행장)

memo

가족
연애

남자가 공개 장소에서 해서는 안 되는 일 9가지

1. 울기

물론 장례식장에서는 목을 놓아 펑펑 울어도 좋다. 하지만 얼마 전 여자 친구랑 로맨틱 코미디 영화를 보다 정말 눈물을 흘렸다고? 사람이라면 남녀를 불문하고 누구나 감정의 기복이 있게 마련이다. 하지만 감정이입을 한다고 해서 반드시 눈물을 펑펑 쏟으라는 법은 없다. 여자 친구가 영화를 보거나 책을 읽으면서 운다면 반드시 다독거려주어라. 하지만 당신까지 덩달아 눈물을 쏟아낸다면 참으로 난감하다.

2. 아무데서나 소변보기

물론 서서 오줌 누는 것은 남자들만 할 수 있는 일 중 하나다. 그렇다고 이게 마치 '특권' 인양 아무데서나 해도 된다는 이야기는 아니다. 쓰레기통이나 으슥한 골목길 같이 몸을 숨길 수 있는 곳이라면 어느 정도 눈감아줄 수는 있다. 하지만 세워 둔 차 뒤에 등을 돌리고 서 있으면 사람들의 눈에 띄지 않을 거라고 생각하면 곤란하다.

3. 손으로 글쓰기

달필가나 서예가가 아니라면 형이상학적인 시나 애끓는 편지라도 카페에서 노트에 펜으로 쓰는 것은 요즘 같은 세상에선 더 안쓰러워 보인다.

손으로 쓰는 글씨는 피를 말리는 창작의 고통을 더욱 가혹하게 보이게 만든다. 요즘 대부분의 카페에는 초고속 무선 인터넷 접속이 가능하다. 노트북으로도 얼마든지 깊이 있고 철학적인 글을 쓸 수 있다.

4. 여자 친구와 싸우기

여자 친구랑 싸울 정도면 나름대로 사정이 있다. 하지만 주변의 사람들이 당신을 보는 시선은 딱 한가지다. 성미가 불같이 급한 사람으로 밖에 보지 않는다. 파티에서 다른 커플과 함께 자리를 했을 경우라면 여자 친구랑 말다툼을 함으로써 다른 사람들에게 어색한 분위기를 안겨주고 말 것이다. 싸울 일이 있으면 남들이 보지 않는 조용한 장소에서 하라.

5. 구토하기

술을 너무 많이 마시다 보면 토할 때도 있다. 토할 때는 자기가 얼마나 많이 먹고 마셨는지 새삼 놀라게 된다. 하지만 공개 장소에서 구토하는 순간 체면은 휴지 조각이 되고 만다. 조금이라도 참을 수 있다면 문을 걸어 잠글 수 있는 화장실을 찾아라. 남이 보지 않는 가운데 마음껏 토할 수도 있고 신선한 공기도 마시고 물도 마신 다음 다시 파티장으로 발걸음을 옮겨라.

6. 휴지 없이 코풀기

우연히 고엽제를 들이마신 경우가 아니라면 공개 장소에서 휴지 없이 코풀지 말라. 코가 자주 나온다면 티슈를 갖고 다녀라. 휴지가 없는데도 코를 불가피하게 풀어야 한다면, 옆 사람에게 휴지를 좀 달라고 부탁하라. 그럴 용기가 없다면 참아라.

가족
연애

7. 다리 꼬고 앉기

사업상 중요한 면담을 하거나 누군가 당신에게 새로운 프로젝트를 설명하고 있는 데 다리를 꼬고 있다면 그것만큼 꼴불견이 없다. 충고하건대 양발을 땅에 대고 있는 게 낫다.

8. 코를 후비거나 몸 긁기

주차된 차 안에서 마치 손이 닿지 않는 곳에 있는 동전을 잡으려고 애쓰듯 코를 후벼 파는 남자를 심심찮게 볼 수 있다. 무심코 사타구니를 긁기도 한다. 누구라도 가려운 곳을 긁으면 시원하게 마련이다. 하지만 남들이 지켜보는 공개 장소에서 마구 긁어대면 곤란하다.

9. 거울을 보면서 자신의 외모에 감탄하기

당신의 팔뚝은 굵고 복근도 단단하다. 하지만 헬스클럽 샤워장에 걸린 대형 거울을 보면서 회심의 미소를 짓는다면 소름끼치는 일이다. 남자가 거울을 보는 이유는 이빨 사이에 고춧가루가 끼지는 않았는지 뺨에 코딱지가 눌러 붙지는 않았는지 확인하기 위해서다.

_디지털뉴스 jdn@joins.com

인정받는 여성의 이유 7가지

1. 표정이 언제나 밝다.

그런 여성에게는 자신감이 넘쳐 보이고 다가오는 사람들이 많다. 어떤 일을 하든지 성공할 것 같은 이미지를 풍기므로 도움과 지원이 많아진다.

2. 목소리가 생기발랄하고 애교가 넘친다.

만나보지는 못한 상태에서도 전화 목소리만으로도 호감을 주고, 상대방으로 하여금 만나보고 싶은 마음을 이끌어낸다.

3. 자기가 맡은 일에 전문성을 가지고 똑 부러지게 한다.

어려운 일이 닥치더라도 여자라는 핑계로 떠넘기려 하지 않는다. 부드러운 설득력으로 주변의 지원을 받아낼 줄을 알고 끝까지 정성스럽게 최선의 노력을 아끼지 않는다.

4. 대인관계가 원만하다.

개인적으로나 업무상으로 절대로 적을 만들지 않는다. 언제나 동원할 수 있는 응원군으로 대기시켜 놓는다. 그리고 남자들에게 항상 얻어먹지 않고 가끔씩은 당당하게 돈을 쓸 줄도 안다.

5. 고마워할 줄 안다.

자신에게 도움을 주는 사람뿐만이 아니라 경쟁 상대인 관계에서도 마찬가지의 자세를 가지고 있다. '나 외의 모든 사람은 고객이다' 라는 말에 동의하고 상대방이 있기 때문에 자신이 존재하고 발전할 수 있음에 감사한다.

6. 상대의 고통과 고민을 감싸주고 이해한다.

누구나 자신의 고통을 하소연하기는 쉬워도 상대방의 어려움을 이해하기는 쉽지가 않은 법이다. 들어준다는 것은 내 편으로 만들고 있다는 증거이다.

7. 다정하고 따뜻하나 헤프지 않다.

포용과 절제가 무엇인지를 안다.

이 일곱 가지를 모두 합하면 '성공하는 여성' 이 된다. 물론 한 사람의 품위는 보는 사람이 결정한다. 이에 대해 버나드 쇼는 "숙녀와 탕녀의 차이는 어떤 행동을 하느냐가 아니라 어떻게 취급받느냐 하는 것이다" 라고 표현했다. 애교가 넘치고, 친절하고, 교양과 미소가 있는 여성은 생김새와 관계없이 아름답다. 그리고 그것은 이미 성공한 여성들의 비밀인 것이다

_지식in

결혼 망치는 사소한 일 10가지

1. 공식 자리에서 유치한 애칭으로 상대방 부르기.
2. 무서운 영화 보며 소리 지르는 남편.
3. 여행 가방에 필요 없는 것까지 챙겨 넣어서 무겁게 만들기.
4. 자신이 던진 농담에 아무도 안 웃는데 자기 혼자만 웃기.
5. 주머니 사정은 생각하지 않고 닥치는 대로 쇼핑하기.
6. 상대방 의상 스타일 흠잡기.
7. 화장지가 떨어졌는데도 갈아 끼우지 않기.
8. 젖은 수건 욕실 바닥에 던져두기.
9. 공식 자리에서 관심을 끌기 위해 화젯거리 꾸며내기.
10. 상대방이 가진 위와 같은 나쁜 습관을 비난하기.

_영국 선데이 타임스

장가 가는 후배에게 들려주는 삶의 지혜 25가지

1. 아내가 TV를 보고 있을 때는 절대 다른 프로로 돌리지 마라.

TV 채널 선택권에 대해서는 아내의 독점권을 인정해 주고, 오히려 입이 궁금할 아내를 위해 말없이 오징어나 과일을 준비하는 것이 좋을 것이다. 그러면 아내는 당신을 사랑스러운 남자로 생각할 것이다.

2. 아내가 두 시간 정도 전화로 수다를 떤다고 해서 결코 나무라지 마라.

왜냐하면 수다는 아내의 오랜 취미이자 일종의 사회활동이다. 만일 아내가 취미와 사회활동을 제대로 못한다면 그 스트레스는 전부 잔소리로 당신에게 돌아올 것이다.

3. 전등을 가는 일이나 못을 박는 일은 반드시 당신이 하는 게 좋다.

그렇잖으면 남자구실 못한다는 욕을 잠자리에서도 듣게 될 것이다.

4. 어떠한 경우에도 첫사랑이나, 아내 이전에 만났던 여자 이야기를 입 밖에 내지 말아야 한다.

당신이 잃을 것은 신뢰와 존경과 사랑이고 얻을 것이라곤 싸늘한 아내의 눈빛뿐이다.

5. 아내가 식사 준비를 할 때는 식탁을 닦고 수저를 내고 밥 퍼는 일을 하는 것이 좋다.
가만히 앉아서 밥을 받아먹는 파렴치한 행동을 하다가는 설거지통의 그릇이 깨어지는 일이 잦아질 것이다.

6. 아무리 피곤하거나 술에 취해 몸을 가누기 힘들더라도 꼭 양치와 샤워를 한 후에 잠자리에 들어야 한다.
그러지 않으면 그날 이후로 각방 신세를 면치 못할 것이다.

7. 소변을 볼 때는 항상 양변기 씨트를 올리고 보고, 일을 본 후에는 꼭 씨트를 내려놓도록 해야 한다.
부부가 싸우는 이유는 통일문제나 인권문제처럼 거창한 게 아니다. 남들에게 설명할 수 없는 이런 사소한 것에서 다투고 헤어지기까지 하는 것이다.

8. 아내가 부를 때는 아무리 스포츠 중계가 재미있고 신문 기사가 흥미롭더라도 한 번에 바로 대답하고 아내 쪽을 바라보아야 한다.
사근사근한 아내를 만드는 것도, 사나운 아내를 만드는 것도 다 당신에게 달려있다.

9. 식사가 끝나면 재빨리 식탁을 치우고 설거지를 하는 것이 당신의 일이라고 생각하는 편이 좋다.
물론 음식찌꺼기도 제 때 갖다 버려야 하고. 그대의 손발이 고될수록 아내가 편해질 것이고 그러면 결국 당신의 마음도 편해질 것이다.

10. 아내 앞에서 여자 연예인이나 다른 사람의 아내, 회사 여직원을 칭찬하지 말아야 한다.

며칠 동안 심술궂은 아내를 보지 않으려면 말이다.

11. 부부관계를 가질 때는 처음 아내를 안았을 때처럼 소중하고 성실하게 열심히 해야 한다.

그저 자기욕구를 채우기 위해서 하는 거라면 차라리 자위를 것이 좋을 것이다.

12. 아내가 "겨울연가" 같은 드라마를 보면서 울더라도 결코 한심한 눈으로 쳐다보거나 혀를 차지 말고 조용히 곁에 앉아 티슈나 손수건을 건네주는 것이 좋다.

그러면 아내는 최지우처럼 자네에게 안길 것이다. 설령 자네가 배용준이 아니더라도 말이다.

13. 아내 몰래 부모님이나 형제에게 돈을 보내지 말아야 한다.

그러나 처가집에 돈을 보낼 때는 아내에게 말하지 않는 편이 더 좋다. 그러면 아내는 당신을 속 깊은 남편으로 생각할 것이며 장인장모는 믿음직한 사위로 여길 것이니라.

14. 아내 허락 없이 친구나 후배를 집으로 데리고 가지 말아야 한다.

집은 당신의 소유일지 몰라도 가정은 아내의 것이기 때문이다.

15. 옆집 남자나 친구 남편과 비교하여 아내가 은근히 자네를 무시해도 화내는 일이 없도록 주의해야 한다.

그러지 않으면 단박에 자네는 속 좁은 놈 취급을 당할 것이다.

16. 냉장고 속의 일에 대해서는 결코 간섭하지 않는 것이 좋다.

냉장고는 아내의 일기장과 같다. 그곳을 들춰보거나 그 속에서 무언가가 변해가고 있다는 따위의 말은 아내에게 참을 수 없는 모욕을 주는 행위인지라 대판 부부싸움은 물론이고 이혼까지도 감수해야 할 지 모른다.

17. 아내가 해주는 밥은 무조건 맛있게 먹고 또 남기지 않도록 해야 한다. 그리고 설사 조금 맛이 없더라도 칭찬을 잊지 말아야 한다.

칭찬이란, 하는 쪽에서는 지루한 형식에 불과할지라도 듣는 쪽에서는 늘 새로운 기쁨이다. 더 잘하고 싶게 만드는 동기는 핀잔이나 지적이 아니라 칭찬이란 사실을 명심해야 한다.

18. 아내에게 있어 남편과 동시에 친구가 되어야 한다.

그러나 둘 중 하나를 선택해야 한다면 남편을 택해야 할 것이다. 왜냐하면 친구는 당신 말고도 많겠지만 남편은 자네 한 사람 뿐이기 때문이다.

19. 아내가 돈을 좋아한다고 해서 속물이라고 욕하지 말아야 한다.

그나마 아내가 경제에 밝으니까 당신이 이만큼이라도 사는 거라고 고맙게 생각해야 한다.

20. 아내가 싫어하지 않는 한 쇼핑은 같이 가도록 해야 하며, 아무리 오랜 시간 까다롭게 물건을 고르더라도 계속 웃어 주고 설사 무거운 물건이 아니더라도 들어주어야 할 것이다.

그렇잖으면 자네는 추운 겨울 내의도 한 벌 못 제대로 못 얻어 입게 될 것이다.

21. 노파심에서 덧붙이는 말이지만 아무리 싸움을 심하게 하더라도 절대 아내를 때리지 말아야 한다.

힘으로나 깡으로나 강하고 독한 것은 여자지 남자가 아니다.

22. 만일 대판 싸웠다면 빨리 화해하는 일에 자네의 모든 물질적 인적 역량을 총동원해야 한다.

냉전이 오래 가면 갈수록 고생하고 상처 받는 쪽은 결국 당신이 될 것이다.

23. 아이가 태어나거든 육아에 적극적으로 참여해야 한다.

그리고 밤에 아이가 울거든 자네가 먼저 일어나 아이를 돌보는 것이 좋다. 육아를 하지 않는 남자를 아버지라고 부르지 않는다.

24. 아내가 아이들에게 심하게 야단을 치거나 간혹 체벌을 가하더라도 그 일로 다투지 마라.

교육적으로 그러는 것이며 그것도 당신을 대신해서 맡은 악역일 뿐이니라. 그리고 아이를 사랑하는 일에 당신이 아내를 따라갈 수는 없다는 것을 알아야 한다.

25. 마지막으로, 다시 한 번 결혼에 대해서 심각하고 진지하게 생각해 보아라.

혹시 무를 수 있다면 지금이라도 무르는 것이 좋을 것이다. 위의 모든 것을 실천할 자신이 자네에게 없다면 말이다.

_지식in

memo

가족
연애

자 기 계 발 대 사 전

인생

셰익스피어(William Shakespeare)가 주는 9가지 교훈

1. 학생으로 계속 남아 있어라.
   배움을 포기하는 순간, 우리는 폭삭 늙기 시작한다.

2. 과거를 자랑하지 마라.
   옛날 이야기 밖에 가진 것이 없을 때 당신은 처량해진다.
   삶을 사는 지혜는 지금 가지고 있는 것을 즐기는 것이다.

3. 젊은 사람과 경쟁하지 마라.
   대신 그들의 성장을 인정하고, 그들에게 용기를 주고 그들과 함께 즐겨라.

4. 부탁 받지 않은 충고는 굳이 하려고 마라.
   늙은이의 기우와 잔소리로 오해받는다.

5. 삶을 철학으로 대체하지 마라.
   로미오가 한 말을 기억하라.
   철학이 줄리엣을 만들 수 없다면 그런 철학은 꺼져버려라.

6. 아름다움을 발견하고 즐겨라.

약간의 심미적 추구를 게을리 하지 마라.

그림과 음악을 사랑하고, 책을 즐기고, 자연의 아름다움을 만끽하는 것이 좋다.

7. 늙어 가는 것을 불평하지 마라.

가엾어 보인다.

몇 번 들어주다 당신을 피하기 시작할 것이다.

8. 젊은 사람들에게 세상을 다 넘겨주지 마라.

그들에게 다 주는 순간 천덕꾸러기가 될 것이다.

두 딸에게 배신당한 리어왕처럼 춥고 배고픈 노년을 보내며 두 딸에게 죽게 될 것이다.

인생

9. 죽음에 대해 자주 말하지 마라.

죽음보다 확실한 것은 없다. 인류의 역사상 어떤 예외도 없었다.

확실히 오는 것을 일부러 맞으러 갈 필요는 없다. 그때까지는 삶을 탐닉하라.

우리는 살기 위해 여기에 왔노라.

궁핍한 사람에게 필요한 약은 오직 '희망' 이며, 부유한 사람에게 필요한 약은 오직 '근면' 뿐이다.

_셰익스피어(William Shakespeare)

마음을 다스리는 방법 32가지

1. 울고 싶을 때는 크게 운다.
2. 자기 자신과 다른 사람을 심판하지 않는다.
3. 마음에 어떤 공간을 남겨두고 그 곳에 자신의 소중한 것들을 넣어둔다.
4. 고민스러울 때는 심하게 고민한다.
5. 앞으로 일어날 것 같은 일 때문에 자신을 괴롭히지 않는다.
6. 가슴이 무엇을 원하는가를 스스로에게 묻는다.
7. 하루에 한 번은 조용한 시간을 갖는다.
8. 마음의 눈에서 두려움의 안경을 벗어 던진다.
9. 과거의 상처들에 대해선 한바탕 운 다음에 그것들로부터 벗어난다.
10. 어떤 선택들이 가능한지 스스로에게 말해 준다.
11. '난 이렇게 하지 않으면 안 돼' 라는 것들로부터 자신을 해방시킨다.
12. 자신을 주장하되 부드럽게 주장하는 법을 스스로 터득한다.
13. 자신에게 기다림의 기술을 가르친다.
14. 자신에게 노래를 불러준다.
15. 오늘이 자기 자신에게 하나의 모험이 되게 한다.
16. 마음에 와 닿는 모든 느낌들을 거부하지 않고 받아들인다.
17. 마음이 내린 결정을 지지한다.
18. 마음속에 있는 순수한 어린아이를 소중히 여긴다.
19. 생각 속에서 남을 비판하려는 목소리가 들려올 때는 그것을 침묵시킨다.

20. 삶의 조화와 균형을 생각한다.

21. 마음속에 유머를 나눌 공간을 늘 남겨 둔다.

22. 때로 자기 자신에게 놀라운 기쁨을 안겨 준다.

23. 새로 피어난 꽃들로 자신의 집 안을 장식한다.

24. 완벽해지려고 하지 않아도 된다는 것을 자신에게 말해 준다.

25. 마음이 들려주는 교훈에 귀를 기울인다.

26. 어떤 순간이든지 그 순간에 몰입한다.

27. 괴짜가 되어 행동하는 자기 자신을 소중히 여긴다.

28. 폭포의 근원을 알기 위해 절벽을 기어오르는 모험을 과감히 시도한다.

29. 감사할 줄 아는 마음이 얼마나 큰 변화의 힘을 갖는가를 기억한다.

30. 자신에게 시를 한 편 써서 읽어 준다.

31. 자신만이 갖고 있는 독특한 능력을 높이 인정한다.

32. 이제 막 내린 눈 위를 달빛 아래서 걷는다.

_탈무드

memo

용서

나를 고통스럽게 만들고 상처를 준 사람에게
미움이나 나쁜 감정을 키워 나간다면
내 자신의 마음의 평화만 깨어질 뿐이다.

하지만 그를 용서한다면
내 마음은 평화를 되찾을 것이다.

우리를 힘들게 하고
상처 입힌 누군가가 있기 때문에
우리는 용서를 베풀 기회를 얻는다.

용서는 가장 큰 마음의 수행이다.

용서는 단지 우리에게
상처를 준 사람들을
받아들이는 것만을 의미하지는 않는다.

그것은 그들을 향한
미움과 원망의 마음에서

스스로를 해방시키는 것이다.

그러므로 용서는
자기 자신에게 베푸는
가장 큰 선물인 것이다.

_달라이라마

memo

인생

행운을 부르는 8가지 습관

1. 처음 만난 사람에게 쉽게 말을 건다.
2. 대화를 즐긴다.
3. 이름을 뿌린다.
4. 세밀하게 듣는다.
5. 인맥을 활용해 도움을 주고받는다.
6. 새로운 길을 두려워하지 않는다.
7. 확실하게 마침표를 찍는다.
8. 'NO' 라고 하고 싶을 때에도 'YES' 라고 말한다.

_수잔 로앤

후회 없는 결정을 내리는 방법 10가지

1. 결과를 두려워하지 말라.
2. 본능에 충실하라.
3. 자기감정을 헤아려라.
4. 일부러 반대의견을 말하라.
5. 방심은 금물이다.
6. 지나간 일에 대해 후회하지 말라.
7. 문제를 다른 관점에서 보라.
8. 사회적 압력을 조심하라.
9. 선택의 폭을 제한하라.
10. 다른 사람이 선택하게 하라.

_이장직

주자의 후회 10가지(朱子十悔)

1. 不孝父母, 死後悔 불효부모, 사후회
   부모에게 효도하지 않으면, 돌아가신 후에 뉘우친다.

2. 不親家族, 疎後悔 불친가족, 소후회
   가족에게 친절히 하지 않으면, 멀어진 뒤에 뉘우친다.

3. 少不勤學, 老後悔 소불근학, 노후회
   젊을 때 부지런히 배우지 않으면, 늙어서 뉘우친다.

4. 安不思難, 敗後悔 안불사난, 패후회
   편안할 때 어려움을 생각하지 않으면, 실패한 뒤에 후회한다.

5. 富不儉用, 貧後悔 부불검용, 빈후회
   부유할 때 아껴쓰지 않으면, 가난하게 된 후 후회한다.

6. 春不耕種, 秋後悔 춘불경종, 추후회
   봄에 밭갈고 씨뿌리지 않으면, 가을이 된 후에 후회한다.

7. 不治垣墻, 盜後悔 불치원장, 도후회

담장을 미리 고치지 않으면, 도둑맞은 후에 후회한다.

8. 色不謹愼, 病後悔 색불근신, 병후회

이성을 삼가지 않으면, 병든 후에 후회한다.

9. 醉中妄言, 醒後悔 취중망언, 성후회

술 취해서 망언한 것은, 술 깨고 난 후에 후회한다.

10. 不接賓客, 去後悔 부접빈객, 거후회

손님을 잘 대접하지 않으면, 손님이 떠난 후에 후회한다.

_주자

인생

memo

프랭클린의 13가지 덕목

1. 절제

몸이 거북할 정도로 먹지 말라. 기분이 흐트러질 정도로 마시지 말라.

2. 침묵

자신이나 다른 사람에게 이득이 될 일이 아니면 말하지 말라.

쓸데없는 수다를 떨지 말라.

주의 깊게 듣고, 총명하게 질문하며, 조용하게 대답하고, 말할 필요가 없을 때는 조용히 침묵할 줄 아는 사람이야말로 인생의 가장 중요한 의미를 아는 사람이다.

3. 질서

모든 물건을 제자리에 두어라. 모든 일을 제때에 처리하라.

어렵고 귀중한 일부터 먼저 하는 것이 좋다. 그렇게 되면 작고 쉬운 일은 저절로 해결된다. 오늘 할 일은 오늘 하라. 오늘의 하나는 내일의 두 개와 같다.

일의 순서를 정하는 가장 좋은 방법은, 좋은 일은 오늘 하고 나쁜 일은 먼 후일로 미루는 것이다.

4. 결단

해야 할 일을 반드시 처리하겠다고 결심하라.

결심한 바를 실수 없이 실행하라.

우유부단은 반드시 버려야 할 적이다.

결과를 걱정한다고 실패할 일이 성공하거나 성공할 일이 실패로 바뀌지는 않는다.

5. 절약

자신이나 다른 사람에게 이득이 되지 않는 지출은 하지 말라.

그것은 곧 낭비를 하지 않음을 의미한다.

돈이 당신을 위해 일하고 헌신하게끔 만들어라.

6. 근면

시간을 낭비하지 말라. 늘 뭔가 유익한 일을 하라.

불필요한 일을 모두 중단하라.

비참해지는 비결은 자신이 행복한지 불행한지 염려할 만한 한가한 시간을 갖는 것이다. 매일매일 전력을 다하며 깨끗이 끝내야 한다. 근면은 행운의 어머니다.

7. 진실

남에게 해를 입히는 거짓말을 하지 말라.

항상 순수하고 정의로운 생각을 하라. 뭔가를 말하려고 할 때도, 항상 순수하고 정의로운 말을 하도록 하라.

말이 많은 자가 신용을 잃는다.

8. 정의

남을 다치게 하거나 당신이 의무를 이행하지 않음으로써 잘못을 저지르는 일이 없도록 하라.

정직은 정직을 낳고 사람과 사람 사이에 바위와 같은 신뢰의 다리를 놓아준다.

9. 중용

극단을 피하라. 마땅한 이유가 있다고 생각하면, 손해를 입은 사람의 분노를 기꺼이 참아 넘기라.

분노의 발작에 굴복하는 사람은 편협한 사람이며 진짜 대장부는 적에게까지 친절과 상냥함을 베풀 줄 아는 사람이다.

10. 친절

몸과 의복, 주거의 불결함을 보아 넘기지 말라.

비전과 희망을 품은 사람은 어디서건 눈에 띄게 마련이다.

그들의 용모는 단정하며 자세는 곧고 걸음걸이는 당당하다.

11. 침착

사소한 일과 사고, 혹은 흔히 있는 일이나 피할 수 없는 일로 부산을 떨지 말라.

우리의 정열과 노고는 사소한 일에 바쳐지는 것이 아니라 크고도 참된 일에 아낌없이 쓰여야 한다.

12. 순결

건강이나 자손을 얻기 위한 것이 아니면 성욕을 남용하지 말라.

자신이나 다른 사람의 평정이나 평판을 어지럽히는 아둔함과 나약함을 행하지 말라.

성적인 무절제를 자유라고 착각하지 말라.

13. 겸손

예수와 소크라테스를 본받으라.

더 많이 알기 위해 노력하며 결코 남을 가르치려 들지 않는다.

_프랭클린

memo

인생

인생의 승리자가 되기 위한 비결 6가지

1. 목적을 가지고 일하라.

성공하는 사람들은 사명감을 가지고 있다.

그들은 어디를 향해 가고 있는지 알고 있으며, 어떻게 그 목적지에 도달하는지도 안다. 그들은 목표를 향해 초점을 맞춘다. 먼저 계획한 후에 실행에 옮긴다.

"지혜로운 자는 분명한 목표를 가지고 살아가지만 어리석은 사람은 방향 없이 일을 시작합니다."

2. 진실함을 유지하라.

진실함을 유지하지 않고 지속되는 것은 아무것도 없다.

성공하는 사람들은 진실만을 말한다. 그러므로 거짓말 때문에 걱정할 필요가 없다.

"정직하지 않게 벌어들인 돈은 오래가지 않습니다. 그런데 왜 위험을 무릅쓰겠습니까?"

3. 변명하지 말라.

성공하는 사람들은 절대로 상호 비방하지 않는다.

그들은 자신이 저지른 실수에 대해 책임을 진다. 변명 잘하는 사람치고 일을 제대로 하는 사람은 없다.

"게으른 사람은 언제나 변명만 늘어놓습니다."

4. 배우기를 멈추지 말라.
지도자들은 하나같이 계속해서 배우는 사람들이다.
당신이 배우기를 멈추는 순간 당신의 지도력도 멈추게 된다. 당신은 어떤가? 배움을 멈추고 안주하고 싶지는 않는가? 아니면 계속해서 배움의 길을 걸어가고 있는가?

"지혜로운 사람은 항상 새로운 아이디어에 대해 열려있습니다. 아니 지혜로운 사람은 늘 이러한 아이디어를 찾고 있습니다."

인생

5. 시간과 에너지를 절약하라.
성공하는 사람과 실패하는 사람은 모두 하루 24시간, 똑같은 양의 시간을 할당받았다. 그러나 성공하는 사람은 실패하는 사람보다 24시간을 훨씬 더 잘 관리할 줄 안다. 성공하는 사람들은 돈보다 시간이 훨씬 더 가치 있다는 사실을 알고 있다. 이들은 무조건 많은 시간을 들여 힘들게 일하는 것이 아니라 지혜롭게 일을 처리한다.

"모든 일에는 적절한 시간과 적절한 방법이 있습니다."

6. 끝까지 고수할 것을 결심하라.
성공하는 사람들은 하던 일을 중도에 그만둔다는 생각은 할 줄 모른다.

그들은 중단 없이 계속 일한다. 그들은 실패로부터 배운다. 성공하는 사람들은 의기소침해지는 것도 자기의 선택에 달려있다는 사실을 알고 있다. 당신은 다시 일어나 시작할 수 있다.

"의인은 일곱 번 넘어지더라도 다시 일어납니다."

_릭 워렌(Rick Warren)

memo

자신의 마음을 다스리는 33가지 지혜

지혜 1. 운을 자신의 것으로 하는 사고방식.

스스로 운이 좋다고 생각하면 그 사람은 운이 좋아진다. 반면에 운이 나쁘다고 생각하면 그렇게 된다.

운을 바라보는 시각에는 두 가지가 있다. 즉, 스스로 운이 좋다고 생각하는 것, 나쁘다고 생각하는 것, 중요한 것은 운이 나쁠 때도 좋다고 생각하는 것이다.

그런 자신감이 진짜로 운을 자신의 것으로 이끌 수 있다. 성공하는 사람의 공통된 사고방식은 바로 이런 긍정적 사고이다.

지혜 2. 운을 부르는 생활 태도.

자신의 운을 좋게 하고 싶다면 운이 좋은 사람과 사귀도록 하라. 또 이기주의(Egoism)를 없애고, 긍정적 사고가 되도록 노력하고, 남을 긍정적으로 바라보고, 보다 거시적인 방향을 지향하여, 자주 반성을 하며 모든 일에 감사하라.

그리고 열심히 배우고 일하라. 이것이 운을 부르는 생활 태도이다.

지혜 3. 오히려 걱정하지 않으면 잘 된다.

좋은 일을 생각하면 좋은 일이 일어난다. 때문에 어떤 경우라도 걱정하지 않는 게 좋다.

걱정하면 걱정하는 대로 되기 때문에 어떤 경우라도 걱정하지 않는 게 좋다. 안심하고 있으면 된다. 그러면 모든 게 잘 된다.

지혜 4. 단점을 고치기보다 장점을 보완하라.

단점을 고치려 하기보다 장점을 더욱 보완하는 것이 더 중요하다. 게다가 그렇게 하면 단점이나 결점도 점차 사라진다. 단점에 눈이 가는 동안은 자신은 아직 수준이 낮다고 반성해야 한다.

지혜 5. 천지자연의 이치에 따라서 살라.

앞으로의 시대는 천지자연의 이치에 따라서 살아갈 수 있는지의 여부로 정해진다.

천지자연의 이치에 맞으면 운이 따르고 반하면 운이 사라진다.

지혜 6. 욕이나 비판에 감사하라.

만약 욕을 먹으면 욕을 한 상대에게 감사하라.

욕을 먹는다거나 비판을 받지 않으려면 노력이 필요하다. 한층 더 자신이 커지지 않으면 불가능하다.

사람이 욕을 하거나 비판해 주는 것은 도리에 어긋나지 않게 노력하고 공부하고 자신을 한층 더 크게 하기 위해서라고 생각하면 된다.

지혜 7. 공부하는 즐거움을 알자.

공부와는 다른 것을 아는 것.

공부하는 즐거움을 모르면 다른 놀이 같은 것은 시시하게 여긴다. 그리고 인간은 공부하면 할수록 겸허해진다.

지혜 8. 잘못을 인정하는 유연성을 갖자.

조령모개라도 좋다. 자신의 잘못을 알았다면 곧 고치면 된다. 구애되지 않고 사로잡히지 않는, 그런 유연성을 지녀라.

지혜 9. 누구나 자신을 변화시킬 수 있다.

인간은 반드시 변할 필요가 있다. 때문에 저 사람은 옛날 이랬었다는 등의 비난을 해서는 안 된다.

인간에게는 보통 사람, 고급의 사람, 득도한 사람이라는 세 단계가 있는데 기본적으로 인간은 성장해 가는 동물이다.

지혜 10. 어려움을 극복하고 요령 있게 사는 법.

요령 있게 살려면 많은 어려움을 체험해야 한다. 그리고 요령 있게 그 어려움을 극복하는 것이 효율적으로 사는 것과 결부된다.

인간은 어려운 난관을 극복했을 때 비로소 성장한다.

지혜 11. 모든 것은 필연, 필요하다고 생각하라.

세상에서 일어나는 것은 모두 필연, 뒤돌아보면 모두 최고가 되기 위한 발판, 혹은 기회이다.

지혜 12. 누구에게든 차별 없이 접근하라.

상대가 누구냐에 따라서 태도를 바꿔서는 안 된다. 정말로 훌륭한 사람은 누구에게나 겸허하고 상대의 인간성을 인정하는 도량이 있다.

차별 대우하지 않고 대응하는 것이 인생에서는 참으로 중요하다.

지혜 13. 반대 의견에 귀를 기울이라.

자신의 의견에 찬성하는 사람에게도 감사, 반대하는 사람에게도 감사, 아무 것도 부정해서는 안 된다.

찬성 의견에 감사하는 것은 당연한 일이지만, 반대 의견이나 발을 잡아당기는 방해자에게도 감사해야 하는 것이다.

지혜 14. 아마추어를 벗어나서 프로가 된다.

프로와 아마추어의 차이는 효율성에 있다. 효율이 좋고 성과를 거두는 것이 프로이다.

수면 아래에서 열심히 버둥거리지 않으면 수영할 수 없는 것이 아마추어이다. 프로와 아마추어의 차이는 결코 경험의 길이가 아니다.

지혜 15. 실패하지 않는 사람은 성공도 적다.

100의 일을 해서 90은 성공하지만 10의 실패를 하는 사람.

10의 일을 하여 2를 실패하고, 8을 성공하는 사람.

그리고 5의 일을 하여 하나도 실패하지 않는 사람.

이 중 어떤 사람이 제일 세상에 도움이 될까.

나는 최초의 사람이 제일 도움이 되고, 두 번째 사람이 두 번째, 세 번째 사람이 세 번째라고 평가한다.

지혜 16. 무리하지 않는 생활 태도를 유지하라.

괴로우면 그만두면 된다. 무리를 해서는 안 된다. 무리하지 않고서는 해 나갈 수 없다는 것은 아직 낮은 단계에 있다는 것이다.

지혜 17. 복잡한 것일수록 단순화해서 생각하라.

세상은 본래 단순하다. 복잡한 것도 단순화하면 모두 확실하게 보인다. 모르는 것이 생기면 원칙에 따르면 된다.

지혜 18. 세상의 양극단에 눈을 돌려라.

세상에는 양극단이 존재하는 것이 좋은 경우가 있다. 그렇게 하는 것이 균형을 유지할 수 있고 서로 번영할 수 있다.

지혜 19. 돈이나 인재는 필요 없으면 모이지 않는다.

세상에 있는 것은 전부 필요한 것이다.

회사에 신입 사원이 전혀 들어오지 않는다는 것은 필요가 없기 때문이다. 돈이 모이지 않는다는 것도 필요 없기 때문에 모이지 않는 것이다. 그렇게 생각하면 대단히 즐겁다. 노력도 중요하지만 긍정하려고 노력하는 것이 더욱 중요하다.

인생

지혜 20. 인간관계의 가치를 알라.

친구 관계는 금액으로서 한 사람 100만 원,

지인의 관계는 한 사람 10만 원의 가치.

팬의 관계는 한 사람에 대해 10원,

신자를 한 사람 만들면 1억 원의 가치가 있다.

지혜 21. 인간에게 가장 중요한 두 가지 행위.

인간에게 있어서 가장 중요한 것 두 가지는 잘 생각하는 것과 무슨 일에도 아낌없는 사랑을 주는 것이다.

지혜 22. 결점만을 지적하면 진보하지 못한다.

인간이기 때문에 누구나 결점은 있다.

실패도 있다. 그러나 조금이라도 좋은 점이 있다면 모두 응원하고 싶다. 그 정도의 도량이 있는 인간이 세상에 증가하면 지구는 좀 더 수준 높은 별이 된다.

지혜 23. 진짜 인재는 작은 일을 소중히 한다.

인재란 세심한 사람을 말한다.

진짜 인재란 사소한 일을 큰 일로 보고 사소한 일에 세심한 사람이다.

사소한 일을 소홀히 하는 사람, 사소한 일에 세심하지 못한 사람은 큰일도 이룩하지 못한다.

지혜 24. 경쟁하지 않아도 되는 방법을 생각하라.

수준이 높아지면 경쟁은 필요 없다.

경쟁이 곧 선이라는 것은 분명 잘못된 말이다. 경쟁하지 않고 해결할 수 있는 방법을 생각하라.

지혜 25. 하고 싶지 않는 것은 하지 않는 게 좋다.

체질에 맞지 않는 것은 그것이 아무리 유망한 비즈니스라 하더라도 하지 않는 것이 좋다.

왜 그 사업을 하는가. 경영자 스스로가 납득할 수 있는 것만 손을 대야 한다. 하고 싶지 않는 것이 옳은 것이다.

지혜 26. 모든 것을 긍정하는 데서 출발하라.

모든 것을 긍정하는 데서 출발하자.

나에게 해를 주는 사람도 긍정하고 싶다. 다른 사람 모두 긍정, 과거 모두 선, 이것은 완전한 포용의 발상이다.

지혜 27. 받기보다 주기를 많이 하라.
부하를 거느리는 몸이 되면, 부하를 어떻게 대할 것인가가 일의 큰 부분을 차지하게 되는데 부하의 마음을 잡는 것은 그렇게 어려운 것은 아니다.
상사는 약간 많은 듯하다 베풀어 괴로움보다 기쁨을 많이 주면 된다.

지혜 28. 창조주의 시점으로 매사를 판단하라.
조직체는 톱에 의해 정해지는 것이다.
이 우주, 이 세상은 조물주가 톱이며 조물주에 의해서 세상은 움직여지고 있다. 자신이 조물주라면 어떻게 하겠는가. 그것을 생각하라.

지혜 29. 어떻게 하면 소원을 실현할 수 있는가.
이미지화할 수 있고 확신을 가질 수 있으면 그 바람은 실현된다.

지혜 30. 안 된다는 말을 입에 담지 말라.
의지만 강하면 이 세상에 이루지 못할 것이 없다.
안 된다고 하는 말을 입에 담지 말자. 목적을 반드시 달성한다는 의지를 강하게 갖고 계속 노력하는 것이 성공의 길을 확실히 걷는 법이다.

지혜 31. 일 그 자체를 취미로 하라.
인간이 사는 목적은 자기실현에 있다.
자기실현에 중요한 요소는 하고자 하는 마음이다. 필사적이 되면 다른 사람이 상상할 수 없는 능력이 누구에게나 갖추어져 있다.

일이 즐거움이라 여겨질 정도가 되면 하고자 하는 마음은 대단해진다.

지혜 32. 마음속에 두고 늘 생각하면 실현 가능하다.

인간에게 있어서 가장 중요한 것은 금전도 아니고, 지위도 아니고, 사물도 아니다. 마음과 기분, 정신과 사고방식이 중요한 것이다. 데카르트처럼 나는 생각하다. 고로 나는 존재한다고 생각하라.

모든 것은 생각하는 데서 시작된다.

지혜 33. 인생에 한발 뛰기는 없다.

인생에 한발 뛰기라는 것은 없다.

성공의 길을 걸어온 사람, 성공하고 있는 사람에게는 반드시 성장의 과정이 있다.

사람은 역시 사회적인 동물인 것이다.

_지식in

화를 푸는 7가지 방법

1. 세 가지 질문을 던져 보라.

1) 화를 내는 것이 적절한가?

2) 화를 낸다고 해서 상황이 달라질 수 있을까?

3) 화를 내면서 대응할 가치가 있는가?

이렇게 생각하다 보면 분노는 합리적인 사고로 전환되고 화가 서서히 가라앉게 된다.

인생

2. 몸을 이완시켜 보라.

심호흡을 10분 정도 해 보라.

눕거나 편안한 자세로 의자에 앉아서 눈을 감는다.

길고 깊게 코로 숨을 들이쉬어 폐까지 가도록 한다.

숨과 공기의 흐름에 정신을 집중한다.

근육의 긴장을 풀어 주어라.

두 주먹을 10초 동안 꽉 쥐었다가 풀어 준다.

주먹의 따뜻한 느낌에 집중하면서 마음속으로 '내 주먹이 평안해지고 긴장이 풀렸다' 고 이야기한다.

3. 화난 얼굴을 거울에 비춰 보라.

잔뜩 찌푸린 얼굴을 보면 그 얼굴을 바꾸기 위해 무언가를 해야겠다는 동기가 유발된다.

억지로라도 미소를 지어 보라. 화가 나는 것은 정신적 현상이지만, 의식적으로 미소를 지으려고 애쓰면 근육이 이완되고 이런 신체적인 변화는 정신적인 화까지 풀어 준다.

4. 적절한 방법으로 화를 표현하라.

화를 무조건 참는 것은 건강에 좋지 않다.

하지만 분노가 쌓인 감정 그대로를 표현하면 상대방은 불쾌감을 느끼게 된다.

다른 사람들에게 자신이 화가 나서 고통 받고 있다는 것을 적절히 표현하는 것이 좋다.

"필요 없어! 내 옆에 오지 마!"라고 소리치는 대신 "난 지금 화가 나서 마음이 너무 아파!"라고 표현하는 게 더 좋다.

5. 용서를 통해 화를 풀어 보라.

나를 화나게 만든 사람에 대해서 생각해 보고 그를 이해하려고 노력해 보라.

상대방이 왜 그런 행동을 나에게 했는지 상황을 돌이켜 보고 그 사람을 용서하려고 노력해 보라. 그러면서 자연히 나의 화도 풀리게 된다.

6. 고마움을 쪽지로 모아 보라.

친구나 부모님의 배려에 감사한 마음이 들어 고맙다고 말하고 싶을 때가 있다.

그때 왜 그런 마음이 들었는지 작은 쪽지에 써서 보관해 둔다. 그리고 그들이 나를 화나게 했을 때 그 쪽지를 꺼내 보라.
그 사람들이 내게 준 사랑을 생각하면 화가 누그러질 것이다.

7. 편지로 화를 표현해 보라.
화가 난 상태에서 상대방에게 직접 말로 표현하다 보면 감정적인 말투 때문에 의견을 제대로 전달하지 못하는 경우가 많다.
이때 편지를 이용해 보라. 왜 상대방에게 화가 났는지 차분한 말투로 정리할 수 있을 것이다.
편지를 읽는 사람도 당신의 뜻을 오해 없이 잘 이해할 수 있게 된다.

_지식in

인생

memo

'과거의 나' 로 부터 벗어나기 위한 충고 10가지

1. 대화에서 '나는...' 이란 말을 쓰지 말라.
   나는 소심해. 나는 솜씨가 없어.

2. '나는 ...' 이란 말을 안 쓰겠다고 선언하라.
   친구에게 주의를 달라고 부탁하고 스스로도 기록해보라.

3. 이제까지 했던 행동과 반대로 해 보라.
   소극적이었다면 나서서 자신을 소개해 보라.

4. 지금까지 도피했던 일과 부딪쳐 보라.

5. 일에 실패했을 때 과거의 경험과 연결시키지 말라.
   오늘부터 새로운 '나' 로 변화되고 있음을 잊지 말라.

6. 타고난 성격이라는 것은 없음을 알라.

7. 어떤 일을 못하는 게 아니라 안 하는 것임을 알라.

8. 미래의 내 모습만을 생각하며 오늘을 살라.

9. 매일 매일 나의 행동의 변화를 점검해 보라.
변화된 행동과 변화되어야 할 행동.

10. 모험과 노력을 두려워 말라.

_지식in

memo

나를 사랑하는 8가지 기술

1. 부정적인 자신의 이미지를 버려라.
   자신이 모자란다고 생각하면 꿈꿀 수가 없다.
   자신의 부족한 면에 애써 집착하지 말라.

2. 나도 행복해질 수 있다고 믿어라.
   불행하다고 느낀다면 더욱 활발히 행동하라.
   작은 일에도 보람을 찾다보면 그 누구보다도 행복한 자신을 발견하게 될 것이다.

3. 고난이 찾아오면 더 최악의 상태를 생각하라.
   벼랑 끝에 서 있는 사람이라도 이미 그 아래로 추락한 사람보다는 상황이 낫다.

4. 목표를 세우면 공허감이 사라진다.
   누구나 현실을 극복해갈 수 있는 작은 목표를 가질 수 있다.
   그것들을 하나하나 이루면서 눈덩이처럼 큰 목표를 향해 나아가라.

5. 기회가 왔을 때 겁내지 말고 뛰어 들어라.
   기회란 항상 오는 것이 아니다.

그럴 때 안전을 생각하는 것은 어리석은 짓이다.

6. 실패에 직면하여 자책감에 사로잡히지 말라.
   실패는 누구나 하는 것이다.

7. 마음의 감옥을 부수고 평화를 찾으라.
   마음이 평화로우면 초가삼간도 천국처럼 느껴지는 법이다.

8. 자신의 시간을 보석처럼 아껴라.
   자신의 시간을 존중하면 자신을 사랑하는 기술도 터득할 수 있다.

_지식in

인생

memo

생각의 법칙 5가지

1. 모든 것은 생각에서 비롯된다.
   "인생은 우리가 하루 종일 생각하는 것으로 이루어져 있다"
   _랠프 월도 에머슨

2. 우리가 무엇을 생각하느냐는 우리가 어떤 사람이냐를 결정한다.
   우리가 어떤 사람이냐는 우리가 무엇을 하느냐를 결정한다.
   "인간의 행동은 인간의 사고를 가장 잘 보여준다."
   _존 로크

3. 우리의 생각은 우리의 운명을 결정한다.
   우리의 운명은 우리의 유산을 결정한다.
   "우리는 오늘 우리의 생각이 데려다 놓은 자리에 존재한다.
   우리는 내일 우리의 생각이 데려다 놓을 자리에 존재할 것이다."
   _제임스 앨런

4. 정상에 오르는 사람은 그렇지 못한 사람들과 생각하는 것이 다르다.
   "작은 생각만큼 성취를 제한하는 것도 없다.
   자유로운 생각만큼 가능성을 확장하는 것도 없다."

_윌리엄 아서 워드

5. 우리는 생각하는 방법을 바꿀 수 있다.

"진실하고, 고결하고, 정의롭고, 순수하고, 사랑스럽고……
평판이 좋은 것이면 어떤 것이든, 만일 그것에 어떠한 미덕이나 칭찬할 만한 가치가 있다면 그것에 관하여 생각하라."

_사도 바울

_존 맥스웰: 생각의 법칙 5가지

인생

memo

고난을 극복하고 목표를 세우기 위한 10계명

1. 사고방식이 바뀌면 인생이 바뀐다.
2. 순수하게 귀를 기울이는 인간이 되라.
3. 사소한 것에 얽매이지 말라.
4. 불가능한 이유를 말하지 말라.
5. 모든 것은 나에게 달려 있다고 생각하라.
6. 꿈을 꾸어라! 현재에 최선을 다하라.
7. 모든 일에 솔선수범하고, 적극적으로 행동하라.
8. 시련과 역경이야말로 하늘이 내게 주신 기회로 알라.
9. 자기 암시 같은 마음속 잠재의식을 활용하라.
10. 예의범절을 중요시하고, 행동하는 습관을 지녀라.

_윌리암 장

감사와 만족은 미인을 만든다

거울에 비친 자기 얼굴에 대해 실망하거나, 자기 얼굴의 결점을 보려고 하지 말라.
아름다움만을 찾아내고 "내 얼굴은 아름답다"고 믿는 것이 좋다.
주름살을 찾아내고 슬퍼한다든지, 흰 머리카락을 찾아내고는 늙었다고 생각해서는 안 된다.
어떤 사람의 용모에도 그 사람이 아니면 갖지 못할 아름다움이 있다.
그 아름다움을 찾아내 자기가 미인이라고 생각하면서 웃어야 한다.
자기가 미인이라고 마음속 깊이 생각할 때, 그 생각은 형태로 나타나게 마련이므로 정말 특징 있는 얼굴을 가진 미인이 된다.

미인은 선천적인 아름다움이 아니라 후천적인 아름다움에서 온다.
마음의 표정이 가져오는 개성 있는 아름다움이다.
감사와 만족의 감정은 당신의 인생을 밝게 하며, 당신의 표정에 기쁨의 문양을 그려준다.

당신을 또 다른 당신으로 탄생시켜 생명력 있는 미인으로 만들어 주는 것이다.
그것은 아울러 불쾌한 표정의 주름살을 당신에게서 씻어 내버리는 역할을 한다.

아니라고 항변하지 말라.
사실은 도처에 감사해야 할 은혜가 넘쳐흐르고 있다.

이곳에 이불이 있다. 문이 있다.
지붕이 있다. 책상이 있다…….
이와 같이 신변에 있는 모든 가구와 집기, 그리고 만물 등 헤아릴 수 없을 정도로 무수히 감사해야 할 물건을 찾아낼 수 있다.

모든 사물에 대하여 감사하자.
이것이 표정을 아름답게 하고 오랫동안 그 미모를 유지시키는 길이다.

_김경순

memo

마음가짐이 인생을 바꾼다

자기를 어떤 사람으로 생각해야 할지 그 결정권은 자신에게 있다.
남들이 당신이 어떤 일을 할 수 있는지, 어떤 사람이 될지 이러쿵저러쿵 말하게 놔두지 말라.

땅벌을 예로 들어보자.
생물학자들은 공기 역학상 땅벌은 도저히 날 수 없다고 말한다.
몸 전체가 너무 커서 그런 날개로는 도저히 몸을 떠받칠 수 없다는 것이다.
하지만 다행스럽게도 땅벌은 학자들의 비관적인 관점을 듣지 않는다.

기억하자.

사람은 기대 수준만큼만 된다는 것을.
기대가 없으면 이루는 것도 없다.
날 수 있다고 기대하자.
어떤 꽃에 사뿐히 내려앉게 될지 또 누가 아는가?

_지식in

지혜로운 생활 10가지

1. 말(언어)

말을 많이 하면 반드시 필요 없는 말이 섞여 나온다.

원래 귀는 닫도록 만들어지지 않았지만 입은 언제나 닫을 수 있게 되어 있다.

2. 책

돈이 생기면 우선 책을 사라.

옷은 헤어지고, 가구는 부셔지지만 책은 시간이 지나도 여전히 위대한 것들을 품고 있다.

3. 행상의 물건

행상의 물건을 살 때에는 값을 깎지 마라.

그 물건을 다 팔아도 수익금이 너무 적기 때문에 가능하면 부르는 그대로 주라.

4. 대머리

대머리가 되는 것을 너무 두려워하지 마라.

사람들은 머리카락이 얼마나 많고 적은가에 관심이 있기 보다는 그 머리 안에 무엇이 들어 있는가에 더 관심있다.

5. 광고

광고를 다 믿지 마라.

울적하고 무기력한 사람이 광고하는 맥주 한 잔에 그렇게 변할 수 있다면 이미 세상은 천국이 되었을 것이다.

6. 허허허

잘 웃는 것을 연습하라.

세상에는 정답을 말하거나 답변하기에 난처한 일이 많다.

그 때에는 허허 웃어 보라. 뜻밖에 문제가 풀리는 것을 보게 된다.

7. TV

텔레비전에 너무 많은 시간을 빼앗기지 말라.

그것은 켜기는 쉬운데 끌 때는 대단한 용기가 필요한 것이다.

인생

8. 손이 큰 사람

아무리 여유가 있어도 낭비하는 것은 악하다.

돈을 많이 쓰는 것과 그것을 낭비하는 것과는 큰 차이가 있다.

불필요한 것에는 인색하고 꼭 써야 할 것에는 손이 큰 사람이 되라.

9. 화를 내면

화내는 사람이 손해 본다.

급하게 열을 내고 목소리를 높인 사람이 대개 싸움에서 지며, 좌절에 빠지기 쉽다.

10. 기도

주먹을 불끈 쥐기보다 두 손을 모으고 기도하는 자가 더 강하다.

주먹은 상대방을 상처주고 자신도 아픔을 겪지만 기도는 모든 사람을 살릴 수 있기 때문이다.

_지식in

memo

R=VD법칙

R=VD법칙

생생하게(Vivid) 꿈을 꾸면(Dream) 이루어진다(Realization)

"소리 내어 외치고, 생생하게 상상하라! 그러면 모두 이루어지리라"

괴테
"꿈꿀 수 있는 것은 무엇이든 이룰 수 있다."
단 한 분야에서도 이렇다 할 업적을 남기기 힘든 시, 비평, 언론, 미술, 무대 연출, 정치, 교육, 과학 등 8개 분야에서 천재적인 업적을 남긴 괴테는 이렇게 말한 바 있다.

하지만 무작정 꿈만 꾼다고 누구나 성공을 하고 원하는 것을 이룰 수는 없다. 꿈꾸는 것도 다음처럼 다양한 VD 기법이 있다. 저자는 사진 VD, 장소 VD, 소리 VD, 글 VD 등 VD기법을 소개하고 있고, 조금 더 발전된 VD기법으로는 정신의 영화관 기법, 파티 VD기법, 상상의 멘토링 기법 등을 소개하고 있다. 또한 자세하고, 쉽게 이것을 따라할 수 있는 방법을 설명하며 독자가 꿈을 이룰 수 있는 확률을 높여준다. 아래에 소개하는 대부분의 세계적인 성공인들이 사용하고 최고의 효과를 이루었던 VD기법을 이제 우리가 시도해 볼 차례이다.

빌 게이츠

"나는 10대 시절부터 세계의 모든 가정에 컴퓨터가 한 대씩 설치되는 것을 상상했고, 또 반드시 그렇게 만들고야 말겠다고 외쳤다. 그게 시작이다."

빌 게이츠는 세계 최고의 부자다. 그는 컴퓨터 산업을 통해서 거대한 부를 쌓았다. 그렇다면 어떻게 해서 그의 컴퓨터 산업은 세계를 지배하게 되었을까? 이 질문에 빌 게이츠는 지난 십 수 년간 질리도록 위와 같이 답변했다.

워렌 버핏

"아주 어렸을 때부터 내 마음속에는 세계 제일의 부자가 된 나의 모습이 선명하게 자리 잡고 있었습니다. 나는 내가 거부가 되리라는 사실을 의심해본 적이 단 한 순간도 없습니다."

워렌 버핏은 세계 2위의 부자다. 그가 처음 주식투자에 뛰어들었을 때 그의 출자금은 고작 100달러에 불과했다. 하지만 3년 뒤 백만 달러를 벌었고, 10년 뒤에는 천만 달러, 30년 뒤에는 십사억 달러를 벌었다. 빌 게이츠가 전 세계 컴퓨터 시장을 지배하기 전까지 그는 세계 제일의 갑부였다.

조지 워싱턴

"나는 아름다운 여자와 결혼할 것이다. 나는 미국에서 가장 큰 부자가 될 것이다. 나는 군대를 이끌 것이다. 나는 미국을 독립시키고 대통령이 될 것이다."

미국 건국의 아버지 조지 워싱턴은 열두 살 때부터 위의 목표를 글로 적으면서 생생하게 꿈꾸었다.

이소룡

"나는 1980년에 미국에서 가장 유명한 동양인 배우가 되어 있을 것이다. 나는 천만 달러의 출연료를 받을 것이다."
이소룡이 친필로 작성한 이 종이는 뉴욕 플래닛 할리우드에 소장되어 있다.

비틀스

"존과 나는 거의 언제나 공책을 펼쳐놓고 나란히 앉곤 했다. 첫 페이지 상단에 '레넌과 매카트니의 오리지널'이란 제목을 붙이고 생각나는 대로 무엇이나 써 두었다. 공책 한 권이 그렇게 빽빽이 채워졌다. 다음 세대에는 우리가 최고의 밴드가 될 거라는 꿈으로 가득 채워진 공책이었다."

비틀스 멤버 폴 매카트니가 한 말이다. 작가 래리 레인지가 쓴 "오만한 CEO 비틀스"라는 책에 있는 내용이다. 래리 레인지에 따르면 폴 매카트니는 이렇게 단언했다고 한다. "꿈을 글로 적는 습관이 비틀스의 성공에 커다란 역할을 했다."

_이지성

인생

자신을 위로하기 위한 독백

자, 괜찮습니다.
산다는 게 원래 그런 것
인생의 단편 때문에 흔들리는 촛불처럼
살 필요는 없지 않습니까.

툭툭 털고 일어납시다.
한사람의 마음도 제대로 추스릴 줄 모르면서
마치 삶의 전부 다 아는 사람처럼
슬픈 만용을 부릴 필요는 없지 않습니까.

돌이켜 봅시다.
사랑한다는 말 한마디로
자신의 인간적이지 못한 부분까지
용서하려는 추한 모습은 없었는지
한 번 돌아봅시다.

아프다는 것.
슬프다는 것.
그립다는 것.

외롭다는 것.

나의 존재 있어 가능한 일이기에
앞으로의 실패 없는 사랑도
내가 살아 있다면 가능할 겁니다.
그것만이 유일한 진실이라는 것을
사람 산다는 것 별거 아닙니다.

아프면 아픈 대로
슬프면 슬픈 대로
외로우면 외로운 대로
그리우면 그리운 대로 살면 됩니다.

_박홍준

인생

memo

인생의 터닝포인트 잡기 9가지

1. 과도기의 고통을 회피하지 마라.
   직장이나 직업에 염증을 느끼지만 대안이 떠오르지 않을 때 고통은 끔찍하다. 이 시기 결심과 포기 사이를 오락가락한다. 하지만 이행기, 과도기엔 흔들려도 무방하다. 단, 성급한 결론은 내리지 마라.

2. 현실과 부딪혀야 나를 알 수 있다.
   행동에서 오는 피드백을 통해 자신이 느끼고 원하는 바를 알 수 있다. 자기 진단 매뉴얼이나 전통적인 커리어 관리 상담사들의 충고를 받아들이기에 앞서 자기 성찰을 시작하라.

3. 단 하나의 진정한 자아가 있다는 환상을 버려라.
   자신이 가진 다양한 가능성을 부정하지 마라. 행동으로 여러 자아들을 시험하라. 그러면 좀 더 개발하고 싶은 자아가 떠오를 것이다. 성찰은 그만큼 중요하다.

4. 만루 홈런의 환상을 버려라.
   작은 성공을 거듭해 나가는 전략을 이용하라. 오랜 기간 뿌리 내린 일과 인생에 대한 기본적인 가정은 쉽게 변하지 않는다. 실패와 후퇴 없이 전진한 사람은 없다. 반복할 때마다 새로운 교훈을 얻고 변화의 힘을 축적하라.

5. 다양한 실험으로 나의 가능성을 확인하라.

본업을 버리지 말고 겸업을 통해 진지한 실험을 하라. 투신하겠다는 생각보단 임시직 정도로 여겨라. 지속적으로 가진 가치관이나 선호도를 하나씩 확인해 나가라. 실험의 경험 속에서 비교 관찰하라.

6. 기존 인맥에서 벗어나 새로운 역할 모델을 찾아라.

닮고 싶은 사람들과 이행기 동안 당신을 지원할 사람을 찾아라. 알고 지낸 지인 중에선 찾지 마라. 기존 인맥을 뚫고 나와야 한다. 가지를 뻗어 새로운 역할 모델을 찾아라.

7. 삶의 스토리를 매일 써라.

매일 일어나는 일속에서 변화의 의미를 찾도록 노력하라. 자신의 이야기를 거듭해서 구성하며 인생에 대한 새로운 이야기를 쓰라. 친근한 청중에서 벗어나 비평해 줄 수 있는 사람에게 이야기를 들려주라.

8. 막힐 때면 잠시만 뒤로 물러나라.

정체를 겪거나 통찰이 떠오르지 않는다면 일상에서 한 걸음 물러서라. 시간을 갖고 변화하는 이유와 방향에 대해 생각해 보라. 현실과의 적극적인 상호 작용과 참여를 통해 자신을 발견하라.

9. 변화는 느닷없이 시작한다는 것을 기억하라.

변화를 수용할 수 있는 시기가 있는가 하면 그렇지 못한 시기도 있다. 기회의 창은 열렸다 다시 닫힌다. 기회를 잘 잡아라. 열린 눈으로 매일, 매일을 맞이하라.

_주간한국

인생

고스톱이 주는 인생 교훈 10가지

1. 낙장불입

인생에서 한 번 실수가 얼마나 크나큰 결과를 초래하는지, 인과응보에 대해 깨우치게 한다.

2. 비풍초똥팔삼

살면서 무엇인가를 포기해야 할 때 우선순위를 가르침으로써 위기상황을 극복해 나가는 과정을 가르친다.

3. 밤일낮장

인생에서는 밤에 해야 할 일과 낮에 해야 할 일이 정해져 있으므로 모든 일은 때에 맞추어 해야 함을 가르친다.

4. 광박

인생은 결국 힘 있는 놈이 이긴다는 무서운 사실을 가르침으로써 광이 결국은 힘이라는 사실을 깨우치게 해서 최소한 광 하나는 가지고 있어야 인생에서 실패하지 않음을 깨우치게 한다.

5. 피박

쓸데없는 피가 고스톱에서 얼마나 중요한지를 깨우치게 해서 사소한 것이라도 결코 소홀히 보지 않도록 한다.

6. 쇼당

인생에서 양자택일 기로에 섰을 때 현명한 판단력을 증진시킬 수 있다.

7. 독박

무모한 모험이 실패했을 때 속이 뒤집히는 과정을 미리 체험함으로써 무모한 짓을 삼가게 한다.

8. 고

인생은 결국 승부라는 것을 가르쳐 도전정신을 배가시키고 배짱을 가르친다.

9. 스톱

안정된 투자정신과 신중한 판단력을 증진시키며, 미래의 위험을 내다볼 수 있는 예측력을 가르친다.

10. 나가리

인생은 곧 '나가리' 라는 허무를 깨닫게 해주어 그 어려운 '노장사상' 을 단번에 이해하게 한다.

_지식in

지혜로운 계산법

십자가를 세기 보다는
축복을 세어라.

손실을 세기 보다는
이익을 세어라.

재난을 세기 보다는
기쁨을 세어라.

적을 세기 보다는
친구를 세어라.

눈물을 세기 보다는
미소를 세어라.

두려움을 헤아리기 보다는
용기를 헤아려라.

기우는 여생을 헤아리기 보다는

인생을 헤아려라.

언짢은 행동을 헤아리기 보다는
친절한 행위를 헤아려라.

부(富)를 헤아리기 보다는
건강을 헤아려라.

자신을 의탁하기 보다는
하느님께 의탁하라.

_Into the Wood

인생

memo

이순신장군으로 부터 배워야 할 인생지혜 11가지

1. 집안이 나쁘다고 탓 하지 마라.

   나는 몰락한 역적의 가문에서 태어나서 가난 때문에 외갓집에서 자라났다.

2. 머리가 나쁘다고 말하지 마라.

   나는 첫 시험에서 낙방하고 서른둘의 늦은 나이에야 겨우 과거에 급제했다.

3. 좋은 직위가 아니라고 불평하지 마라.

   나는 14년 동안 변방오지의 말단 수비 장교로 돌았다

4. 윗사람에 지시라 어쩔 수 없다고 말하지 마라.

   나는 불의한 직속상관들과의 불화로 몇 차례나 파면과 불이익을 받았다.

5. 몸이 약하다고 고민하지 마라.

   나는 평생 동안 고질적인 위장병과 전염병으로 고통 받았다.

6. 기회가 주어지지 않는다고 불평하지 마라.

나는 적군에 침입으로 나라가 위태로워진 후 마흔일곱에 제독이 되었다.

7. 조직의 지원이 없다고 실망하지 마라.

나는 스스로 논밭을 갈아 군자금을 만들었고 스물세 번 싸워 스물세 번 이겼다.

8. 윗사람이 알아주지 않는다고 불만을 갖지 마라.

나는 끊임없는 임금의 오해와 의심으로 모든 공을 빼앗긴 채 옥살이를 해야 했다

9. 자본이 없다고 절망하지 마라.

나는 빈손으로 돌아온 전쟁터에서 열두 척의 낡은 배로 133척의 적을 물리쳐 승리했다.

10. 옳지 못한 방법으로 가족을 사랑한다 말하지 마라.

나는 스무 살의 아들을 적의 칼에 잃었고 또 다른 아들들과 함께 전쟁터로 나섰다.

11. 죽음이 두렵다고 말하지 마라.

나는 적들이 물러가는 마지막 전투에서 스스로 죽음을 택했다.

_김덕수

내 인생을 바꾸는 단 한마디

우리는 하루 시간 중에
한두 번쯤은 자신이 원치 않는
사건이나 상황을 접하게 된다.

만나고 싶지 않은 사람과 맞닥뜨리거나,
차가 밀려서 약속 시간을 지키지 못하거나,
일부러 찾아간 가게가 임시 휴업 중이거나,
지갑을 잃어버리는 등과 같은 일일 것이다.

그럴 때는 내키지 않더라도
'괜찮아' 라고 말해 보라.
이 한 마디가 입에서 자연스럽게
나올 수 있게 되면
틀림없이 인생은 크게 바뀔 것이다.

_사토 도미오

지금 손에 쥐고 있는 시간이 인생이다

시간은 말로써는 이루다 표현하기 힘들 정도로 멋진 만물의 재료이다.
시간이 있으면 모든 것이 가능하며, 또 그것 없이는 그 무엇도 불가능 하다.

시간이 날마다 우리에게 빠짐없이
공급된다는 사실은 생각하면 할수록 기적과 같다.

자, 당신 손에는 당신의 '인생' 이라는,
대우주에서 이제까지 짜여진 일이 없는 24시간이라는 실이 주어져 있다.

이제 당신은 이 세상에서 가장 귀중한 보물을
자유롭게 할 수가 있는 것이다.
이 매일 매일의 24시간이야 말로 당신 인생의 식량이다.

당신은 그 속에서 건강을, 즐거움을, 수입을, 만족을, 타인으로부터의
존경을, 그리고 불멸의 영혼을 발전을 짜내는 것이다.
모든 것은 이것이 있어서 비로소 가능하다.
당신의 행복도 마찬가지다.

_지식in

삶에는 정답이라는 것이 없다

삶에서의 그 어떤 결정이라도
심지어 참으로 잘한 결정이거나, 너무 잘못한 결정일지라도,
정답이 될 수 있고, 오답도 될 수 있는 거다.
참이 될 수도 있고, 거짓이 될 수도 있는 것이다.

그런데도 사람들은 정답을 찾아 끊임없이 헤매고 다니는 것이
습(習)이 되어 버렸다.
정답이 없다는 것은 다시 말하면 모두가 정답이 될 수도 있고
모두가 어느 정도 오답의 가능성도 가지고 있다는 것이다.

지나온 삶을 돌이켜 후회를 한다는 것은
지난 삶의 선택이 잘못되었다고 정답이 아니었다고 분별하는 것이다.
그럴 필요는 없다.
지금 이 자리가 정확히 내 자리가 맞다.

결혼을 누구와 할까에 무슨 정답이 있을 것이며,
대학을 어디를 갈까에 무슨 정답이 있겠고,
어느 직장에 취직할까에 무슨 정답이 있을 수 있겠는가.

그때 그 사람과 결혼했더라면, 그때 그 대학에 입학했더라면
그때 또 그때, 한없이 삶의 오답을 찾아내려 하지 마라.
정답, 오답 하고 나누는 것이 그 분별이 괴로움을 몰고 오는 것이지,
우리 삶에는 그런 구분이란 애초부터 없다는 것을 알아야 한다.

어느 길이든 정답 오답 나누어 정답인 것이 아니라,
그냥 다 받아들이면 그대로 정답인 것이다.
정답 아닌 정답이며, 오답 아닌 오답인 것이다.

_지식in

인생

memo

삶의 비망록 8가지

삶 1

산다는 일은 음악을 듣는 것과도 같아야 한다.
작은 생의 아픔 속에도 아름다움은 살아 있다.
삶이란 그 무언가를 기다림 속에서 오는 음악 같은 행복
삶의 자세는 실내악을 듣는 관객이어야 하는 것이다.

삶 2

시간을 낭비하는 삶은 위험한 생존법이다.
시간 속에는 삶의 지혜가 무진장 잠겨 있는 것이다.
성장할 수 있는 삶은 노력함 속에 잉태한다.
삶의 가치는 최선 속에 있는 영원한 진리인 것이다.

삶 3

사람은 강하고 높아질수록 낮음을 배워야 한다.
강자가 된 사람은 쉽게 자신을 망각하게 된다.
강한 사람일수록 적을 많이 만들게 되는 것이다.
진정한 강자란 강한 모습을 보이지 않는다.

삶 4

사람은 고난이 깊을수록 철학을 깨우친다.
시행착오 속에서 더욱 삶의 가치를 깨닫는다.
이 세상에서 영원한 가치는 없는 것이다.
고난 깊은 사람은 결코 인생을 헛되게 살지 않는다.

삶 5

부자와 가난은 한 겹의 차이밖에 없다.
가난한 자는 부자를 통하여 의지를 갖는다.
부자는 가난한 자로 통해 자신을 발견한다.
부자란 자신을 잘 지킴 속에 유지가 되는 것이다.

삶 6

인생을 살아가는 일은 전쟁이다.
그러나 삶을 위해 투쟁하는 행복한 싸움이다.
산다는 것은 의문이오, 답변을 듣는 것
승자 되는 삶이란 그냥 열심히 사는 사람이다.

삶 7

강자일수록 자신을 돌아볼 줄 알아야 한다.
강자의 그늘 속엔 언제나 약자가 칼을 간다.
강자의 정면 속에 또 다른 강자가 도전 한다.
현명한 사람은 강할 수 있는 지혜를 깨닫는다.

삶 8

고난이 깊은 사람일수록 인생의 참 맛을 안다.
산다는 것은 비우는 일이다.
완전한 것은 이 세상에서는 없는 것
노력함 속에 중요한 삶의 진리가 있는 것이다.

_지식in

memo

가장 .... 사람은

가장 현명한 사람은, 늘 배우려고 노력하는 사람이고,
가장 겸손한 사람은, 개구리가 되어서도 올챙일적 시절을 잊지 않는 사람이다.
가장 넉넉한 사람은, 자기한테 주어진 몫에 대하여 불평불만이 없는 사람이다.
가장 강한 사람은, 타오르는 욕망을 스스로 자제할 수 있는 사람이며,
가장 겸손한 사람은, 자신이 처한 현실에 대하여 감사하는 사람이고,
가장 존경 받는 부자는, 적시적소에 돈을 쓸 줄 아는 사람이다.
가장 건강한 사람은, 늘 웃는 사람이며,
가장 인간성이 좋은 사람은, 남에게 피해를 주지 않고 살아가는 사람이다.
가장 좋은 스승은, 제자에게 자신이 가진 지식을 아낌없이 주는 사람이고,
가장 훌륭한 자식은, 부모님의 마음을 상하지 않게 하는 사람이다.
가장 현명한 사람은, 놀 때는 세상 모든 것을 잊고 놀며,
일 할 때는 오로지 일에만 전념하는 사람이다.
가장 좋은 인격은, 자기 자신을 알고 겸손하게 처신하는 사람이고,
가장 부지런한 사람은, 늘 일하는 사람이며,
가장 훌륭한 삶을 산 사람은, 살아 있을 때보다 죽었을 때 이름이 빛나는 사람이다.

_좋은생각

인생

천천히 살아가는 인생의 지혜 5가지

1. 들을 것

대개 듣기보다 말을 하기를 더 좋아하지만, 다른 사람의 목소리에 조용히 귀 기울여 듣는 것도 중요하다.

상대방의 말을 들어준다는 것은 자신의 존재를 잊는다는 것이다.

급하게 대답하는 것을 자제하고, 다른 사람의 이야기에 몰입할 때 더 많은 것을 얻을 수 있으며 그만큼 삶은 성숙해진다.

2. 권태로울 것

권태로움은 아무 것에도 애정을 느끼지 않는다는 것이 아니라 일상의 사소한 마음으로 멀찌감치 느끼는 것이다.

우리를 가두어 놓는 온갖 것들을 느긋한 마음으로 멀찌감치 서서 바라보며 기분 좋게 기지개를 켜고 만족스런 하품도 해보자.

그러나 '권태'는 세상을 보다 성실하게 살기 위한 것이므로 언제나 절제되어야 함을 잊지 말자.

3. 기다릴 것

자유롭고 무한히 넓은 미래의 가능성이 자신에게 열려 있다는 마음가짐을 갖자.

내가 꿈꾸는 것이 삶 속에 들어오기까지는 시간이 걸린다.

조바심내지 않고 열린 마음으로 기다리면 미래는 곧 눈앞에 활짝 펼쳐질 것이다.

4. 마음의 고향을 간직할 것

마음 깊은 곳에서 희미하게 퇴색한 추억들을 떠올려 보자.

개울에서 발가벗고 멱 감던 일, 낯설음에 눈물짓던 초등학교 입학식, 동무와 손잡고 걷던 먼지투성이 신작로…….

지나간 흔적 속에서 우리는 마음의 평안과 삶의 애착을 느끼게 된다.

5. 글을 쓸 것

마음속 진실이 살아날 수 있도록 조금씩 마음의 소리를 글로 써 보자.

자신의 참 모습에 가까이 다가서려면 인내와 겸손이 필요하다.

스스로를 꾸미고 살지 않겠다는 다짐으로 마음속 깊은 곳의 진실에 귀 기울여 보자.

_피에르 쌍소

항상 즐겁게 사는 방법 31가지

1. 샤워할 때는 노래를 해라.
2. 일 년에 한 번은 해돋이를 봐라.
3. 완벽함이 아닌 탁월함을 위해 노력해라.
4. 하루에 한 가지씩 새로운 유머를 배워라. 그리고 써먹어라.
5. 매일 세 사람 정도는 칭찬해라.
6. 매사를 긍정적으로 봐라.
7. 어려운 일도 단순하게 보아라.
8. 크게 생각하되 작은 기쁨을 누려라.
9. 당신이 알고 있는 가장 밝고 정열적인 사람이 되라.
10. 치아를 항상 청결히 해라.
11. 당신이 승진할 만하다고 느낄 때 요구할 자질을 갖추어라.
12. 부정한 사람을 멀리 해라.
13. 잘 닦인 구두를 신어라.
14. 지속적인 자리 향상에 노력해라.
15. 상대방의 눈을 봐라.
16. 악수를 굳게 나누어라.
17. 먼저 인사하는 사람이 되라.
18. 새로운 친구를 사귀되 옛 친구를 소중히 해라.
19. 상대방의 비밀은 항상 지켜라.

20. 상대방이 내미는 손을 거부하지 말라.
21. 당신 삶의 모든 부분을 책임져라.
22. 사람들이 당신을 필요로 할 때 항상 거기에 있어라.
23. 삶이 공평할 것이라 기대하지 말라.
24. 사랑의 힘을 얕보지 말라.
25. 가끔은 이유가 없음을 이유로 샴페인을 터트려라.
26. 설명할 수 있는 삶이 아닌 주장할 수 있는 삶을 살아라.
27. 실수 했다고 말하는 것을 두려워 말라.
28. 남의 작은 향상에도 칭찬해 주어라.
29. 약속은 반드시 지켜라.
30. 오직 사랑을 위해서만 결혼해라.
31. 옛 우정을 다시 불붙게 하라.

_지식in

memo

인생을 신나게 디자인하는 법 5가지

1. 남의 눈을 의식하지 마라.

   세상에서 모든 사람의 마음에 드는 완벽한 사람은 없다.

   '다른 사람이 나를 어떻게 생각할까' 라는 상상은 순발력을 방해하므로 먼저 남의 눈으로부터 자유로워져야 한다.

2. 변명 없이 인정하라.

   잘못에 어떤 변명도 하지 않고 그대로 인정하면 상대는 오히려 할 말이 없어진다.

3. 품위 있게 대답하라.

   상대의 비난을 받아들이는 동시에 상대를 제일 뛰어나다고 치켜세우라.

4. 유머를 살려라.

   상대의 지적을 과장된 대답으로 되받아쳐 웃음을 유발시키는 방법은 어떨까.

   "실제보다 나이 들어 보이네요" 라는 지적에 "네 맞아요. 이따금 박물관에 화석으로 전시되기도 한답니다" 라고 답해보라.

   사람은 서로 웃을 때 서로 가까워지는 것을 느낀다.

5. 해결책을 모색하라.

개미가 자기집이 무너진 것을 발견했을 때 가정 먼저 하는 일은 화를 내거나 실망하는 것이 아닌 집 지을 재료들을 다시 모으는 일이다.

분노, 슬픔, 실망, 복수 등의 감정은 문제 해결에 아무 도움이 안 되며, 부정적인 감정을 느낄 때마다 언제나 그 상황을 벗어나기 위한 해결책을 고민하라.

_지식in

memo

인생

삶은 한 통의 편지로도 따뜻해지는 것

주위를 돌아보면 사람들은 항상 서두르며 살아가고 있습니다.
하지만 꼭 그래야만 하는가 하는 의문이 머릿속에 맴돌 때가 있습니다.

삶을 위한 시간들이 항상 빨라야만 하는 것은 아닐 테니 말입니다.
무조건 하루하루를 바쁘게만 살아가야 한다는 것은
어쩌면 우리들의 고정관념일지도 모릅니다.

한 번 곰곰이 생각해 보았습니다.
사랑하는 이를 위해, 삶에 지친 친구들을 위해
기쁨이 되어주는 편지 한 통, 위안이 되어주는 전화 한 통조차
"너무 바빠서"라고 미룬다면 우리 삶에서 도대체
의미 있는 것은 무엇인가를.......

_박성철

7가지 행복

첫째: Happy look - 부드러운 미소
웃는 얼굴을 간직하라.
미소는 모두를 고무시키는 힘이 있다.

둘째: Happy talk - 칭찬하는 대화
매일 두 번 이상 칭찬해 보라.
덕담은 좋은 관계를 만드는 밧줄이 된다.

셋째: Happy cal - 명랑한 언어
명랑한 언어를 습관화하라.
명랑한 언어는 상대를 기쁘게 해준다.

넷째: Happy work - 성실한 직무
열심과 최선을 다하라.
성실한 직무는 당신을 믿게 해준다.

다섯째: Happy song - 즐거운 노래
조용히 흥겹게 마음으로 노래하라.
마음의 노래는 사랑을 깨닫게 한다.

여섯째: Happy note – 아이디어 기록
떠오르는 생각들을 기뻐하라.
당신을 풍요로운 사람으로 만들 것이다.

일곱째: appy mind – 감사하는 마음
불평대신 감사를 말하라.
비로소 당신은 행복한 사람임을 알게 된다.

행복은 누가 갖다 주는 선물이 아니다.

부딪히며 살아가는 세상에서 서로가 만들어 가는 창작품이다.
내가 그 주인이 되어야 한다.

내 생활에서, 내 가정에서, 직장에서
"Seven Happy"를 실천해 보라.

행복이 물밀 듯
그대 마음과 가정에 찾아들게 될 것이다.

_지식in

멋지게 사는 비결 10가지

1. 힘차게 일어나라.

시작이 좋아야 끝도 좋다.
육상선수는 심판의 총소리에 모든 신경을 곤두세운다.
0.001초라도 빠르게 출발하기 위해서다.
2003년 365번의 출발 기회가 있다.
빠르냐 늦느냐가 자신의 운명을 다르게 연출한다.
시작은 빨라야 한다.
아침에는 희망과 의욕으로 힘차게 일어나라.

2. 당당하게 걸어라.

인생이란 성공을 향한 끊임없는 행진이다.
목표를 향하여 당당하게 걸어라.
당당하게 걷는 사람의 미래는 밝게 비쳐지지만,
비실거리며 걷는 사람의 앞날은 암담하기 마련이다.
값진 삶을 살려면 가슴을 펴고 당당하게 걸어라.

3. 오늘 일은 오늘로 끝내라.

성공해야겠다는 의지가 있다면 미루는 습관에서 벗어나라.
우리가 살고 있는 것은 오늘 하루뿐이다.

내일은 내일 해가 뜬다 해도 그것은 내일의 해다.
내일은 내일의 문제가 우리를 기다린다. 미루지 말라.
미루는 것은 죽음에 이르는 병이다.

4. 시간을 정해 놓고 책을 읽어라.

책 속에 길이 있다.
길이 없다고 헤매는 사람의 공통점은 책을 읽지 않는 데 있다.
지혜가 가득한 책을 소화시켜라.
하루에 30분씩 독서 시간을 만들어 보라.
바쁜 사람이라 해도 30분 시간을 내는 것은 힘든 일이 아니다.
하루에 30분씩 독서 시간을 만들어 보라.
학교에서는 점수를 더 받기 위해 공부하지만, 사회에서는 살아 남기위해 책을 읽어야 한다.

5. 웃는 훈련을 반복하라.

최후에 웃는 자가 승리자다. 그렇다면 웃는 훈련을 쌓아야 한다.
자신을 돋보이게 하는 지름길도 웃음이다.
웃으면 복이 온다는 말은 그냥 생긴 말이 아니다.
웃다보면 즐거워지고 즐거워지면 일이 술술 풀린다.
사람은 웃다보면 자신도 모르게 긍정적으로 바뀐다.
웃고 웃자. 그러면 웃을 일이 생겨난다.

6. 말하는 법을 배워라.

말이란 의사소통을 위해 하는 것만은 아니다.
자기가 자신에게 말을 할 수 있고,

절대자인 신과도 대화할 수 있다.
해야 할 말과 해서는 안 될 말을 분간하는 방법을 깨우치자.
나의 입에서 나오는 대로 뱉는 것은 공해다.
상대방을 즐겁고 기쁘게 해주는 말 힘이 생기도록 하는 말을 연습해 보자.
그것이 말 잘하는 법이다.

7. 하루 한 가지씩 좋은 일을 하라.
이제 자신을 점검해 보자.
인생의 흑자와 적자를 보살피지 않으면 내일을 기약할 수가 없다.
저녁에 그냥 잠자리에 들지 말라.
자신의 하루를 점검한 다음 눈을 감아라.
나날이 향상하고 발전한다.
인생에는 연장전이 없다.
그러나 살아온 발자취는 영원히 지워지지 않는다.
하루에 크건 작건 좋은 일을 하자.
그것이 자신의 삶을 빛나게 할 뿐 아니라 사람답게 사는 일이다.
좋은 일 하는 사람의 얼굴은 아름답게 빛난다.
마음에 행복이 가득차기 때문이다.

8. 자신을 해방시켜라.
어떤 어려움이라도 마음을 열고 밀고 나가면 해결된다.
어렵다, 안 된다, 힘들다고 하지 말라.
굳게 닫혀진 자신의 마음을 활짝 열어보자.
마음을 열면 행복이 들어온다.

자신의 마음을 열어 놓으면 너와 내가 아니라 모두가 하나가 되어 기쁨 가득한 세상을 만들게 된다.

마음을 밝혀라. 그리고 자신을 해방시켜라.

9. 사랑을 업그레이드시켜라.

사랑은 아무나 하는 것이 아니다.

그런데도 아무나 사랑을 한다.

말이 사랑이지 진정한 사랑이라고 할 수는 없는 일이다.

처음에 뜨거웠던 사랑도 시간이 흐름에 따라 차츰 퇴색된다.

그래서 자신의 사랑을 뜨거운 용광로처럼 업그레이드시키는 것이 필요하다.

지금의 사랑을 불살라 버리자.

그리고 새로운 사랑으로 신장개업하라.

10. 매일 매일 점검하라.

생각하는 민족만이 살아남는다.

생각 없이 사는 것은 삶이 아니라 생존일 뿐이다.

_지식in

삶을 사랑하는 방법 48가지

1. 다른 사람들이 기대하는 것보다 더 많이, 그리고 진심으로 기뻐해 주도록 하라.
2. 당신이 가장 좋아하는 시를 외워라.
3. 들리는 것을 다 믿지는 마라, 당신이 가지고 있는 모든 것을 써 버려라, 아니면 원하는 만큼 잠을 자라.
4. 진심으로 "사랑해."라고 말하라.
5. "미안해."라고 말할 때는 상대방의 눈을 바라보면서 하라.
6. 약혼은 최소한 결혼 6개월 전에 하라.
7. 첫눈에 반하는 사랑을 믿어라.
8. 절대 다른 사람의 꿈을 비웃지 마라. 꿈이 없는 사람은 꿈을 이룰 수 없다.
9. 사랑은 깊고 열렬하게 하라. 상처받을 수도 있겠지만, 그것만이 완전한 삶을 사는 유일한 길이다.
10. 의견이 맞지 않는다면 정정당당하게 싸워라. 하지만 상대를 비난하지는 마라.
11. 그 사람의 친척들을 기준으로 그 사람을 평가하지 마라.
12. 말은 천천히, 생각은 빨리 하라.
13. 누군가가 당신이 대답하기 싫은 질문을 했다면, 미소를 지으며 물어 보라. "왜 알고 싶어 하나요?"

인생

14. 위대한 사랑과 위대한 업적은 엄청난 위험을 동반한다는 걸 기억하라.
15. 어머니께 전화를 드려라.
16. 누군가 재채기를 하면 "bless you!('감기 걸렸니?' 정도)"라고 말해 줘라.
17. 당신이 패배했을 때, 반드시 교훈으로 삼아라.
18. 다음을 꼭 기억하라. 나 자신을 존중하라, 다른 사람을 존중하라, 당신이 한 행동에 책임을 져라.
19. 작은 논쟁으로 인해 당신의 위대한 우정을 다치게 하지 마라.
20. 당신이 실수한 걸 깨달았을 때, 즉시 바로 잡도록 하라.
21. 전화를 받을 때는 항상 웃음을 지어라. 상대방은 당신의 목소리를 듣고 알아차릴 것이다.
22. 말하고 싶은 남성, 여성과 결혼하라. 나이를 먹음에 따라 말솜씨는 다른 것만큼 중요해 질 것이다.
23. 가끔은 혼자 있는 시간을 가져라.
24. 변화하는 데 인색하지 마라. 하지만 자신의 가치관은 지켜라.
25. 때로는 침묵이 가장 좋은 대답이 될 수 있다는 걸 기억하라.
26. 책은 많이 보고, TV는 적게 봐라.
27. 훌륭하고 존경할 만한 삶을 살아라. 그러면 나이가 들어 회상할 때, 삶을 다시 즐길 수 있을 것이다.
28. 신을 믿어라. 하지만 차는 잠그고 다녀라.
29. 평화롭고 화목한 가정을 만들기 위해 당신이 할 수 있는 모든 것을 다 하라.
30. 연인 사이에 불협화음이 생긴다면, 현재의 상황을 다뤄라. 과거를 다시 들추지 마라.
31. 숨은 뜻을 알아차려라.
32. 당신의 지식을 공유하라. 그것이 영원한 삶을 얻는 길이다.

33. 대지를 소중히 여겨라.
34. 기도하라. 헤아릴 수 없는 힘이 거기에 있다.
35. 당신을 추켜세우고 있을 때는 절대 방해하지 마라.
36. 남의 일에 간섭하지 마라.
37. 당신과 키스할 때 눈을 뜨고 있는 남자, 여자는 믿지 마라.
38. 일 년에 한 번은 당신이 전에 전혀 가보지 않았던 곳을 찾아가라.
39. 당신이 돈을 많이 벌었다면, 살아 있는 동안 다른 사람을 돕는데 써라. 그것이 부의 엄청난 만족이다.
40. 당신이 원하는 것을 얻지 못한다는 것은 때로는 행운이 될 수도 있다는 걸 기억하라.
41. 규칙을 배우고 나서, 그 중 몇을 위반하라.
42. 최고의 관계는 서로에 대한 당신의 애정이 서로에 대해 당신이 필요로 하는 것보다 크다고 기억하라.
43. 당신이 무언가를 얻기 위해 무엇을 포기했어야 했는가로 당신의 성공을 평가하라.
44. 당신의 성격은 당신의 운명임을 기억하라.
45. 사랑과 요리에는 무모하게 몸을 내던져라.
46. 기본에 충실한다. 모든 것은 기본의 유무에서 시작한다.
47. 선악(善惡)이 개오사(皆吾師)이다. 좋은 것도 나쁜 것도 다 스승이다. 모르는 게 있으면 상대를 가리지 말고 배워야 한다.
48. 나는 행운아다. 그저 기다리는 행운아이기보다는 노력하는 행운아. 늘 주위에 감사하고, 나 자신도 주위에 행운을 줄 수 있는 사람이 된다.

_지식in

나이보다 젊게 사는 법 5가지

가끔 나이보다 훨씬 젊고 건강해 보이는 사람을 만날 때가 있다.
이것은 이른바 "건강 나이"가 실제 나이보다 낮기 때문인데, 건강 나이는 그 사람의 삶의 질과 수명을 결정해 주는 진짜 나이인 셈이다.
나의 건강 나이는 어떠한가?
10년 뒤 건강은 오늘을 어떻게 보내느냐에 달려 있다.

1. 물을 잘 마셔라.

   식사하기 30분 전부터 식사하는 도중, 식사 뒤 1시간까지는 물을 마시지 않는 것이 좋다.
   이때 물을 많이 마시면 포도당의 흡수 속도가 빨라져 혈당과 인슐린 농도도 높아지는데, 다른 혈중 영양소는 모두 지방으로 저장되기 때문이다.
   또한 물은 위산을 희석시켜 소화를 방해한다.
   그러나 이 시간대 외에는 하루 6~8컵 가량 물을 충분히 마셔주는 것이 신진 대사와 노폐물 분비를 촉진해 다이어트에도 좋다.

2. 바르게 걸어라.

   걷기는 만병통치약이라고 할 정도로 당뇨, 고혈압, 심장병 등 성인병의 80퍼센트를 예방할 수 있다.
   또 걸으면 뇌세포가 활성화하면서 스트레스도 사라진다.

체지방은 걷기 시작해서 15분 정도 지나야 분해되기 시작하므로 최소한 30~40분 정도 쉬지 않고 걸어야 효과적이다.
또 걸을 때에는 가볍게 숨이 찰 정도의 속도로 걷는다.
걷고 난 뒤에는 저지방 우유나 요구르트 등 유제품으로 단백질을 섭취하는 것이 근육의 피로 회복을 돕는다.

3. 소리내어 웃어라.
독일의 한 의학 전문지에 의하면 웃음은 소화액 분비를 촉진시켜 식욕을 생기게 하고 면역력을 향상시키는 것으로 확인되었다.
나는 하루에 몇 번이나 웃는지 진지하게 따져보고 재미난 이야기를 기억해 두었다가 가족이나 주위 사람들과 나누어 보자.
가까운 사람끼리 나누는 칭찬과 웃음은 어떤 보약보다도 건강에 이롭다.

4. 수면은 결코 사치가 아니다.
상쾌하게 하루를 시작하고 창조적인 생활을 하려면 반드시 하루 8시간 정도의 잠을 자야 한다.
깊은 수면에 방해가 되는 커피는 오후 2시 이후엔 마시지 말고 흡연, 음주 등을 멀리한다.
또 취침 전 3~4시간 사이에는 심한 육체 활동을 삼간다.
잠자리에서 텔레비전을 시청하면 빛과 소리가 수면에 나쁜 영향을 준다는 점도 잊지 말자.

5. 사랑하면 신난다.
긴장, 초조, 걱정, 짜증 등 부정적인 감정은 질병을 일으키는 요소 중 하나다.

누군가를 미워하는 마음을 버리고, 좋아할 만한 것을 찾자.
평생 살면서 사랑하는 것 한 가지만 있어도 증오의 감정이 싹틀 수가 없다. 사랑하는 것이 있으면 모든 것이 신나기 때문이다.

_지식in

memo

행복을 얻기 위한 방법 12가지

1. 좋아하는 일을 하라.
2. 즐겁게 행동하라.
3. 가장 좋은 친구는 바로 자신이다.
4. 자신에게 작은 보상이나 선물을 함으로써 매일 현재를 살아라.
5. 친구와 가족을 위해 시간과 노력을 투자하라.
6. 현재를 즐기라.
7. 인생의 즐거움을 만끽하라.
8. 시간을 잘 관리하라.
9. 스트레스와 역경을 헤쳐 나갈 수 있는 나름의 방법을 준비하라.
10. 음악을 들으라.
11. 활동적인 취미를 가지라.
12. 자투리 시간을 생산적으로 활용하라.

_리즈 호가드(Liz Hoggard)

사람답게 사는 법 50가지

1. 사랑과 자비를 베풀어라. 이웃과 함께 나눌 때 참 행복이 찾아온다.
2. 베풂의 본질은 진리의 영역이다. 참된 삶을 살기 위해 본질에 충실하라.
3. 불우한 이웃만 생명이 아니다. 풀, 나무 모든 생명도 소중하다.
4. 돈만 쓰는 것이 아니다. 마음을 어떻게 쓰느냐가 더 중요하다.
5. 행복하게 사는 법을 기록하라. 마음이 흔들릴 때 이 목록을 보면 도움이 된다.
6. 객관적인 관찰자가 되라. 한 발자국 뒤에서 나를 보면 새로운 부분이 보이게 된다.
7. 마음공부 목록만 잘 점검해도 어려움을 극복하는 내적인 힘이 생기게 된다.
8. 모든 종교의 가르침은 끊임없는 학습의 연장이다. 알고도 배우고 모르고도 배우자.
9. 깨달음이 내 안에 뿌리 내려야한다. 끊임없는 복습만이 힘을 실어 줄 수 있다.
10. 자신의 좋은 점 100가지를 써라. 이것을 보는 동안 희망이 샘솟는다.
11. 배타하려고 하는데서 괴로움이 생겨난다. 모든 것을 다 수용하라.
12. 내 삶에 나타나는 것들은 뜻이 있다. 필요한 때 필요한 만큼의 크기로 찾아온다.
13. 좋은 것이든 아니든 나를 돕기 위한 목적이 있다. 그것이 신의 사랑이다.

14. 모든 것을 긍정으로 받아들여라. 어떤 상황에 처하더라도 나쁜 것은 아니다.
15. 남의 좋은 점을 보고 본받아라. 나의 부족한 면을 보고 반성하라.
16. 과거에 좋지 않았던 일도 되돌아보면 큰 도움이 되었던 것들이다. 생각 폭을 키워라.
17. 괴로운 상황이나 미운 사람을 배타하지 말라. 나에게 주는 긍정적인 면을 찾아보라.
18. 하늘이 무너져도 솟아날 구멍이 있다. 절망하지 말고 솟아날 구멍을 찾아보자.
19. 돈, 명예, 성공도 집착할 것이 못 된다. 행복한 삶의 핵심은 집착 않는데 있다.
20. 변한다는 이치를 받아들여라. 그러면 집착할 것이 없음을 알게 된다.
21. 집착할수록 힘들어진다. 집착 리스트를 만들어 버리기 쉬운 것부터 지워보라.
22. 죽고 사는 것도 내 뜻과 무관하다. 집착이 얼마나 허망한가.
23. 언제나 깨어있으라. 생각을 과거 미래가 아닌 이 순간을 묶어 놓으라.
24. 모든 것을 주관적으로 판단하지 말라. 객관적으로 지켜보고 관찰하라.
25. 아침저녁으로 10분 좌선에 들어가라. 보이지 않는 사이에 변화가 생겨난다.
26. 화난다고 화부터 내지 말라. 심호흡으로 마음을 가라앉힌 뒤에 화를 내라.
27. 절대자가 주관자다. 그 분에게 모든 것을 맡겨라.
28. 숨 쉬듯 자연스럽게 살라. 진리의 흐름에 내 몸을 맡겨라.
29. 3번 이상 시도해서 안 되는 것은 포기하라. 그것도 용기다.
30. 적게 생각하고 많이 행동하라. 생각은 많고 행동을 않을 때 불행이 손짓

인생

한다.

31. 내 생각을 남에게 강요하지 말라. 마음을 활짝 열어 놓으라.
32. 고집하지 말라. 언제든 바꿀 수 있는 유연성을 키워라.
33. 머리를 적게 굴려라. 생각과 판단을 줄이면 삶이 선명해진다.
34. 많이 생각하기 보다는 많이 저질러라. 행동은 깨달음의 지름길이다.
35. 도움을 주고 싶은 생각이 일어나면 바로 주라. 생각이 많으면 주지도 못한다.
36. 생각을 바로 행동으로 옮겨라. 돌다리를 두드리는 동안 마감시간이 다 된다.
37. 마음에만 담아두지 말라. 바로 지금 용기 내어 행동하라.
38. 어떤 가르침, 사상도 다 받아들일 수 있어야 한다. 가슴을 열고 수용하라.
39. 누구에게 나도 배울 수 있는 자세를 가져라. 내가 옳다면 그도 옳을 수 있다.
40. 나보다 못한 사람에게도 배울 점이 있다. 그 점을 찾아보라.
41. 수입의 일정액을 베풂을 위해 써라. 그것이 행복의 종자돈이 된다.
42. 매달 좋은 책을 10권씩 사라. 이웃들에게 아무 이유 없이 주자.
43. 부족하고 불편하게 살아 보아야 깨닫는다. 아끼고 절약하라.
44. 자식을 실패로 이끄는 확실한 방법이 있다. 원하는 것을 다 해주는 것이다.
45. 몸이 불편하면 정신이 깨어난다. 몸이 편한데 익숙하면 정신의 지평이 축소된다.
46. 집에 안 쓰는 것들을 모아두지 말라. 필요한 곳에 나누어 주면 서로가 행복하다.
47. 아끼고 절약한 만큼을 돈으로 환산하라. 그것을 저축하고 베풀어라.

48. 매일 기도의 시간을 가져라. 수행과 명상을 실천이 자신을 성장시킨다.
49. 물질은 육신에게 필요하다. 그러나 기도는 정신에게 필요한 것이다.
50. 물질은 이번 생으로 끝난다. 그러나 기도는 다음 생까지 이어진다.

_이상헌 한국심리교육협회회장

memo

인생

인생을 즐기는 방법 11가지

1. 행복해지는 법

1) 나 자신을 위해서 꽃을 산다.

2) 날씨가 좋은 날엔 석양을 보러 나간다.

3) 제일 좋아하는 향수를 집안 곳곳에 뿌려 둔다.

4) 하루에 세 번씩 사진을 찍을 때처럼 환하게 웃어본다.

5) 하고 싶은 일을 적고 하나씩 시도해본다.

6) 시간날 때마다 몰입할 수 있는 취미를 하나 만든다.

7) 음악을 크게 틀고 내 맘대로 춤을 춘다.

8) 매일 나만을 위 한 시간을 10분이라도 확보한다.

9) 고맙고 감사한 것을 하루 한 가지씩 적어 본다.

10) 우울할 때 찾아갈 수 있는 비밀장소를 만들어둔다.

11) 나의 장점을 헤아려 본다.

12) 멋진 여행을 계획해 본다.

13) 내일은 오늘보다 무엇이 나아질지 생각한다.

2. 활기차지는 법

1) 오디오 타이머를 이용 자명종 대신 음악으로 잠을 깬다.

2) 기상 후엔 바로 생수를 한잔 마신다.

3) 침 식사를 거르지 않는다.

4) 즐거운 상상을 많이 한다.

5) 고래고래 목청껏 노래를 부른다.

6) 편한 친구와 만나 툭 터놓고 수다를 떤다.

7) 꾸준히 많이 걷는다.

8) 햇빛이랑 장미꽃이랑 친하게 지낸다.

9) 거울 속의 나와 자주 대화를 나눈다.

10) 박수와 칭찬을 아끼지 않는다.

3. 새로워지는 법

1) 평소에 다니던 길이 아닌 길로 가본다.

2) 현재의 가장 큰 불만이 뭔지 생각해본다.

3) 고민만하던 스포츠센터에 등록해 버린다.

4) 일주일, 혹은 한 달에 한 번 서점가는 날을 정한다.

5) 존경하는 사람의 사진을 머리맡에 둔다.

6) 일주일에 한 개씩 시를 외운다.

7) 생각은 천천히, 행동은 즉각 한다.

8) 어제했던 실수를 한 가지 떠올리고 반복하지 않는다.

9) 할일은 되도록 빨리 끝내고 여유시간을 확보한다.

10) 10년 후의 꿈을 적어본다.

4. 사랑스러워지는 법

1) 거울 속의 자신에게 미소 짓는 연습을 한다.

2) 사람들의 좋은 점을 찾아내 칭찬의 말을 건넨다.

3) 나 자신의 잘못은 인정하고 잘한 일은 침묵한다.

4) 상대방의 말에 맞장구를 팍팍 쳐주자.

5) 고맙고 감사한 마음은 반드시 표현한다.

6) 때로는 큰 잘못도 눈을 감아준다.

7) 파트너를, 아이들을, 내 자신을 존중한다.

8) 매 순간 누구에게나 정직하자.

9) 나 자신을 가꾸는 일에 게을러지지 않는다.

10) 아무리 화가 나도 넘지 말아야 할 선은 넘지 않는다.

11) 진정 원하는 것은 진지하게 요구한다.

12) 나 자신과 사랑에 빠져보자.

13) 갈등은 부드럽게 차근차근 푼다.

14) 소중한 사람들에게 진심어린 편지를 쓴다.

15) 마주치는 것들마다 감사의 마음을 갖는다.

5. 감사하는 법

1) 태어나 줘서 고마워요.

2) 무사히 귀가해 줘서 고마워요.

3) 건강하게 자라 줘서 고마워요.

4) 당신을 만나고부터 행복은 내 습관이 되어버렸어요.

5) 당신은 바보, 그런 당신을 사랑하는 난 더 바보예요.

6) 이 세상 전부를 준대도 당신과 바꿀 순 없어요.

7) 당신 없는 세상은 상상할 수도 없어요.

8) 난 전생에 착한일을 많이 했나 봐요. 당신을 만난거보면.....

9) 당신이 내 곁에 있다는 사실 이보다 더 큰 행운은 없어요.

10) 당신은 나의 비타민 당신을 보고 있음 힘이 솟아요.

11) 지켜봐 주고 참아주고 기다려 줘서 고마워요.

12) 내가 세상에 태어나 가장 잘한 일은 당신을 선택한 일.

13) 당신 없이 평생을 사느니 당신과 함께 단 하루를 살겠어요.

14) 난 세상 최고의 보석 감정사 당신이라는 보석을 알아봤으니까요.

15) 사랑해요……그리고 고마워요.

6. 발전하는 법

1) 매주, 매달 목표를 세우자.

2) 여행을 자주 다니자.

3) 다른 분야의 사람들과 정기적으로 대화하자.

4) 신문과 잡지와 친하게 지내자.

5) 의논할 수 있는 상대를 곁에 두자.

6) 돼지 저금통에 하고 싶은 일을 적고 저축하자.

7) 특별요리에 하나씩 도전해 보자.

8) 어린 사람과 친구가 되자.

9) 단 한 줄이라도 일기를 쓰자.

10) 한 번도 경험해보지 않은 일을 해보자.

11) 맨 처음 시작할 때의 초심을 잊지 말자.

12) TV보는 시간을 줄이자.

13) 망설이는 일들의 리스트를 작성하고 실천여부를 결정하자.

7. 즐거워지는 법

1) 일하는 동안 낄낄낄 웃는다.

2) 재미있게 말한다.

3) 콧노래를 부른다.

4) 즐겁고 열정적으로 일한다.

5) 무언가에 푹 빠져라.

6) 가장 하고 싶은 일을 한다.

7) 지금 하고 있는 일에 최선을 다한다.

8) 고통스러운 시간의 끝을 상상한다.

9) 매 순간이 단 한 번뿐이라고 생각한다.

10) 지금하고 있는 일을 사랑한다.

11) 내가 먼저 큰소리로 인사한다.

12) 유머스런 사람과 친하게 지낸다.

13) 부정적인 사람은 되도록 멀리 한다.

14) 하기 싫은 건 열심히 해서 최대한 빨리 끝내버린다.

8. 편안해지는 법

1) 잘해야겠다는 강박관념을 버리자.

2) 가방을 절반의 무게로 줄이자.

3) 기억해야 할 것은 외우지 말고 메모를 하자.

4) 부탁을 두려워하지 말자.

5) 빚을 지지 말자.

6) 중요한 일부터 처리하자.

7) 인생은 불완전하고 불안정한 것임을 인정하자.

8) 임무는 굵고 짧게 처리하자.

9) 한번 할 때 확실하게 마무리를 짓자.

10) 남의 눈치를 보지 말자.

11) 인간관계를 넓고 얇게 만들자.

9. 차분해지는 법

1) 해주고 나서 바라지 말자.

2) 스트레스를 피하지 말고 그대로 받아들이자.

3) 할일을 내일로 미루지 말고 지금 시작해 놓자.

4) 울고 싶을 땐 소리 내어 실컷 울자.

5) 숨을 깊고 길게 들이마시고 내쉬어 보자.

6) 잠들기 바로 직전에는 마음과 몸을 평안히 하자.

7) 상처받는 것을 두려워하지 말자.

8) 하고 싶은 말은 하자.

9) 인생은 혼자라는 사실을 애써 부정하지 말자.

10) 이대로의 내 모습을 인정하고 사랑하자.

11) 나 자신을 위한 적당한 지출에 자책감을 갖지 말자.

12) 할 수 없는 것에 대한 욕심을 버리자.

13) 다른 사람은 나와 다르다는 것을 인정하자.

14) 하루 일을 돌이켜 보는 명상의 시간을 갖자.

15) 잔잔한 클래식을 듣자.

10 당당해지는 법

1) 두려움을 버려라.

2) 열정을 가져라.

3) 분석하고 평가하라.

4) 독립적 사고를 하라.

5) 현실에 만족하라.

6) 환하게 웃어라.

7) 무언가에 푹 빠져라.

8) 한순간도 자신을 의심하지 마라.

9) 허리를 꼿꼿이 펴라.

10) 당신이 믿는 것에 단호하라.

11) 부끄러움 없는 야심으로 밀고 나가라.

12) 능력을 발굴하고 약점은 무시하라.

13) 싫은 것은 당당히 'NO' 라고 말하라.

14) 웃음거리가 되는 것을 두려워 마라.

15) 어떤 것도 지나치게 심각하게 받아들이지 마라.

11. 여유로워지는 법

1) 30분 일찍 일어나라.

2) 지하철을 놓쳐라.

3) 회사에 혹은 집에 휴가계를 내라.

4) 자가 운전 대신 대중교통을 이용하라.

5) 천천히 걸어라.

6) 말한 만큼의 세배를 들어라.

7) 벌어지지 않은 상황에 대해 겁내지 마라.

8) 주는 것 자체를 즐겨라.

9) 한걸음 물러서라.

10) 목적지를 정하지 않고 걸어본다.

11) 순간순간을 즐겨라.

12) 남과 나를 비교하지 마라.

_지식in

긍정적인 삶을 살아가는 20가지

1. 고난 속에서도 희망을 가진 사람은 행복의 주인공이 되고

2. 하루를 좋은 날로 만들려는 사람은 행복의 주인공이 되고
'나중에' 라고 미루며 시간을 놓치는 사람은 불행의 하수인이 된다.

3. 힘들 때 손 잡아주는 친구가 있다면 당신은 이미 행복의 당선자이고
그런 친구가 없다고 생각하는 사람은 이미 행복 낙선자이다.

4. 사랑에는 기쁨도 슬픔도 있다는 것을 아는 사람은 행복하고
슬픔의 순간만을 기억하는 사람은 불행하다.

5. 작은 집에 살아도 잠잘 수 있어 좋다고 생각하는 사람은 행복한 사람이고 작아서 아무것도 할 수 없다고 생각하는 사람은 불행한 사람이다.

6. 남의 마음까지 헤아려 주는 사람은 이미 행복하고
상대가 자신을 이해해주지 않는 것만 섭섭한 사람은 이미 불행하다.

7. 미운 사람이 많을수록 행복은 반비례하고
좋아하는 사람이 많을수록 행복은 정비례한다.

8. 너는 너, 나는 나라고 하는 사람은 불행의 독불장군이지만
우리라고 생각하는 사람은 행복 연합군이다.

9. 용서할 줄 아는 사람은 행복하지만
미움을 버리지 못하는 사람은 불행하다.

10. 작은 것에 감사하는 사람은 행복한 사람이고
'누구는 저렇게 사는데 나는……' 이라고 생각하는 사람은 불행한 사람이다.

11. 아침에 '잘 잤다' 하고 눈을 뜨는 사람은 행복의 출발선에서 시작하고
'죽겠네' 하고 몸부림치는 사람은 불행의 출발선에서 시작하는 것이다.

12. 도움말을 들려주는 친구를 만나면 보물을 얻은 것과 같고
듣기 좋은 말과 잡담만 늘어놓는 친구와 만나면 보물을 빼앗기는 것과 같다.

13. 웃는 얼굴에는 축복이 따르고
화내는 얼굴에는 불운이 괴물처럼 따른다.

14. 미래를 위해 저축할 줄 아는 사람은 행복의 주주가 되고
당장 쓰기에 바쁜 사람은 불행의 주주가 된다.

15. 사랑을 할 줄 아는 사람은 행복한 사람이고
사랑을 모르는 사람은 불행한 사람이다.

16. 불행 다음에 행복이 온다는 것을 아는 사람은 행복표를 예약한 사람이고 불행은 끝이 없다고 생각하는 사람은 불행의 번호표를 들고 있는 사람이다.

17. 시련을 견디는 사람은 행복 합격자가 되겠지만
포기하는 사람은 불행한 낙제생이 된다.

18. 남의 잘됨을 기뻐하는 사람은 자신도 잘되는 기쁨을 맛보지만
두고두고 배 아파하는 사람은 고통의 맛만 볼 수 있다.

19. 좋은 취미를 가지면 삶이 즐겁지만
나쁜 취미를 가지면 늘 불행의 불씨를 안고 살게 된다.

20. 자신을 수시로 닦고 조이고 가르치는 사람은 행복 기술자가 되겠지만 게으른 사람은 불행의 조수가 된다.

_지식in

버려야할 마음 5가지

1. 의심(疑心)

자신이 행하고 있는 일, 자신이 가고 있는 길,
자신이 보고 있는 것, 자신이 듣고 있는 것,
자신의 생각, 자신의 판단력, 자신의 능력,
자신의 귀한 존재를 의심하지 말라.

2. 소심(小心)

마음을 대범하게 쓰는 사람.
무엇이 두렵겠는가.
큰사람이 되자, 큰마음을 갖자.
당당함을 내 보이는 자가 되라.

3. 변심(變心)

끝은 처음과 꼭 같아야 한다.
견고한 믿음으로부터 목표를 향해 언제나 첫마음으로 흔들리지 말자.
유혹으로 부터 도전적 자세를 갖으라.

4. 교심(驕心)

교만해지면 사람을 잃는다.

매사 도전적이되, 머리 숙일 줄도 알아야 한다.
승부를 즐기되, 승리에 집착하지는 말라.

5. 원심(怨心)

원망하는 마음은 스스로를 피곤하게 한다.
소심하게 살아 왔음도, 굳건하지 못했음 마저도 원망하지 말자.
옹졸한 마음을 버리면 앞이 보인다.
마음 안에 원(怨)이 없어야 바로 나아갈 수 있으리라.

_지식in

인생

memo

행복한 삶을 방해하는 생각 7가지

1. 지레 짐작의 오류

한 여자(남자)에게 차이고 나서 자기는 매력이 없으므로 이 세상 여자(남자)가 다 자기를 싫어할 거라고 지레 짐작해서 아예 사귀어 볼 생각도 안 하는 사람이 있다.
이처럼 자기에게 일어난 일에 대해 지나치게 겁을 먹고 부정적으로 생각하는 경향을 말한다.

이런 타입은 사랑이 찾아 와도 그것을 자기 것으로 만들지 못하고 그냥 스쳐 보낸 뒤에 한탄하기 십상이다. 설령 사랑하는 사람을 만나도 상대방에게 다가가지 못하는 수가 많다.

2. 상대방 마음 분석하기

상대방의 마음까지 다 읽어 분석하고 결론까지 내리는 타입이 여기에 속한다.
결혼 생활에서도 어느 한쪽이 이런 타입이면 화합하기가 몹시 어렵다.

3. 이심전심이라고 생각하기

내가 얘기하지 않아도 상대방이 내 마음을 알고 이해할 것이라고 생각하거나 사랑하는 사람끼리는 당연히 서로의 느낌과 감정을 다 알고 있어야 한다고 생각하는 것이다.

그러나 사람의 느낌이나 감정, 생각은 대화로 전달되고 표현되어야 한다. 표현하지 않은 것까지 다 알아주지 않는다고 원망하고 분노하는 것처럼 어리석은 일도 없다.

4. 모든 것을 자기 탓으로 돌리기
사랑에 가장 실패하기 쉬운 타입이다.
쓸데없는 죄책감으로 자기 비하를 일삼는 사람들이 이 타입에 속한다. 얼핏 대단히 희생적이고 순종적인 것 같지만 내심 분노와 슬픔을 억누르고 있으므로 건강하고 성숙한 사랑은 기대하기 힘들다.

5. 매사에 다른 사람과 비교하기
꼭 이런 사람들이 있다. 대개 자기 자신의 이미지에 부정적이고 열등감이 심한 사람들이 이런 오류를 범한다. 이런 사람과 결혼하면 함께 텔레비전을 보다가 드라마에 나오는 저 탤런트가 좋으냐? 내가 더 좋으냐? 할 타입이다.

6. 선택적 추측의 오류
아직 일어나지 않은 일에 대해 부정적인 추측을 하기 좋아하는 사람들이 있다.
매사를 부정적으로 보기 때문에 걱정도 많아 쉽게 불안에 빠지므로 아무리 사랑하는 연인일지라도 피곤하지 않을 수 없다.

7. 완벽성과 당위성의 횡포

모든 면에서 완벽해야 하며 모든 사람이 자기를 좋아해야 하고 결코 실수란 있을 수 없다고 여기며 살아가는 사람들이 있다. 그러나 완벽한 것은 존재하지도 않는다.

완벽한 사랑 역시 마찬가지다.
그러니 그들의 상처가 오죽하랴. 당위성의 횡포 역시 마찬가지다. 자기 자신의 틀을 만들어 놓고 스스로 그 틀에 맞지 않으면 견디지 못한다.

_지식in

memo

현명한 삶을 사는 방법 8가지

1. 늘 열심히 일하라.
2. 절대 화내지 말라.
3. 절대로 사람을 차별하지 말라.
   그리고 그들을 속단하지 말라.
   항상 사람은 좋다고 간주하라.
4. 일이 어려울 때 관대한 사람이 아니라면
   일이 쉬울 때도 관대한 사람이 될 수 없다.
5. 자신감을 최대로 강화시키는 것은 다른 모든 일을 해낼 수 있다는 것이다.
6. 자신감이 생기면 겸손하라.
   사람은 장점뿐 아니라 약점도 가지고 있다.
7. 진실로 쓸모 있는 사람이 되는 길은 다른 사람들로부터 도움을 주고받는 것이다.
8. 싸움이 벌어지는 원인 대부분이 오해 때문이라는 사실을 명심하라.

_골던 딘

인생에 가장 큰 영향을 주는 영역 정복하기 5가지

1. 감정을 정복하라.

각자가 이미 지니고 있는 엄청난 내적 능력을 감쪽같이 잊어버리고는 스스로를 감정적으로 처지게 하거나 불쾌한 상태에 빠뜨리는 경우가 얼마나 많은가를 생각해보면 놀라지 않을 수 없다. 너무나 많은 사람들이 스스로 조절 가능한 자기 감정을 조절하지 못하고 단기적인 싸구려 처방에 의지한 채 우리가 조절할 수 없는 외부 환경에 자신을 내맡기고 있다.

어떤 감정이 활력을 주고 어떤 감정이 힘을 잃게 만드는지, 또 그 두 가지 감정을 최대로 활용해서 최고로 잠재능력을 계발하는 방식을 익혀야 한다.

2. 건강을 정복하라.

당신의 몸이 건강하지 않다면 그동안 꿈꾸던 모든 것을 이룬다 한들 무슨 소용이 있겠는가? 당신은 매일 아침 일어날 때 활력에 넘쳐 새로운 하루를 맞이할 준비가 되어 있는가? 아니면 잠자리에 들기 전처럼 여전히 피곤하고 여기저기가 쑤시고 지겨운 하루의 시작을 짜증으로 맞이하는가?

신체의 건강을 조절할 때, 우리는 남 보기에도 좋을 뿐 아니라 스스로도 좋은 느낌을 가지고 활기차게 목표한 바를 이룰 수 있고 자신의 인생을 지배할 수 있다.

3. 인간관계를 터득하라.

자기 혼자만 산다면, 배우고 성장하고 성공해서 행복하게 된들 무슨 의미가 있겠는가? 지혜로운 인간관계는 내면의 가장 깊은 차원에서 다른 사람들과 서로 연결되어 우리 모두가 원하는 소중한 체험, 예를 들어 서로에게 공헌하고 있다는 느낌, 다른 사람의 삶에 큰 영향을 주고 있다는 느낌을 받게 될 것이다. 이 대인관계의 정복은 당신에게 성장과 공헌을 위한 무한한 자원을 줄 것이다.

4. 경제력을 정복하라.

단순히 부를 추구하는 것은 해결책이 아니라. 압박에서 벗어나는 열쇠는, 경제적인 부가 행복을 위한 유일한 전제조건이 아니라 사회에 공헌하기 위한 한 가지 수단이라는 것을 인식하고, 이에 대한 믿음과 내적 태도를 바꾸는 것이다.

경제적으로 풍요로운 삶을 살기 위해서는 우선 당신의 삶에서 궁핍을 불러오는 것을 바꾸어야 한다. 그래서 풍요를 만들고 그것을 유지하고 확장하는 데 필수적인 가치관, 믿음, 감정을 지속적으로 경험하는 법을 배워야 한다. 그러고 나서 목표를 정하고 마음을 평화로 가득 채운 다음, 자신을 해방시켜 모든 가능성을 가슴 뛰는 흥분을 느끼며 기대하면 최고의 것을 이루는 꿈이 구체화될 것이다.

5. 시간을 정복하라.

모든 위대한 걸작을 만드는 데는 시간이 걸린다. 그러나 시간을 활용하는 법을 진정으로 알고 있는 사람은 얼마나 될까? 시간이라는 것을 구부러뜨리고 조작해서 그것이 당신의 적이 되기보다 동지가 되도록 만드는 것을 배움으로써 시간을 정복할 수 있다.

_앤서니 라빈스

memo

삶의 7가지 지혜

1. 내면에 잠든 힘을 깨워라.

   순수 잠재력의 법칙(The Law of Pure Potentiality)

   자신의 본성에 대한 깨달음 속에 이미 모든 꿈들을 이룰 수 있는 능력이 있다.

2. 아낌없이 주라.

   베풂의 법칙(The Law of Giving)

   주면 주는 만큼 더 많이 받을 것이다.

   실제로 삶에서 가치 있는 것들은 베풂을 통해 배가 된다.

3. 뿌린대로 거두리라.

   업 혹은 인과의 법칙(The Law of Karma or Cause and Effect)

   모든 행위는 어떤 에너지의 힘을 발생시키고, 그 에너지는 그대로 다시 우리에게 돌아오나니 뿌린대로 거두게 되리라.

4. 때가 오면 모든 것은 무르익는다.

   최소 노력의 법칙(The Law of Least Effort)

   이 법칙은 자연의 지성이 애쓰지 않고 자연스럽게 초연하며 태평스럽게 작용한다는 사실을 토대로 한다.

최소 행위, 무저항의 법칙인 셈이다.

5. 마음의 씨앗을 뿌려라.

의지와 소망의 법칙(The Law of Intention and Desire)

순수한 잠재력이라는 비옥한 땅에 하나의 의지를 심으면, 이 무한한 조직력이 우리를 위해 움직이게 할 수 있다.

6. 집착을 버려라.

초연의 법칙(The Law of Detechment)

초연함 속에는 불확실성의 지혜가 있고, 불확실성의 지혜 속에는 과거부터의 자유와 이미 알고 있는 것으로부터의 자유가, 과거의 제약이라는 감옥으로부터의 자유가 있다.

7. 인생의 목표를 세워라.

다르마의 법칙(The Law od Dharma or Purpose in Life)

누구에게나 다른 사람들에게 베풀어야 할 고유한 재능이나 특별한 능력이 있다.

이 고유한 재능을 타인에 대한 봉사와 결합하면 우리 영혼의 환희와 절정을 경험할 수 있으며, 이것이 바로 모든 목적들 중에서도 으뜸인 궁극의 목적이다.

_지식in

행운이 오는 31가지 방법

1. 아침에 일어나면
   '오늘은 좋은날' 하고 큰 소리로 외쳐라.
   좋은 아침이 좋은 하루를 만든다.

2. 거울을 보며 활짝 웃어라.
   거울 속의 사람도 나를 보고 웃는다.

3. 가슴을 펴고 당당히 걸어라.
   비실비실 걷지 말라.

4. 사촌이 땅을 사면 기뻐하라.
   사촌이 잘되어야 나도 잘되게 마련이다.

5. 마음 밭에 사랑을 심어라.
   그것이 자라나서 행운의 꽃이 핀다.

6. 세상을 향해 축복하라.
   세상도 나를 향해 축복해준다.

인생

7. 밝은 얼굴을 하라.
얼굴 밝은 사람에게 밝은 운이 따라온다.

8. 힘들다고 고민하지 말라.
정상이 가까울수록 힘이 들게 마련이다.

9. 끊임없이 자신을 갈고 닦아라.

10. 그림자는 빛이 있기 때문에 생겨난다.
어둠을 타박 말고 몸을 돌려 태양을 보라.

11. 사람을 존중하라.

12. 끊임없이 베풀어라.
샘물은 퍼낼수록 맑아지게 마련이다.

13. 안 될 이유가 있으면 될 이유도 있다.

14. 가정을 위해 기도하라.
가정은 희망의 발원지요, 행복의 중심지다.

15. 장난으로도 남을 심판하지 말라.
내가 오히려 심판 받는다.

16. 어떤 일이 있어도 기죽지 말라.

기가 살아야 운도 산다.

17. 목에 힘주면 목이 굳는다.

18. 교만하지 말라.

애써 얻은 행운 한 순간에 날아간다.

19. 밝고 힘찬 노래를 불러라.

그것이 성공 행진곡이다.

20. 오늘 일은 내일로 미루지 말라.

21. 푸른 꿈을 잃지 말라.

푸른 꿈은 행운을 만드는 청사진이다.

22. 미운놈 떡 하나 더 줘라.

23. 말로 상처를 입히지 말라.

칼로 입은 상처는 회복되지만 말로 입은 상처는 평생간다.

24. 자신을 먼저 사랑하라.

내가 나를 사랑해야 남을 사랑할 수 있다.

25. 죽는 소리를 하지 말라.

26. 어두운 생각이 어둠을 만든다.

27. 마음을 활짝 열라.
대문을 열면 도둑이 들어오고 마음을 열면 행운이 들어온다.

28. 집안청소만 말고 마음도 매일 청소하라.
마음이 깨끗하면 어둠이 깃들지 못한다.

29. 원망 대신 모든 일에 감사하라.
감사하면 감사할 일이 생겨난다.

30. 욕을 먹어도 화내지 말라.
그가 한 욕은 그에게로 돌아간다.

31. 잠을 잘 때 좋은 기억만 떠올려라.
밤사이에 행운으로 바뀌어진다.

_지식in

카네기 인생지침의 5가지 진리

1. 포기는 자기 자신과 사회에 대한 최대의 범죄이다.

더 이상 가능성이 없다는 식의 진단은 인간의 몫이 아니다.
살아있는 한 삶은 반드시 자신의 뜻에 따라 계속되어야만 한다.
포기하는 것 또한 선택 가능한 한 가지 길이 아닐까 하고 생각하지 마라.
모든 포기는 자신과 자신을 둘러싼 많은 이들의 희생을 낳을 뿐이다.

2. 성공을 확신하라.

성공에 대한 믿음은 반드시 성공을 낳는다.
사람은 누구나 성장하고 발전하기 위해 생명을 선물 받은 존재이다.
그 반대의 경우인 악마적 존재는 소설 속에서나 존재할 뿐이다.
물론 성공의 과정은 항상 많은 어려움에 따른 좌절로 채워지게 마련이다. 어떤 이들은 그 도중에 걸음을 멈춘다. 그러나 당신은 반드시 성공을 확신하라. 모든 것은 그로부터 시작이다.

인생

3. 최선을 다하라.

무엇이 최선인지는 자신만이 알 수 있다.
산다는 것은 결국 자신과의 싸움인 것이다.
최선을 다한 자에게 후회는 없다. 최선은 그 자체로 성공을 내포한다.
그러나 최선은 피와 땀을 요구하는 측면에서 누구나 쉽게 선택할 수 있는 요령과는 구분된다. 삶은 마라톤이다. 시종일관 최선을 다해야만 궁극적인 만족을 얻을 수 있는 힘든 게임이다.
그러므로 항상 최선을 다하라.

4. 자신을 사랑하라.
있는 그대로의 자신을 사랑하는 것은 신의 섭리를 따르는 겸손한 마음과도 통한다. 자신에 대한 사랑은 또한 자신을 그렇게 사랑하고 있을 타인에 대한 사랑을 낳는다.
그러므로 자신을 사랑하는 이들이 모여 이루어 가는 사회는 무한한 잠재력과 아름다움을 지닌다. 죽는 그날까지 자신이 원하는 바를 온당한 방법으로 성취하기 위해 최선을 다해 실천하라.

5. 다른 사람을 배려하라.
더불어 사는 삶이 아름다우며, 그것이 유일한 삶의 형태이다.
다른 사람을 배려하는 마음은 나를 성장시킨다.
다른 사람을 배려하는 마음은 삶의 다양성을 이해하는 것이요, 삶에 대한 최대한의 존중심을 갖는 것이다. 따라서 다른 사람을 배려하는 마음은 나에 대한 다른 사람들의 사랑을 낳는다.
문제는 그 시작이다.
먼저 다른 사람을 배려하라.
배려하는 마음, 그것이 진정한 사랑이다.

_데일 카네기

인생의 깊이를 더해주는 조언 20가지

1. 다른 사람들이 기대하는 것보다 더 많이, 그리고 진심으로 기뻐하며 주라.
2. 자신이 가장 좋아하는 시를 외우라.
3. 들리는 모든 것을 믿지는 말라.
4. 때로 자신이 갖고 있는 모든 것을 써버려라. 아니면 실컷 잠을 자라.
5. 첫눈에 반하는 사랑을 믿으라.
6. 다른 사람의 꿈을 절대로 비웃지 말라. 꿈이 없는 사람은 가난한 사람이니까.
7. 사랑은 깊고 열정적으로 하라상처받을 수도 있지만 그것만이 완전한 삶을 사는 유일한 길이다.
8. 위대한 사랑과 위대한 성취는 엄청난 위험을 동반한다는 사실을 기억하라. 실패하더라도 그것을 통해 배움을 얻는 일에까지 실패하지는 말라.
9. 때로는 침묵이 가장 좋은 해답이 될 수 있음을 기억하라.
10. 변화하는데 인색하지 말라. 그러나 자신의 가치관을 지켜라.
11. 무엇보다 바람직하고 존경할만한 삶을 살라. 늙어서 자신의 생을 돌아볼 때 또다시 그것을 살게 될 테니까.
12. 당신의 지식을 남과 나누라. 그것이 영원한 삶을 얻는 길이므로.
13. 기도하라. 헤아릴 수 없이 많은 힘이 거기에 있다.
14. 자신이 실수한 것을 깨닫는 순간 즉시 바로 잡으라.

15. 즐겁게 대화를 나눌 수 있는 사람과 결혼하라. 늙으면 그것이 아주 중요해질 테니까. 하지만 가끔 혼자 있는 시간을 가져라.
16. 일 년에 한 번은 전에 전혀 가보지 않았던 곳을 찾아가라.
17. 돈을 많이 벌었다면 살아 있을 때 다른 사람을 돕는데 써라. 그것이 '부' 가 가져다주는 가장 큰 만족이다.
18. 자신이 원하는 걸 얻지 못하는 것이 때로는 큰 행운일 수 있다는 점을 기억하라.
19. 규칙을 배우고 나서 그중 몇 가지를 위반하라. 무엇을 얻기 위해 무엇을 포기했는가를 자신의 성공을 평가하는 기준으로 삼으라.
20. 자신의 성격이 곧 자신의 운명임을 기억하라.

_지식in

memo

인생의 성공 원칙 17가지

1. 큰 꿈이 영혼을 감동시킨다.

   꿈을 크게 가져라 오직 큰 꿈만이 영혼을 감동시킬 수 있다.

   _아우렐리우스

   (계획)

   절대적인 성공을 보장한다고 했을 때 당신이 하려고 하는 일을 구체적으로 적어 목록을 만들어 본다. 그러고 나서 한 가지 행동을 정해 오늘부터 실천에 옮겨 본다.

인생

2. 정확한 목표를 세워라.

   목표가 확실한 사람은 아무리 거친 길에서도 앞으로 나갈 수 있다.

   목표가 없는 사람은 아무리 좋은 길이라도 나갈 수 없다.

   _토마스 칼라일

   (계획)

   목표를 적어둔 메모장을 생각하며 생각나는 대로 적어 그 목표를 달성할 수 있는 계획을 연구한다. 나의 장점은 무엇인지, 나의 단점은 무엇인지?

3. 나를 고용한 사람은 바로 나 자신이다.

나는 내영혼의 지배자다 나는 내 운명의 주인이다.

_윌리엄 헨리

(계획)

당신이 성공의 목표를 위해 진심으로 전력을 다하지 못한 이유를 정리해 본다. 그것이 왜 문제가 되는지 정리해 본다. 그리고 행동으로 옮겨본다.

4. 좋아하는 일을 해라.

정말로 좋아하는 일을 하면 앞으로의 인생에서는 일을 하지 않을 수 있다.

_트레이시

(계획)

당신이 가장 즐겁게 할 수 있는 일의 유형을 찾아낸다. 지금까지 당신의 성공과 가장 밀접한 관련을 갖고 있는 일은 무엇이었는가?

당신이 어느 일이나 잘 소화해 낼 수 있고 성공할 수 있다면 어떤 직업을 택하겠는가?

그것을 목표로 삼고 그 방향으로 나갈 수 있도록 계획을 세워 본다.

5. 최고가 되어라.

어떤 분야든 자신이 최고라는 신념을 얼마나 철저하게 믿느냐의 따라 삶의 질이 결정된다.

_롬바르디

(계획)

현재 당신이 자신의 직업에서 가장 잘 할 수 있는 분야를 찾아본다. 당신이 스스로 최고가 되기 위해 가장 열정적이고 긍정적으로 노력할 수 있는 일은 어떤 영역의 일인가?

당신은 어떤 분야의 일에 강하고 어떤 분야의 일에 약한가?

당신에게 가장 유익한 기술을 찾아내고 실력을 향상시킬 수 있는 계획을 세워본다.

6. 더 많이 더 열심히 일하라.

더 열심히 일할수록 더 큰 행운이 찾아온다.

_제임스 터버

(계획)

오늘 하루의 노동시간을 늘릴 수 있는 계획을 세워본다. 하루에 일하는 시간을 남들보다 두 시간을 늘리겠다는 한 가지 전략만으로도 당신은 두 배의 성과를 얻을 수 있을 것이다.

7. 평생도록 배워라.

어떤 분야든 중단 없는 배움은 성공의 최소 조건이다.

_데일리 웨이틀리

(계획)

직업과 관련하여 자신을 보다 능률적인 사람으로 바꾸는데 정말로 도움이 될 수 있는 주제를 선택한다. 그리고 그 주제를 완전히 마스터 하겠다는 목표를 세운다. 마치 당신의 미래가 이 계획에 달려 있는 것처럼 노력한다.

8. 먼저 저축하라.

반드시 수입의 일부는 저축하라.

저축이 없다면 당신에게는 위대함의 싹도 없다.

_클레멘트 스톤

(계획)

먼저 저축하며 아무리 적은 돈이라도 통장에 예금한다. 나의 대한 돈의 계획과 지출, 예금을 정확히 하여 1년, 3년, 5년, 7년 장, 단기 계획을 구체적으로 세워본다.

9. 사소한 것도 철저히 배워라.

탁월한 업무 능력이 있으면 당신의 성공을 가로막는 장애물은 아무것도 없다.

_댄 케네디

(계획)

미래에 대한 당신의 핵심적으로 요구되는 기술과 능력은 무엇인지?

그 같은 기술과 능력을 발전시킬 수 있는 계획을 세우고 그 목표를 달성하기 위해 노력한다.

10. 당신의 서비스에 작은 차이를 만들어라.

원하는 것을 얻을 수 있도록 다른 사람을 도와주면 당신은 인생에서 필요한 모든 것을 얻을 수 있다.

_지그 지글러

(계획)

사회에서 당신에게 가장 중요한 사람은 누구인지 생각한다. 당신이 많이 의지해야할 사람은 누구인지?

누가 당신에게 크게 의지하고 있는지?

그 사람들에게 더 나은 서비스를 제공하기 위해 오늘 당신이 할 수 있는 일은 무엇인지?

11. 모든 원천은 당신의 생각

바른 부와 성공, 위대한 성공과 발명, 같은 모든 성취의 원천은 바로 당신의 생각이다

_브리스톨

인생

(계획)

당신의 원칙은 무엇인가?

당신의 신념은 무엇이고 어떠한 기준에서 입각해 살고 있는가?

자신의 인생에서 가장 중요하다고 생각되는 가치에 대해서 계획과 설계를 해본다.

12. 최우선 과제에 먼저 해결하라.

당장 중요한 것부터 시작하라.

_트레이시

(계획)

가장 중요한 목표를 달성하기 위해 현재 당신이 할 수 있는 일이 무엇인지 파악한다.

13. 위기는 약점을 보완하는 기회다.

승리는 일회적인 특별한 사건이 아니다 일상적인 것이다.

_롬바르디

(계획)

사회가 어느 방향으로 향하고 있는가?

무엇이 변하고 있고 당신은 그 변화에 어떻게 적응할 것인가?

내일의 새로운 세상에 당신에게 성공의 방향으로 이끌기 위해 해야 할 일은 무엇인가?

14. 자신의 잠재력을 개발하라.

상상은 현실보다 중요하다.

_아인슈타인

(계획)

당신이 정말로 간절하게 소원하는 목표를 적어본다. 목표를 가장 이상적으로 달성할 수 있는 방법을 생각한다.

15. 좋은 인간관계는 인생의 밑거름이 된다.

아무도 만나지 않는다면 5년 후에도 당신은 지금과 똑같은 사람으로 남아 있을 것이다.

_찰스 존스

(계획)

현재와 미래 모두의 인생에서 당신에게 어떠한 사람들이 소중하고 중요한지 생각해 보며 당신이 그들에게 어떤 도움을 줄 수 있는지 생각한다. 모든 사람들과의 관계를 소중히 중요하게 생각한다.

16. 건강한 몸에서 창의적인 정신이 나온다.

행복의 열쇠는 건강한 육체에 깃든 건강한 정신이다.

_테어도어 루즈벨트

인생

(계획)

당신의 건강의 습관에서 개선해야할 습관을 계획하고 훈련한다.

17. 실패는 선택이 아니다.

세상에 두려워할 것은 두려움 자체 외에는 아무것도 없다.

_프랭클린D 루즈벨트

(계획)

현재 당신의 삶에서 가장 어려운 난관은 무엇인가?

무엇이 되었든 그것을 미래에 보다 큰 성공을 달성하기 위해 반드시 배워야할 소중한 교훈을 가르쳐 주기위해 당신에게 주어진 배움이라고 생각한다.

인생의 실패란 없다 우리는 길을 찾거나 아니면 만들면 될 것이다
_한니발

성공의 비결은 당신이 고통과 즐거움에 휘둘리는 것이 아니라 그 고통과 즐거움을 활용하는 방법을 배우는 것이다. 만일 그렇게 된다면 당신은 자신의 인생을 지배하게 되는 것이다. 만일 그렇지 않다면 당신은 인생의 노예가 되는 것이다.
_앤서니 라빈스

사회적으로 명성을 얻고 잘하는 행동이 잘못한 것보다 많고 자녀로부터 존경을 받으며 손자들이 반가워하고 친구들로부터 신뢰를 받으며 이웃들로부터 사랑을 받고 어려운 사람을 도와주며 어두운 곳에 빛을, 슬픔이 있는 곳에 위로를, 미움이 있는 곳에 사랑을 주며 하늘을 우러러 나는 최선을 다했다 자신 있게 말할 수 있는 사람이 성공한 사람이다.
_앤 더디스와 평화의 기도문 중에서

_지식in

아메리카 인디언의 도덕경 20가지

1. 떠오르는 태양을 보며 기도하라.
   혼자서 그리고 자주 기도하라.
   그대가 무엇을 말하건 위대한 영혼은 귀를 기울여라.

2. 자신의 길을 잃은 어떤 사람들을 만나거든 관대히 자비로 대하라.
   길 잃은 영혼에서 솟아나오는 것은 무지와 자만, 노여움과 질투, 그리고 욕망뿐이니 그들이 제 길로 인도받을 수 있도록 그들을 위해 기도하라.

인생

3. 그대 자신의 진정한 자아를 탐구하라.
   다른 누구에게도 의지하지 말고 오직 홀로 스스로의 힘으로 하라.
   그대만의 고유한 여정에 다른 이가 간섭하지 못하게 하라.
   이 길은 그대만의 길이요, 그대 혼자 가야할 고유한 길임을 알라.
   비록 다른 사람들과 함께 걸을 수는 있으나 다른 사람 그 어느 누구도 그대의 고유한 선택의 길을 대신 가 줄 수 없음을 알라.

4. 그대의 거처에 머물고 있는 인연 있는 사람들을 잘 배려하라.
   가장 좋은 숙식을 제공하고 그들을 존경과 경이로 대하라.

5. 자신의 것이 아닌 것을 탐하지 말라.

그것이 사람이건 공동체건 버려진 것이든 그 무엇이라도 그대의 땀과 노력이 스며들지 않은 곳은 그대의 것이 아닐 것이라.

6. 이 땅에 존재하는 모든 만물에 감사와 경의를 표하라.

인간이건 동식물이건 그 모든 것에.

7. 다른 사람의 생각과 소망과 말들에 경의를 표하라.

비록 그대의 것과 같지 않을 지라도 결코 간섭하거나 비난하거나 비웃지 말라. 각각의 모든 고유한 개성을 가진 사람들은 그들의 정도에 가장 알맞은 여정을 가지고 있기에 그들 자신의 길을 가게 허용하라.

8. 다른 사람들에게 험담하거나 악담하지 말라.

그대가 우주를 향해 방사한 그 부정적인 에너지는 몇 갑절이 되어 그대에게 되돌아오게 되리라.

9. 모든 인간은 실수하게 마련이며 용서받지 못할 그 어떠한 실수도 존재하지 않는다.

10. 부정적인 생각은 결국 육체의 질병을 일으키게 되고 마음과 영혼에 상처를 주나니 항상 긍정적이고 밝은 면을 보는 습관을 기르도록 하라.

11. 자연과 환경은 우리를 위해 있는 것이라기보다는 그것은 우리의 소중한 한 부분이며 그대의 지구적 공동체 가족의 동반자이리라.

12. 어린이들은 우리의 미래를 만들 씨앗들이다.
그들의 순수하게 비어있는 가슴을 사랑으로 채워 길러주자.
삶의 학습과 체험의 지혜라는 물을 뿌려주라.
그들이 성장해 나갈 때 성장할 수 있는 공간을 마련해 주라.

13. 다른 사람의 가슴에 상처를 입히지 말라.
그대의 상한 감정의 독기는 결국 자신에게로 돌아오게 되리라.

14. 언제나 어디서나 오직 진실함을 유지하라.
정직은 이 물질 우주에서 삶을 가진 모두가 거쳐야할 시험이다.

15. 그대 자신의 균형 잡힌 삶을 유지하라.
육체, 감정체, 멘탈체, 영체 모두 어느 한 부분에만 치우침이 없이 조화롭게 모두 굳세고 순수하며 건강해야 한다.
건강하게 단련된 육체는 마음을 또한 강화시킨다.
의식을 풍요롭게 성장시키는 것은 손상된 감정의 상처를 치유한다.

16. 어떤 결정을 내릴 때, 자신이 되고 싶은 모습과 어떻게 대응할 건가에 대해 인식하며 자각한 상태에서 하라.
그대의 모든 행동에 이어지는 책임은 바로 자신의 책임이기 때문이다.

17. 다른 사람의 고유한 영역과 그들의 프라이버시를 존중하라.
남의 개인적인 것에 허락 없이 접근하지 말라.
특히 다른 사람이 선호하는 영적이고 종교적인 부문에 간섭하지 말라.
그것은 해서는 안 되는 것이다.

18. 먼저 자기 자신에게 진실하자.

그대는 우선 자기 자신이 성장하고 자신에게 도움이 되는 것을 하고 난 후에 다른 사람을 키워주고 그들의 성장을 도와주어야 한다.

자신을 잊은 상태에서 하는 봉사는 진정한 그것이 아니기 때문이다.

19. 다른 사람이 가진 각각의 철학적, 종교적 신념을 존중하라.

자신의 지식과 믿음이 옳다는 이유로 다른 사람들에게 강요하지 말라.

20. 그대에게 주어진 물질과 행복, 그리고 행운을 다른 이들과 나누어라.

나눔과 베품, 봉사와 헌신을 필요로 하는 자선 활동에 참여하도록 하라.

_지식in

memo

마음이 편해지는 방법 10가지

1. 해주고 나서 바라지 말자.
2. 스트레스를 피하지 말고 그대로 받아들이자.
3. 할 일을 내일로 미루지 말고 지금 시작해 놓자.
4. 울고 싶을 땐 소리내어 실컷 울자.
5. 상처받는 것을 두려워하지 말자.
6. 인생은 혼자라는 사실을 애써 부정하지 말자.
7. 이대로의 내 모습을 인정하고 사랑하자.
8. 나 자신을 위한 적당한 지출에 자책감을 갖지 말자.
9. 할 수 없는 것에 대한 욕심을 버리자.
10. 다른 사람은 나와 다르다는 것을 인정하자.

_지식in

카네기에게 배우는 인생지혜 12가지

1. 시련을 당하면 웃어 넘겨라.
   명랑한 성격은 재산보다 귀하다.
   젊은이들은 성격도 노력 여하에 따라 얼마든지 달라질 수 있으며, 신체와 마찬가지로 정신도 음지에서 양지로 나올 수 있음을 알아야 한다.
   시련을 당하면 가능한 한 웃어넘겨라.

2. 인간을 알기 위해 노력하라.
   사실 내가 성공할 수 있었던 것은 내가 무엇을 알거나 나 스스로 무언가를 해서가 아니라, 나보다 잘 아는 사람을 뽑아 쓸 줄 알았기 때문이었다. 이것은 누구나 알아두어야 할 귀한 지식이다.
   나는 증기식 기계에 대해서는 잘 알지 못했지만, 그보다 훨씬 더 복잡한 구조물인 인간을 알기 위해 노력했다.
   "여기, 자신보다 더 우수한 사람을 어떻게 다뤄야 하는지 알았던 사람이 누워 있다."(카네기 묘비에 있는 글 中)

3. 기회 앞에서 절박하라.
   모든 것을 사소한 일로 여기는 사람들은 지나치게 대범한 사람들이다.
   젊은이들은 사소한 일에 신이 주시는 가장 훌륭한 선물이 담겨 있음을 알아야 한다. 기회가 주어졌을 때 이를 붙잡지 못하는 것은 큰 실수이다.

일자리가 주어졌을 때 머뭇머뭇 하다가는 무슨 일이 생겨 일을 못하게 될 수도 있고, 다른 사람에게 일자리를 빼앗길 수도 있다.

나는 일할 기회가 주어졌을 때 바로 일을 시작하겠다고 제안했다.

4. 배움을 탐하라.

나의 토굴에 창문이 열리고 지식의 빛이 쏟아져 들어왔다.

매일 일에 지치고 장시간 야근을 해도, 책을 읽을 수 있다고 생각하면 마음이 가벼워졌다.

나는 늘 책을 가지고 다니며 일할 때에도 틈나는 대로 독서를 했다.

토요일에 새 책을 빌려 볼 수 있다는 생각에 하루하루가 즐거웠다.

5. 기회는 만들어 가는 것.

전보 배달부 소년들은 아침에 기술실 청소를 해야 했기 때문에, 전신 기사들이 출근하기 전에 전신 기기들을 만져볼 수 있었다.

내게 이것은 새로운 기회였다.

나는 곧 키를 조작하여 나와 같은 목적으로 기계를 만지는 다른 전신국 소년들과 통신할 수 있었다. 사람이 무언가를 배우면 오래지 않아, 그 지식을 활용할 기회가 오는 법이다.

6. 상사의 마음을 훔쳐라.

젊은이가 높은 사람과 개인적으로 알고 지내게 되면, 이미 인생의 싸움에서 반은 승리한 것이나 마찬가지이다.

모든 소년은 자신이 하는 일의 범위를 넘어서 윗사람의 주목을 받을 만한 일을 하는 것을 목표로 삼아야 한다.

7. 능력을 보여주지 못할 자리란 없다.

유능하고 자발적인 젊은이가 자신이 성실하고 유능하다는 것과 성공을 향한 불굴의 의지를 가졌음을 증명하지 못할 정도로 단순하거나 낮은 일자리란 결코 없다.

8. 우정을 지켜라.

서로 생각이 달라서 친구와 다퉜다면, 먼저 화해의 손길을 내미는 편이 현명하다. 끝까지 화해의 손길을 거부하는 사람은 불행한 사람이다. 친구를 잃는다는 것은 크나큰 손실이기 때문이다.

비록 그 친구와의 관계가 전보다는 서먹해졌다고 하더라도 화해하는 편이 친구를 완전히 잃는 것보다는 낫다.

9. 작은 인간이여, 왜 그렇게 화가 났나요?

에머슨은 노예제에 반대하는 연설을 하다가 군중의 야유를 받고 연단에서 끌려 내려왔다. 그는 몹시 화가 나서 집에 돌아왔다.

그런데 정원 문을 열고 키 큰 느릅나무를 올려다보는 순간, 나뭇가지 사이로 별이 빛나는 것이 보였다.

별은 그에게 '작은 인간이여 왜 그렇게 화가 났나요?' 하고 묻는 듯했다.

10. 마음의 상처는 오직 자신만이 입힐 수 있다.

"그렇다면, 자네는 작다고 해서 자네의 명예를
짓밟고 모욕하는 자를 그냥 내버려두겠다는 건가?"
"각하, 저 자신 이외의 그 누구도 제 명예를 짓밟을 수 없습니다.
명예에 상처를 입히는 것은 본인만이 가능한 일이니까요."

11. 여행으로 마음을 넓혀라.

할 수만 있다면 다소 무리를 해서라도 누구나 세계 일주를 해보아야 한다고 생각한다.

세계를 돌아본 후에야 보아야 할 모든 것을 보았다는 느낌이 든다.

부분이 모여 조화로운 전체를 이루는 것, 그리고 세계 각국의 사람들이 하나의 분명한 목적을 위해, 각자의 삶을 열심히 살아가는 모습을 볼 수 있기 때문이다.

12. 부자인 채로 죽는 것은 부끄러운 일.

《부의 복음 The gospel of wealth》을 출간한 이후로, 나는 부를 축적하려는 노력을 그만두고 이 책의 가르침에 따라 살기로 했다.

부의 현명한 분배라는 훨씬 더 중요하고 어려운 과제에 뛰어든 것이다.

_앤드루 카네기

인생

memo

따뜻한 삶을 위한 20가지 제안

1. 일 년에 한 번 쯤은 해가 뜨는 광경을 본다.
   내 문제가 다소 하찮게 느껴지면서 힘이 솟는다.

2. 꽃 한송이, 맑게 개인 날, 아침 햇살, 주변의 작은 일에 감동을 한다.
   감동을 많이 할수록 체내 항생체가 많이 생겨 건강에 도움이 된다.

3. 웃음은 낙천적인 사람의 트레인드 마크다.
   미소에 자신이 없다면 거울 앞에서라도 웃는다.

4. 봄이 되면 꽃을 심는다.

5. 길가다 빈자리가 있다면 앉아 지나가는 행인을 지켜본다.
   다른 사람의 삶을 상상할 수 있는 좋은 기회다.

6. "안녕하세요", "감사합니다", "죄송합니다"를 자주 쓴다.

7. 지금 느낄 수 있는 기쁨은 뒤로 미루지 않는다.

8. 화가 치밀면 한 시간 정도 여유를 갖고 화를 식힌 후 상대를 대한다.

중요한 일이라도 하루 정도 생각할 여유를 갖는다.

9. 부정적인 사고를 하는 사람을 피한다.

10. 좀 더 느긋하자.
당장 사느냐, 죽느냐가 걸려있는 일이 아니라면 그다지 급한 일이란 아무것도 없다.

11. 성공의 척도를 자신의 현재 느끼는 마음의 평화, 건강, 그리고 사랑에 둔다.

12. 수입의 일정액을 남을 돕는데 사용한다.

13. 남을 부러워하지 않는다.
시샘은 불행을 낳는다.

14. 죽어도 후회가 없을 만큼 열정적으로 산다.

15. 전화를 받을 때는 항상 활기찬 목소리로 받는다.
마찬가지로 울적할 땐 전화를 하지 않는다.

16. 마음에 드는 일이 있으면 실리를 따지지 않고 일단 시작한다.
내가 좋아서 하는 일이라면 곧 느낌이 전달돼 손해 볼 일은 없을 테니까.

17. 남이 말하는 도중에 끼어들지 않는다.

인생

18. 잘못한 일에는 반드시 용서를 구한다.

19. 나를 위해 작은 투자를 한다.

새 잠옷, 새 양말, 꽃 한송이, 내가 있어야 세상도 있음을 자각한다.

20. 한 달에 한 번 쯤은 나 혼자 외출을 한다.

특별한 할일이 없는 외출에서 의외로 나의 자신감을 만날 수도 있으니까.

_지식in

memo

멋진 삶을 사는 방법 10가지

첫 번째 방법
마주치는 사람에게 먼저 인사하자.

두 번째 방법
웃는 얼굴 뺨 맞았다는 이야기는 없었다.
밝은 얼굴로 다니자.

세 번째 방법
가벼운 혀는 만 가지 화를 부른다.
남의 뒷이야기를 하지 말자.

네 번째 방법
시간관념에 철저 하자.
요즈음의 코리언 타임은 5분전이다.

다섯 번째 방법
자기 일에 확실한 베테랑이 되자.
도둑도 전문일 때는 대도라고 부른다.

인생

여섯 번째 방법

안 된다고 말하는 사람은 되는 일이 없으니 긍정적인 사고를 지니자.

일곱 번째 방법

다른 사람의 입장을 이해하는 객관적 사고를 지니자.

여덟 번째 방법

일 못하는 사람이 놀 때는 꼭 빠지려 한다.
그러니 열심히 놀자.

아홉 번째 방법

입력이 많을수록 출력이 많을 수밖에 없으니 많이 보고 많이 듣고 많이 생각하자.

열 번째 방법

휴가는 다시 오지만 인생은 단 한번이다.
따라서 계획을 세우고 지키자.

_지식in

인생은 세 권의 책

사람은 일생동안 세 권의 책을 쓴다.

제1권은 과거라는 이름의 책이다.
이 책은 이미 집필이 완료돼 책장에 꽂혀있다.

제2권은 현재라는 이름의 책이다.
이 책은 지금의 몸짓과 언어 하나하나가 그대로 기록된다.

제3권은 미래라는 이름의 책이다.

그러나 셋 중에서 가장 중요한 것은 제2권이다.

1권이나 3권은 부록에 불과하다.
오늘을 얼마나 충실하게 사느냐에 따라 인생의 방향이 완전히 달라진다.

인생은 나이에 따라 각기 다른 키워드를 갖는다.

10대는 공부
20대는 이성
30대는 생활
40대는 자유
50대는 여유
60대는 생명
70대는 기다림으로 채워진다.

돈을 벌려면 투자를 해야 하는 것처럼 내일을 벌려면 오늘을 투자해야 한다.

과거는 시효가 지난 수표이며 미래는 약속어음일 뿐이다.
그러나 현재는 당장 사용이 가능한 현찰이다.

오늘 게으른 사람은 영원히 게으른 것이다.
오늘은 이 땅위에 남은 내 삶의 첫날이다.

_지식in

인생을 바꿔 사는 방법 9가지

1. 발에 맞는 신을 신어라.

놀랍게도 우리 대부분은 발에 맞지 않는 신을 신고 다닌다.
신이 맞지 않을 경우 엄지발가락 안쪽에 염증이 생길 수도 있고, 나이가 들어서는 등에 심각한 문제가 생길 수도 있다.
지금 당장 발 크기를 다시 재어보자.
걸음이 즐거워질 것이다.

2. 무슨 일부터 먼저 할 것인지를 정하라.

아침에 눈을 뜨면, 우선 그날 해야 할 일들을 목록으로 만들어보자.
그 후 그것이 기다려줄 수 있는 일이냐 그렇지 못한 일이냐에 따라 A, B, C 서열을 매긴다.
A로 분류된 일만 다 처리해도 그날은 성공적인 날이다.

3. 새로운 음악을 들어라.

자꾸만 들어가는 나이는 최신 음악이 귀찮아지는 정도와 나의 젊을 때 익숙했던 것에 매달리려는 집념을 합친 것과 같다.
이 세상에는 다양한 장르의 음악이 있다.
음악적 지평을 넓히는 것은 모든 종류의 새로운 아이디어를 향해 뇌를 활짝 열어놓는 데 도움이 된다.

4. 책을 더 많이 읽어라.

책을 읽되, 그것이 뇌의 활동을 강화해주리라는 생각 따위는 잊자.
그리고 다른 사람에게 내가 조금이라도 더 교양 있는 사람으로 비칠 수 있다는 생각도 버리자.
훌륭한 책을 읽는 일은 실사를 하듯 나의 생활이 되어야 한다.

5. 옷장을 깨끗이 정리하라.

만약 2년 동안 한 번도 입지 않은 옷이 있다면, 이제 그 옷은 버리거나 자선단체에 기부할 때가 된 것이다.
진정으로 아끼는 보물들을 하나씩 줄여나가자.
추억은 추억일뿐.

6. 비타민을 복용하라.

대부분의 사람은 종합비타민의 복용으로도 족하다.
괜히 지나치게 많은 건강보조식품을 먹으면 오히려 몸을 해치고 지갑을 축낼 수 있다.

7. 섹스를 더 자주 하라.

연구 보고서에 따르면, 섹스는 전립선암과 유방암의 위험을 낮출 수 있고, 면역체계를 강화하며, 스트레스를 누그러뜨리고, 30분가량에 180kcal를 소비한다. 말하자면 섹스는 상당히 괜찮은 운동인 셈.

8. 용서하고, 스트레스를 놓아버려라.

용서는 묵과하거나 참아주거나 정당화하거나 화해하는 것이 아니다.
용서하기로 작정했다면 먼저 상처받았다는 사실을 인정하라. 그러고 난 후 상처를 입힌 그 사람과 공감하도록 노력해보자.
또 나의 개인적인 경험과 상처를 세계적인 사건의 맥락에서 바라보자.
그리고 내게 가하던 압박감과 스트레스를 나를 위해 놓아버리자.
용서는 현재진행형의 과정이다.

9. 자신을 존중하라.
무엇인가에 탐닉할 때에는 진짜 알맹이를 노려라.
그것이 작은 일에도 자신의 존재를 높이 평가하고 존중하는 길이다.
예를 들어 디저트 하나에도 양보다는 질을 추구하자. 그래야 만족감이 커질 것이고, 한 접시 더 먹겠다는 욕심도 사라질 것이다.

_지식in

인생

memo

인생을 위한 작은 교훈 10가지

1. 여러 종류의 사람과 만나고 그들에게서 인생을 배워라.
2. 건강한 몸을 당연한 것으로 받아들이지 말아라.
3. 인간관계가 끊어지면 스스로의 탓으로 돌려라.
4. 누구 한 사람이라도 서운하게 대하지 말아라.
5. 여행을 자주하고 역사적인 유물의 설명서를 읽어 보아라.
6. 긍정적인 사고방식의 소유자와 가까이 하라.
7. 아무리 가까운 친구라도 비밀을 떨어 놓을 때는 두 번 생각하라.
8. 읽을 수 없더라도 좋은 책은 곁에 둬라.
9. 더 이상 아무 것도 잃어버릴 것이 없는 사람을 조심하라.
10. 세상이 누구에게나 공평하다는 생각을 버려라.

_지식in

노자의 인간관계 5계명

좋은 인간관계는 인생의 윤활유

노자는 주나라의 궁전 도서실의 기록 계장이었다가 후에 궁중생활이 싫어 유랑의 길을 떠났다.
노자의 행적에 대해선 잘 알려져 있지 않지만, 노자의 '도덕경'에 나타난 사상에서 인간 관계론을 정리하면 다음과 같다.

첫째, 진실함이 없는 아름다운 말을 늘어놓지 말라.
남의 비위를 맞추거나 사람을 추켜세우거나 머지않아 밝혀질 사실을 감언이설甘言利說로 회유하면서 재주로 인생을 살아가려는 사람이 너무나 많다. 그러나 언젠가는 신뢰받지 못하여 사람 위에 설 수 없게 된다.

둘째, 말 많음을 삼가라.
말이 없는 편이 좋다.
말없이 성의(誠意)를 보이는 것이 오히려 신뢰(信賴)를 갖게 한다.
말보다 태도(態度)로서 나타내 보여야 한다.

셋째, 아는 체하지 말라.
아무리 많이 알고 있더라도 너무 아는 체하기보다는 잠자코 있는 편이 낫다.

인생

지혜(智慧)있는 자는 지식(知識)이 있더라도 이를 남에게 나타내려 하지 않는 법이다.

넷째, 돈에 너무 집착하지 말라.
돈은 인생의 윤활유로서는 필요한 것임에 틀림이 없다.
그러나 돈에 집착한 채 돈의 노예가 되는 것은 안타까운 노릇이다.

다섯째, 다투지 말라.
남과 다툰다는 것은 손해다.
어떠한 일에나 유연하게 대응해야 한다. 자기의 주장을 밀고 나가려는 사람은 이익보다 손해를 많이 본다. 다투어서 적을 만들기 때문이다.

아무리 머리가 좋고 재능이 있어도 인간관계가 좋지 않아서 실패한 사람도 많다.
좋은 인간관계는 인생의 윤활유이다

_지식in

인생에서 꼭 필요한 5가지 "끈"

인생은 끈이다. 사람은 끈을 따라 태어나고, 끈을 따라 맺어지고, 끈이 다하면 끊어진다. 끈은 길이요, 연결망이요, 인연이다. 내가 가지는 좋은 끈이 좋은 인맥, 좋은 인연을 만든다. 인생에서 필요한 5가지 끈을 알아보자.

1. 매끈

까칠한 사람이 되지 마라. 보기 좋은 떡이 먹기 좋고 모난 돌은 정맞기 쉽다. 세련되게 입고, 밝게 웃고, 자신감 넘치는 태도로 매너 있게 행동하라. 외모가 미끈하고 성품이 매끈한 사람이 되라.

2. 발끈

가슴속에 불끈 치솟는 열정과 오기를 가져라. 실패란 넘어지는 것이 아니라 넘어진 자리에 머무는 것이다. 동트기 전이 가장 어두운 법이니 참기 힘든 어려운 순간일수록 오히려 발끈하라! 가슴속에 불덩이 하나쯤 품고 살아라.

3. 화끈

치열하고 화끈한 사람이 되라. 언젠가 해야 할 일이라면 지금 하고, 누군가 해야 할 일이라면 내가 하고, 어차피 할 일이라면 대충하지 말고 화끈

인생

하게 하라. 눈치 보지 말고 소신껏 행동하는 사람, 내숭떨지 않고 화끈한 사람이 되라!

4. 질끈

벙어리 3년, 귀머거리 3년, 장님 3년이 되라. 실수나 결점이 없는 사람은 없다. 다른 사람을 쓸데없이 비난하지 말고 질끈 눈을 감아라. 한 번 내뱉은 말은 다시 주워 담을 수 없으니 입이 간지러워도 참고, 보고도 못 본척 할 수 있는 사람이 되라. 다른 사람이 나를 비난해도 질끈 눈을 감아라.

5. 따끈

따뜻한 온기 있는 사람이 되라, 이해타산에 젖은 차가운 사람이 아니라 인간미가 느껴지는 사람이 되라. 털털한 사람, 인정 많은 사람, 메마르지 않은 감성적인 사람, 다른 사람에게 베풀 줄 아는 따끈한 사람이 되라.

끈끈한 만남이 그리운 세상이다. 쉽게 만나고 쉽게 헤어지는 가벼운 인연이 아니라 한 번 인맥을 영원한 인맥으로 만나려는 끈끈한 사람들이 아쉬운 세상이다. 매끈, 발끈, 화끈, 질끈, 따끈함으로 질긴 인연의 끈을 만들어 보자. 나도 누군가에게 좋은 끈이 돼 주고 싶다.

_지식in

화나고 속상할 때 하는 10가지

1. '참자!' – 그렇게 생각하라.

감정 관리는 최초의 단계에서 성패가 좌우된다.

'욱' 하고 치밀어 오르는 화는 일단 참아야 한다.

2. '원래 그런 거' 라고 생각하라.

예를 들어 고객이 속을 상하게 할 때는 고객이란 '원래 그런 거' 라고 생각하라.

인생

3. '웃긴다' 고 생각하라.

세상은 생각할수록 희극적 요소가 많다.

괴로울 때는 심각하게 생각할수록 고뇌의 수렁에 더욱 깊이 빠져 들어간다. 웃긴다고 생각하며 문제를 단순화시켜 보라.

4. '좋다. 까짓 것' 이라고 생각하라.

어려움에 봉착했을 때는 '좋다. 까짓 것.' 이라고 통 크게 생각하라.

크게 마음먹으려 들면 바다보다 더 커질 수 있는 게 사람의 마음이다.

5. '그럴 만한 사정이 있겠지' 라고 생각하라.

억지로라도 상대방의 입장이 되어 보라.

내가 저 사람이라도 저럴 수밖에 없을 거야.'
뭔가 그럴 만한 사정이 있어서 저럴 거야' 이라고 생각하라.

6. '내가 왜 너 때문에' 라고 생각하라.
당신의 신경을 건드린 사람은 마음의 상처를 입지 않고 있는데, 그 사람 때문에 당신이 속을 바글바글 끓인다면 억울하지 않은가.
내가 왜 당신 때문에 속을 썩어야 하지?'
그렇게 생각하라.

7. '시간이 약' 임을 확신하라.
지금의 속상한 일도 며칠 지나면, 아니 몇 시간만 지나면 별 것 아니라는 사실을 깨달아라.
너무 속이 상할 때는 '세월이 약' 이라는 생각으로 배짱 두둑이 생각하라.

8. '새옹지마' 라고 생각하라.
세상만사는 마음먹기에 달렸다.
속상한 자극에 연연하지 말고 세상만사 새옹지마' 라고 생각하며 심적 자극에서 탈출하려는 의도적인 노력을 하라.

9. 즐거웠던 순간을 회상하라.
괴로운 일에 매달리다 보면 한없이 속을 끓이게 된다.
즐거웠던 지난 일을 회상해 보라.
기분이 전환될 수 있다.

10. 눈을 감고 심호흡을 하라.

괴로울 때는 조용히 눈을 감고 위에서 언급한 아홉 가지 방법을 활용하면서 심호흡을 해 보라.

그리고 치밀어 오르는 분노는 침을 삼키듯 '꿀꺽' 삼켜 보라.

_지식in

memo

인생

고독을 이겨내고 건강한 삶을 위한 6가지

1. 적극적으로 참여하여 사회성을 유지해야 한다.
2. 함께하는 놀이문화에 익숙해져야 한다.
3. 동료, 이성간의 친구 등을 갖도록 해야 한다.
4. 자연을 즐기는 심성을 갖도록 해야 한다.
5. 혼자만의 시간을 즐기는 습관을 갖도록 한다.
6. 새로운 것을 배우려는 열성이 긍정적인 삶을 만든다.

지식in

memo

삶의 도움이 되는 귀한 글 7가지

1. 아는 것이 없으면 하고 싶은 일도 없다.

배움은 자신에게 쏟을 수 있는 가장 큰 투자이자 가치있는 일이다.
그러나 실천과 적용이 뒤따르지 않는 배움은 무익하다.
자신이 경험하는 모든 것으로부터 가르침을 얻고, 그 가르침을 자신의 삶에 끊임없이 적용하라.

2. 무계획한 행동보다 어리석은 것은 없다.

계획을 세운다는 것은 도로지도를 보는 것과 같다.
그 속에는 정확한 길과 올바른 방향이 표시되어 있어서, 어느 쪽으로 돌아가야 할지가 그려져 있다.
지도가 있을 때 우리는 현재의 위치를 인식할 수 있고 원하는 곳까지 가장 좋은 길을 이용해 도달할 수 있다.
계획은 꿈과 목표를 연결하기 위해 우리가 건설하는 다리이다.

3. 치밀한 노력으로 성공을 앞당긴다.

지금 이 순간에 충실하라.
미래를 위한 계획을 세울 수는 있지만 그것을 실천하는 것은 항상 지금이다. 주의가 산만하면 바로 지금 하고 있는 일에 그 영향이 미칠 것이다.

집중력을 상실하면 목표를 상실하게 된다. 초점을 유지하라.
어떤 것에도 흔들리지 않고 업무와 하나가 되라.

4. 영향력을 발휘하면 성공이 따라온다.

다른 사람들이 당신에게 무엇인가 구입하거나 요구하는 이유는, 자신에게 필요하기 때문이다. 따라서 무엇을 하든지 다른 사람이 필요로 하는 것이 무엇인지를 염두에 두고 행동하라.
지금 당신이 교류하는 사람 하나하나가 당신을 목표로 인도해주는 거대한 사슬의 연결고리이다.

5. 자기 에너지 관리로 삶에 탄력을 유지한다.

에너지를 만회하고 비축할 시간은 누구에게나 필요하다.
당신이 가장 즐거워하는 활동을 선택하라.
1시간 동안 소파에 앉아 책을 읽거나 테니스를 치거나 친구와 어울려 저녁식사를 할 수도 있다.
또, 몸에 좋은 음식을 균형있게 먹어 건강을 지켜라.

6. 나를 알리는 만큼 성공의 크기도 달라진다.

자기 자신을 마케팅하는 법을 배우도록 한다.
당신의 독특함을 발견하라.
당신의 지식과 경험을 기초로 하는 그 독특함이 당신의 자본이고 특별한 가치이다.

7. 장애물은 더 큰 성공의 기회를 제공한다.

하나의 해답을 얻기까지 다양한 실험이 필요하다는 것을 기억하라.

목표에 도달하기까지 여러 번 당신의 생각을 수정하고 변경해야 할 수도 있다.
그러나 한 번 노력할 때마다 더 많은 정보를 얻을 수 있고, 그만큼 궁극적인 목표에 가까워진다는 사실을 기억하라.

_지식in

memo

인생

삶을 위한 명언

삶이란 우리의 인생 앞에 어떤 일이 생기느냐에 따라
결정되는 것이 아니라
우리가 어떤 태도를 취하느냐에 따라 결정되는 것이다.
_존 호머 밀스

힘든 장애물에 부딪혀 넘어지고 실패하는 것은
결코 부끄러운 일이 아니다.
실패 역시 꿈에 속하는 것이기 때문이다.
_슈레더

누군가를 사랑한다는 것은,
우리의 인생 과업 중에 가장 어려운 마지막 시험이다.
다른 모든 것은 그 준비 작업에 불과하다.
_마리아 릴케

진정 우리가 미워해야 할 사람이 이 세상에 흔한 것은 아니다.
원수는 맞은편에 있는 것이 아니라
정작 내 마음속에 있을 때가 더 많기 때문이다.
_알랭

희망은 잠자고 있지 않는 인간의 꿈이다.
인간의 꿈이 있는 한, 이 세상은 도전해 볼만하다.
어떠한 일이 있더라도 꿈을 잃지 말자, 꿈을 꾸자.
꿈은 희망을 버리지 않는 사람에겐 선물로 주어진다.
_아리스토텔레스

재능이란, 자기 자신을, 자신의 힘을 믿는 것이다.
넘어져라! 넘어지지 않으면 자전거는 탈 수 없다.
_무명씨

행복은 깊이 느낄 줄 알고,
단순하고 자유롭게 생각할 줄 알고
삶에 도전할 줄 알고 남에게 필요한 삶이 될 줄 아는
능력으로부터 나온다.
_스톰 제임슨

인생

자기 자신을 싸구려 취급하는 사람은
다른 사람에게도 역시 싸구려 취급을 받을 것이다.
_윌리엄 해즐릿

'오늘' 이란 너무 평범한 날인 동시에
과거와 미래를 잇는 가장 소중한 시간이다.
_괴테

_지식in

멋있는 사람이 되기 위한 10가지 비결

1. "할 수 있습니다." 라는 긍정적인 사람.
2. "제가 하겠습니다." 라는 능동적인 사람.
3. "무엇이든지 도와드리겠습니다." 라는 적극적인 사람.
4. "기꺼이 해드리겠습니다." 라는 헌신적인 사람.
5. "잘못된 것은 즉시 고치겠습니다." 라는 겸허한 사람.
6. "참 좋은 말씀입니다." 라는 수용적인 사람.
7. "이렇게 하면 어떨까요?" 라는 협조적인 사람.
8. "대단히 고맙습니다." 라는 감사 할 줄 아는 사람.
9. "도울 일이 없습니까?" 물을 수 있는 여유 있는 사람.
10. "이 순간 할일이 무엇일까?" 일을 찾아 할 줄 아는 사람.

_지식in

후회 없는 삶을 위한 10계명

1. 남들보다 재미있게 살아라.

마음껏 웃음을 터뜨리면서 최상의 시간을 가지는 것보다 기분을 들뜨게 하고 기운을 솟구치게 하는 것이 없다. 가능한 이런 웃음을 생활화한다면 사는 동안 즐거움과 활력이 넘칠 것이다.

2. 통찰력을 얻어라.

보려고 하지 않는 사람은 결코 아무것도 이해하지 못하며 자기만족조차 얻지 못하는 공허하고 초라한 삶을 살게 된다.
통찰력은 우리가 자신의 내면을 살피고 그 속에서 무슨 일이 일어나고 있는지 어렴풋이나마 깨달을 때 얻어진다.

3. 깊이를 얻어라.

통찰력으로 최선의 나를 발견한다면 깊이로는 최고의 신을 발견한다.
궁극적으로는 지혜가 다가와 우리를 껴안으며 통찰력과 깊이가 하나임을 보여준다.

4. 도피처를 마련하라.

혼란스럽거나 부담스런 상황에 이르면 도피의 문을 연다.
한계에 부딪혔다는 생각이 들면 과감하게 떠나라. 그리고 돌아와도 괜찮

인생

을 때까지 자신만이 즐겨 찾는 도피처에서 돌아오지 마라.
자신의 영혼을 달래주고 채워주는 곳으로 멀리.

5. 매일 밤 글을 써라.
하루를 마감하는 시점에서 위대한 침묵을 통해 자기 반성을 하고 그 느낌을 글로 쓴다는 것은 자신을 사랑하는 일이다.

6. 자신의 직업에 대해 생각하라.
내 직업에 영향을 준 고마운 사람에 대해서 생각하고 자신의 직업에 감사하는 마음을 가져야 한다.
최선을 다하고 있는지 다른 이에게 어떤 영향을 주는지 생각해 본다.

7. 재미있는 사람이 되어라.
다양한 친구들과 교제를 통해 풍요로운 삶을 추구하여야 한다.
그리고 최고의 자아를 실현할 수 있는 길은 자신이 하고 싶은 일을 찾는 일이다.
죽는 날까지 자신을 교육시키자.

8. 잠시 동안 혼자 살아라.
혼자 사는 생활은 일상의 끊임없는 욕구에서 한발 물러서는 여유를 가짐으로 평화와 고요의 만족을 느낄 수 있다.
제안이나 경계 없이 우리의 인생에 접근할 수 있도록 하며 자아와 새로운 인생을 발견하게 한다. 그러나 혼자 사는 외로움과 스트레스 등도 알아야 함을.

9. 자신을 소중히 대하라.

자신을 소중히 대하는 사람은 다른 사람 역시 소중히 대할 줄을 안다.

10. 아무 것도 잃을 게 없다는 생각으로 살아라.

무언가를 잃는 것보다 더 나쁜 것은 인생에 없다.

그러나 잃어야 할 것을 잃고 나면 신비스런 죽음이 남아 있을 뿐만 아니라 새로운 인생으로의 비밀스런 준비도 있음을 알아야한다.

그렇게 될 때 인생을 보는 시각은 더 크고 넓어지며 삶의 모든 부분이 전보다 더 신성하게, 더 재미있게 드러나고 사는 법을 알게 되지 않을까.

_지식in

인생

memo

인생찬가

우리가 가야할 곳, 혹은 가는 길은 향락도 아니고 슬픔도 아니며
내일이 오늘보다 낫도록 행동하는 바로 그것이 인생이라.

아무리 아름다울지라도 미래는 믿지 말라.
죽은 과거는 죽은 채 묻어 두라.
행동하라, 살아있는 현재에 행동하라.
속에는 마음이 있고 위에는 신이 있다.

위인들의 모든 생애는 가르치나니
우리도 장엄하게 살 수 있고 떠날 적엔 시간의 모래 위에
우리의 발자국을 남길 수 있음을.

아마 먼 훗날 다른 사람이
장엄한 인생의 바다를 건너가다가 외로이 부서질 때를 만나면
다시금 용기를 얻게 될 발자국을.

그대여, 부지런히 일해 나가자.
어떤 운명에도 무릎 꿇지 말고 끊임없이 이루고 바라면서
일하고 기다리기를 힘써 배우자.

_롱펠로우

아름답게 늙는 지혜 26가지

1. 늙으면 시간이 많으니 항상 운동을 하라.
2. 일직 자고 일직 일어나는 버릇을 기르자.
3. 친구가 먼저 죽어도 지나치게 슬퍼하지 말라.
4. 고독함을 이기려면 취미생활과 봉사 활동을 하라.
5. 모든 일에 감사하는 마음을 가져라.
6. 남의 생활에 참견 하지마라.
7. 나의 괴로움이 제일 크다고 생각하지 말자.
8. 오늘 하루 할 일이 있으면 행복한 날이라 생각하라.
9. 남이 무엇인가 해줄 것을 기대 하지 마라.
10. 무슨 일이든 자기 힘으로 하라.
11. 남이 나를 보살펴 주기를 기대하지 마라.
12. 혼자 지내는 습관을 길러라.
13. 당황하지 말고, 성급해 하지 말고, 뛰지 말라.
14. 편한 것 찾지 말고 외로움을 만들지 말라.
15. 늙은이라고 냉정히 대하더라도 화내지 말자.
16. 청하지 않으면 충고하지 않는 것이 좋다.
17. 몸에 좋다고 아무약이나 먹지 말고, 남에게 권하지 말자.
    그러나 병은 자랑하여 좋은 정보를 얻을 기회를 만들라.
18. 어떤 상황에도 남을 헐뜯지 말라.

인생

19. 할 수 없는 일은 시작도 하지 말라.

20. 후덕한 늙은이가 되라.

21. 즐거워지려면 돈을 베풀어라.

그러나 돈만주면 다 된다는 생각은 금물.

22. 외출할 때는 항상 긴장하라.

23. 젊은 사람 가는데 동행하지 말라.

24. 방문을 자주 열고 환기를 하고 목욕을 자주 하라.

25. 몸을 단정히 하고 항상 화장을 하고 향수도 뿌려라.

26. 옷차림은 항상 밝게, 속옷은 자주 갈아입는다.

그러지 않으면 늙은이 냄새가 난다.

_지식in

memo

인생 역전 7계명

1. 자신의 능력을 체크하라.

과거엔 힘 센 것이 약한 것을, 큰 것이 작은 것을 이겼다. 그러나 지금은 빠른 것이 느린 것을, 부드러운 것이 강한 것을 삼키는 시대.
사람은 누구나 어떤 분야에서든 자기만의 노하우가 있다.
그것을 발견해내는 것이 자신감의 시작!

2. 경험을 반드시 기록하라.

기록은 발전의 첫걸음. 기록을 토대로 아이디어가 생긴다.
자신의 기억을 과신하고 기록하지 않으면 도로아미타불.

3. 사람을 많이 만나라.

사람은 정보이다. 만나서 교류하다 보면 시대의 흐름을 감지할 수 있다.
시대에 맞춰 흐르지 않고 고여 있으면 썩는다.
사람은 날마다 시시각각, 파랗게 변해야 한다.

4. 줄 수 있는 것은 아낌없이 베풀어라.

사람은 누구나 주기 싫어하고 받고 싶어 한다. 그러나 줘라.
사랑, 관심, 이해, 공감, 친절, 미소, 시간 남과 공유하는 것이 많을수록 그와 가까워지는 왕지름길.

5. 분명한 목표를 가져라.

골인 지점이 있는 선수와 골인 지점이 없는 선수는 드리블 자세부터 다르다. 분명한 목표가 있으면 눈빛부터 다른 것도 바로 그런 까닭.

6. 끊임없는 열정을 가져라.

열정은 모든 것의 시발점, 나를 솟아오르게도 하고 나를 추락하게도 하는 마술의 에너지이다.

7. 주기적으로 자기를 점검하라.

오늘도 어제처럼, 내일도 오늘처럼 살지 말자.
끊임없이 자기를 주목하고 상황에 맞게 채찍과 당근을 주어야 한다.

_지식in

memo

인생 역전을 위해 꼭 필요한 5가지

1. 자기 책상

집에 공간이 없다고?

식탁이라도 좋다.

주방 작은 모퉁이라도 활용하면 어떤가.

중요한 건 책상을 필요로 하는 마음. 결혼할 때 장롱은 안 가져가도 결혼 전 쓰던 책상만은 가져가라.

2. 자기 이름

결혼과 동시에 이름을 잊어버리는 주부들이 많다.

누구 엄마, 누구 아내, 인생도 실명제가 필요하다. 자신의 이름을 자주 부르자.

이름표도 만들어 사람들 만날 때 연락처를 주고받자.

직업이 없더라도 기죽지 말고 자신의 특징을 적어 넣자.

예를 들면 책을 많이 읽는 여자 김○○, 영화를 무지 좋아합니다. 황○○, 요리를 잘해요. 박○○, 눈이 빛나는 37세. 정○○ 등등. 오히려 더 기억하기 쉽고 신선하게 다가갈 것이다.

3. 자기 통장

돈은 자신감과 직결된다.

인생

주부의 노동력을 돈으로 환산하면 한 달에 139만 원 정도. 매월 가정 형편에 맞는 금액을 자신의 통장에 입금시키자.
처음엔 작은 초승달이겠지만 차츰차츰 보름달처럼 커져가는 액수에 자신감도 커질 것이다.

4. 자기 시간
간디는 일주일 중 하루를 침묵의 날로 정하고 그날은 한마디도 하지 않았다고 한다.
우리도 하루쯤은 자신의 날로 선포하자.
시간을 낼 수 없다면 일주일에 두 시간이라도. 친구에게 편지를 쓰거나 영화를 보거나 잠을 실컷 자거나 수다를 떨거나, 상징적으로라도 그 시간만큼은 나의 시간이라는 것을 가족들에게 선포해야 한다.
비록 두 시간의 해방일지라도 그 맛은 첫사랑처럼 달콤하고 브레드 피트처럼 섹시하다.

5. 자기 개성
자신의 개성을 확실히 하자. 없으면 만들어야 한다.
길쭉한 것으로 성공한 개그우먼,
뚱뚱한 것으로, 혀가 짧은 것으로도 다른 사람과의 차별화에 성공할 수 있다.
내가 가진 단점을 장점으로 강화시키자.
감추면 단점이지만 당당히 드러내면 개성이 된다.

_최윤희

인간이 극복해야할 6가지 결점

1. 자기의 이익을 위해서라면 남을 희생시켜도 된다고 생각하는 것은 하지 말아야 한다.
자기중심적인 사고에서 벗어나야 한다.
자기중심적이다는 극단적으로 이기적이고 배타적이다.
이기심과 배타심은 절대 성공하지 못한다.

2. 변화를 알면서도 변하지 못하고 걱정만 하고 있는 것.
변화는 발전을 위해 거쳐야 한다. 반듯이 거쳐야 하는 과정이다.
변화하는 것이 없다면 성장하는 것도 없다.
변화는 자신의 부족함을 인정하는 것이다.
자신의 부족함은 성장의 원동력이다.
진정한 부족은 사실 발전의 계기를 마련이다.
변화를 수용해야 한다. 그럼 인생은 성장을 하고 능력을 키우게 된다.
학습은 죽을 때까지 계속되어야 한다.

3. 무슨 일을 할 때면 도저히 성취할 수 없다고 생각하고 움직이지 않는 것.
패배주의의식은 대단히 위험하다.
항상 긍정적인 사고를 위해 훈련을 해야 한다.

과거에 매이지 말아야 한다.
과거에 매이는 사람들의 공통점은 밝은 미래를 잃어버린다는 것이다.
과거보다 앞으로 남은 미래가 더욱 중요하다.

4. 나쁜 버릇이나 습관을 알면서도 고치지 않는 것.
당신의 운명은 결국 나쁜 습관을 얼마나 빨리 신속하게 고치는가에 의해서 결정된다.
쉽지는 않지만 고치지 않으면 인생은 즐겁지 못한다.

5 자기계발을 게을리 하며 독서와 연구습관을 갖지 못하는 것.
자기계발은 평생에 걸쳐 해야 한다.
충분히 배우지 못하면 우리는 실패할 수밖에 없다.
자기계발에 노력을 하면 할수록 당신이 얻는 것은 많다.
독서는 당신을 삶의 위기에서 건져줄 것이다.
책을 사랑하라 그러면 책이 당신을 지켜줄 것이다.
그리고 자기계발을 할 수 있는 워크숍이나 세미나에 꾸준히 참석해 자기계발에 힘을 기우려야 한다.
아파트 관리비 한 달 자동차 기름값, 술값, 화장품 비용보다 당신 자신에 투자를 적게 한다면 안 된다.
당신이 배운 지식은 도둑맞을 염려가 없다.

6. 자기의 사고방식이나 행동양식을 남들에게 강요하는 것.
배타적인 것은 수용을 거부하는 것이다. 즉, 교만이다.
교만은 반드시 그 다음날에는 패망을 한다.
역사학자 아놀드 토인비는 그의 명저 12권의 역사의 연구라는 책에서 교만한 민족과 나라는 반드시 그 다음에는 패망을 한다고 역설한다.
교만과 배타성은 우리가 살아가면서 반드시 주의해야 할 것들이다.
성공하는 사람들의 공통점은 모두 다 수용적인 사람들이다.
다른 사람과 다른 점을 인정하고 그들의 인격을 존중하는 것 바로 성공하는 사람들의 특징이다.

_키케로 -로마 철학자, 정치가

memo

빌게이츠의 충고 10가지

1. 인생이란 원래 공평하지 못하다.
그런 현실에 대하여 불평할 생각하지 말고 받아들여라.

2. 세상은 네 자신이 어떻게 생각하든 상관하지 않는다.
세상이 너희들한테 기대하는 것은 네가 스스로 만족하다고 느끼기 전에 무엇인가를 성취해서 보여줄 것을 기다리고 있다.

3. 대학교육을 받지 않는 상태에서 연봉이 4만 달러가 될 것이라고는 상상도하지 말라.

4. 학교선생님이 까다롭다고 생각되거든 사회 나와서 직장 상사의 진짜 까다로운 맛을 한번 느껴봐라.

5. 햄버거 가게에서 일하는 것을 수치스럽게 생각하지 마라.
너희 할아버지는 그 일을 기회라고 생각하였다.

6. 네 인생을 네가 망치고 있으면서 부모 탓을 하지 마라.
불평만 일삼을 것이 아니라 잘못한 것에서 교훈을 얻어라.

7. 학교는 승자나 패자를 뚜렷이 가리지 않을지 모른다.

어떤 학교에서는 낙제제도를 아예 없애고 쉽게 가르치고 있다는 것을 잘 안다. 그러나 사회 현실은 이와 다르다는 것을 명심하라.

8. 인생은 학기처럼 구분되어 있지도 않고 여름 방학이란 것은 아예 있지도 않다.

네가 스스로 알아서 하지 않으면 직장에서는 가르쳐주지 않는다.

9. TV는 현실이 아니다.

현실에서는 커피를 마셨으면 일을 시작하는 것이 옳다.

10. 공부 밖에 할 줄 모르는 "바보"한테 잘 보여라.

사회 나온 다음에는 아마 그 "바보" 밑에서 일하게 될지 모른다.

_빌게이츠

인생

memo

인생을 개선하는 방법 26가지

1. 콩가루 집안이라 한들 가족을 부끄러워하지 말자.
   세상에서 가장 큰 힘을 발휘하는 집단이 바로 가족이다.
   내게 큰 힘이 되어줄 가족이 있다는 것만으로도 감사할 일이다.

2. 동창회에는 되도록 가지 말자.
   꼭 만나야 될 사람이 아니라면 만나지 않는 게 상책이다.
   보고 싶은 사람, 만나고 싶은 사람은 동창회를 통하지 않아도 얼마든지 만나게 된다.

3. 자식은 내 인생의 적이다.
   이제까지도 자식 때문에 살아온 인생인데, 앞으로 남은 인생을 허투로 보내는 우를 범하지 말라.
   자식의 인생은 자식 몫, 내 인생은 나의 몫이다.

4. 슬픈 영화를 울면서 본다.
   소리 내어 울어본 적이 언제였던가.
   큰소리로 울면 마음속 앙금마저 씻겨 나간다.
   울고 싶을 땐 슬픈 영화를 보면서 실컷 울자.

5. 자주 온몸을 흔들면서 웃는다.

우리나라 사람처럼 웃음에 솔직하지 않는 사람들이 또 있을까. 웃는 게 죄가 아니다. 마음에서 우러나는 웃음은 건강에도 좋다.

6. 온몸으로 사치를 즐기자.

명품으로 치장을 하라는 말이 아니다.

스스로에게 최고의 대우를 해주자.

혼자 밥 먹을 때도 귀부인처럼 먹는다.

스스로를 대접해야 남들에게 대접받을 수 있다.

7. 1년에 한번이라도 근사한 식당에서 풀코스로 식사를 하자.

무조건 아끼는 게 능사가 아니다.

세상은 살만한 가치가 있는 곳이라는 걸 스스로에게 보여주자.

8. 미운 사람은 대놓고 미워하자.

뒤에서 남 얘기를 하는 것만큼 치사한 일은 없다.

미워하더라도 당당하게 미워하자.

자신의 감정에 솔직한 것만큼 스트레스를 덜 받는 일도 없다.

9. '싫어, 안 해' 라는 표현에 익숙해지자.

거절하지 못함으로 인한 스트레스는 건강상 해롭다.

'No' 라고 큰소리로 외칠 수 있는 자신감은 인생에 플러스가 된다.

10. 섹스에 더욱 전념하자.

사랑은 오감으로 하는 것이라고 했다.

사랑이 충만한 섹스야말로 정신 건강은 물론 수명에도 영향을 끼친다. 사랑이 넘치면 사는 게 행복하다.

11. 나이를 벼슬이나 무기로 삼지 말자.
나잇값을 하라는 말이 있다. 그만큼 나이에 맞는 말과 행동을 하기 어렵다는 말이다.
나이 많은 게 유세는 아니다.

12. 신세진 사람들을 찾아 인사하자.
물질이든 마음이든 빚지고 사는 것은 부담스러운 일이다.
하루에 한 번이라도 신세진 사람들을 찾아 마음에서 우러나오는 감사의 인사를 전하자.

13. 절대 계단을 뛰어오르지 않는다.
올라갈 때도, 내려갈 때도 서둘러서 좋을 건 없다.
인생도 마찬가지이다.
한 계단 한 계단 오를 때마다 깊은 숨을 들이쉰다.

14. 쓸데없이 화를 내지 말자.
웃으며 사는 것만 해도 시간이 모자랄 판에 여기저기 사소한 일에 신경 쓰고 화낼 시간이 어디 있나?
아주 작은 화라도 자꾸 쌓이면 큰 병이 된다.

15. 항상 계절을 느끼며 살자.
하루 24시간, 일주일 168시간, 한 달 720시간, 1년 8760시간이다.

그저 시간이 흐른다고 생각하지 말고, 시시각각 변화하는 계절을 온몸으로 느끼자.
한결같이 흐르는 시간이지만 단 한 시간도 같은 시간은 없다.

16. 매사에 감동받고, 남에게 감동 주는 사람이 되자.
이것만큼 어려운 일은 없다. 감동받기도 감동 주는 것도 쉽지 않을 터. 하지만 마음의 문을 열면 모든 것에 감동받게 된다.

17. 주변 사람들에게 좀 더 친절해지자.
나와 상관없다고, 두 번 다시 볼 일 없는 사람이라고 쉽게 생각하지 말고 주위의 모든 사람들에게 마음의 문을 열고 다가서자.

18. 자주 엎드려 휴지를 줍는다.
뻣뻣하게 세상을 살지 말자.
살다 보면 고개 숙일 일도, 허리 젖혀 크게 웃을 일도 있다.
매사에 겸손한 사람이 되자.

19. 늘 죽음에 대해 준비하자.
아직 이르다 싶은 이야기지만 마음 한구석으로 끊임없이 생각하자.
그러다 보면 단 1분도 헛되이 보낼 수 없게 될 것이다.

20. 죽을 때까지 책을 읽자.
지혜의 샘은 마르지 않는 게 좋다.
나이가 들수록 알아야 할 것이 더 많아지는 법이다.
세상의 진리를 깨닫기 위해서는 늘 책을 가까이 해야 한다.

인생

21. 앞으로 50년 계획을 다시 세우자.

지금껏 살아온 것보다 앞으로 남은 시간에 대한 계획이 철두철미해야 한다. 50년 새로운 계획 수립하기. 쉽지 않지만 반드시 필요한 일이다.

22. 인스턴트식품은 더 이상 먹지 말자.

스스로의 몸을 더 이상 무시하지 말자.

좋은 먹을거리만 골라 먹기에도 아까운 시간이다.

자신의 건강은 자신이 챙겨야 한다.

23. 질투는 여전히 힘이다.

질투가 나쁜 감정이라고 생각지 말자.

아직도 자신의 감정이 건강하다는 증거다.

질투는 사랑이 없으면 불가능하다.

24. 외국어 하나쯤은 새로 시작하자.

이 나이에 알아서 뭐 하나 생각하지 말고 지금부터라도 늦지 않았으니 새로 시작하자. 학구열은 나이와 전혀 상관없다.

25. 누가 보거나 말거나 공중도덕을 생명처럼 여긴다.

나 하나쯤이야, 하는 생각이 아주 몹쓸 사회를 만든다.

'나로부터' 라는 생각으로 공중도덕은 반드시 지킨다.

내가 모여 우리가 되고, 우리가 모여 사회가 된다.

26. 내 얼굴에 책임을 지고 살자.

내 얼굴은 곧 내 인생을 말해 주는 척도다.

이름 석 자와 주름진 얼굴에 대한 책임은 자신에게 주어진 몫이다.
스스로에게 당당해질 때 지금껏 살아온 삶이 아름답게 느껴진다.

_지식in

memo

인생

현명한 처신에 필요한 방법 9가지

1. 보는데 편견이나 욕심을 없애도록 하라.
2. 듣는데 편견이나 빠트림이 없이 들어라.
3. 얼굴 표정을 단정히 하라.
4. 몸의 자세를 단정히 하라.
5. 말은 진실되고 신의가 있도록 하라.
6. 일을 할 때는 겸손한 자세로 하라.
7. 의심나는 것은 조용히 물어서 꼭 알도록 하라.
8. 화가 났을 때는 이성으로써 억제하라.
9. 재물을 보거든 의(義)에 합당한 것만 취하라.

_이이(李珥)

호감을 사는 성품 7가지

1. 다른 사람에게 관심을 갖는 습관을 기른다. 그리고 그들의 장점을 칭찬한다.
2. 대화할 때 설득력과 확신을 줄 수 있는 능력을 계발한다.
3. 자신의 신체 조건과 자신이 하는 일에 어울리는 복장을 갖춘다.
4. 당신이 원하는 성격을 선정하고 그에 맞게 적극적으로 성격을 개조한다.
5. 따뜻한 감정과 정열을 표현할 수 있는 인사 기술을 익힌다.
6. 자신의 유일한 한계는 자신의 마음속에 선정하는 것뿐이라는 사실을 깨닫는다.
7. 다른 사람에게 호감을 가짐으로써 호감을 갖게 한다.

_나폴레옹 힐

활기찬 하루를 보내는 방법 15가지

1. 그날의 기분(바이오리듬)에 맞춰 업무를 처리한다.
   어떤 날은 자신도 모르게 피곤도, 상쾌한 기분도 들 때가 있을 수 있다. 그날의 컨디션에 따라 좋은 날은 중요한 업무를 처리하는 것이 좋지만 컨디션이 저조한 날은 될 수 있는 대로 적게 말하고 중요한 업무는 다음 날 처리하는 것도 하나의 방법이 된다.

2. 아침에 빨리 일어나는 것이 좋다.

3. 자는 시간에 관계없이 일어나는 시간은 일정하게 일어난다.

4. 일어나는 즉시 찬물로 세수한다.

5. 아침은 꼭 챙겨먹는 습관을 가져야 한다.

6. 다음날의 계획은 하루 전날 밤에 세운다.

7. 다음날 입을 옷은 미리 챙겨둔다.

8. 가급적 12시 이전에는 잠을 자는 생활을 하라.

9. 잠자리에서는 모든 것을 잊고 숙면하라.

10. 한 시간을 일해도 집중해서 하라.

11. 10분간씩 낮잠을 자라.
그것이 힘들다면 저녁에 퇴근해서 한 시간쯤 자는 것도 좋다.

12. 마감 날짜가 없는 날은 없다.
계획과 목표를 세웠을 경우, 항상 하루 할 일을 체크하여 꼭 약속을 지켜야 한다.

13. 필요한 일과 필요치 않는 일, 먼저 할 일과 나중에 할 일을 구별하라.

14. 사소한 일부터 중대한 일까지 선택의 중요성을 인식하고 올바른 선택을 하라.

15. 모든 일에는 할 때가 있다.
아무리 좋은 아이템이라도 시기를 놓치면 안 된다.
또한 타이밍이 맞지 않으면 좋은 일도 실패로 끝나는 수가 있다.

_아놀드 베네트 & 레이 조지프

인생

행운을 끌어당기는 법 31가지

행운은 행복을 끌고 다니고, 불운은 불행을 끌고 다닌다. 행운과 불운은 따로 있는 것이 아니라, 동전의 앞뒷면처럼 함께 있는 것이다.

1. 아침에 일어나면 '오늘은 좋은날' 하고 큰 소리로 외쳐라.
   좋은 아침이 좋은 하루를 만든다.

2. 거울을 보며 활짝 웃어라.
   거울 속의 사람도 나를 보고 웃는다.

3. 가슴을 펴고 당당히 걸어라.
   비실비실 걷지 말라.

4. 사촌이 땅을 사면 기뻐하라.
   사촌이 잘 되어야 나도 잘 되게 마련이다.

5. 마음 밭에 사랑을 심어라.
   그것이 자라나서 행운의 꽃이 핀다.

6. 세상을 향해 축복하라.
세상도 나를 향해 축복해 준다.

7. 밝은 얼굴을 하라.
얼굴 밝은 사람에게 밝은 운이 따라온다.

8. 힘들다고 고민하지 말라.
정상이 가까울수록 힘이 들게 마련이다.

9. 끊임없이 자신을 갈고 닦아라.

10. 그림자는 빛이 있기 때문에 생겨난다.
어둠을 타박 말고 몸을 돌려 태양을 보라.

11. 사람을 존중하라.

12. 끊임없이 베풀어라.
샘물은 퍼낼수록 맑아지게 마련이다.

13. 안 될 이유가 있으면 될 이유도 있다.

14. 가정을 위해 기도하라.
가정은 희망의 발원지요, 행복의 중심지다.

15. 장난으로도 남을 심판하지 말라.
내가 오히려 심판받는다.

16. 어떤 일이 있어도 기죽지 말라.
기가 살아야 운도 산다.

17. 목에 힘주면 목이 굳는다.

18. 교만하지 말라.
애써 얻은 행운 한 순간에 날아간다.

19. 밝고 힘찬 노래를 불러라.
그것이 성공 행진곡이다.

20. 오늘 일은 내일로 미루지 말라.

21. 푸른 꿈을 잃지 말라.
푸른 꿈은 행운을 만드는 청사진이다.

22. 미운놈 떡 하나 더 줘라.

23. 말로 상처를 입히지 말라.
칼로 입은 상처는 회복되지만, 말로 입은 상처는 평생 간다.

24. 자신을 먼저 사랑하라.

내가 나를 사랑해야 남을 사랑할 수 있다.

25. 죽는 소리를 하지 말라.

26. 어두운 생각이 어둠을 만든다.

27. 마음을 활짝 열라.

대문을 열면 도둑이 들어오고, 마음을 열면 행운이 들어온다.

28. 집안 청소만 말고 마음도 매일 청소하라.

마음이 깨끗하면 어둠이 깃들지 못한다.

29. 원망 대신 모든 일에 감사하라.

감사하면 감사할 일이 생겨난다.

30. 욕을 먹어도 화 내지 말라.

그가 한 욕은 그에게로 돌아간다.

31. 잠을 잘 때 좋은 기억만 떠올려라.

밤사이에 행운으로 바뀌어진다.

_지식in

삶이 즐거워지는 습관 8가지

1. 불행의 책임을 남에게 돌리지 말라.

자신에게 닥친 어려움이나 불행에 대해 자신의 책임을 인정하지 않는 사람들은 그들이 궁지에서 벗어나 마음 편해지기 위해 즉각 다른 사람에게 비난의 화살을 돌린다.

물론 스스로 책임을 진다는 것은 자기 잘못을 직면해야 하므로 결코 쉬운 일이 아니다. 그러나 한번 남의 탓으로 돌리고 나면 책임 떠넘기기가 좀처럼 떨쳐버릴 수 없는 습관으로 굳어진다.

2. 진심만을 말하라.

다른 사람을 진심으로 칭찬하면, 상대는 기분 좋게 느끼고 당신에 대해 좋은 감정을 갖게 된다.

어떤 사람들은 칭찬은 아부와 다름없는 것이라고, 또한 상대를 마음대로 하려는 얄팍한 술책이거나 무언가를 얻어내려는 아첨이라고도 말한다. 하지만 칭찬과 아부는 엄연히 다르다. 칭찬은 진심이 뒷받침된 것이다.

3. 똑똑한 척하지 마라.

똑똑한 척하는 것은 두 가지 이유에서 바람직하지도, 운에 좋은 영향을 끼치지도 않는다.

우선 똑똑한 척 행동하면 자신을 도와줄 수 있는 사람들로부터 고립된다. 그리고 혼자서도 충분히 잘 해낼 수 있는 것처럼 보이면, 사람들은 그를 도와줄 필요가 없다고 생각하게 된다. 다시 말해 지나치게 똑똑하면 이로울 게 없다.

4. 당신이 갖고 있는 것에 대해 우선 감사하라.

당신 스스로 행운을 만들기로 마음먹었다면 먼저 지금껏 당신이 이룬 것들을 돌아보고 그것에 감사해야 한다.

건강, 가정, 가족의 사랑, 자신의 재능과 기술에 고마워한다면, 불행에 괴로워하거나 일이 뜻대로 되지 않는다고 포기하거나 실망하지 않는다. 오히려 자신에게 찾아오는 행운을 알고, 더 많은 행운을 만드는 데 주력하게 될 것이다.

5. 단정하게 차려입어라.

단정하고 화려하게 차려입는 것은 당신이 얼마나 유행을 잘 따르는지, 얼마나 돈이 많은지를 보여주는 것이 아니다.

당신을 보는 사람들을 기분 좋게 만드는 것이다. 색상이나 잘 어울리는 옷차림은 사람들에게 심리적으로 기분 좋게 만들어주는 효과가 있다. 당신이 단정하게 매력적으로 차려 입으면, 보는 사람들의 감각이 적극적으로 자극을 받아 당신에 대해 호감을 갖게 된다.

6. 인내심을 가져라.

운 좋은 사람들은 항상 자신을 발전시키기 위해 노력하고 마감시간을 중요하게 여긴다. 또 어느 순간에 페달을 밟지 않고 미끄러져 내려가야 할지도 잘 알고 있다.

7. 질투심은 필히 버려라.

가장 자기 파괴적인 감정은 질투심이다. 질투를 하면 스스로 고통스러울 뿐 아니라 적극적인 에너지를 쓸데없이 소모해서 실수를 하게 되고, 결국엔 자신의 운과 기회를 망치게 된다. 질투심이 많아 보이면 당신은 결코 운 좋은 사람으로 생각되지 않는다. 운 나쁜 사람만이 다른 사람의 행운에 배 아파하고 인색하게 구는 것이다.

8. 마음을 편히 가져라.

내일은 내일의 태양이 뜬다. 삶이 뜻한 대로 굴러가지 않을 때는 어쩌다 힘든 날일뿐이라 생각하고 계속해서 앞으로 나아가야 한다. 그렇지 않으면 아마 미쳐버릴지도 모른다.

오늘 너무 힘들다면 내일은 더 밝은 날이 기다릴 것이다. 당장 해결할 수 없는 문제가 한숨 자고 나서 한 발짝 물러나 보면 쉽게 풀리기도 한다. 행운은 스스로 운이 좋다고 믿을 때 찾아온다.

_지식in

복을 지니고 사는 방법 25가지

1. 가슴에 기쁨을 가득 담아라. 담은 것만이 내 것이 된다.
2. 좋은 아침이 좋은 하루를 만든다. 하루를 멋지게 시작하라.
3. 얼굴에 웃음꽃을 피워라. 웃음꽃에는 천만 불의 가치가 있다.
4. 남이 잘되도록 도와줘라. 남이 잘되어야 내가 잘된다.
5. 자신을 사랑하라. 행운의 여신은 자신을 사랑하는 사람을 사랑한다.
6. 세상을 향해 축복하라. 세상은 나를 향해 축복해 준다.
7. 기도하라. 기도는 소망성취의 열쇠다.
8. 힘들다고 고민말라. 정상이 가까울수록 힘이 들게 마련이다.
9. 준비하고 살아가라. 준비가 안 되면 들어온 떡도 못 먹는다.
10. 그림자를 보지 말라. 몸을 돌려 태양을 바라보라.
11. 남을 기쁘게 하라. 10배의 기쁨이 나에게 돌아온다.
12. 끊임없이 베풀어라. 샘물은 퍼낼수록 맑아지게 마련이다.
13. 안 될 이유가 있으면 될 이유도 있다. 될 이유만 말하라.
14. 약속은 꼭 지켜라. 사람이 못 믿는 사람 하늘도 못 믿는다.
15. 불평을 하지 말라. 불평은 자기를 파괴하는 자살폭탄이다.
16. 어디서나 당당하라. 기가 살아야 운도 산다.
17. 기쁘게 손해를 보라. 손해가 손해만은 아니다.
18. 요행을 바라지 말라. 대박을 노리다가 쪽박을 차게 된다.
19. 밝고 힘찬 노래만 불러라. 그것이 성공 행진곡이다.

20. 슬픈 노래를 부르지 말라. 그 노래는 복 나가는 노래다.

21. 푸른 꿈을 잃지 말라. 푸른 꿈은 행운의 청사진이다.

22. 감사하고 또 감사하라. 감사하면 감사할 일이 생겨난다.

23. 남의 잘함만을 보고 박수를 쳐라. 그래야 복을 받는다.

24. 좋은 말만 사용하라. 좋은 말은 자신을 위한 기도다.

25. 희망의 꽃을 피워라. 희망의 꽃만이 희망의 열매를 맺는다.

_지식in

memo

내 인생에서 반드시 극복해야하는 10가지

1. 열등감 : 자신을 의심하는 습관.

〈열등감을 물리치는 방법〉

1) "나는 반드시 해낸다"라는 말을 자주 하라.

2) 작은 목표부터 하나씩 이루어라.

3) 허영심을 버려라.

4) 괴로운 과거는 지워 버려라.

5) 가진 게 없다고 기죽지 말자.

당신의 동의 없이는 아무도 당신에게 열등감을 느끼게 할 수 없다.

_엘리너 루스벨트

2. 게으름 : 불안한 마음이 만드는 핑계.

오늘의 식사는 내일로 미루지 않으면서 오늘 할 일은 내일로 미루는 사람이 많다.

_C.힐티

3. 목표상실 : 가만히 숨만 쉬는 이유.

어디로 가고 있는지 모른다면 당신은 결국 가고 싶지 않은 곳으로 가게 된다.

_요기 베라

4. 불평 : 인생 최악의 취미.

당신이 갖고 있는 것에 만족하지 못한다면 세계를 소유하더라도 당신은 불행할 것이다.

_세네카

5. 무관심 : 외로운 인생을 만드는 법.

인간에 대한 가장 나쁜 죄는 인간을 미워하는 것이 아니라 무관심이다.

_버나드 쇼

6. 허영심 : 서커스단의 광대로 살기.

허영심은 말을 많이 하게하고 자존심은 침묵하게 한다.

_쇼펜하우어

7. 자기 한계 : 스스로에게 채우는 족쇄.

한계는 없다. 도전을 즐겨라!

_칼리 피오리나

8. 이기주의 : 작은 것만 탐하기.

눈앞에 종합선물세트가 있는데도 당신은 손안의 과자만 보고 있다.

사람들은 자기를 위하는 방법을 오해하고 있다.
자기 육신을 즐겁게 하는 것은 자기를 위하는 것이 결코 아니다.
오히려 망하는 지름길에 불과하다.
진정 자기를 위하는 이기적인 삶은 고귀한 사람이 되는 것이다.

_진실이 좋은 사람

9. 약속 불이행 : 실패의 지렛대.

사람은 자기가 한 약속을 지킬 만한 기억력을 가져야 한다.

_니체

10. 완벽주의 : 포기를 부르는 힘.

신만이 완벽할 뿐이다. 인간은 완벽을 소망할 뿐이다.

_괴테

memo

정신 건강을 지켜줄 수칙 10가지

정신 건강은 복잡한 현대 사회를 살아가는 필수적인 요건이다. 정신이 건강해야 신체건강은 물론이고 행복도 성공적인 인생도 보장된다.
아래의 열 가지 수칙은 정신과 전문의들이 추천하는 정신 건강을 위한 권고 사항들이다. 이를 꾸준히 지킨다면 건강한 정신생활을 도모할 수 있을 것이다.

1. 긍정적으로 세상을 본다.
   동전엔 양면이 있다는 사실을 믿게 된다.

2. 감사하는 마음으로 산다.
   생활에 활력이 된다.

3. 반갑게 마음에 담긴 인사를 한다.
   내 마음이 따뜻해지고 성공의 바탕이 된다.

4. 하루 세끼 맛있게 천천히 먹는다.
   건강의 기본이요 즐거움의 샘이다.

5. 상대의 입장에서 생각해 본다.

핏대를 올릴 일이 없어진다.

6. 누구라도 칭찬한다.

칭찬하는 만큼 내게 자신이 생기고 결국 그 칭찬은 내게 돌아온다.

7. 약속시간엔 가서 여유있게 기다린다.

오금이 달지 않아 좋고 신용이 쌓인다.

8. 일부러라도 웃는 표정을 짓는다.

웃는 표정만으로도 기분이 밝아진다.

9. 원칙대로 정직하게 산다.

거짓말을 하면 죄책감 때문에 불안해지기 쉽다.

10. 때로는 손해 볼 줄도 알아야 한다.

당장 내속이 편하고 언젠가는 큰 것으로 돌아온다.

_보건복지부. 대한신경정신의학회

화내기 전에 생각해야 할 10가지

1. '...해야만 한다'는 생각을 버린다.
   화가 났을 때 '이건 있을 수 없는 일이야'
   '그 사람이 나에게 최소한 이렇게 했어야만 해' 같은 비합리적인 생각을 하고 있진 않은지 점검한다.
   세상에 '있을 수 없는 일'이란 없고 '...해야만 하는 사람'도 없다.
   '내가 삼촌뻘인데' '내가 그동안 부장님께 어떻게 했는데' 같은 생각도 자신의 기준일 뿐이다.

2. 극단적인 표현을 삼간다.
   "저 사람과는 끝이야!", "열 받아 미치겠어" 대신 "기분이 좋지 않다"고 말하자.
   표현에 따라 기분도 바뀐다.

3. '나 같으면 절대...'라는 가정은 하지 않는다.
   엄밀히 말해 그 사람이 '나 같이' 행동해야 한다는 근거는 없다.
   그 사람 입장에선 또 다른 사정이 있을 수 있다.

4. 가끔은 성악설을 믿는 것도 도움이 된다.
   인간은 누구나 불완전하다.

사람들이 가끔 부당해 보이는 게 당연하다고 받아들이자.
'난 이런 거 못 참아' 라고 생각해 봤자 스트레스만 커진다.

5. 사람과 행동을 구별한다.
특정 행동 비판이 아니라 행위자 자체를 '용서할 수 없는 나쁜 사람' 으로 규정함으로써 자신의 분노(또는 욕설과 폭력행사)를 정당화하려는 경향을 주의한다.

6. 오늘 낼 화를 내일로 미룬다.
흥분상태에선 실수를 하기 쉽다.
당장 화내고 싶어도 일단 미뤄 둔다. 차분한 상태로 대응하는 게 언제나 더 이롭다.

7. 화를 내는 게 어떤 효용이 있는지 생각한다.
대부분의 경우 분노의 표출은 인간관계와 상황을 악화시킬 뿐이다.
화내봤자 얻는 게 없다고 생각되면 즉각 단념한다.

8. 제3자에게 화풀이하지 않는다.
화가 났을 때는 괜히 다른 사람에게 화풀이함으로써 갈등을 2배로 키우기 쉽다.
'난 화가 났으니까 이래도 된다' 고 생각하는 순간 외톨이가 된다.

9. 좋았던 기억을 떠올린다.
어떤 사람에게 화가 났을 때
그 사람과 즐거웠던 추억을 떠올리고 그 기억에 몰두함으로써 나쁜 기억

인생

을 몰아내려고 노력한다.

10. 남의 일처럼 생각한다.

내가 주인공인 드라마를 보는 기분으로 한 발 떨어져 생각하면 비극적인 상황도 낭만적이거나 코믹하게 느껴진다.

_지식in

memo

김수환 추기경의 인생덕목 9가지

1. 말

말을 많이 하면 필요 없는 말이 나온다. 두 귀로 많이 들으며 입은 세 번 생각하고 열라.

2. 독서

수입의 1%를 책을 사는 데 투자하라. 옷이 헤지면 입을 수 없어 버리지만 책은 시간이 지나도 위대한 진가를 품고 있다.

3. 노점상

노점상에서 물건을 살 때 깎지 말라. 그냥 돈을 주면 나태함을 키우지만 부르는 대로 주고 사면 희망과 건강을 선물하는 것이다.

4. 웃음

웃는 연습을 생활화하라. 웃음은 만병의 예방약이며, 치료약이며, 노인을 젊게 하고 젊은이를 동자(童子)로 만든다.

5. TV(바보상자)

텔레비전과 많은 시간 동거하지 말라. 술에 취하면 정신을 잃고 마약에 취하면 이성을 잃지만 텔레비전에 취하면 모든 게 마비된 바보가 된다.

6. 성냄

화내는 사람이 언제나 손해를 본다. 화내는 사람은 자기를 죽이고 남을 죽이며 아무도 가깝게 오지 않아서 외롭고 쓸쓸하다.

7. 기도

기도는 녹슨 쇳덩이도 녹이며 천년 암흑 동굴의 어둠을 없애는 한줄기 빛이다. 주먹을 불끈 쥐기보다 두 손을 모으고 기도하는 자가 더 강하다.

8. 이웃

이웃과 절대로 등지지 말라. 이웃은 나의 모습을 비추어 보는 큰 거울이다. 이웃이 나를 마주할 때 외면하거나 미소를 보내지 않으면, 목욕하고 바르게 앉아 자신을 곰곰이 되돌아봐야 한다.

9. 사랑

머리와 입으로 하는 사랑에는 향기가 없다. 진정한 사랑은 이해, 관용, 포용, 동화, 자기 낮춤이 선행된다. 사랑이 머리에서 가슴으로 내려오는데 70년이 걸렸다.

_김수환

나를 만들어 가는 방법

사람들은 흔히 '꿈은 이루어진다' 고 한다.
나는 그렇게 생각하지 않는다. 마냥 기다린다고 어떤 꿈이 이루어질 수 있겠는가?

나는 꿈은 '이루어 내는 것이다' 라고 말하고 싶다.
존 록펠러 3세는 이런 이야기를 한 적이 있다.
행복으로 가는 길에는 두 가지 간단한 원칙이 있다.

첫째, 내 흥미를 끄는 것이 무엇인지, 잘할 수 있는 게 무엇인지 찾아낸다.
그런 다음에 내 모든 것을 쏟아 붓는다.
내가 가진 힘과 소망과 능력을 모두 다.

나는 그런 삶의 자세와 태도가 좋다.
진심진력으로 귀한 것을 만들어 간다는 것은 얼마나 멋진 일인가!
좀 부족하고 모자라는 상태에서 출발해서 하나하나 자신의 손으로 만들어 가는 삶, 그것이 바로 올바른 삶의 자세라고 생각한다.

나는 인생 또한 경영이라고 생각한다.
경영 마인드를 갖고 인생을 살아가야 한다고 믿는다.

자신의 목표를 세우고, 전략을 마련해서 하나하나 계획에 따라 만들어 가는 것이 인생이라고 생각한다.

인생이 늘 뜻대로, 계획대로 되는 것은 아니다. 그러나 역경과 좌절의 순간이 오면 그것조차 기회라고 생각하자.
자기 자신을 1인 기업가로 변모시켜 나가는 일은 바로 자기 자신에게 달려 있다.
머릿속에 머무는 꿈은 그냥 꿈일 뿐이다.

누구나 꿈을 꿀 수는 있지만 그것을 이루어 내는 사람은 소수에 불과하다.
인생을 경주하듯이 즐겨보자.

그리고 훗날 자신의 지난 세월에 미련이 없다고 자신있게 이야기 할 수 있도록 인생이란 화폭 위에 마음껏 자신만의 그림을 그려보자.

_공병호

memo

색깔로 보는 사람의 성격

RED를 좋아하는 사람의 성격 진단.

1. 외향적, 적극적, 자신감 활동적, 직접적, 사교적, 개방적, 자유로이 느낀 대로 표현하고 행동한다
2. 체력이 좋고, 생명력이 있고, 원기왕성하며, 야심적이다.
3. 충동적, 자극적인 것을 원한다. 통상적으로 단조로운 일에는 금방 싫증을 낸다.
4. 다소 변덕스러울 수가 있다.(감정의 기복이 심하다.)
5. 낙천적이다. 야심적이다. 강렬한 캐릭터의 행동파, 여자는 자존심이 강하다.
6. 외견상 조용해 보이는 사람이라도 사실은 격심한 감정과 욕망을 감추고 있다.

ORANGE를 좋아하는 사람의 성격 진단.

1. 심성이 착하고, 다른 사람들과 함께 있기를 좋아하고 귀가 얇고 충성심이 강하며 솔선 수범형이다.
2. 인정이 많다. 유쾌한 성격이다.
3. 주황을 좋아하는 사람들은 부러울 정도로 건강에 넘쳐 빈부, 총명함과 어리석음, 지위고하를 막론하고 어떤 사람과도 잘 어울리는 독특한 능력을 가진다. 그리고 사람들과도 금방 어울리고 친해지며 항상 미소를 잃

인생

지 않고 이해심이 빠르다.

4. 사람이 좋아 보이며 사교적이고 혼자서 외톨이로 지내는 것을 싫어한다.
5. 주황을 좋아하는 타입은 미혼인 채로 남아 있는 경우가 많다. 그래서 독신이 많다.
6. 주황은 화려하고 요란한 사회적 행사를 즐기며 인기를 모으게 된다.
7. 주황을 좋아하는 사람은 조직화하는 재능과 소질이 있다. 또 늘 에너지를 한 방향으로만 쏟아 부어 일을 완수하는 것을 목표로 한다.
8. 디자인 센스가 있어서 신변을 깨끗이 정리하고 난잡한 것을 아주 싫어해 집이나 사무실을 깨끗이 정리해 놓는다.
9. 남자는 좋은 아저씨타입. 이야기를 잘한다. 원기 왕성하다.
10. 여자는 따뜻한 성격으로 누구와도 쉽게 어울리는 성격, 항상 미소가 넘친다. 사교적이다.

BLUE를 좋아하는 사람의 성격 진단.

1. 고집이 세고 굽힐 줄 모른다. 독선적이다.(늘 자신이 옳다고 생각한다.)
2. 자제심이 강하고 논리적이고 자기변호가 뛰어나다.
3. 신중하고 내성적, 보수적인 신념을 갖고 있으며 정열과 열정을 억제하며 신의가 투철한 사람이며 착실히 생활한다.
4. 황당무계한 꿈을 꾸나, 실행하지는 않는다.
5. 파랑을 좋아하는 사람이 그룹으로 일하는 직업을 선택한다면 빨강은 혼자서 대담하게 일하고 도전하는 것을 마다 않는다.
6. 참을성이 있고 오기도 있기 때문에 대부분 일을 잘한다.
7. 여자는 냉정하며 헌신적이고 생각이 깊다. 독자적인 성격이다.
8. 남자는 뛰어난 경영능력이 있어 착수한 일을 반드시 성사시킨다.
9. 인맥형성을 잘한다.

10. 생각이 깊어 과감한 행동력을 발휘한다.
11. 혈압이 낮다.

GRAY를 좋아하는 사람의 성격 진단.

1. 조심스럽고 부딪치기보다는 타협을 하려고 한다.
2. 평온과 평화를 추구한다.
3. 자신이 설계한 틀에 자신을 맞추려고 노력한다.

YELLOW를 좋아하는 사람의 성격 진단.

1. 노란색은 심리적인 고민에 호소하기 때문에 정신적으로 불안정한 사람들에게 도움을 준다.
2. 정신적인 모험가로 늘 새로운 것을 찾아내어 자기실현을 꾀하고 싶어 한다.
3. 다른 한편으로는 태양처럼 밝고 명랑한 개성을 가진 사람도 많다.
4. 표정 또한 풍부하다.
5. 뛰어난 상업적 두뇌가 있어 기업경영을 성공적으로 이끈다.
6. 강렬한 유머 센스가 있다.
7. 자유로운 사고방식이나 행동을 취하는 경우가 있다.
8. 책임이 싫어서, 자신의 생각에만 얽매이거나 인습으로부터 탈피하고 싶을 때, 어려운 문제로 머리가 아플 때는 자기 주변의 물건을 노란색으로 바꾸어 사용하면 효과적이다.
9. 이상이 높다.
10. 남자는 뛰어난 상업적 재능이 있으며 지성적, 유머 센스도 있고 밝은 성격의 사람으로 천진난만해서 주위 사람들을 즐겁게 한다.
11. 여자는 태양같이 밝은 성격으로 이야기를 좋아하고 풍부한 표현력이

있으며 사교적이고 강렬한 유머 센스도 있다.

12. 건강하고 지식이 뛰어나다. 행동파다.

BLACK을 좋아하는 사람의 성격 진단.

1. 남자는 지극히 남성적이고 적극적인 행동력이 있어 반드시 대장이 되어야만 직성이 풀린다.
2. 예의 바르고 의리가 있다.
3. 늘 강력한 권위를 갖추고 있다.
4. 여자는 남에게 신비하게 보이길 좋아한다.
5. 의지가 강하고 독립심에 불탄다.
6. 정열을 억제하고 있다.
7. 희망과 꿈이 대단하고 하나라도 지고 싶어하지 않는다.
18. 비범하다. 세속적이며 관습에 순응적이며, 예의가 바르고 당당하다.
9. 은폐의 색.
10. 검정을 좋아하는 사람은 신비적인 인상, 또는 고귀함이나 위엄을 내보이고 싶어한다.
11. 검정은 입는 사람에 따라 장엄해 보이기도 초라해 보이기도 한다.
12. 편협된 사고방식을 가진 사람은 즐겨 검정 옷을 입고 싶어한다.
13. 검정을 좋아하는 사람은 남을 다룰 줄 아는 재능도 있고 힘도 강하지만 명랑하고 솔직한 면이 결여 되어 있다.
14. 다른 사람과 구별하기 위해 검정을 사용하며 이치에 맞지 않는 일을 원하고 자기만의 세계에 혼자 틀어박히려 한다.
15. 하지만 한편으로는 권위 있는 이미지, 다른 사람에게 이러쿵저러쿵 할 수 없는 강한 이미지를 주고 싶어한다.

VIOLET을 좋아하는 사람의 성격 진단.

1. 남자는 변덕이 많고 감수성이 풍부한 성격. 남들과는 다르고 싶다고 바란다.
2. 개성이 강한 예술가. 이상론자, 권위를 갖추려 노력하며 높은 지위를 동경한다.
3. 여자는 평범치 않는 천부적 재능이 있어 하찮은 국면을 주의 깊게 피해 다닌다.
4. 신비한 매력이 있다.
5. 일반적으로는 선한 마음을 갖고 있고 재치가 있고 사물들을 그냥 지나치지 않고 관찰하는 능력을 가지고 있다.
6. 약간의 허영심과 예술적 창조성을 드러낸다.
7. 복잡한 것을 즐기지만 격조 높은 것을 이해한다.

WHITE를 좋아하는 사람의 성격 진단.

1. 정신분열증 환자 대부분은 흰색을 선택한다는 보고도 있다. 그래서 가장 먼저 흰색을 선택하는 사람은 정신의학상 주의를 요한다고 하는데, 이것은 한정된 실험의 결과에 지나지 않는다.
2. 흰색을 가장 좋아한다 해서 그렇게 과민해질 필요는 없다. 흰색을 좋아하는 사람들은 원숙함과는 거리가 멀고 항상 완전함을 추구하며 기품 있는 이상을 지고 노력하는 타입이다.
3. 일부 사람들은 자만심이 강하고 동시에 고독해 한다. 그러면서도 반대로 상당히 가정적이다.
4. 흰색은 어떤 색과도 조화를 잘 되며 활기에 찬 건강한 인상을 준다.
5. 남자는 완벽주의를 좋아하며 순수한 정신을 존중. 건강한 심신의 소유자이며 소속된 세계의 선구자이다.

6. 여자는 기품 있고 고귀한 인품이다. 원숙함과는 다소 거리가 멀지만 항상 완전한 것을 추구한다. 그래서 불가능한 이상을 품고 있다.

PINK를 좋아하는 사람의 성격 진단.

1. 남자는 사람들에게 활력을 준다. 여성이상으로 상냥하다.
2. 여자는 애정이나 감정에 있어서 남들보다 풍부하다.
3. 열렬하고 강력한 성격이다. 감정으로 상처받기 쉬운 여린 면이 있다.
4. 미지의 매력이 있으며 본능적으로 남자를 남자로 만들어준다.
5. 핑크색을 좋아하는 사람은 대부분 딜레탕트(dilettante: 호사가, 아마추어 평론가)적인 요소를 가지고 있다.
6. 그들의 속마음은 레드를 좋아하면서도 신중을 기하는 방편으로서 빨간색을 선택할 용기가 없는 경우가 많다.
7. 핑크는 청춘, 기품, 애정을 연상시킨다.
8. 격무에 시달리고 숨 쉴 틈도 없는 사람들은 핑크의 우아함을 동경한다.
9. 핑크를 좋아하는 사람들은 애정, 감정에 있어서는 지극히 섬세하고 인심이 좋아 그것이 장점으로 자리잡고 있다.
10. 파스텔풍의 핑크를 좋아하는 사람은 부드러우며 인품이 좋다.
11. 짙은 핑크를 좋아하는 사람은 빨간색을 좋아하는 사람과 비슷하여 열정적이고 강렬한 성격을 가지고 있다.
12. 친구를 넓은 도량과 진심으로 다독거리며 이해해 주는 인물이다.
13. 하지만 당사자는 상처 받기 쉬운 타입이다.
14. 다른 사람에 대해 책임을 주는 책임감이 강한 사람이다.
15. 교육자나 보수적인 입장에 서서 일하는 것이 어울리며 남들을 곧잘 격려해준다.
16. 여성에게 핑크는 연애, 모성애의 상징이다.

GREEN을 좋아하는 사람의 성격 진단.

1. 모범적 시민이며 사회의 기둥, 도덕적, 민주적인 견해를 가지고 있는 사람으로 평판이 좋다.
2. 사회적 관습과 예의범절에 민감하다.
3. 기품 있고 성실한 사람이 초록을 좋아한다.
4. 관대하고 편견이 없다.
5. 솔직하다.
6. 남에게 곧잘 이용당하기 쉽다.
7. 사교적이고 군집성이 있으나 농촌의 조용함과 평화쪽을 더 사랑한다.
8. 남자는 나서기를 싫어하며 겸손하다.
9. 차분하고 끈질긴 성격 세련된 취미를 가지고 있으며 예의도 바르다.
10. 여자는 기품 있고 성실하다.
11. 예의 바르고 딱딱해 보이지만 사교적이고 군집성이 있다.

인생

_지식in

memo

옷 벗는 습관으로 보는 사람의 성격 7가지

1. 집으로 들어오자마자 옷이나 양말 신발 장신구를 되는대로 벗거나 한 꺼풀씩 풀어헤치는 사람.

   1) 집으로 돌아온 흔적을 집안에 알리는 유형은 지극히 편안한 낙천주의자.

   2) 외향적인 성격의 소유자로 매사를 긍정적으로 생각하는 편이고, 다른 사람의 고민마저도 모두 잘 될 것이라는 충고를 서슴지 않는 자칫 오해를 하면 무심한 친구로 인식될 수 있다.

   3) 그러나 한번 심각한 일에 빠지게 되면 모든 것을 포기할 정도로 무섭게 무너져 버리고 말기 때문에 그렇게 되면 슬럼프 기간이 상당히 긴 편이라 한다.

2. 신발을 벗는 것에서부터 집안에 들어와서도 한치의 흐트러짐 없이 모든 걸 제자리에 단정하게 벗어놓고 정리하는 사람.

   1) 지극히 예민한 성격을 가지고 있다.

   2) 주변사람들에 대해서도 여러 번 생각하고 고심한 끝에 상대를 위해 행동하는 철저한 희생을 보이는 연인으로서의 기본이 갖추어져 있다.

   3) 그러나 조금만 정도를 넘어서도 모든 것에 있어 철저함을 원하는 신경질적인 완전주의자로 돌변할 여지를 가지고 있기 때문에 상대보다는 자신의 행동 때문에 신경 쓰고 과민반응을 보이는 경우가 많다.

3. 집안에 들어서자마자 무조건 발에 걸치고 있는 것부터 내던지는 사람.

1) 대개 수줍음을 타는 내성적인 성격의 소극주의자.

2) 은근히 남에게 의지하고 싶어하는 심리가 늘 마음의 한 가운데 자리잡고 있으며, 한편으로는 행동보다는 생각에서 끝내버리는 속전속결형.

3) 다른 사람의 도움이 간섭이라고 생각하는 경향이 있어 의존하고 싶지 않다고 생각하면 가차 없이 상대를 몰아세우는 의외의 면도 보인다.

4. 윗도리를 하나 벗는데 최소한 몇 분, 다시 아랫도리 하나에 또 다시 몇 분.

흡사 슬로모션을 보는 것처럼 천천히 옷을 벗으며 무슨 생각에 빠진 것처럼 끝까지 서두르지 않으며 그렇다고 성격은 전혀 느긋하지 않은 사람.

인생

1) 이런 유형은 대부분 자신의 지적능력을 과대평가하며 자신이 하는 일에 있어 자신만이 할 수 있다는 식의 상당한 자부심도 가지고 있다.

2) 추진력은 있지만 처음에는 상당히 천천히 출발하는 즉, 발동이 늦게 걸리는 타입.

3) 행동이 생각보다 한 템포 늦게 출발하기 때문에 당신 자신도 가끔은 답답해하는 묘한 성격의 소유자.

5. 집으로 들어오자마자 단시간에 옷을 벗어버리는 사람.

1) 이런 유형의 당신은 간단한 것을 선호하는 편이다.

2) 격식이 없는 것을 좋아하고 웬만하면 복잡한 생각이나 관계에 끼고 싶지 않아 하지만 자신이 관계된 일이라면 한번 파고들어 그 끝장을

보고야 만다.

3) 이런 사람은 '나를 위해 무엇을 할까?' 보다는 다른 사람이 자신에게 무얼 기대하는지에 대해 더 신경을 쓰기 때문에 자신의 생각과는 조금 다른 방향으로 일이 진행되더라도 충분히 감수하는 상당히 외향적인 스타일이다.

4) 다른 사람들의 앞에 나서기보다는 뒤에서 팔짱을 끼고 관전하기를 좋아하는 편이다.

6. 옷보다는 액세서리를 가장 먼저 벗는 사람.

1) 마음이 따뜻하고 사려 깊으며 다른 사람에게 나쁜 마음을 품는 것만으로도 그 사람에게 미안한 느낌을 가지고 뜬금 없이 그 사람에게 미안하다는 말을 꺼낼 정도로 순수한 면을 가지고 있다.

2) 늘 많은 사람들과 어울리는 것을 좋아하고 혼자서 있는 것을 끔찍이도 싫어한다.

3) 다른 사람과의 관계를 늘 자신의 공상 속에서 다시 생각하고 가정하는 등의 예민한 면을 가진 한편으론 감성이 풍부하고 애수에 젖어있는 낭만형이기도 하다.

7. 자신이 어떤 방법으로 옷을 입고 벗는지 기억할 수 없고, 그것을 알아보려 하다가 늘 잊어버리는 사람. 마치 규칙을 세운 사람처럼 두 번 다시 같은 방법으로 옷을 벗지 않는 사람.

1) 상당히 소수이긴 하지만 이런 유형의 사람은 생활의 대부분이 호기심으로 똘똘 뭉쳐있고 절대 궁금한 것을 그냥 참아 넘기지 못한다.

2) 다른 사람이 자신을 어떻게 생각하는가에 대해 그리 중요하게 생각하지 않으며 자신의 왕성한 궁금증을 해결해 주는 쪽으로 치우쳐 박식

한 사람을 선호하는 경향이 짙다.

3) 하지만 우쭐대는 방식은 절대 참지 못하는 돈키호테적인 엉뚱함으로 사람들을 놀라게 만들기도 한다.

4) 한 가지에 안주하는 것을 지루하고 따분한 일이라고 생각하기 때문에 늘 다양한 활동을 찾아 분주히 움직이며 재미있게 산다.

_지식in

memo

인생

운명을 바꾸는 작은 습관 50가지

1. 3초 먼저 내 쪽에서 인사하자.
   대부분의 경우 인사가 어설프고 제대로 되지 않는 것은 한 박자 늦기 때문이다.

2. 사소한 대응에도 '훌륭하다' 라고 말하자.
   감동 받을만한 사건은 감동을 할 수 있는 사람에게만 찾아온다.

3. 인사를 하지 않아도 되는 사람에게도 인사를 하자.
   어제 인사할 수 있었던 사람이라면 오늘은 인사하기가 좀 더 수월해질 것이다.

4. 엘리베이터가 있는 곳에서도 계단으로 올라가자.
   만남은 가본적이 없는 곳에서만 이루어지는 게 아니다.

5. 하루에 한번 '잘 됐어' 라고 말하자.
   친한 사람일수록 기쁜 일이 있으면 이야기하고 싶어진다.

6. 자신이 어떻게 보이는지 남에게 묻지 말자.
   자신이 남에게 어떤 식으로 보여질 지에만 관심을 갖고 있는 한 개성은 싹트지 않는다.

7. 기도할 때는 소중한 사람을 위한 기도도 잊지 말자.

자신을 위해서 뿐만 아니라 당신의 소중한 사람을 위해서도 함께 감사하고 기도하는 것이다.

8. 존경하는 사람의 사고방식을 흉내내 본다.

단순히 흉내낸다는 의미가 아니라 존경하는 사람의 컴퓨터를 빌림으로써 갈등에서 빠져나오는 것이다.

9. '아무거나 좋다' 라고 하지 말고 스스로 선택하자.

선택을 계속하다가 이윽고는 인생을 좌우할 만한 중대 결단을 할 수 있게 된다.

어느 한 방향을 직접 선택해 나가는 것이 자신의 인생이다.

10. 사지 않더라도 '고맙습니다' 라고 말하고 가게를 나오자.

11. 중요한 것을 찾지 못할 때는 쓸데없는 것을 버려보자.

찾아야 할 물건을 발견하기위해서는 우선 쓸데없는 것을 버려야 한다.

12. 남과 이야기하지 않고 두 시간은 집중할 수 있도록 하자.

13. 막다른 상황에서 '그래도 OK' 라고 말하자.

14. 뭔가를 하기도 전에 방어선을 준비하지 않는다.

변명만 만들 생각하고 있다가는 당신이 납득할 만한 자기만의 인생을 보낼 수 없을 것이다.

15. 긴장되는 일일수록 여유를 갖고 하자.
    뭔가에 도전할 때 대체로 인간은 긴장하기 마련이지만, 당신의 긴장이 상대에게 전해지면 잘될 일도 되지 않는다.

16. 갖고 싶은 것은 주문해서라도 산다.
    눈앞에 없다고 해서 더 이상 필요하지 않은 것이라면 그것은 정말로 원하는 것이 아니다.

17. '......만 있으면......' 이란 말을 하지 않는다.
    '......만 있으면 행복해 질 수 있다' 라고 생각하는 사람은 '......' 가 손에 들어와도 행복해 질 수가 없다.
    '......' 에 자신이 행복해지지 못하는 원인이 있다고 믿기 때문이다.

18. 반대할 것을 기대하고 상담하지 않는다.
    찬성을 원한다면 상담할 필요가 없다. 상담만 하는 사람은 무엇이든 영원히 시작할 수가 없다.

19. 거절당하면 열의를 시험한다고 생각하자.
    거절당했다 할지라도 당신에게 기회가 없는 것은 아니다.
    신은 당신의 결의를 굳게 하기 위해 거절하고 있는 것이다.

20. 다음에는 좀 일찌감치 가보자.

시계와 약속을 하는 게 아니라 사람과 약속을 하는 것이다.

21. 버스가 오는 쪽을 보면서 버스를 기다리지 않는다.

기다리고 있을 때는 기다린다는 사실을 잊고 다른 일을 하자.
기다린다는 사실을 의식하면 할수록 그 시간은 길고 지루하다.

22. 뒷사람을 위해 한발 더 안쪽으로 들어가자.

당신은 줄에서 맨 뒷사람이 아니다. 당신 뒤에 또 한사람, 그 뒤에 또 한사람이 계속 기다리고 있다.

23. 항상 약국 카운터에 있다는 생각으로 말하자.

당신이 어디에 있든 당신의 큰 목소리 때문에 누군가에게 불편을 주고 있지는 않은지 주의하자.

24. 싫어하는 사람을 자신의 거울로 삼자.

싫어하는 사람과 부딪히면 '나도 혹시 이 사람과 똑같은 행동을 하지 않았을까' 하고 자신을 돌이켜 본다.
싫어하는 사람을 만나면 신이 보낸 사람이다 생각하고 감사하자.

25. 단체에 가입할 때 특전을 생각하지 않는다.

26. 이해득실보다는 납득하고 선택하자.

작은 일이라도 득이 되는 일보다는 납득이 되는 일을 선택하자.
성공을 했어도 납득하지 못하는 인생보다는 실패할 지라도 납득할 수 있는 인생을 보내자.

27. 인사를 제대로 하지 못했던 사람에게 인사하자.

28. 사과하는 상대의 이야기를 끝까지 들어주자.

29. 선천적인 이유를 핑계로 삼지 말자.

30. 한 시간 후에 만날 사람이라도 미리 연락을 해두자.
크기보다는 순발력이 승부의 관건이다.

31. 없을 줄 알면서도 전화를 걸자.
커뮤니케이션의 기본은 내 쪽에서 발신하는 것이다.

32. 되는 대로 해 본다.
상대의 대답을 앞질러 생각하지 말자.

33. 전화를 끊을 때 '찰칵' 하고 말해보자.
상대가 먼저 끊기가 수월해진다.

34. 이성이 하는 일을 해보자.
어떤 남성이라도 하이힐을 신어보면 여성에게 친절해진다.

35. 동물을 씻어주자.
예를 들면 승마를 잘하고 싶으면 말을 씻어주어 말과 좋은 사이가 되자.

36. 꽃과 나무의 이름을 외우자.

37. 남에게 짜증을 내지 않는다.(가는 말이 고와야 오는 말도 곱다)

화가 났다고 누군가에게 짜증을 내면 기분이 풀리기는커녕 점점 더 고약해진다.

화는 누군가에게 짜증내는 방법으로는 풀리지 않는다.

38. 언짢은 일이 있을 때일수록 좋은 일을 하자.

언짢은 일을 좋은 일로 바꾸어 전함으로써 당신 자신이 치유된다.

39. '이번 달 나의 NG대상'을 표창하자.

어차피 실패할 것 같으면 기분 좋게 실패하자.

실패를 선택하는 것이 아니라 기분 좋게 실패하는 것이다.

인생

40. 직장의 신에게 인사를 하자.

직장에는 보이지 않는 신이 살고 있다. 직장의 신에게 사랑 받도록 하자.

41. 전화를 끊을 때 신경을 쓰자.

상대에 대한 인상은 헤어질 때 결정된다.

42. 겸손한 사람에게는 그 이상으로 겸손하게 대하자.

정말로 뛰어난 사람은 누구에게나 겸손하다.

43. 손을 쓰는 작업을 하자.(수작업을 하지 않게 된 사람은 노화한다)

지금 아무것도 하지 않거든 가능한 한 귀찮고 성가신, 소박한 수작업을 찾아서 해보자.

44. 혼잣말을 하자.
혼잣말은 마음의 상처를 치유한다.

45. 자신이 타는 자동차는 스스로 닦자.

46. 요리를 할 때와 마찬가지로 뒷정리에도 마음을 쓰자.
요리는 좋아하지만 씻는 일은 좋아하지 않는다고 말하는 사람의 요리는 좋은 맛을 기대할 수 없다.

47. 사진을 찍기 전에 우선 느끼자.
자신의 눈으로 보는 것은 그 순간 당신 자신밖에 할 수 없는 일이다.

48. 어디까지 갈 수 있을지, 출발 전에 생각하지 않는다.
주머니에 들어 있는 돈으로 갈 수 있는 데까지 간다는 생각을 할 수 있는 사람이 꿈을 실현할 수 있는 사람이다.

49. 하나라도 좋으니 간단한 일을 계속해 보자.
한 가지 일을 계속 할 수 있으면 뭐든 계속해서 할 수 있다.

50. 항상 거꾸로 해 보자.
변화하는 것이야말로 살아 있는 것이다.

_지식in

인생 잠언 10가지

1. 누군가를 사랑하지만 그 사람에게 사랑받지 못하는 일은 가슴 아픈 일이다. 하지만 더욱 가슴 아픈 일은 누군가를 사랑하지만 그 사람에게 당신이 그 사람을 어떻게 느끼는지 차마 알리지 못하는 일이다.

2. 우리가 무엇을 잃기 전까지는 그 잃어버린 것의 소중함을 모르는 것이 사실이다. 하지만 우리가 무엇을 얻기 전까지는 우리에게 무엇이 부족한지를 깨닫지 못하고 있는 것 또한 사실이다.

인생

3. 누군가에게 첫눈에 반하기까지는 1분밖에 안 걸리고, 누군가에게 호감을 가지게 되기까지는 1시간 밖에 안 걸리며, 누군가를 사랑하게 되기까지는 하루밖에 안 걸리지만 누군가를 잊는 데는 평생이 걸린다.

4. 가장 행복한 사람들은 모든 면에서 가장 좋은 것만 가지고 있는 것은 아니다. 그들은 단지 대부분의 것들을 저절로 다가오게 만든다.

5. 꿈꾸고 싶은 것은 마음대로 꿈을 꿔라. 가고 싶은 곳은 어디든 가라. 되고 싶은 것은 되도록 노력하라.
왜냐하면 당신이 하고 싶은 일을 모두 할 수 있는 인생은 오직 한번이고 기회도 오직 한번이니까.

6. 진정한 친구란 그 사람과 같이 그네에 앉아 한마디 말도 안하고 시간을 보낸 후 헤어졌을 때 마치 당신의 인생에서 최고의 대화를 나눈 것 같은 느낌을 주는 사람이다.

7. 외모만을 따지지 마라. 그것은 당신을 현혹시킬 수 있다. 재산에 연연하지 마라. 그것들은 사라지기 마련이다.
당신에게 미소를 짓게 할 수 있는 사람을 선택하라. 미소만이 우울한 날을 밝은 날처럼 만들 수 있다.

8. 부주의한 말은 싸움을 일으킬 수 있다. 잔인한 말은 인생을 파멸시킬 수도 있다.
시기적절한 말은 스트레스를 없앨 수 있다. 사랑스런 말은 마음의 상처를 치료하고 축복을 가져다준다.

9. 항상 자신을 다른 사람의 입장에 둬라. 만약, 당신의 마음이 상처 받았다면 아마, 다른 사람도 상처 받았을 것이다.

10. 당신이 태어났을 때 당신 혼자만이 울고 있었고, 당신 주위의 모든 사람들은 미소 짓고 있었다.
당신이 이 세상을 떠나는 날에는 당신 혼자만이 미소 짓고 당신 주위의 모든 사람들은 울도록 그런 인생을 살아라.

_지식in

삶이 힘들 때는 이렇게

삶이 힘겨울 때.
새벽시장에 한번 가보라.
밤이 낮인 듯 치열하게 살아가는 상인들을 보면 힘이 절로 생긴다.
그래도 힘이 나질 않을 땐 뜨끈한 우동 한 그릇 먹어보라.
국물맛 죽인다.

자신이 한없이 초라하고 작게 느껴질 때.
산에 한번 올라가 보라.
산 정상에서 내려다본 세상 백만장자 부럽지 않다.
아무리 큰 빌딩도 내발 아래 있지 않는가.
그리고 큰소리로 외쳐보라. 난 큰손이 될 것이다.
이상하게 쳐다보는 사람 분명 있을 것이다. 그럴 땐 실실 쪼개 보라.

죽고 싶을 때.
병원에 한번 가보라.
죽으려 했던 내 자신 고개를 숙이게 된다.
난 버리려 했던 목숨, 그들은 처절하게 지키려 애쓰고 있다.
흔히들 파리 목숨이라고들 하지만 쇠심줄보다 질긴 게 사람목숨이다.

내 인생이 갑갑할 때.

버스여행 한번 떠나보라.

몇 백 원으로 떠난 여행.(요즘은 얼만가?)

무수히 많은 사람을 만날 수 있고, 무수히 많은 풍경을 볼 수 있고,

많은 것들을 보면서 활짝 펼쳐질 내 인생을 그려보라.

비록 지금은 한치 앞도 보이지 않아 갑갑하여도 분명 앞으로 펼쳐질 내 인생은 탄탄대로 아스팔트일 것이다.

진정한 행복을 느끼고 싶을 때.

따뜻한 아랫목에 배 깔고 엎드려 재미난 만화책을 보며 김치부침개를 먹어보라.

세상을 다 가진 듯 행복할 것이다.

파랑새가 가까이에서 노래를 불러도 그새가 파랑새인지 까마귀인지 모르면 아무소용 없다.

분명 행복은 멀리 있지 않다.

사랑하는 사람이 속 썩일 때.

이렇게 말해보라.

그래 내가 전생에 너한테 빚을 많이 졌나보다. 맘껏 나에게 풀어.

그리고 지금부턴 좋은 연만 쌓아가자.

그래야 다음 생애도 좋은 연인으로 다시 만나지.

하루를 마감할 때.

밤하늘을 올려다보라.

그리고 하루 동안의 일을 하나씩 떠올려 보라.

아침에 지각해서 허둥거렸던 일.
간신히 앉은자리 어쩔 수 없이 양보하면서 살짝 했던 욕들 하는 일마다 꼬여 눈물 쏟을 뻔 한 일.
넓은 밤하늘에 다 날려버리고 활기찬 내일을 준비하라.
아참 운 좋으면 별똥별을 보며 소원도 빌 수 있다.

문득 자신의 나이가 너무 많다고 느껴질 때.
100부터 거꾸로 세어보라.
지금 당신의 나이는 결코 많지 않다.

_지식in

인생

memo

우리에게 필요한 열매 9가지

사랑의 열매
겸손하고 섬기는 마음.
자기 이익만 생각 아니하는 마음.
소외를 주지 않고 덮어주고 감싸는 마음.
시기 질투하지 아니하는 진리를 기뻐하는 마음.

희락의 열매
항상 기뻐하는 마음.
매사에 감사하고 만족감을 느끼는 마음.
매사에 긍정하는 마음.
좋은 것과 아름다움을 추구하고 창조하는 마음.

화평의 열매
모든 사람과 평화하는 마음.
이것도 저것도 다한 양면성 있는 마음.
내가 옳다 하더라도 상대에 맞추는 마음.
믿음에 맞추지 않고 상대에게 여유를 줄 수 있는 마음.
모든 사람의 이익을 좇아 은혜를 가지는 마음.
마땅한 법도를 좇아 불편을 주지 않는 융통성 있는 마음.

나를 드러내지 않고 걸림이 없는 마음.
언행에 편벽이 없는 마음.

오래의 열매
참음.
모든 일에 성급하지 않는 마음.
언행에 조급하여 그릇치지 않는 마음.
꾸준하고 지속적인 마음.
순간적인 실망을 하지 않는 마음.
고통과 시험 환난에 요동하지 않는 변함없는 마음.

자비의 열매
겉으로 상대를 판단 결정하지 않는 마음.
긍휼과 구제의 마음.
언행에 경솔하지 않는 마음.
모든 사람에 관대한 마음.
상대를 모함하지 않는 마음.
상대에게 성공을 주는 마음.

양선의 열매
서둘지 않고 무례히 행치 않는 마음.
상한 갈대를 꺾지 않는 마음.
상대를 무시 하지 않고 상처를 주지 않는 존중의 마음.
분명하지 않는 일에 나서지 않는 마음.

충성의 열매
매사에 근면하고 적극적인 마음.
나라에 충성하고 님을 죽도록 사랑하는 마음.
존경하는 마음.

온유의 열매
솜털과 같은 마음.
넓게 포용할 수 있는 마음.
상대에게 불편함을 주지 않는 마음.
포근하고 부드러운 마음.

절제의 열매
중용 조화 질서를 추구하는 치우침이 없는 마음.
우리들에게 필요한 아홉 가지 열매를
온전히 이룰 수 있는 꼭 필요한 마음.

_지식in

나를 깎아 내리는 습관 5가지

남을 깎아내리는 행동은 인격의 문제, 자신을 깎아내리는 행동은 자존심의 문제, 회사 내에서는 적어도 아래의 다섯 가지 행동은 금물이다.

1. 불필요한 허락을 구하기

한번 일을 맡았으면 책임을 지고 일을 진행해 나가는 뚝심을 발휘할 것. '이걸 이렇게 할까요, 저렇게 할까요?' 를 물어볼까 말까 갈등하는 그 시간, 당신의 동료는 이미 일을 끝내고 칭찬받고 있을지도 모를 일이다.

인생

2. 우물쭈물하기

가만히 있으면 중간이라도 간다는 식의 얘기는 당신의 커리어 노트에서 지워버려라. '지금 상황에 내 의견을 솔직히 말하면 혹시 비난받지는 않을까?' 라는 생각에 우물쭈물하다 보면 곧 당신은 '있으나 마나 한 사람' 이 될 것이다.

3. 장황하게 설명하기

"과장님, 사실은요 어제 지시하신 대로 했더니 이런 문제가 생겨서 결국은 이렇게 해봤는데 그것도 쉽지는 않았고 어쩌고저쩌고……" 라며 장황하게 설명하는 것. 상사에게 보고할 때는 현재까지의 결론, 생산적인 대안, 발견된 문제점, 이 세 가지를 벗어나는 내용을 보고하지 않도록 주의할 것. 상사는 그렇게 한가하지 않다.

4. 쓸데없이 사과하기

말 앞에 '미안하지만'을 붙여 말하는 것이 겸손해 보인다는 착각을 하고 있는 것은 아닌지? 듣기 좋은 말도 한두 번이다. 그렇게 습관적으로 미안하다는 말을 붙이다가 정말 미안한 일이 생기면 그때는 뭐라고 말할 건가?

5. 사적으로 받아들이기

업무 결과에 대한 상사의 부정적 코멘트를 자신을 향한 비난으로 받아들이기 시작하면 끝도 없다. 상사가 사적인 감정을 섞어 꾸짖었다고 해도 훌훌 털고 일에 매진하도록 하라. 툭하면 찔찔 짜는 모습은 정말 꽝이다. 처음엔 달래주던 당신의 동료도 결국은 당신을 외면하게 될지 모른다.

_지식in

memo

마음이 더욱 맑아지는 테크닉 27가지

1. 감사(感謝)하는 마음을 느낀다.
2. 씩씩하고 경쾌하게 걷는다.
3. '자신과 남을 탓하는 마음' 을 푼다.
4. 아기인 자신을 끌어안는다.
5. 80세의 나에게 묻는다.
6. 바다와 하나가 된다.
7. '태어나서 다행이야' 라고 자신을 축복한다.
8. '조건은 모두 갖춰져 있다' 고 생각한다.
9. 한 대의 기타처럼 자신을 튜닝한다.
10. '마음 편한 사람' 인지 점검해 본다.
11. 슈퍼맨, 슈퍼우먼이 되자.
12. 마음의 핸들을 잡는다.
13. 전생을 상상해 본다.
14. 모든 생물에게 사랑받고 있는 자신을 이미지한다.
15. 하루 3장, 마음의 사진을 찍자.
16. 목소리로 우주를 뻗어나간다.
17. 오오라(aura)로 연결된다.
18. 마음으로 한 발자국 더 다가가자.

19. '칭찬하는 실력' 을 키운다.

20. 우주에너지로 몸을 씻자.

21. 갈팡질팡한다면 마음의 소리를 듣는다.

22. 기분 좋게 기다리는 힘을 키운다.

23. 만나서 "고맙다".

24. 눈의 빛으로 세상을 비추자.

25. 태아가 되어서 새롭게 태어난다.

26. '남의 시선을 신경쓰기' 는 그만둔다 .

27, 삶의 마지막에 감사.

_지식in

memo

인생 지혜 100가지

인생은 단 한 번뿐이다. 때문에 인생에서 생겨나는 수많은 문제들에 대해 우리는 전쟁터에서처럼 빠르고 민첩한 전략을 세워 해결해야 한다. 그렇다면 인생이라는 시간이 한정된 전쟁터에서는 어떤 전략을 세워야 할까? 사실 대답은 간단하다. 일어난 문제들을 정확히 꿰뚫어 보고 빠른 해결책을 강구하는 것이다.

인생에서 일어나는 수많은 문제들을 100가지로 모두 대변할 수는 없겠지만 그 문제들을 해결해나가는 과정을 통해 자신에게 적합한 문제 해결 방법을 찾아가는데 도움이 될 수 있을 것이다.

지혜 1: 자신의 직업을 신중히 선택하라.
지혜 2: 직업을 찾을 때에는 퇴로를 만들어두어라.
지혜 3: 면접 시 교묘히 연봉을 협상하라.
지혜 4: 자신의 뛰어남을 상사에게 감추지 말라.
지혜 5: 지시하지 않은 일도 적극적으로 하라.
지혜 6: 미루고자 하는 버릇을 없애라.
지혜 7: 사장과 적극적으로 교류하라.
지혜 8: 자신이 원하지 않는 일은 완곡히 거절하라.
지혜 9: 지위에서 벗어나는 일은 하지 말라.

지혜 10: 직업에 맞추어 자신의 복장을 선택하라.

지혜 11: 한발자국씩 천천히 자신의 '미래 청사진' 을 완성하라.

지혜 12: 한 번의 기회를 거머쥐어라.

지혜 13: 일등이 되고 싶다면 과감히 자신을 표현하라.

지혜 14: 적극적인 자세를 항상 가지고 있어야 성공의 계단을 밟을 수 있다.

지혜 15: 과감히 생각하고 과감히 시행하라.

지혜 16: 행동해야만 성공할 수 있다.

지혜 17: 성공하고 싶다면 핑계를 찾지 말라.

지혜 18: 자신의 잘못에 대해 변명하지 말라.

지혜 19: 모를 때는 모른다고 말하라.

지혜 20: 성공을 거머쥐고 싶다면 공부하라.

지혜 21: 다른 사람의 비평을 자기 것으로 만들라.

지혜 22: 자투리 시간을 활용하라.

지혜 23: 살아남고 싶다면 위기의식을 가져라.

지혜 24: 위기 앞에서 '수완' 을 발휘하는 법을 배워라.

지혜 25: 잠재력은 자신의 눈앞에 있다.

지혜 26: 자금이 부족하다면 푼돈에서 시작하라.

지혜 27: 재무제표를 만들라.

지혜 28: 눈으로 볼 수 있는 것보다 마음으로 볼 수 있는 것이 더 많다.

지혜 29: 사회생활에서는 나아갈 때와 물러설 때를 알아야 한다.

지혜 30: 상대방과 대적할 수 없다면 후퇴로 자신을 보호하라.

지혜 31: 누명을 썼다면 참지 말라.

지혜 32: 파벌 싸움에서는 나아감과 물러섬을 잘 해야 한다.

지혜 33: 성공하고 싶다면 얼굴이 두꺼워야 한다.

지혜 34: 돈을 아끼는 법을 배워라.

지혜 35: 도움을 구할 때는 사람들의 이기주의 심리를 이용하라.

지혜 36: 재치 있게 반대하라.

지혜 37: 설득하기 힘든 사람에게는 '꾀'를 부려라.

지혜 38: 난관에 부딪혔을 때에는 임기응변을 잘 해야 한다.

지혜 39: '예'가 있으면 천하를 돌아다닐 수 있다.

지혜 40: 칼끝을 감추어라.

지혜 41: 갈등이 없어야 근심도 없다.

지혜 42: 함부로 자신을 떠벌이지 말라.

지혜 43: 실의에 빠진 사람 앞에서 자신을 자랑하지 말라.

지혜 44: 자신을 낮추어 다른 사람의 시기를 없애라.

지혜 45: 대중심리에서 벗어나라.

지혜 46: 다른 사람에게 지배받는 불쌍한 사람이 되지 말라.

지혜 47: 다른 사람의 가치관으로 살지 말라.

지혜 48: 주변에 좌지우지되지 말고 자신의 일을 하라.

지혜 49: 헛소문에 재치 있게 대처하라.

지혜 50: 부화뇌동하지 말라 .

지혜 51: 작을 일에 지나치게 따지지 말라.

지혜 52: 걱정이 될 때는 최악의 상황을 상상해보라.

지혜 53: 화가 날 때는 참아라.

지혜 54: 성패에 평정심을 유지하라.

지혜 55: 나약함을 이기는 가장 좋은 방법.

지혜 56: 마음속의 공포감을 몰아내라.

지혜 57: 고독은 영혼의 피난처이다.

지혜 58: 완벽하지 못함을 용납할 수 있어야 고통과 멀어질 수 있다.

지혜 59: 생활의 부족한 부분을 활용하는 법을 배워라.

지혜 60: 오해를 받았을 때는 담담히 대응하라.

지혜 61: 누군가가 자신을 헐뜯는다면 냉정하게 대응하라.

지혜 62: 적장한 자조로 불안함에서 벗어날 수 있다.

지혜 63: 실패했다면 거기에 맞는 처방을 내려라.

지혜 64: 외모가 마음에 들지 않는다고 하늘을 원망하지 말라.

지혜 65: '재능이 있는데 기회를 만나지 못했을 때' 에라도 한탄하지 말라.

지혜 66: 즐겁고 싶다면 적극적으로 환경에 적응하라.

지혜 67: 다른 사람의 체면을 살려주어라.

지혜 68: 상처를 받았을 때에는 관용이 다른 사람의 마음을 얻게 해 줄 것이다.

지혜 69: 자신만의 비밀은 입 밖에 내지 말라.

지혜 70: 지나치게 정을 쏟지 말라.

지혜 71: 때로는 정에도 범위가 있어야 한다.

지혜 72: 다른 사람을 잘 도와주어라. 천하에 적이 없어질 것이다.

지혜 73: 처음 만나는 사람과도 친구처럼 지내라.

지혜 74: 적을 친구로 만들어라.

지혜 75: 적극적으로 친구를 만들어라. 모든 일이 순조롭게 풀릴 것이다.

지혜 76: 친구를 대할 때는 한 쪽 눈을 감아라.

지혜 77: 주변의 권력 있는 친구를 조심하라.

지혜 79: 교류 중에는 의심을 버려라.

지혜 80: 끊임없는 논쟁은 헛수고일 뿐이다.

지혜 81: 다른 사람의 의견을 존중하라.

지혜 82: 재치 있는 말로서 튼튼한 인간관계를 쌓아라.

지혜 83: 말 때문에 생기는 문제들을 조심하라.

지혜 84: 말을 할 수가 없다면 침묵을 지켜라 .

지혜 85: 실언을 했다면 제 때에 만회하라.

지혜 86: 경솔하게 말하지 말라.

지혜 87: 다른 사람에게 말할 수 있는 기회를 주어라.

지혜 88: 다른 사람을 칭찬할 때에도 기술이 필요하다.

지혜 89: 거절은 하나의 학문이다.

지혜 90: 이름을 기억하라.

지혜 91: 유머감각으로 어색한 분위기를 깨트려라.

지혜 92: 농담도 적절한 때가 필요하다.

지혜 93: 다른 사람의 시간을 먼저 존중하라.

지혜 94: 무거운 생활에서 스트레스를 푸는 법을 배워라.

지혜 95: 일과 생활의 균형을 맞추어라.

지혜 96: 언제 어디서든 운동하라.

지혜 97: 감정을 너무 속박하지 말라.

지혜 98: 마음으로 자신의 사랑을 경영하라.

지혜 99: 결혼을 아이들 장난이라 생각하지 말라.

지혜 100: 사랑, 행복한 가정을 유지하는 비결이다.

_지식in

하바드 대학 도서관에 쓰인글

1. 지금 잠을 자면 꿈을 꾸지만 지금 공부하면 꿈을 이룬다.
2. 내가 헛되이 보낸 오늘은 어제 죽은 이가 갈망하던 내일이다.
3. 늦었다고 생각했을 때가 가장 빠른 때이다.
4. 오늘 할 일을 내일로 미루지 마라.
5. 공부할 때의 고통은 잠깐이지만 못 배운 고통은 평생이다.
6. 공부는 시간이 부족한 것이 아니라 노력이 부족한 것이다.
7. 행복은 성적순이 아닐지 몰라도 성공은 성적순이다.
8. 공부가 인생의 전부는 아니다. 그러나 인생의 전부도 아닌 공부 하나도 정복하지 못한다면 과연 무슨 일을 할 수 있겠는가?
9. 피할 수 없는 고통은 즐겨라.
10. 남보다 더 일찍 더 부지런히 노력해야 성공을 맛 볼 수 있다.
11. 성공은 아무나 하는 것이 아니다. 철저한 자기 관리와 노력에서 비롯된다.
12. 시간은 간다.
13. 지금 흘린 침은 내일 흘릴 눈물이 된다.
14. 개같이 공부해서 정승같이 놀자.
15. 오늘 걷지 않으면, 내일 뛰어야 한다.
16. 미래에 투자하는 사람은 현실에 충실한 사람이다.
17. 학벌이 돈이다.

18. 오늘 보낸 하루는 내일 다시 돌아오지 않는다.
19. 지금 이 순간에도 적들의 책장은 넘어가고 있다.
20. No pains No gains 고통이 없으면 얻는 것도 없다.
21. 꿈이 바로 앞에 있는데, 당신은 왜 팔을 뻗지 않는가?
22. 눈이 감기는가? 그럼 미래를 향한 눈도 감긴다.
23. 졸지 말고 자라.
24. 성적은 투자한 시간의 절대량에 비례한다.
25. 가장 위대한 일은 남들이 자고 있을 때 이뤄진다.
26. 지금 헛되이 보내는 이 시간이 시험을 코앞에 둔 시점에서 얼마나 절실하게 느껴지겠는가?
27. 불가능이란 노력하지 않는 자의 변명이다.
28. 노력의 대가는 이유 없이 사라지지 않는다.
29. 오늘 걷지 않으면 내일은 뛰어야 한다.
30. 한 시간 더 공부하면 남편 얼굴이 바뀐다.

인생

_지식in

memo

자 기 계 발 대 사 전

Index

ㄱ

Index

ㄴ

ㄷ

Index

ㄹ

ㅁ

Index

ㅂ

ㅅ

Index

ㅇ

Index

ㅈ

ㅊ

ㅋ

ㅌ

Index

ㅍ

ㅎ

Index

공지
이 책에 수록된 모든 글의 저작권은 해당 글의 저자분에게 있음을 표기합니다.
또한 이 책에 수록된 글들 중에서 제목이나 저자명이 실제 제목이나 저자명과 다른 경우도 있을 수 있습니다. 이는 해당 저자분을 찾아 여러 가지로 노력했으나 찾을 수 없는 경우는 부득이 여러 매체에 노출된 대로 기재했음을 명시합니다.
또한 각각의 글에 대한 저자분들의 게재 허락을 득해야 했음에도 불구하고 연락이 되지 않아 부득이 저자분의 허락을 득하지 못하고 수록된 부분들도 있을 수 있습니다.
이런 글에 해당되는 분은 아래 메일이나 주식회사 북씽크 편집팀으로 연락을 주시면 해당 글의 저자로 입증됨과 동시에 소정의 원고료를 지불하도록 하겠습니다.
다시 한 번 말씀드립니다. 이 책에 수록된 모든 글의 출처와 저자명을 명확히 해야 됨이 옳으나 출처와 저자명이 불분명한 부분은 부득이 최초 게재된 매체의 출처와 저자명을 따라 수록하였음을 밝혀 둡니다.

메일: bookthink2@naver.com

자기계발대사전 2ND

2판 1쇄 발행 2023년 1월 5일

엮은이 | 자기경영연구회
펴낸곳 | 북씽크
펴낸이 | 강나루
주소 | 서울시 서초구 명달로 24길 46 302호
전화 | 070-7808-5465
등록번호 | 206-86-53244
ISBN 979-11-6528-988-1 13200
이메일 | bookthink2@naver.com